충성과 반역

대한민국 創軍·建國과 護國의 주역 일본군 육군특별지원병

정 안 기

조갑제닷컴

차 / 례

이 책은 1930년대 후반 중일전쟁, 1940년대 아시아태평양전쟁, 1950년대 6·25전쟁을 거치면서 근대국가의 국민 혹은 문명인으로 소생하고자 했던 조선인 출신 육군특별지원병의 실존적 몸부림을 20세기 대한민국사의 문맥에서 재구성하고 재해석한 논픽션의 기록이다. 2020년 「6·25전쟁 70주년」을 맞아 이 책을 출간하게 된 것은 하나의 운명이자 더없는 영광이다.

경제사를 전공하는 저자가 육군특별지원병의 존재를 알게 된 것은 2015년 말경이었다. 2014년 일본 소시샤(草想社)가 번역·출간한 브랜든 팔머(Brandon Palmer)의 『일본통치하 조선의 전시동원(1937~1945)』과의 우연한 만남이었다. 팔머 교수의 저작은 서구 학계 최초의 수정주의적 관점에서 조선인의 전시동원(지원병, 징병, 징용)을 치밀하고 체계적으로 분석한 탁월한 수작(秀作)이다. 그동안 식민지 전시경제(戰時經濟)를 연구해 왔던 저자의 호기심을 자극하기에 충분한 주제와 내용이었다.

전시동원의 첫 단추에 해당하는 육군특별지원병제를 검토하는 과정에서 1938~1943년 육군특별지원병 지원자 80만 2047명에 대해 합격자 1만

7664명을 기록했다는 사실이 눈에 확 들어왔다. 개인적으로 당혹스럽고도 놀라운 경험이었다. 지원자 배율 45.4배는 '지배와 저항' 혹은 '강제와 수탈' 등 종래 한국 근현대사의 지배적인 역사관을 고려하면, 도저히 있을 수 없는 일이었고, 있어서도 안 되는 사실이었기 때문이다. 그래서 보다 구체적인 사실관계를 확인하고자 자료조사에 착수하였다. 이후 1차 사료들이 속삭이는 내레이션과 가리키는 화살표에 이끌리면서 학술활동의 전업 과제로 삼게 되었다. 불편한 진실과 마주해야 하는 착잡함과 두려움으로 밤잠을 설치는 날들의 시작이었다.

육군특별지원병! 이들은 참으로 당혹스럽고 미스터리한 존재들이다. 1938년 다수의 전사자를 기록하는 중일전쟁의 와중에서 육군특별지원병을 지원한다는 것은 그야말로 죽기 아니면 살기의 가혹한 결단이었다. 그럼에도 수많은 조선인 청년들은 육군특별지원병이 되기를 갈망한 나머지 혈서지원과 수년에 걸친 재수지원도 주저하지 않았다. 그렇다면, 이들이 그토록 육군특별지원병이 되기를 열망했던 이유는 무엇인가. 혹은 이들이 그런 가혹한 상황에 내몰려야 했던 사회경제적 요인과 조건은 과연 무엇이었는가에 강한 의문을 갖게 되었다. 육군특별지원병제란 어떤 제도이며, 육군특별지원병은 어떤 존재인가를 자문(自問)하고 자답(自答)해야 하는 지난(至難)한 여정의 출발이었다.

전근대 상민 출신이자 남한지역 중농층 대(大)가족 가계의 차남들이었던 육군특별지원병은 당시 조선총독부 육군병지원자훈련소에 입소해서 일본군 병영생활에 적응하는 시간·신체·언어의 규율화와 함께 군대적 평등성을 자기화하면서 「제국의 첨병」으로 훈육되고 단련되었다. 1939년 이래 이들은 일본군의 일원으로 중일전쟁과 아시아태평양전쟁에 참전해서 군사지식과 실전경험을 쌓았다. 1946년 이래 군사영어학교 등 군사학교를 거쳐 대한민국 국군 장교에 임관하였다. 6·25전쟁기 이들은 최일선 부대장으로 국제 공산주의 세력의 남침기도를 저지·분쇄하는 발군의 군사적 역량을 발휘하였다. 멸공의 횃불 아래 죽기를 다짐했던 「조국의 간성」들이었다.

그럼에도 육군특별지원병 출신자들은 해방 이후 깊은 침묵과 엄혹한 인종(忍從)의 세월을 감내해야 했던 기구한 운명의 당사자들이자, 흑화(黑化)된 역사의 주인공들이었다. 이들이 일으킨 역사의 거품과 빚어낸 파문들은 반일 종족주의에 의해 싹싹 지워지고 깊이 깊이 암장(暗葬)되어야 했다. 한국 사회는 피와 땀과 눈물이 스미고 푸른 꿈이 영글었던 지금의 육군사관학교 교정 어딘가에나마 이들의 흔적을 남겨주거나 기억해 주어야 했지만, 그렇게 하지 않았다. 친일파, 민족반역자, 친일반민족행위자라 매도하고 공격했다. 이들은 한국 사회의 극단적인 정체성을 위해 철저하게 망각되어야 했던 「검은 역사의 살아있는 유령」들이었다.

육군특별지원병제는 반상차별, 가부장제, 계급모순 등 전근대의 레거시(legacy)에 긴박(緊縛)된 근대 사회의 구성원들이 제국일본의 국민으로 포섭되어 전쟁에 동원되는 과정, 전통과 근대라고 하는 야만과 문명과의 격렬한 충돌 그리고 그 와중에서 근대국가의 국민 혹은 문명인으로 소생하고자 했던 조선인 청년들의 실존적 몸부림을 적나라하게 드러낸다. 실체성을 결여한 민족을 반역하고 국가 공동체에 충성했던 이들이야말로 대한민국 건국의 올바른 정신사(精神史)를 몸소 체현했던 제대로 된 국민들이었다. 이들이 감당해야 했던 역사의 무게와 역할은 지배와 저항, 강제와 수탈, 친일과 항일만으로 단순화하거나 양단하기 곤란한 다양성과 복잡성을 갖는다.

저자는 주제 및 전공과 거리가 있어서 많은 것을 새롭게 공부해야 했다. 실증의 차원에서는 경제사 전공을 살릴 수 있었기 때문에 크게 문제가 되지 않았다. 하지만, 사실의 해석과 관련해서는 종래의 논의를 재검토하고 나름의 논리를 재구축해야 했다. 1920~1960년대를 하나의 역사적 시공간으로 파악해서 식민지기를 대한민국사로 환원하는 방법론의 창발(創發)에는 상당한 시간과 정력을 쏟아야 했고, 논의의 균질성과 일관성을 확보하고자 수차례의 수정, 가필, 조정을 반복해야 했다. 약 4년에 걸친 저술 작업은 학술적인 긴장감과 희열감으로 충만했던 소중한 날들이었다. 이런 과중한 노동을 견딜 수 있었던 것은 그런대로 쓸 만한 체력이 있었기 때문이다. 나름의 맷집과 끈기를 물려주신 부모님과 조상님들의 은덕에 감사드린다.

이 책의 저술은 여러 분의 도움을 받았다. 이 자리를 빌려서 감사의 인사를 드린다. 교토(京都)대학 명예교수이자, 스미토모(住友)사료관 관장(館長)이신 시모타니 마사히로(下谷政弘) 교수는 천둥벌거숭이 저자를 빛나는 학문의 전당으로 이끌어 주신 영원한 스승이며, 멀리 타국에서도 이 연구를 응원해 주셨다. 이승만학당 교장이신 이영훈 교수는 일찍부터 이 연구의 학술적 값어치를 인정하시고 후원과 격려를 아끼지 않으셨다. 2018년 말 이승만학당이 기획한 유튜브 강좌를 비롯해서 2019년 7월 『반일 종족주의』라는 한국 지성사에 빛나는 거작에 「육군특별지원병, 그들은 누구인가?」를 게재하도록 배려해 주셨다. 성공회대학의 이상철 교수는 새롭게 발굴한 사실들을 경청해 주고 방전된 에너지를 충전하도록 배려해 주셨다. 동북아역사재단의 박장배 연구위원은 불편한 진실의 사회적 반향을 고려해서 국제비교의 필요성을 조언해 주셨다.

육군특별지원병 출신 함병선 장군의 아드님이신 함상균 부장은 부친에 관한 여러 귀중한 기록과 사진 그리고 부친의 동료이신 박경원 장군을 소개해 주셨다. 박 장군은 연로함과 불편함에도 장시간 인터뷰에 응하시고 여러 귀중한 역사적 사실들을 증언해 주셨다. 중앙대학의 이성호 교수는 국방부 관계자를 소개해 주셨다. 성균관대학 명예교수이신 이대근 교수와 낙성대경제연구소의 이우연 박사 그리고 같은 연구소의 박환무 선생은 여러 유익한 조언과 격려를 아끼지 않으셨다. 시대의 슬픔이 자욱한 삶을 살아낸 미당 서정주 선생의 빛나는 감성과 뭉클한 시어는 이 연구에 마르지 않는 역사적 상상력을 제공하고, 사실의 힘을 일깨워 주었다. 육군본부 병적민원과는 「장교자력표」를 활용해서 육군특별지원병 출신 장성 진급자 86명의 신원을 확인해주었다.

이 책의 일부는 2017~2018년 다음과 같은 5편의 논문으로 여러 학회지에 발표되었다. (1) 「1930년대 육군특별지원병제의 성립사 연구」, 『한일관계사연구』 제61집. (2) 「전시기 육군특별지원병제의 추계와 분석」, 『정신문화연구』 제41권 제2호. (3) 「조선총독부 육군병지원자훈련소와 '국민 만들기'」, 『한일군사문화연구』 제24집. (4) 「이인석 상등병의 전사와 '죽음의 정치성'」, 『일본문화학보』 제76집. (5) 「한국전쟁기 육군특별지원병의 군사적 역량」, 『군사연구』 제146집. 논문을 심사하시고 학회지 게재에 도움을 주신 익명의 심사자와 이들 학술단체의 관계자 여러분들께 감사드린다.

마지막으로, 이 책의 출판을 쾌히 허락해 주신 조갑제닷컴과 조갑제 대표에게 감사드린다. 이념적으로 크게 기울어진 한국의 출판시장을 고려하면, 조갑제닷컴의 출판 결정은 천우신조와도 같은 놀라운 역사(役事)였다. 존경하는 조갑제 대표는 이 책의 주제와 내용을 높이 평가하시고 격려해 주셨다. 진심으로 감사드린다. 지금까지 제멋대로의 인생을 살다 보니 어느새 늙어버린 부모님과 아내에게 큰 신세를 지고 살았다. 이 책의 출간이 약간의 보답이라도 될 수 있었으면 한다. 마지막으로 모락모락 자라나는 아들 석준이가 이 책을 읽어 줄 날을 상상하며, 고단했던 지난날의 위안으로 삼는다.

2020년 2월
정 안 기

서장

1938~1943년 일본은 세계 식민지 역사상 최초로 조선인 육군특별지원병제를 시행하였다. 육군특별지원병은 일본과 천황을 위해 죽기를 맹세했던 「제국의 첨병」이었지만, 해방 이후에는 자유인의 공화국 대한민국을 위해 진충보국(盡忠報國)했던 「조국의 간성」이었다. 이 책은 '육군특별지원병의 패러독스'를 20세기 대한민국사의 문맥에서 실증 분석한다.[1] 본격적인 논의에 앞서 왜 육군특별지원병인지, 그들은 어떤 존재였는지를 서술한다.

I. 왜 육군특별지원병인가

1950년 6·25전쟁은 스탈린이 기획하고 김일성이 실행한 남침전쟁(암호

---

1. 이 책에서 「대한민국사」는 종래 「한국 근현대사」와 달리 식민지기를 「대한민국사」의 전사(前史)로 파악하는 역사 인식을 담고 있다. 「1948년 대한민국 건국론」의 문맥에서 식민지기는 근대 국민국가 건설을 준비하는 역사적 시공간이었고, 「대한민국」 탄생의 창세기 혹은 창성기에 상당하기 때문이다.

명은 폭풍)이었다. 전쟁계획은 북한군 제2군단을 앞세워 48시간 이내 중부
전선 요충지 춘천지구를 점령한 다음 이천, 용인, 수원을 거쳐 한강 축선으
로 북상시키는 한편, 서부전선의 개성, 동두천, 포천을 일거에 돌파한 북한
군 제1군단과 양동작전으로 대한민국 수도 서울에서 국군의 유생역량(有生
力量)을 섬멸한다는 3일 단기 결전의 「선제타격 작전계획」[2]이었다. 하지만,
북한군 제2군단의 남침은 당시 중동부 전선의 요충지 춘천지구를 방어하는
국군 제6사단 제7연대의 완강한 결사항전에 부딪치면서 저지·분쇄되고 말
았다.[3] 「춘천 전투」는 스탈린과 김일성의 단기 결전계획을 좌절시키고, 전쟁
의 전체 흐름마저 바꾸어놓은 세계사적 의미를 갖는 사건이자, "대한민국이
결코 밑 빠진 독이 아니었음을 미국과 우방국에 보여준 전투"[4]였다.

　제7연대 제16포병대 대대장으로 「춘천 전투」에 참전했던 김성 소령은 "보
리밭은 누런데 적은 꺼멓게 파리떼 같아 구별이 용이했다. 벌판은 인민군의
시체로 가득 찼다"[5]며 춘천 전투의 치열함을 생생하게 증언하였다. 또한, 당
시 제7연대 작전장교였던 이남호 소령에 따르면 "그들은 이미 사단 전투훈
련까지 마쳤다고 하는데 보전포(步戰砲) 협동이 엉망이었다. … 우리가 1개

2. 6·25전쟁기 북한인민군 작전국장을 역임했던 유성철의 증언에 따르면, 당시 소련군 군사고문단이 작
성한 전쟁계획 초안에 의거해서 자신이 직접 6·25 남침을 위한 「선제타격 작전계획」을 성안했다고 한
다. 작전계획은 전투명령서, 육해공군과 각 부대의 이동계획, 병참보급계획, 남침 준비를 군사훈련으로
위장하는 계획 등이었다. 종래 북한이 끈질기게 주장해 왔던 '북침설'의 허구성을 폭로하는 역사적인
증언이다. 유성철은 1943년 소련군 제88특별저격여단에서 김일성 대위를 만난 것부터 해방 이후 북한
의 최고 권력을 장악했던 김일성 빨치산 동료들의 면면, 김일성의 귀국과 집권과정, 6·25전쟁의 발발
과 전개 과정 등 북한 현대사에 숨겨진 이면들을 밝히고 있다. 한국일보 편(1991), 『(증언), 김일성을 말한
다』, 한국일보사, 74~77쪽.
3. 「춘천 전투」의 역사적 의의를 강조한 최초의 연구자는 소진철이다. 소진철(1996), 『한국전쟁의 기원』,
원광대학교 출판국.
4. 이대용(2017), 『이대용 장군의 수기』, 육군군사연구소, 10쪽.
5. 김형식(1999.4), 「세계사를 바꾼 6사단의 춘천 방어전」, 『월간조선』.

연대로 적의 1개 사단을 막을 수 있었던 까닭도 바로 여기에 있었다"[6]고 회고하였다. 제6사단 제7연대의 결사항전과 불굴의 투혼은 한강과 낙동강 방어선의 구축 그리고 미군과 유엔군 참전을 위한 절체절명의 시공간을 확보하는 데 결정적으로 기여했다. 소양강을 핏빛으로 물들인 「춘천 전투」는 "스탈린의 의도를 6·25전쟁 초기에 최초로 좌절시킨 세계사적 의미를 갖는 사건"[7]이자, 그야말로 6·25전쟁사에 빛나는 「춘천대첩(春川大捷)」이었다.

「춘천 전투」의 결사항전을 진두지휘했던 제6사단 제7연대장은 '한국군 최고의 연대장' 혹은 '압록강의 맹장'으로도 회자되었던 임부택(林富澤) 중령이다. 그는 6·25전쟁기 자유대한을 지켜낸 국군 최고의 영웅이었다.[8] 「춘천대첩」과 관련해서 당시 제7연대 제1대대 제1중대장으로 용전분투했던 이대용(李大鎔) 장군에 따르면, "평소 사병들을 인간적으로 대우하고 따뜻하게 보살폈는데 전투가 벌어지자 최일선에 나와 독려했다. 존경하는 연대장이 포탄이 쏟아지는 전장에 의연히 있다는 사실만으로도 사병들의 사기가 백배 올라갔다"[9]며, 임부택 연대장의 솔선수범과 진두지휘를 격찬하였다. 임부택 중령의 확고한 국가관·사생관·군인관은 후배 장교들과 사병들의 더 없는 모범이었다.

1919년 전남 나주에서 출생한 임부택은 1939년 육군특별지원병 제2기생 출신이다. 1939년 12월 조선총독부 육군병지원자훈련소(이하, 육군병지원자훈련소)를 수료하고 이등병 계급으로 함북 나남에 주둔하는 일본군 제19

---

6. 위와 같음.

7. 김영호(2006), 「한국전쟁의 기원과 전개과정」, 성신여자대학교 출판부, 78쪽.

8. 6·25전쟁기 전반기 육군참모총장이었던 정일권 장군은 "제7연대는 춘천 이래 역전(歷戰)의 연대였다. … 연대는 정말 잘 싸워 주었다. 특히, 소양강을 이틀이나 지켜낸 공(功)은 6·25전사에 길이 빛날 것이다. 그 덕분으로 아군은 큰 손실을 모면할 수 있었다"며 감사하였다. 정일권(1996), 「정일권 회고록」, 광명출판사, 166쪽.

9. 김형식(1999.4), 「세계사를 바꾼 6사단의 춘천 방어전」, 「월간조선」.

사단에 입영하였다. 혹독한 일본군 병영생활과 교육훈련에 적응하면서 투철한 군인정신과 군사적 역량을 자기화하였다. 임부택은 1945년 8월 조선총독부 군무예비훈련소(시흥) 훈련교관으로 해방을 맞았다. 계급은 일본군 육군 조장(상사)이었다. 1946년 5월 조선경비사관학교 제1기생을 수료하고 대한민국 육군 초급장교에 임관하였다. 1948년 「제주4·3사건」을 진압·토벌하는 제11연대 제1대장 등 다양한 군사경력을 쌓았고, 대한민국 국방의 최일선을 담당하는 부대장으로 활약하였다.

건국기와 6·25전쟁기 누란지세의 구국전선에서 용전분투했던 육군특별지원병 출신 군사 경력자는 임부택 장군만이 아니었다. 「이화령 전투」의 함병선(咸炳善) 장군, 「기계·안강 전투」의 송요찬(宋堯讚) 장군, 「국민방위군사건」의 최경록(崔慶祿) 장군, 「백암산 전투」의 박경원(朴敬遠) 장군 등이 있다. 이들은 6·25전쟁사에 빛나는 기라성 같은 용장들이었고, 멸공의 횃불 아래 죽기를 다짐했던 「조국의 간성」들이었다. 육군특별지원병 출신의 육군 장성급 진급자는 제11대 합참의장을 역임한 문형태(文亨泰) 대장을 비롯해서 86명에 달한다.[10] 6·25전쟁의 영웅이자, '승리의 창조자'[11]로도 회자되었던 백선엽(白善燁) 장군의 증언과 같이 이들은 "사상적으로 전혀 불안이 없었고, 발군의 전투지휘 능력"[12]을 발휘했던 국군 최강의 상무집단이었다.

육군특별지원병 출신자들은 식민지기 '보통 이상의 생계를 영위'[13]하는 남

---

10. 1922년 전남 화순 출생의 문형태는 1939년 5월 육군특별지원병 제2기생(현역)과 1946년 조선경비사관학교 제2기생 출신이다. 그는 1950년 7~10월 백선엽 장군의 제1사단 작전참모로 낙동강 다부동 전투와 10월 평양탈환 작전에 참전하였다. 1951년 제1사단 제11연대장을 거쳐 1953년 제1군사령부 작전처장을 역임하였다. 1964년 제2군사령관을 거쳐 1968년 8월 육군 대장으로 진급해서 제11대 합참의장을 역임하였다. 1970년 8월 예편 이후 8~10대 국회의원과 제24대 체신부 장관을 역임하였다. 『매일신보』 1939년 5월31일자; 『중앙일보』 1982년 11월26일자; 문형태(1970), 「문형태 판플렛」.

11. 짐 하우스만, 정일화 편(1995), 『한국 대통령을 움직인 미군 대위』, 한국문원, 191쪽.

12. 佐々木春隆(1976), 『朝鮮戰爭(上)』, 原書房, 241쪽.

13. 法制局(1938.3.23), 「拓務大臣請議朝鮮總督府陸軍兵志願者訓練所官制制定ノ件」.

한지역 중농층 대(大)가족 가계의 차남 출신들이었다. 이들은 조선인 아동 취학률이 30퍼센트를 밑도는 상황에서도 적지 않은 학비를 부담해야 했던 보통학교 졸업자들이었다. 이들 남한지역 중농층은 전근대 양반 출신의 상류층과 달리 출세 지향성이 강한 상민 출신들이었고, 가계 경제력 확충과 자식들의 근대교육에도 힘써 왔던 보다 역동적인 사회 계층이었다. 재산과 학력만을 놓고 보면, 이들은 자신들에게 주어진 시대를 살아가는 데 크게 부족할 것이 없었다. 그럼에도 이들은 육군특별지원병을 열망한 나머지 혈서지원과 함께 심지어 수년의 재수지원도 주저하지 않았다. 1938~1943년 육군특별지원병 지원자 경쟁률은 연평균 약 46대 1을 기록하였다.

육군특별지원병! 이들은 참으로 당혹스럽고도 미스터리한 존재들이다. 이들은 과연 누구이며, 왜 그토록 육군특별지원병을 열망했는가. 이들은 왜 민족을 반역하고 일본과 천황을 위해 죽기를 맹세했는가. 이들은 왜 사랑하는 부모 형제와 처자식마저 등지는 죽기 아니면 살기를 결단해야 했는가. 이들은 육군병지원자훈련소와 일본군에 투신해서 무엇을 학습하고 무엇을 경험했는가. 이들이 흘린 피와 땀과 눈물의 대가는 무엇이었는가. 두 개의 조국을 위해 목숨을 걸어야 했던 이들의 내면세계는 어떠했는가. 20세기 대한민국사에서 이들은 어떤 존재들이며, 어떻게 파악되어야 하는가.

이 책은 육군특별지원병이 실체성을 결여한 민족을 반역하고 일본과 천황을 위해 죽기를 맹세했기 때문이야말로 또 다른 조국 대한민국에 진충보국할 수 있었다는 가설적 추론을 논증하고자 한다.[14] 말하자면, 20세기 대

---

14. 20세기 초엽 조선인들이 일본의 식민통치를 받게 되면서 발견한 '상상의 정치적 공동체'인 「민족」은 실체성을 결여한 상상의 집단의식이자, 거대한 허의의식이다. 그동안 국내 학계는 베네딕트 앤더슨(Benedict Anderson)이 말하는 「네이션(nation)」 개념을 통상 「민족」으로 번역해서 널리 사용해 왔다. 하지만, 「네이션」을 「민족」으로 번역한다면, 여러 논리적 모순과 함께 논지를 왜곡시키는 결과를 초래한다. 베네딕트 앤더슨 지음, 윤형숙 옮김(2002), 『상상의 공동체: 민족주의의 기원과 전파에 대한 성찰』, 나남; 베네딕트 앤더슨 지음, 서지원 옮김(2018), 『상상된 공동체: 민족주의의 기원과 보급에 대한 고찰』, 길.

한민국사에서 육군특별지원병은 두 개의 조국에 대한 충성과 반역의 양가성(兩價性)·등가성(等價性)을 몸소 실천하고 증명했던 역설의 주인공들이었음을 실증 분석한다. 이 책의 명제가 참이라고 한다면, 육군특별지원병의 존재는 1948년 대한민국 창성이 식민지 지배의 경험과 유산으로부터 결코 부자유하다는 '역사적 피구속성'을 의미한다. 그렇다면 육군특별지원병제란 어떤 제도이며, 육군특별지원병은 어떤 존재인가, 이들은 종래 어떻게 파악되어 왔는가를 검토해보자.

육군특별지원병제는 어떤 제도인가

1938년 2월23일 일본 육군성은 '반도 민심의 선도'를 목적으로 칙령 제95호 「육군특별지원병령」을 공포하였다. 육군특별지원병제는 종래 일본 「병역법」 적용에서 배제되어 왔던 제국신민(조선인)을 대상으로 병역을 부여하는 일본 최초의 식민지 군사동원이었다. 당시 일본은 「호적법」 적용의 제국신민(일본인)에 한정해서 병역의무를 부여하는 속인주의(屬人主義) 원칙을 채용하였다.[15] 육군특별지원병제의 지원병역은 본인의 자발적 의지에 따른 병역부담으로 징병제의 의무병역과도 명확히 구별되었다.

1910년 조선은 한일병합으로 제국일본의 일개 지방으로 편입되었다. 조선인은 일본인에 적용하는 일본 「호적법」이 아닌 별도의 지역적(地域籍) 혹은 민족적(民族籍)을 갖는 '조선인'으로 규정받게 되었다. 그 때문에 조선인은 일본의 신민이 되었지만, 정식의 일본 국민은 아니었고, 참정권과 병역의

---

15. 일본 「병역법」 제9조 제2항 및 제23조 제1항은 징병 대상자를 「호적법」 적용자로 규정하였다. 당시까지 조선인과 대만인은 일본 병역법에서 규정하는 「호적법」 적용자가 아니었기 때문에 의무병역을 부담할 필요가 없었다. 하지만, 의무병역 이외 다양한 지원병역에 대해서는 병역법의 별도 규성이 없었기 때문에 얼마든지 가능하였다. 그 때문에 조선인도 육군사관학교를 지원해서 일본군 장교로 복무할 수 있었다. モダン日本社 지음, 한일비교문화연구센터(2007), 『일본잡지 모던일본과 조선 1939』, 어문학사, 92~95쪽; 杉浦洋(1943), 『朝鮮徵兵讀本』, 朝鮮圖書, 178~180쪽.

무도 결여한 2등 국민에 지나지 않았다. 「육군특별지원병령」 제1조는 "(일본) 호적법 적용을 받지 않는 연령 17세 이상 제국신민의 남자"[16]로 규정하였다. 육군특별지원병은 일본 병역법에서 규정하는 만 17세 이상 만 20세 미만의 일본인에 한정한 「육군현역지원병」[17]과도 구별되는 '특별한 존재'였다. 요컨대, 육군특별지원병의 '특별'이란 일본 「병역법」에서 배제된 만 20세 이상의 제국 신민에 대해 지원병역을 부여한다는 의미와 함께 일본군 입영에 앞서 육군 병지원자훈련소 수료를 조건으로 했다는 점에서 아주 특별한 병역제도였다.

육군특별지원병제 성립은 조선인 「협력엘리트」[18]와 식민정부의 치열한 정치적 바게닝의 성과물이었다. 1920년 이래 조선인 사회를 대표했던 「협력엘리트」들은 합법적인 정치공간에서 '빵이 아닌 권리'의 참정권 청원운동을 펼쳤다. 1934년에는 참정권에 앞서 혈세의무의 이행이라는 「복선적 정략」으로

---

16. 岡久雄(1939), 『陸軍特別志願兵讀本』, 帝國地方行政學會朝鮮支部.

17. 東京靑年立志會編輯部編(1938), 『陸軍現役志願兵』, 東京靑年立志會, 9쪽.

18. 이 책은 육군특별지원병제 성립과 시행에 협력했던 조선인 유력자층을 조선인 「협력엘리트」로 파악한다. 「협력엘리트」는 성리학적 에토스를 갖는 「전통엘리트」와 달리 조선인 사회의 문명화·근대화의 리소스와 에너지를 식민본국 일본으로부터 획득하고자 노력했던 세력과 힘을 말한다. 「협력엘리트」는 2006년 조관자가 제시했던 '친일하는 민족주의자'를 의미하는 「친일 내셔널리스트」와도 유사한 개념이다. 이 책은 종래 천편일률의 도덕주의에 기초한 규탄과 단죄를 위한 「친일파」 연구가 아니라 협력의 다양한 동기와 상황 그리고 협력자의 복합성·다면성을 역사적 문맥에서 분석하고자 한다. 사실 「협력엘리트」의 발언과 행동은 반드시 당사자의 내면과 일치하는 것은 아니었다. 겉으로는 일본의 대의명분에 충성을 표방하면서도 속으로는 민족운동이라고 하는 또 다른 명분을 지지했던 이른바 '이중 인격적 대응' 혹은 '영리한 기회주의적 대응'도 다반사였다. 때문에 협력은 오늘날 한국인들과 마찬가지로 불확실한 정황에서도 손익을 신중하고 복잡하게 계산한 고도의 정치적 결정이었고, 인간적 고뇌와 번민을 동반해야 했던 가열한 선택이었다. 말하자면, 협력은 희생과 용기가 요구되는 고결한 결단이자, 지극히 능동적인 정치행위였다. 그래서 이 책은 모든 선입견과 편견을 버리고 이들이 추구했던 정치적 목표, 논리, 과정, 성과를 해명하고 정당하게 평가하고자 한다. 기무라 간 지음, 김세덕 옮김(2007), 『조선/한국의 내셔널리즘과 소국의식』, 산처럼; 駒込武(1996), 『植民地帝國日本の文化統合』, 岩波書店; 박지향(2000), 『제국주의 신화와 현실』, 서울대학교출판부; 박지향(2010), 『윤치호의 협력일기』, 이숲; Ronald Robinson, "Non-European foundations of European imperialism: Sketch for a history of collaboration", in Roger Owen and Bob suticliffe(eds.), Studies in the theory of imperialism London: longman, 1972), p.121.

징병제 시행을 청원하였다. 하지만, 이들이 주장하는 참정권과 징병제 청원은 조선인의 낮은 민도와 교육 수준을 빌미로 삼아 시기가 상조함을 강변하는 일본 정부를 설득할 수 없었다. 그래서 이들은 재차 우수한 자질의 지원자에 한정하는 지원병제 시행을 주장했고, 식민권력과 타협할 수 있었다.

일본이 육군특별지원병제 시행을 결정한 것은 지원병역이 조선인의 황민화 혹은 국민화를 위한 정신적 기반을 확충하는 동시에 아시아에서 일본의 사명을 이해시키고, 천황제 국가 일본에 대한 충성심을 유발하는 데 유용할 것이라 기대했기 때문이었다.[19] 일본 정부는 육군특별지원병제를 추진력으로 '동화주의 식민통치 이데올로기'의 제도적 완성을 꾀하고자 하였다. 반면, 「협력엘리트」는 이를 징병제 시행과 연계해서 참정권을 확보하는 정치적 포석으로 삼고자 하였다. 다카시 후지타니의 표현을 빌린다면, "국민화를 통한 탈식민화(decolonization through nationalization)"[20]를 욕망하였다. 1930~1940년대 조선공산당을 대표하는 마르크스·레닌주의 최고 이론가였던 이강국조차도 육군특별지원병제 시행에 쌍수를 들어 환영하였다.[21]

---

19. 朝鮮總督府(1937), 「朝鮮人志願兵制度施行に關する樞密院に於ける想定質問及答弁資料」.

20. 다카시 후지타니 지음, 이경훈 옮김(2019), 『총력전 제국의 인종주의』, 푸른역사, 42쪽.

21. 이촌(耳村) 이강국(李康國, 1906~1955)은 경기도 양주군 출생으로 보성중학을 거쳐 1925년 경성제국대학 예과에 입학하였다. 미야케 시카노스케(三宅鹿之助) 교수의 영향으로 마르크스·레닌주의자로 변신했고, 1926년 유진오 등과 결성한 「경제연구회(經濟研究會)」 회원으로 활동하였다. 1931년에는 미야케, 최용달, 박문규 등과 「조선사회사정연구소(朝鮮社會事情研究所)」를 창립해 사회 전반에 걸친 실증적·통계적 조사와 이론 연구를 실시하였다. 1932년 처남 조준호의 지원을 받아 독일 베를린대학에 유학했고, 독일공산당에 입당해서 대외 연락책으로도 활동하였다. 1935년 말 귀국한 이강국은 최용달, 이주하, 방용필 등과 함께 1936년 원산 적색노동조합운동을 지원하고자 제7차 코민테른이 결정한 인민전선론에 기초한 민족해방 통일전선의 이론가와 조직가로 활동했고, 1938년 일본 경찰에 체포되어 옥고를 치렀다. 1945년 해방 이후 본격적으로 공산주의 활동을 재개하였고, 「건국준비위원회」의 조직국장을 거쳐 1946년 2월 「민주주의민족전선」 상임위원 및 사무국장 등을 지냈다. 같은 해 9월 미군정 비판 선언서를 발표하고는 박헌영(朴憲永)과 함께 월북하였다. 1947년 「북조선인민위원회」 사무국장, 1948년 「조선인민공화국 중앙인민위원회」 서기장, 1950년 「인민군 야전병원장」 등을 역임하였다. 1953년 「남로당(南勞黨) 사건」에 연루되어 숙청되었고, 1955년 미국 간첩 혐의로 사형되었다. 심지연(2006), 『이강국 연구』, 백산서당, 19~30쪽.

이는 반제국주의 민족해방 투쟁을 위한 민족해방군 창설 혹은 독립 이후 프롤레타리아 독재를 위한 인민혁명군 창설의 군사적 기반을 마련하기 위해서라도 조선인의 군사적 훈련이 불가결한 것으로 간주했기 때문이었다.[22] 1938년 2월 육군특별지원병제 성립은 이들 「협력엘리트」와 식민권력과의 서로 다른 목적과 셈법이 교차하는 정치적 의존관계와 상호작용을 특징으로 하였다.

육군특별지원병제는 내선융화를 교설(敎說)하는 「교화형(敎化型) 국민화」로부터 정신·언어·신체를 포함하는 「연성형(鍊成型) 국민화」 정책으로의 일대 전환이었다. 일본은 육군특별지원병제를 통해 조선인 청년들을 국가에 대한 복종·충성·희생 등 근대국가의 국민의식을 내면화한 충량한 황군 병사로 양성하는 「국민화(nationalizing) 정책」의 모범생이자, 전도사로 양성하고자 하였다. 이는 조선인의 영혼을 훔치는 교묘하고도 은밀한 제국주의 지배행위였지만, 다른 한편으로는 비국민을 국민으로 포섭·개조해서 구별과 차별이 없는 국민 창출을 위한 정치적 순치(馴致)의 시작이기도 하였다. 요컨대, 육군특별지원병제는 조선인의 일본 국민됨을 시험하는 첫 관문이자, 본격적인 전시동원을 위한 여러 정치 변수들의 매듭·벼리와도 같은 정책·제도였다.

육군특별지원병은 어떤 존재들인가

그렇다면, 육군특별지원병! 이들은 과연 어떤 존재였는가. 육군특별지원

---

22. 1943년 당시 만주국에서 발행되었던 어느 신문은 "나는 조선 독립을 위해 지원병제에 응모하고자 한다. 무기 사용법을 모르는 조선인들이 너무나 많다. 나는 무기 사용법과 군사기술을 습득해서 조선 독립에 공헌할 것이다"는 어느 재만조선인 청년의 투서를 게재하였다. 1943년 11월 내무성이 발행하는 『특고월보』는 "조선 독립을 위해 육군특별지원병을 지원하자. 무력을 체득해서 장래의 혁명 봉기에 헌신하자"는 어느 재일조선인 청년의 발언을 채록하고 있다. ブランドン·パーマー著, 鹽谷紘譯(2014), 『(檢證) 日本統治下朝鮮の戰時動員(1937~1945)』, 草思社, 141쪽; 内務省警保局保安課(1943.11), 『特高月報』, 78쪽.

병이란 일본이 1938~1944년에 걸쳐 시행한 육군특별지원병제에 의해 양성된 식민지 출신의 일본군 병사를 말한다. 육군특별지원병제는 모집 정원 1만 7500명에 80만 3317명의 지원자가 응모해 연평균 약 46대 1의 경쟁률을 기록하였다. 도지사, 조선총독부, 조선군사령부가 실시하는 3차에 걸친 엄격한 선발전형을 통과해 일본군에 입영한 육군특별지원병은 지원자의 2.3퍼센트인 약 1만 8154명이었다. 모집정원을 크게 넘어서는 지원자 동원은 공동체의 상상으로 조선인의 충량한 일본 국민됨을 환기하고자 했던 「문화엘리트」[23]의 문예협력 덕분이기도 하였다.

제2차 조선총독부 선발전형을 통과한 합격자는 약 85퍼센트의 문맹률과 약 30퍼센트를 밑도는 아동 취학률의 와중에서도 6년제 보통학교를 졸업한 평균 신장 1.75미터에 달하는 건장한 체격의 청년들이었다.[24] 이들은 이른바 「황국신민(皇國臣民)의 도장(道場)」으로 일컬어지는 육군병지원자훈련소에 입소하였다. 이들의 일과는 오전 6시부터 오후 10시까지 학과교육, 정신교육, 내무생활로 짜인 촘촘한 그물망이었다. 육군병지원자훈련소는 몸과 마음으로 충군애국(忠君愛國)을 실천하는 병영생활의 복사판이자, 정치적으로 표백되고 이념적으로 살균되는 「일본 국민 만들기」의 생체 실험실이었다. 이들은 매일 아침 '황성요배(皇城遙拜)'와 '황국신민서사(皇國臣民誓詞)'를 제창하고, 천황의 만수무강과 제국의 융성을 기원해야 했다. 개성·인격·자의식을 부정하고 병영생활에 적응하는 시간·신체·언어의 규율화와 철저한 능

---

23. 「문화엘리트」는 육군특별지원병을 주제로 삼아 국가주의 문화운동(국민문학, 국민영화, 국민창극, 국민가요, 국민무용 등)과 문화생산을 담당했던 조선인 문화 예술인들을 포괄하는 개념이다.
24. 1928년 이래 동아·조선일보사는 당시 조선 인구의 약 85퍼센트에 달하는 문맹(文盲)을 퇴치하고 민족정신을 고양시킨다는 취지에서 대대적인 한글보급 운동을 펼쳤다. 이른바 '아는 것이 힘이요, 배워야 산다'는 기치 아래 대학생과 지식인들을 동원하는 식자(識字)보급을 겸한 농촌계몽 운동 혹은 브나로드(민중 속으로) 운동이었다. 안재홍(1931.9), 「朝鮮新文化建設 三個年計劃」, 『삼천리』 제3권 제9호; 정진석(2017), 『언론인 춘원 이광수』, 기파랑, 204~215쪽.

력주의에 기초한 군대적 평등성을 자기화하면서 정강(精强)한 「제국의 첨병」
으로 훈육·단련되었다.[25]

1939년 5월 조선군 제20사단 소속 육군특별지원병은 중일전쟁에 참전하
였다. 이들에게 중일전쟁은 상무정신으로 충만한 조선인의 군사적 자질과
조선인의 충량한 일본 국민됨을 시험하는 역사적인 무대였다. 특히, '황국혼
(皇國魂)의 정화(精華)'로도 회자되었던 이인석 상등병의 전사는 조선인 사
회의 이상한 추모열을 부추기고 사회의 군국화를 추동하는 '죽음의 정치성'
을 발휘하였다. 이들의 중일전쟁 참전은 좌옹 윤치호의 지적과 같이 조선인
의 문약성(文弱性)을 혁파하고 "민족의 재무장을 알리는 조선 민족사의 새
로운 서막"[26]이었다.

1943~1945년 육군특별지원병은 뉴기니, 필리핀, 버마 등 남방전선의 아
시아태평양전쟁에 동원되었다. 일본인 전우들과 함께 인간의 접근을 불허
하는 열대밀림, 해발 3000~4000미터의 고산지대, 광활한 늪지대를 누비며
고군분투하였다. 이들은 극한의 전장 환경과 생물학적 한계를 넘어서는 치
열한 생존투쟁의 와중에서 인간 이성만으로 억제할 수 없는 욕망·공포·광
기 등 인간과 아귀의 경계를 넘나드는 '아수라의 세계'를 살아남아야 했다.[27]
1946년 이후 이들은 군사영어학교, 조선경비사관학교, 육군사관학교 등을
거쳐 국군 초급장교로 임관하였다. 6·25전쟁기 이들은 최일선 부대장으로

---

25. 군대는 그 자체로서 민주적이지 않지만, 간접적인 방식으로 평등성을 실현하는 특별한 공간이다. 군
대는 계급으로 신분이 구별되는 사회였다. 당사자의 출신, 직업, 빈부 등 자연적 혹은 사회적인 계급의
차이를 무시하고 의식주를 비롯한 모든 대우를 평등하게 취급한다는 점에서 「군대적 평등성」을 실현한
다. 요시다 유타카는 「군대적 평등성」이야말로 다양한 사회적 불만의 마취제였고, 그래서 군대에 대한
민중적 지지를 받을 수 있었다고 주장하였다. 요시다 유타카 지음, 최혜주 옮김(2005), 『일본의 군대』,
논형, 79~80쪽.
26. 박정신 역(2016), 『(국역) 윤치호 영문 일기(10)』, 국사편찬위원회, 207쪽.
27. 1943~1945년 조선군 제20사단 소속 육군특별지원병으로 뉴기니 전선에 참전했던 김시영과 유기
화의 증언을 참고. 林えいだい(1995), 『証言集, 朝鮮人皇軍兵士』, 拓植書房, 270/276쪽.

병력과 화력의 열세에도 불구하고 국제 공산주의 세력의 남침기도를 저지·분쇄하는 데 발군의 군사적 역량을 발휘하였다.

한편, 1942~1944년 또 다른 일본의 식민지 대만에서도 육군특별지원병제가 시행되었다. 대만의 경우, 모집 정원 4200명에 대해 약 149만 명의 지원자가 몰리면서 약 354배의 높은 지원자 경쟁률을 기록하였다. 고사족(高沙族) 등 보다 마이너리티한 종족일수록 다수의 지원자를 배출했기 때문이었다. 일본은 영국을 비롯한 서구 제국주의 열강과는 다르게 제2차 세계대전 말기에서야 본격적인 식민지 군사동원을 개시하였다. 그것도 영국령 인도군 250만 명의 약 8퍼센트에 상당하는 약 20만 명(조선인 약 12만 명, 대만인 약 8만 명)에 불과하였다. 더욱이, 같은 모병제라 해도 영국이 「인종주의」와 「물질주의」를 중시했던 것과 달리 일본은 「동화주의」와 「정신주의」를 특징으로 하였다. 육군특별지원병제는 식민지 군사동원의 일본적 구조와 특질을 분석하는 데 유효한 역사적 프리즘이다.

그들은 종래 어떻게 파악되어 왔는가

육군특별지원병은 중일전쟁과 아시아태평양전쟁을 거치면서 전문적인 군사지식과 풍부한 실전경험을 쌓았고, 투철한 국가관·군인관·사생관을 내면화하였다. 이들의 정신세계를 물들인 내셔널리즘은 일본의 패전이라고 하는 상황 변수에 따라 쉽게 훼손되거나 무화(無化)될 수 없는 뜨거운 불도장이었다. 이들은 '지배와 저항' 혹은 '억압과 강제'라는 20세기 역사관만으로 파악하기 곤란한 당혹스럽고도 미스터리한 존재들이다.[28] 이들의 실체는 20세기 대한민국사와 관련해서 중요한 논점을 함의한다. 그렇다면, 이들은 종래 어떻게 파악되어 왔는가를 살펴보자.

---

28. 조형래(2009), 「황군(皇軍)을 지원(志願/支援)하는 영화 그리고 문학」, 『비평문학』 제34집.

첫째, 육군특별지원병제의 역사성이다. 종래 미야타 세쓰코(宮田節子)는 육군특별지원병제를 강고한 민족성을 지닌 조선인을 포섭해서 일본적 감정·정조를 내면화한 충량한 황국 신민으로 개조하는 「황민화 정책」의 구체적인 추진력으로 파악하였다.[29] 하지만 1948년 대한민국 건국을 고려하면, 미야타의 주장은 「황민화 정책」을 병력 자원화를 위한 조선인의 일본인화로만 파악했다는 점에서 지극히 일면적이다.[30] 황민화라 하더라도 에스닉(ethnic) 차원의 일본인화와 국민국가(nation state) 차원의 국민화(nationalization)는 명확히 구별되어야 하기 때문이다.[31] 근대국민국가 차

---

29. 宮田節子(1985), 『朝鮮民衆と「皇民化」政策』, 未來社.

30. 일본 제국권에서 「황민화」 혹은 「황민화 운동」이란 용어를 최초로 사용한 것은 1937년 7월 대만군이었다. 중일전쟁 발발을 계기로 대만군은 대만 방위를 위해 대만인의 협력이 불가결하다고 인식했고, 그래서 대만인에 대해 국방사상을 보급하거나 교육훈련을 실시하는 것을 「황민화 운동」이라 칭하였다. 한국언론진단의 '뉴스라이브러리 고신문 검색'에서 키워드 검색을 실시한 결과, 조선에서 「황민화」라는 키워드가 처음 등장한 것은 『매일신보』 1940년 2월25일자였고, 「황민화 운동」은 『매일신보』 1940년 11월 1일자였다. 朝鮮軍司令部(1937.6), 「朝鮮人志願兵制度に關する意見」; 近藤正己(1996), 『總力戰と臺灣』, 刀水書房, 161쪽.

31. 지금까지 한국 역사학계 일반에서 황민화 정책은 민족말살 정책과 거의 동의어로 통용되어 왔다. 이는 1980년대 중반 이래 미야타의 주장이 학계의 정설로 수용되면서부터였다. 하지만, 춘원 이광수의 지론과 같이 「민족」은 혈연으로 맺어진 영원한 바다와도 같아서 어떤 사상과 주의도 단지 바다에 일렁이는 파도에 불과한 것이었다. 1940년대 조선총독부조차도 풍속·관습·언어·의식 차원에서 조선인의 완전한 황민화는 적어도 300년의 세월을 요하는 지난(至難)한 과업으로 간주하였다. 하루아침에 조선인의 강고한 민족의식을 삭탈하여 일본인으로 개조할 수 없다고 보았다. 그래서인지 황민화 정책은 오히려 다수의 조선인들에게도 생소했던 '단군 신화'를 비롯하여 '신라의 화랑'과 '성웅 이순신' 그리고 '의기 논개' 등을 호출해서 민족의식을 고취하였다. 민족의 신화·서사·상징(영웅)을 통해서 모래알같이 흩어진 조선 민중을 제국의 국민으로 통합해서 '제국의 총력전'에 동원하고자 하였다. 조선인들은 식민지기를 거치면서 비로소 자신들의 역사와 전통 그리고 문화의 자긍심을 회복하게 되었다. 조선인 「협력엘리트」들도 조선인들이 이념적 동질성과 균질성을 갖는 근대국가의 국민으로 거듭나는 것이야말로 민족의 힘을 회복하고 '민족사의 새로운 서막'을 준비하는 지름길이라 설파하였다. 따라서 황민화 정책을 통해서 조선인들이 일본적 정조·감정을 내면화한 황국 신민이 되었다고 해서 이것이 곧바로 민족말살을 의미하는 것이 아니었다. 민족의식은 상상의 집단의식임과 아울러 불가살(不可殺)의 마성(魔性)을 가졌기 때문에 그렇게 쉽게 말살되거나 소멸될 수도 없는 것이었다. 따라서 황민화 정책을 민족말살 정책으로 치부하는 것은 역사의 복잡성과 다양성을 단순화하는 더없는 치기(稚氣)의 다름이 아니라 할 것이다. 이영훈(2007), 『대한민국 이야기』, 기파랑, 96~110쪽; 相場淸(1941), 「朝鮮民族思想に就て」; 『월간조선』, 2008년 9월호.

원의 국민화는 자연상태의 조선인 대중을 학교, 군대, 공장 등 국가권력의 훈육장치를 활용해서 공간·시간·관습·신체·언어·이념의 동질성과 균질성을 갖는 근대국가의 국민이라는 '개조인간'을 주조·창출하는 문명화 과정이기 때문이다.[32]

근대국민국가 만들기(nation-building)는 이렇게 '국가의 법규와 정부의 명령에 실질적으로 복종하는 국민'을 창출하는 국민화로부터 시작되었다. 조선인의 국민화는 본격적인 전시동원에 앞서 모래알같이 흩어진 조선 민중의 국민적 포섭과 함께 이념적 동질성과 균질성을 확보해서 충량한 일본 국민으로 개조시킨다는 분명한 정치적 목적성을 갖는 것이었다.

바꾸어 말하면, 조선심(朝鮮心)을 죽이고 일본심(日本心)을 수육해서 신인종으로 포섭·개조·육화(肉化)시키는 거대한 정치 프로젝트였다. 조선인들은 정신과 신체를 녹여내는 국민화 정책이라고 하는 거대한 용광로를 거치면서 자기반성적 주체성(self-reflexive subject)과 자기통치의 통치성(govering of self-govering)를 내면화하였다. 국가 목적에 자발적 참여와 희생을 미덕으로 하는 근대국가의 국민으로 재탄생하게 되었다.[33]

조선인의 국민화는 천황에 대한 복종·충성·희생의 고귀함과 사회적 가치를 내면화하는 「연성형 국민화 정책」이라는 1938년 육군특별지원병제 시행을 직접적인 계기로 하였다.[34] 이들은 부지불식간에 생활과 의식의 수준으로까지 파고드는 국가권력의 모세혈관적 침투를 경험하면서 지극히 불충분하고 불완전하지만, 국가와 국민의 정치적 관계를 의식하는 이데올로그로 변신하게 되었다. 이는 1945년 이후 해방 공간에서 신생 대한민국 건국이라

---

32. 西川長夫(1995), 「日本型國民國家の形成」, 『幕末·明治期の國民國家形成と文化變容』, 新曜社.

33. 콜린 고든 외 지음, 심성보 외 옮김(2014), 『푸코 효과: 통치성의 연구』, 난장.

34. 이 책에서도 「황민화」라는 용어를 사용하는 경우가 있지만, 그 의미는 근대 국민국가 차원의 「국민화」로 파악하는 입장이다.

는 트랜스내셔널한 열병의 감염으로도 나타났다. 요컨대, 1938년 이래 조선인들이 경험했던 근대국가의 국민화는 1948년 대한민국 건국과 관련해서 재구성되어야 한다.[35]

둘째, 육군특별지원병제 성립의 목적과 주체의 측면이다. 종래 미야타 세쓰코는 1937년 중일전쟁 발발과 함께 조선통치의 위기의식에 휩싸인 조선군사령부가 육군특별지원병제 성립을 주도했다고 주장하였다.[36] 그러나 육군특별지원병제 성립의 '조선군사령부 주도 가설'은 당시 조선총독이 장악했던 조선통치의 종합행정권을 침식하고 훼손하는 명백한 월권 행위였다. "미약한 권한의 보지(保持)에 그쳤다"[37]는 당시 고이소 구니아키(小磯國昭) 조선군사령관의 증언과도 정면으로 어긋난다. 그렇다고 해서 "미나미 지로 총독의 일대 영단(英斷)"[38]으로 파악하는 '조선총독부 주도 가설' 또한 지극히 근시안적인 견해이다.[39]

---

35. 한국언론재단의 '뉴스라이브러리 고신문 검색'에서 「국민」이란 키워드를 검색한 결과는 다음과 같다. 1883년 11월30일부터 1945년 8월14일까지 건수는 2만 8770건, 1938년 1월1일부터 1945년 8월14일까지 1만 172건을 기록하였다. 1938~1945년 「국민」이란 용어 사용이 전체의 35.4퍼센트를 차지하였다. 그 용례는 국민의례, 국민윤리, 국민학교, 국민사상, 국민투표, 국민양성, 국민권익, 국민참정, 국민의무, 국민체육, 국민가창, 국민대회, 국민문학, 국민협력, 국민소비, 국민훈련, 국민방공, 국민혈세, 국민등록, 국민운동, 국민연성, 국민동원, 국민의무, 국민총력, 국민위생, 국민보건, 국민교육, 국민저축, 국민생활, 국민조직, 국민영화, 국민정신 등이었다. 당대의 언어생활이 사람들의 일상과 시대정신을 반영하는 것이라면, 앞서 열거한 단어들은 21세기 오늘을 사는 한국인들에게도 전혀 생경하지 않다. https://www.kinds. or.kr/news/libraryNews.do

36. 宮田節子(1985), 『朝鮮民衆と「皇民化」政策』, 未來社.

37. 1965년 고이소 구니아키는 자서전에서 "(조선)군사령관은 총독의 예하로부터 분리·독립되어 있다고는 하지만, 군대의 지휘권은 방위관계 사항에 한정되었고, 전시의 군사령관 혹은 관동군사령관과는 전혀 성격을 달리해서 겨우 미약한 권한을 보지하는 데 그쳤다. 매년 실시하는 검열 등 방위 근무 이외는 불가능하였다"고 증언하였다. 더구나 당시 고이소 조선군사령관은 육군사관학교 시절 미나미 조선총독과 교관과 생도의 사제지간이었다. 小磯國昭(1963), 『葛山鴻爪』, 小磯國昭自叙伝刊行會, 616~617쪽.

38. 「東亞日報」 1938년 1월19일자; 「鮮文紙の感想に見る朝鮮人志願兵制度の成立」, 『朝鮮公論』 제26권 제2호, 1938.2.

39. 정안기(2018), 「1930년대 육군특별지원병제의 성립사 연구」, 『한일관계사연구』 제61집.

왜냐하면, 1938년 중일전쟁 와중에서 육군특별지원병제를 시행한다는 것은 조선인 청년들의 생명을 담보해야 하는 중대한 정치적 사안이었기 때문이다. 육군특별지원병제는 근원적으로 일본정부와 식민권력의 일방적 의지와 결정만으로 시행될 수 없는 것이었고, 조선인 사회의 적극적인 동의와 협력이 불가결한 정책·제도였다. 그 때문에 식민권력의 의지와 조선인 사회의 민심을 매개하는 정치적 에이전시(political agent)로 등장한 정치적 주체들이 바로 조선인 「협력엘리트」들이었다. 더욱이 육군특별지원병을 메인 캐릭터로 삼아 「대중의 국민화」[40]를 위한 국가주의 문예운동과 문화생산을 주도했던 「문화엘리트」도 지원자 동원에 중요한 역할을 담당하였다.

종래 연구는 육군특별지원병제를 1931년 만주사변 이래 조선군사령부가 열망했던 조선인의 병력 자원화라는 오로지 '군사적 목적론'만으로 파악하였다. 하지만, 조선군사령부가 그렇게도 열망해서 추진한 육군특별지원병제의 모집 정원은 1938년 400명을 시작으로 1943년까지 1만 7500명이었고, 조선인 2500만 명의 약 0.07퍼센트에 불과하였다. 1938년도 모집 정원 400명은 당시 일본 육군 50만 명의 약 0.08퍼센트에 불과했고, 1943년까지 연인원 1만 7500명도 1943년도 일본 육군 290만 명의 0.6퍼센트에 지나지 않았다. 종래 '군사적 목적론'만으로 파악해 왔던 육군특별지원병제는 「조선인의 국민화 정책」과 관련해서 재구성되어야 한다.

셋째, 육군특별지원병의 사회계층과 지원자의 멘털리티 측면이다. 관련해

---

40. 조지 모스의 「대중의 국민화」는 제국주의 문화사 연구의 거작으로 중요한 시사점을 제공한다. 모스는 독일 파시즘이 소수의 독재자에 의해 민중의 역사를 강탈한 사건이 아니라 18세기 이래 발전한 서양 문화의 흐름 가운데 하나의 정점이었다며, 종래 파시즘의 통념을 뒤집었다. 모스는 독일 대중이 국민으로 나아간 길이 히틀러가 표현했던 무자비하고 광적인 방식이 아니라 지극히 자발적이고 문화적인 방식이었음을 강조하였다. 건축양식과 미장센, 각종 동호회와 대중 예술, 조명과 합창의 진화가 모래알 같은 익명의 대중을 광장으로 불러내고 어떻게 강력한 아이덴티티(독일 민족주의)를 내면화한 「국민」으로 변질시켰는지를 분석하였다. 조지 L. 모스 지음, 임지현 김지혜가 함께 옮김(2008), 「대중의 국민화」, 소나무.

서 미야타는 남한 농촌에 퇴적한 세민층의 호구지책(糊口之策)으로, 최유리(崔由利)는 식민권력의 광범위하고 철저한 강제동원의 결과로 파악하였다.[41] 하지만, 지원자 조건을 살펴보면, 6년제 보통학교를 졸업한 자, 신장 1.60미터 이상인 자, 일정 수준 이상의 경제력을 갖는 가계의 출신이어야 했다. 요컨대, 지원자 배출 가계는 1920년대 당시 취학률이 약 30퍼센트를 밑도는 상황에서 취학 아동의 교육비 부담, 정상적인 신체 발육을 위한 적절한 영양 섭취, 일본어의 원활한 소통이 가능한 일부 조선인 계층에 한정될 수밖에 없었다. 종래 미야타와 최유리는 이들 지원자의 사회경제적 조건과 실상을 무시하고 지나치게 단순화시키고 말았다.

1941년 지원자의 가계자산 조사에 따르면, 자산가액 100엔 미만은 전체의 8퍼센트에 불과했던 반면, 1000엔 이상이 전체의 56.2퍼센트를 기록하였다. 1941년 당시 비숙련 노동자의 일당 1.61원에 대해서 일본군 병사들의 월급은 약 5.80원에 불과하였다.[42] 높은 엥겔계수(engel coefficient)에 시달리는 남한 농촌 세민층의 처지에서 육군특별지원병은 쉽게 관념하기 곤란한 언감생심(焉敢生心)이었다. 더구나 중일전쟁의 와중에서 육군특별지원병을 지원한다는 것은 자신의 명줄을 걸어야 하는 사생결단이었다. 이를 두고 '지원의 강제성'을 운운하는 것은 어불성설이다. 조선인 사회의 복합성과 다양성을 무시한 논의라 할 것이다.

육군특별지원병제는 징병제와 달리 법제적 강제성을 결여한 문자 그대로 '특별지원'이었다. 그래서 연평균 약 46배에 달하는 지원자 배율을 기록했고, 애국적 메시지로 넘쳐나는 혈서지원과 수년에 걸친 재수지원도 횡행

---

41. 최유리(1997), 『일제 말기 식민지 지배정책 연구』, 국학자료원.
42. 東京靑年立志會編輯部編(1938), 『陸軍現役志願兵』, 東京靑年立志會.

하였다.[43] 그래서 식민권력도 더 많은 지원자 동원을 위해 관청, 학교, 경찰, 애국반을 독려하는 프로파간다에 동분서주하였다.[44] 지원자들은 "신분 변경이 용이하고 동시에 비교적 내지인 관공리와 지식층의 감화"[45]에도 민감한 존재들이었다. 육군특별지원병제는 남한지역 중농층의 높은 지원율 그리고 특별한 지역성과도 밀접한 관련성을 갖는다. 요컨대, 육군특별지원병의 동기와 멘탈리티는 향촌사회 모순과 관련해서 재구성되어야 한다.

넷째, 육군특별지원병제의 국제비교 측면이다. 최근 다카시 후지타니는 '친절한 인종주의'라는 초국적 관점에서 조선인 육군특별지원병제가 일본이 추진하는 '제국의 총력전'에 기여했다고 주장하였다.[46] 제2차 세계대전기 미국과 일본이 소수자와 피식민자의 군사동원을 위해 비인도적이고 배타적인 '거친 인종주의(vulgar racism)'로부터 보다 관용적이고 포용적인 '친절한 인종주의(polite racism)'로의 역사적 수렴(historical convergence)이라는 정책의 유사성을 강조하였다. 이는 '제국의 총력전'을 위해 이민자와 피식민자의 포섭이 불가결했고, 더 이상 이들을 국가 공동체 내부적으로 차

---

43. 1938년 육군특별지원병제 실시 이래 혈서 지원자는 1938년 18통, 1939년 50통, 1940년 189통, 1941년 382통으로 합계 639통을 기록하였다. 또한, 1948년 자료에 따르면, 육군특별지원병의 혈서 지원자는 이수녕 등 66명이었다. 한편, 재수지원의 경우, 1942년도 후반기 경성 제1육군병지원자훈련소 입소자 1709명의 지원 횟수는 2회 이상 재수지원자가 전체의 약 43퍼센트를 차지하였다. 朝鮮總督府第一陸軍兵志願者訓練所(1942), 「徒諸調査表」; 佐野八十衛(1943), 『戰ふ朝鮮』, 內外公論社, 65쪽; 민족정경문화연구소편(1948), 『친일파군상』, 삼성문화사, 171~174쪽.

44. 1939년 당시 문경소학교 1학년 담임이었던 故 박정희 전 대통령은 학생들의 학예회 활동으로 '지원병 출정'이라는 주제의 연극공연을 감독하고 연출하였다. 조갑제(2006), 『박정희, 한 근대화 혁명가의 비장한 생애』, 조갑제닷컴, 204쪽.

45. 朝鮮總督府警務局(1941.12), 「第79回帝國議會說明資料」.

46. 후지타니의 저작은 초국적 관점에서 인종주의, 민족주의, 전쟁, 아시아태평양을 키워드로 아시아 지역사 연구의 외연을 확장·심화시킨 연구이다. 정부와 군 관계 문서, 전쟁포로의 심문조서, 회고록, 영화 등 일본어, 한국어, 영어 문헌과 함께 인터뷰 조사를 포함한다. 다카시 후지타니 지음, 이경훈 옮김(2019), 『총력전 제국의 인종주의』, 푸른역사. 원서는 Takashi Fujitani, Race for Empire: Koreans as Japanese and Japanese as Americans during World War II, University of California Press, 2011.

별하거나 배척할 수 없었기 때문이었다. 하지만, 복합민족 국가인 미국과 식민지 제국의 일본 그리고 미국계 일본인이라는 자발적 이민자와 조선인이라는 피식민자를 인종주의라는 동일한 카테고리의 마이너리티로 간주하고, 동일한 비교 틀을 적용해서 역사적 상대주의에 동원하는 것이 타당한지 의문이다.

더구나, 조선인 육군특별지원병제를 전시외국인수용소에 격리되었던 일본계 미국인을 상대로 '조건부 충성'을 강요했던 마이너리티 출신의 지원병제와 대등한 차원의 군사동원으로 파악하는 것이 타당한가? 실제로, 1920년 전후 남한 농촌에서 출생하고 성장한 육군특별지원병 출신자들에게 일본인과의 접촉은 지극히 예외적인 상황이었다. 이들에게 인종주의는 지극히 추상적인 것이었고, 과연 목숨을 걸어야 할 만큼 그렇게 현실적이고 절실한 문제였는지도 의문이다. 이 점을 고려해서 제2차 세계대전기 '제국의 총력전'을 상대화하고자 한다면, 미국과 동일한 뉴딜형으로 분류되는 영국 그리고 식민지 인도와의 국제비교가 보다 적절하다.[47]

다카시는 1941년도 제국의회 자료를 활용해서 육군특별지원병의 지원 동기를 실증 분석하였다. 그 결과, 지원자의 멘탈리티에 대한 조사 자료에 게재된 27.9퍼센트의 열렬한 애국심을 인용해서 조선인 청년들이 "일종의 애국심에 고취"[48]되어 육군특별지원병을 지원했다고 주장했지만, 72.1퍼센트에 달하는 나머지 멘탈리티(공명심, 공리심, 직업심 등)를 경시하였다. 말하자면, '퍼센트의 마술'을 활용해서 '친절한 인종주의 정책'의 전시효과를 강조하였다. 하지만, 좌옹 윤치호의 지적과 같이 "확대된 이기심에 불과한 애

---

47. 山之内靖(2000), 『總力戰と現代化』, 柏書房.

48. 다카시 후지타니 지음, 이경훈 옮김(2019), 『총력전 제국의 인종주의』, 푸른역사, 424쪽.

국심"[49] 혹은 디테일을 결여한 '애매모호한 애국심' 때문에 이들이 그토록 육군특별지원병을 열망했는지 혹은 기만적인 인종주의 정책에 놀아나는 불나방에 불과했는지 의문이다.

다섯째, 육군특별지원병의 경험과 유산의 측면이다. 종래 대한민국 창군사는 전체적으로 "다른 분야에 비해 연구 실적이 일천한 상황"[50]이다.[51] 그동안 연구는 창군 세력을 식민지기 일본 육군사관학교, 만주 군관학교, 학도지원병 출신의 장교 경력자만을 중시했고, 육군특별지원병 출신 일본군 하사관 경력자를 경시해 왔다. 이들 육군특별지원병 출신 군사 경력자들은 "만주군·학병과 함께 건군의 3대 인맥"[52]을 형성하였다. 이들은 "명령에 대한 절대적 복종, 임무완수의 강한 책임감과 충성심 등이 일반적으로 지원병 출신의 성향"[53]이라는 1960년대 제9대 합참의장을 역임한 장창국 장군의 지적과 같이 '발군의 가성비(價性比)'를 자랑하는 상무집단이었다.

육군특별지원병 출신 군사 경력자들은 1946년 이래 군사영어학교, 조선경비사관학교, 육군사관학교를 거쳐 국군 초급장교로 임관하였다. 이들은 식민지기 일본군에 투신해서 중일전쟁과 아시아태평양전쟁을 거치면서 전문적인 군사지식과 풍부한 실전경험을 쌓았다. 이들은 대한민국 국군 창설을 담당하는 희소한 인적 자원이자, '밀리터리 테크노크라트(military

---

49. 조선인의 애국심과 관련해서 윤치호는 1920년 4월29일자 일기에서 "조선인들은 애국심이 수많은 범죄의 면죄부라도 되는 듯이 생각하고 행동한다. 결국 모든 애국심은 확대된 이기심이다. 다른 덕목들처럼 애국심이란 것도 오용될 수 있다"고 지적하였다. 박미경(2015), 『(국역) 윤치호 영문 일기(7)』, 국사편찬위원회, 72~73쪽.

50. 이강수(2013), 「해방 직후 대한민국 국군의 창군과 그 역사성」, 『군사』 제88호.

51. 佐々木春隆(1976), 『朝鮮戰爭(上)』, 原書房; 이기동(1982), 『비극의 군인들』, 일조각; 한용원(1984), 『創軍』, 박영사; 이영만(1985), 「미군정기 조선경비대 창설 과정 연구」, 고려대학교 석사논문; 안진(2005), 「조선국방경비대의 창설과 성격」, 『미군정과 한국의 민주주의』, 한울; 양영조(2012), 「6·25전쟁시 경비사관학교 출신 장교들의 역할」, 『한국학논총』 제37호.

52. 『중앙일보』 1982년 11월26일자.

53. 장창국(1984), 『육사졸업생』, 중앙일보사, 46쪽.

technocrat)'들이었다. 이들은 6·25전쟁 영웅 백선엽 장군의 지적과 같이 1948년 「제주4·3사건」과 「여순사건」의 토벌작전에서 "사상적으로 전혀 불안이 없었고, 발군의 전투지휘 능력"[54]을 발휘하였다. 이들은 6·25전쟁기 국제 공산세력으로부터 대한민국의 자유와 인권을 수호하는데 헌신했던 진정한 공로자들이었다.[55]

6·25전쟁사에 빛나는 「춘천 전투」의 승리와 세계사적 위상을 고려하면, 국군은 결코 미군의 들러리도, 중공군의 먹잇감도 아니었다.[56] 국군은 병력과 화력의 열세에도 불구하고, 주요 전투에서 결정적 역할을 담당하였다. 그럼에도 종래 연구는 6·25전쟁기 주요 전투를 승리로 이끌었던 최일선의 부대 지휘관이 누구였는지에 무관심하였다.[57] 관련해서 "국난 극복에 앞장선 호국용사의 활약상을 선양"[58]한다는 취지에서 6·25전쟁기 태극무공훈장 수훈자 60명에 주목한 손규석의 귀중한 연구가 있다. 하지만 창군 세력의 이질성과 이합집산(離合集散)[59]을 고려하면, 태극무공훈장 수훈자라 하

---

54. 佐々木春隆(1976), 『朝鮮戦争(上)』, 原書房, 241쪽.

55. 평남 평양 출생의 해롤드 노블(Harold Joyce Noble: 1903~1953)은 6·25전쟁 발발 당시 주한 미국 대사관 1등 서기관으로 근무하였다. 그는 자서전에서 한국군이 병력과 화력의 절대적 열세였음에도 "그들(북한군)이 48시간을 지체한 것은, 한국군이 항복하기보다 차라리 죽겠다는 용기와 각오를 가졌다는 것을 입증해준다"며 한국군의 용기와 희생에 대한 정당한 평가를 촉구하였다. 해롤드 노블 지음, 박실 옮김(1982), 『이승만 박사와 미국대사관』, 정호출판사, 26~27쪽.

56. 소진철(1996), 『한국전쟁의 기원』, 원광대학교 출판국; 김영호(2006), 『한국전쟁의 기원과 전개과정』, 성신여자대학교 출판부, 78쪽; 김형식(1994.4), 「세계사를 바꾼 6사단의 춘천 방어전」, 『월간조선』.

57. 정안기(2018), 「한국전쟁기 육군특별지원병의 군사적 역량」, 『군사연구』 제146집.

58. 손규석(2003), 『태극무공훈장에 빛나는 6·25전쟁 영웅』, 국방부군사편찬연구소, 3쪽.

59. 1945년 8월 해방을 맞이한 전국 각지에서는 군사 경력자들의 사설 군사단체 혹은 유사단체가 우후죽순 등장하였다. 이들 군사단체는 1945년 11월 약 60여 개에 달하였다. 이들은 각기 출신과 계보, 명분과 이념으로 대립·분열·충돌하면서 유혈사태와 무질서를 조장하였다. 출신과 계보에 따라 일본군, 만주군, 중국군, 광복군으로 구별되었다. 육군본부(1970), 『육군발전사(제1권)』, 육군본부, 69쪽; 김영만(1985), 「미군정기 조선경비대 창설과정 연구」, 고려대학교 석사논문; 국방부전사편찬위원회(1967), 『한국전쟁사(1)』, 국방부전사편찬위원회, 248쪽; 이상우(1988.8), 「한국군부의 인맥과 파벌」, 『신동아』.

더라도 출신, 성분, 경력에 대한 계통적이고 체계적인 분석이 불가결한 상황이다.[60]

II. 방법과 관점

육군특별지원병은 '조선인의 국민화'를 상징하고 견인하는 「제국의 첨병」이었다. 이들은 식민지기 중일전쟁과 아시아태평양전쟁뿐만 아니라 1948년 대한민국 건국, 1950년 6·25전쟁, 1960년 4·19혁명, 1961년 5·16군사정변의 당사자들이었다. 두 개의 조국을 위해 죽기를 맹세해야 했던 이들은 20세기 대한민국사에서 결코 드러내고 싶지 않은 존재이자 한국사회의 극단적인 정체성을 위해 깨끗하게 지워지고 철저하게 망각되어야 했던 이른바 「검은 역사의 살아있는 유령」들이었다.[61]

---

60. 1946년 이래 군사영어학교와 조선경비사관학교 입교자들은 다양한 출신과 경력의 혼종성 때문에 오합지졸의 양상이었고, 단기교육만으로는 이들의 이질성을 해소할 수 없었다. 이를 반영한 한국군의 파벌과 사조직에 대해서는 1962년 미 대사관이 작성한 기밀문서가 유용하다. 황일도 기획, 최요섭 번역(2010.3.3), 「1962년 미 대사관 기밀문건」, 『신동아』. 박경원(2019.7.24), 「인터뷰 자료」.

61. 1950년대 후반 국방부 보도과장과 1960년대 전반 문공부 보도국장을 역임했던 이용상(李容相, 1923~2005)은 "국군 고급장교 중에 과거 일본지원병 저질들이 많았는데 그들은 해방이 되자 태도를 일변시켜 국가와 민족을 위해 국군이 됐노라고 소리 높여 떠들어댔던 것이다. 그런 애국자라면 왜 일본 천황에 충성을 다하겠다고 혈서를 쓰면서까지 지원했단 말인가. … 솔직히 말해서 그들 대부분은 우쭐하고 싶은 유치스러움 때문에 일본군에 입대했던 것"이라며, 육군특별지원병 출신 고급장교들에 대해 저질 운운의 원색적인 비난을 서슴지 않았다. 보성전문학교 출신이자, 현민 유진오의 처남이기도 했던 이용상 본인도 사실은 1944년 학도지원병을 자원해서 일본군에 입영하였다. 그는 중국 화남지역 모 부대에서 근무하면서 일본군 장교를 열망해서 간부후보생을 자원하였다. 1945년 5월 후난성(湖南省) 쌍탄(湘潭)에서 탈영했고, 국민당군 유격대 소속으로 해방을 맞았다. 이용상의 사례와 같이 일본군을 자원했던 사실을 망각하고 육군특별지원병 출신 군사경력자들을 조롱하고 폄훼하는 학도지원병 출신자들의 허위의식 혹은 후안무치는 이들이 남긴 여러 회고록과 자서전에서 산견된다. 이용상(1993), 『용금옥 시대』, 서울신문사, 126~127쪽; 이용상(1977), 「분노의 계절」, 『오욕의 시대』, 한샘출판사, 309~319쪽.

한국 사회가 강요하는 「존재의 유령화」는 이들에게 맨 정신으로는 견디기 힘든 정신분열이자, 자기부정이었을 것이다.[62] 이 책은 근대국가의 국민 혹은 문명인으로 소생하고자 했던 이들의 실존적 몸부림을 20세기 대한민국사 문맥에서 재구성한다. 이 책은 다음과 같은 연구 방법과 관점에서 서술한다.

첫째는 관전사(貫戰史·trans-war history)[63]의 관점이다. 관전사는 거듭되는 전쟁의 충격이 국제관계를 비롯해서 국내의 정치경제와 사회구조를 격변시키고 사람들의 사고와 심리에 지대한 영향을 미치며, 종전 이후에도 전쟁의 충격과 영향이 쉽게 소멸되지 않는다는 역사적 사실을 중시한다. 이 책은 종래 20세기 대한민국사에서 이른바 '비어 있는 찬장'[64]으로도 간주되는 1930~1950년대를 「관전기(the trans-war period)」라는 하나의 역사적 시공간으로 파악한다.

20세기 초엽 조선인들은 국가 관념을 결여한 홉스적 또는 로크적 정신세

---

62. 1984년 이대용 장군의 회고에 따르면, 6·25전쟁 당시 제6사단 제7연대 제1대대장이었던 육군특별지원병 제1기생(현역)과 조선경비사관학교 제5기생 출신의 김용배 대대장은 술을 마시고 취기가 오르면, "일제 때 지원병으로 나가 일본군에서 근무한 것을 후회한다고 했다. 어린 마음에 단지 군인이 되고 싶어 지원병이 되었었는데 크게 실수였다고 한숨지었다"고 한다. 해방 이후 후회와 한숨의 날들을 보내야 했던 육군특별지원병 출신 군사 경력자들은 아마도 김용배 대대장만이 아니었을 것이다. 이대용(1984), 『국경선에 밤이 오다』, 한진출판사, 212쪽.

63. 관전사의 관점은 1980년대 서구 학계에서 글로벌 히스토리 혹은 냉전사 연구의 일환으로 등장하였다. 관전사는 1940년대 제2차 세계대전을 거쳐 1950년대 6·25전쟁과 함께 세계적으로 성립한 냉전체제를 하나의 역사적 시공간으로 파악한다. 일본 근현대사에서 관전사는 '전전(戰前)의 전쟁'과 '전후(戰後)의 평화' 혹은 '단절과 연속'이라는 양자택일의 역사관이 아니라 글로벌 히스토리의 문맥에서 통합적으로 파악하고자 하는 경향이다. 말하자면, 전쟁의 시대를 관통하는 공통적인 경향과 논리의 연속성·계속성을 중시하는 역사의 서술 방법이다. 그래서 관전사는 '전쟁과 글로벌' 그리고 '국제관계와 기억'의 문제를 중시한다. 中村政則(2005), 『戰後史』, 岩波新書; 中村政則(2005), 〈貫戰史〉が描き出す戰後日本とは」, 『世界』 제744호; ゴードン アンドルー(2017), 「批判と反省 中村政則と日本の環太平洋史·貫戰史」, 『歷史學研究』 第960号; 林果顯(2009), 「1950年代反攻大陸宣傳體制的形成」, 國立政治大學歷史學系研究部博士論文; 한수영(2011), 「관전사의 관점으로 본 한국전쟁 기억의 두 가지 형식」, 『어문학』 제113집.

64. 브루스 커밍스 지음, 김동노 외 역(2001), 『브루스 커밍스의 한국현대사』, 창작과비평사, 261쪽.

계를 특징으로 하였다.[65] 하지만 이들은 관전기(만주사변, 중일전쟁, 아시아태평양전쟁, 6·25전쟁)을 거치면서 균질적이고 동질적인 권리와 의무, 국가와 국민의 이원적 관계를 의식하는 이데올로그로 변질하였다. 미셸 푸코(Michel Foucault)가 지적했던 근대국가의 「통치성(governmentality)」[66] 혹은 「식민지 통치성(colonnial governmentality)」[67]의 영역에 포섭되었다. 근대국가의 통치성은 자연 상태의 민중을 포섭해서 국민적 자발성과 주체성을 내면화한 근대국가의 국민을 주조·창출하는 적나라한 정치행위를 말한다.[68]

관전기 조선인들이 경험하고 의식했던 근대국가의 권력은 1948년 자유

---

65. 이와 관련하여 대한민국 초대 대통령 이승만은 1904년 한성 감옥에서 집필한 『독립정신』에서 "우리는 어이하여 우리 국민의 당당한 권리를 찾고자 아니하며, 내 나라 동포들을 압제하고 학대하여 소나 말과 같이 대접하며 노예같이 부리는 것을 당연하게 여기는가. 우리나라에서도 갑오경장 초에 노예법을 혁파하는 새로운 법률을 정하였으나, 상하가 다 그 본래 뜻을 깨닫지 못하여, 마치 노예법을 버리는 것은 곧 천지에 떳떳한 이치를 어기는 것인 줄로 여겼기 때문에, 지금껏 그 법이 실시되지 못하고 있는 것이다. … 우리 모두 어서 바삐 깨달아서 남에게 노예 대접도 받지 말고 남을 노예로 대접하지도 말며 제 몸을 남과 같이 여겨서 한 사람도 평등한 권리를 찾지 못하는 사람이 없도록 할지어다"라고 갈파하였다. 이승만 지음, 박기봉 교정(2018), 『독립정신』 비봉출판사, 153~154쪽; 최정운(2013), 『한국인의 탄생』, 미지북스, 103~107쪽.

66. 요컨대, 미셸 푸코는 「생체권력(bio-power)」과 「동일성의 정치(identity-politics)」라는 개념을 고안해서 근대국가의 국민을 주조·창출하는 행위를 근대국가의 「통치성(governmentality)」으로 규정하였다. 미셸 푸코 외 지음, 정일준 옮김(1994), 『미셸 푸코의 권력이론』, 새물결; 콜린 고든 외 지음, 심성보 외 옮김(2014), 『푸코 효과』, 난장.

67. 1999년 데이비드 스콧(D.Scott)은 「식민지 통치성」을 "정치적 주권에 대한 식민기획들을 형성하는 역사적으로 구성된 지식 권력의 복합체"라 정의하였다. 이는 19세기 중반 식민주의 위기를 반영해서 등장한 통치성의 새로운 형식이다. 말하자면, 식민자와 피식민자를 구별하고 피식민자의 역사성과 주체성을 인정해서 보다 지속 가능한 식민통치를 위한 이론적 토대를 제공하고자 하는 새로운 식민통치 전략과 그 노력의 소산이었다. 이는 푸코의 「통치성」 개념을 식민지 분석에 적용한 것이며, 새로운 형식으로 피식민자의 주체성을 주조·창출하는 정치적 과정을 가리킨다. 정근식(2011), 「식민지 위생경찰의 형성과 변화, 그리고 유산」, 『사회와 역사』 제90집; 마흐무드 만다니 지음, 최대희 옮김(2017), 『규정과 지배』, 창비.

68. 베네딕트 앤더슨 지음, 서지원 옮김(2018), 『상상된 공동체』, 길; 에릭 홉스봄 외 지음, 박지향·장문석 옮김(2004), 『만들어진 전통』, 휴머니스트; 조지 L. 모스 지음, 임지현 김지혜가 함께 옮김(2008), 『대중의 국민화』, 소나무.

인의 공화국 대한민국 건국을 위한 '압축적인 국민 만들기'의 원형이었고, 오늘날 한국인들이 공유하는 정치적 센티멘털리즘을 규정하였다. 바꾸어 말해서 1948년 대한민국 건국을 고려하면, 관전기는 탈식민화의 역사적 과정임과 아울러 국민국가 건설(nation state-building)을 위한 여러 역사적 모듈(historical module)이 발흥하고 성숙하는 시공간이었다.[69] 요컨대,「관전기」는 대한민국 탄생의 창세기 혹은 창성기에 해당한다.

둘째는 제국주의와 식민지 관계의 쌍방성(interaction)을 중시한다.[70] 종래 육군특별지원병제를 분석한 미야타 세쓰코, 최유리, 다카시 후지타니의 연구는 전형적인 제국주의 정책결정론 혹은 그 초국적 버전이었다. 하지만, 중일전쟁의 와중에서 육군특별지원병제를 시행한다는 것은 조선인 청년들의 생살여탈(生殺與奪)을 일본정부와 식민권력에게 내맡겨야 하는 지극히 복잡하고도 중대한 정치적 사안이었다. 결코 일본정부와 식민권력의 일방성만으로 결정될 수 없는 정책·제도였고, 조선인 사회의 적극적인 동의와 협력을 불가결한 조건으로 하였다. 그래서 등장한 것이 식민권력의 의지와 조선인 사회의 민심을 매개하는 정치적 에이전시에 상당하는 조선인「협력엘리트」들이었다.

식민권력은 조선인 육군특별지원병제의 시행이라고 하는「연성형 황민화

---

69. 그동안 일본 학계는 1931년 만주사변, 1937년 중일전쟁, 1941년 아시아태평양전쟁을 포함하는 시기를 이른바「15년 전쟁론」으로 파악해 왔다. 하지만, 1950년 6·25전쟁은 1941년 아시아태평양전쟁과의 역사적 연속성과 함께 20세기 동아시아 각국에 불가역적인 충격과 영향을 끼쳤다. 현대 동아시아사 차원에서 일본학계의「15년 전쟁론」은 1950년 6·25전쟁을 포함하는「23년 전쟁론」으로 새롭게 파악되어야 한다.

70. 이 연구는 제국주의와 식민지 관계의 쌍방성을 일찍부터 주목했던 2006년 김동명의 연구로부터 많은 시사를 받았다. 그의 저작은 '지배와 협력' 혹은 '저항과 협력'의 관점에서 1920년대 일본 제국주의와 조선인 정치운동세력과의 상호작용을 주목하였다. 특히, 조선인 정치운동세력의 이념형을 동화형 협력(동화), 분리형 협력(자치), 저항(독립)으로 구분해서 일제의 지배정책에 대응하는 조선인 정치운동세력과 운동의 다양성을 치밀하게 분석하였다. 김동명(2006),「지배와 저항, 그리고 협력」, 경인문화사.

정책」혹은 「조선인의 국민화 정책」을 추진해서 1910년대 이래 「동화주의 식민통치 이데올로기」의 제도적 완성을 꾀하였다. 반면, 조선인 「협력엘리트」는 조선왕조 500년에 걸친 조선인 사회의 문약성을 혁파하고 상무정신을 회복하는 데 유용할 것이라 확신했고, 징병제 시행과 연계해서 조선인에 대한 차별을 철폐하는 참정권 확보의 정치적 포석으로 삼고자 하였다.[71] 조선인 「협력엘리트」들은 일본의 식민통치 정책에 무분별하게 편승하거나 선전하는 정치적 데코레이숀 혹은 단순한 인테리어가 아니었다. 이들은 주어진 시대적 조건과 정치적 환경에서 조선인 사회의 이해를 대변하고 공공성의 극대화를 추구했던 '자발적 협력자'들이었다.

1938년 2월 육군특별지원병제는 서로 다른 정치적 목적을 욕망하는 조선인 「협력엘리트」와 식민권력과의 치밀한 정치적 계산에 기초한 치열한 정치적 바게닝의 소산이었다. 그 점에서 조선인 육군특별지원병제는 제국주의와 식민지 관계의 일방성만으로 파악하기 곤란하다. 육군특별지원병제의 성립과 시행은 조선인 「협력엘리트」와 식민권력의 서로 다른 목적과 셈법이 교차하는 「협력의 정략성(political nature of cooperation)」을 특징으로 하였다. 「협력의 정략성」이 작동하는 '정략적 협력관계'에서 협력자는 정치적 본심을 감추고자 하는 반면, 식민권력은 이들의 저의(底意)를 끊임없이 의심하고 탐문하는 협력과 불신의 중층적 관계를 특징으로 하였다. 요컨대, 육군특별지원병제의 성립과 시행은 식민권력과 조선인 사회와의 정치적 의존관계와 상호작용을 분석하는 데 유효한 역사적 프리즘이다.

셋째는 육군특별지원병제와 향촌사회 모순과의 구조연관에 주목한다.

---

71. 20세기 초엽 백암 박은식은 「문약의 폐해는 나라를 망친다」는 논설에서 "수백 년 사이에 문(文)을 숭상하고 무(武)를 천히 여기는 습관이 날로 증가되어 나갔다. 활과 화살을 잡고 과거에 나가는 자를 '쇠뿔휘기'라 하며, 총포를 익혀서 출신하는 자를 '개다리 출신'이라 했다. 그러니 고금 천하에 어찌 이같은 천한 명칭이 있겠는가"라고 한탄하였다. 이만열 편(1980), 『박은식』, 한길사, 91쪽.

1938~1943년 육군특별지원병 지원자의 약 63퍼센트는 남한지역 출신자들이었다. 이들 대부분은 "보통 이상의 생계를 영위"[72]하는 남한지역 중농층 대가족 가계의 차남 출신들이었다.[73] 이들 남한지역 중농층은 전근대 양반 출신의 상류층과 달리 신분 변경과 출세 지향성이 강한 전근대의 상민 출신들이었고, 가계 경제력의 확충과 자식들의 근대교육에도 힘써 왔던 보다 역동적인 사회 계층이었다. 사회적 지위 상승과 계층 이동을 위한 입신출세의 열망이 강렬했고, 그래서 식민권력의 지배정책에도 상대적으로 민감하게 반응하는 정치적 존재들이었다.

육군특별지원병의 지역적 편재성은 남한지역 향촌사회의 특별한 지역성과 긴밀한 구조연관을 갖는다. 이들의 동기를 규정한 것은 시대착오적인 신분차별과 지주제의 경제적 불평등이라고 하는 향촌사회의 모순이었다. 전근대 상민층 혹은 식민지기 남한지역 중농층의 입장에서 육군특별지원병제는 향촌사회 모순의 탈출구이자, 사회적 신분의 세탁·상승·이동을 위한 입신출세의 지름길이었다.[74] 그래서 이들은 애국적 메시지로 넘쳐나는 혈서지원과 지원 탄원서의 제출, 수년에 걸친 재수지원도 주저하지 않았다. 이들에게 육군특별지원병 합격은 '가문의 영광'에 다름 아니었다.

---

72. 法制局(1938.3.23), 「拓務大臣請議朝鮮總督府陸軍兵志願者訓練所官制制定ノ件」.

73. 지원자의 가정환경 및 교육수준과 관련해서 1939년 12월 조선총독부 학무국장과 육군병지원자훈련소 소장을 겸했던 시오바라 도키사부로(鹽原時三郎)는 "현재는 중류 가정 이하가 대부분이며, 중학교 졸업생이 소수이므로 될 수 있으면, 상류가정에서 솔선해서 응모하도록 일반 상류가정의 많은 이해와 협력을 바란다"고 요망하였다. 『매일신보』 1939년 12월8일자.

74. 관련해서 "군대 교육은 입영자가 지주인가 소작인인가를 구별하지 않고, 재산·지위·계급에서 전혀 차별 없이 평등하게 정신, 실과, 학과 등 성적에 의해 진급한다. 그래서 이 진급의 밑바탕은 체력이다. 농촌에서 종일 노동을 한 소작인이 항상 우세하기 때문에 소작의 자부심을 강고"하게 하였다. 육군특별지원병 지원자는 실력제일주의와 평등성에 기초하여 병영생활의 민족적 차별은 자신의 노력과 진급에 따라 얼마든지 극복할 수 있었다. 그렇기 때문이야말로 이들 지원자들은 자신들의 향촌사회에서 횡행하는 시대착오적인 반상차별과 같은 사회적 모순에 크게 절망하고 분노했을 것으로 추정된다. 요시다 유타카 지음, 최혜주 옮김(2005), 『일본의 군대』, 논형, 81쪽.

육군특별지원병 지원자의 동기와 멘털리티와 관련해서 미야타는 일제의 민족차별로부터 탈출이라고 하는 제국주의 모순만을 강조했고, 최유리는 식민권력의 광범위하고 철저한 강제동원의 결과로 파악하였다. 더구나 다카시는 '친절한 인종주의 정책'의 전시효과에 반응하는 디테일을 결여한 애매모호한 애국심만을 강조하였다.

이 책에서는 지원자의 지역적 편재성과 구조연관을 갖는 향촌사회의 모순에 주목한다. 조선인 청년들에게 목숨을 걸고서라도 육군특별지원병을 지원하게 만들었던 죽기 아니면 살기의 선택 혹은 일본과 천황을 위해 죽기를 맹세하게 만들었던 남한지역 향촌사회의 '특별한 지역성'으로부터 이들의 존재 양태와 모빌리티를 재구성한다.

Ⅲ. 활용자료에 대해서

이 책에서는 광범위한 1차 자료의 발굴과 함께 기존의 연구에서 활용한 자료를 비판적으로 재활용한다. 여기서는 새롭게 발굴한 1차 자료를 중심으로 자료 생산의 주체에 따라 (1)일본정부, (2)조선총독부, (3)조선군사령부, (4)조선군 예하 보병연대 전우회, (5)대한민국 육군본부, (6)국가기록원 소장 징병관계 자료, (7)유가족의 소장 자료와 당사자 인터뷰, (8)기타 회고와 증언으로 구분한다. 자료의 출처와 내용을 간략하게 소개하면, 다음과 같다.

첫째는 일본정부 관계 자료이다.[75] 조선인 육군특별지원병제와 관련한 법

---

75. 法制局(1938.3.23), 「拓務大臣請議朝鮮總督府陸軍兵志願者訓練所官制制定の件」; 法制局(1939.3.20), 「朝鮮總督府陸軍兵志願者訓練所官制中改正の件」; 法制局(1943.5.25), 「朝鮮總督府陸軍兵志願者訓練所官制中改正の件」; 法制局(1944.4.23), 「朝鮮總督府軍務豫備訓練所官制制定の件」.

제국 자료는 일본공문서관 아시아역사자료센터가 소장하고 있다. 이 가운데 새롭게 발굴한 자료는 1943년 5월 「조선총독부육군병지원자훈련소관제 개정의 건」으로, 1938년 이래 조선총독부가 매년 육군특별지원병의 증원에 따른 예산 증액을 위해 법제국 앞으로 제출한 관제 개정의 시안이다. 육군병지원자훈련소의 체제, 운영, 회계 등 다양한 수량 자료를 포함한다. 구체적으로 연도별·지역별 지원자, 적격자, 입소자, 입영자의 선발과 인원 등이다.

둘째는 조선총독부 관계 자료이다.[76] 1937년 말 조선총독부가 생산하고 현재 일본 국회도서관 헌정자료실이 소장하는 「조선인 지원병제도 시행에 관한 추밀원(樞密院)에서 상정 질문 및 답변 자료」[77]이다. 이 자료는 '금번 조선인 지원병제도를 시행하는 것이 적당하다고 인정되는 이유 여하'를 비롯해서 21개의 질의 항목과 답변을 정리하고 있다. 구체적으로 (1)징병제도에 대한 조선인의 반응, (2)조선에서 육군특별지원병제의 실시 요망 및 운동 상황, (3)조선인의 일본어 보급 상황과 육군특별지원병 적령자의 교육상황 등 당시 조선인 사회의 민심을 들여다보는 은밀한 내용도 포함한다.

셋째는 육군성과 조선군사령부 관계 자료이다.[78] 육군특별지원병 관련 조선군사령부 자료의 대부분은 일본공문서관 아시아역사자료센터가 소장하고 있다. 중요 자료는 1937년 7월 조선군사령부가 생산한 「조선인 지원병제도에 관한 의견」이다. 이 자료는 1937년 6월 조선인 지원병제 입안과 관련해서 육군

---

76. 朝鮮總督府(1937), 「朝鮮人志願兵制度施行ニ關スル樞密院ニ於ケル想定質問及答弁資料」; 朝鮮總督府(1937.11), 「朝鮮人志願兵制度施行要項」; 朝鮮總督府(1938.4.2), 「資産及所得調書」 『朝鮮總督府官報』 제3361호; 朝鮮總督府警務局(1938.1.25), 「志願兵制度實施ニ對スル一般ノ反響」, 『治安週報』제44~47호; 朝鮮總督府第一陸軍兵志願者訓鍊所編(1942), 「生徒諸調査表」.
77. 朝鮮總督府(1937), 「朝鮮人志願兵制度施行ニ關スル樞密院ニ於ケル想定質問及答弁資料」.
78. 朝鮮軍司令部(1937.6), 「朝鮮人志願兵制度ニ關スル意見」; 朝鮮軍參謀長久納誠一(1937.11.24), 「朝鮮人志願兵問題ニ關スル件回答」; 陸軍省(1939.1.24), 「昭和十四年度採用スベキ朝鮮人志願兵ノ採用人員並ニ入營又ハ召集部隊等ニ關スル件」; 朝鮮軍參謀長加藤鑰平(1939.11), 「陸軍特別志願兵縱軍狀況ニ關スル件」.

성의 요청에 따라 조선군사령부가 작성한 문건이다. 1939년 10월 「육군특별지원병 상황 조서」는 조선군사령부가 육군성 앞으로 조선군 제20사단 소속 육군특별지원병의 중일전쟁 참전과 전과를 보고한 문건이다. 1943년 「조선 출신병 취급 교육의 참고 자료 송부에 관한 건」[79]은 육군성이 조선인 육군특별지원병의 교육과 지도를 목적으로 예하 부대장들에게 배포한 기밀 문건이다.[80]

넷째는 보병연대 전우회 자료이다.[81] 이들 자료는 조선군(제19, 제20, 제30, 제49사단) 예하 보병연대 전우회가 1970~1990년대에 걸쳐 생산한 비공식 연대사이며, 현재 일본의 여러 도서관이 소장하고 있다. 이들 보병 연대사는 양과 질에서 상당한 편차가 있다. 그중 『조선군 제20사단 보병 제79연대사』는 1910년대 연대 창설을 시작으로 만주사변, 중일전쟁, 아시아태평양전쟁 그리고 1945년 종전 이후 전우회 활동까지를 포괄한다. 특히, 아시아태평양전쟁에 참전했던 병사들의 증언과 본적지별 전사자 명부도 게재하고 있다.

다섯째는 육군본부 소장 자료이다. 해방 이후 한국군에서 활약한 육군특별지원병 출신 군사 경력자에 대해서는 한용원(韓鎔源)의 선구적인 연구가 있다.[82] 하지만 같은 연구는 간도특설대 출신 군사 경력자를 비롯해서 다양한 이력과 경력의 이른바 '지원병 출신자'를 혼재했다는 점에서 한계가 있다. 이 책은 한용원의 연구와 여러 자료를 재활용해서 육군특별지원병

---

79. 陸軍省副官(1943.8.14), 「朝鮮出身兵取扱教育ノ參考資料送付ニ關スル件陸軍一般ヘ通牒」.

80. 陸軍省徵募課(1926.12), 「朝鮮臺灣人ニ兵役義務ヲ課スルヲ尚早ト認ムル理由ノ要旨並現在及將來ノ方針步兵隊訓練向上ニ關スル內議ノ件」; 陸軍省徵募課(1938.1.17), 「朝鮮人志願兵制度ニ關スル意見」; 陸軍省(1939.3.16), 「特別志願兵令ニ依ル兵取扱ニ關スル件」; 陸軍省(1940.3.2), 「特別志願兵ニシテ幹部候補生ヲ志願セントスル志願及其ノ取扱ニ關スル件」; 陸軍省副官(1943.8.14), 「朝鮮出身兵取扱教育ノ參考資料送付ニ關スル件陸軍一般ヘ通牒」.

81. 丸山善吉編(1977), 『步兵第七十三聯隊概史』 愛甲哲; 步兵第七十四聯隊史編集刊行委員會(1998), 『步兵第七十四聯隊史』; 岡本政治(1990), 『步兵第七十五連隊私記余話』; 步兵第七十六聯隊記念誌編纂委員會編(1995), 『步兵第七十六聯隊秘錄』; 步兵第七十八聯隊史編纂委員會編(1983), 『步兵第七十八聯隊史』; 步兵第七十九聯隊史編集委員會編(1984), 『步兵第七十九聯隊史』; 古川靜夫(2015), 『步兵第八十聯隊史』.

82. 한용원(1984), 『創軍』, 박영사.

출신 군사 경력자들 가운데 미군정기, 건국기, 6·25전쟁을 거치면서 대한민국 육군 장성으로 진급했던 86명을 선별·확정하였다. 그리고 육군본부 병적민원과의 도움을 받아 이들의 출신, 성분, 경력을 확인하였다.

여섯째는 국가기록원 소장 자료이다. 1991~1993년 일본정부는 이른바 「일제 강점기 피해자 명부」라는 조선인 징병관계 문서를 한국정부에 이관하였다. 이들 문서에 등재된 조선인 병사는 『병적전시명부』 2만 222명과 『유수명부』 16만 648명이다. 이 가운데 『병적전시명부』의 작성 당시 문서명은 『육군전시명부』였다. 작성의 주체는 조선인 병사 개개인이 소속하는 일본군 일선 부대장이었다. 명부는 본적, 씨명, 현주소, 역종, 병종, 출신, 특수 기능, 위계(位階), 훈등공급(勳等功給), 관등급, 형벌, 사망, 이력을 망라한다. 이 가운데 이력은 출신별 입영일자, 배속부대, 참가작전, 전속상황, 진급 연월일 등 병사 개개인의 일본군 군사 경력 전반에 대한 구체적인 정보를 담고 있다.

일곱째는 유족의 소장 자료와 생존자의 인터뷰이다. 육군특별지원병 출신 군사 경력자 대부분은 1920년대를 전후해서 출생한 세대이다. 이 가운데 함병선 장군의 유가족은 함 장군의 이력서, 장교자력표, 일본군 사진 등 여러 귀중한 자료를 제공해 주었다. 1938년 육군특별지원병 제1기생과 1948년 조선경비사관학교 제6기생 출신의 박경원 장군과는 2019년 7월과 2020년 1월 두 차례에 걸쳐 인터뷰 기회를 가졌다. 주로 육군특별지원병의 지원 경위를 비롯해서 육군병지원자훈련소와 일본군 생활 그리고 건국기와 6·25전쟁기 육군특별지원병 출신 고급 지휘관들의 활약 등 여러 중요한 사실을 청취·확인하였다.

여덟째는 기타 회고와 증언이다.[83] 1995년 하야시 에이다이(林えいだい)

---

83. 林えいだい(1995), 『証言集, 朝鮮人皇軍兵士』, 拓植書房; 千田夏光(1975), 『禁じられた戦記』, 汐文社; 門脇朝秀編(2000), 『台湾から心の友を迎えて』, あけぼの會.

저작의 증언집은 1943년 조선군 제20사단 소속으로 뉴기니에 파병되었다가 구사일생으로 생환한 육군특별지원병 출신 6명의 증언을 활자화한 것이다. 송요찬 장군의 전기는 육군특별지원병 지원과 일본군 생활, 1946년 군사영어학교 입교와 수료, 1950년 6·25전쟁 참전, 1959년 육군참모총장 시절 등 생애사 전반을 망라한다.[84] 임부택 장군의 회고록은 육군특별지원병 지원과 일본군 생활 그리고 1950년 6월 제6사단 제7연대 연대장으로 진두지휘했던 춘천 전투를 비롯해서 누란지세의 구국전선에서 고군분투했던 지난날을 회고하였다. 1946년 이래 대한민국의 창군과 발전에 깊이 관여했던 '한국군의 대부'[85]로도 회자되는 짐 하우스만(James H. Hausman)의 회고는 육군특별지원병 출신 군사 경력자들의 개성·자질·역량에 대한 개인적인 평가를 담고 있다.

84. 小磯國昭(1963), 『葛山鴻爪』, 小磯國昭自叙伝刊行會, 616~617쪽; 김성수(1999), 『상이군인 김성수의 전쟁』, 금하출판사; 공국진(2001), 『한 노병의 애환』, 원민; 김이현(1991), 『멀고도 먼 귀로』, 베드로서원; 조성식(2007), 『영어와 더불어』, 해누리; 이응준(1982), 『회고 90년』, 산운기념사업회; 김석원(1977), 『노병의 한』, 육영사; 임부택(1996), 『낙동강에서 초산까지』, 그루터기; 이대용(2010), 『6·25와 베트남전, 두 사선을 넘다』, 기파랑; 유재홍(1994), 『격동의 세월』, 을유문화사; 이계홍(2005), 『장군이 된 이등병』, 화남; 이원복(1996), 『타이거 장군 송요찬』, 육군교육사령부; 이형근(1993), 『이형근 회고록』, 중앙일보사.
85. 1950년 4월 이승만 대통령과 채병덕 육군참모총장은 하우스만 대위를 초대해서 이 대통령의 제75회 생신 축하를 겸한 국군 분열식을 개최하였다. 분열식을 관람하던 이승만 대통령은 하우스만을 돌아보며 "당신의 군대가 자랑스럽겠군요"라고 말하자 하우스만은 "이 군대는 대한민국과 대통령의 군대입니다"라고 답하였다. 그러자 이승만 대통령은 재차 "아니요, 이것은 당신의 군대요"라며 흐뭇해 했다고 한다. 1918년 미국 뉴저지주 출생의 하우스만은 1946년 8월 미 육군 대위 신분의 미군정 요원으로 한국에 파견되었다. 그는 국방경비대 제8연대(춘천) 창설 연대장을 시작으로 같은 해 10월 미 군사고문단 참모장으로 한국군 창설에 깊이 관여했고, 1948년 「제주4·3사건」과 「여순사건」의 토벌과 진압작전에서 크게 활약했던 인물이다. 하우스만의 회고에 따르면, 1948년 10월 「여순사건」 진압과정에서 신생 한국군의 일사불란한 연합작전과 10일 만에 반란군이 점령했던 여수·순천을 탈환한 것을 두고 "경찰 보조병력으로 산돼지 몰이나 하던 한국군이 이런 대규모 작전을 벌일 수 있었다는 것은 정말 놀라운 일이 아닐 수 없었다"고 회고하였다. 짐 하우스만, 정일화 편(1995), 『한국 대통령을 움직인 미군 대위』, 한국문원, 179~186쪽; Allan R. Millett 저, 김광수 역(2000), 「하우스만 대위와 한국군의 창설(1945~1950)」, 『軍史』 제40호.

제**1**부
제국의 첨병

제1장 제도와 성립

1938년 2월 일본은 조선인의 지원병역을 인정하는 육군특별지원병령을 공포하였다. 육군특별지원병제는 누가, 언제, 어떤 정치적 과정을 거쳐 어떻게 성립했는가. 이 장에서는 육군특별지원병제의 성립을 둘러싼 조선인 「협력엘리트」와 식민권력과의 정치적 의존관계와 상호작용을 실증 분석한다.

I. 「협력엘리트」와 복선적 정략

먼저, 1920~1930년대 조선인 「협력엘리트」의 참정권과 징병제를 둘러싼 청원활동과 1936년 말 지원병제 청원의 등장 경위와 실상을 살핀다. 그리고 이에 대한 일본정부와 식민권력의 다양한 반응을 구체적으로 검토한다.

빵이 아닌 권리를!

1910년 한일병합과 함께 조선은 일본 제국의 헌법체제로 편입되었고, 이

법역(異法域)의 통치공간 또는 차별적인 정치공간으로 재편되었다. [표1-1]과 같이 조선인의 권리와 의무는 일본인과도 명확히 구별되었다. 조선과 대만에 대한 일본의 참정권 적용은 「병역법」의 「속인주의」와 달리 「속지주의」를 채택하였다. 그래서 재일조선인에게도 참정권이 부여되었지만, 재조일본인은 물론이고 현지조선인은 납세의무에도 불구하고 참정권을 결여하였다. 그렇다고 해서 조선인의 정치활동마저 완전히 봉쇄된 것은 아니었다.

[표1-1] 일본인과 조선인의 권리의무

구분	일본인	조선인
병역법	○	*
국적 이탈	○	*
검판사 특별임용	*	○
총독부문관 특별임용	*	○
도장관 등 특별임용	*	○
재근가봉	○	*
숙사료	○	*
은급가산	○	*

(자료) 朝鮮軍司令部(1938.11), 「朝鮮軍諸施設希望要綱」.

일본은 1919년 3·1운동이라는 조선인의 거족적 저항에 직면하면서 일시동인(一視同仁)의 동화주의 식민통치로 전환하게 되었다. 동화주의에 입각한 식민통치는 합법적인 정치활동의 공간을 제공했고, 조선인 「협력엘리트」가 발흥하고 자생하는 정치적 토대가 되었다. 하지만 3·1운동은 막대한 희생에도 불구하고 구체적인 정치적 성과도 없이 끝나고 말았다. 그래서 「협력엘리트」들은 일본으로부터의 독립은 단순한 희망사항에 불과했음을 자인하지 않으면 안되었다.

주어진 조건에서의 새로운 선택을 모색해야 했던 「협력엘리트」들이 또 다른 정치적 대안으로 참정 혹은 자치를 추구하는 것은 어쩌면 지극히 현실적인 선택이었다. 실제로, 1920년대 본격화하는 참정권 청원운동은 보통선거 법의 조선 시행을 주장하는 「참정(參政)」과 조선의회 설치를 주장하는 「자치 (自治)」로 대별된다.[1] 보통선거법(중의원 선거법)의 조선 시행을 주장했던 본 격적인 「협력엘리트」의 등장은 「국민협회」였다.

「국민협회」는 1920년 1월 「일진회」[2] 출신의 민원식[3]을 비롯한 김명준,[4] 김 환 등 지식인 계급의 사교단체 형식으로 창립한 「협성구락부(協成俱樂部)」 를 1920년 1월 확대·재편한 정치단체였다.[5] 이들은 대한제국기 중·하급 관 리 출신으로 대부분 개화된 인물들이었다. 「국민협회」는 1910년 한일병합을 계기로 조선인을 포함한 '신일본'이 형성되었기 때문에 조선인도 신일본 제국

---

1. 김윤정(2011), 『조선총독부 중추원 연구』, 경인문화사; 이승렬(2005), 「일제하 중추원 개혁 문제와 총독 정치」, 『동방학지』 제132집.

2. ユミ・ムン著, 赤阪俊一外共譯(2018), 『日本の朝鮮植民地化と親日「ポピュリスト」』, 明石書店.

3. 민원식(閔元植, 1886.7~1921.2)은 대한제국의 관료, 사회운동가, 언론인, 사상가로 활동하였다. 그는 경기도 양평 출신으로 1894~1901년 청국, 프랑스, 일본 유학을 거쳐 1905년 경무청 총순에 취임하였 다. 1906년 이토 히로부미(伊藤博文)의 후견으로 내무부 위생과장을 거쳐 1910년 한일병합 이후 중추 원 부찬의에 취임하였다. 1919년 3·1운동 이후에는 '신일본주의'를 표방하였다. 1920년 국민협회를 조직 해서 활발한 참정권 청원활동을 펼쳤고, 약 10만 원에 달하는 사재를 털어서 『시사신문』을 창간하였다. 1921년 2월16일 참정권 청원활동을 위해 일본을 방문했지만, 도쿄역 근처의 스테이션호텔(Station Hotel) 에서 일본대학 유학생 출신의 양근환(梁槿煥)의 칼에 찔려 숨지고 말았다. 일본정부 내각은 민원식에게 훈4등 서훈과 서보장(瑞寶章)을 수여하였다. 朝鮮總督府(1944.8), 「第85回帝國議會說明資料」; 內閣總 理大臣原敬(1921.2.17), 「朝鮮總督府中樞院參議閔元植敍勳の件」.

4. 김명준(金明濬, 1870.10~?)은 구한말 한성부 출신으로 1886년 과거에 급제해서 「승정원」 가주서(假 注書)를 지냈다. 1905년 「홍문관」 시강(侍講)과 1906년 「중추원」 부참의를 거쳐 1909년 평남 강동군 군 수를 역임하였다. 1910년 한일병합 이전에는 「일진회」의 유력자로 활동하였다. 그는 1908년 4월 「대한협 회」 집회에서 "인민의 자유와 권리가 없다면, 우리들은 그것을 '건전한 국가'라 할 수 없다"고 발언하였 다. 바꾸어 말하면, 김명준의 발언은 '건전한 국가'만이 언론, 생활, 거주, 재산의 자유를 포함하는 천부 인권을 보장할 수 있다는 것이었다. 1920년 민원식과 「국민협회」 설립을 주도했으며, 『시사신문』 부사장 을 역임하였다. 김윤정(2011), 『조선총독부 중추원 연구』, 경인문화사, 93쪽; ユミ・ムン著, 赤阪俊一外共 譯(2018), 『日本の朝鮮植民地化と親日「ポピュリスト」』, 明石書店, 455쪽; 『황성신문』 1908년 4월18일자.

5. 「국민협회」는 당초 100여 명의 회원으로 시작했지만, 1925년 약 10만 명에 달하는 정치세력으로 성 장하였다. 1922년 당시 지방지부도 약 20여 개에 달하였다. 國民協會宣傳部編(1931), 『國民協會運動 史』, 1쪽.

의 신민으로서 일본인과 동등한 국민적 권리와 의무를 가져야 한다는 이른바 '신일본주의(新日本主義)'를 표방하였다.[6]

민원식과 「국민협회」가 내세우는 '신일본주의'는 1919년 3·1 독립선언을 주도했던 「민족대표」들의 타협주의를 계승하는 사상적 조류였다. 1910년 한일병합을 전후해서 조선인 지도층(천도교와 대한협회 등)은 일본과의 '타협주의'와 '비타협주의'로 분화되었다. 타협주의는 조선 사회의 문명개화와 근대화를 위한 '실력양성'과 '법질서의 존중'을 강조하였다. 독립선언 당시 이들 「민족대표」들은 일본 정부의 '이성'에 호소해서 민족적 자치·독립을 실현한다는 타협주의와 함께 미국을 비롯한 서구 열강에 대해 민족자결의 '동정'을 구하는 외세 의존주의를 특징으로 하였다.[7]

---

6. 위와 같음, 3~7쪽.

7. 1919년 3·1독립선언의 기획자겸 실행자이자 천도교 계열의 「보성고등보통학교」 교장이었던 최린은 1919년 7월28일 경성지방법원 예심조서에서 "왜 조선은 독립해야 한다고 생각하는가"라는 검사의 질문에 대해서 "한일병합은 러일전쟁의 결과로서 부득이한 일이었다. 당시 조선의 정치는 혹심한 악정이었고, 도저히 조선의 안녕과 행복을 유지하고 증진할 수 없는 상황이었다. 한일병합에 반대했지만, 어쩔 수 없는 일이었다. 하지만 병합 이후 10년에 걸친 정책을 회고하면, 일본 정치가들은 선정을 표방하는 동화주의를 제창했지만, 실제 그것과는 전혀 다른 것이었다. 경제적으로 일본에게는 이롭고 조선에게는 해로웠고, 정치적으로도 일본은 귀하고 조선은 천한 것이었다. … 친절로서 동화를 바라야 했지만, 위압으로 조선을 다스렸다. … 그래서 일본 정부의 정책을 배척하고자 운동을 일으켰다. 하지만 나의 진정은 일본과 일본인을 배척하는 것이 아니라 장래 동양 전체의 행복을 위해 일본과 제휴해야 한다고 생각한다"고 답하였다. 이어서 "현재 조선인의 지모와 실력으로 독립국을 세우고 유지할 수 있다고 생각하는가" 하는 질문에 대해서 "병합 이후 10년이 경과하면서 조선인의 지식도 진보했기 때문에 일본 정부의 조력을 얻으면, 독립국을 수립하고 지탱해 나갈 수 있다"고 답변하였다. 1919년 8월20일 경성고등법원 심문조서에서 "피고는 어떠한 방법으로 운동해서 독립을 목표로 달성하고자 했는가" 하는 판사의 질의에 대해 최린은 "민족자결에 의해 지극히 온건하고 평화적인 수단으로 민족의 자결을 발표하고 세계 여론을 환기해서 일본 정부의 처분을 촉구하고자 하였다"고 답하였다. 이들 「민족대표」들의 타협주의는 1920년대 「민족개량주의」 혹은 「실력양성주의」 그리고 1930년대 「전향과 협력의 시대」로 나아가는 사상적 맹아(萌芽)였다. 康成銀(1988), 「三·一運動における〈民族代表〉の活動に關する一考察」, 『朝鮮學報』 第130輯; 市川正明(1983), 『三·一獨立運動(第一卷)』, 原書房, 215~216쪽; 市川正明(1984), 『三·一獨立運動(第二卷)』, 原書房, 54쪽; 新城道彦(2011), 『天皇の韓國併合』, 法政大學出版局, 160~167쪽.

「국민협회」는 일본의 식민통치를 인정하면서도 정치적 차별철폐를 위한 합법적인 정치과정으로 [표1–2]와 같이 참정권 청원과 건백(建白)운동을 전개하였다. 1920년 이래 「국민협회」는 총 3차례에 걸쳐 중의원 선거법의 조선 시행을 요구하는 참정권 청원운동을 펼쳤다. 1921년 3월 3000여 명이 서명한 청원서가 제국의회 중의원에서 채택되는 정치적 성과를 올리기도 하였다.[8]

[표1-2] 국민협회의 참정권 청원활동과 건백운동 추이

제출연월	종류	의회차수	내각	대표자	연명자	청원결과
1920. 2	청원	42	原敬	민원식	105	심사 미완
1920. 7	청원	43	原敬	민원식	613	참고송부
1921. 2	청원	44	原敬	민원식	3,226	채택
1922. 3	건백	45	高橋	김명준	8,058	–
1923. 3	건백	46	加藤高	김명준	11,209	–
1924. 6	건백	49	加藤高	김명준	11,777	–
1925. 2	건백	50	加藤高	윤갑병	회원일동	–
1926. 3	건백	51	若槻	신석린	회원일동	–
1927. 3	건백	52	若槻	김명준	회원일동	–
1928. 4	건백	55	田中	김명준	회원일동	–
1929. 2	건백	56	田中	김명준	회원일동	–
1931. 2	건백	59	浜口	송종현	회원일동	–
1932. 5	건백	62	齊藤	–	–	–
1933. 2	청원	64	齊藤	김명준	15	채택
1935. 2	청원	67	岡田	김명준	1,214	채택
1937. 2	청원	70	林	김명준	24,645	채택
1938. 2	청원	73	近藤	김명준	28	채택
1939. 2	청원	74	平沼	김명준	41	채택
1940. 2	청원	75	米內	전부일	56	채택
1941. 2	청원	76	近藤	김전명	68	채택

(자료) 國民協會宣傳部編(1931), 「國民協會運動史」; 松田利彦(1995), 「戰前期の在日朝鮮人と參政權」, 明石書店.

---

8. 「매일신보」 1921년 3월21일자.

하지만, 그 과정에서 민원식이 재일유학생 양근환에게 피살되는 살인사건이 발생하였다.[9] 민원식의 주장은 좌옹 윤치호의 지적과 같이 "조선의 독립을 팔아넘기자는 것이 아니라 현 상태에서 최상의 이익을 얻자"[10]는 것이었다. 1923년 당시 「국민협회」가 주장하는 참정권 청원운동의 당위성은 다음과 같았다.

현대 국가는 일반 국민에게 국가의 통치권에 참여시키는 것이 문명정치의 공통된 원칙이다. … 조선의 경우에는 동일한 일본 국민의 명칭에도 불구하고 국민적 실권인 참정권을 부여하지 않아서 민심이 점차 이반하고 반국가 사상을 품게 되었다. … 일한 병합은 일선(日鮮) 양 민족의 평등한 권리와 자유의지로 성립되었기 때문에 조선 민족도 일본 민족과 동일한 복리를 향유할 권리가 있다. … 우리는 단지 빵만으로 사는 단순한 동물이 아니라 빵도 필요하지만 동시에 인격적 영예를 요구하는 정신적 만족이 없어서는 안 된다.[11]

「국민협회」는 동화주의 통치이념과 정면으로 배치되는 조선인에 대한 정

---

9. 1921년 2월14일 민원식을 살해한 양근환은 나가사키항을 경유해서 중국 상하이로 피신하는 과정에서 체포되었다. 당시 양근환은 일본인 여성과 결혼해서 딸 양정자를 두었다. 1921년 11월26일 그는 무기징역형을 선고받았지만, 상고해서 20년 유기형으로 감형되었다. 1933년 2월 기원절 특사로 가출옥하였다. 양근환(1982), 「국적 민원식을 단칼에」, 『역사에 던지는 목소리』, 동광출판사, 108~131쪽.
10. 좌옹 윤치호는 1921년 2월16일자 일기에서 "나는 민원식을 한 인간으로서 높이 평가하지도 않고, 그의 정치노선에 공감하지도 않는다. 하지만 그가 죽어야 할 만큼 큰 잘못을 저질렀다고는 생각하지 않는다. 그의 생각은 조선의 독립을 팔아넘기자는 것이 아니라 현 상태에서 최상의 이익을 얻자는 것이었을 뿐이다. 설령 그의 의견에 동의하지 않는다 하더라도 거기서 끝나야 의견이 다르다는 이유로 사람을 죽이다니, 부질없는 짓이다. 조선의 역사, 특히 500년의 역사가 당파간 상호 살육이라는 치욕스러운 기록의 연속이었나는 점이 서글프기만 하나. '우리와 의견을 달리하는 사는 세거하라' 이것이 조선 政治가들의 좌우명이었다. 오늘날 조선 청년들은 정치 선배들의 악습을 고스란히 답습하고 있다"며 개탄하였다. 박미경 역(2015), 『(국역) 윤치호 영문 일기(7)』, 국사편찬위원회, 72~73쪽.
11. 朝鮮總督府警務局(1923.8.18), 「國民協會の参政權運動宣傳文に關する件」.

치적 차별을 철폐하라는 '빵이 아닌 권리'[12]를 주장하였다. 하지만 일본정부는 조선인의 낮은 민정과 교육수준을 거론하며, 시기상조라며 반대하였다.[13] 일본은 "조선인이 일본 의회에 진출한다면, 이는 일본 의회에 위험한 바이러스를 살포하는 것과 같다"[14]는 속내였다. 아오야기 쓰나타로(靑柳綱太郎)와 같은 인물은 1923년 "조선인은 권리 주장에 앞서 혈세를 분담할 정도의 인격과 경제력을 함양하는 등 우선 제국에 대한 국민적 의무관념을 양성해야 한다"[15]며, 「국민협회」를 신랄하게 비난하기도 하였다.

1930년대 조선인 사회의 참정권 청원운동은 [표1-3]과 같이 「국민협회」만이 아닌 다양한 정치세력이 가세하는 양상으로 바뀌었다.[16] 1932년 6월 조재욱 외 4명의 청원을 시작으로 1942년까지 총 17회를 기록하였다. 1930년대 참정권 청원활동이 보다 활성화되었던 계기는 1931년 5월 조선에서 지방자치법과 의원공선제 실시 그리고 1932년 조선인 최초의 중의원 박춘금의 등장이었다.

참정권 문제는 1920년대 후반 조선총독부의 민정 자문기구였던 「중추원」 회의에서도 거의 매년 등장하는 단골 의제였다.

---

12. 「매일신보」 1922년 1월28일자.

13. 1925년 12월 당시 경성일보 사장 소에지마 미치마사(副島道正)가 주장하는 시기상조론과 관련해서 당시 「중추원」 참의 조의문은 "조선의 현황으로는 아직 자치할 정도에 이르지 못했다고 해서 시기상조를 운운하고, 어린아이가 어른의 의복을 착용하는 것과 같이 발육상태가 적응하지 아니한 것과 같다고 논하는 것은 조선의 지식 정도를 너무나도 무시한 감이 있으며, 시기를 운운하는 것도 불가하다. 과연 시기란 언제인가. … 지금 시기를 논하는 자가 3년 후에도 10년 후에도 이를 반복할 것"이라 비판하였다. 실제로, 조의문의 주장과 같이 일본정부는 10년 후에도 여전히 시기상조론을 내세워 조선인 사회를 겁박하였다. 「매일신보」 1925년 12월4일자.

14. 釋尾春芿(1927.3), 「朝鮮の參政權問題」, 「朝鮮及滿洲」 제232호.

15. 靑柳綱太郎(1923), 「朝鮮統治論」, 朝鮮研究會, 214〜220쪽.

16. 1924년 당시 조선군사령부가 사찰한 조선의 정치단체는 1924년 10월 결성된 회원 52명의 「갑자구락부(甲子俱樂部)」와 1920년 1월 결성된 회원 5995명의 「국민협회」뿐이었다. 朝鮮軍參謀長加藤鑰平(1939.9.26), 「鮮內思想狀況の件」.

[표1-3] 참정권 문제와 조선인 청원자 일람

(단위: 명)

의회	제출년월	문서번호	건명	청원자	참여인원	소개의원	결과
제42회 통상	1920.2	902	중의원선거법 조선 시행의 건	민원식	106	斉藤珪次	참고송부 (4)
제43회 특별	1920.7	144	중의원선거법 조선 시행의 건	민원식	614	牧山耕藏외 1명	참고송부 (2)
제44회 통상	1921.2	1982	중의원선거법 조선 시행의 건	민원식	3,327	大岡育造외 6명	특별보고 (384)
제45회 통상	1922.3	1540	조선통치의 건	정훈모	43	副島義一	심사 미완료
제58회 통상	1930.4	13	조선에 참정권 실시 기타 경륜에 관한 건	박근석	371	多木久米次郎	참고송부 (1.2.3)
제62회 임시	1932.6	10	조선에 참정권 실시 기타 경륜에 관한 건	조재욱	5	多木久米次郎	참고송부 (1)
	1932.6	667	조선에 참정권 실시에 관한 건	한인경	101	中亥歲南	참고송부 (3)
제63회 임시	1932.8	430	조선에 참정권 실시 기타 경륜에 관한 건	이정춘	7	多木久米次郎	참고송부 (4)
제64회 통상	1933.2	742	조선에 중의원 선거법 시행의 건	김명준	14	박춘금	참고송부 (612)
제67회 통상	1935.2	689	조선에 참정권 실시의 건	한인경	121	박춘금	특별보고 (250)
	1935.2	2310	조선에 참정권 실시의 건	김명준	1,215	박춘금	특별보고 (304)
제70회 통상	1937.2	402	조선에 중의원 선거법 시행의 건	김명준	24,626	守屋榮夫	특별보고 (208)
제73회 통상	1938.2	497	조선에 중의원 선거법 시행의 건	김명준	29	박춘금	특별보고 (279)
제74회 통상	1939.2	240	조선에 중의원 선거법 시행의 건	김명준	42	박춘금외 1명	특별보고 (192)
제75회 통상	1940.3	960	조선에 중의원 선거법 시행의 건	전부일	57	박춘금외 8명	특별보고 (765)
제76회 통상	1941.2	397	조선에 중의원 선거법 시행의 건	김전명	69	守屋榮夫외 1명	특별보고 (250)
제79회 통상	1942.2	393	조선에 중의원 선거법 시행의 건	고도기	36	박춘금	특별보고 (246)

(주) 결과란의 '특별보고'는 청원위원회에서 채택, 본회의 의결을 거쳐 중의원장으로부터 총리대신에게 송부된 것, '참고송부'는 청원위원회의 의견 유보, 참고로서 직접 정부에 송부된 것을 가리킴.

(자료) 内閣官房總務課(1944),「朝鮮·台湾に於ける国政参与又は地方議会設置に関する運動及之に対する政府の態度」「朝鮮及び台湾在住民政治処遇調査会(3)」.

1928년 제8회 「중추원」 회의에서 참의 이병렬은 "조선에 참정권 부여시기를 분명히 밝혀 조선 민족으로 하여금 제국신민의 자각을 촉진시키는 것이 불가결하다"[17]고 발언하였다. 1930년 제10회 「중추원」 회의에서 참의 윤갑병도 "조선인도 천황 폐하의 적자(赤子)인 이상 일본인과 동등하게 참정권을 부여받음은 당연한 이치"라고 주장하였다.

1920~1930년대 일본은 조선지배의 정치적 목표를 조선인의 일본 국민화로 설정하고 다양한 근대화 프로젝트를 추진하였다. 말하자면, 조선인의 민도 향상에 상응해서 국민의 권리와 의무를 부여한다는 정치적 구상이었다.[18] 이는 조선의 근대화를 꿈꾸는 「협력엘리트」와 조선인의 참정권을 흥정해서 식민통치의 안정성과 지속성을 확보하고자 하는 속셈이었다. 하지만, 조선인의 참정권 부여를 주저했던 일본의 진짜 속내는 1880년대 중반 영국 제국의회에서 캐스팅보트를 장악하고 전횡을 일삼았던 '아일랜드민족당(Irish National Party)'의 사례를 의식한 것이었다.[19]

어쨌든 일본의 내심 혹은 여러 빌미에도 불구하고 「협력엘리트」가 조선인의 참정권 확보라는 정치적 목적을 달성하기 위해서는 보다 우월한 정치적

---

17. 「중추원」 회의에서 참정권 관련 발언자는 1927년(제7회) 선우순을 시작으로 1928년(제8회) 한영원, 이동우, 1930년(제10회) 윤갑영, 1931년(제11회) 이명준, 이택규, 오대환, 1932년(제12회) 오대환, 1933년(제13회) 이동우였다. 朝鮮總督府中樞院(1933), 「中樞院官制改正に關する參考資料」.

18. 김동명(2002), 「일본제국주의와 식민지 조선의 근대적 참정제도」, 「國際政治論叢」 제42집 제3호.

19. 1942~1944년 조선총독부 식산국장을 역임했던 호즈미 신로쿠로(穗積眞六郎)는 "일본인들의 뇌리에는 영국의 아일랜드 문제가 깊이 박혀 있어서 어디까지나 캐스팅보트라는 것에 신경이 매우 날카로워져 있었다"고 증언하였다. 여기서 아일랜드 문제란 1875년 찰스 스튜어트 파넬(Charles Stewart Parnell, 1846~1891)이 '아일랜드민족당' 후보로 당선되면서 영국 제국의회에 진출한 것과 관련된다. 그는 제국의회 중론보다는 아일랜드 민심만을 중시하였다. 그래서 그는 영국 정부와 제국의회로부터 아일랜드 문제에 대한 관심을 끌어내고자 캐스팅보트를 종횡무진 행사했고, 제국의회를 마비시키는 정치적 영향력을 발휘하였다. 더욱이 1885년 보수당과 연합해서 자유당 정권을 무너뜨렸고, 1886년에는 정반대로 자유당과 손잡고 보수당 정권을 무너뜨리는 능수능란한 정략으로 영국 제국의회를 좌지우지하였다. 田中武雄(1959), 「小磯總督時代の統治槪觀」, 「朝鮮近代史料研究集成」 第3號; 복거일(2003), 「죽은 자들을 위한 변호, 21세기의 친일문제」, 들린아침, 117쪽.

교섭력의 확보가 불가결하였다.[20] 실제로, "참정권과 관련해서 병역의무를 부담하지 않고 있다는 것이 이들의 약점"[21]이라는 지적과 같이 국민의 권리에 상응하는 병역이라고 하는 국민의무의 이행이 관건이었다. 1920년 이래 「협력엘리트」의 줄기찬 참정권 요구에도 불구하고 혈세의무를 결여한 조선의 정치적 상황은 이들의 정치적 교섭력을 제약하는 것이었다. 1930년대 「협력엘리트」로서는 참정권과 병역의무를 교환하는 정치적 바게닝이 불가피한 상황이었다.

징병제 청원과 정략

당시 일본의 병역법은 「속인주의」를 원칙으로 하였다. 때문에 조선인은 거주지를 불문하고 병역부담에서 배제되었다. 그러나 일본인과 동등한 권리와 의무부담이야말로 「동화주의 식민통치 이데올로기」의 제도적 완성이라 간주하는 「협력엘리트」는 조선인의 병역의무에 주목하였다.[22] 조선인의 징병제 시행을 최초로 언급한 것도 1920년 1월 「국민협회」였다.[23] 그러나 당시 언급은 참정권 청원의 시기상조론을 의식한 부차적인 것이었다.[24]

1922년 12월 당시 조선통을 자처했던 사카타니 요시로(阪谷芳郎)는 제국

---

20. 일본이 내세우는 일시동인의 동화주의 식민통치 이데올로기를 조선인에 대한 차별철폐의 역논리로 활용했던 선구자는 춘원 이광수였다. 1916년 이광수는 「조선인 교육에 대한 요구」라는 논설에서 동화주의 식민통치 이데올로기를 역이용해서 조선인 교육의 완전한 평등을 주장하였다. 하타노 세츠코 저, 최주한 옮김(2016), 『이광수, 일본을 만나다』, 푸른역사, 129쪽.

21. 小磯國昭(1963), 『葛山鴻爪』, 小磯國昭自叙伝刊行會, 926쪽.

22. 田中武雄(1960), 「小磯總督時代의 統治槪觀」, 『朝鮮近代史料研究集成』 第3號.

23. 國民協會宣傳部編(1931), 『國民協會運動史』, 12쪽.

24. 1920년 당시 조선연구회의 우에다 쓰토무(上田務)는 "조선인은 병역에 앞서 조선인 일반의 생활상태 개선과 경제적 발굴을 기하는 것은 물론이고 금후 조선 민족이 병합에 이르는 원리 정신을 자각해서 소우심(騷優心), 반항심, 독립심을 버리고 일본 민족과의 동화의 시기를 기다려야 한다. … 조선 민족에 대한 병역의무를 분담시키는 것은 백해무익(百害無益)하다"며, 조선인의 국민됨과 의무관념의 양성을 촉구하였다. 上田務(1920), 『朝鮮統治論』, 朝鮮研究會, 218~210쪽.

의회 귀족원에서 조선과 대만에서 징병제의 시행 여부를 질의하였다. 그러나 당시 육군상은 "중대한 문제이므로 금일 즉시 실시하기는 곤란"[25]하다고 답하였다. 1926년 육군성은 「병역법개정심의회」를 개최해서 식민지에 대한 병역법 적용 문제를 논의하였다.[26] 당시 조선군사령부는 조선인의 군사적 자질과 병역법 적용 여부를 가늠하기 위해 조선보병대에 대해서도 일본군과 동등한 수준의 실전훈련을 실시할 것을 제안하였다. 하지만 육군성은 "문화의 정도, 민정, 풍속, 관습 등도 내지와 서로 달라… 대만인 및 조선인에 대한 병역의무의 부과는 시기상조"[27]라는 입장이었다.

1927년 3월 중의원 「징병령개정법률안위원회」에서도 시미즈 도메사부로 (清水留三郎) 의원이 조선과 대만에서 특수한 형태의 징병제 실시를 질의하였다. 여기서 특수한 형태의 징병제는 모병제를 의미하였다. 그러나 육군상은 "조선과 대만에서 징병령 실시는 곤란하므로 연구와 조사를 거듭한 후에 결정할 것"[28]이라고 답하였다. 1928년 1월 제8회 「중추원」 회의에서도 참의 백인기가 조선에서 의무교육과 동시에 징병제 시행을 주장하기도 하였다.[29]

1920년대 조선인 징병제 시행 문제가 간헐적으로 거론되었던 반면, 1930년대 전반 일본 제국의회 차원에서 본격적으로 논의되었다. 최초의 청원자는 [표1-4]에서 보듯이, 1933년 2월 재일조선인 이상운이었다.[30] 그는 제국

---

25. 「동아일보」 1922년 12월27일자.

26. 朝鮮軍參謀長林仙之(1926.12~1927.2), 「朝鮮步兵隊訓練向上に關する内議の件」.

27. 陸軍省徵募課(1926.12), 「朝鮮臺灣人に兵役義務を課するを尚早と認むる理由の要旨並現在及將來の方針步兵隊訓練向上に關する内議の件」.

28. 「동아일보」 1934년 6월8일자.

29. 「매일신보」 1928년 1월12일자.

30. 「중추원」 회의에서도 여러 차례에 걸쳐 조선인의 징병제 시행을 촉구하였다. 이상운의 청원에 앞서 1932년 제12회 「중추원」 회의에서도 '조선인에게도 병역의 의무를 부여하라'고 촉구했고, 이어서 1936년 제17회 회의, 1937년 제18회 「중추원」 회의에서도 조선인 징병제 시행을 촉구하였다. 朝鮮總督府法務局 (1941), 「第79回帝國議會說明資料」.

헌법 제20조가 규정하는 「국민개병제(國民皆兵制)」를 거론하며, 조선인의 징병제 시행을 청원하였다.

하지만, 일본정부의 '시기상조하다'[31]는 입장과 함께 육군성도 "현재 내지의 징집 인원이 연간 60만 명에 달하는 가운데 약 10만 명이 징집에서 제외되는 상황이기 때문에 조선인까지 징집할 필요는 없다"[32]고 답하였다.[33] 그와중에서 조선총독부는 1934년 하반기부터 제도적 실험으로 경성제1고보와 경성제2고보에서 군사훈련을 개시하였다.[34]

[표1-4] 조선인 병역의무의 청원자 일람

회차	제출연월일	문서번호	청원자	청원자 주소	소재의원	청원 건명	결과(보고번호)
제64회 통상	1933. 2.23	1323	이상운 (기후현)	일본 岐阜縣	大野伴睦	징병제도를 조선에서 시행하는 건	참고송부 (11)
제65회 통상	1934. 1.23	137	이상운 (기후현)	일본 岐阜縣	박춘금	징병제도를 조선에서 시행하는 건	참고송부 (1)
제71회 특별	1937. 8.4	372	이원석(도쿄) 외 3명	일본 東京	박춘금	조선에서 지원병제도 시행의 건	특별보고 (144)

(자료) 松田利彦(1988), 「朴春琴論」, 『在日朝鮮人史研究』 제18호.

---

31. 『大阪每日新聞』 1934년 2월16일자.

32. 『매일신보』 1934년 2월16일자.

33. 1937년 당시 일본군 육해군 총병력은 108만 4013명(육군 95만 명, 해군 13만 4013명)이었고, 일본 전체 인구의 2~3퍼센트에 불과하였다. 1936년 당시 육해군 현역 징집률은 징병 대상자 82만 8664명에 대해 징집자 15만 1144명으로 18.2퍼센트를 기록하였다. 大江志乃夫編(1988), 『支那事變大東亞戰爭間動員槪史』, 不二出版; 요시다 유타카 지음, 최혜주 옮김(2005), 『일본의 군대』, 논형.

34. 좌옹 윤치호 일기에 따르면, 1934년 12월1일 조선총독, 조선군사령관, 헌병사령관은 경성제1고보에서 학생들의 군사훈련을 참관하였고, 이들의 군사훈련을 무척 중시했다고 한다. 그래서 윤치호는 식민권력이 새로운 실험에 만족한다면, 금후 모든 고등보통학교에서 군사훈련이 실시될 것이며, 결국 조선인 징병제가 실시될 것이라 예견하였다. 실제로, 1944년 4월부터 조선인 징병제가 실시되었던 점을 고려하면, 윤치호의 예상은 정확히 10년 만에 적중하였다. 박정신 역(2016), 『(국역) 윤치호 영문 일기(9)』, 국사편찬위원회, 414쪽.

1936년 11월24일 조선인 「협력엘리트」들은 경성부 부민회관에서 '조선에도 징병제를 실시하라'[35]는 슬로건을 내걸고 간담회를 개최하였다.[36] 참석자는 「중추원」, 「동민회」, 「시중회」, 「국민협회」에 소속하는 31명이었다. 주요의제는 (1)종래 권리(참정권) 요구에 치우치면서 의무대행에 소홀했다는 점, (2)국민의무의 병역제에 따라 일본군의 일원으로 참가할 것, (3)조선의 교양과 민도가 일본인과 동일하지 않기 때문에 교양 있는 조선인 청년층부터 점진적으로 징병할 것 등이었다. 이들 「협력엘리트」들은 다양한 소속과 정치적입장을 초월해서 조선인 징병제 시행을 한목소리로 합창하였다.

간담회에서는 한규복, 박희도, 조병상 등 7명을 상임준비위원으로 선임하였다. 이들은 1937년 1월 발기인회를 개최해서 구체적인 협의체를 구성하는 한편, 정부, 정당, 군부를 대상으로 대대적인 징병제 청원운동을 결정하였다.[37] 「협력엘리트」들이 조선인의 징병제 시행을 합창했던 것은 "조선이 대륙전선의 병참기지로서 공헌도 적지 않았지만 무엇보다도 병역권 외에 놓여있었기 때문에 특히 조선인 지도자의 한심함과 비굴감"[38] 때문이기도 하였다. 간담회에 참석했던 시중회의 거두 최린의 언설은 다음과 같았다.

병역에 복무한다는 것은 직접 생명을 그 피를 바치는 행위이니 진실로 국

---

35. 「매일신보」 1936년 11월26일자.

36. 「경성일보」 1936년 11월26일자.

37. 「경성일보」는 1936년 11월26일자 사설에서 11월24일 조선인 유력자 31명이 부민회관에서 개최한 징병제 혹은 지원병제 시행 문제 간담회를 호의적으로 논평하면서도 다른 한편으로 "일부 항간에서는 「동아일보」의 일장기 말소 사건으로 불온한 분위기에서 갑자기 의무병역설이 대두한 것은 얼마나 시류를 이용하는 것인가. 종래의 권리 요구를 완화해서 의무 봉사의 태도를 취하는 것은 지극히 정략적이다. 이러한 소설(所說)은 다소의 의혹을 포함하는 허설(虛說)이라 하더라도 이러한 소론이 등장했다는 점에서 역시 재고할 필요가 있다"고 지적하였다. 말하자면, 「경성일보」는 조선인 「협력엘리트」들이 참정권과 연계해서 징병제 시행을 주장한 것이 '지극히 정략적'이라 평하였다. 「경성일보」 1936년 11월26일자.

38. 田中義男(1973), 「朝鮮における徵兵制度」, 「軍事史學」 第8券第4号.

가에 대한 최대의 의무라 할 것이외다. 우리 조선 사람도 이제는 이 병역의 의무까지 다하여 바친 뒤, 그런 뒤 일본 내지인과 같이 의무교육도 시켜주는 권리를 달라 할 것이요. 참정권도 조만간 달라고 할 것이요. 내선 차별철폐 등 온갖 문화상, 정치상의 권리와 은혜를 찾자는 것이요.[39]

1936년 11월25일 박희도, 조병상, 한규복, 신태악 4명의 상임위원은 조선총독부를 방문해서 간담회의 경과보고와 함께 징병제 실시 청원운동에 대한 행정적 지원을 요청하였다. 그리고 이들은 곧바로 조선군사령부를 방문했고, 조선인의 징병제 시행을 청원하였다. 하지만 조선군사령부는 여전히 시기상조론만을 반복했고, 오히려 징병제 청원운동의 중지를 종용하였다.[40]

징병제 청원의 좌절과 지원병제

1930년대 중반 「협력엘리트」들은 천황의 적자이자, 제국신민임을 내세우며 징병제 시행을 요구하였다. 그러나 일본은 청원활동의 합법성을 인정하면서도 상투적인 시기상조론만을 반복할 뿐이었다. 그래서 「협력엘리트」와 식민권력 일부에서는 본격적인 징병제 시행에 앞서 지원병제 시행을 논의하

---

39. 삼천리사(1936.12), 「右翼陣營, 左翼陣營(1) 〈朝鮮人徵兵〉 等을 語하는 時中會 首領 崔麟氏」, 『삼천리』, 제8권 제12호.

40. 조선인 「협력엘리트」의 징병제 실시 간담회에 대한 조선총독부경무국 보고에 따르면, 다음과 같았다. 「협력엘리트」들이 징병제 실시를 촉구하는 운동을 벌이자, 조선총독부에서는 조선에서 징병제를 실시함은 민도의 현황과 관련하여 충분한 조사가 필요하며, 이를 실시한 이후에도 참정권 등 문제와 관련해서 어떠한 영향을 끼칠지 신중한 고구(考究)가 필요하다고 보았다. 따라서 가부의 예상이 불분명한 와중에 대대적인 운동이 전개되는 것은 상당히 부담스러운 일이기 때문에 조선군사령부와 협의해서 운동저지 방침을 결정하였다. 조선총독부는 당시 징병제 실시 촉구 운동을 주도했던 한규복과 조병상에 대해서 운동의 자제를 종용하였다. 그 결과, 나머지 상임위원들도 이를 양해하였다. 요컨대, 적어도 1936년 12월 당시까지 식민권력은 징병제 시행 문제에 지극히 소극적인 입장이었다. 朝鮮總督府警務局(1937), 「第73回帝國議會說明資料」.

게 되었다.[41] 당시 조선헌병사령관 이와사 로쿠로(岩佐祿郎) 소장은 "현재 징병제를 내선일체의 연장으로 조선에서 실시하는 것은 지극히 곤란한 사정"[42]이라며, 병역의무의 내선일체를 위한 점진책으로 지원병제 시행을 주장하였다.[43] 그는 징병제 시행의 문제점을 다음과 같이 거론하였다.

첫째는 「병역법」 실시를 유보할 수밖에 없는 이유로 가계경제의 곤란을 거론하였다. 만약 「협력엘리트」들의 주장처럼 징병제를 시행해서 적령기의 조선인 청년이 징집된다면, 2~3년 동안 이들 가족의 생계를 책임질 주체가 없다. 이는 일본은 물론이고 선진국에서도 곤란한 문제이다. 가계경제의 곤란은 일본 국내에서도 매년 징병 기피자가 끊이지 않는 심각한 문제라고 주장하였다.

둘째는 언어가 다르다는 문제점을 거론하였다. 이는 군대교육의 커다란 장애물이며, 조선인 청년에 한정해서 조선어로 특별교육과 훈육을 하기란 도저히 불가능하다. 일본어 해독자에 한정해서 징병할 수 있다는 일부 주장에 대해서도 징병제가 일본어 능통 여하에 따라 시행하는 것은 정부가 표방하는 징병정신과 배치되는 차별적인 정책이므로 결코 인용될 수 없는 것으로 간주하였다. 따라서 징병제 실시를 위해서는 조선인 청년에 대한 일본어 보급이 선결되어야 한다고 주장하였다.

셋째는 징병의무와 병사 채용은 별개라고 보았다. 조선인에 대해서는 병

---

41. 「경성일보」 1933년 11월5일자.

42. 「경성일보」 1933년 11월5일자.

43. 이와사 조선헌병사령관은 윤치호를 비롯한 조선인 유력자층과도 긴밀한 인적 연망을 형성하였다. 그는 헌병대 부하들을 통해서 재조일본인들이 습관적으로 조선인들을 비하·모욕하는 언사 68개를 수집해서 편찬한 1934년 『내지인반성자록(內地人反省資錄)』이라는 서적을 발간하였다. 일본인 지도계급과 식자층에게 같은 서적을 배포해서 일본인들의 차별적인 행동을 예시해서 일본인의 반성을 촉구하고 내선일체를 달성하고자 하였다. 윤치호는 1933년 5월2일자 일기에서 "사령관은 진심으로 이러한 행위들에 대하여 권력에 취한 사악한 일본인들을 비난하였다. 나는 그의 사무라이 정신에 진심으로 감사함을 느낀다"고 적었다. 박정신 역(2016), 『(국역) 윤치호 영문 일기(9)』, 국사편찬위원회, 159~160쪽; 朝鮮憲兵隊司令部編(1934), 『(朝鮮同胞に對する)內地人反省資錄』.

역의무를 부과하지 않고 있지만, 사관학교, 유년학교, 공무학교, 육군비행학교, 육군통신학교를 지원하는 여러 경로가 이미 개방되어 있다. 그렇기 때문에 현재 다수의 조선인이 현역장교로 근무하고 있다. 일부 조선인들이 의심하는 것처럼 조선인의 반란을 우려했다면 결코 조선인을 황군 장교로 채용하는 일은 없었을 것이라 주장하였다.

한편, 조선총독부에 따르면, 1936년 말부터 조선인 유식자층 일부에서 지원병제 시행을 거론하기 시작하였다. 1937년 중일전쟁 발발 이후 "전면적인 병역제도 실시에 대해서는 시기상조를 제창하는 자들이 적지 않지만, 지원병제 실시에 대해서는 대략 한목소리로 즉시 시행을 주창하는 자"[44]가 다수인 것으로 파악되었다. 실제로, 1936년 10월 「중추원」 회의에서 참의 조성근은 "징병제의 시행이 나의 오랜 숙망이지만, 즉시 시행이 시기상조라면, 백 보를 양보해서 지원병제라도 조속히 시행할 것"[45]을 주장하였다.

1937년 8월 「천도교」 청년당은 중앙집행위원회를 개최해서 지원병제 시행을 결의하였다.[46] 이어서 재일조선인 유력자 50여 명도 도쿄 혼간지(本願寺)에서 지원병제 시행을 촉구하는 간담회를 개최하였다.[47] 이들은 지원병제 시행을 촉구하는 결의문을 만장일치로 가결함과 아울러 본격적인 청원활동을 결의하였다. 실제로 앞서 [표1-4]와 같이 1937년 8월 재일조선인 이원석 외 3명은 제71회 중의원 앞으로 지원병제의 조선시행을 청원하였다.[48] 바

---

44. 朝鮮總督府(1937),「朝鮮人志願兵制度施行に關する樞密院に於ける想定質問及答弁資料」.
45. 위와 같음.
46. 민족정경문화연구원 편(1948),「친일파군상」, 107쪽.
47. 「매일신보」 1937년 8월5일자.
48. 제국의회 자료에 따르면, 조선인의 지원병제 시행을 촉구하는 청원서를 제출한 재일조선인 이원석은 도쿄「신슈혼간지파(眞宗本願寺派)」에 속하는 인물이었다. 청원서는 재일조선인 유력자로부터 서명을 받아서 1937년 8월 제국의회 중의원에 제출하였다. 朝鮮總督府法務局(1941),「第79回帝國議會說明資料」.

꾸어 말하면, 조선 역내외를 불문하고 「협력엘리트」들은 조선인 지원병제 시행에 의견이 일치하였다.

1937년 8월 제71회 제국의회에서 후쿠오카(福岡) 출신의 마쓰오 산조(松尾三藏) 의원은 "반도민의 요망을 반영해서 징병제를 시행하는 단서로 지원병제를 실시해야 한다"[49]는 건의서를 제출하였다. 또한, 박춘금 의원도 "만약 사정이 부득이 하다면, 지원병제라도 즉시 시행해서 일사보국(一死報國)의 정성을 다하고자 한다"[50]고 발언하였다. 결국, 1937년 8월 제71회 제국의회 중의원은 지원병제의 조선 시행을 만장일치로 가결하였다. 육군성도 조선인의 징병제 시행은 시기상조이지만, 지원병제 시행은 적극 고려할 것이라 답변하기에 이르렀다.[51]

Ⅱ. 식민권력의 대응과 역대응

그렇다면, 1936년 말 「협력엘리트」들의 지원병제 시행 요구에 대해서 식민권력은 어떻게 대응했을까? 이하에서는 1938년 2월 육군특별지원병제 성립를 둘러싼 「협력엘리트」와 식민권력과의 대응·역대응의 실상을 구체적으로 검토해 보자.

동상이몽

1931년 만주사변은 조선인 사회의 민심과 사상지리의 변화를 초래하였

---

49. 朝鮮總督府(1937), 「朝鮮人志願兵制度施行に關する樞密院に於ける想定質問及答弁資料」.
50. 「매일신보」 1937년 8월5일자.
51. 「매일신보」 1937년 8월8일자.

다. 당시 조선총독부가 조사한 민심 동향에 따르면, 조선인 사회가 '일본의 입장과 실력을 확인'[52]하면서 "종래 잘못된 민족적 감정을 버리고 혼연일체(渾然一體)가 되어 시국 인식을 위한 각종 집회의 개최, 국방헌금, 출정군인과 유가족의 위문금을 양출(釀出)"[53]하기에 이르렀다고 판단하였다.[54] 1933년 9월 우가키 가즈시게(宇垣一成) 조선총독도 "작년 봄 이래 조선 전체의 총동원을 개시한 정신흥작, 자력갱생운동의 보급 및 철저에 따라 물심양면으로 감격성과 희생봉사, 근로애호, 절약저축 등 미덕성이 최근에 이르러 착착 발휘되는 실상"[55]이라 주장하였다. 만주사변을 전후한 조선인 사회의 민심 동향은 다음과 같았다.

만주사변 이전에는 재선 50만 내지인이 전승의 여위(餘威)와 차별적 대우 등 우월감으로 조선인을 대하자, 조선인들은 피압박 민족이라도 되는 것처럼 왜곡된 감정이 내선인을 견원지간(犬猿之間)으로 만들었다. … 내지인을 자본주의적 경제침략자 또는 흡혈귀와 같이 사유해서 내지인에 대한 열등감 때문에 불구대천(不俱戴天)의 구적(仇敵)으로 간주해서 왜놈이라 칭해왔다. 그러나 만주사변 발발 이후 재만선인(在滿鮮人)이 황군에 의해 구제되었고, 황군의 은위병행(恩威竝行)의 사실이 선내에 보도되자, 내선인 정신융화와 친선의 분위기가 크게 양성되어 내선협력으로 만몽문제를 해결하

---

52. 朝鮮軍殘務整理部(1951), 「朝鮮軍槪要史」, 不二出版, 19쪽.
53. 朝鮮總督府(1937), 「朝鮮人志願兵制度施行に關する樞密院に於ける想定質問及答弁資料」.
54. 1931년 만주사변 발발에 따라 "일본군은 병비(兵匪), 토비(土匪), 공비(共匪)의 습격·약탈에 시달리던 재만조선인 동포를 구하고자 신속 과감한 행동으로 이들의 생명을 보호해주었고, 열강과 대등한 일본의 실력을 과시하였다. 이 때문에 소선민족은 감격과 신뢰를 기초로 하는 동감(同感)과 동□(同□)라는 일본 의존의 민족정신을 용출(湧出)하기에 이르렀다"고 한다. 朝鮮軍殘務整理部(1951), 「朝鮮人志願兵徵兵の梗槪」.
55. 宇垣一成(1933.11.15), 「朝鮮最近の面影」, 「滿洲日報」.

고자 하는 맥아가 싹트기에 이르렀다.[56]

　이러한 조선인 사회의 민심을 반영해서 중일전쟁의 조선인 종군 지원자가 105명에 달했고, 각도 알선의 자발적 종군자도 623명에 달하였다.[57] 이와 관련해서 조선총독부는 조선인 사회가 점차 시세를 각성하고 민족 감정을 탈피해서 내선일체의 기운이 고양되는 것으로 간주하였다. 「중추원」 참의 조병상의 관찰과 같이 1920년대 조선인 사회는 친일자(親日子), 배일자(排日子), 의문자(疑問者)가 혼재했지만, 1930년대 만주사변과 중일전쟁을 거치면서 배일자는 의문자로, 의문자는 친일자로의 「사상전향」[58]이 속출하는 상황과 정합하는 실상이었다.

　1930년대 조선인의 신사 참배자도 1932년 46만 명에서 1936년 117만 명으로 약 2.5배 증가했고, 조선인 사상범의 검거 추이도 [표1-5]과 같이 1931~1932년 이후 급격한 감소 추세를 기록하였다.[59] 더욱이 1938년 7월 중일전쟁 발발과 함께 각지의 경찰주재소는 시국좌담회를 개최하였다. 개최 횟수 9만 5980회, 참가자 577만여 명, 주재소당 평균 38.1회를 각각 기록하였다.[60] 좌담회 참가자들의 지원병과 병역문제에 대한 질의는 합계 1만 1067회 건에 달하였다. 이 가운데 함남, 전남, 경기의 질의 건수가 전체의 49.4퍼센트를 차지하였다. 그래서 조선총독부 경무국은 "(조선)민중으로 하여금 장

---

56. 朝鮮軍司令部(1938.11.20), 「朝鮮軍諸施設希望要綱」.
57. 朝鮮總督府(1937), 「朝鮮人志願兵制度施行に關する樞密院に於ける想定質問及答弁資料」.
58. 1930년대 조선인 공산주의자의 전향이 속출하였다. 전향은 함흥형무소의 기결수이자 영흥농민조합 간부 조성호가 전향서를 제출하면서 시작되었다. 1933년 말 조선총독부 법무국 조사에 따르면, 치안유지법 위반 수형자 904명 가운데 (1)전향자 317명, (2)전향 예정자 314명, (3)미전향자 145명, (4)전향예정 불명자 128명으로 파악하였다. 朝鮮總督府警務局(1933), 「高等警察報(제3호)」, 11쪽.
59. 朝鮮總督府(1937), 「朝鮮人志願兵制度施行に關する樞密院に於ける想定質問及答弁資料」.
60. 朝鮮總督府警務局(1938), 「治安狀況」 제44~47보.

기전 대응의 각오를 견지하는 데 다대한 효과"[61]를 거두었다고 자평하였다.

[표1-5] 1930년대 사상범의 검거 추이 (단위: 건, 명)

년도	검거	인원	송치	불기소	기소
1928	229	1,592	1,092	494	598
1929	253	1,743	1,109	482	627
1930	397	4,025	2,105	998	1,107
1931	436	3,659	1,842	736	1,106
1932	345	4,989	2,132	718	1,414
1933	213	2,641	1,108	403	705
1934	183	2,389	796	235	561
1935	172	1,740	538	131	407
1936	167	2,762	859	440	419
1937	134	1,637	1,521	628	893
1938	145	1,344	1,212	701	511
1939	82	931	1,006	462	544
1940	111	1,204	383	189	194
1941	174	1,774	812	485	327

(자료) 朝鮮總督府(1941.12), 「제79회 帝國議會說明資料」.

1937년 1월 미나미 총독은 「동화주의 식민통치 이데올로기」의 제도적 완성을 위해 (1)천황의 조선 방문, (2)징병제 실시라는 조선통치 2대 목표와 함께 5대 정강정책으로 국체명징(國體明徵), 선만일여(鮮滿一如), 교학진작(敎學振作), 농공병진(農工併進), 서정쇄신(庶政刷新)을 공포하였다. 미나미는 조선 총독 취임 직후부터 이미 조선인의 징병문제에 깊은 관심을 표명했고,[62] 「협력엘리트」들이 열망하는 징병제 시행 요구에 대해서도 "조선인의 일

---

61. 위와 같음.
62. 재조일본인 사회에서도 "지원병제를 시행한다면, 조선인의 내선일체 정신을 일층 강화할 수가 있으며, 조선통치의 일대 진보를 기대할 수 있다"는 여론이 일었다. 釋尾春芿(1937.8), 「朝鮮人から志願兵を募集すべし」 『朝鮮及滿洲』 제357호.

본인화를 촉진해서 조선 병합을 위한 천황의 성려(聖慮)를 해소하는 봉공책"[63]으로 간주하였다.

미나미 조선총독이 지원병제 시행을 적극 추진하게 되었던 경위를 살펴보면, "1937년 봄 이래 내부적으로 준비하는 와중에 북지에서 발생한 일화교전(日華交戰)으로 제20사단이 출동하면서 이 기회를 놓치지 않고 조선인의 일본인화를 촉진하는 것이 적당하다"[64]고 판단했기 때문이었다. 실제로 1937년 정초 미나미 총독은 당시 고이소(小磯國昭) 조선군사령관과의 정초 회합에서 조선인 지원병제 시행 문제를 구체적으로 논의했던 것으로 추정된다. 고이소 조선군사령관은 미나미 총독과 회합에 대한 소회를 다음과 같이 밝히고 있다.

총독의 복안(腹案)이 지원자에 한정하는 제도라 하더라도 생명의 위험을 무릅쓰는 병역의무 부과에 대해서는 가능하면 미루는 것이 지당하다고 생각하였다. 그러나 만약 강제적으로 조선인에 대한 병역을 실행한다면, 법령적 규정을 만들어서 병역의무 종료자에 대한 일정한 특권의 부여도 불가결하였다. 그러나 이 같은 궁책(窮策)은 병역자원에 곤란이 없는 국정(國情)을 고려하면, 지나치게 소극적인 정책이었다. 오히려 총독이 과감하게 조선인에 대해 참정권 부여의 필요성을 제창하는 것이 적절하지 않은가라고 생각하였다. 그러나 군사령관이 정책적 의견을 개진하는 것은 지나치다고 생각해서 단념하였다.[65]

---

63. 陸軍省徵募課(1938.1.17), 「朝鮮人志願兵制度に關する意見」.
64. 朝鮮軍殘務整理部(1951), 「朝鮮軍槪要史」, 不二出版, 24쪽.
65. 小磯國昭(1963), 「葛山鴻爪」, 小磯國昭自叙伝刊行會, 630~631쪽.

1937년 당시 고이소 조선군사령관은 병력자원의 과부족이 없는 정황과 조선인의 낮은 교육수준 그리고 정치적 차별이라는 여러 조건을 감안해서 지원병제 시행 여건이 여전히 불충분하고 미성숙한 것으로 판단하였다.[66] 실제로 1937년 당시 조선인의 일본어 보급 예상은 [표1-6]과 같이 만 17세 이상 20세 미만 인구 165만 7385명 가운데 일본어의 보통 회화에 지장이 없는 자는 전체의 5.9퍼센트(9만 7033명)에 불과한 상황이었다.

[표1-6] 조선인의 일본어 보급률 및 초등학교 졸업자 예상 (단위: 명, %)

일본어 보급률 예상(20세 미만 인구)				초등학교 졸업자 예상					
연도	보통회화 가능자	조선인 추정인구	일본어 보급률	관립 보통학교	공립 보통학교	사립 보통학교	간이 학교	각종 학교	합계
1937	97,033	1,657,385	5.9	360	79,973	5,401	21,560	16,329	123,623
1941	188,556	1,777,498	10.6	360	158,026	6,352	53,900	16,329	234,967
1946	355,548	1,932,048	18.4	360	265,452	9,341	77,000	16,329	368,482
1951	569,580	2,094,728	27.2	360	429,873	14,173	77,000	16,329	537,735
1956	802,701	2,271,105	35.3	360	595,162	21,506	77,000	16,329	710,357
1961	1,018,884	2,462,333	41.4	360	661,278	32,633	77,000	16,329	787,600
1966	1,223,321	2,669,663	45.8	360	661,278	49,521	77,000	16,329	804,488

(자료) 朝鮮總督府(1937), 「朝鮮人志願兵制度施行に関する樞密院に於ける想定質問及答弁資料」.

그래서 고이소 조선군사령관은 1966년 일본어 보급률이 50퍼센트에 달하는 시점에서야 징병제 시행이 가능할 것으로 판단하였다. 1937년 당시 조선인 의무교육도 미실시의 와중이었고, 기초 병력자원이었던 초등학교 졸업

---

66. 1929년 일본 육해군의 현역 징집률은 15.4퍼센트였고, 1936년 18.2퍼센트를 기록하였다. 현역 징집률은 만 20세 징병검사를 수검해서 현역 판정을 받은 청년들이 동세대 청년들 전체에서 차지하는 비율을 말한다. 나아가, 징집 대상자에 대한 징집률은 1938년 75.5퍼센트와 1939년 79.1퍼센트를 기록하였다. 그 때문에 일본 사회에서 병사들의 사회적 위상도 높았고, 특권의식도 강하였다. 東洋經濟新報社(1981), 「昭和國勢總攬」; 陸軍省(1940.7.8), 「現役兵及第一補充兵の員數に關する件」; 吉田裕(2017), 「日本軍兵士」, 中公新書, 61쪽.

자도 겨우 12만 3623명에 불과했기 때문이었다. 고이소 조선군사령관은 이후 30년 지난 1966년 이후에 이르러서야 징병제 혹은 지원병제 시행이 가능할 것으로 판단하였다.

고이소 조선군사령관은 미나미 총독이 구상하는 식민통치 정책에 대한 협력의 일환으로 "진심으로 부모와 본인의 자발적인 의지에 따른 지원자를 대상으로 선발시험을 실시하고, 합격한 자에 한해 입대 이전에 완비된 시설에서 6개월 이상의 주도면밀(周到綿密)한 예비훈련을 실시한다"[67]는 조건부 찬성 방침을 결정하였다.[68] 당시 지원병제 시행에 대한 고이소의 입장은 내선일체화를 위한 '반도민심(半島民心)의 선도'가 목적이며, 대륙진출의 병참기지로서 '조선의 방어'는 부수적이라는 입장이었다.

1937년 8월5일 미나미 총독은 오타케 주로(大竹十郎) 내무국장, 미하시 고이치로(三橋孝一郎) 경무국장, 「반도의 히틀러」로도 회자되었던 시오바라 도키사부로(鹽原時三郎) 학무국장 그리고 이하라 준지로(井原潤次郎) 조선군사령부 참모장과 조선인의 병역문제를 협의하였다. 그 내용은 "장래에 징병제도를 실시한다 하더라도 현재로서는 우선 지원병제 실시가 현재 조선의 교육 정도와 사회 정세로 보아 적절한 조치"[69]라 합의하고, 조선군 예하 각 연대가 채용한 조선인 지원병을 일본인 병사와 혼거(混居)시켜서 동일한 내용의 군사교육을 실시한다는 것이었다. 하지만 나중에 검토하는 바와 같이 조선총독부의 시안은 조선군사령부의 반발로 전면 수정되지 않

---

67. 小磯國昭(1963), 「葛山鴻爪」, 小磯國昭自叙伝刊行會, 630∼631쪽.
68. 고이소 조선군사령관은 "조건을 수용한다면 군은 훈련소 적임자를 주선할 용의가 있다. 단, 소장은 총독부 관리로 임용하고 장래의 대우도 보장해줄 것을 회답하였고, 그 사실을 육군대신에게 보고"하였다. 이후 총독부는 고이소 조선군사령관이 제시한 조건을 전면적으로 수용했지만, 6개월의 예비 훈련기간은 너무 길다고 보고 좀더 단축시킬지 여부를 조회하였다. 그러나 조선군사령부는 최소한 6개월을 요하지만, 장래 성적에 따라 단축 여부를 답변할 것이라 회답하였다. 위와 같음, 631쪽.
69. 「매일신보」 1937년 8월6일자.

으면 안되었다.

조선군사령부의 지원병제

1937년 6월 미나미 총독은 "내선일체의 구현을 반도통치의 근본정신으로 지원병제 실시"[70]를 실현하고자 오타니 손유(大谷尊由) 척무대신 및 스기야마 하지메(杉山元) 육군대신과 회합하였다. 여기서 이들은 조선인 지원병제 시행을 위한 구체적인 검토를 합의하였다. 육군성은 곧바로 조선군사령부 앞으로 조선인 병역문제를 문의하였다. 1937년 7월 조선군사령부는 육군성 앞으로 조선인에 대한 황국의식의 파악과 장래 조선인 병역문제 해결을 위한 제도적 실험으로 「조선인 지원병제도에 관한 의견」[71]을 제출하였다.

1937년 7월 육군성 앞으로 제출한 의견서에서 조선군사령부는 "조선인의 황국의식 파악과 동시에 장래 병역문제 해결을 위한 시험적 제도"[72]이며, "선인(鮮人)의 평등권 획득열에 영합하는 천박한 기회주의"[73]에 대해서는 일절 배격한다는 취지에서 지원병제 시행의 타당성을 주장하였다. 나아가 지원병 복무를 "명예의무라 사유하는 자에 한정한다"[74]는 내용의 시행안을 제출하였다. 그 내용은 다음과 같았다.

(1)만 17세 이상 20세 미만의 남자로서 보통학교 졸업과 동등 이상의 학력을 구비한 자. (2)부윤 및 읍면장의 보증을 받은 자. (3)지원병 검사를 거

---

70. 朝鮮軍司令部(1937.6), 「朝鮮人志願兵制度に關する意見」.
71. 육군성 내부자료에 따르면, 조선군사령부 의견서는 1937년 6월 당시 이미 완성된 상황이었다. 위와 같음.
72. 위와 같음.
73. 위와 같음.
74. 위와 같음.

쳐 조선총독부 시설기관인 지원병훈련소를 졸업한 자. (4)채용 지원병은 당분간 조선지역 보병부대와 각 병과에 따라 배치하고 재복무와 하사관 지원을 허락한다. (5)정부는 조선인 아동의 취학률 증대를 위해 소학교 증설을 비롯한 교육시설의 확충과 함께 교원, 교재, 교육법 등의 쇄신 그리고 황민화 의식을 진작하는 정신교육에 치중한다. (6)지원병훈련소를 설치하여 현역 지원자를 수용하고, 6개월에서 1년에 걸친 예비교육을 실시한다. 교육에 필요한 현역장교와 하사관을 배속시킨다. (7)제도 시행 이후 수 개년에 걸쳐 예상했던 성과를 달성하지 못하는 경우에는 즉시 중지한다.

조선총독부와 조선군사령부는 조선인의 병역의무에 관한 본격적인 연구조사와 제도설계를 개시하였다. 담당자는 데지마 후사타로(豊島房太郎) 중좌, 야마모토 쓰토무(山本務) 중좌, 이하라 준지로(井原潤次郎) 중좌 3명이었다. 이들은 지원병제 시행을 위한 간담회를 개최하였다.[75] 간담회 결과에 따라 조선총독부는 지원병제 시행을 위한 준비 작업으로 법령 개정과 함께 예산 편성에 착수하였다. 조선군사령부는 지원병제 시행의 정치적 효과, 조선총독부의 역할과 제도, 제도시행의 예상되는 결과를 조사하였다. 1937년 11월 조선총독부는 조선인 지원병제 실시 요강을 완성하였다.[76]

그 과정에서 조선군사령부는 도미타 나오스케(富田直亮) 참모를 육군성에 파견해서 조선인 사회의 여론과 지원병제 조선 시행의 취지를 설명하는 한편, 실상의 확인을 위한 육군성 관계자의 조선 파견을 요청하였다. 그래서 1937년 12월 육군성이 파견한 아라오 오키카쓰(荒尾興功) 소좌는 조선

---

75. 「매일신보」 1938년 2월 23일자.
76. 朝鮮軍參謀長久納誠一(1937.11.24), 「朝鮮人志願兵問題に關する件回答」.

인 사회의 유력자 박영철[77]의 안내를 받아서 지원병제 실시를 둘러싼 조선인 사회의 민심을 조사하였다.[78] 1937년 12월6일 조선총독부는 육군성의 아라오 소좌, 조선군사령부 도미타 참모 그리고 조선총독부 오타케 내무국장 등 여러 관계자가 출석한 가운데 조선인 지원병제 시행을 최종 결정하였다.[79]

1938년 1월15일 육군성은 조선인 지원병제 시행 준비를 발표하였다. 1938년 1월22일 조선총독은 「중추원」 참의와 민간인 유력자를 호출해서 조선인 지원병제에 대한 설명회를 개최하였다.[80] 이어서 조선총독부가 제출한 지원병제 실시 요강이 1938년 2월15일 법제국 심의를 통과하였다.[81] 1938년 2월23일 육군성은 칙령 제95호 「육군특별지원병령(陸軍特別志願兵令)」을 공포

---

77. 박영철(1879~1939)은 전북 전주 출생으로 1903년 일본 육군사관학교를 졸업하고 임관해서 러일전쟁에 참전하였다. 1904년 육군무관학교와 유년학교 교관을 역임했고, 1910년 육군 기병 소령으로 제대하였다. 이후 박영철은 1912년 익산군수, 1918년 함경북도 참여관, 1921년 전라북도 참여관을 거쳐 1924년 강원도 도지사, 1926년 함경북도 도지사를 거쳐 1927년 퇴관하였다. 이후 실업계에 투신해서 1927년 삼남은행 두취, 1928년 조선상업은행 부두취 등 여러 민간기업의 취체역을 겸하였다. 1927년 「동민회」 회장, 1933년 「중추원」 참의, 1937년 「만주국」 명예총영사를 역임하였다. 宮本正明(2004), 「朝鮮軍·解放前後の朝鮮」, 『東洋文化研究』 第6号.

78. 박영철은 1939년 3월10일 중풍으로 쓰러져 사망하였다. 관련해서 윤치호는 "그의 죽음은 조선사회에 손실이 아닐 수 없다. 그와 한상룡은 총독부를 위해 쇼윈도에 진열된 장식품 역할을 한 쌍둥이 인형들이었다. 미천한 신분에서 자수성가한 박영철은 오만하고 이기적이어서 많은 사람들이 싫어한 한상룡에 비하면 천성적으로나 필요에 의해서나 훨씬 상냥하고 친절했다"고 한다. 1939년 4월5일자 일기에서 윤치호는 예종석으로부터 박영철이 접대비로만 연간 4만 엔을 지출했다는 사실을 듣고서 "우리를 지배하는 친구들의 환심을 사는 일은 그 정도로 비싼 돈이 드는 사업"이라 한탄하기도 하였다. 박정신 역(2016), 『(국역) 윤치호 영문 일기(10)』, 국사편찬위원회, 185/194쪽.

79. 당시 일본 육군성 내부에서는 여전히 시기상조론이 비등하였다. 예하부대 장교단은 육군성 앞으로 '조선인에 대한 병역 부여 절대 반대'라는 연명서를 제출하기도 하였다. 朝鮮軍殘務整理部(1951), 「朝鮮人志願兵徵兵の梗概」.

80. 1938년 1월22일자 윤치호 일기에 따르면, "조선 국민들이 내선일체를 이루기 위해 채택한 시책으로 총독은 지금이야말로 중앙정부가 지원병들로 구성된 순수한 조선 연대를 창설할 결단을 내릴 시점"이라 언급했다고 밝히고 있다. 박정신 역(2016), 『(국역) 윤치호 영문 일기(10)』, 국사편찬위원회, 10쪽.

81. 陸軍徵募課(1938.1.17), 「朝鮮人志願兵問題に關する件」.

하였다.

1938년 3월 29일 조선총독부도 칙령 제156호 「조선총독부육군병지원자훈련소관제(朝鮮總督府陸軍兵志願者訓練所官制)」를 공포하였다.[82] 그렇게 해서 1938년 4월 일본정부는 세계 식민지 역사상 최초로 조선인 육군특별지원병제를 실시하게 되었다.[83]

실시요강 및 변용

1937년 8월 조선총독부와 조선군사령부는 조선인 지원병제 실시를 결정하고 육군성과 관계자 협의를 추진하면서도 다른 한편으로 해군성 진해요항부 참모장 앞으로 지원병제 실시 여부를 타진하였다. 하지만, 진해요항부 참모장은 해군성 군무국과의 협의를 거쳐 "해군의 특성 그리고 조선인의 민족의식과 능력 등을 고려하면, 실질적인 효과를 기대하기 어렵고 기밀 보지에도 곤란하다"[84]며 실시 곤란을 회신하였다.[85] 그 때문에 조선인 지원병제는 육군 중심의 제도설계가 추진되었다. 1937년 11월 당시 조선총독부가 제국정부 앞으로 제출한 지원병제 실시 요강은 다음과 같았다.[86]

첫째는 지원자의 자격이다. 지원자는 (1)사상이 견고하고 품행이 방정하며, 양순해서 황국신민의 자각이 철저한 자, (2)신체 강건한 자, (3)만 17세 이상 20세 미만의 남자, (4)수업 연한 6년의 보통학교 이상 학력자, (5)가능하면, 청년훈련소 또는 청년학교 등 규율단체의 훈련을 거친 자, (6)일본어가 능숙한 자, (7)보통 이상의 생계를 영위하고 동시에 건실한 가계의 출신

---

82. 拓務大臣(1938.1.15), 「昭和十二年二十四日の閣議決定に基く拓務大臣上奏文」.

83. 1938년 2월18일 일본정부는 육군특별지원병제와 함께 예비역의 종군지원병제 시행을 결정하였다. 『매일신보』 1938년 2월19일자.

84. 海軍軍務局長(1937.8.19), 「朝鮮人志願兵制度に關する件申進」.

85. 鎭海要港部參謀長(1937.8.19), 「朝鮮人志願兵制度に關する件照會」.

86. 朝鮮總督府(1937.11), 「朝鮮人志願兵制度實施要項」.

자, (8)호주 및 친권자(또는 후견인)의 동의를 획득한 자, (9)부윤 및 읍면장이 보증한 자를 조건으로 하였다.

둘째는 지원자 전형이다. 가능하면, 전형은 조선 전체에 걸쳐 골고루 분포하도록 고려하며, 인물 전형에 만전을 기하고자 엄밀한 신상 조사를 실시한다. 이를 위해 (1)사단장은 만 20세 미만 지원자가 제출한 원서 및 신상명세서를 징병검사일 2개월 전에 제출하도록 관할 도지사에게 송부한다. (2)도지사와 사단장으로부터 원서 및 신상조서를 송부받은 관할 경찰서장은 지원자의 기재사항을 확인하고 지원병의 신상 조사서를 작성·보고한다. (3)도지사와 경찰서장은 채용 결정 여부에 대한 참고 의견을 첨부해서 징병검사일 20일 이전까지 사단장에게 송부한다.

셋째는 준비교육과 입영 이후 지도이다. 준비교육과 관련해서 조선총독부는 훈련소를 설치하고 지원병 채용 결정일로부터 정식 입영까지 약 6개월의 준비교육을 실시한다. 입영 이후 지도와 관련해서, 엄밀한 전형을 거쳐 채용을 결정한 지원자에 한해서는 병역법이 규정하는 급여, 교육, 재복역, 하사관 지원 등 내선 무차별을 원칙으로 한다.

넷째는 제대 후 지도이다. 현역 복무기간 만기 이후 또는 하사관 임관 이후 제대자에 대해서는 재향군인으로서 일반 조선 민중에 대한 국체관념의 배양, 일본정신의 고취 등 영광된 지도자의 책무를 담당하게 한다. 이를 위해 경찰관과 소방원 등 규율과 통제가 불가결한 관공리와 단체원으로 채용해서 군사교육의 성과와 능력을 유효적절하게 활용한다.

다섯째는 채용 정원과 시행 기일이다. 당분간 조선 주둔 보병부대 배치를 원칙으로 한다. 보병 이외 특수병과 지원자에 대해서는 각 병과부대에 배치한다. 신빌 인원은 약 500명으로, 1938년부터 실시한다. 1938년 2월23일 육군성이 공포한 「육군특별지원병령」이 규정하는 지원자 요건은 다음과 같았다. 지원자는 일본의 호적법 적용을 받지 않는 만 17세 이상의 제국신민의 남자라면 누구나 지원할 수 있다.[87] 지원자 전형은 (1)체격 등급 갑종 이상, (2)신장 1.60미터 이상(일본 징병자 1.55미터), (3)조선총독부 육군병지원자훈련소 과정을 수료했거나 수료할 수 있는 자, (3)금고 이상의 형벌을 받지 않은 자, (4)입소 및 복무 중 가계 생계에 지장이 없는 자(기혼자 제외)로 규정하였다.[88]

1938년 2월 「육군특별지원병령」과 1937년 11월 조선총독부가 작성한 실시 요강과의 차이는 (1)지원자 연령이 만 17세 이상 20세 미만에서 만 17세 이상으로 변경, (2)신체 강건한 자에서 신장 1.60미터 이상 체격 등급 갑종 이상인 자로 변경, (3)청년훈련소 또는 청년학교 등 규율단체의 훈련자 규정의 삭제, (4)일본어 능숙자 규정의 삭제, (5)선발 인원 500명에서 400명으로 축소, (6)육군병지원자훈련소 입소기간을 6개월 혹은 1년에서 6개월로 확정이었다. 이러한 실상은 1937년 11월 당시 조선총독부가 완성한 실시 요강과 달리 1938년 2월 「육군특별지원병령」에서는 전형 조건이 대폭 완화되었음을 시사한다. 이러한 육군성의 결정은 조선총독부가 구상하는 실시요강의 전형 조건을 충족하는 지원자가 크게 부족할 것을 우려했기 때문이었다.

여기서 중요한 사실은 지원과 선발전형의 변경이다. 1937년 11월 당초 조선총독부의 제도설계는 지원자-경찰서장·도지사-사단장으로 이어지는 조

---

87. 朝鮮教育會(1938.4), 「文教の朝鮮」 第152号.

88. 1938년 2월 23일 육군성이 발표한 칙령 제95호 「육군특별지원병령」에서 지원 부적격자는 (1)기혼자, (2)파산자로서 미복권자, (3)친권의 행사자 혹은 후견인으로 (2)에 저촉하는 자, (4)벌금형 이하의 형에 처한 자 혹은 범행과 관련해서 지원병으로 부적당한 자였다. 그러나 1938년 4월 이후 전형 과정에서는 (1)기혼자 규정이 삭제되었다. 그 이유는 당초 기혼자를 선발하지 않는다는 방침이었지만, 막상 전형을 실시해 보니 기혼자를 제외하고 나면, 우수한 인물이 소수에 한정되었기 때문이었다. 참고로, 1938년 육군병지원자훈련소 입소생도 202명 가운데 기혼자는 55명이었다. 朝鮮教育會(1938.4), 「文教の朝鮮」 第152号; 朝鮮初等教育後援會(1938.10), 「朝鮮の教育研究」 第1210号.

선군 예하 제19~20사단 사단장이 지원 및 전형을 담당한다는 단선적 지원의 선발체제였다. 하지만 1938년 2월 육군특별지원병령은 지원자-경찰서장-도지사-조선총독부라는 「육군병지원자훈련소 입소지원」과 별도로 지원자-경찰서장-도지사-조선군사령부로 이어지는 「육군병 복무지원」이라는 복선적 지원의 선발시스템으로 바뀌었다.

Ⅲ. 정치적 반향과 「동상이몽」

1938년 2월 육군특별지원병제 성립을 둘러싼 조선인 사회와 재조일본인 사회 그리고 조선인 「협력엘리트」와 식민권력의 반응은 어떠했을까. 이하에서는 육군특별지원병제 시행의 정치적 반향과 동상이몽을 구체적으로 살펴보자.

사회적 반향

1938년 1월15일 육군성이 육군특별지원병제 실시 준비를 발표한 당일 『매일신보』는 석간 호외를 발행해서 같은 소식을 전하였다.[89] 당시 경성부 노나카(野中)상점의 점원이었던 함남 원산 출생의 김승찬은 다음날 아침 경성

---

89. 재일조선인 사회는 육군성의 조선인 지원병제 시행 방침을 '감격과 환희'로 맞이하였다. 교토(京都)의 '태양청년회'를 시작으로 일본 각지의 재일조선인 단체는 지원병제 시행 축하제등(提燈)행사 개최, 지원병제 실시 감사 시국강연회 개최, 지원병제 확립 축하 및 시국대회 개최, 지원병제 시행 축하 대회 및 기념사업 추진, 지원병제 실시 감사 봉고제(奉告祭)를 개최하는 한편, 조선총독부를 비롯해서 여러 관계관청 앞으로 감사 전문을 타전하였다. 1938년 「특고월보(特高月報)」에 따르면, 조선인 지원병제 시행을 축하하고 감사하는 다양한 행사를 개최한 재일조선인 단체는 1월 19개, 2월 22개, 3월 8개에 달하였다. 内務省警報局保安課(1938.1/2/3), 「特高月報」, 112~114/192~194/124~125쪽.

헌병분대를 방문해서 지원 신청서를 제출하였다.[90] 1월 20일까지 경성부에 거주하는 비공식 신청자는 총 153명을 기록하였다. 이 가운데 김성덕을 비롯한 62명은 혈서 신청서를 제출하기도 하였다.[91]

이러한 움직임은 단지 경성부에 한정되는 것도 아니었다. 더욱이 조선 각지는 물론이고 신경(新京), 봉천(奉天), 영구(營口), 용정(龍井)에 소재하는 조선인 단체들은 육군특별지원병제 시행에 감사하는 전문을 미나미 총독에게 타전하였다.[92] 제도 시행을 둘러싼 조선인과 재조일본인 사회의 동향은 다음과 같았다.

내선인 유식자 계급은 금번 사변(중일전쟁)에 대한 조선인의 열성과 총후의 적성을 당연한 것으로 간주하였다. 이러한 중요 문제를 신속하게 단행한 당국의 영단은 감복할 만하다. 본 제도의 실시에 대한 충정에서 총독, 군사령관 기타 중앙 요로에 감사 결의를 타전하거나 혹은 축하회 개최를 준비하는 등 본 제도에 찬의를 표하고 있다. … 표면적으로 일반 민중의 태도는 극히 감동과 찬양 일색이다. 다른 한편으로 일부 관점을 달리하는 내선인 가운데는 본 제도의 실시를 시기상조 혹은 점차 조선인의 의무부담만을 가중시킬 것이라는 편견과 함께 의무교육과 참정권 등 문제와 관련한 다양한 언동이 분출하고 있다.[93]

여기서 육군특별지원병제 시행에 대한 지지와 감격의 언설 전부를 열거하기는 곤란하다. 당시 『동아일보』는 "국방상 신색채(新色彩)이자, 통치상

---

90. 『매일신보』 1938년 1월17일자.

91. 『매일신보』 1938년 1월19일자/20일자.

92. 『매일신보』 1938년 1월20일자.

93. 朝鮮總督府警務局(1938.1.25), 「志願兵制度實施に對する一般の反響」, 『治安週報』 第44~47号.

신기원의 지원병제 성립은 총독의 영단(英斷)이자 조선군사령부 노력의 결과"[94]라는 사설을 게재하면서 문명사회에서 '국민의 권리와 자격을 완성하기 위해서는 권리 주장과 동시에 그 의무수행을 각오해야 한다'고 강조하였다. 한편, 1938년 1월18일자 『매일신보』는 「지원병제도 실시와 내선일체의 감격」[95]이라는 제하의 기사에서 지역별 조선인 유력자의 반응을 상세하게 소개하기도 하였다.

재조일본인 사회는 대체적으로 (1)시의적절하고, (2)조선통치의 일대 영단이며, (3)조선인의 애국심을 고양시키는 데 중대한 영향을 미치고, (4)조선인의 정신훈련에 중대한 의의가 있으며, (5)조선인에 대한 편견을 불식시키는 좋은 기회가 될 것이라는 반응이었다. 반면, 육군특별지원병제 시행을 시기상조라 간주하는 어느 재조일본인은 육군특별지원병이 "술에 물 탄 듯 양만 늘고 질을 저하시키는 결과"[96]를 초래할 것이라는 지극히 냉소적인 견해를 드러내었다.[97] 어느 재조일본인 장교는 육군특별지원병제의 시행이 "금후 참정권 등 각종 정치운동에 이용될 가능성이 있다"[98]고 우려하기도 하였다.

한편, 조선인 사회의 반응은 (1)황국신민의 적성(赤誠)을 맹세한다, (2)제도시행의 은혜에 감격한다, (3)국방의 중책을 맡게 됨을 감격한다는 것이었

---

94. 『동아일보』 1938년 1월19일자.
95. 『매일신보』 1938년 1월18일자.
96. 朝鮮總督府警務局(1938.1.25), 「志願兵制度實施に對する一般の反響」, 『治安週報』 제44~47호.
97. 재조일본인 잡지 『조선공론』은 1938년 2월 육군특별지원병제 시행과 관련해서 조선인의 국민적 자각의 결여, 낮은 민도와 교육수준, 과대망상적 민족관념의 와중에서 징병제는 물론이고 참정권 문제도 도저히 고려할 여지가 없다는 입장이었다. 그 이유는 일본에서 참정의 권리와 의무는 충량한 황국신민에 한정한 광영의 표식이며, 이는 "어디까지나 충량한 신민만이 향유할 수 있는 특권"이라 주장하였다. 그래서 『조선공론』은 민족에 앞서 국민을 자각시키는 육군특별지원병제야말로 조선인에게 '광영의 등용문'이라 역설하였다. 朝鮮公論社(1938.2), 「志願兵制度に寄す」, 『朝鮮公論』 第26券第2号.
98. 朝鮮總督府警務局(1938.1.25), 「志願兵制度實施に對する一般の反響」, 『治安週報』 第44~47号.

다. 한편 (1)지원병제 시행은 조선인의 의무부담을 가중시키는 전조(前兆)이다. (2)내선일여(內鮮一如)에 따라 조선인에 대한 차별철폐가 급무이다. (3)지원병제가 일본 제국의 신민으로 완전한 권리의무 부여의 전조라는 반응도 있었다. 관련해서 경성부 어느 조선인 보통학교 교장과 전남 광주에 거주하는 어느 조선인 유력자의 반응은 다음과 같았다.

(1)금번 지원병제도의 시행을 보게 된 것은 참으로 기쁜 일이다. 그러나 이것으로 내선일여가 되었다고 장담할 수 없다. 조선인에 대한 차별대우를 철폐하는 것이 급무인 것은 아닌가? 조선인의 관리 등용과 가봉(加俸) 철폐는 조선인이 희망하는 것이다. (2)의무교육 시행의 전조로서 학제개혁을 동반한 지원병제 시행은 머지않아 징병의무를 부여하게 하는 기초이다. 머지않은 장래에 참정권을 부여하는 것은 당연하다. 대일본제국 신민으로서 완전한 권리의무를 부여하는 시기에 도달하는 것은 조선 동포의 커다란 자랑이다.[99]

관련해서 당시 일본 주재 미국 총영사는 육군특별지원병제 시행에 대한 조선인의 반응을 "열광적인 환영의 목소리도 없고, 그렇다고 해서 적극적인 반대의 목소리도 없었지만, 불쾌한 의무가 부여된 것은 아닌가 우려"[100]하는 것으로 파악하였다. 식민권력과 재조일본인 사회는 육군특별지원병제 시행에 대한 조선인 사회의 기대 이상의 반응에 감격하면서도 결코 '의혹의 눈초리'를 거두지 않았다.

---

99. 위와 같음.
100. 梶居佳廣(2006), 「『植民地』支配の史的硏究」, 法律文化社, 68쪽.

「협력엘리트」의 정략성

다음은 조선인 「협력엘리트」의 반응이다.[101] 이들은 조선통치의 신기원이라 환영하면서 대대적인 기념행사를 기획하기도 하였다.[102] 당시 관동군사령부 고문 한상룡은 육군특별지원병제 시행을 미나미 총독의 일대 영단이자 불후의 금자탑이라 칭송하며, "국민의무가 없이 권리만을 주장하는 것은 허사"[103]라고 주장하였다. 조선인 최초의 중의원 박춘금도 일시동인의 성지가 오늘에야 실현되었다는 감격의 언사와 함께 앞으로 참정권 확보에 주력할 것을 공언하였다.[104]

1933년 4월 「중추원」 참의 취임을 계기로 이른바 '최린의 전향'[105]으로 조선인 사회에 커다란 반향을 불러일으켰던 천도교 좌파의 거두 최린은 "국민으로서 병역에 복무하는 것은 국민의 일대 의무인 동시에 권리이다. … 금번 지원병제로부터 속히 조선에도 의무교육이 실시되고 따라서 징병령까지 시행되는 것이 내선일가(內鮮一家)의 결성에 최후의 단결"[106]이라 주장하였다.

1938년 3월 「중추원」 참의 박영철은 "병역은 국민으로서 국가에 대한 의무적 봉사이며, 결코 직업이 아니다. 공리심에서 출세라도 바라는 등 천박

---

101. 1941년 당시 교토제국대학 조교수였던 조선인 이태규는 "나는 지원병제가 아니라 징병제를 소망한다. 그 전제로서 지원병제를 시행하는 것이라면, 전혀 불만이 없다. 미국에서는 흑인마저도 백인과 동등한 시민권을 부여하고 있다. 이들은 의무교육과 함께 병역의무를 갖는다. 국민의 일부로서 무지문맹(無知文盲)한 사람이 있다면, 결코 건전한 나라가 아니다. 조선에도 의무교육령을 공포하고 징병제를 실시한다면, 일본 전체는 더욱 강성해지고 행복해질 것이다. 나는 그런 의미에서 조선인에 대한 징병령 실시를 희망한다"고 주장하였다. 內務省警保局保安課(1941.12), 『特高月報』, 107쪽.

102. 「매일신보」 1937년 2월10일자/24일자.

103. 「매일신보」 1938년 1월17일자.

104. 「매일신보」 1938년 1월18일자.

105. 伊藤猷典(1934.9.1), 『鮮滿の興亞敎育』, 目黑書店.

106. 「매일신보」 1938년 1월17일자.

한 동기에서 지원해서는 안 된다"[107]고 지적하였다. 당시 조선군사령부가 파악한 조선인 「협력엘리트」의 동향은 다음과 같았다.

작년 육군특별지원병제도 시행 및 조선교육령 개정은 내선차별 철폐의 전제라 속단해서 일거에 참정권 획득문제를 해결하고자 하는 기운이 비등하였다. 본년(1939) 2월 국민협회에서는 대표자를 상경시켜서 귀족원과 중의원 의장 및 정부 요인 앞으로 선거법 시행의 건백서와 청원서를 제출하였다. 또한, 5월 조선 전역에 걸쳐 일제히 시행되는 부읍면 의회 의원 선거를 계기로 일부 도읍을 제외하고는 입후보자 당선과 조선인이 절대 다수를 차지하면서 참정권 획득을 위한 합법적인 운동을 전개하고자 하는 경향이 관찰된다.[108]

당시 영친왕(英親王) 이은(李垠)도 조선인 육군특별지원병제 시행과 관련해서 "한국이 일본에 합방을 당한 것은 국력, 특히 국방력이 약했기 때문이라는 사실이오. 한국은 옛날부터 문존무비의 사상 때문에 문약해졌던 것이오"[109]라고 주장하였다. 영친왕은 육군특별지원병제 시행이 '조선인의 문약성'을 혁파하고 상무정신을 회복하는 데 유용할 것이라며, 적극적인 지지를 표명하였다.

「협력엘리트」들은 육군특별지원병제 시행을 징병제 시행과 연계해서 조선인의 의무교육과 참정권 확보로 이어지는 국민의 권리의무 관계를 완성시키는 정치적 포석으로 삼고자 하였다. 그래서 「협력엘리트」들은 앞서 한상용의

---

107. 박영철(1938.3), 「志願兵制度實施に對する所感」, 「朝鮮行政」 第2券第3号.
108. 朝鮮軍司令部(1939.9.26), 「鮮内思想狀況の件」.
109. 이형근(1933), 「이형근 회고록」, 중앙일보사, 22쪽.

발언과 같이 '총독의 일대 영단 혹은 불후의 금자탑' 운운의 레토릭을 남발하며, 육군특별지원병제 시행에 쌍수를 들어 환영하였다.

실제로, 1941년 당시 조선총독부 촉탁이었던 아이바 기요시(相場淸)도 조선인 지식층 가운데 "단순하고 천박하게 황국신민을 가장(假裝)하고 일본 민족의 환심(歡心)을 사서 일본의 문화, 기술, 부력(富力)을 취해서 미구(未久)에 다가올 시대 … 조선 민족의 타일(他日)에 대비하려는 동상이몽(同床異夢)의 도배(徒輩)들이 적지 않다. 이들 지식계급 일부에서는 앞날을 꾀하고자 표면충성(表面忠誠)을 가장하고 맹렬하게 지원병 권유를 책동하는 도배들이 있다"[110]고 지적하였다. 요컨대, 육군특별지원병제 시행은 1944년 4월 징병제 시행과 1945년 3월 참정권 확보를 위한 정치과정의 출발점이었다.

식민권력의 이중성

하지만, 식민권력은 표면적으로 육군특별지원병제와 징병제 그리고 참정권과의 관련성을 단호하게 부정하는 입장이었다. 1937년 7월 조선군사령부는 조선인 지원병제 시행이 조선 민족을 황국신민으로 개조한다는 정치적 목적에 있으며, '인적 자원 보충'[111]의 군사적 목적이 아니라고 강변했었다. 1937년 12월 일본정부 내각도 "지원병제 채용을 조선인 참정권으로까지 확장할 여지는 결코 없다"[112]는 입장이었다. 1938년 1월 척무대신도 "지원병제

---

110. 1941년 아이바 기요시(相場淸)는 당시 난징(南京) 주재 일본 대사였던 시게미쓰 마모루(重光葵)의 의뢰를 받아 조선인들의 대일(對日)의식을 분석한 「조선민족사상에 대해서」라는 보고서를 작성하였다. 보고서는 일본의 식민통치에 대한 조선인 「협력엘리트」의 내면과 욕망을 적나라하게 분석하였다. 특히, 조선 민족의 부상(浮上)을 예감하는 전조(前兆)로서 "공정하게 평가한다면, 조선의 대학 및 전문학교에 재학하는 조선인 학도의 학력이 일본인을 능가(凌駕)한다. 이는 조선인 두뇌의 우수성을 입증하는 것"이라 주장하였다. 相場淸(1941), 「朝鮮民族思想に就て」; 「월간조선」 2008년 9월호.
111. 朝鮮軍司令部(1937.6), 「朝鮮人志願兵制度に關する意見」.
112. 陸軍徵募課(1938.1.17), 「朝鮮人志願兵問題に關する件」.

실시는 조선 인심을 지도하기 위한 시책이며, 이를 조선인의 참정권 확장으로까지 나아가는 것을 결코 허락할 수 없다"[113]고 발언하였다. 1938년 2월 23일 「육군특별지원령」 공포 당시 고이소 조선군사령관의 입장은 다음과 같았다.

일반적으로 병역의무라는 것은 국민의 지고지대(至高至大)한 의무인 것은 물론이고, 이러한 의무관념을 이른바 서양의 권리의무 사상으로 해석하는 것은 불가한 일이다. 우리나라에서 병역의 본의는 권리의 대상으로 의무관념을 초월한 진정한 충군애국(忠君愛國)의 지성이 근저를 발한다. 그 본질은 의무임과 동시에 국민의 정신적 권리이다. … 종래 일부 인사의 주장과 같이 국민으로서 의무를 다함으로써 권리를 구하고자 병역문제를 관련시키려 함은 황국의 본질을 유린하는 일이며, 금번 육군특별지원병령 제정 취지를 망각할 뿐 아니라 국방의 임무를 담당하는 반도 청년 동포의 숭고한 정신과 순결한 심정에 해독을 끼치는 일이다.[114]

고이소 조선군사령관의 발언은 육군특별지원병제와 참정권 문제를 연계해서 국가와 국민의 권리의무 관계의 완성을 추구하는 「협력엘리트」의 정치적 의도를 일찍부터 간파하고 있었음을 시사한다. 그래서 조선군사령부 마에다 노보루(前田昇) 소장은 "일본의 병역은 국민개병(國民皆兵)의 필임의무(必任義務)이고, 서양식의 권리의무 견해와는 본질적으로 섞일 수 없는 얼음과 석탄과도 같은 것"[115]이라 비유하며, 참정권과의 연계 구상을 '천박한

---

113. 위와 같음.
114. 小磯朝鮮軍司令官談(1938.4), 「志願兵制度實施に就て」, 『朝鮮』 第275号.
115. 陸軍少長前田昇(1938.4), 「志願兵令施行に際しての感想」, 『朝鮮』 第275号.

기회주의'[116] 혹은 '심각한 신성모독(神聖冒瀆)'이라 격하게 비난하였다. 더욱이 조선총독부도 "지원병제는 이들의 요망에 따른 것이 아니라 금번 사변에서 보여준 조선인의 애국심과 그 발로에 따른 것"[117]이라며, 오히려 '제도 시행의 시혜성'을 강변하기도 하였다.

다른 한편으로 식민권력은 육군특별지원병 실시 이후 징병제 시행과 참정권 문제를 극비리에 논의하였다. 1938년 말 조선군사령부는 중일전쟁의 장기화와 육군특별지원병 지원열에 주목해서 조선인의 병력 자원화를 신중하게 검토하였다.[118]

징병 규모는 적령자(약 20만 명)의 20퍼센트(4만 명)만이 일본어가 가능하고 60퍼센트의 징병검사 합격률을 가정해서 약 2만 4000명으로 산정하였다. 조선군사령부는 조선인 사회의 "문화가 점차 향상되고 견식도 높아지면서 활동력 있는 인물이 속출"[119]하고 있지만, 이들을 조선 내부에 '깊이 진입·흡착'하게 한다면, 조선통치의 중대한 상황이 발생할 것이라 우려했기 때문이었다. 그래서 조선인을 일본군으로 대륙경영에 동참시키는 것이 제국통치의 안정과 제국팽창에 오히려 유용할 것으로 판단하였다.

1939년 미나미 총독은 조선인의 참정권 문제와 제도 개정을 목적으로 '은밀하게 의견'[120]을 수렴하였다. 조선총독부는 경성제대 법학부 교수 기요미야 시로(淸宮四郎) 앞으로 참정권 시행 문제와 관련한 조사 연구를 의뢰하

116. 朝鮮軍司令部(1937.6), 「朝鮮人志願兵制度に關する意見」.
117. 朝鮮總督府(1937), 「朝鮮人志願兵制度施行に關する樞密院に於ける想定質問及答弁資料」.
118. 조선인 징병자를 주로 (1)향토방위에 협력하는 방공부대, (2)국군을 보비하는 치중병과 특무병에 배치한다는 것이었다. 朝鮮軍司令部(1938.11.20), 「朝鮮軍諸設備希望要綱」.
119. 관련해서 흥미로운 사실은 1939년 7월 『매일신보』가 주최한 「성전2주년 좌담회」에서 좌옹 윤치호가 중일전쟁을 계기로 조선 청년의 활동무대를 만주와 중국 전역으로 확장해서 조선이 당면한 이들의 취업문제와 사회적 불평을 해소할 필요가 있다고 주장하였다. 『매일신보』 1939년 7월11일자.
120. 御手洗辰雄(1957), 『南次郎』, 南次郎傳記刊行會, 473쪽.

였다.[121] 그래서 기요미야는 서구 열강의 여러 사례를 조사해서 조선인에 대한 참정권 부여 시안을 완성하였다. (1)일본과 동일한 방법으로 조선인 귀족원 의원을 칙선하는 안, (2)대도시부터 순차적으로 중의원 선거법을 시행하는 안, (3)(1)안과 (2)안을 동시에 시행하는 안, (4)(1)안과 함께 중추원을 개조해서 예산과 제령의 자문 및 보고를 담당하게 하는 안이었다.[122] 식민권력이 중일전쟁 장기화로 조선인 사회의 적극적인 전시협력이 요청되는 상황에서 조선인 「협력엘리트」들의 참정권 문제 제기를 결코 무시할 수 없었기 때문이었다.

1920~1930년대 조선인 「협력엘리트」는 1919년 이후 일제가 제공하는 합법적인 정치공간을 활용해서 징병제와 참정권을 연계하는 '선(先)의무·후(後)권리'의 「복선적 정략」으로 육군특별지원병제를 성립시키는 데 성공하였다. 육군특별지원병제를 징병제 시행과 연계해서 참정권 확보를 위한 정치적 포석으로 삼고자한 것이다. 반면, 식민권력은 육군특별지원병제 시행을 추진력으로 삼아 「동화주의 식민통치 이데올로기」의 제도적 완성을 의도하였다. 육군특별지원병제 성립의 정치적 과정은 종래 연구가 주장하는 일방적인 제국주의 정책결정론이 아니라 조선인 「협력엘리트」와 식민권력과의 정치적 의존관계와 상호작용이라는 쌍방향성을 특징으로 하였다. 말하자면, 서로 다른 정치적 목적과 셈법이 교차하는 「협력의 정략성」을 특징으로 하였다.

---

121. 기요미야 시로(清宮四郎, 1998~1989)는 동경제국대학 출신으로 독일 유학을 거쳐 1927년부터 경성제국대학 법문학부의 헌법학 교수로 재직하였고, 당시 켈젠(Kelsin)주의 공법학을 대표하였다. 그는 1941년 동북(東北)대학으로 이직해서 1944년 『외지법서설(外地法序說)』 등 다수의 저작을 남겼다. 1945년 '헌법문제조사위원회(憲法問題調査委員会)' 위원을 비롯해서 일본학사원(學士院) 회원으로 활동하였고, 전후 일본의 헌법학계를 대표하는 법학자였다. 김효전(2013), 「清宮四郎의 경성제국대학 시절」, 『헌법학연구』, 제19권 제2호; 石川健治(2014), 「京城の清宮四郎」, 『帝國日本と植民地大學』, ゆまに書房, 305~406쪽.

122. 1941년 일본정부는 기요미야 교수가 제시한 (1)안을 수용해서 윤덕영과 박중양을 귀족원 칙선의원으로 칙임하였다. 御手洗辰雄編(1942), 『南總督の朝鮮統治』, 京城日報社, 473쪽.

제2장 집계와 분석

육군특별지원병제는 본질적으로 조선인 사회의 적극적인 동의와 협력 없이는 결코 성립할 수 없는 제도였다. 그렇다면 육군특별지원병제는 어떤 제도이며, 이를 지원한 조선인 청년들은 과연 누구였는가. 이 장에서는 지원 및 선발 시스템의 제도분석과 연도별·지역별 지원자, 적격자, 입소자, 입영자의 집계 그리고 지원 동기와 멘털리티를 실증 분석한다.

I. 법제와 제도

1938년 2월23일 육군성은 칙령 제95호 「육군특별지원병령」에 이어서 3월29일 칙령 제156호 「조선총독부육군병지원자훈련소관제」[1] 그리고 3월30

---

1. 法制局(1938.3.23), 「拓務大臣請議朝鮮總督府陸軍兵志願者訓練所官制制定の件」.

일 성령 제11호 「육군특별지원병령 시행규칙」을 공포하였다.[2] 육군특별지원병제의 시행 일자는 4월3일 진무천황(神武天皇)의 제일(祭日)이었다.[3] 이하에서는 육군특별지원병제의 법제와 제도적 특질을 구체적으로 검토해보자.

법제와 특질

「육군특별지원병령」은 총 5개조의 구성이었다.[4] 제1조와 제2조는 일본 「호적법」 미적용자에 대한 규정이고, 나머지 3개는 병적자의 특별지원과 부대편입 그리고 종군지원이었다. 제1조는 지원자 자격으로 '(일본)호적법 적용을 받지 않는 연령 17세 이상 제국 신민의 남자'로 규정하였다. 당시 일본은 「호적법」 적용자에 한정해서 병역의무를 부과하는 「속인주의 원칙」을 채용하였다. 1910년 이래 조선은 일본의 식민지로 편입되었지만, 일부 「호적법」 적용에서 배제되었다. 그래서 조선인은 법제적으로 병역의무가 발생하지 않았다. 1923년 3월 조선총독부는 일본 「호적법」과 별도로 「조선호적령」을 공포하였다. 조선의 가족제도를 비롯한 관습, 풍속, 문화가 식민본국 일본과 다르다는 이유 때문이었다.

법제적으로 보면, 육군특별지원병 지원자는 조선인만이 아닌 대만인까지 포함하는 것이었다. 하지만 지원자는 본적지 관할 도지사 추천과 전형을 거

---

2. 岡久雄(1939), 「陸軍特別支援兵讀本」 帝國地方行政學會朝鮮支部.

3. 法制局(1938.3.23), 「拓務大臣請議朝鮮總督府陸軍兵志願者訓練所官制制定の件」.

4. 일본의 징병제는 1872년 12월29일 「전국 징병에 관한 조(詔)」 및 1873년 1월10일 태정관의 「징병령」 포고에 따른 「국민개병제」로부터 개시되었다. 1927년 4월 일본정부는 종래의 징병령을 폐지하고 병역법을 공포하였다. 병역법 적용 대상자는 일본 호적법을 적용받는 만 20세의 일본인 남자에 한정되었다. 징병검사는 갑종부터 순차적으로 제1을종, 제2을종, 병종이었고, 부적격자는 정종으로 분류되었다. 징병검사 갑종 합격자는 우수한 제국신민 혹은 '남자의 영예'로도 회자되었고, 현역병으로 징집되었다. 內閣官報局(1873), 「法令全書」, 704~795쪽.

치지 않으면 안 되었고, 따라서 구체적인 수속 과정에서 대만인이 자동적으로 배제되었다. 「육군특별지원병령」은 지원자 조건으로 조선인이라 명확히 규정하지 않고, 단지 '호적법 적용을 받지 않는 자'로 규정하였다. 같은 규정은 조선인이 일본 국내의 도호쿠인(東北人) 혹은 규슈인(九州人)과 같이 특정지역 거주자로 파악되는 모순을 피하고자 했기 때문이었다. 육군특별지원병제의 '특별'이란 용어는 호적법 적용을 받지 않은 제국 신민에 한정한 병역법의 선별적 적용을 의미하였다. 육군특별지원병제의 제도적 특질은 다음과 같았다.

첫째는 지원자 자격이다. 육군특별지원병은 매년 12월 1일 당시 만 17세 이상의 조선인 남자라면, 누구나 지원할 수 있었다.[5] 구체적인 지원자 조건은 (1)체격 등급 갑종 이상, (2)신장 1.60미터 이상, (3)조선총독부 육군병지원자훈련소(이하 육군병지원자훈련소)를 수료했거나 수료할 수 있는 자였다. 하지만 1940년 7월 조선총독부 육군병지원자훈련소 채용규칙 개정과 함께 선발 인원이 1939년 600명에서 3000명으로 증원되면서 지원자 자격도 신장 1.55미터 이상과 신체 등급 제1을종으로 바뀌었다. 물론, 지원자 학력도 소학교 4학년 수료자 또는 동등 이상 학력자로 개정되었다.

둘째는 병역부담이다. 육군특별지원병의 지원병역은 일본인의 의무병역과 법제적으로 무차별하였다. 그 내용은 현역병 입영과 함께 제1보충병 소집과 제대 그리고 소집 해제 이후 예비역과 국민역 복무관계 등이었다. 따라서 육군특별지원병의 지원병역은 현역 또는 보충역 복무만이 아닌 제대 이후에도 일본 병역법이 규정하는 예비역과 국민역 복무의무가 자동적으로

---

5. 일본인에 한정한 '육군현역지원병'의 자격은 소학교 졸업, 해당 연도 12월1일 현재 만 17세 이상 20세 미만이었다. 이들의 복무기간은 만 20세 이상 징병자 2년과 달리 3년이었다. 東京靑年立志會編輯部編 (1938), 『陸軍現役志願兵』, 東京靑年立志會.

발생하였다.

셋째는 부대배치이다. 현역병 입영과 제1보충병의 소집 복무는 재영기간, 복무기간, 기타 복무 조건에서 징병자의 의무병역과 무차별하였다. 당초 육군특별지원병의 입영과 소집 부대는 병역법이 규정하는 「징집본적주의」에 따라 조선군 입영과 교육소집을 원칙으로 하였다. 1938~1939년 육군특별지원병은 조선군 제19~20사단 예하 보병부대, 자동차대, 고사포대, 치중병대에 입영 또는 소집되었다.

넷째는 모집 정원이다. 육군특별지원병의 선발 인원은 매년 천황의 재가에 따라 결정되었다. 매년 1월10일까지 육군대신이 조선군사령관의 의견과 당해 연도 선발 인원을 천황에게 상주하고 재가를 받아서 결정하였다. 그래서 「육군특별지원병령」은 물론이고 「육군병지원자훈련소관제」도 모집 정원을 명확하게 규정하지 않았다.

다섯째는 지원자 수속이다. 지원자는 매년 4월30일까지 지원서에 호적초본 등 다양 서류를 첨부해서 본적지 관할 경찰서에 제출하였다. 지원서는 본인과 호주 및 친권자 씨명이 호적초본과 일치해야 했다. 부친이 부재한 경우에는 모친을, 친권자 부재의 경우에는 후견인의 씨명을 기재해야 했다. 육군특별지원병 지원은 친권자 혹은 후견인의 동의와 함께 부윤 및 읍면장의 신원보증을 전제로 하였다.

여섯째는 제대자의 처우이다. 현역병은 복무기간 2년을 마치고 예비역에 편입되었다. 현역병 제대자는 15년 4개월의 예비역 복무를 거쳐 제1국민병으로 편입되었다. 제1보충병 제대자는 3개월의 교육소집과 17년 4개월의 예비역 복무를 거쳐 제1국민병에 편입되었다.[6] 이들 국민역 복무는 만 40세에 종료하였다. 이들의 병적 사항은 호적에 기입해서 관리하며, 제대자를 경찰

---

6. 森下三男(1942), 『陸軍特別志願兵』, 立川文明堂, 22쪽.

관, 소방서원, 철도원 등 규율과 통제가 불가결한 하급 관공리로 채용한다는 방침이었다.[7] '양병(良兵)이 곧 양민(良民)'이라는 취지에서 육군특별지원병 제대자를 재향군인회에 편입시켜 내선일체와 「황민화 정책」의 전도사로 활용하고자 하였다.[8]

제도와 특질

육군병지원자훈련소는 정식 일본군 입영에 앞서 지원자의 체력단련과 정신교육 등 예비군무을 실시하는 교육기관이었다. 정식 육군특별지원병으로 선발되기 위해서는 육군병지원자훈련소에 입소해야 했다. 이는 국체명징, 내선일체, 인고단련이라는 「황민화 교육 3대 원칙」에 따라 입소자를 천황의 고굉(股肱)으로 포섭·개조를 목적으로 하였다. 하지만, 육군병지원자훈련소 입소자는 정식의 일본군 병적을 취득하지 않은 상황이었기 때문에 지원자 신분임에는 변함이 없었다.[9]

육군병지원자훈련소의 설립 주체는 조선총독부였고, 100퍼센트 국고 부담을 원칙으로 하였다. 당초 입소자의 훈련기간은 6개월이었다. 하지만 1940년 7월 모집인원이 연간 600명에서 3000명으로 증원되면서 훈련기간도 4개월로 단축되었다. 1942년 조선총독부는 재차 입소자를 4500명으로 증원하면서 평양 제2육군병지원자훈련소를 개설해야 했다. 1940년 조선총독부는 육군병지원자훈련소 훈련기간 단축에 따라 종래의 「조선청년훈련소」

---

7. 일본인의 경우에는 "군대에 징집되어 상등병으로 돌아오면 젊은이 동아리, 재향군인회, 소방조의 하급간부로 마을의 공적 조직을 실질적으로 지지하는 존재"였다고 한다. 요시다 유타카 지음, 최혜주 옮김(2005), 「일본의 군대」, 논형, 92쪽.
8. 朝鮮總督府(1937), 「朝鮮人志願兵制度施行に關する樞密院に於ける想定質問及答弁資料」.
9. 1944년 4월 육군병지원자훈련소는 조선인 징병제 시행과 함께 「조선총독부군무예비훈련소」로 재편되었다. 法制局(1944.4.23), 「朝鮮總督府軍務豫備訓練所官制制定の件」.

를 확대·강화하게 되었다.[10]

　다음은 지원자의 요건과 수속이다. 지원자는 육군 징병검사규칙이 규정하는 일정한 체력 조건과 지원자훈련소 수료자에 한정하였다. 지원자는 [그림 2-1]과 같이 조선군사령관에 대한 복무지원과 육군병지원자훈련소 소장에 대한 입소지원이라는 복선적 지원을 특징으로 하였다.

[그림2-1] 육군특별지원병 지원과 선발시스템

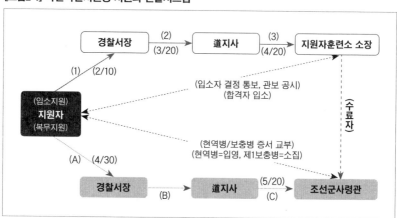

(주) 1938년 사례이며, 괄호 안의 숫자는 단계별 지원 수속 일정을 표시함.
(자료) 필자 작성.

　지원자 자격은 (1)사상견고, 품행방정, 성질선량으로 황국신민의 자각이

---

10. 「조선청년훈련소」는 1928년 5월 용산, 인천, 부산, 대구에 개설되었다. 이후 전국적으로 공립과 사립 청년훈련소가 우후죽순으로 개설되었다. 1939년 10월 조선총독부는 "육군병지원자훈련소 응모자의 소질 향상을 위해 1940년부터 6년제 이상 초등학교에는 필히 청년훈련소를 설치할 것"을 결정하였다. 그 때문에 1939년 당시 126개소에 불과했던 청년훈련소는 1940년 786개소에서 1941년 836개소로 증설되면서 1941년 말 1822개소(공립 1743개소, 사립 79개소)에 달하였다. 1940년 육군병지원자훈련소의 입소자 자질과 관련해서 "지원병 검사에서 청년훈련을 받은 자는 동작, 언어, 태도가 실로 훌륭하고 뛰어나다"는 지적과 같이 육군특별지원병 합격자 가운데 청년훈련소 출신자가 상당수에 달하였다. 「조선청년훈련소」는 우수한 지원자 양성을 위한 예비군 양성소의 성격을 겸하였다. 朝鮮總督府情報課(1944), 「朝鮮事情資料」 제3호, 5~6쪽.

철저한 자(전과자, 민족주의운동, 공산주의운동 관여자는 제외), (2)신체 건
강한 자(신장 1.60미터 이상, 체격등급 갑종), (3)연령 17세 이상[11], (4)수업
연한 6년 소학교 졸업 혹은 이와 동등 이상의 학력자, (5)가능하면, 청년훈
련소 또는 청년학교 등 규율단체의 훈도를 받은 자, (6)국어(일본어)를 습득
한 자, (7)보통 이상의 생계를 영위하고 건실한 가정의 출신자, (8)호주 및
친권자(후견인)의 동의를 받은 자, (9)부윤과 읍면장 또는 이에 상당하는 기
관의 보증을 받은 자였다.[12] 1938년 당시 입소지원서 제출은 매년 12월 모집
공고일로부터 다음해 2월10일까지였고, 복무지원서 제출은 2월10일 입소지
원 종료일부터 4월30일까지였다.[13] 1942년 당시 육군특별지원병의 지원, 전
형, 채용, 입소 일정은 [표2-1]과 같았다.

[표2-1] 육군병지원자훈련소 훈련생도 선발전형

구분	기일/기간
모집 공시	10월1일
원서 제출 기한	11월10일
경찰서장 전형	11월 중순~12월 중순
도지사 전형	12월 하순~2월 상순
조선총독부 전형과 검사(학과시험)	3월25일~5월5일
합격자 발표	입소 이전 적당한 기일
육군병지원자훈련소 전기생 입소	6월 상순
육군병지원자훈련소 후기생 입소	12월 상순

(자료) 森下三男(1942), 『陸軍特別志願兵』, 立川文明堂.

---

11. 1937년 11월 당시 조선총독부 내부문건에 따르면, 지원자 연령을 만 17세 이상 20세 미만으로 규정
하였다. 이는 일본 병역법이 규정하는 '육군현역지원병제'의 지원자 연령과 동일한 것이었다. 그러나 육
군특별지원병제의 제도설계가 보다 구체화되는 과정에서 자질이 보다 우수한 다수의 지원자 확보를 위
해 만 20세 미만의 연령 제한을 철폐하였다. 그래서 만 17세 이상의 조선인 남자라면, 누구나 육군특별
지원병을 지원할 수 있었다. 朝鮮總督府(1937.11), 「朝鮮人志願兵制度施行要項」.
12. 林えいだい(1995), 『証言集, 朝鮮人皇軍兵士』, 拓植書房, 201쪽.
13. 森下三男(1942), 『陸軍特別志願兵』, 立川文明堂, 18쪽.

지원자의 입소지원과 복무지원 수속과 서류는 다음과 같았다. 우선, [자료2-1] 왼쪽과 같은 육군병지원자훈련소 입소지원이다. 1938년도 사례에 따르면, 지원자는 매년 2월10일까지 (1)입소원서, (2)부윤 또는 읍면장 보증서, (3)이력서를 포함하는 6개의 서류를 구비해서 관할 경찰서장에 제출한다. 관할 경찰서장은 3월20일까지 앞서 지원자 제출서류와 함께 (1)신상조사서(2통), (2)지원자 연명표(1부)를 작성해서 주소지 관할 도지사 앞으로 제출한다. 도지사는 (1)채용규칙 저촉 여부, (2)신상조사서 소견, (3)주소지 관할 도지사의 전형자 원서 등 총 11개의 서류를 작성한다.

도지사는 4월20일까지 지원자 서류(5개)를 비롯한 경찰서장의 제출 서류(2개)와 함께 (1)추천자 명부, (2)신체검사표를 육군병지원자훈련소 소장 앞으로 제출한다. 육군별지원자훈련소 소장은 (1)지원자 숙지요강의 공시, (2)도지사에 대한 추천 인원 통보, (3)도지사에 대한 신체검사 일시와 장소 통보, (4)입소자 채용 결정의 관보 공시였다.

다음은 육군병 복무지원이다. 지원자는 [자료2-1]의 오른쪽과 같이 매년 4월30일까지 (1)육군병 복무원서, (2)호적초본을 경찰서장에게 제출한다. 그러나 편의상 2월10일까지 육군병지원자훈련소 입소지원서와 함께 제출하게 하였다. 경찰서장은 육군병지원자훈련소 입소 채용 예정자에 한정해서 (1)신상명세서, (2)장정명부, (3)장정명부 부표를 작성해서 지원자 서류(2개)와 함께 도지사에게 제출해야 했다. 도지사는 경찰서장이 제출한 (1)송부서류를 심사하고 (2)장정연명부를 작성한다. 이후 5월20일까지 앞서 지원자 제출 서류(2개)와 함께 (1)신상명세서, (2)장정명부, (3)장정명부 부표, (4)장정연명부를 작성해서 조선군사령부에 제출하였다. 조선군사령부는 (1)전형위원 면접, 학과시험, 징병검사를 거쳐 (2)현역 또는 제1보충역 편입 여부를 판정하였다. 지원자의 현역병과 제1보충역 편입 여부는 제2차 조선총독부 전형에서 판정되었다.

[자료2-1] 육군병지원자훈련소 입소원서(좌)와 육군병 복무원서(우)

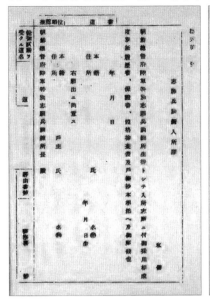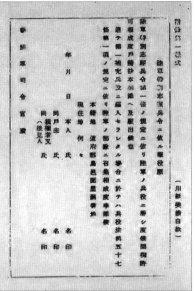

(출처) 法制局(1938.3.23), 「朝鮮總督府陸軍兵志願者訓練所官制を定む」.

전형과 선발

전형과 선발은 [그림2-2]와 같았다. 제1차 적격자 전형은 지원자의 본적지 관할 도지사, 제2차 입소자 전형의 주체는 육군병지원자훈련소 소장, 제3차 입영자 전형은 조선군사령부가 담당하였다. 제3차 전형은 육군병지원자훈련소 입소 와중에서 조선군사령부가 병적을 판정하였다. 1939년 제1기 전기생의 경우, 1939년 4월3일 육군특별지원병 모집 공시, 5월20일부터 25일까지 도별 1차 전형과 적격자 추천, 6월3일부터 5일까지 조선총독부와 조선군사령부의 제2차 공동전형, 6월10일 입소 합격자 발표, 6월15일 입소 합격자의 육군병지원자훈련소 입소 일정이었다.[14]

---

14. 『매일신보』 1938년 6월11일자.

바꾸어 말하면, 종래 미야타의 주장과 달리 육군병지원자훈련소 입소자가 곧바로 정식의 육군특별지원병을 의미하는 것이 아니었다.[15]

[그림 2-2] 육군특별지원병 전형과 선발 시스템

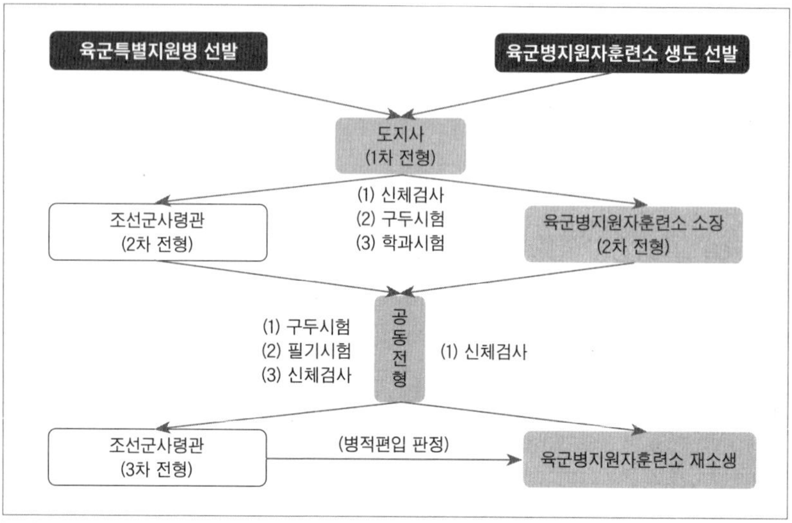

(자료) 필자 작성.

이하에서는 육군특별지원병 선발과 전형시스템을 구체적으로 검토해보자.

첫째는 제1차 도지사 전형이다. 도지사 전형은 1938년 5월20일부터 25일에 걸쳐 신체검사, 구두시험(사상, 태도, 언어, 학력, 상식), 학과시험(보통학교 졸업 수준의 국어·국사·산술)이었고, 중등학교 졸업자는 학과시험을 면제하였다.[16] 전형시험 종료 이후 도지사는 추천자전형위원회를 개최해서 성적순에 따라 추천자를 결정하고 육군병지원자훈련소 소장에게 통보하였다. 재만조선인 지원자는 거주지 관할의 일본영사관 혹은 일본대사관 병사원을

---

15. 宮田節子(1985), 『朝鮮民衆と「皇民化」政策』, 未来社, 50〜93쪽.
16. 京城地方法院檢査局(1938), 『治安狀況』 第44〜47号; 『매일신보』 1938년 5월21일자.

경유해서 본적지에서 수속하였다.[17] 재일조선인은 당초 본적지 수험 원칙이었지만, 1942년부터 재일조선인 지원자 편의를 위해 '오사카(大阪)전형소'를 설치·운영하였다.[18]

둘째는 제2차 조선총독부 전형이다. 육군병지원자훈련소 소장은 도지사가 추천한 적격자에 대해 육군 신체검사규정에 준하는 신체검사에 한정하였다. 신체검사는 조선군사령관이 추천하는 검사관을 위촉해서 실시하였다. 조선군사령관이 실시하는 지원자 전형은 학과시험, 구두시험, 신체검사였다. 조선군사령관이 실시하는 학과시험은 보통학교 졸업자 수준의 수신, 국어, 국사, 지리, 산술이었다. 제2차 전형 합격자 판정은 조선군사령부와 조선총독부 관계자 소견을 합산해서 결정하였다. 1938년도 제1~2차 전형은 [표2-2]와 같았다. 제1차 도지사 전형은 지원자 2946명 가운데 적격자 1663명을 선발해서 480명을 추천하였다. 제2차 조선총독부 전형은 적격자 가운데 입소자 407명(전기생 202명과 후기생 205명)을 선발하였다.[19]

---

17. 「滿洲日日新聞」 1938년 4월4일자.

18. 재일조선인의 육군특별지원병 지원은 엄격한 「내지도항규칙(內地渡航規則)」에도 제1~2차 전형까지 최소 5차례의 왕래가 불가피하였다. 그 과정에서 발생하는 여비와 숙박비 전액은 본인이 부담해야 했고, 휴직도 불가피하였다. 그 때문에 1941년 이래 '오사카 스이타(吹田)시의회'와 「협화회」는 조선총독부와 제국정부 앞으로 재일조선인의 일본 국내 전형을 요구하는 청원활동을 펼쳤다. 「大阪朝日新聞」 1941년 10월3일자; 樋口雄一(2001), 「皇軍兵士にされた朝鮮人」, 社會評論社, 22~40쪽.

19. 조선총독부와 조선군사령부는 1938년 6월3일부터 6일에 걸쳐 각 도가 추천한 적격자에 대한 전기생(현역)의 선발 전형을 실시하였다. 추천자 가운데는 실격자가 너무 많아서 소정의 입소자를 선발할 수 없었다. 재차 1938년 6월9일부터 10일에 걸쳐 당초 각 도에 대한 조선총독부의 할당 인원 혹은 배정 인원을 무시하고 보결자를 충원해서 선발 전형을 실시했고, 202명의 입소자를 선발할 수 있었다. 이어서 1938년 11월24일부터 28일까지 후기생(제보충역) 선발 전형을 실시해서 205명을 선발하였다. 선발 전형의 신체검사는 보병과 적임자를 기준으로 했기 때문에 상당히 엄격했다. 신체검사에서 전기생 적격자 35명과 후기생 적격자 28명이 탈락하였다. 후기생 선발의 신체검사에서는 함북, 함남, 전북 출신 적격자 전원이 합격했고, 전남의 경우에는 적격자 60명 가운데 1명만이 탈락했다. 후기생의 인물검사는 가장 엄격한 것으로 매일 오전 8시부터 밤 12시까지 상세하게 실시하였다. 1938년도 육군특별지원병의 선발 전형을 통괄했던 기타노(北野) 조선군참모장은 전기생에 비해서 후기생의 전형 성적이 훨씬 우수했다고 평가하였다. 「동아일보」 1938년 6월12일자; 「매일신보」 1938년 6월12일자; 「매일신보」 1938년 11월30일자.

[표2-2] 1938년도 육군병지원자훈련소의 입소자 전형

(단위: 명)

구분		남한지역							
		경기	충북	충남	전북	전남	경북	경남	소계
지원자		250	220	140	303	518	252	292	1,975
적격자		111	173	68	79	354	127	190	1,102
추천자		28	58	24	30	108	40	44	332
1차 도별 전형	수험 인원	76	161	70	84	303	112	124	930
	불참 인원	2	6	1	1	9	1	-	20
	신검 갑종	40	99	41	72	193	52	66	563
	합격 인원	28	58	24	30	108	40	44	332
2차 전형 (전기)	수험 인원	17	32	13	15	54	20	22	173
	신검 불합격	2	4	6	4	3	2	3	24
	학술 불합격	2	1	-	2	4	-	-	9
	합격자	13	27	7	9	47	18	19	140
2차 전형 (후기)	수험 인원	15	31	13	16	59	21	23	178
	신검 불합격	2	9	3	3	1	1	3	22
	학술 불합격	5	3	2	2	5	4	2	23
	합격자	8	19	8	11	53	16	18	133
합계	수험 인원	32	63	26	31	113	41	45	351
	신검 불합격	4	13	9	7	4	3	6	46
	학술 불합격	7	4	2	4	9	4	2	32
	합격자	21	46	15	20	100	34	37	273

구분		북한지역							합계
		황해	평남	평북	강원	함남	함북	소계	
지원자		147	122	97	363	63	179	971	2,946
적격자		72	92	70	192	49	86	561	1,663
추천자		16	18	20	64	14	16	148	480
1차 도별 전형	수험 인원	45	49	55	178	40	47	414	1,344
	불참 인원	2	2	3	5	1	1	14	34
	신검 갑종	26	13	23	85	21	29	197	760
	합격 인원	16	18	20	64	14	16	148	480
2차 전형 (전기)	수험 인원	8	9	10	32	7	8	74	240
	신검 불합격	2	1	1	3	2	2	11	35
	학술 불합격	-	-	-	1	-	-	1	10
	합격자	6	8	9	28	5	6	62	202
2차 전형 (후기)	수험 인원	9	10	11	35	8	9	82	260
	신검 불합격	1	1	-	4	-	-	6	28
	학술 불합격	1	-	1	2	-	-	4	27
	합격자	7	9	10	29	8	9	72	205
합계	수험 인원	17	19	21	67	15	17	156	507
	신검 불합격	3	2	1	7	2	2	17	63
	학술 불합격	1	-	1	3	-	-	5	37
	합격자	13	17	19	57	13	15	134	407

(자료) 京城地方法院檢査局(1938), 「治安週報」 第44～47호.

이들 합격자 가운데 전남 출신자들이 전체의 24.6퍼센트를 차지했는데, 식민권력은 "원래 전남이 섬들이 많고 진취적 기상"[20] 때문이라고 밝혔다.

셋째는 제3차 조선군사령부 전형이다. 제3차 전형은 육군병지원자훈련소 입소 중인 1938년 10월에 실시되었다. 제3차 전형은 입소생의 교육과 훈육 그리고 황민화 정도였다. 1938년 전기생(현역병) 입소자 202명 가운데 제3차 전형 통과자는 195명이었다.[21] 1939년도 이후 선발 전형은 조선군 병사부가 담당하였다.[22] 그 이유는 "조선인 가운데 다수의 육군특별지원병을 채용해서 국방 중책의 분여를 기도하는 와중에서 그 업무가 점차 복잡 광범위하고 이를 사단사령부의 일개 부서가 처리하는 것은 심히 곤란"[23]했기 때문이었다.

1939년 8월1일 칙령 제518호 「육군병사부령」[24] 공포에 따라 조선군 병사부가 설치되었다. 조선군사령부 예하 병사부는 징병, 소집, 재향군인, 재향장교단, 재향군인 등 조선인 병력자원의 개발, 동원, 관리 업무를 담당하였다. 지역 단위로 설치된 6개의 병사구(경성, 평양, 대구, 광주, 나남, 함흥)는 역내의 조선인 유력자 36명을 병사위원으로 선임하였다.[25] 그래서인지 1940년 이후 이들 지원자의 전형 성적은 이전과 비교해서 훨씬 우수하다는 평가를 받았다.[26] 1944년 이후 조선군 병사부는 조선인의 군사동원을 위한 징병기구로 확대·재편되었다.

---

20. 帝國地方行政學會朝鮮本部編(1939.1), 『朝鮮行政』 第3券 第1号.
21. 桑原驀(1939.1), 「隨想, 志願兵制度」, 『朝鮮行政』 第3券 第1号.
22. 朝鮮軍參謀長北野憲造(1938.12.2), 「朝鮮軍諸施設希望要綱の件」.
23. 朝鮮軍參謀長北野憲(1939.8.30), 「鮮内兵事部長會議書類提出の件」.
24. 内閣(1939.8.19), 「陸軍兵事部令」.
25. 1939년 8월18일 조선군참모장이 주관하는 병사부장 회의가 개최되었다. 같은 회의에는 조선인 관계자 36명이 참석하였다. 출석자는 경기 손홍준 1명을 비롯해서 강원 3명, 충북 2명, 평북 5명, 평남 3명, 황해 1명, 경북 3명, 경남 2명, 충남 2명, 전북 3명, 전남 4명, 함남 3명, 함북 5명이었다. 병사부 운영은 역내 조선인 유력자의 협력을 불가결한 조건으로 하였다. 朝鮮軍司令部(1939.8.30), 「鮮内兵事部長會議書類提出の件」.
26. 『매일신보』 1938년 11월30일자.

II. 집계와 분석

1938~1943년 육군특별지원병은 과연 몇 명이 지원했으며, 몇 명이 선발되었는가? 이하에서는 1943년 5월 법제국 자료를 활용해서 육군특별지원병제의 전형별 지원자, 적격자, 입소자, 입영자를 집계·분석한다.

전형별

법제국 자료는 조선총독부가 육군특별지원병제의 관제 개정을 위해 법제국 앞으로 제출한 자료이다. 법제국 자료는 자료생산의 주체와 원천이 분명하며, [표2-3]과 같이 1938~1943년 연도별·지역별 지원자, 적격자, 입소자, 입영자의 총체적인 파악이 가능하다.

[표2-3] 육군특별지원병의 선발전형과 전형별 추계 (단위: 명, 배, %)

구분	전형성적(1)					전형성적(2)			
	모집정원	지원자	적격자	입소자	입영자	지원율	적격률	입소율	입영률
1938	400	2,946	1,381	406	395	7.4	46.9	13.8	13.4
1939	600	12,348	6,247	613	591	20.6	50.6	5.0	4.8
1940	3,000	84,443	33,392	3,060	3,012	28.1	39.5	3.6	3.6
1941	3,000	144,745	44,884	3,277	3,179	48.2	31.0	2.3	2.2
1942	4,500	254,273	69,761	5,017	4,866	56.5	27.4	2.0	1.9
1943	6,000	304,562	69,227	6,300	6,111	50.8	22.7	2.1	2.0
합계	17,500	803,317	224,892	18,673	18,154	45.9	28.0	2.3	2.3

(주) 적격율, 입소율, 입영율은 지원자 대비.
(주) 1941~1943년 입영자는 1938~1940년도 입소자 대비 평균 입영률 97퍼센트로 환산한 추정값.
(자료) 法制局(1943), 「朝鮮總督府陸軍兵志願者訓練所管制中改正の件」 등.

특히, 종래 연구에서 확인할 수 없었던 제2차 도지사 전형 적격자와 함께 1938~1940년도에 한정되지만, 입영자 규모를 추정할 수 있다는 비교우위

가 있다.[27]

첫째는 지원자 집계이다. 종래 연구의 지원자 파악은 대장성 자료 80만 2147명과 곤도 겐이치(近藤釼一) 자료 80만 2047명이었다. 반면, 법제국 자료의 지원자는 80만 3317명이었다. 법제국 자료와 비교해서 대장성 자료는 1170명, 곤도 자료는 1270의 과부족이 발생한다. 지원자는 1938년 모집 정원 400명에 대해 2946명[28]이었지만, 1943년 6000명에 대해 30만 4562명을 기록하였다.[29] 1938~1943년 모집정원 대비 지원자 배율은 약 45.9배를 기록하였다.[30] 1942~1943년 지원자 쇄도와 관련해서 기타하라 미치코(北原

27. 종래 연구는 1944년 대장성, 1961년 곤도 겐이치(近藤釼一), 1951년 조선군잔무정리부 자료를 활용하였다. 미야타는 1961년 곤도 자료를, 히구치 유이치(樋口雄一)는 대장성 자료와 조선군잔무정리부 자료를 혼용하였다. 최유리는 곤도 자료를, 표영수는 곤도와 조선군잔무정리부 자료를 혼용하였다. 또한, 브랜든 팔머는 박경식이 활용한 대장성 자료를 재인용하였다. 대장성 자료는 1938~1943년 지원자 80만 2147명과 입소자 1만 7664명으로, 곤도 자료는 지원자 80만 2047명과 입소자 1만 7664명으로, 조선군잔무정리부는 현역 7900명과 제1보충역 8930명으로 입영자를 1만 6830명으로 각각 집계하였다. 대장성과 곤도 자료는 입소자 인원에서 일치하지만, 지원자 인원에서 100명의 과부족이 발생한다. 종래 연구는 원천과 성격이 불분명한 자료를 무비판적으로 혼용하거나 재인용함으로서 여러 연구사적 혼란을 초래하였다. 정안기(2018), 「전시기 육군특별지원병제의 추계와 분석」, 『정신문화』 제41권 제2호.

28. 1938년도는 "지원자 총수 2946명으로 1937년도 조선인 만 20세 인구 17만 5000명(추산) 대비 1.7인의 비율"을 기록하였다. 朝鮮總督府編(1938), 「朝鮮總督府時局對策調査會諮問案參考書」.

29. 1943년도 육군특별지원병 모집정원 6000명에 대해서 육군병지원자훈련소 입소자는 경성 제1육군병지원자훈련소 3400명(현역병 1800명과 제1보충역 1600명), 평양 제2육군병지원자훈련소 2600명(현역병 1400명과 제1보충역 1200명)을 예정하였다. 입소생은 최종 입영자 선발까지의 감소를 고려해서 정원의 약 10퍼센트를 할증한다는 방침이었다. 法制局(1943.5.25), 「朝鮮總督府陸軍兵志願者訓練所管制中改正の件」.

30. 관련해서 1984년 강만길은 육군특별지원병제가 시행된 "1938년부터 징병제 실시되기 이전인 1943년까지 약 1만 8000명 가량의 조선 청년이 일본군에 '지원'했다. 이들 가운데는 일시적인 흥분으로 철없이 지원한 경우도 있었지만, 지원병제도를 성공시키기 위한 일본측의 교묘한 술책과 전시하(戰時下)의 농촌 피폐에 못 견디어 수많은 청년들이 '살길을 찾기 위하여' 지원한 경우가 더 많았다"고 주장하였다. 이어서 1988년 박세길은 앞서 강만길의 주장을 토씨 하나 틀리지 않고 거의 그대로 옮겼다. 1984년 당시 강만길이 주장하는 육군특별지원병 약 1만 8000명은 지원자가 아니라 모집 정원 혹은 정식의 입영자 인원에 상당하는 것이었다. 강만길(1984), 『한국현대사』, 창작과비평사, 35~36쪽; 박세길(1988), 『다시쓰는 한국현대사』, 돌베개, 19쪽.

道子)는 "징병으로 일본군에 가야 한다면, 군대에서 조금이라도 우대받고자 지원병에 응모"[31]했기 때문이라 지적하였다.

둘째는 적격자 집계이다. 적격자는 본적지 도지사가 실시하는 제1차 전형을 통과한 인원이었다. 1938년 1381명을 시작으로 1943년까지 6개년 합계 22만 4892명을 기록하였다. 1938~1943년 지원자 대비 적격자 선발률은 1939년 50.6퍼센트를 예외로 하면, 6개년 평균 28.0퍼센트를 기록하였다. 하지만, 1938~1943년 적격자 가운데 도지사의 육군병지원자훈련소 앞으로 추천 인원이 몇 명인지 불명한 상황이다. 그러나 1938년도 사례를 고려하면, 제2차 조선총독부 전형의 입소자 선발 인원과 거의 같았을 것으로 추정된다.

셋째는 입소자 집계이다. 입소자는 제2차 조선총독부 전형을 통과한 육군병지원자훈련소 입소자를 가리킨다. 종래 연구에서 입소자는 1만 7664명으로 파악하였다. 그러나 법제국 자료는 약 1만 8673명을 기록하였다. 요컨대, 종래 대장성과 곤도 자료는 법제국 자료와 비교해서 정확히 입소자 60명을 과대 계상하였다. 1938~1943년 지원자 대비 입소자 선발률은 1938년 13.8퍼센트를 예외로 한다면, 6개년 평균 약 2.3퍼센트를 기록하였다.

넷째는 입영자 집계이다. 입영자는 입소자 중 제3차 조선군사령부 전형을 통과해서 병적을 부여받은 정식의 육군특별지원병이다. 현재 확인되는 법제국 자료에서 입영자는 1938~1940년에 한정된다. 1938~1940년 입소자 대비 입영자는 59명(1938년 11명, 1939년 22명, 1940년 26명)의 과부족이 발생한다. 입소자와 입영자의 차수는 제3차 조선군사령부 전형에서 탈락자가 발생했기 때문이었다.[32] 이들 불합격자 대부분은 병역부담이 곤란한 불치병 환자

---

31. 北原道子(2014), 『北方部隊の朝鮮人兵士』, 現代企畫室, 23쪽.
32. 1938년 전기생 입소자 202명의 사례를 참고하였다. 1938년 전기생(현역)의 입영자 판정은 합격자 195명에 대해서 불합격자 7명을 기록하였다.

들이었다. 1938~1940년 입소자 대비 연평균 입영률은 약 97퍼센트였다. 같은 추정값을 1943년까지 확장해서 집계한 입영자 규모는 1만 8154명이었다.

지역별

다음은 지역별 집계와 분석이다. 1938~1939년 조선 전체와 오사카(大阪)를 포함하는 지역별 지원자, 적격자, 입소자, 입영자는 [표2-4]와 같다.

[표2-4] 육군특별지원병 전형의 지역별 집계 (단위: 명, %)

구분		지원자		적격자		입소자		입영자	
		인원	비중	인원	비중	인원	비중	인원	비중
남한	경기	81,293	10.1	18,276	8.1	2,136	12.1	318	8.1
	충북	35,825	4.5	17,009	7.6	880	5.0	311	7.9
	충남	91,695	11.4	16,006	7.1	1,090	6.2	249	6.4
	전북	32,184	4.0	11,629	5.2	1,125	6.4	218	5.6
	전남	108,817	13.5	28,470	12.7	2,273	12.9	508	13.0
	경북	113,327	14.1	21,149	9.4	1,751	9.9	388	9.9
	경남	42,403	5.3	17,055	7.6	1,706	9.7	298	7.6
	소계	505,544	62.9	129,594	57.6	10,961	62.3	2,290	58.4
북한	황해	47,958	6.0	13,432	6.0	1,267	7.2	284	7.2
	평남	38,969	4.9	21,707	9.7	1,041	5.9	228	5.8
	평북	41,835	5.2	11,524	5.1	1,113	6.3	237	6.0
	강원	70,649	8.8	26,387	11.7	1,323	7.5	456	11.6
	함남	66,138	8.2	15,033	6.7	907	5.2	281	7.2
	함북	29,475	3.7	5,344	2.4	793	4.5	145	3.7
	소계	295,024	36.7	93,427	41.5	6,444	36.6	1,631	41.6
합계		803,317	100.0	224,892	100	17,604	100.0	3,921	100.0

(주) 입영자 집계는 자료 제약으로 1938년부터 1940년에 한정한다.
(자료) 法制局(1943), 「朝鮮總督府陸軍兵志願者訓練所管制中改正の件」.

1938년 2월 「육군특별지원병령」이 공포되었지만, 지원의 정식 수속은 4월 3일 이후였다. 그럼에도 정식 수속일 이전부터 조선 관내외로부터 혈서지원과 함께 지원자 문의가 쇄도하였다.[33] 혈서 지원자 제1호는 1938년 1월 미나미 총독 앞으로 애국적 메시지를 피력한 경성부 출신의 윤철모였다.[34] 1938년 2월 말 조선총독부가 집계한 비공식 지원자 규모는 모집 정원(400명)의 약 8.8배의 3500명에 달하였다.[35] 일본 국내 전형의 실상을 간략하게 검토해 보면, 재일조선인 지원자는 1941년 개설된 '오사카전형소'에서 지원과 수험이 가능하였다.[36] 1943년에 이르러서는 도쿄와 후쿠오카에도 전형소가 개설되었다. 일본 내무성 조사에 따르면, 1943년도 재일조선인 지원자는 894명이었다. 이들의 직업은 대부분이 잡부, 선반공, 주물공 등이었고, 학력도 대부분이 초등학교 수료와 중퇴 수준이었다. 지원자들은 오사카와 인근의 거주자들이 많았다. 지원자 가운데 수험자는 732명이었고, 이 가운데 합격자는 469명이었다. 재일조선인 지원자 동기는 '전과 확대의 자극에 따른 솔선지원'이 전체의 76.5퍼센트를 차지하였다.[37] 다음은 지역별 집계와 분석이다.

첫째는 지원자 집계이다. 1938~1943년 지원자 분포의 지역별 상위 3순위는 경북, 전남, 충남이었고, 하위 3순위는 함북, 전북, 충북의 순이었다.[38]

33. 조선인 청년들의 열렬한 탄원서 제출과 혈서지원에 대해서 식민권력은 무척 당혹스럽다는 입장이었고, 이들의 진의에 강한 의구심을 제기하였다. 1939년 당시 육군병지원자훈련소 교수 가이다 가나메(海田要) 대좌는 "열렬한 탄원서 혹은 혈서로 적성을 지면으로 피력하는 것은 누구나 가능한 일이며, 결코 종용할 일이 아니다. 그런 「불에 덴 듯한 애국심」이 아니라 진지한 마음의 준비를 동반하는 끈질긴 애국심을 양성하지 않으면 안 된다"고 혹평하기도 하였다. 海田要(1939), 「志願兵制度の現狀と將來への展望」, 「今日の朝鮮問題講座」, 綠旗聯盟, 29쪽.
34. 「매일신보」 1938년 1월20일자.
35. 「매일신보」 1938년 2월19일자.
36. 樋口雄一(2001), 「皇軍兵士にされた朝鮮人」, 社會評論社, 98~102쪽.
37. 内務省警報局保安課(1943.3), 「特高月報」.
38. 남한 출신자 중심의 '지역적 편재성'은 조선총독부 입장에서도 '커다란 두통거리'였다. 1939년 12월 조선총독부 학무국장과 육군병지원자훈련소장을 겸했던 시오바라는 1940년도 육군특별지원병의 증원 선발과 관련해서 "지금까지 인원은 600명이지만, 여기에 응모한 사람은 1만 3000명으로 20배에 달한다. 그러나 이들 대부분은 지방적으로 편재되었으므로 앞으로는 응모자의 지방적 편재를 해소할 방침"이라 역설하기도 하였다. 「매일신보」 1939년 12월8일자.

관련해서 종래 미야타는 1938~1939년도 소작농이 대규모로 퇴적한 남선지역 출신자를 지원자로 간주하였다. 즉, "세민이 많은 도(道)일수록 지원자도 많았다"[39]는 주장이다. 그러나 앞서 상위 3순위와 하위 3순위를 고려하면, 과연 경북은 세민이 많아서 지원자가 많았고, 함북은 세민이 적어서 지원자가 적었는지 의문이다. 지원자의 학력과 가족관계 그리고 가계 자산 등을 포함하는 보다 다각적인 검토가 불가결하다.

둘째는 적격자 집계이다. 1938~1943년 적격자 분포의 지역별 상위 3순위는 전남, 강원, 평남이었고, 하위 3순위는 함북, 평북, 전북의 순이었다. 지원자 분포의 1순위였던 경북은 적격자 상위 4순위로 하락했던 반면, 강원은 지원자 상위 5순위에서 적격자 상위 2순위로 상승하였다. 적격자 선발은 신체검사, 학과시험, 구두면접이었다. 구두면접의 내용은 언어, 사상, 태도였다. 요컨대, 일본어 능력은 교육 수준을 포함한 가계 경제력과도 밀접한 관련성을 갖는다.

셋째는 입소자 추계이다. 1938~1943년 입소자의 지역별 상위 3순위는 전남, 경기, 경북이었고, 전체의 34.9퍼센트를 차지하였다. 하위 3순위는 함북, 충북, 함남으로 전체의 14.7퍼센트를 차지하였다. 이 가운데 적격자 상위 2순위의 강원은 입소자 선발 상위 5순위로 하락하였다. 반면, 적격자 상위 5순위의 경기는 입소자 선발 상위 2순위로 상승하였다. 제2차 조선총독부 전형은 징병검사와 학과시험 그리고 인물고사였다. 인물고사는 중점은 지원자의 황민화 정도와 군사적 자질이었다. 입소자 선발에서 밀려난 강원은 경기와 달리 자질이 떨어지는 적격자를 다수 추천했던 것으로 추정된다.

넷째는 입영자 집계이다. 현재 자료적 제약으로 지역별 입영사는 1938~

---

39. 宮田節子(1985), 『朝鮮民衆と「皇民化」政策』, 未來社, 68쪽.

1940년에 한정된다. 1938~1940년 입소자 3980명에 대해서 입영자 3921명으로 3개년 평균 약 3퍼센트의 차수가 발생하였다. 입소자의 3%는 제3차 조선군사령부 전형에서 탈락했기 때문이었다. 제3차 전형은 육군별지원자 훈련소의 교육성적과 근무상황을 점검하는 집단전형이었다.[40] 1938~1940년 입영자의 지역별 상위 3순위는 전남, 강원, 경북으로 전체의 34.5퍼센트를 차지했던 반면, 하위 3순위는 함북, 전북, 평남으로 전체의 15.1퍼센트를 기록하였다. 전남은 육군특별지원병 지원자의 13.5퍼센트, 적격자의 12.7퍼센트, 입소자의 12.9퍼센트, 입영자의 13.0퍼센트를 차지하였다.

강원도의 적격자 전형

강원도는 앞서 검토한 바와 같이 다수의 육군특별지원병을 배출한 지역 가운데 하나였다. 다음은 1938년 12월 강원도경찰국 자료를 활용해서 지원자, 적격자, 입소자 선발 전형의 실상을 구체적으로 검토해보자.[41]

1938년도 강원도는 지원자 363명과 적격자 183명을 기록하였다. 육군병 지원자훈련소 소장이 할당한 강원도의 적격자 인원은 전후기 합계 64명이었다. 제1차 도지사 전형은 수험자 178명에 대해 합격자 85명을 기록했고, 그 가운데 64명을 추천하였다. 1938년 전기생(현역) 선발의 제2차 조선총독부 전형은 추천자 32명에 대해 합격자 28명을 기록하였다.

1938년도 강원도의 지원자 상황은 [표2-5]와 같이 1938년 4월 이전 비공식 지원자는 197명이었다. 이 가운데 4월 이후 공식 지원자는 105명이었

---

40. 현역은 전기생, 제1보충역 후기생으로 구분되었다. 이런 구분과 관련해서 1940년 육군병지원자훈련소 소장 가이다 대좌의 설명에 따르면, 조선군사령부가 인물과 성적의 우열이 아니라 지원자의 소질, 가정 사정, 기타 여러 요인으로 장기간 현역 입영이 곤란한 지원자를 구분한 것에 불과하다고 설명하였다. 『매일신보』 1940년 3월 2일자.

41. 江原道警察局(1938.12),「治安狀況」, 京城地方法院檢査局.

고, 나머지 공식 지원을 단념한 92명은 부모의 반대, 학력 미달, 본적지 상이, 신원 불확실, 신장 미달 때문이었다.[42] 비공식 105명과 공식 252명을 포함한 지원자 합계 357명을 기록하였다.

[표2-5] 1938년도 강원도의 적격자 전형 (단위: 명)

구분	비공식 지원자		공식 지원자	지원자 합계	적격자 판정	
	지원자	공식지원			적격	부적격
춘천	27	9	1	10	7	3
인제	1	1	4	5	5	0
양구	6	5	19	24	7	17
회양	6	3	9	12	6	6
통천	28	16	84	100	36	64
고성	13	3	10	13	3	10
양양	16	6	0	6	3	3
강릉	4	3	13	16	4	12
삼척	6	4	2	6	5	1
울진	6	3	12	15	11	4
정선	3	1	8	9	7	2
평창	5	3	7	10	8	2
영월	5	5	6	11	11	0
원주	18	5	22	27	21	6
횡성	4	0	8	8	4	4
홍천	2	2	5	7	1	6
화천	7	6	27	33	27	6
금화	9	6	2	8	6	2
금성	5	4	1	5	4	1
철원	8	8	3	11	3	8
평강	8	5	6	11	6	5
이천	10	7	3	10	3	7
합계	197	105	252	357	188	169

(자료) 江原道警察局(1938.12), 「治安狀況」, 京城地方法院檢査局.

---

42. 京城地方法院檢査局(1939.1.25), 「治安狀況」 第44~47号.

이들 가운데 보통학교 졸업자가 전체의 90.3퍼센트를 차지하였다. 직업 구성도 농업이 전체의 57.7퍼센트를 차지하였다.[43] 1938년 5월 말 강원도는 제1차 도지사 전형을 실시해서 188명의 적격자를 선발하였다. 탈락자 169 명은 가업 지장, 신장 미달, 심신 불량, 학력 미달, 연령 미달, 전과 기록 때 문이었다. 1938년 적격자 전형과 관련한 강원도경찰국의 평가는 다음과 같 았다.

첫째는 황국 신민의 자각이다. 전체적으로 태도와 응답에서 사상적으로 위험하다고 인정되는 자는 없었다. '황국신민서사(皇國臣民誓詞)'는 거의 모 든 지원자들이 암송했지만, 이 가운데 그 의미를 제대로 이해하지 못하는 자도 더러 있었다. 시국 인식은 전체적으로 불충분하지만, 이를 인식하고자 하는 신념이 강한 것으로 파악된다. 국가에 대한 봉공의식도 중일전쟁 이래 급격히 함양되고 있는 것으로 판단된다.

둘째는 제국 군인에 대한 열망의 정도이다. 혈서지원 혹은 이혼지원 등 초지일관의 지원자도 있었다. 지원 동기와 사유는 진술과 발표 등 교묘함으 로 일정한 차이가 있었다. 수험자 일반은 지원 열의가 무척 높아서 탈락자 들 가운데 분개하는 자도 더러 있었다. 그러나 일부 열의가 낮고 단지 권유 에 따른 지원 혹은 합격 자체를 기피하는 자도 있었다.

셋째는 지원자의 학력과 소질이다. 지원자의 교과 성적은 산술, 국어, 역 사였다. 국어는 전체적으로 우열을 가리기 어려웠다. 역사는 준비가 불충분 했고, 산술은 보통학교 4년 졸업자 수준으로 전체적으로 양호하였다. 지원 자의 자질은 전체적으로 우수하다고 할 수 없지만, 순박하고 진지한 자들이 많았다. 금후 교육훈련을 통해서 이들을 제국의 군인으로 양성하는데 크게

---

43. 江原道警察局(1938.12), 『治安狀況』, 京城地方法院檢査局.

지장이 없을 것으로 판단하였다.

넷째, 기타 사항이다. (1)제국신민으로 상식(신궁의 제신, 황기, 축제일 등) 부족이 심각하였다. (2)국어(일본어)의 습득 정도가 불충분하고 발음도 부정확하였다. (3)지원 동기를 문의하는 시험관 앞에서 자신의 진의를 입증하고자 손가락을 깨물어 혈서를 쓰는 진풍경이 펼쳐지기도 하였다.

Ⅲ. 지원자 동기와 멘털리티

1941년 제79회 제국의회 설명자료와 1942년 경성 제1육군병지원자훈련소 조사자료 등을 활용해서 육군특별지원병, 이들은 과연 누구였는가? 이들의 동기와 멘털리티는 어떠했는가를 구체적으로 검토해 보자.

학력과 가족관계

본격적인 논의에 앞서 1930년대 조선인 초등교육의 실상을 확인해보자. 1940년 조선인의 취학률은 학령인구 약 137만 6304명에 대해 41.6퍼센트 (남자 60.8퍼센트, 여자 22.2퍼센트)를 기록하였다.[44] 이는 1930년 17.3퍼센트(남자 28.0퍼센트, 여자 6.2퍼센트)에 비해서 약 10여년에 걸쳐 24.3퍼센트에 달하는 급격한 취학률 증가를 기록하였다.[45] 1932년 당시 보통학교 취학 아동의 교육비(수업료, 책값, 학용품비 등)는 연간 약 15원 80전이었다. 이는 당시 쌀 한 가마 가격에 상당하는 것이었다. 이들 취학 아동의 사회계층은 지주, 자작농, 자소작농, 소작농, 빈농의 순이었다. 자소작농과 소작농

---

44. 渡部學(1944.6/10/11), 「朝鮮に於ける初等教育の普及と擴充」, 『朝鮮』 第349/353/354號.

45. 오성철(2000), 『식민지 초등 교육의 형성』, 교육과학사, 133쪽

이 전체의 63.0퍼센트를 차지하였다.[46]

1941년 지역별 지원자 학력을 살펴보면,[47] [표2-6]과 같이 지원자 14만 5046명의 학력은 중등학교 졸업 및 중퇴자 1657명, 보통(초등)학교 졸업 및 중퇴자 12만 1534명, 자격 취득자 1692명, 기타 2만 163명을 기록하였다. 중등학교 졸업자 및 중퇴자는 전체의 11.0퍼센트에 불과했던 반면, 보통학교 졸업 및 중퇴자가 전체 지원자의 83.8퍼센트를 차지하였다.[48] 중등학교 졸업과 중퇴 학력의 지원자를 가장 많이 배출한 지역의 상위 3순위는 경북, 함남, 경기였다. 1941년 경성 제1육군병지원자훈련소 입소자 1만 1364명 가운데 전문학교 졸업, 중등학교 졸업과 중퇴, 보습학교 졸업, 고등소학교 졸업자가 전체의 12.0퍼센트를 차지하였다.[49] 1941년 당시 지원자의 교육수준과 관련한 조선총독부 인식은 다음과 같았다. 1941년도에는 종래 양반 부호 등이 자제를 지원병에 지원시키는 데 주저해왔지만, 그 태도를 선탈(蟬脫)하는 경향이다. 귀족계급에서 2명의 지원자를 시작으로 양반 및 부호계급에 속하는 중등학교 이상의 졸업생 응모자도 758명에 달한다.

한편, 지원병훈련소 졸업 이후 제일선 부대에 입대하거나 혹은 전지(戰地)에서 활약하는 자들의 성적도 크게 호평을 받고 있다. 최근, 일반에서 지원병에 응모하는 것이 시국하 황국신민으로서 당연한 의무라고 사고하는

---

46. 1943년 「만주제국협화회」 중앙본부 조사에 따르면, 당시 조선인 초등학교 취학률은 45.0퍼센트였고, 조선인의 일본어 해독자는 전체 인구의 13.9퍼센트(남자 22.1퍼센트, 여자 5.6퍼센트)였다. 滿洲帝國協和會中央本部調査部(1943), 「國內に於ける鮮系國民實態」.
47. 朝鮮初等教育研究會(1938.10), 「朝鮮志願兵訓練所參觀記」, 「朝鮮の教育研究」 第121號.
48. 1937년 말 육군특별지원병의 지원자 조건을 충족하는 보통학교 졸업 예정자는 12만 3623명(관립보통학교 360명, 공립보통학교 7만 9973명, 사립보통학교 5401명, 간이학교 2만 1560명, 각종학교 1만 6329명)이었다. 적령자는 만 17세 이상 만 20세에 달하는 조선인 청년 가운데 초등교육을 마친 남자는 전체의 55.0퍼센트에 불과하였다. 朝鮮總督府(1937), 「朝鮮人志願兵制度施行に關する樞密院に於ける想定質問及答弁資料」.
49. 朝鮮總督府第一軍兵志願者訓鍊所(1942), 「生徒諸調査表」.

경향이 현저하다. 내지와 동일하게 시급히 병역법을 시행해야 한다는 목소
리가 날로 높아지는 실상이다.[50]

[표2-6] 1941년도 지역별 지원자 현황과 교육정도 (단위: 명, %)

구분		중등학교			초등학교			자격취득			기타	합계
		졸업	중퇴	소계	졸업	중퇴	소계	보문합격	기타	소계		
남한	경기	30	117	147	7,243	3,686	10,929	–	–	–	154	11,230
	충북	9	29	38	5,015	1,867	6,882	1	2	3	1,164	8,087
	충남	36	63	99	8,617	1,896	10,513	20	185	205	2,206	13,023
	전북	6	42	48	3,267	1,119	4,386	–	–	–	335	4,769
	전남	23	66	89	14,826	2,441	17,267	1	13	14	4,949	22,319
	경북	55	407	462	14,641	3,480	18,121	–	14	14	4,930	23,527
	경남	48	67	115	6,739	1,555	8,294	–	1	1	195	8,605
	소계	207	791	998	60,348	16,044	76,392	22	215	237	13,933	91,560
북한	황해	27	31	58	3,661	903	4,564	–	–	–	89	4,711
	평남	24	34	58	6,778	2,288	9,066	–	–	–	506	9,630
	평북	5	110	115	4,789	1,364	6,153	–	1	1	285	6,554
	강원	51	72	123	7,815	2,821	10,636	1	31	32	940	11,731
	함남	73	183	256	5,889	3,905	9,794	2	100	102	3,333	13,485
	함북	4	45	49	2,763	2,166	4,929	–	1,320	1,320	1,077	7,375
	소계	184	475	659	31,695	13,447	45,142	3	1,452	1,455	6,230	53,486
합계		391	1,266	1,657	92,043	29,491	121,534	25	1,667	1,692	20,163	145,046

(주) 보문합격이란 소학교 6년 졸업 정도의 학력을 인정하는 시험 합격자를 가리킨다.
(자료) 朝鮮總督府(1941.12), 「第79回帝國議會說明資料」.

그러나 1941년도 보통학교 졸업 이상 학력의 지원자 가운데 고학력자가
등장하면서 화제를 모았다. 최초의 사례는 1938년 대구사범을 졸업하고 전
남 화순군 소재 청풍소학교 교원 경력으로 1940년 8월 육군병지원자훈련소
를 수료한 신상묵이었다. 1941년 11월 함님 신포서초등학교 교원 가네무라

50. 朝鮮總督府警務局(1941.12), 「第79回帝國議會說明資料」.

데쓰지(金村澈二)는 이른바 "백묵 대신 총을, 교단에서 지원병 지원"[51]으로, 황해도 의주 수진공립보통학교 교원 기요가와 히로시게(清川博重)는 "몸으로 실천, 교단을 박차고 지원병 지원"[52]으로 세간의 주목을 받았다. 이들 고학력자의 등장은 육군특별지원병 지원열을 일층 자극하였다.

다음은 지원자의 가족관계를 살펴보자. [표2-7]은 지원자 9만 5034명의 가족과 신분관계 자료이다. 이 가운데 5인 가족 지원자 5만 3856명이 전체의 56.7퍼센트를 차지했고, 이어서 4인 가족과 3인 가족의 순이었다. 바꾸어 말하면, 소가족보다는 대가족 출신의 지원자가 압도적인 비중을 차지하였다. 이는 지원자의 입대 이후라도 가계경제에 미치는 영향이 덜해야 한다는 지원자 요건과 정합하는 실상이다. 조선 전체에 걸쳐 5인 가족 이상 지원자의 지역별 상위 3순위는 경북, 강원, 전남의 순이었다. 도별 가족관계 합계에서 5인 이상 가족 출신자의 상위 3순위는 평북, 평남, 함남의 순이었다. 전북과 충북를 예외로 하면, 모든 지역이 50퍼센트 이상을 기록하였다.

신분관계는 차남 이하 지원자가 전체의 61.9퍼센트를 차지하였다. 더구나 1941년도 지원자 9만 5034명 가운데 기혼자 2만 7295명으로 전체의 28.7퍼센트를 차지하였다.[53] 기혼자의 신분관계는 호주 3909명, 장남 1만 398명, 차남 이하 1만 2988명이었다. 이들 기혼자의 존재는 당시 일본인 징병자와도 크게 구별되는 성분이었다.

이러한 실상은 1941년 당시 조선 사회가 여전히 전근대 조혼풍속으로부터 크게 벗어나지 못하고 있음을 시사한다. 하지만, 이들은 가족과 처자를

---

51. 「매일신보」 1941년 11월13일자.

52. 「매일신보」 1941년 11월23일자.

53. 伊藤猷典(1942), 「鮮滿の興亞敎育」, 目黑書店, 43~44쪽; 朝鮮總督府第一陸軍兵志願者訓練所(1942), 「生徒諸調査表」.

등지는 사생결단으로 육군특별지원병을 지원했다는 사실이다. 이 점은 제3장에서 보다 구체적으로 검토할 것이다. 요컨대, 육군특별지원병 지원자의 가족과 신분관계는 5인 이상 대가족 가계의 차남이었다.

[표2-7] 1941년도 지역별 지원자의 가족과 신분관계 (단위: 명)

구분		가족관계							신분관계			
		독신	1인	2인	3인	4인	5인이상	합계	호주	장남	차남	합계
남한	경기	20	61	245	567	1,087	2,556	4,536	253	1,311	2,972	4,536
	충북	29	119	461	1,239	1,846	2,904	6,598	1,099	1,820	3,679	6,598
	충남	27	123	318	1,279	1,989	5,434	9,170	547	2,485	6,137	9,169
	전북	5	22	122	268	1,549	1,595	3,561	173	799	1,589	2,561
	전남	48	173	619	1,804	2,815	6,323	11,782	820	3,023	7,939	11,782
	경북	39	164	582	2,312	2,557	8,559	14,213	1,422	4,506	9,285	15,213
	경남	55	200	647	1,219	2,041	4,443	8,605	794	2,729	5,082	8,605
	소계	223	862	2,994	8,688	13,884	31,814	58,465	5,108	16,673	36,683	58,464
북한	황해	17	37	165	443	677	1,952	3,291	189	919	2,183	3,291
	평남	11	48	188	655	1,208	3,985	6,095	302	1,830	3,963	6,095
	평북	8	47	154	441	576	2,901	4,127	251	1,275	2,601	4,127
	강원	25	155	552	1,453	3,158	6,388	11,731	1,279	4,005	6,447	11,731
	함남	20	63	247	669	1,317	4,324	6,640	352	1,804	4,484	6,640
	함북	23	99	393	716	962	2,492	4,685	751	1,455	2,480	4,686
	소계	104	449	1,699	4,377	7,898	22,042	36,569	3,124	11,288	22,158	36,570
합계		327	1,311	4,693	13,065	21,782	53,856	95,034	8,232	27,961	58,841	95,034

(자료) 朝鮮總督府(1941.12), 「第79回帝國議會說明資料」.

연령과 직업

육군특별지원병령이 규정하는 지원자 연령은 "전년 12월 1일부터 지원년도 11월30일까지 만 17세에 달하는 자"[54]였다. 그래서 만 17세 이상의 조선인 남자라면, 누구나 육군특별지원병을 지원할 수 있었디. 1938~1942년 제

---

54. 岡久雄(1939), 『陸軍特別支援兵讀本』, 帝國地方行政學會朝鮮支部, 75쪽.

1육군병지원자훈련소 입소생 1만 1364명의 연령 분포는 [표2-8]과 같이 만 18세로부터 만 27세까지의 스펙트럼을 보인다. 그렇지만, 만 19세로부터 만 21세까지 연령층이 6942명으로, 전체의 61.0퍼센트를 차지하였다. 그럼에도 1940년 이후 지원자 연령도 점차 전체 연령층으로 확산되는 양상이었다.

[표2-8] 1938~1942년도 입소자의 연령   (단위: 명)

구분	1938년	1939년	1940년	1941년	1942년	합계
18세	28	69	328	391	269	1,085
19세	93	131	658	631	683	2,196
20세	95	132	666	794	798	2,485
21세	67	116	581	639	858	2,261
22세	67	93	361	413	672	1,606
23세	30	55	263	239	489	1,076
24세	18	14	162	92	199	485
25세	6	3	32	7	78	126
26세	1		8	2	27	38
27세	1		1		4	6
합계	406	613	3,060	3,208	4,077	11,364

(자료) 朝鮮總督府第一陸軍兵志願者訓練所(1942), 「生徒諸調査表」.

입소자의 직업 분포를 살펴보면, 1938~1942년 입소자 1만 1364명의 전직(前職)은 [표2-9]와 같이 농업이 55.6퍼센트의 압도적인 비중이었다. 반면, 사회적 지위를 보장하는 관리, 공무원, 교사와 경제적 안정성을 갖는 회사원, 공원, 간수, 철도원, 운전수도 전체의 22.4퍼센트를 차지하였다. 1940년 이후 관리, 공무원, 철도원 등 근대적인 직업군에서도 육군특별지원병 지원자로 등장하였다. 이들 직업군은 1939년 육군특별지원병 출신 제1호 전사자 이인석 상등병의 등장과 함께 육군특별지원병에 대한 사회적 인식이 크게 제고되었기 때문이었다. 지원자의 전직(前職)과 관련한 식민권력의 인식은 다음과 같았다.

[표2-9] 입소자의 전직(前職) 분포와 추이 (단위: 명)

구분	1938	1939	1940	1941	1942	합계
농업	234	385	1,798	1,823	2,081	6,321
상업	19	22	153	144	284	622
어업			16	15	28	59
관리			7	4	43	54
공리			47	80	178	305
교사	5	12	45	39	69	170
회사원	15	12	124	165	300	616
용원	21	23	158	142	156	500
간수			17	14	5	36
역무원			34	36	39	109
운전수	1	1	23	37	57	119
직공		7	113	181	330	631
점원	23	41	85	130	128	407
견습	8	10	46	65	97	226
급사	36	43	149	110	97	435
용인	21	21	107	87	46	282
학생		4	51	39	57	151
무직	13	18	49	55	49	184
기타	10	14	38	42	33	137
합계	406	613	3,060	3,208	4,077	11,364

(자료) 朝鮮總督府第一陸軍兵志願者訓練所(1942), 「生徒諸調査表」

본 제도가 조선인 유식자간에 다대한 감격으로 받아들여졌음에도 불구하고, 지원자는 상류계급 자제 대부분이 전무에 가깝고 농민, 관료, 혹은 은행, 회사의 고용인, 소사, 점원 등 하급자가 대부분을 차지한다는 사실에 주목할 필요가 있다. 그 원인은 각 방면에서 탐구 중에 있다. 일반적으로 이들 하층자는 신분 변경이 용이한 동시에 비교적 내지인 관공리와 지식층의 감화를 받기 쉬운 것에 비해서 상류가정의 자제는 면학 와중의 자가 많고 동시에 조선 구래의 봉건적 관습으로부터 병졸은 하층 천민에 한정되는 것으로 양반 상류층은 이를 치욕으로 간주하는 폐해로부터 기인한다. 동시에 육군

이 가장 환영하는 자는 중견농가의 자제들이었다.[55]

실제로, 1938년 육군특별지원병제 시행 당초 조선인 유력자층의 지원은 전무에 가까운 이른바 「면종복배(面從腹背)」의 실상이었다. 반면, 중농층의 육군특별지원병은 향촌사회에서 신분 상승과 계층 이동을 위한 입신출세의 지름길로 인식되었다. 그래서 이들은 1938~1943년 연평균 45.8배에 달하는 높은 지원율과 혈서지원, 수년에 걸친 재수지원도 주저하지 않았다. 중농층 지원자들은 조선인 사회의 상류층과도 구별되는 "신분 변경이 용이하고 동시에 비교적 내지인 관공리와 지식층의 감화"[56]에도 민감한 존재들이었다.

가계와 경제력

종래 미야타는 다수의 세민층이 퇴적한 전남, 강원, 경남, 경북, 충북지역 소작농 출신들이 호구지책(糊口之策)으로 육군특별지원병을 지원했다고 주장하였다.[57] 바꾸어 말하면, 세민층이 많은 지역일수록 육군특별지원병 지원자도 많았다는 주장이다. 하지만, 남한지역 소작농이라 하더라도 지역별 농가 경제력에는 상당한 차이가 있었다.[58] 실제로, 1926년 당시 조선 전체의

---

55. 朝鮮總督府警務局(1941.12), 「第79回帝國議會說明資料」.
56. 朝鮮總督府警務局(1941.12), 「第79回帝國議會說明資料」.
57. 미야타는 1936년 말 조선총독부의 도별 세민조사 자료를 활용해서 세민이 많은 도별 순위를 전남, 경남, 경북, 전북, 충남, 충북 순으로 파악하였다. 朝鮮總督府(1938.9), 『朝鮮時局對策調査會諮問案參考書』; 宮田節子(1985), 『朝鮮民衆と「皇民化」政策』, 未來社, 67~68쪽.
58. 1940년 납세자 36만 2455명(20세 이상 인구의 3.05퍼센트, 전체 소득의 21.7퍼센트)이 조선 전체 납세소득에서 차지하는 지역별 구성비는 경기(26.8퍼센트), 경남, 평남, 함북, 경북, 함북의 순이었다. 납세자의 농업소득 가운데 소작 소득의 지역별 분포는 경기(23.7퍼센트), 경남, 경북, 전남, 평북, 황해의 순이었다. 상위 소득자(1퍼센트)의 지역별 분포와 집중도는 경기가 압도적이었다. 전남은 인구와 부가가치 생산에서 상위를 차지했지만, 최상위 소득자 비중은 현저하게 낮았다. 즉, 1940년 당시 소득불평등이 가장 심한 지역은 경기였다. 김낙년(2013), 「식민지기 조선의 소득불평등, 1933~1940」, 『경제사학』 제55호.

경작 농가 273만 호의 경영형태는 자작 22퍼센트, 자소작 33퍼센트, 소작 44퍼센트, 화전민 1퍼센트의 구성이었다. 하지만 1939년에 이르러 경작농가 291만 호의 경영형태는 자작농 19퍼센트, 자소작농 25퍼센트, 소작농 54퍼센트, 화전민 2퍼센트를 기록하였다.[59]

1921~1938년 900평 이하 영세농은 63만 1508호(25.8퍼센트)에서 48만 8309호(17.0퍼센트)로 감소하였다. 9000평 이상의 부농도 28만 1307호(11.5퍼센트)에서 17만 5906호(6.1퍼센트)로 감소하였다. 반면, 900~3000평의 소농은 85만 6220호(35퍼센트)에서 132만 6543호(46.3퍼센트), 3000~9000평의 중농은 67만 5792호(27.6퍼센트)에서 87만 8404호(30.6퍼센트)로 증가하였다. 자작농과 자소작농 감소에 따른 소작농의 증가에도 불구하고, 농가당 경지면적은 오히려 확대하는 추세였다. 바꾸어 말하면, 지역별 소작농의 많고 적음이 곧바로 지역별 지원자 배출과의 직접적인 관련성이 낮다는 점에서 지원자의 가계 경제력에 대한 보다 면밀한 검토가 불가결하다.

1941년 지원자 가계와 보유자산의 지역별 분포는 [표2-10]와 같았다.[60] 지원자 9만 5035명의 가계 자산은 100원 미만에서 50만 원 이상까지 다양한 양상을 보인다. 이 가운데 100원 미만의 가계는 전체의 8.0퍼센트, 1만 원 이상의 가계는 전체의 약 4.1퍼센트를 차지하였다. 반면, 1000원 이상 1만 원 미만의 중산층은 전체의 52.0퍼센트를 차지하였다. 더구나 1942년 경성 제1육군병지원자훈련소가 작성한 「생도제조사」에 따르면, 1938~1942년 육군병

59. 朝鮮總督府企劃部(1941), 「朝鮮農業人口に關する資料(其二)」.

60. 당시 육군특별지원병 지원자가 제출해야 하는 자산 및 소득조서의 내역은 (1)자산의 종류(소재지 또는 소득 발생의 장소), (2)가옥(종류와 규모), (3)예금(은행과 금융조합), (4)봉급 및 급료의 연, 월, 일액(관공서, 회사, 공장, 상점), (5)토지(소재지, 종류, 규모), (6)잡화상(소재지, 연월 매출액), (7)주주 배당(회사명, 소유 주식수), (8)의사(소재지, 연수 및 월수액), (9)저술(소재지, 원고료 연수 및 월수)이었다. 朝鮮總督府(1938.4.2), 「資産及所得調書」, 「朝鮮總督府官報」第3361号.

지원자훈련소 입소자 1만 1283명의 가계자산은 3000원 이하 70.9퍼센트, 1만 원 이하 23.6퍼센트, 1만 원 이상 5.5퍼센트를 기록하였다.[61]

[표2-10] 지역별 지원자의 가계자산과 분포 (단위: 명)

구분		100원 미만	100원 이상	1000원 이상	5000원 이상	1만 원 이상	10만 원 이상	50만 원 이상	합계
남한	경기	262	2,170	1,574	375	148	7	–	4,536
	충북	1,622	2,852	1,626	390	107	1	–	6,598
	충남	465	4,726	3,001	768	198	12	–	9,170
	전북	161	1,414	752	182	52	–	–	2,561
	전남	815	3,760	5,357	1,508	326	16	–	11,782
	경북	659	4,693	4,975	3,798	884	197	7	15,213
	경남	594	1,571	5,228	947	261	4	–	8,605
	소계	4,578	21,186	22,513	7,968	1,976	237	7	58,465
북한	황해	89	892	1,675	452	178	5	–	3,291
	평남	1,277	2,459	1,719	522	111	6	1	6,095
	평북	184	1,412	1,460	681	385	5	–	4,127
	강원	968	4,088	4,801	1,414	440	19	1	11,731
	함남	292	2,650	2,419	913	361	5	–	6,640
	함북	257	1,343	2,031	873	180	2	–	4,686
	소계	3,067	12,844	14,105	4,855	1,655	42	2	36,570
합계		7,645	34,030	36,618	12,823	3,631	279	9	95,035

(자료) 朝鮮總督府(1941.12), 「第79回帝國議會說明資料」.

1920년 7월 강원도 영월군 상동면 출생으로 1938년 육군특별지원병 제1기 생(현역)에 채용된 신재식(石黑勝義)의 사례를 검토해보자. 1938년 4월 신재식의 신상명세서에 확인되는 가계자산은 [자료2-2]와 같이 전답 7반보(2100평)와 삼림 5정보(1만 5000평)의 부동산과 내역이 불명한 동산으로부터 연간 1만 원의 수입이 발생하였다.[62] 1941년 당시 토건 노동시장에서 조선인 숙련공

---

61. 朝鮮總督府第一陸軍兵志願者訓練所(1942), 「生徒諸調査表」.
62. 국가기록원, 「병적전시명부(石黑勝義)」.

노무자의 평균 일당은 3.44원이었고, 비숙련 노무자는 1.61원이었다.

[자료2-2] 신재식(石黑勝義)의 가계자산과 보유현황

(출처) 국가기록원, 『병적전시명부(石黑勝義)』.

요컨대, 가계자산 1000엔 이상의 소유한 중산층 출신의 지원자들이 일본 군 사병 월급 약 5~6원을 탐해서 육군특별지원병을 지원했다고 보기는 곤란하다. 실제로 1943년 육군특별지원병 출신 이치업 장군은 회고록에서 "우리집은 전형적인 농촌의 가정이었지만 집안 살림이 풍족해서 나의 유년시절은 유복하였다"[63]고 증언하였다.

---

63. 이치업은 1922년 2월 부산부 동래에서 4남 4녀 집안의 일곱째로 태어났다. 1929년 동래 제1보통학교에 입학했고, 1935년 동래중학에 입학하였다. 1940년 조선총독부 철도국 고원으로 취업하였다. 초봉은 38엔이었다. 1943년 이치업이 육군특별지원병을 지원한 것은 일본군에 입영해서 1년여의 예비역 장교 과정을 거쳐 육군 소위로 임관하게 되면, 철도국 고원 월급의 2배에 달하는 80원의 봉급을 수령할 수 있다는 기대 때문이었다. 이치업 편(2001), 『번개장군』, 원민, 48쪽.

더구나 지원자 가계의 보유 자산과 지역별 분포도 앞서 미야타의 주장과 괴리된다.[64] 앞서 [표2-10]과 같이 남한지역 도별 지원자 가운데 1000원 이상 5000원 미만의 자산을 보유한 가계의 상위 3순위는 경남, 전남, 경북이었다. 반면, 남한지역 도별 지원자 가운데 100원 미만 가계 자산을 보유한 지역별 상위 3순위는 충북, 전남, 경남의 순이었다. 남한지역 지원자의 가계 자산에서 100원 미만이 가장 많은 지역은 충북이었고, 북한의 그것은 전체의 21.0퍼센트를 차지한 평남이었다.

이러한 실상은 미야타의 주장과 달리 지원자의 가계 경제력이 충북을 예외로 하면, 상당한 자산가 출신들이었음을 시사한다. 관련해서 식민권력도 세민층 출신자의 사회 불만 세력화 혹은 반일 세력화를 우려하였다. 그래서 "정신적 자질과 가정 사정을 고려해서 빈곤자는 가능하면 피한다"[65]는 취지에서 이들 출신자 채용을 기피하는 경향이었다. 이들 육군특별지원병 대부분은 "모두 성적과 체격 그리고 가정이 비교적 상위에 속하는 생도들"[66]이었다는 증언도 고려할 필요가 있다. 요컨대, 육군특별지원병은 평균 이상의 경제력을 구비한 남한지역의 중농층 가계의 자제들이었다.[67]

동기와 멘털리티

종래 미야타는 1938~1943년 모집 정원을 크게 상회하는 지원자 규모와 관련해서 식민권력의 위기의식을 반영한 철저한 강제동원의 결과로 파악하

---

64. 육군특별지원병의 출신 성분과 관련해서 평북 강계군 시중면 대지주 출신으로 1943년 학도지원병을 자원했던 김준엽은 "약 1만 8000명의 조선청년이 일본군에 지원했는데, 이 젊은이들은 지원병제도를 성공시키기 위한 일제의 교묘한 술책과 전시하의 농촌 피폐에 못 견디어 살기를 찾기 위하여 마지막 길을 택한 불쌍한 소작농민의 아들들이었다"고 주장하였다. 김준엽(1987), 『장정(1)』, 나남, 23~24쪽.
65. 陸軍省副官(1939), 「朝鮮出身兵取扱敎育の参考資料送付に關する件」.
66. 김성수(1999), 『상이군인 김성수의 전쟁』, 금하출판사, 49쪽.
67. 森下三男(1942), 『陸軍特別志願兵』, 立川文明堂, 54쪽.

였다. 최유리는 1941년도 지원자의 동기 가운데 완전 자발 35퍼센트를 경제적 여건이 곤란한 세민층으로 간주하는 한편, 관청 종용의 55퍼센트를 "결국 일제의 강요에 의한 것"[68]이라 단정하였다.

하지만, 1938~1943년 모집 정원의 45.9배에 달하는 치열한 지원자 경쟁률과 다수의 혈서지원 그리고 수년에 걸친 재수지원을 고려하면, 과연 육군 특별지원병 지원을 철저한 강제동원의 결과로 파악하는 것이 타당한지 의문이다. 이하에서는 1941년 제국의회 자료를 활용해서 지원자 동기와 심리를 심층 분석해보자.

[표2-11] 연령별 지원자 동기와 심리상태　　　　　　　(단위: 명)

연령		지원동기				심리상태					
		완전자발	관청종용	기타	합계	애국심	공명심	공리심	직업심	기타	합계
20세 이하	17세	5,673	9,355	1,915	16,943	4,571	4,207	2,311	1,704	4,150	16,943
	18세	6,943	11,089	2,012	20,044	5,651	4,788	2,970	2,076	4,559	20,044
	19세	7,771	12,117	2,318	22,206	6,518	5,378	3,397	2,119	4,794	22,206
	20세	7,591	11,844	2,125	21,560	6,188	4,919	3,017	2,232	5,204	21,560
	소계	27,978	44,405	8,370	80,753	22,928	19,292	11,695	8,131	18,707	80,753
20세 이상	21세	6,486	10,704	1,742	18,932	5,396	4,254	2,931	2,086	4,265	18,932
	22세	5,357	8,722	1,610	15,689	4,371	3,432	2,391	1,730	3,765	15,689
	23세	3,965	6,682	1,132	11,779	3,146	2,503	2,025	1,328	2,777	11,779
	24세	2,694	4,347	1,146	8,187	1,851	1,890	1,368	884	2,194	8,187
	25세	3,704	4,812	1,190	9,706	2,761	2,083	1,385	922	2,555	9,706
	소계	22,206	35,267	6,820	64,293	17,525	14,162	10,100	6,950	15,556	64,293
합계		50,184	79,672	15,190	145,046	40,453	33,454	21,795	15,081	34,263	145,046

(자료) 朝鮮總督府(1941.12), 「第79回帝國議會說明資料」.

[표2-11]과 같이 연령별 지원자 동기는 조사 대상 14만 5046명 가운데 완전 자발 34.6퍼센트, 관청 종용 54.9퍼센트, 기타 10.5퍼센트를 기록하였다.

---

68. 최유리(1997), 『일제 말기 식민지 지배정책 연구』, 국학자료원, 190쪽.

만 17세에서 만 20세까지 지원자는 완전 자발 34.6퍼센트, 관청 종용 55.0퍼센트, 기타 10.4퍼센트를 기록하였다. 만 20세 미만 미성년 지원자는 만 20세 이상 성년 지원자에 비해서 관청종용의 비중이 상대적으로 약간 높았다.

한편, 연령별 지원자의 심리상태는 애국심 27.9퍼센트, 공명심 12.1퍼센트, 공리심 15.0퍼센트, 직업심 10.4퍼센트, 기타 23.6퍼센트를 기록하였다. 만 20세 미만 연령대는 애국심과 공명심 52.3퍼센트를 기록하였다. 관련해서 "자동이든 피동이든 하여간 자기 일생의 운명적 대결정을 짓고자 하는 데 본의가 아닌 그런 약자에게 어떻게 군국의 대사(大事)를 맡길 것인가"[69] 하는 식민권력의 발언도 고려할 필요가 있다.

다음은 지역별 지원자 동기와 심리상태를 살펴보자. 지역별 지원자 동기는 [표2-12]와 같이 지원자 14만 5046명 가운데 완전 자발의 상위 3순위는 14.7퍼센트의 전남을 시작으로 함남과 강원의 순이었다. 관청 종용의 상위 3순위는 21.1퍼센트의 경북을 시작으로 전남과 함남의 순이었다.[70] 이를 남북한으로 구분하면, 남한은 북한에 비해서 완전 자발의 비중이 상대적으로 낮았던 반면, 관청 종용의 비중은 높았다.

---

69. 1943년 당시 「천도교」 구파 이종린의 회고에 따르면, 자신의 아들도 육군특별지원병을 지원하였다. 아들은 지원자 25만 명 가운데 1명으로 자격, 체력, 학술에서 특갑을 받았지만, 구두시험에서 낙방하고 말았다. 아들의 낙방 이유는 지원 동기를 묻는 면접관 질문에 아버지의 명령이라 답변했기 때문이었다. 이종린은 육군특별지원병이 조선인들에게 완전한 국민 자격을 부여하는 첫 번째 시험인 동시에 입신출세의 지름길이라며, 지원을 종용하였다. 「매일신보」 1943년 11월20일자.

70. 육군병지원자훈련소는 입소자의 교육 및 훈련과 관련해서 일부에서 "지원의 동기가 완전히 자기 일신의 명예욕에서 나온 자 혹은 혈기지용(血氣之勇)으로 제일선 출동만을 지원의 동기로 하는 자, 더욱이 지원병이란 지위를 장래 취직의 수단으로 삼으려는 자 등 자못 불순한 동기 혹은 그릇된 애국심에서 나선 자가 있음이 발견된다. … 이는 결국 반도의 일부가 여전히 병역관념을 결여한 증좌이다. 과거 그들이 병역을 천직으로 여기고 일가의 번영을 원하는 것만이 도덕이 되어 국가·국체를 이해하는 관념이 발달하지 못한 데서 기인한 것이다. 여기에서 그들에게 국체의 존엄과 병역의무의 숭고함을 알려줄 필요성을 통감한다"고 지적하였다. 朝鮮總督府陸軍兵志願者訓練所(1941.12), 「지원병은 이렇게 훈련한다」, 「신시대」 제1권 제12호.

[표2-12] 지역별 지원자 동기와 심리상태 (단위: 명)

구분		지원동기				심리상태					
		완전자발	관청종용	기타	합계	애국심	공명심	공리심	취업심	기타	합계
남한	경기	3,609	6,064	1,557	11,230	2,657	1,957	2,102	1,482	3,032	11,230
	충북	3,035	4,272	780	8,087	2,720	1,594	997	960	1,816	8,087
	충남	5,816	5,973	1,234	13,023	4,747	3,542	1,709	1,172	1,853	13,023
	전북	921	3,371	477	4,769	921	1,504	1,284	583	477	4,769
	전남	7,368	12,412	2,539	22,319	5,675	5,468	4,360	2,655	4,161	22,319
	경북	4,568	16,791	2,168	23,527	3,465	5,225	3,275	2,263	9,299	23,527
	경남	2,962	4,096	1,547	8,605	2,930	1,896	967	619	2,193	8,605
	소계	28,279	52,979	10,302	91,560	23,115	21,186	14,694	9,734	22,831	91,560
북한	황해	2,121	2,266	324	4,711	1,422	1,466	634	542	647	4,711
	평남	3,266	5,925	439	9,630	2,603	1,887	1,324	1,152	2,664	9,630
	평북	2,737	3,275	542	6,554	2,256	1,351	903	587	1,457	6,554
	강원	4,684	5,818	1,229	11,731	4,017	2,877	1,551	1,065	2,221	11,731
	함남	5,947	6,109	1,429	13,485	4,342	2,853	1,817	1,358	3,115	13,485
	함북	3,150	3,300	925	7,375	2,698	1,834	872	643	1,328	7,375
	소계	21,905	26,693	4,888	53,486	17,338	12,268	7,101	5,347	11,432	53,486
합계		50184	79,672	15,190	145,046	40,453	33,454	21,795	15,081	34,263	145,046

(자료) 朝鮮總督府(1941.12), 「第79回帝國議會說明資料」.

　　지역별 지원자의 심리상태는 애국심에서 전남, 충남, 함남의 순이었고, 공명심에서 전남, 경북, 강원이었고, 공리심에서 전남, 경북, 경기였다. 지원자의 호구지책으로도 간주되는 취업심은 전남, 경북, 경기의 순이었다.[71] 한편, 최유리는 1941년 제국의회 자료를 활용해서 관청 종용을 곧바로 지원의 강

---

71. 1939년 12월 조선군 제20사단에 입영한 가네시로 마사오(kaneshiro masao) 병장은 1945년 7월12일 뉴기니 울루프(Ulufu)에서 연합군에 투항하였다. 그는 당시 미군 해외정보국이 실시한 전쟁포로 심문에서 오직 "안정된 식업을 얻기 위해 육군특별지원병을 지원했다"고 진술하였다. 1945년 조선군 제19사단 보병 제76연대 소속으로 필리핀 레이테만 이필(Ipil) 지역에서 투항한 모로가타 요시오(이대호) 오장은 "병사가 몹시 되고 싶어서" 육군특별지원병을 지원했다고 진술하였다. 다카시 후지타니 지음, 이경훈 옮김(2019), 「총력전, 제국의 인종주의」, 푸른역사, 411/413쪽.

제성으로 파악하였다. 그러나 디테일을 결여한 애국심, 공명심, 공리심, 직업심의 합계가 76.4퍼센트의 비중을 차지했던 사실을 고려하면, 관청 종용 54.9퍼센트를 곧바로 지원의 강제성으로 파악하는 것은 명백한 논리적 모순이다.

1938년 당시 「중추원」 참의와 「만주국」 초대 총영사를 겸했던 박영철은 육군특별지원병제 시행과 관련해서 "공리심으로부터 출세를 바라는 천박한 동기에서 지원해서는 안 된다"[72]고 경계하였다. 1939년 조선군사령부도 "이들 지원자 가운데는 제대 후 사회적 대우의 몽상, 좋은 조건의 취직, 일시적인 공명심에 이끌린 자"[73]가 많다고 지적하였다. 육군특별지원병제는 문자 그대로 '특별지원'이었고, 법제적 강제성을 결여하였다. '관청 종용'은 사전적 의미와 같이 단지 지원을 권유하는 수준에 그치는 것으로 강제성을 결여한 것이었다.[74]

요컨대, 육군특별지원병제는 조선인 사회의 적극적인 동의와 협력 없이는 결코 성립할 수 없는 '자발적 동원'을 특징으로 하였다. 이들 대부분은 보통학교를 졸업한 남한지역 중농층 대가족 가계의 차남들이었다. 이들의 지원 과정에 '관청 종용'이 있었다고 하더라도 지원 그 자체는 역시 지원자 개개

---

72. 朝鮮總督府中樞院參議 朴榮喆(1938.3), 「志願兵制度實施に對する所感」, 『朝鮮行政』 제2권 제3호.
73. 朝鮮軍司令部(1939.9.26), 「鮮內思想狀況の件」.
74. 당시 남한지역 농어촌과 산간벽지의 조선인 청년들은 신문과 라디오 등 매스 미디어에 대한 접근이 쉽지 않았다. 육군특별지원병을 지원하기 위해서는 「국민정신총동원조선연맹」 산하의 지방조직과 부·읍·면 단위의 관공리로부터의 관련 정보의 획득이 불가피하였다. 실제로, 1944년 말 조선 전체 인구 약 2666만 명과 전체 호수 488만 호에 대해서 신문 발행부수는 106만 부를 기록하였다. 이는 인구 25.1명 당 1부와 호구 4.6호 당 1부에 상당하는 것이었다. 1944년 말 라디오 청취자는 30만 명(일본인 약 13만 명, 조선인 약 17만 명)이었고, 100세대 당 청취자의 민족별 구성은 일본인 71.8명과 조선인 3.7명이었다. 신문을 구독하고 라디오를 청취하는 조선인 대부분은 도시부에 거주하였다. 內閣官房總務課(1944.12), 「朝鮮及臺灣在住民政治處遇調査會(3)」.

인의 적나라한 욕망을 반영하는 다양한 선택지 가운데 하나였다.[75] 사실 중일전쟁의 와중에서 육군특별지원병을 지원한다는 것은 한 개인의 입장에선 죽기 아니면 살기의 가혹한 결단이었다. 이런 사생결단을 두고 '강제동원'으로 치부하는 것은 역사적 사실을 지극히 단순화하고 왜곡하는 것이다.

---

75. 관련해서 김윤식은 '무지렁이 출신'의 육군특별지원병이 1943년 말 학도지원병과 구별되는 판이한 성격으로 '신분 상승을 겨냥한 입영' 혹은 '신분 상승을 위한 절호의 기회'였다고 주장하였다. 김윤식 (2012), 『한일 학병 세대의 빛과 어둠』, 소명출판, 12쪽.

제3장 향촌사회와 모순

육군특별지원병 출신자의 대부분은 남한지역 중농층 대가족 가계의 차남 출신들이었고, 자신들의 시대를 살아가는 데 크게 부족할 것이 없는 사회계층이었다. 다음은 육군특별지원병제와 향촌사회 모순과의 구조연관에 주목해서 전근대의 레거시(legacy)에 긴박된 채 근대를 살아야 했던 「수캐의 아들」들 혹은 「바람의 아들」들의 사생결단을 실증 분석한다.

I. 반상(班常)차별

1938~1943년 육군특별지원병 지원자 80만 3317명의 지역별 비중은 남한지역 출신이 전체의 62.9퍼센트를 차지하였다.[1] 이하에서는 육군특별지원

---

1. 1940년 3월 조선군사령부는 "육군특별지원병령에 따른 지원자는 전년 대비 4배 이상 격증했지만, 지방적 편재, 중등학교 졸업자 및 중류층 이상 가정의 자제가 비교적 소수라는 점에서 본 제도의 취지를 철저히 주지시킬 필요가 있다"고 지적하였다. 朝鮮軍司令部(1940.3.14), 「鮮內思想狀況に關する件」.

병제의 '지역적 편재성'을 북한지역과 구별되는 남한지역 향촌사회의 구조 및 특질과 관련해서 구체적으로 검토해보자.[2]

피의 청탁(淸濁)

1968년 그레고리 헨더슨은 "조선사회는 기본적으로 온갖 권리를 가진 지배자와 온갖 의무를 짊어진 피지배자와의 양극화 사회"[3]로 파악하였다. 또한, 1938년 6월 당시 『동아일보』는 "사회의 실정을 보더라도 서북지방에는 비교적 반상차별의 잔재가 없으되 중남부 지방에서는 여전히 반상의 차별로 언어, 습속, 혼인, 사교상의 배타적 관행이 유행되는 예가 많아서 … 그들은 신문화 수입에도 낙오되어 전체적인 사회발전에 지장을 초래하고 있다"[4]고 논설하였다. 좌옹 윤치호는 1933년 10월6일자 일기에서 서북파 사람들은 "오랜 세월 억압을 받아온 데다, 자기들끼리 신분상의 이질감이 없기 때문에 응집력이 강한 편"[5]이라 지적하였다. 실제로, 1921년 당시 남북한의 사회문화를 비교한 다음과 같은 논설에 주목해보자.

---

2. 관련해서 1938년 6월15일자 윤치호 일기에 따르면, 경성제대 문학부에 개설된 육군병지원자훈련소에서 개최된 육군특별지원병 제1기생(현역) 입소식에 참석하였다. 그리고는 "전라남도 출신이 47명에 달한 반면, 함경북도 출신은 고작 6명에 불과했다. 내가 그동안 무슨 근거로 평안도와 함경도 지방에서 지원병이 대거 나올 것이라고 생각했는지 너무 이상하다"며 당혹스러움을 감추지 않았다. 그 이유는 상무지향(尙武之鄕)으로 알려진 평안도와 함경도 출신이 많을 것이라 예상했지만, 실제로는 전남 출신이 많았기 때문이었다. 박정신 역(2016), 『(국역) 윤치호 영문 일기(10)』, 국사편찬위원회, 70쪽.

3. 그레고리 헨더슨 지음, 박행웅 편역(1968), 『소용돌이의 한국정치』, 한울, 101~110쪽.

4. 『동아일보』 1938년 6월19일자.

5. 관련해서 윤치호는 서북인들이 기호인을 비롯한 남한지역 조선인들보다 일찍 선뜻 기독교에 귀의하였고, 일찍부터 근대교육을 받았으며, 다른 지역 조선인과 비교해서 보다 더 결집력이 있고 더 많은 교육을 받았기 때문에 종교, 사업, 관료 등 다수의 지도자를 배출할 수 있었다. 이들 서북인들을 결집시키고 조직화시키는 단체와 인물로는 흥사단의 안창호를 꼽았다. 박정신 역(2016), 『(국역) 윤치호 영문 일기(10)』 국사편찬위원회, 214쪽.

이조 500년의 조선은 남북인의 차별정치로 남방인의 양반적 횡포와 북방인의 평민적 압박이 국가의 일대(一大) 상대(相對)를 초래하였다. 따라서 남방인은 양반적 차별생활, 북방인은 평민적 평등생활이었다. … 이것이 금일 개화 정도에 미치는 영향으로 뚜렷한 역수(逆數)의 차이를 발생시켰다. 북선인은 평민적 평등생활인 까닭에 그 지식 정도와 재산권 분배가 자연적으로 비교적 평등에 비례한다. 남선에서는 학식과 금권은 양반의 전유물이고, 상한(常漢)은 학식이 있어도 소용이 없다. 더욱이 재산이 있어도 양반의 어육(魚肉)이 되는 까닭에 상한은 거의 목불식정(目不識丁)의 문맹이며, 일문불유(一文不有)의 빈한쟁이뿐이라서 세계가 번복된 금일에 이르러서도 오히려 양반의 지배를 받는 것 또한 필연의 이치이다.[6]

전근대 북한의 향촌사회는 남한과 같은 전통적인 사족층을 형성하지 못했고, 이른바「향임층(鄕任層)」이 이를 대신하였다.[7] 그러나 당시 중앙의 양반 사족층은 이들 향임층을 자신들과 대등하게 취급하지도 않았고 문화적 동질성마저 부정하였다. 피방우민(避方愚民), 벽토간민(避土奸民), 하원지지(遐遠之地), 궁마지향(弓馬之鄕)이라는 관용구와 같이 한미한 지역이라는 차별의식이 공공연하였다.[8] 그래서 전근대 서북지역은 경기와 경북 다음으로 많은 과거 급제자를 배출했음에도 중요 관직에는 등용될 수 없었다.[9] 서북

---

6. 창해거사(1921.1),「槿花삼천리를 踏破하고서, 南北鮮의 現在文化程度를 比較함」,「개벽」 제7호.

7. 고석규(1998),「19세기 조선의 향촌사회 연구」, 서울대학교 출판부, 34쪽; 김현영(1999),「조선시대의 양반과 향촌사회」, 집문당, 28~70쪽; 오수창(2002),「조선 후기 평안도 사회발전 연구」, 삼신문화사, 164~168쪽.

8. 박은식(1907.9),「文弱의 폐해는 나라를 망친다」,「서우」 제10호.

9. 2005년 김선주의 연구에 따르면, 1391년부터 1900년까지 평안도의 문과 급제자는 합계 1083명(평남 486명, 평북 597명)을 기록했고, 전국적으로 1만 4607명의 7.41퍼센트를 차지하였다. 김선주(2005),「조선 후기 평안도 정주의 향안 운영과 양반문화」,「역사학보」 제18집.

출신은 문관에서 지평장령(持平掌令), 무관에서 만호검사(萬戶儉使)에 그쳐야 했다.[10] 그래서 북한의 향촌사회는 양반이라는 지배층이 부재했기 때문에 양반에 대한 존경조차 모르는 문자 그대로 「상민의 사회」였다.

서북인들에게 양반은 단지 가상의 '희극적인 인물[11]'에 불과하였다.[12] 당시 남강 이승훈의 지적과 같이 "조상 이름을 울궈먹는 정승 판서의 사당도, 사색당파도, 양반 상놈 따지는 차별도 없었다. 남달리 가진 것이 있다면 감상 어린 수심가와 울결한 혁명 사상뿐이었다. 애당초 정승 판서로 출세할 길이 막혀 있었기 때문에 사람들은 정치권력에 기웃거리는 대신에 상놈들끼리 평민적 자치질서를 이루어 스스로 힘으로 일해 먹고 살 길"[13]을 찾아야 했다.[14]

1910년 당시 지역별 인구와 반상층 분포는 [표3-1]과 같이 전체 호수 274만 호와 인구 1292만 명에 대해서 광의의 양반층은 양반 5만 3513명과 유생 1만 8438명으로 합계 7만 1951명을 기록하였다.[15] 이 가운데 양반층은 충남, 경북, 충북이 전국의 76.3퍼센트, 유생층은 경북, 전남, 충북이 전국

---

10. 오수창(2007), 「《청구야담》에 나타난 조선 후기의 평양 인식과 그 성격」, 『한국사연구』 제137호.

11. 1922년 평북 삭주 출생으로 1943년 학도지원을 기피하고 학도징용을 자처했던 최기일에 따르면, "나는 '오랜 가문'이란 표현도 듣지 못했다. 우리가 우러러보고 경의를 표해야 할 어떤 가문도 나는 알지 못했는데, 우리 군에는 단 하나의 양반 가문도 없었다. … 서울로 이사 갈 때까지 나는 양반을 만난 적이 없었다"고 증언하였다. 최기일(2002), 『자존심을 지킨 한 조선인의 회상』, 생각의나무, 173쪽.

12. 최기일에 따르면, "북한 사람들은 이론상으로는 평민 즉 상놈이었다. 우리 읍에는 양반 집안이 단 하나도 없었으므로 우리는 평민처럼 느끼지는 않았다. 상놈이란 낱말은 근본이 없어 버릇없는 사람을 의미했는데, 실제로는 개새끼와 동의어였다. 싸울 때는 서로 쌍놈이라 불렀다"고 회고하였다. 위와 같음, 174쪽.

13. 장규식(2007), 『민중과 함께 한 조선의 간디, 조만식의 민족운동』, 역사공간, 125쪽.

14. 1920년 이래 경성제국대학 창립위원과 법문학부 교수를 역임했던 다카하시 도루(高橋亨)에 따르면, "조선조 500년간 평안도 사람들은 반골(叛骨)로서 문관 무관을 막론하고 관료로 임용되지 못했고, 항상 호남과 영남 출신 관리의 가렴주구(苛斂誅求)와 압박 아래에서 눈물을 흘렸다. 게다가 평안도 사람들은 단결하여 이와 같은 불공평한 학정에 감히 저항조차 못했다고 한다. 도리어 경성의 세도가(勢道家)에 드나들며 만금(萬金)을 들여 가짜 품계를 빌고 가짜 벼슬을 사서 득의양양하게 고향으로 돌아온 이들이 허다했다"고 한다. 다카하시 도루(高橋亨) 지음, 구인모 옮김(2010), 『식민지 조선인을 논한다』, 동국대학교출판부, 98쪽.

15. 이헌창(1997), 「『民籍統計表』의 해설과 이용방법」, 고려대학교 민족문화연구소, 36쪽.

의 45.9퍼센트를 차지하였다.[16] 광의의 양반층은 전체 인구의 1.76퍼센트에 지나지 않았다. 양반층의 지역별 분포 상위 3순위는 충남, 경북, 충북이었고, 하위 3순위는 평남, 평북, 함북이었다.[17] 1910년 당시 조선의 향촌사회는 「남한의 반상사회」와 「북한의 상민사회」로 양분되는 결이 다른 사회상을 특징으로 하였다.

[표3-1] 1910년 지역별 양반층의 분포와 비율 (단위: 호, 명, %)

구분		남선	중선	북선	합계
호구	호수	1,149,222	766,785	824,769	2,740,776
	비율	41.93	27.98	30.09	100.00
인구	인구	5,343,822	3,518,761	4,056,115	12,918,698
	비율	41.37	27.24	31.40	100.00
양반층	양반	18,167	32,569	2,777	53,513
	유생	8,477	5,695	4,266	18,438
	합계	26,644	38,264	7,043	71,951
양반율	양반	0.34	0.93	0.07	1.33
	유생	0.16	0.16	0.11	0.43
	합계	0.50	1.09	0.17	1.76

(자료) 이헌창(1997), 『『民籍統計表』의 해설과 이용방법』, 고려대학교 민족문화연구소.

1910년대 하삼도(下三道)의 향촌사회는 여전히 성리학적 사회질서를 중심으로 "여맥엄엄(餘脉奄奄)한 양반 유생이 완고한 소신으로 신문명에 반대하는 현상"[18]이 일반적이었다. 더구나 1894년 동학농민운동 당시 충청도 홍

---

16. 善生永助(1925), 『朝鮮の人口硏究』, 朝鮮印刷株式會社, 245~247쪽.

17. 四方博(1938), 「李朝人口に關する身分階級別考察」, 『朝鮮經濟の硏究』 第3号.

18. 1929년 1월24일자 윤치호 일기에 따르면, 조선 양반의 생활법칙은 (1)숟가락이나 젓가락을 들어 올릴 때나 붓으로 글씨 쓸 때를 제외하고는 손가락 하나 까딱하지 마라. 이것은 조선인 게으름의 어머니이다. (2)모든 사람이 시중들도록 만들라. 다른 사람 시중드는 일은 생각도 하지 마라. 이것은 조선인의 이기주의 아버지다라고 질타하였다. 양반들의 끔찍하고 혐오스러운 생활상을 풍자하였다. 박정신 역(2016), 『(국역) 윤치호 영문 일기(8)』, 국사편찬위원회, 327~328쪽.

성 갈산리에서는 안동 김씨 집안의 노비들이 상전 김씨를 대추나무에 매달고 고환을 바르는 일이 일어났다. 이는 "평소에 그 양반의 횡포한 세력하에 울던 민중의 무리가 양반 개인을 징치하는 동시에 그 양반의 종자를 없어지게 하기 위해 불알을 바른 것이니 민중의 양반에 대한 원한이 얼마나 심각했던가"[19]를 시사한다. 이승만 초대 대통령도 1904년 『독립정신』에서 당시의 세태를 다음과 같이 질타하였다.

천하에 공번된(공평한) 벼슬자리를 전 국민들에게는 한 사람도 상관하지 말라고 해놓고는 그것을 이(李) 정승과 김(金) 판서의 세전지물(世傳之物)로 만들어서 아무개 아들이고 아무개의 손자라면, 그가 비록 숙맥(菽麥)도 구별하지 못하고 낫 놓고 기역 자도 모르더라도 부귀영화가 그의 것이 되고 전국의 백성이 그의 종이 되는데, 이런 세상에서 재주는 닦아 어디에 쓰겠으며 사업은 하여 무엇하겠는가.[20]

---

19. 관련해서 1906년 최초의 신소설 작가로 널리 알려진 이인직은 『혈의 누(淚)』에서 상민 막동의 입을 빌려서 국권 피탈에 대한 양반층의 책임을 질타하였다. 그 내용은 "나라는 양반네가 다 망쳐 놓으셨지요. 상놈들은 양반이 죽이면 죽었고, 때리면 맞았고, 재물이 있으면 양반에게 빼앗겼고, 계집이 예쁘면 양반에게 빼앗겼으니 소인 같은 상놈들은 제 재물, 제 계집, 제 목숨 하나 위할 수가 없이 양반에게 매였으니, 나라 위할 힘이 있습니까. 입 한번 잘못 벌려도 오금을 끊어라, 귀양을 보내라 하는 양반님 서슬에 상놈이 무슨 사람값이 나가겠습니까"라고 반문하였다. 이인직 저, 권영민 편(2007), 『혈의 누』, 문학과지성사, 26~27쪽.

20. 이승만(2018), 『독립정신』, 비봉출판사, 181쪽. 1900년대 중국의 유신파(維新派) 계몽주의 지식인을 대표했던 량치차오(梁啓超)도 조선 망국의 주범으로 양반의 존재를 꼽았다. "조선은 귀족과 미천한 집안의 구분이 오늘날에 이르기까지 여전히 매우 엄격하다. 이른바 '양반'이라는 자들이 나라의 정치·사회·생계상의 세력을 모두 농단했다. 양반이 아니면 관리가 될 수 없고, 양반이 아니면 학업에 종사할 수 없으며, 양반이 아니면 사유재산도 안전하게 지킬 수 없다. 사실상 조선국 내에서 자유의지를 가진 자, 독립 인격을 가진 자는 오직 양반뿐이다. 그러니 양반은 모든 악의 근원이다. 저 양반이라는 자들은 모두 높이 받들어지고 넉넉한 곳에 처하며, 교만하고 방탕하여 일하지 않고, 오직 벼슬하는 것을 유일한 직업으로 삼는다. 다른 나라에서 관리를 두는 것은 국사를 다스리기 위함인데, 조선에서 관리를 두는 것은 오직 직업 없는 사람들을 봉양하기 위함"이라고 질타하였다. 량치차오 지음, 최형욱 옮김(2014), 『량치차오, 조선의 망국을 기록하다』, 글항아리, 94쪽.

실제로, 전라도에서는 오래 전부터 반상의 백골을 구분해서 농민을 토색하는 탐관오리들의 발호가 어느 지방보다도 격심하였다. 이는 1894년 동학혁명 발발의 사회경제적 조건이기도 하였다.[21] 1917년 춘원 이광수는 「오도답파기(五道踏破記)」에서 "본도는 양반의 도(道)이다. 옛날 같으면, 감사를 들이고 내고 할 웅문거족(雄文巨族)이 처처에 발호하여 신문명을 용납하지 않는다"[22]고 갈파하였다. 1920년 당시 '양반의 소굴'로까지 폄하되었던 경북 안동 및 예천의 사회상은 다음과 같았다.

조선의 창기 하면 누구나 경상도 여자가 가장 많다고들 생각할 것이다. 그곳을 가서 알아보니 창기들은 모두 그곳 미천한 상인들이 생활난으로 자기의 애녀(愛女)를 방매(放賣)한 것이다. 안동 읍내에 창기서당이 있다는 말을 들었다. 창기나 됨에는 강습할 것도 없겠지만, 시속(時俗)이 개명하여 창기에게도 가무를 요하게 되는 바 다소간 가무를 학습하면 더 많은 대가를 받기 때문이란다. 평양에는 기생서당이 있고 안동에는 창기서당이 있고! 참으로 훌륭한 대조다. 자기 동포를 '인간 부스러기'로 만들지 않으면 안 되는 것이 참으로 한심하다.[23]

1912년 사적 자치를 보장하는 사민평등의 「조선민사령」 공포 이후에도 남한의 향촌사회는 소수의 양반층이 두터운 상민층을 '인간 부스러기'로 취급하는 전통질서가 엄연하였다. 상민층 스스로도 '자유로운 영혼'이기를 자포

21. 의암손병희선생기념사업회 편(1967), 「의암 손병희선생전기」, 의암손병희선생기념사업회, 94쪽.
22. 이광수(1939), 「半島江山」, 永昌書館, 6~7쪽.
23. 일기자(1921.9), 「舊文化의 中心地인 慶北 安·禮地方을 보고, 新舊文化의 消長狀態를 述함」, 「개벽」 제15호.

자기하는 세태였다.[24]

　[표3-2]와 같이 1930년대 후반까지도 경북과 충남북 일대에서는 '자칭 반민(班民)들의 만행'[25]이 횡행하였다. 1936년 『동아일보』는 개인의 정치적 자유와 시민적 평등이 당연한 현실에서 "조상의 백골을 들추어 양반이라 자칭하고 순박한 촌민을 천대한다 함은 참으로 시대에 뒤처진 행동이 아닐 수 없다"[26]고 개탄하였다. 조선왕조 500년에 걸친 처절한 인간 예종의 시대를 규정했던 피의 청탁관념은 20세기 후반까지도 남한 사람들의 의식과 관념영역에서 여전히 살아 있는 규범이었고 일상을 구속하였다.[27] 한마디로 조선이라 하더라도 남북한은 결이 다른 향촌사회였다.[28]

---

24. 1934년 4월 춘원 이광수는 「팔려가는 딸들」이라는 논설에서 경북 대구에 거주하는 어느 상민 출신의 아버지(39세)가 15세의 어린 딸 이옥생을 160원에 방매하자, 딸의 동창생들이 그녀를 구하고자 몸값을 모은다는 내용을 소재로 당시 조선에서 성행하는 인신매매의 실상을 고발하였다. 이광수는 "딸을 팔아먹는 것쯤은 동양천지에서 그리 신기할 것이 아니다. … 혹은 남의 딸과 아내를 꾀어다 팔아먹기 혹은 제 아내를 팔아먹는 일도 있다. … 팔려 가는 딸이 대구 이옥생 하나뿐이겠는가. 이 수없이 팔려가는 딸들의 피눈물이 헛되이 흐르지 말고, 오래 흐르지 말게 할 의무를 깨닫자"고 호소하였다. 이광수(1962), 「팔려가는 딸들」, 『이광수전집(13)』, 삼중당, 445〜446쪽.
25. 『중외일보』 1930년 8월20일자.
26. 『동아일보』 1936년 7월4일자.
27. 1940년대 위안부 출신 문옥주의 회고에 따르면, 1970년대 초반 대구에서 「탐스웨이」라는 살롱을 운영했는데, "그곳에서는 늘 정치, 경제, 역사 등 다양한 주제의 담론이 오고갔다. 그곳의 회원이 되기 위한 조건은 일단 양반이어야 했고, 그렇지 않은 경우라면 회원이 되기 위해서 엄청난 돈이 필요했다. … 양반 출신이란 것이 도움이 되었던 건 내 인생에서 처음 있는 일이었다"고 회고하였다. 1970년대까지도 경북 대구에서는 반상의식이 끈질기게 잔존했고, 지역사회의 인적 연망(緣網)과 사회질서를 규정하였다. 모리카와 미치코 지음, 김정성 옮김(2005), 『버마전선 일본군 위안부 문옥주』, 아름다운사람들, 172〜173쪽.
28. 관련해서 1932년 『신동아』에 연재한 파인(巴人) 김동인의 미완성 단편소설 「잡초」는 식민지기 향촌사회와 그 모순에 대한 이야기를 담고 있다. 소설은 이씨 집성촌이었던 양반 마을 오학동(五鶴洞)과 약 200여 년 전 이들로부터 속량한 노비들이 모여 사는 정방 마을에서 벌어지는 양반과 상민, 지벌과 학벌, 전통과 근대의 충돌과 균열을 소재로 삼고 있다. 개명천지에도 노비의 자식이라는 차별과 괄시에도 불구하고 신문물·신학문의 뜨거운 불길에 휩싸인 정방 마을과 고루한 성리학적 세계관의 미몽(迷夢)에 취한 오학동에 대한 문명사적 전환기의 시혜와 저주를 그리고 있다. 작품은 조선의 식민지화가 피의 청탁을 구별하는 인간 예종의 시대 혹은 반상의 시대를 마감하고 상민의 시대, 문명의 시대, 자유인의 시대로 나아가는 결정적 계기였음을 은유한다. 한국문학연구소(1980), 『김동인(5)』, 연희, 183〜206쪽.

[표3-2] 1921~1938년 향촌사회와 반상차별

년월일	기사명	신문명	발생지역
1921. 9.27	반상차별 철폐 초보	동아일보	경북 대구
1923. 6.28	계급 투쟁의 희생자, 양반 다툼으로 사람을 죽여	매일신보	황해 장단
1923. 11.19	상반논쟁이 원인으로 상해치사한 사건	매일신보	경기 장단
1924. 6.28	상놈이라고 혼인을 퇴해	매일신보	강원 강릉
1925. 1.22	혼수까지 받고 초례 전날에 상놈 신랑이 싫어서 도주	매일신보	충남 예산
1926. 11.15	안동에 반농단체 '상놈회' 출현	중외일보	경북 안동
1927. 7.22	소년이 양반 자세하고 70 노파를 난타	중외일보	충북 청주
1927. 8.2	상놈의 욕먹었다 통한 자살한 양반	매일신보	충북 청주
1928. 1.14	상반차별로 약혼을 파혼	매일신보	전북 전주
1928. 9.24	농민을 교육하면 양반을 모욕한다	중외일보	경북 영주
1930. 5.2	양반을 거역한다고 60노인을 구타	중외일보	경북 청도
1930. 8.20	소위 양반이라고 소위 상민을 작당 난타	중외일보	경북 군위
1930. 8.21	소위 상놈이 양반을 너라니	중외일보	강원 영덕
1930. 8.29	양반측 11명 의성검사국으로 송치	중외일보	경북 군위
1930. 9.8	양반에게 불손하다고 20명이 작당 폭행	중외일보	경북 대구
1930. 9.11	소위 양반 욕한 상놈 절명	중외일보	경북 대구
1930. 9.12	양반보고 반말했다고	매일신보	경북 대구
1932. 10.9	양반 싸움질하다가 사산까지 한 여자	매일신보	경기 연천
1933. 4.8	상놈이 투표했다고 투표자를 난타	중앙일보	충남 대전
1933. 4.9	양반 상놈의 낡은 생각을 버리자	중앙일보	사설
1933. 8.11	혼인과 계급관념	동아일보	사설
1933. 12.13	양반의 정조를 짓밟았으니 위자료 오천원 내어라	매일신보	충남 서천
1934. 10.5	자칭 양반급과 농민간 충돌	동아일보	충남 대전
1936. 6.17	백일몽의 양반	동아일보	경기 안성
1936. 7.4	반상차별의 폐	동아일보	사설
1937. 2.3	양반의 수난	매일신보	경기 이천
1937. 9.27	양반타령하다가 상해치사죄로 3년 징역 구형받아	매일신보	황해 해주
1937. 12.24	가짜 양반 봉변	동아일보	경남 마산
1938. 6.19	반상의 차별 철폐	동아일보	사설

(자료) 필자 작성.

경제관념

남북한 향촌사회의 지배질서는 경제관념과 경제력의 격차를 초래하였다. 1933년 당시 우가키 가즈시게(宇垣一成) 총독은 전국의 사범학교장 회의에서 조선의 민심이 이조 중기 이래 비정(秕政)의 연속으로 1910년 한일병합까지 조선의 산야와 같이 극도로 황폐하였다. 혹시 재산을 형성하더라도 탐관오리의 억압과 착취를 피할 수 없었다. 그래서 조선 민중은 근면, 절약, 저축의 의지를 상실하고 취생몽사(醉生夢死)해야 했다고 역설했다. 바꾸어 말하면, 19세기 후반 조선 사회는 비숍 여사의 지적과도 같이 '사회의 생명력을 빨아먹는 기생충'[29] 혹은 '면허받은 흡혈귀'로 비유되는 양반층의 격심한 탐학과 수탈이 횡행하는 사회였다.

반면, 북한지역은 앞서 우가키 총독의 주장과 달리 일찍부터 상공업이 발흥하면서 자산 축적도 가능했던 역동적인 사회였다. 남한과 대비되는 북한의 뚜렷한 지역성은 개화기 근대문물의 수용과 정도에서도 현격한 차이를 낳았다. 특히 "평안도 사람들은 키가 크다"[30]는 평판은 이런 사회경제적 성취의 일단을 반영한다. 1897년 당시 "남쪽지방에서는 자립적 중산층이 허리를 굽히고 아첨만 하는 농노와 양반 틈에 짓눌리고 있었으나, 북쪽지방에서는 자립적 중산층이 우세해 보였다"[31]는 지적과 같이 남북한 사회 결의 차이는 경제관념 및 수준마저 규정하였다. 그 실상은 다음과 같았다.

서북지방의 사회는 전부 경제적 조건이 비교적 평균하게 되었을 뿐만이

---

29. 이사벨라 버드 비숍 저, 이인화 역(1996), 『조선과 그 이웃 나라들』, 살림, 110쪽.
30. 최기일(2002), 『자존심을 지킨 한 조선인의 회상』, 생각의나무, 457쪽.
31. 윤정란(2015), 『한국전쟁과 기독교』, 한울, 32쪽.

아니라 가족제도에서도 대가족보다도 소가족 분립으로 진화하였다. 따라서 지방 전체의 재부(財富)가 분할적임에 반해서 남선지방에서는 사회 전체에 소수의 대자산가가 발생한 일면에 다수 빈민의 무산자가 발생하였다. …소위 유림지방이라고 일컫은 남선지방은 근육적 노동과 물질적 노력을 경시하는 풍조이다. 경기를 중심으로 남선지방에서는 중류 이상 계급은 물론 소위 유림의 자손, 기타 가내의 부인이 호미를 들고 논밭에 나가는 광경을 과히 보지 못하였다. 일반의 관념이 근육적·물질적 노력은 하층계급의 남자가 담당하는 것이라 생각하는 것 같다.[32]

　실제로, 1933년 조선총독부 농림국은 소작농가와 겸업소득을 조사하였다. 같은 조사에 따르면, 호당 경지면적은 [표3-3]과 같이 남선 90무, 중선 129무, 북선 250무를 기록하였다.[33] 북선 소작농의 경지면적은 남선의 약 2.8배를 기록하였다. 이들 경영형태를 비교하면, 북선은 남선과 비교해서 논이 적고 밭이 많은, 상대적인 광작경영을 특징으로 하였다. 지역별 논과 밭을 포함한 반(反)당 소작료는 남선 1석 9두, 중선 1석 5두 3승, 북선 1석 6두 1승이었다. 수확량 대비 명목 소작료율은 남선 39.9퍼센트, 중선 40.6퍼센트, 북선 46.8퍼센트를 기록하였다. 그러나 북선 농업이 남선과 달리 유축(有畜)과 다양한 겸업을 포함하는 다각형 농업구조였던 점을 고려하면, 북선 농가의 실질 소작료율은 남선의 그것에 비해서 크게 낮았을 것이다.[34]
　이들 소작농은 영농수입만으로 생계유지가 곤란했기 때문에 다양한 겸업을 통해서 현금수입을 확보해야 했다. 겸업의 종류는 신탄업, 토지중개업,

32. 선우전(1922.2), 「朝鮮人 生活問題의 硏究(1)—」, 「개벽」 제20호.
33. 朝鮮總督府農林局農村振興課(1940), 「農家經濟槪況調査」, 10쪽.
34. 김성덕 편(1967), 「함북대관」, 정문사, 109~110쪽.

정미업, 과자제조업, 포목행상업, 목공업, 석공업, 부두제조업, 제지업 등이었다. 1933년 조사 대상 소작농 가운데 겸업농 비중은 남선 33.3퍼센트, 중선 29.8퍼센트, 북선 31.6퍼센트를 기록하였다. 겸업의 목적은 남한의 경우 생계유지의 수단, 북한의 경우 농한기를 활용한 부가수입의 확보였다.

[표3-3] 1930년대 지역별 소작농가 경제 개황

구분		남선		중선		북선		합계/평균	
		1933년	1938년	1933년	1938년	1933년	1938년	1933년	1938년
조사대상 호수(호)		669	652	577	560	533	516	1,778	1,728
평균 가족 수(명)		5.50	6.10	5.50	6.30	5.80	6.50	5.60	6.30
평균 종사자 수(명)		3.43	3.53	3.43	3.70	3.67	3.97	3.50	3.68
호당 경지면적	논(畝)	65.27	74.19	69.10	78.18	67.03	80.06	67.11	77.18
	밭(畝)	24.15	29.09	60.01	64.12	183.09	191.09	83.13	89.01
	계	90.12	103.28	129.11	142.30	250.12	271.15	150.24	166.19
反당 소작료 (籾)	논(升)	137	152	121	148	128	161	129	154
	밭(升)	53	57	32	39	33	41	35	42
反당 소작료율 (%)	논	48.7	47.2	48.1	47.1	49.0	49.1	48.6	47.8
	밭	31.1	28.1	33.0	31.4	44.6	43.8	38.9	37.2
겸업농가(원)	농가수	217	204	167	259	163	208	547	671
	호당	40.12	74.97	44.98	64.95	58.93	82.12	47.21	73.32
	1인당	35.98	66.79	39.75	51.45	47.79	65.95	40.86	60.36
현금수입(원)	경종	42.32	92.45	36.75	90.65	64.28	153.10	47.07	111.86
	부업	18.24	37.98	20.40	48.90	20.27	42.80	19.56	42.96
	기타	55.21	63.38	47.03	55.93	58.51	60.14	53.55	60.00
	계	115.77	193.81	104.18	195.48	143.06	256.04	120.18	214.82
현금지출(원)	영농	24.42	54.12	17.36	48.93	26.25	70.82	22.67	57.43
	가사	49.15	75.16	49.97	86.36	62.33	107.50	56.34	88.44
	기타	27.04	37.07	24.56	29.35	26.15	29.84	25.97	32.41
	계	108.60	166.35	97.17	164.64	119.47	208.16	111.12	178.28
총수입(원)	호당	324	618	326	661	361	778	336	680
	1인당	59	102	59	107	62	119	60	109

(주) 남선은 전북·전남·경북·경남·중선은 경기·충북·충남·강원, 북선은 황해·평북·평남·함북·함남. 反당 소작료율은 수확량 대비.

(자료) 朝鮮總督府農林局農村振興課(1940), 「農家經濟槪況調査」.

다음은 1933년과 1938년을 비교해서 남북한 소작농의 경지면적과 소득 수준 변화를 살펴보자. 1938년 북한 소작농의 호당 경지면적은 21무가 증가하면서 전국 평균의 증가 면적 16무를 크게 상회하였다. 호당 총수입에서도 북한은 417원이 증가한 778원으로 전국 평균 증가액 344원을 크게 웃돌았다. 1933년과 1938년 소작농의 가계소득은 전체적으로 증가했지만, 증가율은 북한이 남한의 그것을 압도하였다. 이는 1930년대 북한이 조선과 만주국 공업화에 따른 농산물 시장의 확대와 농한기 활발한 출가(出稼)노동으로 농가소득을 크게 증대시킬 수 있었기 때문이었다.[35]

20세기 전반 평안도 사회에서는 "예수를 믿는 사람들은 우리 마을(평북 삭주군)에서는 주류에 속했고, 지역경제의 대들보였다"[36]고 언급되었던 것처럼 '예수를 믿으면 부자가 된다'는 관념이 널리 공유되었다. 이는 경제적 성취가 기독교적 교화와 밀접하게 관련되었음을 시사한다. 실제로 당시 평양은 경성에 버금가는 조선 제2의 메트로폴리스였고, 양말공업, 고무공업, 양조업 등 조선인 중소공업이 일찍부터 발달하였다.[37] 이는 북한에서 남한의 반상문화를 대체하는 상민적 기풍의 사회문화가 정착하면서 금식, 절제, 근로 등이 최고의 사회적 가치·미덕으로 간주되었기 때문에 가능한 일이었다.[38] 신분보다 능력을 중시하는 평민문화의 발전을 주도한 세력은 이른바 '자립적 중산층'이라 불리는 중소상공인, 중소지주, 자작농이었다.[39]

35. 남북한의 소득격차는 20세 청년들의 체위에서도 확인된다. 신장에서는 남한 162.3센티미터와 북한 165.2센티미터, 체중에서는 남한 55.9킬로그램과 북한 58.3킬로그램, 흉위에서는 남한 84.4센티미터와 북한 85.3센티미터를 기록하였다. 學務局社會敎育課(1939.8), 「半島靑年體位의 現勢」, 『朝鮮』 第291号.
36. 최기일(2002), 『자존심을 지킨 한 조선인의 회상』, 생각의나무, 34~35쪽.
37. 장규식(2007), 『민중과 함께 한 조선의 간디, 조만식의 민족운동』, 역사공간, 125쪽.
38. 윤정란(2015), 『한국전쟁과 기독교』, 한울.
39. 장규식(2007), 『민중과 함께 한 조선의 간디, 조만식의 민족운동』, 역사공간, 15쪽.

향학지향(向學之鄕)

20세기 초엽 북한사회는 천도교와 기독교 등 신흥종교의 확산과 함께 교육열도 드높았다. 특히, 서북지역은 "도처에 예수교의 찬송가와 천도교의 주문 소리가 신풍화(新風化)·신공기(新空氣)와 함께 상화상응(相和相應)하는 소리를 듣게 될 것이니 북선이야말로 이들 양 교회의 천지이자 건곤(乾坤)"[40]이라는 평가를 받았다. 1898년 전체 장로교 신자 7500명 가운데 79퍼센트가 평안도와 황해도 주민들이었다. 그래서 서구의 선교사들 사이에서도 평양은 '조선의 예루살렘'[41]으로도 널리 회자되었다. 이는 춘원 이광수의 지적과 같이 세례 교인을 '양반'이라 후대하고, 그렇지 않은 교인을 '상놈'이라 푸대접하는 이른바 기독교적 향촌질서와 문화의 발달을 촉진하였다.[42] 서북지역에서 기독교적 교화와 확산은 서구유학 붐과 함께 근대 지식인층 형성을 자극하였다.[43] 남강 이승훈을 비롯해서 고당 조만식, 도산 안창호, 춘원 이광수 등 한국 근현대사를 대표하는 걸출한 인물들을 다수 배출하였다.

20세기 초반 조선의 근대교육 보급은, 1911년 말 전국적으로 공립보통학교 234개교 731학급, 사립보통학교 70개교 170학급, 각종 사립학교 1467개교 3679학급, 서당 1만 6540개를 기록하였다. 1911년 말 교육기관별 재학생 수는 보통학교 3만 2384명, 각종 사립학교 5만 7532명, 서당 1만 1604명이었다. 지역별 교육열의 차이와 관련한 다음과 같은 지적에 주목해보자.

금일 남선의 반상이 신문명을 저주한 결과, 필경 신교육에 지대한 영향을 미쳐서 남선과 북선의 상이를 발생시켰다. 우선 경성에 유학하는 청년을 볼

---

40. 창해거사(1921.1), 「槿花삼천리를 踏破하고서, 南北鮮의 現在文化程度를 比較함」, 「개벽」 제7호.

41. 장규식(2007), 「민중과 함께 한 조선의 간디, 조만식의 민족운동」, 역사공간, 125쪽.

42. 이광수(1962), 「나」, 「이광수전집(11)」, 삼중당, 521쪽.

43. 김상태(1998), 「평안도 기독교 세력과 친미엘리트의 형성」, 「역사비평」 제45호.

지라도 남선인과 북선인의 상당한 차이가 있다. 그 다음 지방의 공사립학교
에서도 남선의 인구가 북방의 약 10배임에도 불구하고 상당한 차이가 있다.
특히, 종래 사학 발흥 당시 남선은 아직 혼미한 상황에서 북선은 비록 풍성
학려(風聲鶴唳)의 수준이지만, 거의 '일면일교(一面一校)'의 성황을 이루었
다. 이는 비록 일시적이지만, 그 영향이 금일에 이르러서도 남북의 명암을
가리는 결과를 초래한 일대 원인이다.[44]

[표3-4] 지역별 교육제도별 학교수 추이 (단위: 교)

구분		평균	남선	중선	북선
보통학교	1911	0.17	0.15	0.19	0.19
	1915	0.26	0.23	0.30	0.27
	1920	0.38	0.33	0.47	0.40
	1925	0.67	0.70	0.71	0.62
	1930	0.89	0.97	0.89	0.81
	1935	1.07	1.10	1.08	1.04
	평균	0.57	0.58	0.61	0.56
사립학교	1911	0.65	0.21	0.52	1.23
	1915	0.41	0.12	0.30	0.85
	1920	0.22	0.05	0.12	0.57
	1925	0.18	0.04	0.07	0.48
	1930	0.14	0.03	0.07	0.34
	1935	0.09	0.01	0.03	0.25
	평균	0.28	0.08	0.18	0.62
서당	1911	11.96	10.00	11.89	14.05
	1915	14.69	12.97	13.84	16.93
	1920	15.06	11.41	15.99	18.43
	1925	9.10	5.85	10.68	11.33
	1930	5.10	2.86	5.82	7.03
	1935	4.49	2.15	5.18	7.79
	평균	10.1	7.54	10.57	12.60

(주) 인구 만 명당, 해당연도 학교수/해당연도 인구수*10,000.
(자료) 朝鮮總督府, 『朝鮮總督府統計年報』, 각년판.

---

44. 창해거사(1921.1), 「槿花삼천리를 踏破하고서, 南北鮮의 現在文化程度를 比較함」, 『개벽』 제7호.

앞서 지적은 1920년 당시 남선에서 상견되는 목불식정(目不識丁)과도 크게 대비되는 북한의 높은 교육열을 시사한다.[45] 특히, 북한의 교육열은 앞서 기독교의 확산과도 밀접한 관련성을 갖는다. 19세기 후반 서북지역에서 기독교 선교는 복음, 의료, 교육이라는 삼위일체를 특징으로 하였다. 선교지역에서는 이른바 '교회당 옆에 학교'로 회자되면서 다수의 미션스쿨이 우후죽순으로 설립되었다.[46] 이후 기독교적 교화를 통해서 근대성을 선취한 지역사회가 선교단체의 후원이 아닌 스스로의 힘으로 민립학교를 설립하는 등 근대교육을 선도하였다.

1911~1935년 지역별 인구 1만 명당 교육기관의 설립 추이는 [표3-4]와 같았다. 보통학교는 전국 평균 0.57교에 대해서 남선 0.58교, 중선 0.61교, 북선 0.56교를 기록하였다. 각종 사립학교는 전국 평균 0.28교에 대해서 남선 0.08교, 중선 0.18교, 북선 0.62교였다. 서당은 전국 평균 10.11개에 대해서 남선 7.54개, 중선 10.57개, 북선 12.60개를 기록하였다. 보통학교는 설립 주체가 정부였기 때문에 지역별 편차가 미미하였다. 하지만, 지역민들이 설립한 사립학교와 서당은 북한이 압도적인 우세를 차지하였다.

다음은 [표3-5]와 같이 1911~1935년 교육기관별 인구 1만 명당 학생 수의 추이를 살펴보아도 역시 뚜렷한 지역별 편차를 확인할 수 있다. 보통학교 학생 수는 전국 평균 151명에 대해서 남선 140명, 중선 155명, 북선 162명을 기록하였다. 사립학교 학생 수는 전국 평균 32명에 대해서 남선 11명, 중선 22명, 북선 61명을 기록하였다. 서당의 학생 수도 전국 평균 114명에 대해서 남선 77명, 중선 96명, 북선 171명을 기록하였다. 특히, 사립학교와 서당의 학생

---

45. 위와 같음.
46. 1998년 손인수의 연구에 따르면, 1886년부터 1909년까지 기독교계 사립학교의 지역별 설립 추이는 합계 39개교 가운데 평양을 비롯한 북한지역이 20개교로, 전체의 51.2퍼센트를 차지하였다. 손인수 (1998), 「한국교육사연구(하)」, 정음사, 239~240쪽.

수에서 북한이 여타 지역과 비교해서 약 2~3배를 상회하였다. 반면, 1917년 당시 춘원 이광수가 목도(目睹)했던 전남 광주의 교육 상황은 다음과 같았다.

광주라는 거읍(巨邑)에 보통학교는 오직 하나, 농업학교와 종교학교가 있다 하지마는, 인구가 20만이나 되는 광주군에 학생이 불과 400~500명이라 하면 호탄(浩歎)할 일이 아니냐. 적게 잡아 인구 매 1만에 보통학교 1개씩이라 하더라도, 20은 있어야 할 것이다. 걱정이 비록 많지마는 교육이 보급하지 못한 이만한 걱정이야 또 있으랴. … 나는 학령(學齡)에 달한 광주군 수만의 남녀 학동을 위하여 혈루(血淚)를 아니 뿌릴 수가 없다. … 총명예지(聰明叡智)한 선조의 자손으로서 무지몽매한 야만으로 화성(化成)함이 결코 그 아동들의 죄가 아니다. 오직 그 부형의 죄요, 사회의 죄다. 광주군내 수만의 아동으로 하여금 번쩍한 문명인이 되게 하고 못하기는 오직 광주군내 유력자와 유지자의 책임이다.[47]

사립학교와 서당이 해당 지역사회가 자주적으로 설립한 교육기관이었던 점을 고려하면, 북한은 남한과 비교해서 보다 높은 교육열의 이른바 '향학지향(向學之鄕)'이었다. 1929년 당시 보통학교 취학아동의 연간 수업료가 약 6원 85전이었던 점을 고려하면, 북한의 높은 취학률은 농가 경제력과도 정비례 관계를 갖는다.[48] 실제로, 1925년 당시 경성제대에 입학했던 조선인 학생의 70퍼센트는 북한 출신이었다.[49] 북한사회의 충만한 교육열과 지역적 근

---

47. 이광수(1964), 「오도답파여행」, 『이광수전집(18)』, 삼중당, 148쪽.
48. 1930년 전후 조선 각지에서는 수업료 미납으로 강제퇴학과 차압 수속이 속출하였다. 그래서 수업료 인하를 요구하는 학생들의 동맹휴학이 빈발하면서 의무교육을 요구하는 사회적 여론도 비등하였다. 李如星編(1931), 『數字朝鮮研究』 第1集, 114~115쪽.
49. 稻葉岩吉(1925), 「朝鮮社會史의 斷面(下)」, 『東亞經濟研究』 第9券第3号.

대성은 청년들의 상급학교 진학과 해외 유학으로까지 확산되면서 조선인 엘리트층 형성에 크게 기여하였다.[50]

[표3-5] 지역별 교육제도별 학생 수 추이   (단위: 명)

구분		평균	남선	중선	북선
보통학교	1911	23	22	26	23
	1915	38	30	44	43
	1920	63	56	71	74
	1925	208	196	218	215
	1930	233	216	233	250
	1935	339	318	341	366
	평균	151	140	155	162
사립학교	1911	42	12	37	71
	1915	32	10	29	56
	1920	30	11	20	61
	1925	30	10	15	65
	1930	23	8	16	45
	1935	33	13	18	67
	평균	32	11	22	61
서당	1911	102	83	80	139
	1915	144	120	108	192
	1920	173	127	140	249
	1925	112	68	101	168
	1930	77	36	64	132
	1935	76	30	82	149
	평균	114	77	96	171

(주) 인구 만 명당, 해당연도 학생수/해당연도 인구수*10,000.
(자료) 朝鮮總督府, 『朝鮮總督府統計年報』, 각년판.

Ⅱ. 지주제의 모순

20세기 전반 향촌사회의 또 다른 모순은 지주제와 경제적 불평등의 확산이었다. 남한의 향촌사회는 북한과 달리 지주제의 발달이라는 '득별한 지역

---

50. 김상태(2001), 「평안도 친미 엘리트층의 성장과 역할」, 『한국기독교사연구소소식』 제51호.

성'을 갖는다. 지주제는 소작쟁의 빈발과 함께 향촌사회의 갈등과 분열을 낳는 불씨였다.

지주제와 농가경제

1930년 세계 대공황의 파급은 조선의 농가경제에도 심각한 타격을 입혔다. 1931년 4월 동광사는 농촌경제의 현실을 진단하고자 당대 지식인층의 다양한 의견을 게재한 '농촌문제 특집호'를 발간하였다. 필진으로 참가한 지식인들의 면면을 보면, 신간회 본부의 이항발과 이주연, 『조선일보』의 염상섭, 평양기독청년회의 조만식, 『동아일보』의 송진우, 농민생활사의 조두서, 천도교청우당의 김기전, 연희전문학교의 이순택 등이었다. 이 가운데 1930년 충북 청주군을 답사한 「천도교」 청우당의 김기전이 목도한 농가경제의 실상은 다음과 같았다.

작년 봄 충북 청주군 어느 농촌에 약 2주간을 체재하면서 농촌 궁황의 실제를 본 일례를 말하면 첫째, 먹을 것이 없다는 것입니다. 그때는 봄철이었는데 각 호의 부녀들은 총동원해서 산에 나물을 캐고 있었습니다. 산채만으로 정규 양식을 삼고 있었으며, 들에 나가 밭을 갈고 있는 장정 농군들은 먹을 것을 제대로 먹지 못해서 피로한 나머지 가끔 소를 세우고 쉬고 있었습니다. 오고가는 남녀노소의 얼굴에는 모두가 주린 빛이요, 두 사람만 모여 앉아도 살 수 없다는 이야기뿐입니다. 참으로 참담한 궁황이었습니다. 그래서 고율의 소작료, 금전과 양미의 고리대, 과중한 부역부담, 경작권 이동, 외래상품 구입은 오늘 조선 농촌을 여지없이 파멸시키고 있었습니다.[51]

---

51. 동광사(1931.4.1), 「農村은 어대로, 農村救急의 最小限度 要求는 무엇 農村運動의 最急緊事는 무엇」, 『동광』 제20호.

『조선일보』주필이었던 염상섭도 "10여 년 전 평북지방에서 춘궁기가 되면 나의 우거(寓居)하는 곳의 촌부 혹은 소부가 누렇게 부황이 떠서 돌아다니는 것을 보고 도회에서 성장한 나는 퍽 놀란 것을 기억하고 있습니다. 초근목피(草根木皮)는 아니라도 그와 별반 다름이 없는 시래기죽으로 연명하기 때문"[52]이라 한탄하였다. 혹은 "채 익지도 아니한 보리이삭을 훑어다가 범벅을 하여서 연명"[53]해야 했던 천하지대본(天下之大本)의 농민들이 굶어죽어 나가는 보릿고개였다.

[표3-6] 1916~1935년 경영형태별 농가 추이 (단위: 호)

년도	지주(갑)	지주(을)	자작농	자소작농	소작농	화전민	합계
1916	16,079	50,312	530,195	1,073,360	971,208	–	2,641,154
1917	15,485	57,713	517,996	1,061,438	989,362	–	2,641,994
1922	17,157	81,926	534,907	971,877	1,106,598	–	2,712,465
1927	30,737	84,359	519,389	909,843	1,217,889	29,131	2,791,348
1928	20,777	83,824	510,983	894,381	1,255,954	33,269	2,799,188
1929	21,326	83,170	507,384	885,594	1,283,471	34,332	2,815,277
1930	21,400	82,604	504,009	890,291	1,334,139	37,514	2,869,957
1931	23,013	81,591	488,579	853,770	1,393,424	41,212	2,881,589
1932	32,890	71,933	478,351	742,961	1,546,456	60,407	2,932,998
1933	–	93,984	545,502	724,741	1,563,056	82,277	3,009,560
1934	–	103,225	542,637	721,661	1,564,294	81,287	3,013,104
1935	–	111,771	547,929	738,876	1,591,441	76,472	3,066,489

(자료) 朝鮮總督府, 『朝鮮總督府統計年報』, 朝鮮總督府農林局, 『朝鮮農地年報』; 『朝鮮米穀要覽』.

1920~1930년대 남한 향촌사회에서는 소작쟁의가 빈발하였는데, 이는 당시 남한 농촌사회가 전근대의 연장으로 지주제가 크게 발달했기 때문이었

52. 위와 같음.
53. 이광수(1995), 「그들의 사랑」, 『진정 마음이 만나서야말로』, 평민사, 126쪽.

다. 개항기 이래 신흥지주의 부상과 왕성한 토지겸병은 지주제의 발달을 촉진시켰다. 1916년 63.4퍼센트의 소작지 비율은 1932년 67.3퍼센트로 증가하였다.[54] 1916~1935년 경영형태별 농가 호수도 [표3-6]과 같이 전체적으로 16.1퍼센트가 증가하는 와중에서 소작농은 63.9퍼센트를 기록하였다. 1920~1930년대 남한의 향촌사회는 토지의 집적·집중과 소작농의 급격한 증가를 특징으로 하였다.

1937년 당시 농가경제의 실상은 [표3-7]과 같이 소작지 비중이 전체 농경지의 68.0퍼센트를 차지하였다. 지역별 상위 3순위는 전북 80.2퍼센트, 충남 76.7퍼센트, 경기 74.3퍼센트를 기록하였다. 남한지역 최대의 곡창지대였던 전북의 경우, 소수의 대지주와 다수의 소작농으로 분화되었고, 이는 다른 지역과 달리 대지주의 간척사업과 높은 인구 밀도가 지주경영에 크게 유리했기 때문이었다. 경기와 충남북은 사전(賜田)을 비롯해서 관리, 권문, 호족, 부호의 토지겸병이 활발한 지역이었다. 반면, 북한은 반상문화의 미발달과 권문 세도가의 세력권 밖에 위치했기 때문에 토지겸병과 소작관행의 발달도 미약하였다.

1932년 경영 형태별 농가는 지주 3만 2809호, 자작농 54만 8284호, 자소작농 74만 2961호, 소작농 154만 6456호였다. 경영형태별 수도작 면적은 자작농 24만 8183정보, 자작 겸 소작농 68만 7574정보, 소작농 73만 3842정보로 합계 166만 9599정보를 기록하였다. 소작료를 평균 50퍼센트로 간주해서 경영형태별 농지 분배율을 산정하면, 지주 33.7퍼센트, 자작농 14.9퍼센트, 자소작 29.5퍼센트, 소작농 22.0퍼센트의 비중이었다.

1930~1934년 5개년 평균 미곡 생산량을 1665만 8793석으로 간주하면, 경영형태별 미곡 분배량은 지주 561만 681석, 자작농 247만 5496석, 자소

54. 菱本長次(1938), 「朝鮮米の硏究」, 千倉書房, 109~110쪽.

작농 491만 1013석, 소작농 366만 1603석이다. 이를 호당 미곡 분배량으로 환산하면, 지주 17.1석, 자작농 4.5석, 자소작농 6.6석, 소작농 2.4석이다. 호당 농가 인구를 약 5.5명으로 가정하면, 1인당 연간 미곡 소비량은 전체 평균 0.41석이었고, 연간 호당 미곡 소비량은 2.67석이다.

[표3-7] 1937년 지역별 경영형태별 농가 호수 (단위: 정보, 호, %)

구분		경지별			경영형태별					
		자작지	소작지	소작지율	자작농	자소작농	소작농	기타	합계	소작농률
남선	전북	34,817	140,869	80.2	10,969	40,921	164,655	21,001	237,546	69.3
	전남	70,257	145,102	67.4	75,670	97,414	198,795	29,282	401,161	49.6
	경북	83,328	114,369	57.8	73,729	108,184	160,584	15,918	358,415	44.8
	경남	59,514	121,880	67.3	43,835	90,155	149,793	13,959	297,742	50.4
	소계	247,916	522,220	68.2	204,203	336,674	673,827	80,160	1,294,864	53.5
중선	경기	54,384	157,594	74.3	18,832	54,900	165,762	5,111	244,605	67.7
	충북	23,162	49,479	68.1	16,715	30,605	87,481	7,361	142,162	61.5
	충남	38,964	128,939	76.7	17,948	52,747	142,996	9,681	223,372	64.2
	강원	39,875	52,457	56.8	51,299	64,392	101,688	30,214	247,593	41.1
	소계	156,385	388,469	69.0	104,794	202,644	497,927	52,367	857,732	58.6
북선	황해	42,323	105,762	71.4	37,066	56,853	145,222	7,402	246,543	58.9
	평남	33,107	55,532	62.7	43,097	41,805	87,786	6,355	179,043	49.1
	평북	30,119	66,634	68.8	50,610	30,753	113,983	16,401	211,747	53.9
	함남	33,905	33,562	49.7	67,004	49,552	49,335	24,002	189,893	26.0
	함북	12,814	7,621	32.4	42,811	19,501	13,348	3,273	78,933	16.1
	소계	152,268	269,111	57.0	240,588	198,464	409,674	57,433	906,159	40.8
합계		556,569	1,179,800	68.0	345,382	401,108	907,601	109,800	1,763,891	51.9

(자료) 菱本長次(1938), 『朝鮮米の研究』, 千倉書房.

소작농은 지주, 자작농, 자소작농과 달리 호구를 충당하는 잉여 미곡이 겨우 0.3석에 불과하였다.[55] 그래서 매년 6~9월에 걸쳐 이들 소작농들은

---

55. 京城商工會議所(1944.2), 「朝鮮に於ける精米業(1)」, 『經濟月報』 第337号.

'저 흉악무정(凶惡無情)한 대지주'[56]로부터 50퍼센트에 달하는 고리(高利)의 곡량(穀糧)을 차입하고서야 겨우 춘궁기의 굶주림을 모면할 수 있었다.

빈발하는 소작쟁의

1932년 조선총독부가 편찬한 『조선의 소작관행』[57]에 따르면, 소작의 종류는 정조법, 타조법, 집조법으로 구분되었다. 수확기 지주와 소작인이 입회해서 소작료를 약정하는 타조법이 대표적인 소작관행이었다.

남한지역의 대표적인 곡창지대였던 전북, 전남, 경남은 수확기 이전에 지주와 소작인이 입회해서 당해 연도 수확량을 예상하고 소작료를 결정하는 집조법 혹은 검견법(檢見法)이 지배적이었다. 1930년 집조법의 평균 소작료는 50.0~55.0퍼센트의 현물납이었다. 1930년 소작계약은 북한의 경우 구두계약이 일반적이었지만, 남한의 경우 점차 증서계약이 바뀌는 추세였다.[58]

1920~1930년대 소작관행의 문제점은 (1)소작의 구두계약, (2)소작기한의 미설정, (3)일방적인 소작료 결정 등이었다. 소작료 이외에도 (1)지세와 공과금, (2)농업용수와 수리조합비, (3)종자와 비료대 등 소작인의 잡종 부담은 "실로 놀라운 것"[59]이었다.

---

56. 1917년 춘원 이광수는 『매일신보』에 게재한 「오도답파기」에서 "재래의 조선인 지주는 이앙을 마치기 전에는 소작인에게 채급(債給)을 하지 않다가 이앙 이후 추수를 담보로 조(租)를 대여하였다. 추수시에는 10분 5의 이자를 키워 받는다. 음력 5월경에 묵은 벼 1석을 대여하였으면, 같은 8월경에는 1석 5두를 받는다. 2~3개월 利息이 5할이라 함은 참으로 전율(戰慄)할 일이다. 이리하여 대지주는 거익부(去益富)하고 소작인은 거익궁(去益窮)한다. …저 횡포하고 흉악무정(凶惡無情)한 대지주를 어찌하며, 가련한 소작인을 어찌하랴. … 대지주와 지방 유력자 제씨에게 간청(懇請)한다. 우선 금년 여름에 농량(農糧) 없는 세민(細民)을 구제할 방침을 강구하고, 아울러 영구적으로 소작인을 부요(富饒)하게 할, 안락(安樂)하게 할 방침을 강구하기를 바란다"고 호소하였다. 이광수(1964), 「오도답파여행」, 『이광수전집(18)』, 삼중당, 142쪽.
57. 朝鮮總督府編(1932), 『朝鮮の小作慣行』.
58. 菱本長次(1938), 『朝鮮米の研究』, 千倉書房, 116~123쪽.
59. 朝鮮文化普及會編(1938), 『朝鮮大觀』, 500쪽.

생산 미곡의 대부분은 지주의 차지했던 반면, 소작인은 나머지 수확물을 고리부채의 이자 지불과 차입식량 변제에 충당해야 하는 실상이었다. 그 때문에 춘궁기 소작인은 초근목피의 호구지책이 불가피하였다. 소작관행은 농촌경제의 피폐와 함께 식민통치의 안정성을 저해하는 정치경제적 요인이었다. 지주제의 모순은 고율의 소작료에만 한정되지 않았다. 남한의 지주제는 부재지주를 특징으로 했기 때문에 그 대리인이었던 마름(혹은 사음, 농감)의 횡포도 격심하였다. 1920~1930년대 마름은 고리대금업자와 함께 영세농에 기생하는 "조선 농업의 암적 존재"[60]였다.

[표3-8] 1930년 마름과 소작지 관리 (단위: 정보, %)

구분		마름수		소작관리		
		인원	비율	총소작지	관리면적	관리율
남선	전북	3,388	10.2	177,988	74,371	41.8
	전남	4,114	12.4	216,346	75,391	34.8
	경북	3,924	11.9	210,480	39,626	18.8
	경남	2,996	9.0	173,532	32,539	18.8
	소계	14,422	43.6	778,346	221,927	28.6
중선	경기	7,579	22.9	273,173	109,395	40.0
	충청	2,673	8.1	102,047	41,455	40.6
	충남	2,799	8.5	167,688	60,586	36.1
	강원	1,016	3.1	156,468	27,804	17.8
	소계	14,067	42.5	699,376	239,240	33.6
북선	황해	2,415	7.3	353,280	94,969	26.9
	평남	680	2.1	217,991	14,092	6.5
	평북	779	2.4	231,451	10,763	4.7
	함남	463	1.4	121,572	5,563	4.6
	함북	279	0.8	37,714	2,628	7.0
	소계	4,616	13.9	962,008	128,015	9.9
합계		33,105	100.0	2,439,730	589,182	24.1

(자료) 京城商工會議所(1944.2.), 「朝鮮に於ける精米業(1)」, 『經濟月報』 第337号.

---

60. 인정식(1943), 『朝鮮農村雜記』, 東都書籍, 173~185쪽.

[표3-8]과 같이 1930년 당시 조선 전체의 마름은 합계 3만 3105명이었고, 총 소작지의 24.1퍼센트를 관리하였다. 마름은 지주로부터 일정한 보수를 받고 소작지를 관리해야 했지만, 관리비는 소작농에게 전가되는 것이 일반적이었다. 마름이 관리하는 소작지는 소작료의 고율화와 함께 지주제의 불안정성을 초래하였다. 마름은 소작관리권 행사를 빌미로 소작인들로부터 다양한 명목의 금품과 무상부역을 수수하였다. 그래서 세간에서는 "마름 3년에 대대손손이 먹고산다"[61]는 속언이 횡행하였다. 1910년대까지 소작쟁의는 드문 일이었다. 쟁의가 발생하더라도 지주의 압도적인 교섭력으로 쉽게 제압되었기 때문이다. 그러나 제1차 세계대전기를 거치면서 사회주의 사상의 확산과 함께 소작쟁의도 빈발하게 되었다.[62]

[표3-9] 1920~1933년 지역별 소작쟁의 발생 추이 (단위: 건, %)

구분		1920	1923	1926	1930	1931	1932	1933	합계	비율
남선	전북	2	6	19	94	84	70	598	873	21.5
	전남	5	24	22	146	140	35	665	1,037	25.6
	경북	4	3	2	61	15	6	77	168	4.1
	경남	–	103	2	169	77	53	223	627	15.5
	소계	11	136	45	470	316	164	1,563	2,705	66.7
중선	경기	1	3	24	95	54	24	117	318	7.8
	충북	–	10	15	17	25	2	66	135	3.3
	충남	1	2	112	122	260	90	166	753	18.6
	강원	–	2	–	4	1	6	4	17	0.4
	소계	2	17	151	238	340	122	353	1,223	30.1

---

61. 1971년 경북 월성군 강동면 양동리를 대상으로 하는 최재석의 농촌사회 조사연구에 따르면, "지주와 마름에 대한 소작인의 접대는 참으로 극진한 것이어서 설, 추석 등 명절은 물론이고 생일, 회갑, 혼인 등에도 선물과 부조를 많이 해야 했으며, 이들이 들에 나오면, 술, 담배, 과일, 떡, 닭, 고기, 가죽신 등을 진상하고 접대하였다. 뿐만 아니라 지주의 집수리 등에 연중 한두 번씩은 무료로 부역을 제공하기도 하고 혼·상례 등에 노력을 제공하기도 했다"고 한다. 최재석(1972), 「農村의 班常關係와 그 變動 過程」, 「진단학보」 제34집.

62. 朝鮮總督府農林局(1938), 「朝鮮小作年報」.

북선	황해	1	7	1	13	10	14	41	87	2.1
	평남	1	12	–	2	–	–	13	28	0.7
	평북	–	4	1	3	1	–	3	12	0.3
	함남	–	–	–	–	–	–	1	1	0.0
	함북	–	–	–	–	–	–	1	1	0.0
	소계	2	23	2	18	11	14	59	129	3.2
합계		15	176	198	726	667	300	1,975	4,057	100.0

(자료) 菱本長次(1938), 「朝鮮米の研究」, 千倉書房.

실제로, [표3-9]와 같이 1920~1933년 소작쟁의 발생 건수를 살펴보면, 1920년에는 15건에 불과했지만, 해를 거듭할수록 증가해서 1933년에 이르러 1975건에 달하였다.[63] 소작쟁의 발생의 지역별 비중은 전남 25.6퍼센트를 시작으로 남한이 전체의 66.7퍼센트를 차지했던 반면, 북한은 전체의 3.2퍼센트에 불과하였다.

[표3-10] 1926~1932년 소작쟁의 발생의 원인별 조사   (단위: 건, %)

원인	남선	중선	북선	합계	비율
소작권 박탈/이동	1,363	836	36	2,235	50.3
흉작	626	25	1	652	14.7
소작료 체납	215	97	0	312	7.0
소작료 인상	127	76	5	208	4.7
고율 소작료	482	99	1	582	13.1
소작료 결정관계	26	15	2	43	1.0
공조/공과/비료의 부담관계	86	37	6	129	2.9
두세/장세 등 특수부담 관계	2	8	0	10	0.2
소작료 운반/무상노동	4	23	0	27	0.6
소작지 개척비/소작료 불통일	0	28	1	29	0.7
소작료의 품질관계/부정양정	3	40	4	47	1.1
생활곤란/수지불균형	30	50	0	80	1.8
기타	68	7	12	87	2.0
합계	3,032	1,341	68	4,441	100.0

(자료) 菱本長次(1938), 「朝鮮米の研究」, 千倉書房.

---

63. 菱本長次(1938), 「朝鮮米の研究」, 千倉書房, 130쪽.

소작쟁의 발생 원인은 [표3-10]과 같이 (1)소작권 박탈과 이동, (2)흉작, (3)소작료 체납, (4)소작료 인상, (5)고율 소작료가 전체의 89.8퍼센트를 차지하였다. 소작쟁의는 불안정한 소작권과 고율 소작료 그리고 불충분한 수리조건이 농가경제를 위협하는 와중에서 지속적인 (4)소작료 인상(208건) 때문이었다.

그 때문에 1929년 말 조선총독부는 소작관을 파견해서 소작쟁의 조정과 방지 그리고 소작관행을 조사하였다.[64] 1934년 4월 조선총독부는 농민적 농정의 일환으로 불합리한 소작관행을 시정하고자 「조선농지령」을 공포하지 않으면 안되었다.[65]

암태도의 비극

남한의 대표적인 곡창지대 가운데 하나였던 전남은 1920~1930년대 전국적으로 소작쟁의가 가장 빈발했던 지역이다.[66] 그 가운데 가장 대표적인 소작쟁의로도 널리 알려진 암태도 소작쟁의의 발생, 경과, 귀결을 검토해보자.[67]

전남 신안군에 위치하는 암태도는 목포에서 서쪽으로 28.5킬로미터 떨어진 면적 40제곱킬로미터의 섬이다. 1924~1925년 암태도 소작쟁의는 암태면 수곡리 출신의 지주 문재철과 소작인회 사이에 발생하였다.

당시 문 지주는 암태도에 논 29만 평, 밭 11만 평, 염전 2만여 평을 소유

64. 小早川九郎編(1959), 『朝鮮農業發達史(政策編)』, 友邦協會, 541쪽.
65. 菱本長次(1938), 『朝鮮米の研究』, 千倉書房, 131~136쪽.
66. 小早川九郎編(1959), 『朝鮮農業發達史(政策編)』, 友邦協會, 535~536쪽.
67. 박찬승(2010), 「1924년 암태도 소작쟁의의 전개과정」, 『한국근현대사연구』 제54집; 박순동(1980), 『암태도 소작쟁의』, 청년사; 송기숙(1981), 『암태도』, 창작과비평사; 정병준(2007), 「암태도 소작쟁의 주역의 세 가지 길」, 『한국민족운동사연구』 제51집.

하였다.[68] 당시 암태도의 대지주는 만석꾼 문재철을 비롯해서 천석꾼 천후빈과 일본인 지주 나카지마 세이타로(中島淸太郞) 3명이었다. 그 가운데 문지주의 소작료는 약 60~80퍼센트를 기록하였다.

1923년 8월 암태면 기동리 출신으로 당시 암태도청년회 대표였던 서태석을 중심으로 '암태도소작인회'가 조직되었다. 소작인회는 소작료 인하(40퍼센트)와 불응 지주에 대한 소작료 불납운동 그리고 소작료 무상운반 1리 이내를 결의하였다. 하지만 문 지주측이 소작인회 결의를 거부하였다. 그러자 소작인회는 1923년분 소작료 불납동맹을 결의하였다. 1924년 3월 문 지주측과 소작인회의 물리적 충돌과 함께 문 지주 부친 문태현의 송덕비를 도괴(倒壞)하는 사건이 발생하였다. 이 일로 문 지주측은 부상자 발생을 빌미로 소작인회 간부 13명을 고발하면서 형사사건으로까지 발전하였다.

1924년 6월 소작인회는 구속자 석방을 위해 광주지방법원 목포지청 앞에서 암태도 주민 500여명이 참가하는 제1차 집단농성으로 대항하였다. 당시 구속자 13명은 목포지청 예심을 거쳐 정식 공판에 회부된 상황이었다. 소작인회 600명은 7월8일 재차 목포지청과 목포경찰서를 방문하는 제2차 원정시위와 단식농성을 벌였다. 암태도 소작쟁의는 『동아일보』 등 언론매체를 통해서 전국으로 알려지면서 사회적 반향을 일으켰다. 8월 소작인회는 구속자의 광주지방법원 이감에 따라 제3차 집단 단식농성을 결의하였다.

같은 정보를 입수한 목포경찰서, 전남도청, 무안군청은 소작인회의 원정시위를 만류하고 양측의 양보와 합의를 종용하였다. 결국, 1924년 9월 문

---

68. 암태도는 돌이 많고 바위가 병풍처럼 섬을 둘러싸고 있어 붙여진 지명이다. 농경지가 비교적 많은 섬이었다. 거주자는 김해 김씨가 대부분이었고, 토지는 문씨가와 천씨가가 양분하였다. 남평 문씨가는 대대로 간석지가 발달한 암태도의 지형을 이용한 염전 경영으로 자산을 불렸다. 문재철의 부친 문태현은 구한말 운현궁의 사유지에 속하는 암태도의 창고지기를 지냈다. 문재철은 개항 이후 목포로 거처를 옮겨 객주로 활동하면서 고리대금업으로 자산을 늘렸다. 문씨가는 암태도를 비롯한 전남 각지에 약 608정보(논 377정보)의 토지를 소유한 대지주였다. 정남구(2018), 『나는 전라도 사람이다』, 라의눈, 441~445쪽.

지주도 목포경찰서의 중재·알선에 굴복하고 타협하지 않으면 안되었다.[69] 타협안은 (1)소작료 40퍼센트와 10퍼센트 장농(獎農)자금의 지급, (2)장농자금의 소작인회 관리, (3)미납소작료(1923년분)의 3개년 분할납부, (4)문 지주의 소작회 참가, (4)문태현 송덕비의 복구, (5)형사고발의 쌍방 취소, (6)지주의 소작회에 대한 2000원 증여한다는 것이었다.[70]

하지만, 1924년 10월 타협안에 불만을 품은 문 지주는 추곡의 소작료 간평(看坪)을 거부하였다. 그래서 목포경찰서가 문 지주를 대신해서 간평했고, 그래서 가을 추수를 무사히 마칠 수 있었다. 이후에도 문 지주는 기부금 2000원 지급 약속의 불이행과 다양한 방법으로 소작인회의 무력화를 획책하였다. 그때마다 목포경찰서가 개입해서 문 지주의 도덕적 해이를 제압하고 타협안의 이행을 보장하였다.

문 지주와 소작인회는 대대로 암태도가 고향이었고, 다들 멀고 가까운 인척들이었다. 그럼에도 소작료 문제에 대해서는 한 치의 양보가 없었다. 암태도의 소작쟁의는 향촌사회의 뿌리 깊은 상호불신으로 자율적 타협의 여지를 찾아볼 수 없었음을 시사한다. 결국 암태도 소작쟁의는 목포경찰서의 적극적인 중재·알선에 의지하고서야 수습되고 해결될 수 있었다.

요컨대, 암태도의 소작쟁의는 계급과 민족으로부터 상대적 자율성을 갖는 식민권력의 적극적인 개입이 없이는 이해관계의 조정이 불가능했던 남한지역에서 횡행했던 향촌사회의 극단적인 분열상을 시사한다. 그래서 1930~1940년대 인촌 김성수를 비롯한 조선인 「협력엘리트」들이 조선인 사회의 신애(信愛)와 협력을 간절히 호소했던 것도 어쩌면 당연한 일이었다.[71]

69. 「매일신보」 1924년 9월2일자.
70. 「동아일보」 1924년 9월4일자.
71. 「매일신보」 1943년 8월5일자.

Ⅲ. 1939년 대한발(大旱魃)의 충격

1938년도 육군특별지원병제의 지원자 배율은 7.4배를 기록하였다. 그러나 1940년에 이르러 28.1배 그리고 1941년 48.2배를 기록하였다. 이하에서는 1939년 이후 급격한 지원자 배율의 증가를 자극했던 또 다른 사회경제적 요인으로 1939년 남한 농촌을 파탄시킨 대한발(大旱魃)의 충격을 검토해보자.

대한발과 남한농촌

1939년 남한에서는 예년에 보기 드문 대한발이 발생하였다.[72] 지글거리는 태양과 불에 달군 화덕과 같은 땡볕더위가 계속되면서 "한 세기만에 찾아온 최악 가뭄"[73]이었다. 연중 강우량의 약 40~60퍼센트가 7~8월에 집중하는 한반도 특유의 기후에도 불구하고, 1939년 강우량은 평년 수준의 절반에 불과하였다. 특히, 남한의 강우량은 평년 수준의 약 25퍼센트에 그치고 말았다.[74] 대한발은 남한 농촌의 수도작(水稻作) 피해로 이어지면서 식부 불가능과 70퍼센트 이상 감수를 기록한 경지 면적이 70만 8895정보에 달하였다. 이는 평년작 대비 약 1000만 석의 미곡 생산량 감소로 이어졌다. 이재민 118만 2000호와 부조(扶助) 호수 약 78만 5000호를 발생시켰다.

1939년 한해(旱害)는 1919년 이래 발생했던 크고 작은 규모의 한해를 크게 웃도는 수준이었다.[75] 실제로, 1919년 이래 수확이 전무하거나 70퍼센트 이상 감수를 기록했던 것은 1928년 한발의 21만 4000정보였다. 그렇

---

72. 朝鮮總督府司政局社會課(1943), 『昭和十四年旱害誌』, 75~77쪽.
73. 박정신 역(2016), 『(국역) 윤치호 영문 일기(10)』, 국사편찬위원회, 240쪽.
74. 湯川又夫(1939.10), 「旱魃から敎えられたる數 」, 『朝鮮』 第293号.
75. 朝鮮總督府司政局社會課(1943), 『昭和十四年旱害誌』, 30~31쪽.

지만, 최대의 수확량 감소를 기록했던 것은 1924년 237만 6309석이었다. 1939년 한발 피해는 1928년 감수면적의 약 3.3배, 1924년 감수량의 약 3.8배에 달하는 참상이었다. 한발은 1939년 이후에도 빈발했고, 남한 농촌을 피폐시켰다.[76] 이하에서는 1939년 한발의 실상과 충격을 구체적으로 검토해보자.

[표3-11] 1939년 7월까지 수도(水稻)의 식부 상황
(단위: 정보, %)

구분		식부 예정면적	식부 완료		식부 불능		70% 이상 감수		피해 규모	
			면적	비율	면적	비율	면적	비율	면적	비율
남선	전북	165,307	80,507	48.7	84,800	51.3	19,199	11.6	103,999	62.9
	전남	197,694	132,805	67.2	64,889	32.8	27,571	13.9	92,460	46.7
	경북	185,577	56,584	30.5	128,993	69.5	16,829	9.0	145,822	78.5
	경남	167,783	120,622	71.9	47,161	28.1	43,200	25.7	90,361	53.8
	소계	716,361	390,518	54.6	325,843	45.4	106,799	15.1	432,642	60.5
중선	경기	197,100	167,903	85.2	29,197	14.8	77,402	39.2	106,599	54.0
	충북	67,551	35,906	53.2	31,845	46.8	17,092	25.4	48,937	72.2
	충남	159,172	102,848	64.6	56,324	35.4	50,653	31.7	106,977	67.1
	강원	86,738	83,036	95.7	3,702	4.3	14,344	2.2	18,046	6.5
	소계	510,561	389,693	74.7	121,068	25.3	159,491	24.6	280,559	50.0
북선	황해	142,904	142,528	99.8	376	0.2	–	–	–	–
	평남	185,268	80,967	43.7	104,301	56.3	–	–	–	–
	평북	95,153	95,153	100.0	–	0.0	–	–	–	–
	함남	66,359	66,359	100.0	–	0.0	–	–	–	–
	함북	18,534	18,534	100.0	–	0.0	–	–	–	–
	소계	508,218	403,541	88.7	104,677	11.3	–	–	–	–
합계/평균		1,735,140	1,183,752	73.9	551,588	26.1	251,947	22.0	690,849	60.5

(자료) 朝鮮總督府司政局社會科(1943), 「昭和14年旱害誌」.

---

76. 1940년 6월21일자 일기에 따르면, 윤치호는 "이때쯤이면 물 공급이 원활해서 논에다가 벼 모종을 옮겨 심었어야 한다. 하지만 작년의 끔찍한 가뭄이 여전히 계속되고 있어서 중남부 13개 벼농사 지역 가운데 7개 지역이 아직까지 모내기를 하지 못하고 있다. 지금으로서는 올해도 흉년이 들 게 뻔하다. 또 얼마나 끔찍한 한 해가 되려나" 하며 한탄하였다. 박정신 역(2016), 『(국역) 윤치호 영문 일기(10)』, 국사편찬위원회, 359쪽.

우선, 1939년 한해를 초래했던 수리관정의 시설 상황을 살펴보자. 1910년 당시 총 경지면적 가운데 수리 안전답(安全畓)은 20퍼센트였고, 나머지는 천수답(天水畓)이었다. 1917년 조선총독부는 「조선수리조합령」과 1919년 「수리조합보조규칙」을 공포해서 수리시설비 총액의 15퍼센트 국고보조를 결정하였다.[77] 1920년대 산미증식계획의 실시와 함께 조선 각지에서는 수리조합이 우후죽순으로 설립되었다. 1938년 당시 조선 각지의 수리조합은 총 228개였고, 몽리면적 약 20만 3000정보였다. 1938년 전체 농경지 173만 정보 가운데 수리안전답 83만 정보(48.0퍼센트), 수리불완전답 38만 5000정보(22.0퍼센트), 천수답 52만 정보(30.0퍼센트)를 기록하였다. 이 가운데 천수답과 수리불완전답이 전체 경지면적의 약 52.0퍼센트를 차지하였다.

1939년 한해로 인해 [표3-11]과 같이 7월20일 당시 조선 전체의 수도작 식부 예정 174만 정보 가운데 식부 완료 농경지는 118만 정보(73.9퍼센트)였고, 식부 불능 면적은 55만 정보(26.1퍼센트)였다. 이 가운데 남한은 식부 완료 면적이 54.6퍼센트에 불과했던 반면, 북한은 100퍼센트를 기록하였다. 더구나 식부 완료 이후에도 계속되는 한발과 농업용수 부족으로 고사(枯死)와 70퍼센트 이상 감수 예상 면적은 25만 정보에 달하였다. 가장 심각한 한해 예상 지역은 경북 78.5퍼센트, 충북 72.2퍼센트, 충남 67.1퍼센트였다. 하지만, 작부 예정 면적 약 123만 정보 가운데 작부면적은 63.9퍼센트인 78만 정보에 불과하였다.

1939년 미곡 수확량 약 785만 석은 [표3-12]와 같이 평년작 1701만 석의 46.0퍼센트에 불과하였다. 평년작 대비 가장 낮은 수확량을 기록한 지역은 전북, 경북, 충남이었다.

---

77. 이영훈 편(1992), 「근대조선수리조합연구」, 일조각.

[표3-12] 1939년 대한발과 수도작 피해 상황 (단위: 정보, 석, %)

구분		작부 예정면적	작부 면적	피해면적					1939년 수확량			
				작부불능	수확전무	70%감수	합계	피해율	수확량	평년작	감수량	수확률
남선	전북	165,307	80,614	84,693	3,956	15,244	103,893	63.0	689,948	2,363,979	1,674,031	29.0
	전남	197,694	134,605	63,089	10,801	16,771	90,661	46.0	1,513,089	2,607,728	1,094,639	58.0
	경북	185,577	58,360	127,217	2,883	13,946	144,046	78.0	730,924	2,408,581	1,677,657	30.0
	경남	167,783	120,707	47,076	14,285	28,915	90,276	53.0	1,270,421	2,369,690	1,099,269	53.0
	소계	716,361	394,286	322,075	31,925	74,876	428,876	60.0	4,204,382	9,749,978	5,545,596	42.5
중선	경기	197,100	168,119	28,981	28,203	49,199	106,383	54.0	1,424,191	2,728,663	1,304,472	52.0
	충북	67,551	35,996	31,555	3,021	14,072	48,648	72.0	364,580	1,006,168	641,588	36.0
	충남	159,172	102,880	56,292	21,428	29,225	106,945	67.0	728,424	2,334,043	1,605,619	31.0
	강원	86,738	83,036	3,702	6,505	7,829	18,036	22.0	1,131,703	1,189,807	58,104	95.0
	소계	510,561	390,031	120,530	59,157	100,325	280,012	53.8	3,648,898	7,258,681	3,609,783	53.5
합계/평균		1,226,922	784,317	442,605	91,082	175,201	708,888	58.0	7,853,280	17,008,659	9,155,379	46.0

(자료) 朝鮮總督府司政局社會科(1943), 「昭和14年旱害誌」.

지역별 한해의 실상

1939년 가장 큰 한해를 입은 지역은 전북, 경북, 충남이었다. 그 가운데서 조선 미작의 최대 산지였던 전북의 한해는 다음과 같았다.

1939년 당시 전북의 농경지 17만 1042정보는 총 경지면적 23만 8919정보의 약 70퍼센트에 상당하였다. 전북은 농지개량 사업이 일찍부터 발달한 지역이었고, 이른바 '수리왕국(水利王國)의 전북'[78]으로도 회자되었다. 그럼에도 천수답 4만 9800정보와 수리불안전답 5만 6989정보였기 때문에 평년에도 다소의 한해를 피할 수 없었다. 1939년 전북의 미작은 이식불능 8만 4692정보, 수확전무 3956정보, 70퍼센트 이상 감수 1만 5244정보를 기록하였다. 미곡수확량도 과거 3개년 평균 수확량 236만 3979석의 29.0퍼센트에 상당하는 68만 9948석에 그치고 말았다. 그 실상은 다음과 같다.

---

78. 「부산일보」 1935년 12월17일자.

1939년은 5월 하순경부터 못자리 용수마저 부족했지만, 6월 상순에 이르러서도 거의 강우가 없었고, 그 곤란을 피하는 것은 실로 용이한 일이 아니었다. 농가는 양수기의 동원과 우물 굴착, 개천 굴착 등 오직 묘의 보존에 노력했지만, 이후 6월 하순 다소 강우가 있었을 뿐으로 한발의 계속과 함께 극도의 기온 상승으로 묘판의 파열마저 발생해서 묘의 위고(萎涸) 또는 고사가 속출하였다. 이러한 상황이었기 때문에 본답 이식은 6월 말까지 36퍼센트, 7월10일까지 44퍼센트, 7월25일까지 48퍼센트에 그쳤다. 수리조합의 몽리면적에서도 총면적 1172정보 가운데 7월20일 현재 식부 미완료 면적은 5164정보(약 12퍼센트)에 달하였다. 이는 수리조합 설립 이래 보기 드문 성적이었다.[79]

둘째는 경북의 한해이다. 경북은 1938년 가을부터 가뭄으로 역내 하천이 마르면서 저수지의 저수량 증가도 미미하였다. 1939년 4월 도내 저수량은 50퍼센트에 불과하였다. 도 당국도 일찍부터 한발에 대비해서 묘대를 수리 안전지대에 설치한다는 방침을 결정하고 총면적 약 75퍼센트에 달하는 집합묘대(集合苗代)를 설치해서 건묘(健苗)육성에 노력하였다. 그러나 이후에도 가뭄이 계속되면서 하천수마저 고갈되고 말았다. 그래서 본답 이식이 곤란한 와중에서 북부지대는 계류(溪流)를 이용해서 이앙이 가능했지만, 남부와 중부 산간지대는 7월20일까지 이앙률 40퍼센트에 그쳤다. 8월10일 당시 전체의 식부면적은 식부 예정 면적의 35.2퍼센트에 불과하였다. 지역민도 공동작업으로 양수기 설치, 관정의 굴착, 하천의 굴진 등 식부면적 확대에 노력했지만, 심각한 농업용수 고갈을 해소할 수 없었다. 그 때문에 경북의 식부면적은 평년작 대비 6분의 1에 불과해서 작부불능 12만 7217정보, 수확전무 2883정보, 70퍼센트 이상 감수 1만 3946정보를 기록하였다. 미곡 수확량도 평년작의 30.0퍼센트에 상당하는 73만 924석에 그치고 말았다.

---

79. 朝鮮總督府司政局社會課(1943), 『昭和十四年旱害誌』, 60~61쪽.

셋째는 충남의 한해이다. 1939년 초부터 충남은 가뭄에 시달리면서 6월 상순에 이르러 묘대의 수원마저 고갈되면서 묘상(苗床)마저 파열하는 등 한 해가 본격화하였다. 이후 6월 하순 40~50밀리미터의 강우로 다소 해소되 었지만, 이앙이 가능한 정도는 아니었다. 그래서 개별 농가는 갖은 수단과 방법을 동원해서 용수 획득과 이앙을 서둘렀지만, 부진을 면치 못하였다. 이후에도 한발 정도는 더욱 심각했고, 8월10일까지 식부완료 면적은 겨우 64.6퍼센트에 불과하였다. 식부예정 면적 15만 9172정보 가운데 식부 완료 10만 2880정보에 대해서 작부불능 5만 6292정보, 수확전무 2만 1428정보, 70퍼센트 이상 감수 2만 9225정보를 기록하였다. 이는 작부예정 면적의 67 퍼센트에 상당하는 한해였다. 그 때문에 충남의 미곡 수확량은 평년작 233 만 4043석의 31.0퍼센트에 상당하는 72만 8424석에 그치고 말았다.

이재민과 구호대책

1939년 대한발에 따른 이재 농가의 발생은 [표3-13]과 같이 118만 6003 호에 달하였다. 이는 전체 미작 농가 194만 5099호의 약 61.0퍼센트에 상당 하는 것이었다.[80] 이 가운데 남선은 이재 농가 80만 8524호과 이재율 평균 65.9퍼센트를 기록하였다. 높은 이재율을 기록한 상위 3순위는 전북 95.2 퍼센트, 경북 80.6퍼센트, 충북 77.5퍼센트 순이었다.[81] 요구호 농가 85만 6461호 가운데 구호 농가 32만 9542호는 요구호 농가의 38.5퍼센트에 불과 하였다. 한해 피해가 가장 격심했던 남선은 중선과 비교해서 상대적으로 높 은 재해율과 낮은 구호율을 기록하였다. 그 이유는 중선과 달리 남선은 영 세농이 많았고, 소득수준도 낮았기 때문이었다.

---

80. 위와 같음, 61~62쪽.
81. 國民精神總動員朝鮮聯盟(1939), 「總動員」 第1券第4号.

[표3-13] 1939년 이재 농가와 구호 농가 (단위: 호, %)

구분		이재 농가			구호 농가		
		미작 농가	이재 호수	이재율	요구호 농가	구호 농가	구호율
남선	전북	223,877	213,126	95.2	176,074	37,052	21.0
	전남	403,884	174,082	43.1	117,963	56,119	47.6
	경북	322,212	259,740	80.6	175,897	83,843	47.7
	경남	277,416	161,576	58.2	123,748	37,828	30.6
	소계	1,227,389	808,524	65.9	593,682	214,842	36.2
중선	경기	229,183	116,866	51.0	80,264	36,602	45.6
	충북	120,974	93,751	77.5	74,172	19,579	26.4
	충남	207,057	144,673	69.9	94,364	50,309	53.3
	강원	160,496	22,189	13.8	13,979	8,210	58.7
	소계	717,710	377,479	52.6	262,779	114,700	43.6
합계/평균		1,945,099	1,186,003	61.0	856,461	329,542	38.5

(자료) 朝鮮總督府司政局社會科(1943), 「昭和14年旱害誌」.

1939년 남한의 미곡 수확량은 평년작의 46.0퍼센트에 불과하였다. 그 때문에 1939년 농가의 소득수지는 경영 형태별 차이를 불문하고 영농수입에 대신해서 노임과 차입금으로 보충해야 했다. 그 가운데 "세농(細農)의 생활은 참으로 참담한 것"[82]이었고, 그래서 친척 혹은 연고자를 찾아서 이농·이촌하거나 도회지 걸식에 나서야 했던 이재 농가도 부지기수에 달하였다.[83] 이는 농산물 출하량의 격감과 구매력 감소가 상거래 부진으로 이어지면서

---

82. 朝鮮總督府司政局社會課(1943), 「昭和十四年旱害誌」, 101쪽.
83. 1939년 8월5일자 윤치호 일기에 따르면, "남부지방 가뭄에 시달리던 800여 명의 궁핍한 사람들이 경성으로 몰려와 한강다리 밑에서 살고 있다고 한다. 오늘 아침 그들을 보기 위해 한강변으로 가 보았다. 그야말로 참혹한 광경이었다. 종이상자 하나에 살림살이 전부를 담아가지고 올라온 많은 가족들이 가릴 것이라고는 짚자리밖에 없이 옹색하게 지내고 있었다. 심지어 그것마저도 없는 사람들이 수두룩했다. 노파들, 어린아이들, 기진맥진하게 늘어져 있는 아낙네들과 굶주린 남정네들이 다리 밑에 옹송그리며 모여 있었다. 비가 내려 한강물이 불어나기라도 한다면 저들은 어찌 될 것인가? 사람살이가 이 모양인데 전쟁터에 있는 말들을 먹인답시고 안 그래도 바싹 말라비틀어진 마을 곳곳에서 긁어간 보리만 수만 가마니에 이른다. 전쟁은 참으로 잔인한 것이다"라며 한탄하였다. 박정신 역(2016), 「(국역) 윤치호 영문 일기(10)」, 국사편찬위원회, 235쪽.

농촌시장마저 크게 위축시켰기 때문이었다.[84] 1939년 6월 이래 조선총독부가 추진한 한해 대책은 다음과 같았다.[85]

첫째는 공공사업이다. 조선총독부는 [표3-14]와 같이 1940년 3월까지 한해 지역에 생계지원을 위한 노임 살포를 목적으로 토지개량, 저수지 수축, 사방공사, 토목건설 등 공공사업비 4187만 원과 농가 부업장려비 158만 원으로 합계 4245만 원을 지출하였다. 또한, 1940년 미작 수확기까지 한해 지역의 식량 확보를 목적으로 추파(秋播) 맥작 장려를 위해 388만 원의 종맥 대부사업을 실시하였다. 또한, 국비와 도비를 포함하는 시설비 명목으로 1940년 5463만 원과 1941년 1338만 원으로 합계 6800만 원을 계상해서 부업장려, 대용작의 종곡대부, 소학교 아동의 급식과 학용품 배급, 출가(出稼) 노무자 알선 등 적극적인 이재민 구호사업을 실시하였다. 1939년 말 임시재해대책위원회는 '엄동(嚴冬)이 걱정되는 한해 이재민'[86] 구호를 목적으로 100만 원의 의연금 모금운동을 펼치기도 하였다.[87]

둘째는 취로 알선이다. 조선총독부는 도내, 도외, 일본 등 각종 국책사업장과 광산에 대한 취로 알선을 추진하였다. 조선총독부는 [표3-14]와 같이 노무자 수급상황을 조사해서 도내 2만 1176명, 도외(道外, 서북선) 3만 명, 일본 2만 2608명으로 합계 7만 3784명의 취로를 알선하였다.[88] 이 가운데

---

84. 岸勇一(1939.12), 「寒害對策問題管見」, 『朝鮮』 제295호; 岸勇一(1939.12), 「寒害對策に就いて」, 『文教の朝鮮』 第295号; 朝鮮金融組合聯合會調査課(1940), 「金融組合に於ける寒害對策實情調査」.

85. 朝鮮總督府司政局社會課(1943), 『昭和十四年旱害誌』, 166쪽.

86. 『매일신보』 1939년 11월28일자.

87. 1939년 9월20일 동경제대 조선인 학생회 등 일본 각지의 재일조선인 개인과 단체는 한해 의연금 모금 등 활발한 구호활동을 펼쳤다. 內務省警報局保安課(1939.9), 『特高月報』, 98~99쪽.

88. 1939년 「홋카이도도립노동과학연구소」에 따르면, 1939년 9월부터 남한지역의 이재민 구호대책으로 실시한 갱부 모집과 관련해서 "처음 갔을 때는 유례없는 대가뭄이 휩쓸고 간 뒤여서 다들 초근목피로 연명하는 처지였다. 마을 한 곳당 10명을 배정했는데, 200명 가까이 모이는 바람에 돌려보내느라 애를 먹었다"고 한다. 1939년 이래 조선인의 내지 도항은 대한발에 따른 생활 전략적 도항을 특징으로 하였다. 도노무라 마사루 지음, 김철 옮김(2018), 『조선인 강제연행』, 뿌리와이파리, 73쪽.

대규모 이재민이 발생했던 남선지역 이재민의 알선율은 전체의 67.0퍼센트를 차지하였다.[89]

[표3-14] 1939년 대한발과 이재민 구호대책　　　　　　　　　　(단위: 만 원, 명, 호)

구분		공공사업					농가부업장려	종곡대부	이재민 근로알선				만주개척이민
		토지개량	사방공사	토목공사	임도건설	계			도내	선내	일본	계	
남선	전북	348	55	321	27	751	39	76	2,479	4,409	2,940	9,828	163
	전남	269	7	289	8	573	16	64	5,389	10,070	4,046	19,505	130
	경북	346	152	377	54	929	34	114	3,158	5,180	6,120	14,458	205
	경남	181	44	334	30	589	10	59	1,350	2,560	1,706	5,616	184
	소계	1,144	258	1,321	119	2,842	99	313	12,376	22,219	14,812	49,407	682
중선	경기	63	11	338	6	418	23	11	1,327	2,292	1,528	5,147	0
	충북	37	48	318	20	423	18	26	1,517	2,579	1,720	5,816	107
	충남	136	15	348	5	504	18	38	1,635	2,910	4,440	8,985	60
	강원								0	108	4,429		0
	소계	236	74	1,004	31	1,345	59	75	4,479	7,781	7,796	24,377	167
합계		1,380	332	2,325	150	4,187	158	388	21,176	30,000	22,608	73,784	849

(자료) 朝鮮總督府司政局社會科(1943), 「昭和14年旱害誌」.

　　1939년 8월 조선총독부 전매국은 전남의 이재민 구제책의 일환으로 평남지역 염전 축조공사를 위한 염부(鹽夫) 82명의 취로를 알선하였다.[90] 미쓰비시광업(三菱鑛業)도 이재민 구호와 산금 증산을 목적으로 전북 김제에서 사금광 채취 광부 8000명을 모집하였다.[91] 전북은 이재민 구호를 겸한 공공사업과 근본적인 한해 대책으로 동양척식(주)의 국책자본을 유치해서 섬진

---

89. 1940년 3월까지 조선총독부가 예정하는 이재민 구제의 취로 알선은 도외 3만 명, 일본 2만 2500명, 도내 1만 6855명으로 합계 6만 9355명을 기록하였다. 『매일신보』 1940년 1월27일자; 廣瀬貞三(1991), 「〈官斡旋〉と土建勞働者」, 『朝鮮史硏究會論文集』 第29集.

90. 『매일신보』 1939년 8월29일자.

91. 『매일신보』 1939년 8월18자.

강 다목적댐 건설을 추진하였다.[92]

셋째는 이민 알선이다. 1936년 8월 조선총독부는 자본금 2000만 원의 선만척식(주)과 만주국 특수법인 만선척식(주)의 쌍둥이 이민회사를 설립해서 조선인 농가의 만주 개척이민을 추진하였다.[93] 조선총독부는 1937~1940년 연간 15만 호와 75만 명의 만주이민을 계획하였고, 1937~1938년 선만척식(주)을 앞세워 연간 1만 호(5만 명)에 달하는 중남선 지역 농가의 만주 개척이민을 실시하였다. 하지만, 1939년 대한발이 발생하면서 조선총독부는 남선지역 이재민의 이민 알선을 우선하게 되었다. 1939년도의 경우, [표3-14]와 같이 이재민의 만주 이민은 남선 682호, 중선 167호, 합계 849호를 기록하였다. 1940년 당시 전북도 만주 개척이민 3000호의 이민 알선을 추진하였다.[94]

요컨대, 1938~1943년 육군특별지원병 지원자의 대부분은 남한지역 중농층 대가족 가계의 차남들이었다. 육군특별지원병제의 '특별한 지역성' 혹은 '지역적 편재성'은 남한지역 향촌사회의 시대착오적인 반상차별, 지주제 모순의 분열적인 사회상, 1939년 남선농촌을 파탄시킨 대한발의 충격 때문이었다.[95] 육군특별지원병제는 20세기 개명천지에도 남한지역 향촌사회에서 횡행하는 신분차별과 경제적 불평등에 따른 전근대 상민층의 '골수에 사무친 원한'[96]의 분출구였다. 그래서 절절한 애국적 메시지의 혈서지원과 지원탄원서의 제출 그리고 수년에 걸친 재수지원이라는 지원자 행동도 결코 이상한 일이 아니었다.

---

92. 「매일신보」 1939년 12월20자.

93. 정안기(2011), 「만주국기 조선인의 만주 이민과 鮮滿拓植(주)」, 「동북아역사논총」 제31호.

94. 「매일신보」 1939년 8월21일자.

95. 1942년 남선 농촌에서는 1939년에 버금가는 한발이 발생했고, 재일조선인 사회를 자극하고 동요시켰다. 특히, "한발은 전쟁 때문에 발생한 것으로 전쟁이 멈추지 않는 한 한발도 계속될 것이다. 전쟁이야말로 농민들의 적이다"라는 한발과 전쟁을 연계시킨 '반전(反戰)사상'이 확산되면서 치안당국을 긴장시켰다. 內務省警報局保安課(1942.7), 「特高月報」, 63~65쪽.

96. 「매일신보」 1937년 2월3일자.

제4장 협력과 동원

조선인 「협력엘리트」는 징병제 시행과 참정권 확보를 위한 '복선적 정략'으로 육군특별지원병제 성립과 지원자 동원에 앞장섰다. 조선인 「문화엘리트」도 육군특별지원병을 캐릭터로 삼아 내셔널리즘의 문화생산을 통한 지원자 동원에 적극 협력하였다. 제4장에서는 이들이 관념하고 실천했던 「협력의 정략성」을 실증 분석한다.

I. 통치협력

1936년 11월24일 경성부 부민회관에서는 '조선에도 징병제도를 실시하라'[1]는 슬로건을 내걸고 조선인 유력자 31명이 참석하는 「징병제 실시 간담

---

1. 「매일신보」 1936년 11월26일자.

회」가 개최되었다.[2] 이들 참석자는 [표4-1]과 같이 「중추원」을 비롯한 「국민협회」, 「동민회」, 「시중회」 소속이었다.[3] 이하에서 육군특별지원제 성립과 시행 과정에서 협력을 마다하지 않았던 「협력엘리트」들의 목적과 정치적 셈법을 검토해보자.

[표4-1] 조선의 내선융화 단체 일람

단체명	설립연월	소재지	강령	주요 임원		
				회장	부회장	이사
大正親睦會	1916. 11.25	경성부	관민융화, 식산흥업, 근검저축	예종석	전성욱	이동혁, 서면순, 이우추, 오대환
國民協會	1920. 1.18	경성부	신일본주의 실현, 참정권 운동	김명준	전성욱, 김형태	방한복, 김전욱, 고의준
大東同志會	1920. 10.26	평양부	조선의 정화, 공존공영	임한선	황성룡	김흥건, 나일봉
同民會	1924. 4.15	경성부	내선융화, 실질강건, 근면역행	신석린	신석린 외 1명	장홍식, 양재욱 외 2명
甲子具樂部	1924. 8.13	경성부	時務조사연구, 산업개발	함석록	–	전성욱, 예종석, 조병상 외 4명
時中會	1934. 8.30	경성부	신생활, 신인생관, 내선일가	최린	최린, 박영철, 김사연	박희도, 장직상, 하준석 등 6명

(자료) 朝鮮總督府警務局(1933/1936), 「高等警察報(第1號/第6號)」.

「국민협회」

1920년 1월 창립한 「국민협회」는 1919년 8월 정암 민원식을 중심으로 창립한 「협성구락부」를 확대·재편한 내선융화 단체였다. 「협성구락부」는 민원식, 이동우, 김명준, 김환 등 구한말 이래 일본과 친화적인 인사들의 정치결사단체였다. 「국민협회」 창립 당시 조직과 임원들의 면면은 회장 민원식을

2. 삼천리사(1936.12), 「兩大新聞特報」, 「삼천리」 제8권 제12호.
3. 김윤정(2011), 「조선총독부 중추원 연구」, 경인문화사, 90쪽.

중심으로 김명준, 정병조, 황석교, 권태전, 이겸제, 한기준, 이동우, 김우식, 장영한, 이영석, 문창규, 김환, 김형복, 양건식, 강성구, 백대진, 박정래, 이교헌, 이수용이었다.[4] 이들은 대한제국기 중하급 관리 출신의 개화된 인물들이었다.

「국민협회」는 1910년 한일병합을 계기로 일본인만이 아닌 조선인을 포함하는 새로운 일본을 형성했기 때문에 조선인도 일본제국의 신민으로 일본인과 동등한 권리와 의무를 부담해야 한다는 '신일본주의'를 표방하였다.[5] 「국민협회」는 합법적인 정치공간을 활용해서 조선인에 대한 정치적 차별철폐의 참정권을 주장하였다. 1923년 8월 「국민협회」는 참정운동과 관련해서 "우리는 단지 빵만으로 사는 단순한 동물이 아니라 빵도 필요하지만 동시에 인격적 영예를 요구하는 정신적 만족이 없어서는 안 된다"[6]고 호소하였다. 1931년 1월 「국민협회」는 제16회 정기대회에서 다음과 같은 요지의 선언문을 채택하였다.

내지에서는 종래 부인의 참정운동이 점차 성행하였고, 지금은 시정촌의 공민권을 부인에게까지 허락하고 있음에도 불구하고 조선에서는 남성의 중앙 참정마저도 용인하지 않는 불합리함이 지나친 상황이다. 영원한 국본(國本)의 대계를 위해서는 하루빨리 일시동인(一視同仁)의 성의(聖意)를 합법적으로 실현해야 한다.[7]

1920년 창립 당시 「국민협회」의 세력은 평남, 충남, 경북, 전남, 경남 5개

4. 친일반민족행위신상규명위원회(2008), 「친일반민족행위관계사료집(Ⅵ)」, 선인, 57쪽.

5. 國民協會宣傳部編(1931), 「國民協會運動史」, 3~7쪽.

6. 朝鮮總督府警務局(1923.8.18), 「國民協會の參政權運動宣傳文に關する件」.

7. 京城鐘路警察署長(1931.1.19), 「(國民協會)集會取締狀況報告」.

지부와 회원 수 1694명에 불과하였다.[8] 하지만 1920년 4월 「국민협회」 기관지 『시사신문』 발행과 함께 전국적인 시국강연회를 개최해서 정치 세력화를 꾀하였다. 1922년 20개의 지방 지부가 결성되었으며, 1925년에 이르러 회원수 약 10만 명에 달하는 거대 정치세력으로 성장하였다.[9] 「국민협회」는 창립과 동시에 일본 제국의회 앞으로 참정권 청원서를 제출하는 참정운동을 개시하였다. 실제로 1920년 제42회 제국의회로부터 1942년 제79회 제국의회까지 총 17회에 걸쳐 중의원선거법의 조선 시행을 요구하는 청원활동을 반복하였다.

조선인 징병제 시행을 최초로 주장한 것도 「국민협회」였다. 1920년 2월 제42회 제국의회 앞으로 제출한 참정권 청원서에서 "병역의무의 부담이 결코 조선인의 고통이 아니라 조선인에게 징병령을 적용하지 않는 것이 오히려 국민의 본분을 다하지 못하게 한다는 반감을 일으킬 여지가 있다"[10]고 주장하였다. 1936년 10월 제17회 「중추원」 회의에서 조선인 징병제 시행과 관련한 참의겸 「국민협회」 회장 김명준의 발언은 다음과 같았다.

내가 대망하는 것은 진정한 내선평등이다. 일찍이 조선 민서(民庶)에 하사하신 성칙(聖勅)에 '짐의 적자로서 추호도 변함이 없이 한다'라고 하였다. … 그러나 금일에 이르러서도 여전히 국민 된 권리의무가 내선인에 따라 동

---

8. 國民協會(1921), 『國民協會史』, 20~21쪽.

9. 國民協會宣傳部編(1931), 『國民協會運動史』, 1쪽.

10. 전체적인 내용과 요지는 "조선인 참정권 부여에 우려하는 시기상조 논의가 있다. 그 이유는 주로 조선인의 생활 정도 및 지식 정도에 근거한 것이다. 하지만, 교육의 보급 및 정도는 국비 부담능력과 병역의무의 유무 등과 관련된 조건이라 할 것이다. 우리들은 이 점과 관련해서 병역의무의 부담이 결코 조선인의 고통이 아니며 조선인에게도 징병령을 적용하지 않는 것이 오히려 국민의 본분을 다하지 못하게 한다는 반감을 일으킬 여지가 있다는 것이다. 조선인을 병원(兵員)으로 추가하는 것은 결코 위험하지 않다"고 지적하였다. 위와 같음, 12쪽.

일하지 않다. 의무교육, 병역의무, 국정참여 등이다. … 부디 형식과 실질이 일치한 국민생활을 영위할 수 있도록 배려하기를 절망한다.[11]

1936년 11월24일 조선인 「징병제 실시 간담회」 참석자 31명 가운데 「국민협회」 인사는 [표4-2]와 같이 회장 김명준을 비롯해서 조병상, 전성욱, 김관현, 김형태, 신석린 6명이었다. 1938년 2월 육군성은 「육군특별지원병령」을 공포하였다. 당시 「국민협회」 회원겸 경남 도의원이었던 김동준과 민영은은 "조선통치상의 획기적인 일대 영단"[12]이며 "내선일체의 구현으로 황은의 홍대함에 감격한다"[13]고 발언하였다. 중의원 박춘금도 1919년 천황이 천명한 일시동인의 성지가 실현되었다며 감격하였다. 1920년대 이래 참정운동을 주도했던 「국민협회」는 1930년대 징병제 시행과 참정권 획득을 연계하는 '복선적 정략'으로 1938년 조선인 육군특별지원병제 성립과 시행에 크게 기여하였다.

「동민회」

1924년 4월15일 경성공회당에서 조선총독부 정무총감을 비롯한 관민 280명이 참석한 가운데 「동민회(同民會)」 창립총회를 개최하였다. 강령은 "(1)아시아 민족의 단결을 기조로 하는 내선융화의 철저한 실행, (2)질실강건(質實剛健)의 기풍 고양과 경조부박(輕佻浮薄) 사상의 배격, (3)근면역행(勤勉力行)의 풍습 발흥과 방종타약(放縱墮弱)의 폐해 경계"[14]였다.[15]

---

11. 朝鮮總督府(1937), 「朝鮮人志願兵制度施行に關する樞密院に於ける想定質問及答弁資料」.
12. 「매일신보」 1938년 1월18일자.
13. 위와 같음.
14. 朝鮮總督府警務局(1924.4.25), 「同民會創立總會竝發會式の狀況に關する件」 『高警』 제1382호.
15. 1949년 3월9일 반민족행위특별검찰부 신문에서 조병상은 「동민회」 설립 취지와 관련해서 "조선총후(銃後) 문제를 연구하는 구락부(俱樂部)로서 일제하 지방자치제의 확립, 항만과 철도시설의 촉진, 조선인 참정권 등이 연구 대상"이었다고 진술하였다. 반민족행위특별재판부(1949.3.9), 「피의자 신문조서(2)」, 「조병상 반민족특별조사위원회자료」, 국사편찬연구소.

[표4-2] 징병제 간담회와 조선인 「협력엘리트」들

성명	중추원	국민협회	동민회	시중회	이력
한규복	*		*		충북/황해 도지사
조병상	*	*	*		경성 부의원, 조선농업㈜ 사장
전성욱		*	*		종로권번㈜ 대표취체역
김명준	*	*	*		국민협회 회장, 시사평론사 사장
김진호	*		*		전북 도지사, 조선총독부 학무국장, 중추원 고문
김관현	*	*	*		충남/함남 도지사, 국민협회 부회장
김형태		*			군수
장홍식			*		경기 도의원, 한성은행 이사, 경성흥산㈜ 사장
원덕상	*		*		경성상의 부회장, 종로금융조합장, 조선생명㈜ 전무
이승우	*				변호사, 경성 부의원, 대구상공은행㈜ 대주주
양재욱			*		경성 부의원, 조선생명㈜ 이사
남궁영	*		*		충북 도지사
최린	*			*	천도교중앙종리원 도령, 매일신보 사장
신석린	*	*	*	*	강원/충남 도지사, 동민회 부회장, 국민협회 회장
박희도				*	신생활사 사장, 중앙보육학교 교장, 동양지광 사장
김사연	*			*	조선공론사 사장, 경성 부의원, 중앙주조㈜ 사장
성원경	*			*	충남 도의원, 경성 부의원, 충남제사㈜ 사장
정대현	*			*	보성고등보통학교 교장
조성근	*			*	육군 중장, 동민회 상담역
김동화					동경 시의원, 동경 황인사 사장
신태옥					변호사, 조선일보사 이사
안연식					명륜학원 강사, 경학원 사성
강창희					조선운송(주) 이사, 경성 부의원
한상억					동해농업(주)/동양백화㈜ 사장
서범석					만선일보 편집부장
이성환					천도교청년당 중앙집행위원, 대동광업㈜ 이사
이홍종					변호사, 경성 부의원
양태집					경성 부의원, 경기 도의원, 중앙주조㈜ 이사
정현					육군 대위, 만몽재주동포후원회 임원
김홍종					
김태섭					

(자료) 『매일신보』 1936년 11월26일자.

「동민회」 초대 회장에는 전 학습원장 호조 도키유키(北條時敬), 부회장에는 남작 이재극이 취임하였다. 규약에 따르면, 회원은 명예회원, 찬조회원, 특별회원, 정회원으로 구분되었다.[16] 창립 당시 조선인 임원은 다음과 같았다.

부회장; 이재극. 고문; 이완용, 박영효, 송병준. 상담역: 유맹, 조진태. 이사; 신석린, 이병렬, 방규환, 이범승, 유전, 조병상, 원덕상, 이진호, 전성욱, 이승현. 회계; 원덕상. 감사; 한상룡. 평의원; 신석린, 이병렬, 방규환, 이범승, 유전, 조병상, 원덕상, 이진호, 전성욱, 이승현, 김영한, 장도, 신응희, 장두현, 박승직, 김한목, 민대식, 김한규, 유일선, 유해종, 채기두, 고희준, 어윤적, 현동익, 박동규, 오태환, 이원석.[17]

1934년 당시 「동민회」의 운영비는 주로 기금과 회비에 의해 조달된 약 30만 원에 달하였다.[18] 1941년 4월 말 해산 당시 회원 수는 전국적으로 약 3000명을 헤아렸다. 1924~1933년 「동민회」 조선인 임원 가운데 신상이 확인되는 인물은 박영효, 이완용, 송병준 등 거물 유력자를 포함해서 약 122명이었다. 이들의 직업군은 실업, 관료, 귀족, 의사, 언론, 법조, 종교, 교육, 예술 등이었다. 전체 임원 가운데 실업계와 관계(官界)가 각각 36퍼센트와 32퍼센트를 차지하였다. 이들 대부분은 「중추원」 참의와 도의회 의원을 겸하는 유력자들이었다.[19]

---

16. 회원 구분에 대한 규정과 관련해서 찬조회원은 일시금 100원 이상 혹은 연간 월간 10원 이상 또는 5개년 연부 300원 이상을 기부한 자였고, 특별회원은 매년 회비 10원을 납부한 자, 정회원은 매년 2원을 납부한 자였다. 朝鮮總督府警務局(1924.4.25), 「同民會創立總會竝發會式の狀況に關する件」, 「高警」 第1382号.

17. 친일반민족행위진상규명위원회(2008), 『친일반민족행위관계사료집(6)』, 선인, 57쪽.

18. 京畿道警察部(1934.3), 「治安情況」.

19. 지승준(2011), 「동민회의 정치적 성격과 4파 연합운동을 중심으로」, 『역사와 현식』 제82집.

임원들의 면면을 보면, 「동민회」는 「국민협회」, 「대정친목회」,[20] 「갑자구락부」[21] 등 다양한 내선융화 단체의 연합체적 성격이었다. 이 가운데 「국민협회」만이 조선인 회원에 한정한 융화단체였고, 나머지는 조선인과 재조일본인 유력자를 망라하였다. 예를 들어, 전성욱은 이들 4개 단체의 임원을, 예종석은 「대정친목회」, 「동민회」, 「갑자구락부」의 임원을, 조병상도 「국민협회」, 「동민회」, 「갑자구락부」 임원을 겸하였다. 이들 단체의 조선인 회원들은 인적 연망의 상호침투와 정치적 상호연대를 특징으로 하였다.[22]

1928년 1월 제8회 「중추원」 회의에서 최초로 참의 백인기가 조선인의 의무교육과 징병제 시행을 주장하였다. 이어서 1932년 박종렬, 윤갑병, 1934년 박종렬, 1935년 이명구, 조성근, 정관조, 석명선, 1936년 성원경, 김명준, 1937년 조성근이 「중추원」 회의에서 징병제 시행을 주장하였다.[23] 1936년 11월 「징병제 실시 간담회」 참석자 31명 가운데 「동민회」 인사는 [표4-2]와 같이 「중추원」 참의 한규복을 비롯한 11명이었다. 그는 "조선에서 병역법을 실시하고 내선인 일체의 권리의무를 부담하게 하는 것은 하등 의논할 여지가 없으며, 단지 시기와 방법의 문제"[24]라고 발언하였다. 「동민회」 상담역 조성근도 1937년 6월 「중추원」 회의에서 "국민의식을 환기하기 위한 방책으로 … 지원병제라도 실시할 것"[25]을 주장하였다.

---

20. 장신(2010.8), 「1920년대 대정친목회의 조선일보 창간」, 『역사비평』 제92호.

21. 「갑자구락부」는 1924년 8월 오가키 다케오(大垣丈夫), 이케다 쵸지로(池田長次郞), 핫토리 도요기치(服部豊吉) 등 일본인과 예종호, 조병상, 방규환 등 조선인 유력자로 구성되었다. 「갑자구락부」는 주로 참정권 부여, 주요 도시의 지방자치, 교육제도 완비, 산업개발, 교통기관 완비 등 총독부의 조선통치에 대한 민간 차원의 협력을 표방하였다.

22. 지승준(2011), 「동민회의 정치적 성격과 4파 연합운동을 중심으로」, 『역사와 현실』 제82집.

23. 지승준(2011), 「일제시기 참정주의 세력의 '징병제요망운동'과 전쟁협력」, 『한국민족운동사학회』 제69호.

24. 朝鮮總督府(1937), 「朝鮮人志願兵制度施行に關する樞密院に於ける想定質問及答弁資料」.

25. 中樞院(1937), 『第18回中樞院會議參議答申書』.

1938년 1월 육군특별지원병제 시행 준비를 공포할 당시 「동민회」 부회장 겸 「중추원」 참의였던 박영철은 "지원병제를 실시하는 것은 내선차별을 철폐하려는 것"[26]이라며 발언하였다. 또한, 「동민회」 회원이자 관동군 고문을 겸했던 한상룡도 "금번 미나미 총독의 노력으로 지원병제가 실시되게 되었다. 대단히 경하스러운 일"[27]이라며 감격하였다. 「동민회」 회원이자 「중추원」 부의장이었던 윤덕영도 "미나미 총독 각하의 영단으로 반도 청년의 숙망이었던 지원병제가 조선에 실시되게 되었다. 감격해마지 않는다"[28]며 국민으로서의 영광됨과 책임감을 강조하였다.

1924년 4월 창립한 「동민회」는 내선융화를 목적으로 조선인과 재조일본인 유력자를 망라하였다. 1920~1930년대 「동민회」는 「국민협회」, 「갑자구락부」, 「대정친목회」, 「시중회」와 연계해 지역 차원에서 공공성 확보에 노력하는 한편, 조선총독부 정책을 민간 차원에서 지지하고 대변하는 역할을 담당하였다. 「동민회」 소속 조선인 「협력엘리트」는 국민의 권리에 앞서 국민의 무 부담이라는 징병제 시행 여론을 주도했고, 1938년 육군특별지원병제 성립에 크게 기여하였다.

「시중회」

「시중회」는 1934년 11월5일 천도교 신파의 대도정(大道正) 겸 중추원 참의였던 최린이 주도해서 창설한 융화단체였다. 1933년 이래 최린은 대동방주의를 제창하면서 일본을 맹주로 하는 신동아 질서의 확립과 내선융화·공존공영을 위한 민족갱생을 주장하였다. 1934년 4월 「중추원」 참의에 취임하면

---

26. 『매일신보』 1938년 1월16일자.
27. 『매일신보』 1938년 1월17일자.
28. 『매일신보』 1938년 2월23일자.

서 이른바 '최린의 전향'[29]으로 세간의 이목을 끌었다. 1937년 그는 「천도교」 신파의 대도정을 사임하고 조선총독부 기관지 『매일신보』 사장에 취임하였다. 1939년에는 『매일신보』 사장을 사임하고 「조선임전보국단」 단장에 취임했고, 1940년 「국민총력조선연맹」 이사를 겸했던 조선인 「협력엘리트」를 대표하였다. 1934년 6월부터 최린은 「시중회」 창설에 착수, 당국의 양해를 얻는 동시에 「중추원」 참의 취임 인사를 겸해서 도쿄를 방문하였다. 1934년 11월 조선호텔에서 「시중회」의 발회식을 거행하였다. 여기서 「시중회」는 내선일체와 신동방주의를 표방하는 한편, (1)신생활의 건설, (2)신인생관의 확립, (3)내선일가의 결성, (4)성·경·신(誠·敬·信)의 실천이라는 4대 강령을 발표하였다.[30] 이른바 '신생활 운동'의 취지에 대한 최린의 발언은 다음과 같았다.

세계 대세의 동향과 비상시국의 출현으로 전 세계가 진흥 기운으로 충만하고 있지만, 무엇 때문인지 조선만이 민중 스스로 향상을 위한 신운동이 일어나지 않는가. 이러한 무기력과 무자각은 참으로 우리 2000만 동포의 일대 수치라 생각한다. … 우리가 현재의 사회적 환경을 어떻게 타개해서 향상·갱생시킬까 하는 문제는 오직 우리의 자립적 실력 여하에 따라 해결될 것이다. … 우리는 지금부터 산업경제는 물론이고 널리 문화적으로 자립하는 준비 공작과 훈련을 해야 한다. 우리의 신생활 운동이야말로 현실에 근거한 2000만 민중의 당위적 운동이다.[31]

창립 당시 임원진은 이사 6명, 간사 2명, 평의원 44명(일본인 6명과 조선

29. 綠旗聯盟(1939), 『朝鮮思想界槪觀』, 綠旗聯盟日本文化硏究所, 23쪽.
30. 『大阪每日新聞』 1934년 11월6일자.
31. 朝鮮總督府警務局(1938.9), 「時中會의 狀況」, 『治安情況(京畿道)』.

인 38명)이었다. 평의원 가운데 일본인은 조선식산은행 두취 아리가 미쓰토요(有賀光豊)를 비롯한 재조일본인 지도층 다수를 포함하였다.[32] 임원진은 「중추원」과 지방의회 의원이 전체의 73퍼센트를 차지하였다. 창립 당시 「시중회」는 "최린 전향의 결실로 그 찬부에도 불구하고 그 성과 여하에 대해 일반 민중의 이상한 관심"[33]을 모았다. 하지만, 조선인 사회의 반응은 「천도교」 구파를 예외로 하면, 전체적으로 크게 개의치 않는 분위기였다.[34]

1934년 11월 「시중회」는 기관지 『시중(時中)』[35]을 발행해서 경제진흥과 교육보급에 주력하는 한편, 전국에 걸쳐 순회 강연회를 개최하였다. 1938년 12월 「시중회」는 「국민정신운동조선연맹」에 통합되고 말았다. 해산 당시 회원 수는 약 5만 명을 기록하였다.[36] 회원들의 면면은 「천도교」가 곧 「시중회」[37]라는 세간의 평가와 같이 천도교 신파 계열의 신도들이 중심이었다.

한편, 1936년 11월 개최된 조선인 「징병제 실시 간담회」 참석자 31명 가운데 「시중회」 회원은 앞서 [표4-2]와 같이 최린을 비롯해서 신석린, 박희도, 김사연, 성원경, 정대현, 조성근 총 7명이었다. 간담회에서 최린은 전쟁만이 국민통합의 지름길이며, 군대만이 질서와 규율을 체득하는 유일한 수련장이라 주장하였다. 1937년 8월 천도교 청년당은 지방대표 50명이 참가하는 확대중앙집행위원회를 개최해서 '신속한 지원병제 시행'을 촉구하는 결의문

---

32. 이사는 최린, 박영철, 김사연, 장직상, 하준석, 정대현, 간사는 이창섭, 박준영, 평의원은 장두현 외 43명이었다. 朝鮮總督府警務局保安課(1935), 「時中會의 結成과 그 活動에 대하여」, 『高等警察報』 第4号.

33. 위와 같음.

34. 「시중회」에 대한 비판과 배격운동을 주도한 것은 「천도교」 구파였다. 1934년 9월 「천도교」 구파의 박완은 최린을 이단분자로 취급해서 여류화가 나혜석과의 불륜을 폭로하기도 하였다. 더구나 1934년 8월 하순 「천도교」 구파의 김영진은 최린 앞으로 '절조도 없고 양심도 없는 자칭 가명사(假名士)'라 폄하하며 자살을 촉구하는 협박장을 발송하기도 하였다. 朝鮮總督府警務局(1935), 『高等警察報』, 第4号.

35. 鄭大鉉(1936.8.10), 「時中運動의 精神的意義」, 『時中』.

36. 『朝鮮新聞』 1938년 12월23일자.

37. 朝鮮總督府警務局(1938.9), 「時中會의 狀況」, 『治安情況(京畿道)』.

을 채택하였다.[38]

1941년 11월 최린은 육군특별지원병 지원자 25만 명 돌파를 기념해서 "조선은 이조 오백년 이래 상무사상을 극단적으로 배척한 결과, 어찌 해볼 수 없는 문약으로 흐르면서 국난이 닥쳐도 앞서 나가서 격퇴하고자 하지 않고 관민이 모두 도망치는 것이 통례였다. 그러나 신정(新政) 30년 이래 그것도 지원병제 실시 3~4년 만에 애국열이 전국으로 확대되었다"[39]며 감격하였다. 「시중회」는 육군특별지원병의 더 많은 지원자 동원을 위한 협력 이데올로기 확산에 주력하였다.

II. 문예협력

1938년 이래 육군특별지원병제 시행은 '특별지원'의 법제적 특질로부터 지원자 동원을 위한 조선인 「문화엘리트」의 문예협력을 불가결한 조건으로 하였다. 육군특별지원병을 메인 캐릭터로 내세운 국가주의 문화생산과 '감성동원'은 1940년대 조선에서 문화현상의 뚜렷한 특징이었다.[40] 그 실상을 구체적으로 검토해보자.[41]

---

38. 민족정경문화연구소편(1949), 「친일파군상」, 삼성문화사, 107~108쪽.

39. 최린(1941.11), 「半島民衆の名譽にかけて」, 「삼천리」 제13권 제12호.

40. 「감성동원」이란 어떤 정치적 목적성을 내재한 문예활동이 대중들 사이에서 널리 공유하고 공감하게 하는 심리적 혹은 감성적 메커니즘을 말한다. 정명중(2009), 「파시즘과 감성동원」, 「호남문화연구」 제45호; 류시현(2012), 「태평양전쟁 시기 학병의 감성동원과 분노의 기억」, 「호남학연구원」 제52호.

41. 종래 1940년대 조선 문화사 연구의 주류는 해방 이후 한국문화의 식민성과 그 역사적 기원을 밝히는 데 있었다. 하지만, 1940년대 조선에서 문화현상의 뚜렷한 특징은 육군특별지원병을 캐릭터로 하는 국가주의 문예장르(국민문학, 국민영화, 국민가요, 국민창극, 국민무용 등)의 등장과 확산이었다. 김재용(2004), 「협력과 저항」, 소명출판; 이영재(2008), 「제국 일본의 조선영화」, 현실문학; 박찬호 지음, 안동림 옮김(1992), 「한국 가요사」, 현암사.

국민문학

'공동체의 상상'으로서 문학은 조선인 사회의 지성과 감성을 자극하는 대표적인 문예장르였다. 1939년 10월 조선문단의 거장 춘원 이광수를 중심으로 하는 조선인 문학인들은 문장보국(文章報國)을 슬로건을 내걸고 「조선문인협회」를 결성하였다.[42] 초대 회장에 취임한 이광수는 국민문학 건설과 문학의 내선일체화를 강조하였다.[43] 여기서 「국민문학」이란 국민적 사상과 그 언어적 미학을 추구하는 국가주의 문학을 말한다. 육군특별지원병을 메인 캐릭터로 하는 문학운동을 살펴보자.

첫째는 참관기이다. 1938년 10월 「조선문인협회」 회원들이 『삼천리』에 게재한 「조선 병정의 훈련소 광경」[44]이었다. 훈련생도 "200명의 건아들이 내일의 군인을 목표로 아침과 저녁으로 철과 같이 심신을 단련"[45]하는 정황을 소개하였다. 1940년 3월 춘원 이광수는 『매일신보』에 「지원병훈련소를 다녀와서」[46]라는 참관기를 연재하였다. 그는 당초 우려와 달리 훈련생도의 자질과 교육훈련 성적이 무척 우수하다고 격찬하였다. 1940년 10월 「조선문인협회」 회원 38명은 이른바 「조선문사부대」[47]를 결성해서 육군병지원자훈련소를 참관하였다.[48] 이들은 잡지 『삼천리』에 참관기를 게재하였다.[49] 이광수는 '천황께 바쳐서 쓸데 있는 사람'이 되기 위한 신체와 정신의 개조를 강조하

42. 『매일신보』 1939월 10월30일자; 1939년 11월9일자.

43. 春園生(1940.3), 「内鮮一體と朝鮮文學」, 『朝鮮』 第298号.

44. 삼천리사(1938.10), 「朝鮮 兵丁의 訓練所 光景」, 『삼천리』 제10권 제10호.

45. 위와 같음.

46. 『매일신보』 1940년 3월2일자와 3월6일자.

47. 삼천리사(1940.12), 「文士部隊와 '志願兵」, 『삼천리』 제12권 제10호.

48. 昇山雅夫(1941.1), 「半島 健兒의 精神道場 陸軍兵志願者訓練所參觀」, 『신시대』 제1권 제1집.

49. 참관기를 집필한 문인은 이광수, 최정희, 유진오, 정연섭, 이선희, 최영주, 방인근, 모윤숙, 지봉문, 임영채, 최영수, 최병화, 함대훈, 안석영, 박원식, 정비석, 김동환 등이었다. 삼천리사(1940.12), 「文士部隊와 志願兵」, 『삼천리』 제12권 제10호.

였다. 모윤숙은 '질서 있는 생활과 규칙적인 교련, 당신들만이 복 많은 반도의 남아'라며 상찬했고, 이선희는 '지원병들의 진실한 태도, 철강과 같은 신체, 모두 다 감탄'했다고 주장하였다. 정비석은 '지원병제도야말로 성상(聖上)의 반도민초(半島民草)들에게 베푸신 일시동인(一視同仁)의 결정(結晶)'이라 감격하였다.

둘째는 헌사와 헌시이다. 1940년 10월 「조선문인협회」는 문장보국의 일환으로 문사부대를 결성해서 육군병지원자훈련소를 방문하였다. 이들은 『삼천리』에 육군특별지원병에 바치는 헌시를 게재하였다.[50] 1939년 10월 잡지 『총동원』에 「지원병 송가」[51]를 게재했던 이광수는 1940년 12월 『삼천리』에 "만세불너 그대를 보내는 이날"로 시작하는 「지원병장행가(志願兵壯行歌)」[52]를 발표하였다. 육군특별지원병의 형형한 눈빛과 불끈 쥔 주먹 그리고 힘찬 발걸음을 상상하게 하는 작품이다. 1940년 12월 김동환은 "사랑하는 병사여!"로 시작하는 「일천 병사의 수품」[53]이라는 헌시를 『삼천리』에 게재하였다. 1941년 1월 모윤숙도 『삼천리』에 "달리여 큰 숨 뿜는 정의의 용사, 그대들은 이 땅의 광명입니다"로 시작하는 「지원병에게」[54]라는 헌시를 게재하였다. 1941년 3월 주요한도 잡지 『신시대』에 이인석 상등병의 죽음을 애도하는 "역사가 생긴 이래 처음으로 뿌려지는 피다. 반도의 무리가 님께 바친 처음의 피다"로 시작하는 「첫 피」를 발표하였다.[55]

셋째는 소설이다. 1930년대 페미니즘 문학의 개척자이자, 조선 문단의 대

50. 삼천리사(1940.12), 『삼천리』 제12권 제10호.

51. 이광수(1939.10), 「志願兵頌歌」, 『總動員』 第1券第10号.

52. 이광수(1940.12), 「志願兵壯行歌」, 『삼천리』 제12권 제10호.

53. 김동환(1940.12), 「一千 兵士의 '수품」, 『삼천리』 제12권 제10호.

54. 모윤숙(1941.1), 「志願兵에게」, 『삼천리』 제13권 제1호.

55. 교육출판기획실편(1988), 『교과서와 친일문학』, 동녘.

표적인 여류 작가였던 최정희는 1942년 단편소설 『야국초』를 발표하였다.[56] 줄거리는 어머니가 쇼이치(勝一)라는 어린 아들을 데리고 조선총독부 육군병지원자훈련소를 방문해서 아들을 장차 육군특별지원병으로 양육할 것을 다짐한다는 내용이다. 어머니는 간호부라는 직업을 가진 신여성으로서 어느 양반 신분의 조선인 유부남과 사랑을 나누었지만, 어머니가 아이를 임신하자 남자는 배신하고 말았다. 어머니가 아들을 일본군에 보내려는 것은 아들을 비열하고 무책임한 조선의 사생아가 아니라 정직하고 책임 있는 제국의 아들로 바치고자 하는 것이었다. 이는 자신을 배신한 양반 출신 조선 남성에 대한 처절한 복수이기도 하였다. 『야국초』는 가부장제의 질곡과 편견에 신음하는 조선 신여성의 사회를 향한 깊은 환멸의 시선과 절박한 심정의 고발이었다.[57] 1943년 이윤기(大村謙三)가 발표한 『싸우는 반도지원병』은[58] 자신의 화북전선 참전경험을 바탕으로 이인석 상등병을 비롯한 육군특별지원병 4명의 용전분투를 묘사하였다. 1944년 장혁주(張赫宙, 野口稔)는 「이와모토 지원병(岩本志願兵)」[59]을 발표하였다. 1932년 그는 조선인 최초의 일본어 단편소설 「아귀도」가 당선되면서 일본 문단에 데뷔한 특이한 이력의 문인이었다.[60] 줄거리는 주인공 이와모토가 문제아로 자랐지만, 사이타마(埼玉)현 고마신사(高麗神社)를 참배하면서 내선일체를 자각하게 되었고, 육군병지원자훈련소 입소를 통해서 황군 병사로 거듭난다는 내용이다. 조선인 청

---

56. 최정희(1942), 「야국초」, 국민문학.
57. 최경희(2006), 「친일문학의 또 다른 층위」, 『해방 전후사의 재인식』, 책세상, 387~433쪽.
58. 大村謙三(1943), 『戰ふ半島志願兵』, 京都書籍.
59. 張赫宙(1944), 「岩本志願兵」, 興亞文化出版.
60. 1932년 당시 대구 어느 소학교 교원이었던 장혁주는 일본의 유력한 좌익계 잡지 『가이조(改造)』의 현상 공모에 「아귀도」라는 소설이 당선되면서 조선인 출신 최초로 일본 문단에 등단하였다. 「아귀도」는 1930년 세계 대공황을 배경으로 '지주계급과 일본 제국주의의 착취에 시달리는 조선 농민의 비참한 삶을 고발한 가작(佳作)'이라는 호평을 받았다. 김철(2008), 「식민지의 복화술사들」, 『복화술사들』, 문학과지성사, 156~167쪽.

년들이 황민화의 이상적인 체현자 「이와모토 지원병」으로 거듭날 것을 촉구하는 전형적인 프로파간다 소설이다.

국민영화

황민화 정책기 사상동원과 '감성동원'의 연금술로도 회자되었던 영화는 육군특별지원병제를 선전하고 동원하는 가장 대중적인 문화매체였다. 1930년대 후반 토키 영화의 등장은 계급과 민족, 언어와 문화의 차이를 넘어서는 강한 소구력을 발휘하였다. 영화는 다른 문예형식과 달리 보도, 계발, 교화의 기능을 발휘해서 대중들의 의식을 재구조화하는 문화재였다. 1940년대 육군특별지원병을 메인 캐릭터로 삼아 제대로 된 일본 국민됨을 연출했던 조선영화를 살펴보면, 다음과 같다.

첫째는 1940년 11월 조선황국영화사가 제작한 방한준 감독의 〈승리의 뜰〉이다.[61] 방한준 감독은 1935년 조선중앙영화(주)의 창립의 기념작 〈살수차〉로 조선 영화계에 데뷔하였다. 영화 〈승리의 뜰〉은 제작 기쿠치 모리오(菊地盛央), 기획 미쓰노 고조(光野耕造)였고, 주인공 최운봉을 시작으로 전택이, 김한, 독은기 등이 출연하였다. 영화는 1940년 4월 육군특별지원병의 일본 시찰여행을 취재했으며, 1940년 5월 육군병지원자훈련소에 입소한 훈련생도의 일상생활과 교육훈련의 생생함을 담고 있다. 영화는 제작 과정에서 식민권력의 전폭적인 지원과 협력을 받았다. 그래서 극영화이면서도 전문배우만이 아닌 훈련생도와 교관의 찬조출연으로 완성할 수 있었다.[62] 영화는 육군특별지원병제의 사실적 묘사가 돋보이는 조선 최초의 다큐멘터리

---

61. 이덕기(2008), 「일제하 전시체제기(1938~1945) 조선영화 제작 목록의 재구성」, 「한국극예술연구」 제28호.
62. 「매일신보」 1940년 7월30일자.

영화였다.

둘째는 1941년 2월 개봉한 〈지원병〉이다.[63] 영화 〈지원병〉은 각본 박영희, 감독·연출 안석영이다. 제작은 1930~1940년대 「전설의 무희」로도 널리 알려진 최승희 오빠 최승일이 설립한 「동아영화제작소」의 창립 작품이다.[64] 안석영 감독은 1938년 조선일보 영화제에서 〈심청전〉으로 발성영화 부문 최우수상을 차지했던 조선영화계의 거장이었다. 중학교를 중퇴한 주인공 춘호(최운봉)는 돌아가신 아버지의 뒤를 이어서 부재지주의 마름 자리를 계승하고자 하지만, 마을 친구 김덕삼의 모함으로 마름 자리를 빼앗기고 말았다. 더구나 지주의 여동생 박영희와의 미묘한 관계로 인해 연인 분옥(문예봉)의 오해마저 사게 된다. 그 와중에 춘호는 육군특별지원병을 지원해서 합격한다. 소식을 접한 지주는 춘호의 마름 자리를 보장하고, 남겨진 가족들에 대한 두터운 후원을 약속한다. 춘호는 연인 분옥과 일장기를 흔드는 고향민의 환송을 받으며 군용열차에 오른다는 플롯이다. 영화 〈지원병〉은 육군특별지원병제를 선전하는 본격적인 극영화이며, 1940년 5월 일본에서 개봉되었다.[65] 영화는 육군특별지원병제와 지주제를 둘러싼 향촌 사회의 모순, 좌절, 열망, 해소라는 조선의 사회적 모순과 양태를 적나라하게 연출하였다. 영화는 육군병지원자훈련소 분열식과 참관한 미나미 총독과 훈련생도의 늠름함 등 볼거리를 제공한다.

셋째는 1941년 11월 개봉한 〈그대와 나〉이다. 영화는 허영(日夏英太郎) 감독의 데뷔작이자, 조선군보도부가 제작했던 조선영화 최초의 국책영화였

63. 이덕기(2010), 「제국의 호명, 빗나간 응답」, 『한국극예술연구』 제3집; 김려실(2006), 「투사하는 제국 투영하는 식민지」, 삼인; 이영재(2008), 『제국 일본의 조선영화』, 현실문화; 함충범(2008), 『일제말기 한국영화사』, 국학자료원.

64. 『매일신보』 1939년 8월25일자.

65. 이병훈(2010), 『일본어 잡지로 본 조선영화(1)』, 한국영상자료원, 235쪽.

다.[66] 출연진은 조선영화계의 문예봉, 서월영, 김신재를 비롯해서 만주영화 협회 간판스타 리샹란(李香蘭), 다수의 일본인 남녀 배우들 그리고 조선인 오페라 가수 김영길(永田紘次郎)이 출연하였다. 영화는 조선인 남자 주인공 가네코 에이조(金子英助)가 육군병지원자훈련소를 통해서 충량한 황국신민 으로 거듭나서 일본인 여자 주인공 아사노 미쓰키(淺野美津枝)와의 로맨스 를 완성한다는 지원병역과 내선일체의 메시지를 발신한다. 영화는 조선과 일본에서 동시 개봉되었고, 대만, 만주국, 버마로도 수출되었던 「제국의 블 록버스터」[67]였다. 조선 전역의 각급학교와 청년훈련소에서도 널리 상영되었 고, "개봉 이래 200만 관객"[68]을 동원했던 거작이었다. 영화는 1942년 이후 육군특별지원병 지원열을 자극하는 전시효과를 발휘하였다.[69]

이외에도 1940년대 조선영화계에서는 1942년 〈나는 간다〉, 1943년 〈조선 해협〉, 1943년 〈젊은 모습〉, 1944년 〈병정님〉, 1944년 〈태양의 아이들〉 등 이 제작되었다. 특히, 1943년 박기채 감독과 문예봉 주연의 〈조선해협〉은 육군특별지원병의 병영생활을 모티브로 삼아 1944년 4월 징병제 시행을 기 념하는 국책영화였다. 풍부한 오락성과 명료한 메시지로 100만 경성 부민의 눈물샘을 자극하였다. 조선인 청년들이 일본국민으로 재탄생하기 위해서는

---

66. 김려실(2006), 『투사하는 제국 투영하는 식민지』, 삼인, 276~277쪽.

67. 정안기(2019.10.12), 「제국의 블록버스터, 허영 감독의 〈그대와 나〉」, 『2019년 한국일본어문학회 제53 회 국제학술대회 발표논문』, 한밭대학교.

68. 京城日報社(1942), 『朝鮮年鑑』, 585쪽.

69. 관련해서 영화평론가 임영은 "그 당시 중학생이나 국민학생이었던 50대 후반 이후의 한국인이라면 아마 단체로 동원되어 극장을 구경갔던 그 〈그대와 나〉라는 영화를 기억할 것"이라고 증언했고, 호현 찬은 "〈그대와 나〉는 연구자가 중학교에 들어갈 무렵인 1941년에 학교에서 의무적으로 단체 관람을 했 던 씁쓸한 기억이 있는 영화"라고 회고하였다. 1942년 육군특별지원병 제10기생이었던 김성수도 훈련생 도 신분으로 경성부민회관에서 영화 〈그대와 나〉를 단체 관람했다고 한다. 영화 감상과 관련해서 "대동 아전쟁에 출정하는 군인들에게 전의를 고양하고 우리들을 격려하기 위한 내용이었다"고 회고하였다. 임 영(1990.7.22), 「야사 한국 영화」, 『중앙일보』; 호현찬(2000), 『한국영화 100년』, 문학사상사, 75쪽; 김성 수(1999), 『상이군인 김성수의 전쟁』, 금하출판, 60쪽.

군문(軍門)을 지원하고 「제국의 간성」이 되어야 한다는 명확한 국책성을 연출하였다.[70] 영화는 만주국으로도 수출되면서 「영화의 선만일여(鮮滿一如)」 혹은 「문화의 선만일여」를 완성한 작품으로도 널리 회자되었다.[71]

국민창극

1939년 육군특별지원병 제1호 전사자 이인석 상등병은 1940년대 조선어판 「나니와부시(浪花節)」[72]로 각색되었고, 대중적인 인기를 누렸다.[73] 원래 「나니와부시」는 일본의 전통적인 연예 장르이며, 「로쿄쿠(浪曲)」라고도 한다. 일본의 전통적인 현악기 샤미센(三味線) 반주에 맞추어 특정 주제의 서사를 가창한다. 주로 서민적 의리와 인정을 노래하였다. 소재는 가부키 등을 모방하거나 시대별 시사 문제를 각색한 것이다. 조선어판 「나니와부시」는 육군특별지원병제를 소개하고 지원을 권유하는 강연회에서 이인석 상등병의 영웅적 일대기를 각색한 「종이연극(紙演劇)」과 함께 공연되었다.[74]

조선어판 「나니와부시」는 1930년대 초반에 등장했지만, 1940년대 최팔근이 조선방송협회 전속으로 활동하면서 널리 보급되었다. 1942년에는 음

---

70. 『매일신보』 1943년 8월8일자.

71. 『매일신보』 1943년 8월21일자.

72. 「나니와부시」란 고우샤쿠 모노가타리(講釋物語)를 소재로 샤미센(三味線) 반주에 따라 독특한 박자나 억양(節回し)으로 노래하고 연기하는 것을 말한다. 김용안(2009), 『키워드로 여는 일본의 향(響)』, 제이앤씨, 26쪽.

73. 『동아일보』 1940년 6월11일자.

74. 관련해서 1926년 충남 연기군 출신으로 1943년도 육군특별지원병에 합격했던 홍종태에 따르면, "주재소에서는 순사가 '이인석 상등병'이라는 제목의 가미시바이(紙芝居)를 학교 또는 마을 공회당을 순회하며 청소년을 모아놓고 대사를 읽어가며 보여주었다. 내용인즉 충북 출신 이인석은 농부의 아들로 태어나 가난하게 살다가 천황과 나라를 위하여 몸 바치겠다는 정신으로 육군을 지원하여 지나사변에 출정하여 큰 공을 세우고 적탄에 쓰러질 때 '천황폐하 만세, 대일본 제국 만세'를 외치고 장렬하게 전사하여 조선 청년의 귀감이 되고 많은 포상을 받았다"는 내용이었다고 회고하였다. 한국정신대연구소편(1999), 『강제로 끌려간 조선인 군위안부들(3)』, 한울, 367~368쪽.

반으로도 판매되면서 대중적 인기를 누렸다. 확인되는 음반은 〈장렬 이인석 상등병〉을 시작으로 〈백제의 칼〉, 〈칠복의 출세〉, 〈설중매〉, 〈부평초〉 등이 다.[75] 이들 레코드는 전부 오케 레코드(Okeh Record)에서 발매되었다. 이 가운데 〈장렬 이인석 상등병〉은 이인석 상등병의 일대기를 전쟁미담의 형식 으로 엮어낸 작품이다. 최팔근의 활동 무대는 주로 라디오 방송, 위문공연, 지방 순회공연이었다.

1940년대 조선인 「로쿄쿠시(浪曲師)」 최팔근은 장래가 촉망 받는 예술인 이었다.[76] 특히, 이인석 상등병의 영웅적 전사를 소재로 삼았던 「나니와부 시」 〈오호(嗚呼) 이인석 상등병〉은 이서구 원작, 최팔근 가창이었다. 이서구 는 1938년 여름 기자 신분으로 육군병지원자훈련소에 입소했고, 우연히 제 2반 반장이었던 이인석과 인연을 맺었다. 1939년 7월 이인석의 전사 소식을 접한 그는 이인석의 고향과 유가족을 취재해서 그의 영웅적 일대기를 나니 와부시로 연출하였다.[77]

〈오호 이인석 상등병〉은 1940년 7월 최초로 라디오 전파를 탔다. 이후 오케 레코드에서 〈장렬 이인석 상등병〉이라는 레코드 3장으로 제작·판매 되었다.[78] 1941년 7월2일 경성 중앙방송국은 야간 프로그램으로 최팔근이 가창하는 〈나니와부시(浪花節) 이인석 상등병〉[79]을 송출하였다. 1940년 당 시 『동아일보』는 "반도 지원병의 장렬한 전공! 이야말로 세기의 감격이었습 니다. … 이인석 상등병이 지원병이 되기까지의 지성을 다한 행적과 입대해 서 출정하기까지 사내답고 황국 신민다운 일화를 나니와부시로 각색한 것

75. 공임순(2013), 『식민지 시기 야담의 오락성과 프로파간다』, 앨피.
76. 박영산(2017), 「일제강점기 조선어 나니와부시에 대한 고찰」, 『동아시아문화연구』 제69집.
77. 『매일신보』 1939년 7월19일자.
78. 박찬호 지음, 안동림 옮김(1992), 『한국 가요사』, 현암사, 485쪽.
79. 『매일신보』 1941년 7월2일자.

입니다. 듣는 이의 가슴을 두드려 감격의 눈물이 없이는 듣지 못할 대걸작"[80]이라 절찬하기도 하였다.

1940년 경성 중앙방송국이 제작한 방송극 〈어느 지원병의 전사〉[81]는 조선뿐만 아니라 일본에서도 대중들의 커다란 호응을 얻었다. 그래서 시, 소설, 단행본, 수업교재, 종이연극으로도 리바이벌되었다. 1942년 1월1일 경성 중앙방송국은 야간 프로그램으로 〈창극조 야담 이인석 상등병〉[82]이라는 작품을 송출하였다. 1940년대 방송인으로 활동한 노정팔에 따르면, "방송은 미담가화(美談佳話)라 하여 동원실태를 미화하여 소설로, 드라마로, 때로는 뉴스로, 얘기 형식으로 방송하여 인적·물적 동원에 큰 몫을 다했다. 방송에서는 지원병으로 나간 '이인석 상등병의 노래'까지 방송할 정도였다"[83]고 증언하였다.

국민가요

1938년 4월 조선총독부는 「제3차 조선교육령」 공포와 함께 '황국신민의 양성'을 목적으로 모든 사립학교의 교기와 교가의 개정을 결정하였다. 그 때문에 1937년 말 경기도 소재 사립학교들은 종래 조선어와 영어로 가창했던 교가를 전부 일본어 교가로 개정하게 되었다.[84] 이와 더불어 종래의 대중가요를 대신해서 사회의 군국화와 조선인의 충량한 국민됨을 촉구하는 「국민가요」가 등장해서 널리 유행하였다. 그 일단을 소개하면 다음과 같다.

첫째, 1940년 오케 레코드는 육군특별지원병을 주제로 하는 대중가요 〈지

80. 「동아일보」 1940년 6월11일자.
81. 공임순(2013), 「식민지 시기 야담의 오락성과 프로파간다」, 도서출판 앨피, 354~355쪽.
82. 「매일신보」 1942년 1월1일자.
83. 노정팔(1986), 「일제하의 방송」, 「방송연구」 제5권 제4호.
84. 「경성일보」 1937년 10월13일자.

원병의 어머니〉를 히트시켰다.[85] 이 작품은 조명암 작사, 고가 마사오(古賀政男) 작곡, 오케 레코드 전속의 여가수 장세정이 불렀다. 장세정은 평양 출생으로 평양 화신백화점 악기점 점원으로 근무하다가 콜럼비아 레코드사에 스카우트되었고, 이후 오케 레코드사의 전속 가수로 활동하였다.[86] 장세정은 1937년 2월 박영호 작사, 김송규 작곡의 〈연락선은 떠난다〉를 크게 히트시키면서 조선 최고의 여가수 반열에 올랐다. 1937년 12월 그녀는 김정구와 듀엣으로 〈백만 원이 생긴다면〉, 1938년 〈처녀야곡〉으로 인기를 모았다. 1939년 말 조선인 사회가 이인석 상등병의 이상한 추모열에 휩싸이는 와중에서 장세정은 1940년 〈지원병의 어머니〉를 불러서 대중들의 감성을 자극하였다.

둘째는 1941년 11월 영화 〈그대와 나〉의 삽입곡 〈낙화삼천〉이다. 〈낙화삼천〉은 조명암 작사, 김해송 작곡, 김정구의 노래였다. 영화 〈그대와 나〉에서 조선인 남자 주인공 가네코와 일본인 여자 주인공 아사노가 백제의 고도 부여를 찾아 백마강에서 뱃놀이를 하는 장면에서 뱃사공으로 분장한 김정구가 등장해서 노래를 불렀다. 애절한 가사와 뛰어난 가창력으로 관객과 대중들의 눈물샘을 자극하였다. 〈낙화삼천〉은 영화 〈그대와 나〉의 주제가를 크게 능가해서 조선인 관객과 대중들의 인기를 모았다. 오케 레코드사에서 별도 음반으로 취입되기도 하였다. 그는 1936년 김용환 작곡의 〈삼번통 아가씨〉로 데뷔하였다. 1937년 〈항구의 선술집〉을 발표했고, 1938년 손목인 작곡의 〈바다의 교향시〉와 이시우 작곡의 〈눈물 젖은 두만강〉으로 조선 가요계의 스타가수 반열에 올랐다.

셋째는 1942년 〈아들의 혈서〉와 1943년 〈혈서 지원〉이다. 경북 성주 출

---

85. 박찬호 지음, 안동림 옮김(1992), 『한국 가요사』, 현암사, 484~485쪽.

86. 송방송(2012), 『한겨레음악대사전』, 보고사.

생의 백년설(이창민)은 1938년 태평 레코드사 문예부장 박영호의 권유로 〈유랑극단〉이라는 노래로 데뷔하였다. 그는 전기현 작곡 〈두견화 사랑〉과 이재호 작곡 〈북방여로〉를 불러서 가창력을 인정받았다. 1940년 조경환 작사, 이재호 작곡의 〈나그네 설움〉은 10만 장에 달하는 레코드 판매량을 기록하였다. 1942년 3월 전장에 나간 아들이 천황을 위해 죽기를 맹세한다는 조명암 작사, 박시춘 작곡의 〈아들의 혈서〉를 발표하였다.[87] 그는 〈아들의 혈서〉 발표 이후 2개월 동안 매일 저녁 경성 중앙방송국에 출연해서 같은 노래를 불렀다고 한다. 1943년 11월에는 "무명지 깨물어서 붉은 피를 흘려서, 일장기 그려 놓고 성수만세(聖壽萬歲) 부르고, 한 글자 쓰는 사연 두 글자 쓰는 사연, 나라님의 병정 되기 소원입니다"[88]로 시작하는 〈혈서 지원〉(조명암 작사, 박시춘 작곡)을 발표하였다. 이들 「국민가요」 혹은 「전시 건전가요」는 트로트풍의 애절함과 비극적 감동으로 모래알과도 같이 흩어져 있던 조선인 대중을 '하나의 정치적 다발'로 묶어내는 「마법의 힘」을 발휘하였다.[89] 말하자면, 조선인 대중의 심상에 하나의 국민 혹은 동일한 제국 신민이라는 상상의 공동체를 떠올리게 하고, 그 수평적 동지애를 위해서 죽음마저도 불사하게 하는 군사동원의 자발성을 자극하였다. 「국민가요」는 국가의 목적에 대한 조선인의 자발적 참여와 희생의 미덕 그리고 조선인의 일본 국민됨의 심성을 고취하는 '감성동원'의 문화재였다.[90]

---

87. 박찬호 지음, 안동림 옮김(1992), 『한국 가요사』, 현암사, 490~491쪽.

88. 위의 책, 495쪽.

89. 조지 L. 모스 지음, 임지현 김지혜가 함께 옮김(2008), 『대중의 국민화』, 소나무.

90. 경남 좌병영 출생으로 1942년 육군특별지원병 제10기생이었던 김성수에 따르면, 중일전쟁에서 일본군의 승전보가 있을 때마다 "낮에는 깃발 행렬, 밤에는 초롱 행렬에 동원되어 큰 소리로 군가를 부르면서 전승을 축하했다"고 한다. 당시 유행했던 군가는 〈출정병사를 보내는 노래〉, 〈야영의 노래〉, 〈새벽의 기원〉, 〈수많은 가지의 벚꽃〉, 〈보리와 병대〉, 〈아버지는 굳세었다〉, 〈애국행진곡〉, 〈군국의 어머니〉, 〈구단의 어머니〉 등 전의를 다지고 고취하는 노래와 단장의 슬픔을 담은 비통한 노래들이 많았다고 회고하였다. 김성수(1999), 『상이군인 김성수의 전쟁』, 금하출판, 36쪽.

Ⅲ. 「협력 이데올로그」의 군상들

육군특별지원병제의 성립과 시행은 식민권력과 구별되는 또 다른 셈법으로 「협력의 정략성」을 추구했던 조선인 「협력엘리트」와 「문화엘리트」들의 정치적 성과물이었다. 이하에서는 이들이 관념하고 주장하고 실천했던 「협력 이데올로기」를 구체적으로 살펴보자. 검토 대상은 「협력엘리트」인 박춘금, 윤치호, 최린 그리고 「문화엘리트」 이광수, 최정희, 김동환이다.

박춘금

박춘금(1891~1973)은 경남 밀양 출생으로 1930년대 일본 제국의회에 진출했던 최초의 조선인 정치가였다. 1906년 도일한 박춘금(16세)은 노동자, 사탕장수, 인삼장수 등으로 일본 전국을 떠돌았다.[91] 제1차 세계대전기 조선인 노동자의 취업 알선 사업으로 기반을 다졌다. '조선 출생 일본인'[92]을 자칭했던 박춘금은 재일조선인 노동자의 지위 향상에도 노력하였다. 1920년 조선총독부 경무국장 출신의 마루야마 쓰루키치(丸山鶴吉) 후원으로 조선인 노동자 부조를 목적으로 「상구회(相救會)」를 결성하였다. 1923년 9월 관동 대지진 당시 박춘금은 조선인 노동봉사대를 결성해서 사체 처리 작업을 자처하면서 일본 정관계의 주목을 받았고, 내선융화 단체의 유력자로 부상하였다.

1932년 2월 제18회 제국의회 중의원 선거에서 박춘금은 도쿄 제4구(혼조本所·후카가와深川)에 당선되었다. 그는 황실주의자 겸 내선일체론자였고,

---

91. 1933년 5월1일자 윤치호 일기에 따르면, 1906년 박춘금은 겨우 36원을 지참하고 일반 노무자로 도일했다고 한다. 그의 배움은 어렸을 때 천자문을 읽었던 것이 전부였지만, 그럼에도 박춘금은 "전적으로 개인적 용기와 생활의 지혜로 친일파 조선인이라는 이름을 얻었다"고 지적하였다. 박정신 역(2016), 『(국역) 윤치호 영문 일기(9)』, 국사편찬위원회, 159쪽.
92. 小熊英二(1998), 『「日本人」の境界』, 新曜社, 362~391쪽.

일본인 사회의 전폭적인 신뢰와 지지를 받았다.[93] 박춘금의 선거 슬로건은 내선융화와 만몽(滿蒙)문제였다.[94] 1937년 제20회 중의원 선거에도 당선되었다. 박춘금은 일본이 조선병합을 계기로 대일본 제국을 건설했기 때문에 조선인도 신일본의 일원으로 하는 새로운 국시의 정립을 주장하였다.[95]

제1기(1932~1936) 의정활동에서 조선관련 청원 알선은 1933년 제64회 제국의회에 현영운 외 257명이 제출한 「구한국 장교와 하사관 및 부조금 하사의 건」을 시작으로 1935년 제67회 제국의회까지 5건이었다. 의회 발언은 1932년 6월 제62회 본회의 발언을 시작으로 1935년 제67회까지 14회를 기록하였다. 주제는 조선인 참정권과 병역의무, 조선미 대책, 조선인의 만주이민 문제였다. 제2기(1937~1942) 조선 관련 청원 알선은 1937년 제71회 제국의회에 재일조선인 이원석이 제출한 「조선에서 지원병제도 실시의 건」을 시작으로 1942년 2월까지 6건이었다. 의회 발언은 24회에 달하였고, 제1기 의회 발언 4개과 함께 친일 중국정권과 산금장려정책을 포함하는 6개 사안이었다.

조선인 병역문제와 관련해서 박춘금은 1934년 1월 제65회 제국의회에서 재일조선인 한상운이 청원한 「조선에서 징병제도 시행의 건」을 알선하였다.

---

93. 1932년 당시 도쿄 제4구의 유권자 8만 3128명 가운데 조선인 유권자는 1236명(1.5퍼센트)에 불과했고, 나머지는 전부 일본인이었다. 이들 지역구는 「민정당」, 「정우회」, 「무산정당」 등 중립 및 기타 계열의 정당이 치열하게 경합하였다. 박춘금의 득표율은 10.8퍼센트였다. 松田利彦(1995), 『戰前期の在日朝鮮人と參政權』, 明石書店, 102~103쪽.

94. 1930년 박춘금은 자신의 정치적 소신을 피력한 저작에서 조선통치의 실패와 참상을 신랄하게 비판하였다. 그 요지는 '조선총독부가 자랑하는 조선의 경제성장은 단지 내지자본의 침입에 불과하다. 빈곤자는 줄지 않고 있으며, 매년 아사자와 동사자가 발생하고 있다. 조선인의 교육도 일본어를 학습하는데 불과하고 교육을 위한 교육이 아니다'고 주장하였다. 나아가, 그는 조선인이 요구하는 것은 독립 혹은 자치가 아니라 같은 일본인과의 동등한 평등이라고 주장하였다. 朴春琴(1930), 『我等の國家新日本』, 朴春琴事務所.

95. 1932~1933년경 박춘금은 제국통치와 관련해서 "일본 내지가 머리, 조선이 복부, 만주가 수족이라면, 지금의 일본은 복부를 잊어버리고 수족만을 움직이려 한다. 그러나 복부가 허전해서는 수족도 움직이지 않는다"는 나름의 논리로 제국통치의 조선중시론을 제기하였다. 西田鶴子(1933), 『朴春琴代議士小伝』, 大日統社, 3쪽; 원지연(2017), 「근대일본의 식민지 동화주의의 실패」, 『일본어교육』 제81집.

그러나 육군성과 관계관청의 시기상조의 판단으로 참고송부에 그치고 말았다. 제2기 의정활동에서는 병역문제와 관련해서 1937년 8월 제71회 제국의회에 앞으로 재일조선인 이원석 외 3명이 제출한 「조선에서 지원병제 시행의건」의 청원서를 알선하였다. 이는 일본 제국의회 최초의 조선인 지원병제 시행 청원이었다. 당시 박춘금이 제국의회에서 발언한 요지는 다음과 같았다.

현재 대일본제국이 비상시국이라는 것은 경론(更論)할 필요도 없다. 이 비상시국에서 우리 내선이 일체되어 저 폭루지극(暴戾至極)한 지나를 응징해야 한다. 이 국면에서 우리가 심히 유감스럽게 생각하는 것은 조선인 출신 일본인은 제국의 군인으로 제일선에서 활동하지 못한다는 사실이다. … 그러나 병역의무에서 내지인과 똑같은 병역의무를 달라 함은 무리라 할 것이다. 왜냐하면, 말을 몰라서 '우향 앞으로'도 모르는 자들을 제국의 군인으로 채용해 달라고 할 수 없기 때문이다. 그러나 학교에 다녀서 국어도 잘 알고 스스로 제국의 군인이 되고자 하는 이들에 대해서는 시험을 거쳐 지원병으로 채용해야 한다.[96]

1930년대 박춘금의 핵심 의정활동은 징병제, 참정권, 의무교육이었다. 그는 1920년대 「국민협회」가 제기한 참정권 문제와 함께 병역문제를 연계해서 내외의 공론화를 주도하였다. 1937년 박춘금은 빈번하게 경성을 방문해서 「협력엘리트」와 시국좌담회를 개최하는 한편, 미나미 총독과 조선인 지원병제 시행 문제를 논의하였다.[97] 그는 1938년 2월 「육군특별지원병령」 공포

---

96. 주운성(1937.10), 「戰時體制下의 特別議會 傍聽記」, 「삼천리」 제9권 제5호.
97. 1937년 11월20일 박춘금은 「경성구락부」에서 「국민협회」, 「중추원」, 실업계, 교육계, 도회, 부회 의원 등 각계각층 유력자 약 40여 명과 함께 조선인의 참정권, 병역의무, 의무교육 문제의 좌담회를 개최하였다. 「매일신보」 1937년 11월21일자; 松田利彦(1988), 「朴春琴論」, 「在日日本人史研究」 第18号.

당시 "제도 실시가 소기의 성과를 달성해서 가까운 장래에 징병령이 실시되기를 절망한다"[98]고 발언하였다. 박춘금은 육군특별지원병제 성립과 시행에 크게 기여했던 조선인「협력 엘리트」의 거물이었다.[99]

윤치호

좌옹(佐翁) 윤치호(1865~1945)는 충남 아산 출생으로 대한제국기 군부대신 윤웅렬의 장남이다. 1881년 신사유람단 어윤중의 수행원으로 일본 도진샤(同人社)에서 수학했던 조선인 유학생 제1세대에 해당한다. 1884년 갑신정변 이후 상하이 중서서원(中西書院) 유학생활에서 기독교에 귀의하였다.[100] 이후 선교사의 도움으로 미국 밴더빌트대학과 에모리대학에 유학하였다. 1898년 윤치호는「독립협회」회장으로 국권회복 운동에 참가했고, 1906년「대한자강회」소속으로 교육과 계몽운동에도 진력하였다. 1907년「신민회」를 결성해서 조선인의 계몽운동에도 헌신했고, 1910년「대한기독교청년회연맹(YMCA)」을 조직하였다.

1900년대 윤치호의 정치적 성향은 조선인의 실력 양성을 주장하는 한편, 독립운동에 비판적인 입장이었다.[101] 그는 정치적 독립에 앞서 경제적이고 도덕적인 독립과 자기신뢰가 확보되어야 한다고 했다. "물 수 없다면, 짖지

---

98. 朴春琴(1938.2), 「今感激に堪へず」, 『朝鮮公論』 第26券第2号.
99. 1940년 제75회 제국의회 예산 총회에서 박춘금은 중추원의 개폐 문제, 육군특별지원병 모집 정원의 증원 문제, 2~3개 조선군 상주사단의 증설 문제, 해군특별지원병제의 시행 문제, 조선인 칙임의원의 선출 문제, 조선인의 참정권 문제를 발언하였다. 『大阪朝日新聞』 1940년 2월16일자.
100. 한상태 편역(2001), 『윤치호일기(1916~1943)』, 역사비평사, 1~64쪽.
101. 1920년 6월5일자 일기에서 윤치호는 "되살 수 없는 사람의 손으로 넘어가는 농지를 매입한 사람은 그 땅을 팔아서 독립운동 자금을 대주는 사람보다 더 현명한 애국자이다. 가난한 소년을 그의 아버지보다 더 똑똑하게 만들려고 학교에 보내는 사람은 학생들을 충동질해서 정치운동에 참가시키는 사람보다 더 많이 봉사하는 사람이다. 잘못된 짓을 하는 사람을 바른 종교생활로 인도하는 사람은 무지한 대중에게 만세를 부르게 해서 형무소에 보내는 사람보다 조선 민족에 훨씬 더 봉사하는 사람"이라 주장하였다. 박미경 역(2015), 『(국역) 윤치호 영문 일기(7)』, 국사편찬위원회, 95쪽.

도 말라"[102]는 신념의 소유자였고, 조선인을 똑똑한 시민으로 계몽하고 교육하는 것이 일본을 증오하는 것보다 훨씬 중요하다고 생각했다. 그는 가산을 털어가면서 조선인의 교육과 계몽운동에 매진하였다. 윤치호는 인촌 김성수를 비롯해서 이광수, 김활란, 조병상, 한상룡 등 조선인 「협력엘리트」를 망라하는 인적 연망의 벼리(紀)와도 같은 존재였고, 조선총독부의 포섭 대상 제1호이기도 하였다.[103] 그는 「인도국민회의」 소속으로 일본에 망명해 있던 독립운동가 라쉬 비하리 보세와도 교류하면서 영국의 인도통치의 참담한 실상을 파악하고, 일본의 조선통치를 재평가하는 기회로 삼기도 하였다.[104]

---

102. 한상태 편역(2001), 『윤치호일기(1916~1943)』, 역사비평사, 37쪽.
103. 1934년 3월23일 윤치호는 고우 최린을 통해서 조선총독부가 자신을 「중추원」에 영입하고자 한다는 소식을 들었다. 윤치호는 "일본의 통치와 러시아의 볼셰비즘 사이에서 조선인들은 선택해야만 하는데 나는 후자보다는 전자를 고르겠습니다. 나 같은 사람들은 일본의 통치에 조금도 반대하지 않습니다. 그러니 우리를 그대로 두기 바랍니다"며 고사하였다. 3월31일에는 「중추원」 서기관 김대우로부터 조선총독부 내무국장 이름으로 「중추원」 입원을 권유받았다. 윤치호는 조선총독부가 자신을 포섭하려는 의도와 관련해서 "일본에 대한 태도를 결정하지 못하고 방황하는 조선 청년들에게 자발적으로 협조든지 마지못한 체념이든지 명확한 방향을 제시해 줄 것"을 기대하는 것으로 간주하였다. 1938년 1월 윤치호는 조선총독부로부터 추밀원 칙임관을 권유받았다. 윤치호는 "나는 관직에서보다 재야에서 더 쓸모 있는 사람"이라며 고사하였다. 박정신 역(2016), 『(국역) 윤치호 영문 일기(9)』, 국사편찬위원회, 287~291쪽.
104. 라쉬 비하리 보세(Rash Behari Bose, 1886~1945)는 「인도국민회」의 과격파를 대표하는 독립운동가였다. 1915년 인도총독을 저격하는 살인미수 사건으로 현상수배를 받게 되면서 1915년 6월 일본으로 망명하였다. 일본에서도 그는 영국 정보기관의 집요한 추적과 살해 위험에 시달려 1923년 일본인 여성과 결혼해서 일본 국적을 취득하였다. 보세는 중국의 손문을 비롯한 일본인 유력자의 도움으로 해외에서 인도의 독립운동을 주도하였다. 1943년 일본정부의 지원을 받아 싱가포르에 「자유인도임시정부(自由印度臨時政府)」를 창설하고 수반(首班)에 취임하였다. 1934년 5월 좌옹 윤치호는 경성을 방문한 보세와 세 차례의 회합을 가졌다. 1934년 5월14일자 윤치호 일기에 따르면 당일 조선호텔 회합에서 "그는 조선인들이 일본인들에게 자신이 원하는 바를 알리기 위해서 분명한 청사진을 지닌 정치집단이 필요하다고 말했다. 공직을 포함해서 기회가 될 만한 모든 수단을 이용하십시오. 정치적으로 깨끗하다는 것이 정서적으로 좋을 수 있습니다. 하지만 그렇다 하더라도 얻을 수 있는 건 아무것도 없습니다. 조선이 병합되었을 때, 정치적 순결(純潔)은 이미 사라진 것입니다"라고 조언했다고 한다. 윤치호는 보세가 집필한 『질곡(桎梏)의 인도(印度)』라는 저작을 읽고서 "인도에서 영국은 다른 정복 인종이 자신들의 정복지에서 행했던 것만큼이나 나쁘다는 사실에 매우 놀랐다"는 감상을 적었다. 윤치호는 보세를 통해서 영국에 대한 환상에서 깨어날 수 있었고, 일본의 조선통치에 대한 맹목적인 비판과 편향된 시각을 교정할 수 있었다. 박정신 역(2016), 『(국역) 윤치호 영문 일기(9)』, 국사편찬위원회, 309/312쪽.

좌옹 윤치호는 조선인 「협력엘리트」를 대표하는 육군특별지원병제 시행의 적극론자였다. 1938년 2월 「조선지원병제도제정축하회」[105] 발기인 대표를 맡았고, "지원병제 혹은 징병제에도 적극적인 찬성을 표시"[106]하였다. 1939년 2월 이후 「경성부육군병지원자후원회」 회장으로 육군특별지원병의 입소식, 수료식, 환송식에 빠짐없이 참석해서 이들의 성장과 발전을 소원하였다.

윤치호는 "전능하신 하느님이 만들어놓은 법칙"[107]으로 제국주의 시대를 약육강식의 논리로 파악하는 사회적 다원주의자이자, '합리적인 호전주의자'[108]였다.[109] 그는 무솔리니를 유능하고 참으로 진실한 사람이라며 "조선에도 무솔리니 같은 인물이 반드시 필요하다"[110]고 주장하였다. 조선인의 자존을 위한 상무정신의 회복이 불가결하다고 관념했기 때문이었다. 윤치호는 조선인 청년들도 적절한 훈련과 유능한 지도력만 있다면, 국가와 민족을 위한 어엿한 간성이 될 것이라 확신하였다.[111] 육군특별지원병제에 대한 윤치

<hr />

105. 「매일신보」 1938년 2월20일자.
106. 趙景達(2013), 『植民地朝鮮と日本』, 岩波新書, 197쪽.
107. 박미경 역(2015), 『(국역) 윤치호 영문 일기(7)』, 국사편찬위원회, 565쪽.
108. 박미경 역(2015), 『(국역) 윤치호 영문 일기(8)』, 국사편찬위원회, 26쪽.
109. 윤치호는 조선왕조 500년의 폭정이 조선 민족에게 저지른 용서받을 수 없는 죄는 "조선 민족의 투혼, 즉 상무정신을 조직적으로 억압하여 근절시킨 것이다. 타락한 이씨 가족이 보위를 유지하기 위해서 조선 민족 전체를 나약하게 만든 지긋지긋한 정책 때문에 조선인은 평생 동안 모든 침입자들에게 손쉬운 제물이 되었다"고 주장하였다. 그래서 윤치호는 일본의 힘을 빌린 육군특별지원병제를 통해서 조선 민족의 투혼 혹은 상무정신이 회복되기를 기대하였다. 위와 같음, 283쪽.
110. 박정신 역(2016), 『(국역) 윤치호 영문 일기(8)』, 국사편찬위원회, 333쪽.
111. 윤치호는 1937년 7월3일 「매일신보」가 주최한 간담회에 참석해서 자신의 「내선일체론」을 피력하였다. 그는 조선인에 대한 차별 대우가 일본인과의 능력 차이로부터 기인하고 있음을 인정하였다. 그래서 조선인들이 하나의 민족으로서 일본인들의 능력 수준에 도달하지 못한다면, 오랫동안 차별대우를 받게 될 것이라 우려하였다. 조선인들은 정신력과 체력에서 결코 일본인에게 뒤지지 않지만, 일본인에게서 두드러진 높은 수준의 책임감과 공덕심을 결여하고 있다. 책임감과 공덕심이 희박하다보니 협동심과 정직성이 요구되는 업무를 수행할 수 없다고 한탄하였다. 그렇지만, 일본인에 상응하는 능력의 조선인이라면, 그 어떤 차별 대우를 받아서는 안된다고 역설하였다. 박정신 역(2016), 『(국역) 윤치호 영문 일기(10)』, 국사편찬위원회, 225쪽.

호의 생각은 다음과 같았다.

조선인 지원병제는 조선교육령 개정과 함께 획기적인 것으로 조선사에 빛나는 일이다. … 제도 실시를 동반해서 다소 우려스러운 것은 과거 몇백년 동안 군사교육이라는 것이 없었고, 그래서 민중은 병대가 되는 것을 오히려 천시해왔기 때문에 군사훈련 혹은 군규라는 것에 거의 무관심하였다. 과연 이들이 총독부와 군 당국이 만족할 수 있는 성적을 올릴지 의문이다. 나와 우리 조선인은 금번 교육령 개정, 조선인 지원병제의 실시가 내선차별 철폐를 구현하기 때문에 일시동인의 은덕과 위정자 당국의 진력을 거스르지 않도록 보다 일층 진심으로 일본 국민으로서 적성(赤誠)을 피력하고 일본제국의 약진을 위해 크게 분투·활약하고자 하는 견고한 결심이다.[112]

1938년 12월6일 경성 부민회관에서는 육군특별지원병 제1기생의 "지원병입영축하장행회"[113]가 개최되었다. 윤치호는 이들의 훈련성적이 기대 이상이라며 "이 영광은 결코 제군 개인의 것이 아니다. 부형과 향당 더욱이 반도 민중과 함께하는 영광이기 때문에 영예를 저버리는 일이 없도록 해야 한다"[114]며 당부하였다.[115] 그는 1941년 11월 육군특별지원병 지원자 25만 명 돌파를 축하하는 기념 논설에서 "남자로서 태어나 한 목숨을 군국에 바치는

---

112. 윤치호(1938.4), 「教育令改正志願兵制度實施に際しての感想」, 『朝鮮』 第275号.

113. 『매일신보』 1938년 12월7일자.

114. 그 내용을 보면, "지원병제도가 실시될 당시 나는 무엇보다도 감격하였다. 그러나 과연 문제가 없을까 하는 불안과 함께 3000명 아니면 2300명 가운데 선발된 제군들이어서 필히 잘해 줄 것이라는 희망이 상호 교차하였다. 지금으로서는 멋진 여러분의 모습을 보니 감격을 금할 수 없다"고 기뻐하였다. 『朝鮮行政』 제3권 제1호, 1939.

115. 삼천리사(1940.7), 「君國多事의 秋에 志願兵(志望者)十萬突破, 志願兵 母姉에 送하는 書」, 『삼천리』 제12권 제7호.

것은 당연하지만, 그렇더라도 제군들이 솔선해서 들고 일어나 준 것에 만공(滿空)의 기쁨을 느낀다"[116]며 감격하였다. 윤치호의 감회는 제2차 세계대전 발발이야말로 조선왕조 500년의 문약성을 혁파하고 상무정신을 회복해서 '민족의 재무장'[117]으로 나아가는 천재일우(千載一遇)의 기회라 확신했기 때문이었다.[118]

최린

고우(古友) 최린(1878~1958)은 1878년 함남 함흥부 출생으로 1885년 유학자 도필두의 문하에서 한학을 공부하였다. 1904년 대한제국 국비유학생으로 도쿄부립 제1중학을 거쳐 1909년 메이지대학에 진학하였다.[119] 1911년

116. 윤치호(1941.11), 「百三十萬도 奮起하라」, 『삼천리』 제13권 제12호.
117. 박정신 역(2016), 『(국역) 윤치호 영문 일기(10)』, 국사편찬위원회, 207쪽.
118. 1938년 이후 '윤치호의 돌변'과 관련해서 두 가지 가설이 제기되었다. 김상태는 "중일전쟁 발발 이후 일제가 조선인들에게 '병역의무'를 부여한 것이 전력의 극대화를 위한 인력 동원이라는 점을 깨닫지 못하고, 일제가 기존의 조선인 차별정책으로부터 동등한 대우정책으로 일종의 방향전환을 꾀하고 있다는 그릇된 판단 아래 「내선일체론」에 적극 동조하게 되었던 것"이라 주장하였다. 반면, 박지향은 일본의 정책과 조선의 무능함을 동시에 비판하는 입장이었던 윤치호가 징병제 도입으로 조선인에 대한 차별이 철폐될 것으로 믿었다는 김상태의 주장이 옳은 분석이 아니라며, 일본의 정책은 조선 사람들이 단지 '굿이나 보고 떡이나 먹으라'는 식으로 소외시켰다고 반박하였다. 그러나 김상태의 주장은 중일전쟁 이후 '윤치호의 돌변'을 둘러싼 행위, 목적, 논리에 대한 구체적인 논증을 결여한다. 한편, 박지향의 비판은 과연 김상태가 같은 주장을 했는지도 의문이지만, 윤치호 일기가 1943년 10월7일자로 끝나고 있음을 고려하면, 과연 징병제 시행과 차별철폐 여부에 대한 윤치호의 입장을 가늠할 수 있는지도 의문이다. 사람은 쉽게 돌변하지 않는다는 사실과 함께 1934년 말 조선인의 병력동원을 예감했던 점을 고려하면, 윤치호는 오히려 조선인의 군사동원이 조선인 사회의 문약성을 혁파하고 상무정신을 회복하는 절호의 기회라 관념했고, 그렇기 때문이야말로 1938년 2월 육군특별지원병제 성립에 쌍수를 들어 환영했다고 보는 것이 타당하다. 이 책은 윤치호가 1938년 이래 육군특별지원병제 시행에 적극 협력했던 것은 조선인 징병제 시행과 연계해서 정치적 차별의 철폐라고 하는 참정권 획득을 위해 '돌변'했다는 「협력의 정략성」 가설에 기초하고 있다. 바꾸어 말하면 조선인의 군사동원에 대한 일본의 정책은 "굿도 함께 하고 떡도 같이 먹자"는 식이었지만, 그렇다고 결코 같은 떡을 탐했던 것은 아니다. 일본 정부와 조선인 '협력엘리트」는 서로 다른 셈법으로 서로 다른 정치적 목적을 욕망하고 동상이몽했다는 입장이다. 김상태 편역(2001), 『윤치호 일기』, 역사비평사, 45쪽; 박지향(2010), 『윤치호의 협력일기』, 이숲, 159~160쪽.
119. 여암선생문집편찬위원회편(1971), 『여암문집(上)』, 여암선생문집편찬위원회, 157~209쪽.

최린은 「천도교」 제3대 교주 의암 손병희의 지도를 받아 「천도교」에 입교하였다. 1919년 최린은 손병희를 도와서 3·1 독립선언을 기획하고 실행했으며, 3년의 옥고를 치르기도 하였다. 1922년 5월 손병희 사후 '조선의 국교'[120]로도 회자되었던 「천도교」 신파 수장으로 제4대 도령(道領)에 취임하였다.[121] 1925~1928년 세계를 일주하며 선진 각국을 견문하였다. 이후 최린은 조선의회를 설치하라는 자치운동과 함께 「조선농민사(朝鮮農民社)」를 결성해서 실력양성의 농민운동을 전개하였다.[122]

1930년대 "고우 최린 씨는 조선의 혹성(惑星)이다. 그가 일찍이 「천도교」 도령이 되면서 세간은 얼른 정감록(鄭鑑錄)을 연상하였다. 최린 씨는 시세를 달시(達視)하고 처세에 능한 점에서 조선의 그 어느 누구보다도 일보 앞서는 인물"[123]이라는 평판을 들었다. 1934년 당시 "신파의 수령 최린은 구파 2만에 대해서 8만 교도의 숭배를 한 몸에 받았고, 그의 일거수 일투족에는 항상 일반이 비이장목(飛耳張目)"[124]하는 명실상부한 「천도교 거두」이자,

---

120. 朝鮮總督府警務局(1935), 「高等警察報」 第4号.

121. 1906년 1월 손병희가 제3대 동학 교주로 취임하면서 교명을 천도교로 개칭했고, 단일 종체화(宗體化)를 추진하였다. 그러나 「천도교」는 손병희 사후 제4대 교주 춘암 박인호의 추대를 둘러싸고 내홍을 겪으면서 분열하였다. 1924년 최린의 신파와 박인호의 구파로 갈라서고 말았다. 신파는 종지(宗旨)의 모순을 지적하며 박인호의 교주권을 부정하는 입장이었다. 한편, 1926년 구파는 재차 내분에 휩싸이면서 오영창의 사리원파로 분열하였다. 3파 분열의 「천도교」는 1935년 구파와 사리원파가 재통합하면서 구파의 종세를 회복할 수 있었다. 1919년 8월21일 손병희에 대한 경성고등법원 예심 심문(訊問)조서에 따르면, 「천도교」 교표(教票) 교부자는 약 300만 명이었지만, 이 가운데 실제로 교도의 의무를 다하고 있는 자는 약 100만 명이라 답변하였다. 1938년 「삼천리사」 조사에 따르면, 약 70만 명이었다. 1939년 조선헌병사령부 조사에 따르면, 18만 3881명 가운데 신파 11만 6126명과 구파 6만 7759명이었다. 해방 이후 천도교의 종세는 1949년 반민특위 조사에 따르면, 약 50~60만 명이었다. 市川正明(1984), 「三一獨立運動(第二卷)」, 原書房, 45쪽; 朝鮮總督府警務局(1936), 「高等警察報」 第6号; 朝鮮憲兵隊司令部(1940.11.11), 「昭和14年朝鮮治安關係一覽表の件」; 여암선생문집편찬위원회편(1971), 「여암문집(上)」, 여암선생문집편찬위원회, 4쪽.

122. 김동명(2004), 「일제하 '동화형 협력' 운동의 논리와 전개」, 「한일관계사연구」 제21집.

123. 이창섭(1932.4), 「崔麟 코一쓰 批判, 崔麟氏의 方向」, 「삼천리」 제4권 제4호.

124. 朝鮮總督府警務局(1935), 「高等警察報」 第4号.

조선인 유력자였다. 1933년 4월 최린은 「중추원」 참의에 선임되면서 이른바 「최린의 전향」[125]으로 장안의 화제가 되었다. 당시 그의 지인들은 "조선인들 사이에서 최씨의 명성과 영향력이 완전히 사라질 것인 만큼 최 씨가 중대한 실수를 범하고 있다"[126]고 우려하였다. 하지만, 최린의 입장은 다음과 같았다.

우리가 감정만 앞세우며 살 수는 없습니다. 우리가 독립을 얻을 수 없다면, 조선인들에 대한 일본의 근본정책이 무엇인지 아는 게 대단이 중요하지 않을까요. 내지 연장주의 정책은 조선을 일본 본토의 일부분으로 간주하는 것을 의미한다고 합니다. 그렇다면 총독이 필요 없고, 조선에서 최소한 200명의 의원이 일본 중의원에 진출한다는 애기입니다. 일본이 이것을 받아들일 수 있을까요. 그렇다면 조선에 대해서는 자치만이 유일하고 합리적인 정책입니다. 내가 중추원의 직책을 수락한 것은 월급 때문이 아니라 반일적 자세의 철저한 친일파로 변신했다는 것을 보여주려 한 것입니다. 나는 친일적 입장에서 일본이 조선에서 벌이고 있는 행위들을 비판할 겁니다. 그래서 우리 민족을 위해 최대한의 이익을 얻어낼 겁니다.[127]

최린 스스로가 밝히고 있듯이 자신의 전향은 조선인의 이익을 극대화하기 위한 '반일적 자세의 철저한 친일파로의 변신'이었다. 윤치호는 최린의 전향에 대해서 "최린 씨가 중추원에서 직무를 맡기로 했다는 결정에 반대하는 엄청난 비난 여론이 일고 있다. 나는 중추원에 들어가는 것이 그렇게 큰

125. 伊藤猷典(1942), 『鮮滿の興亞敎育』, 目黑書店.
126. 박정신 역(2016), 『(국역) 윤치호 영문 일기(9)』, 국사편찬위원회, 297쪽.
127. 위와 같음, 387쪽.

잘못인지는 모르겠다. 보통 사람은 이런 비난을 감당할 만한 용기가 없다. 만약 평범한 사람이라면 이런 비난을 무릅쓸 필요도 없었을 것"[128]이라며 최린의 전향을 이해하고, 적극적인 지지를 표명하였다.

최린은 조선인 징병문제와 관련해서 전쟁만이 국민통합의 지름길이라며, 민중의 조직화를 위한 군사교육의 필요성을 강조하였다.[129] 1938년 2월 그는 「육군특별지원병령」 공포와 관련해서 "금번 조선인 지원병제 실시로 조선인도 국민의무를 다하게 되는 동시에 커다란 권리를 갖게 되었다"[130]고 발언하였다. 육군특별지원병제를 징병제 시행과 연계해서 참정권 획득을 위한 정치적 포석으로 간주했기 때문이었다.

1938년 4월 당시 『매일신보』 사장이었던 최린은 육군특별지원병제 시행과 관련해서 「광휘(光輝)를 잇는 제국 군인이 될 반도 청년에게 부탁」이라는 제하의 시국좌담회를 개최하였다.[131] 1940년 7월 육군특별지원병 지원자 10만 명 돌파를 기념하는 논평에서 "병역의무가 없는 국민은 진정한 국민이 아니다"[132]고 역설했고, 1941년 11월 지원자 25만 명 돌파를 기념해서 "신정(新政) 30년 이래 그것도 지원병제 실시 이래 3~4년간에 애국열이 크게 확대되었다"[133]며 감격하였다. 최린도 앞서 윤치호와 마찬가지로 육군특별지원병제 시행을 '민족의 재무장'을 위한 절호의 기회로 간주했기 때문이었다.

---

128. 위와 같음, 298쪽; 綠旗聯盟(1939), 「朝鮮思想界槪觀」, 綠旗聯盟日本文化硏究所, 23쪽.

129. 삼천리사(1936.12), 「右翼陣營, 左翼陣營(1) 「朝鮮人徵兵」等을 語하는 時中會 首領 崔麟氏」, 『삼천리』 제8권 제12호.

130. 「매일신보」 1938년 1월17일자.

131. 「매일신보」 1938년 5월5일자.

132. 삼천리사(1940.7), 「君國多事의 秋에 志願兵(志望者)十萬突破, 志願兵 母姉에 送하는 書」, 『삼천리』 제12권 제7호.

133. 최린(1941.11), 「半島民衆の名譽にかけて」, 『삼천리』 제13권 제12호.

이광수

춘원(春園) 이광수(李光洙)는 1890년 평북 정주 출생으로 신문학운동의 기수이자, '조선의 톨스토이'로도 회자되었던 대문호였고, 심오한 철학적 통찰력을 지닌 조선인 지성의 사표였다.[134] 1900년대 「천도교」 후원으로 15세의 나이로 메이지대학에 유학해서 1905년 「정육론」, 1909년 「사랑인가」, 1917년 자유연애와 근대적 자아의 각성을 다룬 장편소설 『무정』을 발표하면서 타고난 문재(文才)를 드러냈다.[135] 그는 1916년 동화주의 식민통치 이데올로기를 역논리로 삼아 조선인 교육의 완전한 평등을 주장했던 최초의 조선인이었다.[136] 1919년 재일유학생의 「2·8독립선언」을 주도했고, 「상해 임시정부」 사료편찬위원과 기관지 「독립신문」 사장겸 주필로도 활약하였다. 1921년 귀국해서는 본격적인 문학 활동에 전념했고, 대중들의 감성과 욕망을 자극하는 글쓰기로 당대 최고의 작가 반열에 올랐다.[137] 그래서 조선인들도 이광수의 치열한 문필활동의 자극을 받으면서 식민지 민중으로서의 좌절감을 극복하고 조선의 힘찬 미래를 개척하는 민족의식을 각성할 수 있었다.

1922년 5월 이광수는 잡지 『개벽』에 민족의 쇠락의 근본 원인을 도덕적 타락이라 갈파하면서 정신적 개조의 실력양성을 촉구하는 〈민족개조론〉을 발표했고, 1924년 1월 『동아일보』에 〈민족적 경륜〉을 발표하면서 내외의 반향을 불러일으켰다.[138] 그 내용은 민족갱생을 위한 3대 결사(정치, 산업, 교육)를 조직하기 위해서는 일본과의 타협이 불가결함을 최초로 공론화했기 때문

---

134. 박계조·이학송 공저(1962), 『춘원 이광수』, 삼중당.

135. 조연현(1969), 『한국현대문학사』, 성문각, 161~195쪽.

136. 하타노 세츠코(2016), 『이광수, 일본을 만나다』, 푸른역사, 129쪽.

137. 이광수(1964), 「그의 自敍傳」, 『이광수전집(9)』, 삼중당.

138. 〈민족개조론〉을 둘러싼 여러 담론에 대해서 이중오의 연구를 참조. 이중오(2000), 『이광수를 위한 변명』, 중앙M&B, 192~212쪽.

이었다.[139] 그는 강자의 문명을 수육해서 민족의 힘을 키우고자 교육과 계몽에 앞장섰던 선각자 가운데 한 명이었다. 1923년 이래 활발한 언론계 활동과 함께 『유정』, 『재생』, 『마의태자』 등 주옥같은 작품을 발표하였다. 1939년 12월에는 '내선일체'와 '문장보국'의 기치를 내걸고 「조선문인협회」 결성을 주도하였다. 1940년 「황도학회 발기인」, 1941년 「임전대책협의회」 발기인, 1943년 「조선문인보국회」 이사로도 활동하였다. 1934년 당시 『조선일보』 부사장 겸 편집국장이었던 춘원 이광수는 조선인의 상무정신 회복을 위한 본격적인 언론활동을 개시하였다.[140] 1940년 7월 그는 육군특별지원병 지원자 10만 명 돌파를 기념해서 「모, 매, 처에게」라는 제하의 논설을 잡지 『삼천리』에 게재하였다. "어머니! 아들이 있습니까, 그러면 지원병으로 보내시오"[141]라며 육군특별지원병 지원을 호소하였다. 더욱이 조선인 사회의 국방관념과 상무정신을 고취하고자 신라의 화랑 황창랑(黃倡郎)과 어머니의 멸사봉공을 소개하면서 "우리 조선 사람도 이제는 내지와 하나가 되어서 꼭 같은 일본 나라의 신민이 되었습니다. 아드님을 길러서 임금님께 바치는 것이 어머니의 거룩한 직분"[142]이라 갈파하였다. 1940년 7월 그는 잡지 『삼천리』에 「중일전쟁 발발 3주년」을 기념하는 논설을 게재하였다. 그 요지는 다음과 같았다.

---

139. 권태억 외편(1995), 『근현대 한국탐사』, 역사비평사, 173~176쪽.

140. 1934년 당시 『조선일보』 편집고문이었던 문일평(文一平, 1888~1939)의 일기에 따르면, 부사장 겸 편집국장이었던 춘원이 "옛날부터 조선이 무(武)를 숭상했던 여러 놀이를 서술하는 것이 어떻겠느냐"고 권유했다고 한다. 당시 춘원은 조선이 문약(文弱)에 빠져 망국의 길로 들어서고 말았다는 자괴감을 불식시키고 우리도 무(武)를 숭상했던 역사가 있었음을 조선인들에게 보여주는 것이 민족적 자긍심 회복에 중요하다고 판단했기 때문이었다. 춘원이 조선인의 상무정신 회복을 열망하고 촉구하는 언론 활동에 착수하게 되었던 것은 당시 조선인 「협력엘리트」들 사이에서 논의되었던 징병제 시행 문제에 크게 자극을 받았기 때문으로 추정된다. 문일평은 춘원 이광수 및 기당 현상윤과 함께 '정주(定州) 3재(才)'로 회자되었던 걸출한 인물이었다. 문일평 지음, 이한수 옮김(2008), 『문일평 1934년』, 살림, 64쪽; 정진석(2017), 『언론인 춘원 이광수』, 기파랑, 12쪽.

141. 이광수(1940.7), 「母, 妹, 妻에게」, 『삼천리』 제12권 제7호.

142. 위와 같음.

이제부터 조선인이 이 성전에 보답하도록 성의있게 노력만 하면, 조선인은 모든 점에서 완전한 황국신민이 되는 것입니다. 우리 자손은 완전한 황국신민이 되는 것입니다. … 오늘날 조선인은 오직 감사하고 오직 자숙하고 오직 봉공함이 있을 뿐입니다. 모든 것을 천황께 바치고 천황께 맡기고 충성을 다함이 있을 뿐입니다. … 지원병을 많이 가야 합니다. 소학교를 졸업한 사람은 전부 지원병 검사를 받도록 해야 할 것입니다. 이렇게 해서 조선에 징병제가 하루 빨리 실시되도록 촉진해야 할 것입니다.[143]

1937년 이광수는 수양동우회 사건으로 식민권력의 핍박에 시달리게 되었다. 그는 "최린이 죽어서 천도교를 살렸고, 최남선이 죽어서 지식계급의 탄압을 일시 늦추었다. 윤치호의 죽음은 직접으로 동지회 사람들을 건졌던 것"[144]과 같이 자신도 절개를 버리고 "민족의 크림"[145]을 살릴 것을 결심하였다. "어떤 날 아내에게 내 결심을 말할 때에 그는 나를 미쳤다고 하고 울고 말렸다. 나도 목을 놓아서 울었다. 내 생각에는 이것이 민족을 위해서 산다고 자처하던 나로서 마지막으로 할 일 … 마침내 명예롭지 못한 희생의 길에 나섰던 것"[146]이라 고백하였다.

이광수는 조선의 무지, 무질서, 무기력에 절망했다. 그래서 조선인들이 일본인처럼 협동하고 청결하고 용감한 국민으로 다시 태어나는 것만이 민족재생의 길이라 설파했다. 말하자면, '주권없는 민족의 힘있는 국민'을 상상하는 이중적 글쓰기에 매진하였다.[147] 육군특별지원병제를 "조선에서 징병제가

143. 이광수(1940.7), 「聖戰=周年」, 『삼천리』 제12권 제7호.
144. 위와 같음, 246쪽 .
145. 이광수(1985), 『나/나의 고백』, 우신사, 247쪽 .
146. 위와 같음.
147. 이중오(2000), 『이광수를 위한 변명』, 중앙M&B, 209쪽.

하루 빨리 실시되도록 촉진"[148]시키는 촉매제임과 아울러 "의무교육제, 징병제, 창씨개명이 내선일체의 완성 혹은 내선차별 철폐의 완성"[149]을 위한 포석으로 간주하였다. 육군특별지원병제를 징병제와 연계시켜 조선인의 의무교육과 참정권을 획득하고자 하였다. 그래서 이광수는 육군특별지원병제의 지원자 동원에 누구보다도 적극적이었고, "우리 자제가 전부 징병되는 날이 우리가 완전한 황국신민이 되는 날"[150]이라며 "혈세의 윤리학"[151]을 강조하기도 하였다. 1940년 김팔봉과의 대담에서 드러나는 「협력의 정략성」은 다음과 같았다.

지금 우리가 일본인이 꼭 믿도록 생활태도를 갖고서 속으로 실력만 준비하면, 조선 민족은 일본 민족보다 우수해서 1대 1로 겨루면 일본인을 이깁니다. 경기도를 경기현이라 칭하게 되고, 우리에게 선거권과 피선거권이 생겨가지고 우리 조선 사람의 문부대신도 육군대신도 나오게 되는 날이면 그때 가서야 일본인이 깨닫고서 이러다가는 일본 나라가 조선인의 나라 되겠으니 안 되겠다 하고서 살림을 갈라가게 된단 말이요. 그럴 때 우리는 일본의 절반을 떼어달라고 하거든, 그러면 일본인이 그건 안 되겠으니 조선 반도만 도로 갖고 나가달라고 할 겁니다. 이래서 그제서야 우리는 삼천리 강토를 찾아서 독립한단 말이오.[152]

---

148. 이광수(1940.7), 「聖戰三周年」, 『삼천리』 제12권 제7호.
149. 『매일신보』 1940년 3월6일자.
150. 삼천리사(1940.7.7), 「事變三周年記念 '聖戰記念文章'特輯」, 『삼천리』 제12권 제7호.
151. 이광수는 "금번 지나사변으로 전지에서 산화했던 전몰장병이 10만 6000명에 이른다는 군의 발표가 있었다. 내선인의 비례로 보면, 내지인 10만 6000명이 전몰할 때 그 가운데 조선인이 3만 명은 포함되어야 하는 것이 진실이고 공평한 것"이라 주장하였다. 이광수(1942.3), 「この秋こそ奉公の機會」, 『대동아』 제14권 제3호.
152. 서영은(1983.12), 「생(生)의 태풍 속을 무구한 노(櫓)로」, 『문학사상』 제134호.

1939년 이광수는 제2차 세계대전 발발이야말로 일본인 뒤에 쭈그리고 앉은 이름 없는 백성의 처지가 아니라 힘있는 국민을 키울 수 있는 '절호의 기회'로 간주하였다. "나라가 잘못 될까보아 걱정하는 것이 소설 쓰는 일보다 더 소중히 생각되셨던가"[153] 하는 막내딸 이정화의 추연(惆然)한 사연과 같이 이광수의 훼절은 조선인 공동체를 위한 숭고한 공덕심의 발로이자, 순교자적 자기 선택이었다.[154] 그에게 문학이란 조선인의 영혼을 일깨우는 유용한 수단이었다. 이광수의 문예협력은 조선인 사회의 공공성을 극대화하는 '전략적 선택지'였다.[155]

1940년대 이광수가 관념하는 조선인의 재생은 일본인과 같이 근대국가의 국민으로 육화하는 것이라 확신하였다. 그래서 국민문학의 기치를 내걸고 조선인의 제대로 된 국민됨을 형상화하고자 노력하였다. 그 점에서 육군특별지원병은 아주 적절하고 유용한 캐릭터였다. 개화기 이래 빛나는 지성과 감성 그리고 공덕심으로 충만했던 이광수의 대일협력은 고뇌에 찬 지성인의 굴곡진 정신사의 일면이자, 협애한 윤리적 잣대만으로 파악하기 곤란한 복잡성·다면성을 갖는다. 조관자의 지적과 같이 춘원은 「민족의 힘」을 욕망했던 「친일 내셔널리스트」의 전형이었다.[156]

---

153. 이정화(1955), 「그리운 아버님 춘원」, 우신사, 26쪽.
154. 뉴욕 주립대학 의과대학 정신과 교수 이중오는 춘원 이광수의 삶에 대한 심리분석을 시도하였다. 그는 "한국 개화기를 대표하는 희대의 천재적 지성이 왜 그렇게 변절했는가에 대해 근원적이고 심층적인 접근을 해본 적이 있었던가" 하는 문제 제기와 함께 이광수의 변절은 "열등의식과 우월의식, 순교자적인 오만과 참회려는 겸손, 무저항적 순응과 반사회적 공격성"이라는 가설을 과학적 방법론에 입각해서 논증하고자 하였다. 이중오(2000), 「이광수를 위한 변명」, 중앙M&B, 89쪽.
155. 이광수는 자신의 대일 협력과 관련해서 "우리들이 일본에 협력하는 태도를 보이는 데 어떠한 손해가 있을 것인가. 나는 아무 손해도 없다고 생각하였다. 우리야 협력하는 태도를 보이거나 말거나 징용이든지, 징병이든지 일본은 우리에게서 가져갈 것을 가져가고 말 것이다. … 어차피 흘리는 땀이요, 어차피 흘리는 피일진대, 만일의 경우(일본이 이기는 경우)에 그 값이나 받도록 하여 두자는 것이 소위 부일(附日) 협력의 동기였다'고 고백하였다. 이광수(1985), 「나/나의 고백」, 우신사, 245쪽.
156. 조관자(2006), 「민족의 힘'을 욕망한 '친일 내셔널리스트' 이광수」, 「해방 전후사의 재인식(1)」, 책세상.

최정희

담인(淡人) 최정희(1912~1990)는 1906년 함북 단천에서 4남매의 큰딸로 태어났다. 그녀는 어려서부터 딴살림을 차리고 나간 아버지의 방탕함과 무심함 때문에 심한 생활고에 시달려야 했다. 유년기, 부친에 대한 실망은 최정희의 일생에 걸쳐 '어두운 한(恨)의 굴레'[157]가 되었다. 1924년 동덕여학교를 거쳐 1928년 숙명여자고등보통학교를 졸업하였다. 같은 해 중앙보육학교를 거쳐 1930~1931년 일본 동경의 미카와(三河) 유치원 보모로 근무하면서 「학생극예술좌(學生劇藝術座)」의 일원으로 활동하였다. 1934년 2월 영화감독인 남편 김유영과 함께 「조선프롤레타리아예술동맹(KAPF)」 사건에 휘말렸고, 옥고를 치렀다.[158]

최정희의 결혼생활은 무기력한 남편, 짓누르는 생활고, 남편의 폭력으로 얼룩진 인종(忍從)의 나날들이었다. 그래서 그녀는 1936년부터 『조선일보』 학예부 기자라는 생업전선에 뛰어들어야 했다. 그 와중에서 신식 여성들의 경제적 곤란과 사회적 편견을 자각하게 되었고, 이를 문필 활동의 모티브로 삼았다. 1937년 4월 「흉가(凶家)」를 잡지 『조광(朝光)』에 발표하면서 문단의 주목을 받았다. 「흉가」는 당초 소설 형식이 아닌 자신의 불행했던 과거를 회상하는 일기체 형식의 작품이었다. 1937년 4월 『문장(文章)』에 발표한 「인맥(人脈)」을 시작으로 1939년 4월 「지맥(地脈)」(『문장』), 1940년 1월 「천맥(天脈)」(『삼천리』)은 최정희 문학의 걸작선으로 독자층을 매료시켰다.[159]

1930년대 페미니즘 문학의 새로운 장르를 개척한 최정희는 고난과 질곡

---

157. 황수남(2012), 「최정희 문학 연구」, 문예운동사, 20쪽.

158. 최정희(1963), 「수필집 젊은 날의 증언」, 육민사, 11쪽.

159. 1939년 11월 남편 김유영이 사망하면서 최정희는 파인 김동환과 사랑하게 되었다. 이후 첫 딸 지원을 출산하면서 경기도 양주군 와부면 덕소에서 동거하게 되었다. 최정희와 김동환의 로맨스는 당대 '파격적인 연애사건'이었고, 장안의 화제가 되었다. 서영은(1983.12), 「생(生)의 태풍 속을 무구한 노(櫓)로」, 「문학사상」 제134호; 황수남(2012), 「최정희 문학 연구」, 문예운동사, 29쪽.

으로 얼룩진 자신의 운명적 체험과 상상의 르상티망(ressentiment)을 문학으로 형상화해서 가부장적 전통질서에 대한 치열한 비판의식을 드러냈다. 이런 최정희 문학의 정체성은 앞서 소개한 대표작 『야국초』에서도 관찰된다. 1940년 10월 최정희는 「조선문사부대」의 일원으로 육군병지원자훈련소를 방문해서 '진실로 이기라'[160]라는 감상을 잡지 『삼천리』에 게재하였다. 최정희는 1930년대 모윤숙, 이선희, 노천명과 함께 '조선 여류문단 4인방'[161]이었고, 「조선문인협회」 간사로도 활동하였다. 그녀는 1941년 12월 조선임전보국단이 주최하는 '일어서라! 부인들! 가정도 전시동원이다'는 결전부인대회에서 「군국의 어머니」라는 주제의 강연자로 나섰다.[162] 강연 요지는 다음과 같았다.

저는 파리 한 마리 죽이지 못하는 모질지 못한 여자올시다. 꽃을 사랑하는 것도 너불너불 큼직한 것은 못 사랑하고, 저 하루아침에 모진 서릿발이면 쓰러질 들국화와 같은 보잘 것 없는 꽃을 사랑합니다. … 그러나 저는 요즘 점점 강해지려고 노력합니다. 결코 연약하지 않은 여자가 되려고 노력합니다. … 이렇게 제가 용기와 자신과 신념을 가지려 노력을 하게 된 동기는… 제 아이올시다. … 여러분은 제발 부디 엄만 틀렸어! 라는 말을 여러분의 아들에게서 듣지 마시는 강한 어머니가 되어주시기를 바랍니다. 저도 그렇게 할 것을 여러분 앞에 맹세합니다. 신 앞에 맹세합니다. 여성은 약하다

---

160. 그 내용은 "지원병! 당신들의 팔과 다리와 가슴은 구리쇠같이 강합디다. 앉고 서고 하는 동작은 무척 씩씩하고 민활합디다. … 가이다 소장이 여러분께, 고향을 향해 무릎을 꿇게 하고, 부모님 사진 앞에 무릎을 꿇게 하는 것은 이 「진심」을 가르치고자 함입니다"라는 내용이었다. 삼천리사(1940.12), 「삼천리」 제12권 제10호.
161. 김영식(1994), 「아버지 파인 김동환」, 국학자료원, 694쪽.
162. 같은 강연회에서 김활란은 '여성의 무장생활'을, 모윤숙은 '여성도 전사다'라는 주제로 조선 여성들의 총후보국을 촉구하였다. 「매일신보」 1941년 12월24일자.

지만 어머니는 강하다 하지 않습니까.[163]

강연 요지는 1942년 11월 발표했던 단편소설 『야국초』의 모티브가 되었다. 그녀는 늦가을 하루아침의 서릿발에 쓰러지는 가련한 야국초가 아니라 거친 비바람에도 꺾이지 않는 야국초와 같은 어머니의 모성을 강조하였다. 당시 조선인 가정에서 육군특별지원병 지원을 가장 심하게 반대했던 당사자가 바로 어머니들이었기 때문이었다. 실제로, 1942년 경성 제1육군병지원자훈련소 조사에 따르면, 가족들 가운데 지원 반대자는 모친, 조모, 부인의 순이었다.[164] 요컨대, 보다 많은 지원자 동원을 위해서는 "아들이 내 아들만이 아니라 나라의 아들"[165]이라는 '국군의 모성'이 불가결했기 때문이었다. 바꾸어 말하면, 육군특별지원병제 시행은 조선인 사회의 전통적인 가족주의와 모순하고 균열하는 상황이었다.[166]

식민권력의 입장에서는 "반도의 아들도 나라의 아들이요. 따라서 어머니들도 나라의 어머니, 총후의 어머니, 군국의 어머니여야 한다"[167]는 대대적인 프로파간다가 불가피하였다. 그래서 최정희를 비롯한 다수의 여류 문인들

---

163. 삼천리사(1942.3), 『삼천리』 제14권 제3호.

164. 1942년 말 경성 제1육군병지원자훈련소는 입소자 1709명을 대상으로 육군특별지원병 지원을 둘러싸고 가족들 가운데 누가 찬성하고 누가 반대했는가를 조사하였다. 찬성자는 부친 585명, 형제 533명, 친구 405명이었던 반면, 반대자는 어머니 354명, 조모 95명, 부인 78명이었다. 바꾸어 말하면, 가족 가운데 부친을 비롯한 남성들 대부분은 찬성했지만, 모친을 비롯한 여성들 대부분은 반대하는 상황이었다. 朝鮮總督府第一陸軍兵志願者訓練所(1942), 「生徒諸調査表」.

165. 『매일신보』 1942년 11월12일자.

166. 1941년 1월 잡지 『신시대사』는 입영을 앞둔 육군병지원자훈련소 생도들의 좌담회를 개최하였다. 기자는 '지원병 지원을 반대한 이는 없는가'라는 질문에 대해서 좌담회에 참석한 훈련생도 대부분은 "웬걸요. 어머님이 한사코 말리셨죠. 나 역시 처음에 어머니가 반대하시는 걸 아버지, 형님 그리고 제 친구들까지 열심히 찬성하시는 바람에 잠자코 계셨지요. 나 역시 어머니가 반대를 하시는 것을 동네의 유식한 분들이 설복시켜 주셨습니다"라고 답변하였다. 신시대사(1941), 「영예의 입영을 앞둔 육군지원병 훈련 좌담회」, 『신시대』 제2권 제6호.

167. 『매일신보』 1942년 11월12일자.

이 육군특별지원병 지원자 동원에 앞장서게 되었다. 1942년 6월 『매일신보』
도 일본인 어머니들을 주인공으로 하는 「군국의 어머니 열전」과 1943년 8월
「군국의 어머니 결의를 말하는 좌담회」라는 제하의 기사를 연재하기도 하였
다.[168] 조선총독부도 '일본인 어머니'를 본받자는 취지에서 1942년 『군국의
어머니』, 1943년 『어머니의 힘』을 계몽도서로 선정해서 널리 보급시키고자
노력하였다.[169]

최정희는 1939년 「어머니의 마음」을 시작으로 1942년 『야국초』와 「장미
의 집」, 1943년 「하루바삐 본받을 내지의 습속」, 1944년 「군국의 어머님들」
와 「군국모성찬(軍國母性讚)」이라는 작품을 발표하였다. 육군특별지원병을
캐릭터로 삼아 나라를 위해 기꺼이 목숨을 바치는 황국의 아들을 양육하
기 위한 「군국의 어머니」를 형상화하고자 노력하였다. 최정희의 전시(戰時)
문학은 육군특별지원병과 「군국의 어머니」를 소재로 페미니즘과 국민문학
을 오버랩시켜 가부장적 사회질서에 대한 치열한 비판의식을 특징으로 하
였다.

김동환

파인(巴人) 김동환(1901~1958)은 1901년 함경북도 경성 출생으로 1916년
중동학교를 거쳐 1921년 일본 도요(東洋)대학 문과에 진학하였다. 1923년 9
월 관동대지진 여파로 귀국한 김동환은 1924년 5월 문예지 『금성』에 「적성
(赤星)을 가리키며」라는 작품으로 등단하였다.[170] 김동환의 대표작은 1925년
제1시집 『국경의 밤』이다. "아하, 무사히 건넜을까, 이 한밤에 남편은 두만강

---

168. 『매일신보』 1942년 4월14일자.
169. 이상경(2002), 「일제 말기의 여성 동원과 군국의 어머니」, 『페미니즘 연구』 제2호.
170. 김영식(1994), 『아버지 파인 김동환』, 국학자료원; 김영식(1998), 『파인 김동환문학연구』, 논문자료사.

을 탈없이 건넜을까"로 시작하는 「국경의 밤」은 두만강변 눈보라치는 북국의 겨울밤, 밀수꾼으로 변장하고 먼 길을 떠난 남편을 염려하는 젊은 아낙네의 불안함과 초조함을 노래한 한국 문학사의 걸작이다.

김동환은 민족적 감정과 민요적 색채가 짙은 서정시를 발표하면서 독자들의 주목을 받았다. 1932년 7월 작가 김기림은 "그(김동환)는 우리들의 문화건설 행진의 선두에서 뚜렷한 그림자를 드리우는 아방가르드(avant-garde)의 거자(巨姿)"[171]라는 찬사를 보내기도 하였다. 그는 1930년대 종합문예지 『삼천리』의 사주(社主)로 변신하였다. 1930년대 후반 문장보국의 기치를 내걸고 「조선문인협회」, 「국민총력조선연맹」, 「흥아보국단」, 「조선임전보국단」, 「국민총력조선연맹」의 유력자로도 활동하였다. 1938년 이후 김동환은 육군특별지원병제 시행을 적극 지지하는 문예활동을 펼쳤고, 조선인 권문세가들의 기회주의를 통렬하게 질타하기도 하였다. 그 요지는 다음과 같았다.

(조선인) 귀족과 고관 등 권문세가는 국은(國恩)에 보국할 때에 솔선해서 그 자제를 더욱 많이 보낼 것으로 알았다. 그럼에도 우리들이 아는 사실은 병역제도에 한정해서 권문세가의 정성은 그렇게 예상한 바와 같이 지극하고 충분한 적성을 보이지 않았다. … 실로 생명을 바치는 이 최후 최대의 병역의 적성에 이르러는 상민에게 미치지 못하니, 3500명의 지원자 가운데 99퍼센트가 평민 출신이 아니었던가. … 권문세가에서는 차제(次第)에 깊이 자성하여, 진실로 국가를 위해서 그 충성을 더 한층 보여주기를 바라노라.[172]

김동환의 비판은 1938년도 육군특별지원병을 모집하고 보니 지원자의 대

---

171. 김기림(1932.7), 「김동환론」, 『동광』 제35호.
172. 김동환(1938.5), 「時評」, 『삼천리』 제10권 제5호.

부분이 상류층이 아니라 상민층에 한정되었기 때문이었다. 당초 "제도 공포를 쌍수를 들어 환영했던 지식계급과 지도계급이 실제 지원이 시작되자 누구보다도 앞서서 자신의 자제 지원을 기피하는 모순"[173]을 드러냈다며 질타하였다.

1939년 4월 김동환은 「조선인 병역 문제를 둘러싼 좌담회」를 개최하였다. 주제는 당시 조선인 사회의 주요 관심사였던 의무교육, 징병제 실시, 총동원연맹의 결성이었다. 그는 특별지원병제를 둘러싼 조선인 사회의 요망과 관련해서 (1)지원병제 문호를 개방(연간 400명 이상 증원과 적격자 전원 채용)할 것, (2)지원병의 병영 배속을 일본군 전체 16개 사단으로 확대할 것, (3)조선인 징병제를 속히 시행할 것을 주장하였다. 1940년 7월 김동환은 「국방관념과 상무정신의 고취」라는 논설을 게재하였다. 그 요지는 다음과 같았다.

근래 여러분의 이목을 놀라게 했던 독불전쟁을 보면, 2000년 동안 절치부심해 가며, 국민 전체가 먹을 것을 먹지 못하고 입을 것을 입지 못하고서 포탄 만들기와 병식훈련에 진력한 독일이 오늘날 승승장구해서 프랑스를 정복하고 있습니다. 그 반대로 문화와 부 그리고 아름다움에 도취해서 허송세월을 보낸 프랑스는 사직을 히틀러에게 바치고 그 백성들은 완전히 해체되면서 유랑민이 되고 말았습니다. ⋯ 프랑스는 자신의 목숨은 차치하더라도 부모와 처자도 욕되게 하고 국가는 영영 망하지 않았습니까. 국가를 잃은 뒤에 어디서 프랑스의 부유, 아름다움, 행복, 영화를 찾을 수 있겠습니까.[174]

김동환은 "고금의 역사를 뒤져보면, 상무정신이 강한 나라는 반드시 흥

---

173. 海田要(1939), 「今日の朝鮮問題講座(3)」, 綠旗聯盟.
174. 김동환(1940.7), 「國防觀念과 尙武熱의 鼓吹」, 『삼천리』 제12권 제7호.

하고, 문약에 흐르는 나라는 망하는 것이 세상의 법칙"[175]이라며 조선인 사회의 안일함과 나약함을 비판하였다.[176] 그는 제2차 세계대전 발발이 조선 왕조 500년의 문약성을 혁파하고 국방관념과 상무정신을 회복하는 절호의 기회로 간주하였다. 그래서 "반도의 여러 모자(母姊)시어, 어서 성장한 자제가 있거든 한 사람이라도 더 많이 지원시키자"[177]고 호소하였다.

1940년 11월 김동환은 신체제 문학운동과 관련해서 "오직 국가 때문에 존재하며, 신민의 길을 실천하기 위해서 존재한다"[178]는 나름의 국민문학론을 주장하였다. 1942년 3월 조선인 청년들의 육군특별지원병 지원을 권유하는 「우리들은 7인」[179]을 발표하였다. 1942년 여성의 총후봉공을 그린 「군복집는 각씨네」[180]와 육군특별지원병 지원자 25만 명 돌파를 기념하는 「이십오만의 대진군」[181]이라는 헌시를 발표하였다.

요컨대, 육군특별지원병제는 '특별지원'이라는 제도적 특질로부터 지원자 동원을 위한 조선인 「협력엘리트」와 「문화엘리트」의 협력을 불가결한 조건으로 하였다. 이들은 육군특별지원병제를 조선인 징병제와 연계해서 의무교육과 참정권을 확보한다는 「협력의 정략성」을 추구하였다. 이광수, 최정희, 김동환 등 「문화엘리트」들도 다양한 장르의 문예형식으로 조선인의 충량한 국민됨을 환기하고 자극하는 「감성동원」에 앞장섰다. 1940년대 국민문학, 국민영화, 국민창극, 국민가요 등 국가주의 문예사조(文藝思潮)의 등장은 1938년 육군특별지원병제의 성립과 시행을 직접적인 계기로 하였다.

---

175. 위와 같음.

176. 박지향(2010), 『윤치호의 협력일기』, 이숲.

177. 김동환(1940.12), 「尙武精神의 高潮」, 『삼천리』 제12권 제10호.

178. 『매일신보』 1940년 11월19일자.

179. 김동환(1942.3), 「우리들은 7人」, 『대동아』 제14권 제3호.

180. 김동환(1942.3), 「군복집는 각씨네」, 『대동아』 제14권 제3호.

181. 『매일신보』 1942년 2월6일자.

제5장 황국신민의 도장

육군특별지원병 제2차 전형 합격자들은 이른바 「황국신민의 도장」으로 회자되는 육군병지원자훈련소에 입소해서 소정의 교육과 훈육과정을 수료해야 했다. 제5장에서는 '일본 국민 만들기의 생체 실험실'이었던 육군병지원자훈련소의 설치와 운영, 교육과 훈육 그리고 조선인 사회의 관심과 후원의 실상을 실증 분석한다.

I. 설치와 운영

1938년 4월 이래 조선총독부는 경기도 양주군 노해면 공덕리 불암산 자락에 육군병지원자훈련소 시설에 착수해서 1939년 3월 완공하였다. 이하에서는 육군특별지원병훈련소의 설치와 운영의 실상을 구체적으로 검토해보자.

시설과 확장

1938년 6월15일 조선총독부는 경성제국대학 대강당에서 1938년도 육군특별지원병 제1기생의 육군병지원자훈련소 입소식을 거행하였다. 입소식에는 미나미 지로 조선총독을 비롯해서 고이소 구니아키 조선군사령관, 윤덕영 대제학, 하야미 히로시(速水滉) 경성제대 총장, 박영철 만주국 명예총영사, 윤치호 기독교청년회 회장 등 관민 약 2000여 명이 참석하였다.[1] 당시 제국의회 중의원 박춘금은 욱일승천기(旭日昇天旗)를 모방한 육군병지원자훈련소 깃발을 기부하였다.[2]

[사진5-1] 1938년도 육군특별지원병 제1기생 입소식

(출처) 内閣情報部(1938.7.13), 「寫眞週報」 第22號.

---

1. 「매일신보」 1938년 6월16일자.
2. 「매일신보」 1938년 8월2일자와 8월3일자.

육군병지원자훈련소는 1938년 2월 「육군특별지원병령」 제1조 규정에 따라 육군특별지원병 입소자의 심신 단련과 정신교육을 목적으로 하였다.[3] 조선총독부 학무국 소속의 육군병지원자훈련소는 일본인과 풍속과 관습이 상이한 조선인 훈련생도를 일본 국민으로 포섭하는 황민화 정책의 도장 혹은 본격적인 병영생활을 준비하는 관립 훈련소였다.[4] 그래서 교육과 훈육의 중점은 충량한 황국신민의 양성에 두어졌고, 전문적인 군사훈련은 입영 이후 배속부대에서 실시한다는 것이었다. 말하자면, 정식의 입영에 앞서 충량한 황국신민 혹은 일본국민으로 개조를 목적으로 하였다.

1938년 2월 조선총독부는 육군병지원자훈련소 시설 예산으로 22만 4334원을 계상하였다.[5] 당초에는 경성부 용산 또는 이태원 일대에 부지 2만 5000평을 마련해서 신축한다는 계획이었다. 그러나 예상을 넘어서는 부지 예산으로 입지 변경이 불가피하였다. 결국, 경기도 양주군 노해면 공덕리 불암산 자락의 관유지 2만 5000평을 불하해서 부지를 확정하였다. 입지는 경성부 변두리에 속했지만, 1937년 5월 이래 경춘철도 부설의 와중이었기 때문에 교통도 원활했기 때문이었다.[6] 1938년 4월 조선총독부는 육군병지원자훈련소(현재 육군사관학교 화랑대) 신축공사에 착수했고, 같은 9월 일부 건물을 준공하였다.[7] 1938년 6월 이래 경성제대 문학부에 임시로 개설되었던 육군병지원자훈련소는 1938년 9월6일 정식의 시설로 입주하였다.[8]

육군병지원자훈련소는 [표5-1]과 같이 교사를 비롯해서 강당, 무기고, 기숙사, 관사 등 부지 7881평과 신축비 12만 6475원을 계상하였다. 1940년

---

3. 法制局(1938), 「拓務大臣請議朝鮮總督府陸軍兵志願者訓練所官制制定ノ件」.

4. 伊藤猷典(1942), 『鮮滿の興亞敎育』, 目黑書店, 41쪽.

5. 「매일신보」 1938년 2월20일자.

6. 정안기(2016), 「1930년대 조선형 특수회사, '京春鐵道(株)'의 연구」, 「서울학연구」 제64호.

7. 法制局(1938), 「朝鮮總督府陸軍兵志願者訓練所管制制定ノ件」.

8. 「매일신보」 1938년 9월6일자.

육군특별지원병 제3기생 출신 공국진에 따르면, "입소해 보니 병사는 붉은 벽돌로 새로 지은 산뜻한 건물이 즐비하게 지어져 있었다. 본관, 교실동, 병사, 취사장, 강당, 무도실, 취사장, 목욕탕 등 제법 있을 것은 다 있었다"[9]고 증언하였다. 1941년 10월12일 육군병지원자훈련소를 참관했던 『신시대사』 기자에 따르면, 생도 숙사 현관의 정면에는 성실, 정직, 원기(元氣)라는 소훈과 함께 충절, 예의, 무용, 신의, 질소(質素)라는 군인의 본분을 강조하는 칙유가 적힌 현판(懸板)이 걸려 있었다. 생도들은 숙사를 출입할 때마다 현판에 적힌 칙유를 복창해야 했다.[10] 하지만, 1940년도 훈련생도의 모집 정원이 일거에 600명에서 3000명으로 늘어나면서 3~4배의 시설 확장을 추진하지 않으면 안되었다.

[표5-1] 육군병지원자훈련소 신축과 경비 (단위: 평, 원)

종류	구조	부지	금액
교사	연와	161	24,225
강당	연와	100	15,000
무기고	연와	30	4,500
기숙사	연와	400	60,000
부속건물	목조	110	10,750
관사	목조	80	12,000
건물敷助		2,000	
연병장		5,000	
합계		7,881	126,475

(자료) 朝鮮初等教育研究會(1938.10), 「朝鮮志願兵訓練所參觀記」, 『朝鮮の教育研究』第121号.

1942년 육군특별지원병 모집 정원은 1940년 이래 3000명에서 4500명

---

9. 공국진(2001), 『한 노병의 애환』, 원민, 29쪽.
10. 참관자들은 점심 식사를 위해 각자가 지참한 쌀 3홉과 부식비 50전을 각출하였다. 勝山雅夫(1942.1), 「반도 건아의 정신 도장, 육군병지원자훈련소 참관」, 『신시대사』 제2권 제1호.

으로 증원되었다. 따라서 종래의 시설만으로는 증원 생도를 감당할 수 없었고, 그래서 종래 300명에서 1000명을 수용하는 대대적인 시설 확충과 함께 제2의 훈련소 시설을 추진하게 되었다. 관련해서 1942년 9월 충남 도의회는 "1938년 지원병 창설 이래 병역의무를 결여한 반도 청년층은 열성적으로 지원자를 방출(蔟出)해서 그 수는 증가 일로에 있다. 하지만, 전형 선발은 전체 희망자의 3~9퍼센트에 불과해서 모처럼 원대한 꿈을 품고 지원하는 장정들을 오히려 실망하게 하는 경향"[11]이라며 대대적인 모집정원의 증원과 시설확충을 결의하였다. 1942년 12월 조선총독부는 1938년 폐교한 평양부 신양정 소재의 숭실전문학교 교사를 전용해서 평양 제2육군병지원자훈련소를 개설하였다.

체계와 운영

육군병지원자훈련소 초대 소장은 당시 조선총독부 학무국장 시오바라 도키사부로(鹽原時三郎)가 겸직했다. 1940년 8월 육군병지원자훈련소 초대 수석 교관이자, 제20사단 예하 제78연대 예비역 육군 대좌 출신의 가이다 가나메(海田要)가 소장을 겸하게 되었다.[12] 1942년 개설한 평양 제2육군병지원자훈련소 소장은 여수요새사령부 사령관을 역임한 예비역 대좌 출신의 우에스미 요시기치(上住良吉)가 취임하였다. 1938년 당시 육군병지원자훈련소 교수진과 직원은 [표5-2]와 같이 합계 5명이었다.[13] 하지만, 1939년 훈

---

11. 『매일신보』 1942년 3월10일자.
12. 관련해서 당시 조선군사령관이었던 고이소의 회고에 따르면, 조선총독부의 훈련소장 적임자 추천 의뢰에 따라 당시 용산 주둔 제20사단 예하 보병 제78연대 소속의 가이다 가나메 중좌를 명예 진급시키고 특명을 발령해서 임명하였다. 가이다 대좌는 지원자 검사, 합격 결정, 교육규정 기획 등 제반 업무에 걸쳐 조선총독부와 조선군사령부를 만족시키는 수완을 발휘하였다. 小磯國昭(1963), 『葛山鴻爪』, 小磯國昭自叙刊行會; 『매일신보』 1940년 8월29일자.
13. 法制局(1938), 「拓務大臣請議朝鮮總督府陸軍兵志願者訓練所官制制定の件」.

련생도 증원(400명에서 600명)으로 조교수 4명과 서기 2명을 증원하였다. 1939년도 조교수 증원 실태는 다음과 같았다.

본소는 현재 조교수 2명을 배치해서 보통학과 전부 및 학과 일부를 분담하고 있다. 그러나 총 교수시간 매주 84시간, 1인당 28시간으로 교재 연구, 교수 준비, 교수훈련 이후 정리 등 여유가 없기 때문에 훈련의 철저를 기하기 어려운 것은 물론이고 영내에서 일상 지도 등에도 충분한 훈화를 실시하기 곤란한 상황이다. 특히, 단기간 훈련소에 입영 이후 일반 내지 장정과 동일한 정신과 생활상의 손색이 없도록 훈련하기 위해서는 현재의 교원 정원만으로 만전을 기하기 어려운 실정이다. 따라서 새롭게 조교수 2명을 증원해서 교육훈련의 철저를 기할 필요가 있다.[14]

1940년도 모집 정원이 600명에서 일거에 3000명으로 증원되면서 교수 1명과 조교수 10명을 증원하게 되었다.[15] 이후 빈번한 교수진 증원을 거쳐 1943년 제1~2육군병지원자훈련소의 교수와 직원은 전임교수 6명, 조교수 41명, 서기 6명에 달하였다. 조선군사령부는 훈련용 총검류와 교보재를 불하해서 교육시설의 정비를 추진하는 한편, 장교와 하사관을 파견해서 생도들의 교육훈련을 지원하였다.[16] 운영비는 1938년 약 9만 원에 불과했지만, 1943년 약 190만 원으로 약 21배의 증가를 기록하였다. 1938~1943년 운영비 총액은 약 460만 원이었다.

---

14. 法制局(1939), 「朝鮮總督府陸軍兵志願者訓練所管制中改正の件」.
15. 『매일신보』 1940년 2월1일자.
16. 1940년 5월 조선군사령부는 육군병지원자훈련소 요청으로 38식 총검류 500정을 무상으로 공급하였다. 銃砲課(1940), 「訓練用兵器無償交付に關する件」.

[표5-2] 육군병지원자훈련소의 교수진과 운영예산 (단위: 명, 원)

구분	1938년	1939년	1940년	1941년	1942년	1943년	직급
생도수	406	613	2,961	3,277	5,017	5,330	
소장	1	1	1	–	–	–	–
교수	1	1	2	3	6	6	주임관
조교수	2	6	16	16	33	41	판임관
서기	1	3	3	3	5	6	판임관
합계	5	11	22	22	44	53	–
연간 운영비	90,334	201,835	688,910	763,541	982,476	1,918,753	–

(주) 1941년 이후 교수가 소장을 겸직.
(자료) 法制局(1938~1943), 「朝鮮總督府陸軍兵志願者訓練所管制制定の件」.

1939년 육군병지원자훈련소 편제는 [그림5-1]과 같이 본부, 교수, 훈육의 3부 체제였다. 이 가운데 교수부와 훈육부는 전임교수가 통괄하였다. 교수진과 직원은 1938년 당시 5명에 불과했지만, 1940년 대대적인 훈련생도의 증원에 따라 22명으로 증가했고, 1943년 32개 훈련반을 운영하게 되면서 본부 조직도 서무, 회계, 의무 3과 체제로 확대·개편되었다.[17]

1943년 5월 육군병지원자훈련소 직원 편성에서 경성 제1육군병지원자훈련소는 [표5-3]과 같이 교수 3명, 조교수 25명, 서기 3명으로 합계 31명이었고, 평양 제2훈련소는 교수 3명, 조교수 8명, 서기 2명으로 합계 13명을 기록하였다.

[표5-3] 1943년도 육군병지원자훈련소의 교원과 직원 구성 (단위: 명)

구분	경성			평양			합계		
	현재	증원	소계	현재	증원	소계	현재	증원	합계
교수	3	0	3	3	0	3	6	0	6
조교수	25	0	25	8	8	16	33	8	41
서기	3	0	3	2	1	3	5	1	6

(자료) 法制局(1943), 「朝鮮總督府陸軍兵志願者訓練所管制中改正の件」.

---

17. 法制局(1943), 「朝鮮總督府陸軍兵志願者訓練所管制中改正の件」.

1938년 전반기 기수별 훈련생도 200명의 편제는 4개 훈련반과 8개조였다.[18] 반당 4개조의 조원 12~13명이었다.[19] 1939년 훈련생도가 400명에서 600명으로 증원되면서 6개 훈련반과 12개조로 확장되었고, 1940년 훈련생도가 600명에서 3000명으로 늘어나면서 5개 중대 20개 훈련반으로 증편되었다. 더욱이 1942년 훈련생도가 3000명에서 4500명으로 증원되면서 8개 중대의 32개 훈련반으로 증편되었고, 제1훈련소와 제2훈련소로 양분되었다.

[그림5-1] 1939년도 육군병지원자훈련소 관제

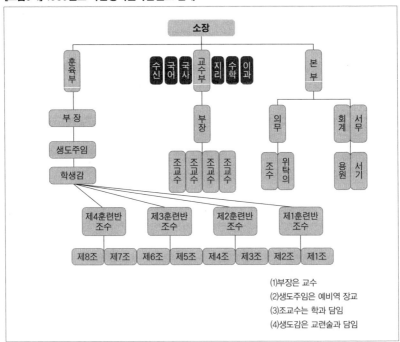

(자료) 法制局(1939.3.20), 「朝鮮總督府陸軍兵志願者訓練所管制中改正の件」.

----

18. 法制局(1939), 「朝鮮總督府陸軍兵志願者訓練所管制中改正の件」.
19. 失橋水明(1939), 「徹底した情神鍛鍊道場志願兵訓練所を觀る(上)」, 『總動員』第1券第5号.

1942년 경성 제1육군병지원자훈련소 훈련대는 [표5-4]와 같이 중대별 340명 규모의 5개 중대였고, 향토별 편제였다.[20] 내무반 정원은 당초 6명이었으나, 이후 훈련생도의 증원에 따라 1940년 말 16명으로 증가하였다.[21] 1938~1939년 생도대 조장은 제20사단 소속 실전경험이 풍부한 하사관들이었다. 1940년 훈련생도 증원과 함께 훈련기간도 6개월에서 4개월로 단축되었다.

[표5-4] 1942년도 경성 제1육군병지원자훈련소의 편제 (단위: 명)

도별	1중대	2중대	3중대	4중대	5중대	합계
경기	246					246
충북	94					94
충남		180				180
전북	△					-
전남			259			259
경북				230		230
경남				111	114	225
황해	△					-
평남	△					-
평북	△					-
강원		169				169
함남					159	159
함북					76	76
일본			71			71
합계	340	349	330	341	349	1,709

(주) △의 출신은 평양 제2육군병지원자훈련소 입소.
(자료) 朝鮮總督府第一陸軍兵志願者訓練所(1942), 『生徒諸調查表』.

하지만, 반별 주당 교수시간은 [표5-5]와 같이 변동이 없었다. 반면, 훈련생도 증원으로 교수진 전체의 주당 교수시간은 1939년 152시간에서 1940년 780시간, 1942년 1248시간으로 증가하면서 매년 교수 요원의 증원이 불가피하였다.

---

20. 朝鮮總督府第一陸軍兵志願者訓練所(1942), 『生徒諸調查表』.
21. 昇山雅夫(1941), 「半島 健兒의 精神道場 陸軍兵志願者訓練所參觀」, 『신시대』 제1권 제1집.

[표5-5] 1938~1943년 육군병지원자훈련소의 반편성, 교수과목, 교수시간　(단위: 개, 반, 시간)

구분		1938년도 반편성 4반		1939년도 반편성 6반		1940년도 반편성 20반		1941년도 반편성 20반		1942년도 반편성 32반		1943년도 반편성 32반	
		반당	반총계	반당	반총계	반당	반총계	반당	반총계	반당	반총계	반당	반총계
훈육		4	16	4	16	4	80	4	80	4	128	4	128
학과	국어	10	40	10	40	10	200	10	200	10	320	10	320
	수학	2	8	2	8	2	40	2	40	2	64	2	64
	국사	3	12	3	12	4	80	4	80	4	128	4	128
	지리	2	8	2	8	2	40	2	40	2	64	2	64
	이과	2	8	2	8	2	40	2	40	2	64	2	64
	소계	23	92	23	92	24	480	24	480	24	768	24	768
술과	체조	3	12	3	12	3	60	3	60	3	96	3	96
	교련	10	40	10	40	10	200	10	200	10	320	10	320
	무도	2	8	2	8	2	40	2	40	2	64	2	64
	소계	15	60	15	60	15	300	15	300	15	480	15	480
합계		38	152	38	152	39	780	39	780	39	1,248	39	1,248

(자료) 法制局(1939~1943), 「朝鮮總督府陸軍兵志願者訓練所管制中改正の件」.

보급과 후생

육군병지원자훈련소 운영비는 1938년 훈련생도 406명에 대한 9만 334원으로 1인당 222원을 계상했지만, 1943년 훈련생도 5330명에 대해 191만 8753원으로 1인당 359원으로 증액되었다. 1938년도 운영예산은 (1)교수봉급, (2)교육비, (3)수선비, (4)여비, (5)접대비, (6)잡비의 구성이었다. 같은 해 훈련생도의 1인당 피복비는 30원이었고, 급식비는 120원이었다.[22] 훈련생도의 직접성 경비는 교무비 256원, 도서인쇄비 800원, 생도숙사 소모품비 1200원, 급식비 2만 8800원을 계상하였다.[23]

훈련생도의 피복, 군화, 장갑, 침구류, 식기류 등 일체는 무상으로 지급되었고, 1인당 단가 70원 72전이었다.[24] 1939년부터서는 훈련생도 1인당 학

---

22. 法制局(1938), 「朝鮮總督府陸軍兵志願者訓練所管制制定の件」.
23. 朝鮮初等敎育硏究會(1938), 「朝鮮志願兵訓練所參觀記」, 「朝鮮の敎育硏究」 第121号.
24. 위와 같음.

자금 명목으로 월 3원을 지급하였다.[25] 급식은 조선인 가계의 중류층 이상으로 월간 약 12원을 계상하였다.[26] 식사는 군대 급식과 동일한 백미 60퍼센트와 보리(혹은 수수) 40퍼센트의 혼식이었다.[27] 식사량은 회당 2홉(合)의 하루 6홉이었고, 부식은 일본식이었다.[28] 조식은 백미, 된장국, 절인 김치 등이었지만, 석식에는 계란, 소고기, 돼지고기 등이 급식되었다. 간식으로는 건빵과 식빵이 제공되었다. 대부분 농촌 출신이었던 생도들에게 흰쌀밥의 취식은 아주 각별한 경험이었고, "양의 제한은 있었지만, 천국이라 기뻐했다"[29]고 한다.[30] 하지만, 격렬한 교육훈련에 따른 높은 에너지 소모량에도 불구하고 식사량이 부족했기 때문에 훈련생도들은 항시 공복감에 시달려야 했다.[31] 더구나, 식사의 내용이 일본식과 서양식이었기 때문에 식문화

25. 朝鮮總督府(1939), 「朝鮮總督府陸軍志願者訓練所生徒學資給與細則」; 森下三男(1942), 『陸軍特別志願兵』, 立川文明堂, 65쪽.

26. 昇山雅夫(1941), 「半島 健兒의 精神道場 陸軍兵志願者訓練所參觀」, 『신시대』 제1권 제1집.

27. 朝鮮初等教育後援會(1938), 「朝鮮志願兵訓練所參觀記」, 『朝鮮の教育研究』 第121号.

28. 朝鮮總督府陸軍志願兵訓練所(1942.12), 「訓練所教育概況」, 『朝鮮』 第331号.

29. 林えいだい(1995), 『証言集, 朝鮮人皇軍兵士』, 拓植書房, 201쪽.

30. 1938년 12월12일자 일기에서 윤치호는 다른 조선인 유력자 15명과 함께 그동안 친분이 깊었지만, 한 커우로 떠나는 일본군 요시다(吉田) 대좌의 송별식에 개최하였다. 같은 자리에서 요시다 대좌는 "지원병들이 너무나 대우를 받아서 실제 병영에 배치되었을 때 식사도 조악하고 규율도 엄하며 침상에 해충이 우글거리는 것을 보고 낙담하지 않을까 우려했다"고 지적하였다. 박정신 역(2016), 『(국역) 윤치호 영문 일기(10)』, 국사편찬위원회, 149쪽.

31. 1943년 제20사단 제26연대 소속으로 뉴기니에 참전했던 김재연은 육군병지원자훈련소의 식사량과 관련해서 흥미로운 사실을 증언하였다. 그는 육군병지원자훈련소 입소 이후 매일 격렬한 교육훈련의 중노동으로 심각한 배고픔에 시달려 지도교관에게 불만을 토로하였다. 지도교관은 "대식(大食)은 머리를 흐려지게 한다. 만복(滿腹)의 습관은 전장에서 자신을 곤란하게 할 뿐이다. 지나친 과식은 훈련의 지장을 초래한다"고 훈계하였다. 바꾸어 말하면, 당시 조선인들은 일본인에 비해서 대식 습관이었기 때문에 일본인 병사를 기준으로 하는 육군병지원자훈련소의 정량 급식은 훈련생도들의 심한 배고픔을 초래하였다. 육군병지원병훈련소에 입소해서 과소한 식사량과 공복감에 대한 선명한 기억은 육군특별지원병들의 회고에서도 산견된다. 林えいだい(1995), 『証言集, 朝鮮人皇軍兵士』, 拓植書房, 94쪽.

의 충격과 적응도 용이한 것이 아니었다.[32]

다음은 훈련생도의 건강관리이다. 훈련생도들은 '단구경량(短軀輕量)'의 일본인 병사들에 비해서 '장구중량(長驅重量)'이었다. 하지만, 훈련생도들의 대부분은 건장한 체격에도 기생충 때문에 혈색이 좋지 않고, 얼굴의 생기도 부족하였다. 1938년 훈련생도에 대한 건강검진 결과는 실로 충격적이었다. 전기생(현역)은 회충 등 기생충 보균자가 전체의 89.6퍼센트에 달했고, 후기생(제1보충역)도 91.6퍼센트를 기록하였다. 육군병지원자훈련소는 기생충 구제운동과 규칙적인 식사 등 훈련생도의 건강관리에도 주력해야 했다. 체력개선을 위해 "입소 당초부터 금연을 단행하고 일정기간 간식 급여를 중단하고 1식 2홉의 정량 정시 급식과 저작(咀嚼)"[33]을 장려하였다. 이들 대부분은 다년의 대식(大食) 혹은 과식 습관으로 위장이 확장되어 소화 불량자가 적지 않았기 때문이었다.[34]

훈련기간 훈련생도들의 외출과 외박의 금지와 금연·금주를 원칙으로 하였다. 육군병지원자훈련소는 매월 말 혈액검사를 포함하는 면밀한 신체검

---

32. 기병 제14연대 소속 어느 병사의 일기에 따르면, 1933년 3월 당시 병사들의 식단은 다음과 같다. 하루 3식의 부식은 된장국, 우엉, 카레, 튀김, 덮밥, 두릅무침, 돼지고기 된장조림, 도미조림, 고기 볶음밥, 카레라이스, 야채밥, 오징어조림, 건빵, 우동, 청어 된장조림, 통조림 조림, 생선구이 등이었고, 이외에도 간식으로 단팥빵과 맥주 등이 급식되었다. 요시다 유타카 지음, 최혜주 옮김(2005), 『일본의 군대』, 논형, 34~67쪽.

33. 朝鮮總督府陸軍志願兵訓練所(1939.8), 「志願兵訓練所より見た半島靑年の體力」, 『朝鮮』第291号.

34. 1941년 10월12일 당시 육군병지원자훈련소를 방문한 잡지 『신시대』 기자가 참관한 생도들의 식사 정경은 다음과 같았다. 각반의 식사당번이 밥통, 국그릇, 반찬판을 들고 숙사의 각 방에 들어서면, 반장은 정좌한 생도에게 '식기 제출'과 '식사 분배'를 호령한다. 그러면, 식사당번은 마스크를 쓰고 밥과 국, 반찬을 분배한다. 당번이 식사 분배를 마치고 '분배 완료'를 복창하면, 반장은 당직교관에게 생도들의 식사준비 완료를 보고한다. 그러면, 교관은 식사검열을 마치고 '제0반 식사 시작'을 명령한다. 그러면, 각 방의 생도들은 '잘 먹겠습니다'를 일제히 복창하고 젓가락을 들었다. 생도들은 식사 와중에도 허리를 똑바로 펴고 정좌를 유지하였다. 밥과 반찬 등 식사를 남기는 생도는 단 한 명도 없었다. 그래서 기자는 "그 태도의 씩씩함은 실로 2개월 훈련으로서는 놀랄 수밖에 없었다"고 감탄하였다. 勝山雅夫(1942.1), 「반도 건아의 정신 도장, 육군병지원자훈련소 참관」, 『신시대』제2권 제1호.

사를 실시하였다. 훈련생도들의 규칙적인 생활과 식사량 조절은 [그림5-2]와 같이 입소 2개월차까지 체중 저하와 입소 3개월차 이후 체중 증가라는 급격한 생물학적 변화를 경험해야 했다.[35]

1938년 전기생은 1인당 평균 1.59킬로그램, 후기생은 4.24킬로그램의 체중 증가를 기록하였다.[36] 이 가운데는 약 8~11킬로그램에 달하는 체중 증가를 기록한 경우도 있었다.[37]

[그림5-2] 1938년도 육군병지원자훈련소 입소생도의 체중 변화

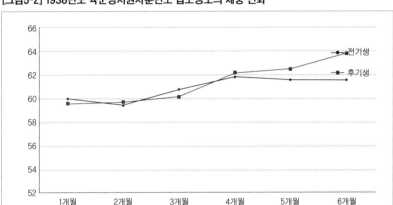

(자료) 朝鮮總督府陸軍志願兵訓練所(1939.8), 「志願兵訓練所より見た半島靑年の體力」, 『朝鮮』 제291호.

---

35. 김성수는 식사와 육군병지원자훈련소의 식사량과 관련해서 "한창일 때의 우리들 배를 채우기에는 부족했고, 항상 공복감을 느꼈다. 훈련소에서 가장 괴로웠던 것은 이 공복감이었다"고 증언하였다. 김성수(1999), 『상이군인 김성수의 전쟁』, 금하출판사, 58쪽.

36. 『매일신보』 1938년 12월7일자.

37. 육군병지원자훈련소의 시설 및 처우와 관련해서 윤치호의 일기를 참고할 수 있다. 1938년 12월12일 윤치호는 다른 조선인 14명과 함께 경성을 떠나 중국 한커우(漢口)로 전출 가는 오랜 지기였던 일본군 요시다 대령을 위한 송별연을 마련하였다. 같은 자리에서 요시다 대령은 "지원병들이 너무나 대우를 받아와서 실제 병영에 배치되었을 때, 식사도 조악하고 규율도 엄하며 침상에 해충이 우글거리는 것을 보고 낙담할까 우려했다"고 한다. 박정신 역(2016), 『(국역) 윤치호 영문 일기』, 국사편찬위원회, 149쪽.

II. 생활·교육·훈육

다음은 훈련생도들의 육군병지원자훈련소 생활, 교육, 훈육은 어떠했는가? 이하에서는 학과교육과 내무생활 그리고 수료생의 소감과 회고를 포함하는 육군병지원자훈련소의 일상을 살펴보자.

학과교육

육군병지원자훈련소의 교육과 훈육은 [그림5-3]와 같이 황국신민 연성을 위한 황도(皇道)의 파악과 황도의 실천이었다.[38] 그래서 이른바 「황국혼의 수양도장」 혹은 「성훈도장(聖訓道場)」으로도 회자되었다.[39]

[그림5-3] 황국신민의 연성방침

(자료) 森下三男(1942), 『陸軍特別志願兵』, 立川文明堂, 64쪽.

---

38. 구체적인 훈련 강령은 (1)황국정신의 앙양, (2)규율심의 진기(振起), (3)사기 진작, (4)신체의 연성, (5) 덕성의 연마였다. 佐野八十衛(1943), 『戰ふ朝鮮』, 內外公論社, 66쪽.

39. 1942년 10월 가이다 대좌는 "이곳은 새사람을 만드는 한 개의 도장이다. 전투를 가르치는 것은 이 훈련소의 임무가 아니고 장차 제국 군인이 됨에 필요한 인간을 육성함에 있다"고 주장하였다. 海田要(1939), 「志願兵制度の現狀と狀來への展望」, 錄旗聯盟; 『매일신보』 1942년 10월23일자.

교육체계는 [표5-6]과 같이 (1)황국정신의 함양과 체현을 위한 훈육, (2)군대생활에 필요한 보통학과 교육, (3)군대생활에 필요한 술과 교육의 구성이었다. 보통학과는 훈육과 연계해서 황국신민의 상식과 충의 배양의 정신지도였다. 교련은 엄격한 제식훈련에 따른 군인정신의 단련과 군기진작이었다.[40] 교수 시간으로 보면, 국어과 교련이 높은 비중이었지만, '정신도장으로 반도 청년의 육성'[41]을 지향했기 때문에 정신도야(精神陶冶)의 훈육을 가장 중시하였다. 과목별 교수방침은 다음과 같았다.[42]

첫째, 훈육은 반별 주당 4시간으로 육군병지원자훈련소 소장, 중대장, 구대장 단위로 실시하였다. 훈육은 중대별로 실시되었는데 주당 소장 3시간, 중대장 2시간, 구대장 2시간이었다.

[표5-6] 과목별 교수시간과 내용

구분		주당 교수시간		훈육 및 교수 내용
		반당	반총계	
훈육		4	16	국체의 특질, 황국신민의 본분 자각, 국민도덕, 작법, 공민 심득, 기타
보통 학과	국어	10	40	일상 숙지 문자, 보통문의 강독, 습자, 작문
	수학	2	8	산술, 대수, 기하 초급
	국사	3	12	국사 대요, 국세, 국민 문화, 국제 정세
	지리	2	8	일본지리 대요, 외국 지리 대요, 국가의 지위와 외국과의 비교
	이과	2	8	생리/위생/구급법 대요, 물리, 화학, 원소 화합물 대요
	소계	23	92	
술과	체조	3	12	공수체조, 기구체조, 주법, 투환, 기타
	교련	10	40	공수체조, 집총교련, 사격, 야외연습, 기타
	무도	2	8	검도, 유도, 총검술
	소계	15	60	
합계		38	152	

(자료) 法制局(1939),「朝鮮總督府陸軍兵志願者訓練所管制中改正の件」.

40.「매일신보」1938년 3월3일자.
41. 朝鮮總督府(1943),「朝鮮事情」, 208쪽.
42. 森下三男(1942),「陸軍特別志願兵」, 立川文明堂, 69~71쪽.

소장의 훈육은 칙어칙유(勅語勅諭)를 체현하는 신국(神國)이념과 국체의
존엄성을 깨우치는 정신 고취였다. 중대장 훈육은 일상생활을 규율하는 예
의와 상식, 구대장 훈육은 생활의 실천지도와 훈련으로 구분되었다. 훈육은
천황제 이데올로기의 부식을 방지하는 반공교육을 포함하였다.[43]

[사진5-2] 1938년 육군병지원자훈련소와 훈련생도

(출처) 內閣情報部(1938.7.13), 『寫眞週報』 第22號.

---

43. 「조선방공협회」는 1938년 8월15일 창설되었고, 조선총독부 정무총감을 총재로 취임하였다. 매달 15
일을 「방공방첩의 날」로 지정해서 방공방첩 사상보급을 위한 강연회, 좌담회, 영화회, 반공연극, 반공
음악회, 적색 서적의 분서제 등 조선의 반공기지화를 추진하였다. 「조선방공협회」는 설립 1년 만이었던
1939년 조선 전역에 걸쳐 253개의 지부와 하부조직으로 3100개의 반공단이 결성되었고, 18세부터 30
세까지의 청년 약 19만 명을 단원으로 하는 거대 조직으로 성장하였다. 조직은 지역별과 직업별로도 조
직되었고, 학교와 교화시설에도 하부조직이 설치되었다. 「조선방공협회」는 1939년 1월부터 기관지 『방공
의 조선(防共の朝鮮)』이라는 월간지를 발행하였다. 1939년 10월 당시 발행부수는 4만 7000부에 달했
고, 일본, 만주, 중국, 대만, 남양군도에까지 배포되었다. 1940년 「조선방공협회」는 「국민총력조선연맹」으
로 흡수·재편되면서 방공보다는 방첩을 보다 강조하게 되었다. 이정욱 공편(2014), 『사상전의 기록』, 학
고재.

둘째, 국어(일본어)는 반별 주당 10시간으로 강독, 작문, 회화로 구분되었다. 강독은 주당 8시간으로 주로 『쇼와(昭和)국민독본』을 비롯해서 청년학교에서 사용하는 교과서를 채택해서 독해력 배양과 함께 국민적 정조의 해독 그리고 의지의 표현법과 발음 등을 지도하는 것이었다. 작문은 주당 2시간으로 주로 서간문과 감상문을 작성하는 등 정확한 표현력의 배양이었다. 회화는 일상용어의 발음, 단어사용법, 표현법 등 일상적인 회화 요령이었다.

셋째, 국사(일본사)는 반별 주당 3시간으로 국체명징, 일본의 유래, 국민정신의 융체(隆替), 무사도의 발달, 내선일체의 실천을 이해해서 국체관념을 확립한다는 것이었다. 수업은 진충보국의 정신을 배양하고 황실관과 국가관을 지도해서 황민의 감격과 국민적 자각을 촉구하고자 하는 것이었다. 학과교육 5과목 가운데 국사가 가장 중시되었다.

넷째, 지리는 반별 주당 2시간으로 세계와 아시아에서 일본의 지위, 대동아공영권의 실상과 일본과의 관계 그리고 우방국(독일과 이탈리아)의 국세(國勢) 일반을 교수하였다. 나아가, 대륙병참기지 조선의 현재와 장래에 대한 이해와 함께 황국신민의 각오와 긍지를 체득하고 시국인식의 제고를 의도하였다. 수학과 이과는 일상생활에 필요한 상식을 교수하였다.

다섯째, 교련은 반별 주당 10시간으로 엄정한 제식훈련에 의한 군인정신의 함양과 군기진작을 목적으로 하였다. 엄격한 복무규율과 견고한 의지, 강건한 신체 단련, 규율과 절제, 협동정신과 책임감을 중시하였다. 특히, 기본동작 수련에 중점을 두고 진도의 완급을 조절하면서 기술적 요소보다 정신 단련에 치중하였다. 1940년 8월 제3기생으로 육군병지원자훈련소에 입소한 공국진에 따르면 "훈련 과목은 주로 일반학과는 정신교육 덕목이 주가 되었고, 특히 황국사관을 중점으로 하였으며, 도쿠토미 소보(德富蘇峰)의 『근세일본국민사』가 주교재였다. 군사훈련은 내무생활의 일반원칙과 기초 군사훈련 정도였고, 중점은 황국신민화 교육과 일본군 내무생활의 일반 법도와 예의범절"[44]이었다고 회고하였다. 1943년 6월 평양 제2육군병훈련소에 입소했던 충남 출신 홍종태의 회고에 따르면, "훈련기간에는 기합이 너무 심하여 자살할 생각과 도망갈 생각도 여러 번 했으나 도망하면 경찰과 헌병대에 신고하여 몇 분 만에 체포돼 총살당하게 된다고 겁을 주기도 하고 나를 성대히 환송해준 면장과 주재소 주임들 체면을 생각해서 좌절하고 말았다. 나뿐만이 아니라 모든 훈련생이 그런 생각을 했을 것이다. 잘해도 못해도 매일같이 모든 생활이 연대기합으로 시작해서 연대기합으로 끝났다. … 지금도 생각하면 몸서리치는"[45] 날들이었다고 회고하였다. 그래서 훈련생도들은 육군병지원자훈련소 입소에 앞서 명령에 대한 절대 복종과 공익을 위한 희생을 맹세하는 각서를 제출하지 않으면 안되었다.[46]

[사진5-3] 육군특별지원병의 행군 장면

(출처) 1941년 영화 「그대와 나」의 스틸 사진

---

44. 공국진(2001), 『한 노병의 애환』, 원민, 29쪽.
45. 한국정신대연구소편(1999), 『강제로 끌려간 조선인 군위안부들(3)』, 한울, 369쪽.
46. 朝鮮初等教育研究會(1938), 「朝鮮志願兵訓練所參觀記」, 『朝鮮の教育研究』 第121号.

내무생활

육군병지원자훈련소의 또 다른 목적은 생활의 규율화와 일본적 예의작법을 체득해서 본격적인 병영생활을 준비하게 한다는 것이었다. 그래서 훈련생도는 자신의 내무반을 출입할 때마다 성실, 정직, 원기(元氣)라는 소훈과 함께 "첫째, 군인은 충절을 본분으로 한다"[47]로 시작하는 5개 항의 칙유(勅諭)를 복창해야 했다. 이하에는 훈련생도의 일상생활, 내무생활, 위생생활을 검토해보자.

첫째는 일상생활이다. 기상에서 소등에 이르는 훈련생도의 일상은 종래 조선인의 생활관습을 교정하고 일본적 예의, 관습, 품성을 함양하는 것이었다. 각 중대를 중심으로 구대장이 생도감과 주번사관을 겸해서 생활지도를 실시하였다. 일과는 [표5-7]과 같았다. (1)조례는 하루를 시작하는 가장 엄숙한 행사였고, 기상과 세면 이후 전원 소정(所庭)에 정렬해서 궁성 및 이세(伊勢)신궁 요배와 함께 '황국신민서사(皇國臣民誓詞)'[48]를 제창한 이후 〈바다에 가면(海行かば)〉[49]을 합창하면서 천황의 만수무강을 기원하고 충절을 맹세해야 했다. (2)정좌와 강당 훈화는 일과 이후 중대별로 강당에 집합·정

---

47. 그 외에도 "둘째, 군인은 예의를 바르게 한다. 셋째, 군인은 무용(武勇)을 숭상한다. 넷째, 군인은 신의를 중히 여긴다. 다섯째, 군인은 검소해야 한다"는 것이었다. 昇山雅夫(1941), 「半島 健兒의 精神道場 陸軍兵志願者訓練所參觀」, 『신시대』 제1권 제1집.

48. '황국신민서사'는 1937년 10월 조선총독부 학무국에서 작성해서 각 도 당국에 통달하였고, 1937년 11월부터 정식으로 조선 전역에 걸쳐 서사 제창이 일제히 시행되었다. 조선 최초로 '황국신민서사'가 제창된 곳은 1937년 10월3일 함남 함주의 오노(五老)소학교였다. 이후 '황국신민서사'는 모든 집회와 의식이 진행되는 식장에서 국민의례의 일환으로 제창되었다. '황국신민서사'는 일반용, 상급학교용, 초등학교용으로 구분되었다. 일반 및 상급학교용은 "(1)우리들은 황국신민이 되어 충성으로 군국(君國)에 보답한다. (2)우리 황국신민은 상호 신애협력해서 단결을 꾀한다. (3)우리 황국신민은 인고단련을 함양해서 황도(皇道)를 선양한다"는 것이었다. 朝鮮總督府情報課編(1944), 『新しき朝鮮』, 44쪽.

49. 〈바다에 가면〉은 1937년 10월 일본 정부가 「국민정신총동원강조주간」에 제정한 주제곡이다. 당시 저명한 작곡가 노부토키 기요시(信時潔)가 NHK의 의뢰를 받아서 『만엽집(万葉集)』에 등장하는 오토모노 야카모치(大伴家持)의 노래를 작곡한 것으로 출정 병사의 송가, 군가, 국민가곡으로 널리 애창되었다.

좌해서 황국집가(皇國集歌)의 해설과 일화를 청강하면서 황민의 삶에 감사하였다. (3)묵수와 반성은 일석점호 이후 침상 앞에 입석해서 입소 맹세를 제창하고, 지원 결의를 반성하는 한편, 고향을 향해서 부모의 평안을 기원하고 하루 일과를 반성하였다.

[표5-7] 육군병지원자훈련소의 일과

시간		교시	과목	개요
오전	07:00~08:00	60		기상, 청소, 세면	1. 조례
	08:00~08:20	20		일조 점호, 조례	(1) 伊勢皇大神宮과 황성요배,
					(2) 황국신민서사 제창
	08:20~09:00	40		조식	(3) '바다에 가면'을 합창,
					(4) 황국신민 체조
	09:00~09:30	30		청소검사, 복장검사	2. 훈련
	09:30~10:20	50	제1교시	제1수업	(1) 훈육은 황국신민의 본위,
					국체의 존엄과 신념의 교설
	10:20~10:30	10		휴식	(2) 보통학과는 국어, 국사, 지리,
					수학, 이과 및 정신교육
	10:30~11:20	50	제2교시	제2수업	3. 강당 훈화
	11:20~11:30	10		휴식	(1) 御製의 강독, (2)정신훈화, (3)정좌
	11:30~12:20	50	제3교시	제3수업	4. 묵상과 반성
	12:20~01:00	40		점심	(1) 일과의 반성, 부모의 안녕 기원
오후	01:00~01:20	20		휴식	(2) 일과의 감사와 반성
	01:20~02:10	50	제4교시	제4수업	5. 회식
	02:10~02:20	10		휴식	(1) 수/토요일 석식은 강당 회식
	02:20~03:10	50	제5교시	제5수업	(2) 식사법의 지도와 레크레이션
	03:10~03:20	10		휴식	6. 생활 검사
	03:20~04:10	50	제6교시	제6수업	(1) 토요일 관급품 검사
					(2) 사물의 정리정돈, 내무반 검사
	04:10~05:00	50		정비, 목욕	7. 진단과 치료
	05:00~06:00	60		석식	화/금요일 위탁의사의 진단과 치료
	06:00~06:30	30		목욕, 휴식	8. 이발
	06:30~07:30	60		제1자습	제1/제3 일요일 전원 이발
	07:30~08:00	30		강당 훈화, 정좌	9. 목욕
	08:00~08:30	30		우편물 배포, 휴식	화/수/목요일 목욕
	08:30~09:30	60		제2자습, 일석점호, 묵상, 반성	10. 일용품 판매
	10:00			취침	화/금/일요일 일용품 판매

(자료) 法制局(1939), 「朝鮮總督府陸軍兵志願者訓練所管制中改正の件」.

둘째는 내무생활이다. 내무생활의 지도와 감독은 중대 단위로 간부를 배치해서 주번제를 실시하였다. 주번교관은 훈련생도와 일상생활을 함께함으로써 면밀한 생활지도와 감독을 담당하였다. 내무생활은 매주 토요일 내무검사를 실시해서 병기를 비롯한 관급품과 사물함의 정리, 정돈, 손질 상황을 점검해서 보급품에 대한 애호정신과 물자절약의 중요성을 체득한다. 또한 개별 생도가 불침번과 위병근무를 담당해서 책임관념을 함양한다. 엄격한 내무생활은 훈련생도의 자살을 초래하기도 하였다.[50] 1942년 당시 훈련생도들은 각 중대별로 설치된 라디오를 통해서 짧은 시간이지만, 뉴스와 음악을 즐겼다.[51]

셋째는 위생생활이다. 훈련생도의 보건위생을 위해 조선군사령부는 육군병지원자훈련소 내부조직으로 의무실과 정양실(靜養室)을 운영하였다. 조선군사령부가 파견한 위생 준위 1명과 군의관 및 위생하사관 6~7명이 일상의 진료활동을 담당하였다. 훈련생도 전원은 매달 신체검사와 매주 위생검사를 받아야 했다.[52] 1938년도 전반기 훈련생도 202명에 대한 신체검사에서 기생충 보유자가 147명에 달하였다.[53] 그 외에도 말라리아와 성병 보

---

50. 1940년 12월 육군지원자훈련소에 입소한 함남 단천 출생의 다마가와 교세이(玉川京靑, 23세)는 1941년 2월23일 육군병지원자훈련소 인근의 경춘선 철로에 뛰어들어 자살하였다. 1941년 모 훈련생은 육군병지원자훈련소를 탈출하고자 절식에 성공해서 퇴소 처분을 받기도 하였다. 『매일신보』 1941년 2월 26일자; 林えいだい(1995), 『証言集, 朝鮮人皇軍兵士』, 拓植書房, 135쪽.

51. 本社記者(1942.6), 「陸軍特別志願兵訓練所參觀記」, 『조광』, 제8권 제6호.

52. 육군병지원자훈련소는 훈련 과정에서 발생한 중병자에 대해서는 경성제대 부속병원 입원을 조치하였다. 입원 및 치료경비 전액은 육군병지원자훈련소가 부담하였다. 또한, 전염병과 질병예방 차원에서 예방 접종과 기생충 구제 그리고 위생사상 보급에도 주력하였다. 朝鮮總督府陸軍志願兵訓練所(1942.12), 「訓練所敎育槪況」, 『朝鮮』 第331號.

53. 1938년 전기생 202명에 대한 신체검사의 결과, 기생충 보유자가 187명에 달하였다. 보유 기생충은 회충, 편충, 십이지장충, 동양모양선충(東洋毛樣線蟲), 조충(條蟲), 대장아메바 등이었다. 이 외에도 육군병지원자훈련소 입소 이후 생활환경이 급변하면서 그동안 잠복해 왔던 신병이 발병하기도 했는데, 주로 말라리아, 위통, 각기병, 성병 등이었다. 朝鮮總督府陸軍志願兵訓練所(1939.8), 「志願兵訓練所より見た半島靑年の體力」, 『朝鮮』 第291號.

유자도 다수를 기록하였다. 1938~1942년 훈련생도의 병종별 환자 발생과 치료실적은 [표5-8]과 같았다. 1938년 훈련생도 206명에 대해서 3605건으로 1인당 약 8.9건을 기록했지만, 1942년 1.2건으로 격감하였다. 이런 추이는 제1~제2차 선발전형에서 건강검진을 보다 강화했기 때문으로 추정된다.[54] 육군병지원자훈련소는 총 5개소의 목욕탕을 운영해서 고달프고 힘든 일과를 마친 훈련생도들의 피로회복과 청결유지에 노력하였다.[55]

[표5-8] 1938~1942년 훈련생도의 병종별 환자발생 추이 (단위: 명)

구분	1938년	1939년	1940년	1941년	1942년	합계
전염병 및 전신병	152	146	969	875	729	2,871
신경계통 질환	98	69	191	141	126	625
호흡기 질환	610	645	1,672	1,313	549	4,789
순환기 질환	40	58	72	255	141	566
소화기 질환	707	825	2,628	2,539	1,049	7,748
생식기 질환	5	5	98	496	146	750
화류병	170	154	640	740	7	1,711
안과 질환	40	53	319	684	304	1,400
이과 질환	54	73	170	760	512	1,569
피부 질환	1,405	1,607	3,642	3,620	1,505	11,779
운동기 질환	15	164	32	646	76	933
외상	309	458	1,837	1,865	911	5,380
합계	3,605	4,257	12,270	13,934	6,055	40,121
전기	1,838	1,767	6,954	5,665	5,097	21,321
후기	1,367	2,890	5,316	8,269	958	18,800
합계	406	613	2,961	3,277	5,017	12,274

(주) 1938~1939년도 전기는 6월부터 12월, 후기는 12월부터 5월까지.
(주) 1940~1941년도 제1기와 제2기는 1개월부터 4개월까지.
(주) 1942년도는 1942년 6월20일부터 1943년 1월20일까지.
(자료) 法制局(1939), 「朝鮮總督府陸軍兵志願者訓練所管制中改正の件」.

---

54. 朝鮮總督府陸軍志願兵訓練所(1939), 「志願兵訓練所より見た半島靑年の體力」, 『朝鮮』 제291호.
55. 本社記者(1942.6), 「陸軍特別志願兵訓練所參觀記」, 『조광』, 제8권 제6호.

1938년 전기생 훈련생도는 대략 입소 5개월 차에 조선군사령관이 실시하는 제3차 전형 혹은 종결검사를 받았다. 이를 통과한 훈련생도만이 정식의 육군특별지원병으로 일본군에 입영할 수 있었다. 1938년도 제1기생(현역)의 제3차 전형은 1938년 10월 중순이었다. 전형은 입소기간에 걸쳐 개별 생도의 교육, 근무, 위생 상태를 점검하고, 필요에 따라 인물고사와 신체검사를 병행하였다. 제3차 전형 합격자는 육군병지원자훈련소를 수료하기 일주일 전에 발표되었다.[56] 훈련생도 개개인은 전형 결과에 따라 병종과 입영부대가 결정되었고, 현역병 증서(혹은 제1보충역 증서)가 교부되었다. 물론 불합격자는 즉시 귀가 조치되었다. 이들은, 병영생활이 곤란한 불치병 환자들이었다.

소감과 회고

1942년 최정희는 단편소설 『야국초』에서 육군병지원자훈련소 훈련생도의 일상을 교관 명령에 절대 복종하는 「월월화수목금금」[57]으로 묘사하였다.[58] 1940년 11월28일 『매일신보』가 주최한 좌담회에 참석한 훈련생도들은 육군병지원자훈련소를 통해서 무질서 교정과 함께 과단성, 기민성, 복종심을 함양했다고 발언하였다.[59] 1943년 1월 뉴기니에 참전한 조선군 제20사단 소속 육군특별지원병은 『매일신보』와의 인터뷰에서 "불과 6개월 동안의 교육이었으나 참으로 나의 피가 되고 살이 된 느낌"[60]이었다고 답하였다. 다음은 1943년 1월 제20사단 소속 육군특별지원병 3명의 증언으로부터 육군특별지원병 지원 경위와 육군병지원자훈련소의 경험을 검토해보자.

56. 鉢村忠(1942), 『み民われ志願兵』, 博文書館, 121쪽.
57. 교육출판기획실편(1988), 『교과서와 친일문학』, 동녘, 201쪽.
58. 朝鮮初等教育研究會(1938), 「朝鮮志願兵訓練所参觀記」, 『朝鮮の教育研究』 第121号.
59. 『매일신보』 1940년 12월8일자.
60. 『매일신보』 1943년 7월27일자.

첫째는 제20사단 제26연대 소속 김재연의 증언이다. 그는 1943년 1월 제 20사단 야포 제26연대 치중병(보급병)으로 뉴기니에 출정하였다. 육군특별 지원병 지원 당시 김재연의 직업은 고흥 군청의 임시직이었다. 육군특별지 원병 합격 소감과 관련해서 "나는 일본병의 빛나는 군복을 동경하기도 해 서 이것으로 정말 일본인이 되었다는 기분으로 귀신의 목이라도 취한 듯이 우쭐했다"고 증언하였다. 그는 교관으로부터 지휘봉과 목총이 날아드는 엄 격하고도 가혹한 육군병지원자훈련소 생활을 거치면서 황군 병사로 거듭날 수 있었다. 연일 계속되는 학과교육과 맹렬한 군사훈련으로 심한 공복감에 시달렸고, 기아, 질병, 노이로제로 상당수의 낙오자도 발생하였다. 김재연은 "훈련소 생활은 전부 전지에서의 실전훈련이었고, 투철한 일본 군인정신을 주입받았다. … 황국신민으로서 나라와 천황폐하를 위해 죽는다는 것을 전 혀 의심하지 않았다"[61]고 증언하였다.

둘째는 제20사단 제26연대 소속 임문옥의 증언이다. 그는 앞서 김재연과 동기생으로 1943년 1월 제20사단 야포 제26연대 치중병으로 뉴기니에 출정 하였다. 육군특별지원병 지원 당시 직업은 농업이었다.[62] 1941년 6월 장행회 (壯行會)는 고흥 군청 광장에서 일장기를 흔드는 소학교 생도, 군청과 경찰 서 등 관계 관청 직원, 애국부인회와 처녀회 등이 참가하는 성대한 환송이 었다. 그래서 임문옥은 마치 영웅이 된 기분으로 군가를 부르며 가슴을 펴 고 거리를 행진하였다. 육군병지원자훈련소에서는 계속되는 맹훈련 과정에 서 바보 취급을 당하지 않기 위해 필사적으로 훈련에 응하였다. 그 과정에

---

61. 林えいだい(1995), 『証言集, 朝鮮人皇軍兵士』, 拓植書房, 95~96쪽.
62. 육군특별지원병 지원과 관련해 임문옥은 "자신의 손으로 이름을 쓰고 날인했기 때문에 지원했다는 것 자체를 지금에 와서 비하하거나 자기비판은 별의미가 없다. 여기까지 왔다면, 일본인으로부터 무시당 하지 않도록 전력을 다한다. 그렇게 하면, 일본인도 조선인을 바보 취급하지 않을 것이라 생각을 바꾸었 다"고 증언하였다. 위와 같음, 133쪽.

서 익숙하지 않은 엄격한 내무생활과 힘겨운 교육훈련을 이겨내지 못한 2명의 동기생이 낙오하였다. 그는 육군병지원자훈련소 생활과 관련해서 "결과적으로 보면, 뉴기니로부터 귀환할 수 있었던 것은 6개월의 엄격한 훈련을 이겨낼 수 있었기 때문"[63]이라 증언하였다.

셋째는 제20사단 제79연대 소속 오종철의 증언이다. 오종철은 1939년 육군특별지원병 제3기생(현역병) 출신이다. 오종철은 영광농업실업학교를 졸업한 이후 영광군 백수면에 소재하는 아베(阿部)농장 직원으로 채용되었다. 육군특별지원병 지원 과정에서는 양친의 반대도 있었지만, "나는 지원병이 되는 것을 명예라고 생각하였고, 양친의 한탄에 귀를 기울일 수 있는 심정도 아니었다"[64]고 증언하였다. 정직하게 말해서 그는 이미 천황의 신민이 되어 있었다고 증언하였다. 1939년 6월 오종철은 일장기를 흔드는 군민들의 열렬한 환송을 받으며 육군병지원자훈련소에 입소하였다. 교육훈련은 중일전쟁 참전 경력의 교관이 담당했고, 철저한 실전훈련의 연속이었다. 오종철은 육군병지원자훈련소의 격렬한 교육훈련을 거치면서 본격적인 일본군 병영생활에 쉽게 적응할 수 있었다. 그는 뉴기니에서 생환한 소속부대 유일의 조선인 육군특별지원병이었다.

III. 조선인 사회의 관심과 후원

1939년 10월 당시 "조선 동포로서 황국신민의 자질을 구비한 표본 실례

---

63. 위와 같음, 135쪽.
64. 오종철은 "나 자신이 조선인이라는 자각은 있었지만, 일본 국민으로서 군 입대에 전혀 의문이 없었다. … 나는 이미 철저한 황국신민화 교육을 받아서 세뇌되었고, 이미 오래 전에 일본인화되어 있었다"고 증언하였다. 林えいだい(1995), 위와 같음, 119~200쪽.

를 보이라 한다면, 가장 먼저 주저 없이 육군특별지원병을 들 수 있다"[65]는 당시 조선총독부 학무국장 시오바라의 지적과 같이 육군병지원자훈련소는 '철저한 정신연성의 도장'이었고, "우리 동네에 지원병이 났다, 아무개 아들은 훈련소에 들어갔다, 누구는 입영했다"[66] 등 삼천리 방방곡곡에 걸쳐 조선 관민들의 큰 관심거리임과 아울러 자랑거리였다.[67] 육군특별지원병제의 "성과는 내선 각 유식자로부터 다대한 관심을 갖고 주시하는"[68] 사안이었다. 이하에서는 육군병지원자훈련소와 훈련생도에 대한 조선인 사회의 관심과 후원을 구체적으로 검토해보자.

후원회와 활동

1938년 2월 육군특별지원병제 공포 이래 전남을 시작으로 전국 각지에서는 지원병후원회가 우후죽순으로 결성되었다.[69] 1941년 5월 만주국 수도 신경(新京)에서도 「조선육군특별지원병봉천지구후원회」[70]가 결성될 정도였다. 「육군병지원자후원회」는 주로 군과 면 단위로 결성되었고, 1939년 3월 당시 전국적으로 132개에 달하였다. 「육군병지원자후원회」는 역내 출신의 육군병지원자훈련소 입소자에 대한 전별금(餞別金)과 함께 배출 가정에 대해서도

---

65. 鹽原時三郎(1939.10), 「特別志願兵制度に就いて」, 『總動員』第1券第5号.

66. 1942년 말 조선군보도부는 조선 각지의 유식부노층(有識夫老層)을 대상으로 육군병지원자훈련소 견학을 실시하였다. 1942년 9월22일 제1차 함남지역 거주민 약 60명이 견학하였다. 이들 견학단은 육군병지원자훈련소의 시설, 운영, 일과, 훈육, 교육, 생활의 이모저모를 둘러보았다. 그 와중에 입소 3개월도 안 된 훈련생도들의 씩씩하고 늠름한 자세와 기상을 보고서는 "놀랐습니다. 조선 청년들도 교육 여하에 이렇듯 훌륭한 군인이 되는 줄 처음 알았다"며 크게 감격하였다. 本社記者(1942.10), 「地方有識夫老層 陸軍特別志願兵訓練所見學記」, 『조광』, 제8권 제10호.

67. 海田要(1939), 「志願兵制度の現狀と狀來への展望」, 錄旗聯盟.

68. 朝鮮軍參謀部(1939.2), 「朝鮮思想運動槪況」.

69. 『매일신보』 1938년 4월18일자.

70. 『매일신보』 1941년 5월15일자.

다양한 후원사업을 펼쳤다. "각 도의 후원은 실로 놀라운 것으로 그 가운데는 향리를 떠날 때 출정군인과 거의 동일한 환송과 전별"[71]을 받았다. 1938년도 강원도의 경우, 장행회 참가자는 17개 군에 걸쳐 약 3만 4775명을 기록하였다.[72]

1939년 2월 조선인 유력자 20명은 전국적인 차원의 「경성부육군병지원자후원회」를 결성하였다.[73] 회장에는 좌옹 윤치호가 취임하였다.[74] 후원회 활동은 육군특별지원병에 대한 원호사업, 인쇄물 발행, 강연회와 좌담회 개최, 지원자 가족의 위문과 격려, 제대자의 취업 알선이었다.[75] 개인적인 후원과 함께 훈련소의 가치에 감격해서 기부를 문의하는 자도 많았다. 그 가운데 1000원이 45명, 4만 원이 1명이다. 4만 원을 기부한 특지가(特志家)는 지방민의 훈련소 견학을 장려하고 면장의 여비 부담[76]을 자처하기도 하였다. 「경성부육군병지원자후원회」는 1938년 제1기생 훈련생도의 일본 시찰여행 여비를 후원하기도 하였다.[77]

1940년 「경성부육군병지원자후원회」는 육군특별지원병 배출 가정을 표

71. 朝鮮初等教育研究會(1938), 「朝鮮志願兵訓練所參觀記」, 『朝鮮の教育研究』 第121号.

72. 江原道警察局(1938), 「治安狀況」, 京城地方法院檢查局.

73. 朝鮮軍殘務整理部(1951), 『朝鮮人志願兵徵兵の梗概』.

74. 「경성부육군병지원자후원회」 결성과 관련해서 "육군특별지원병제는 조선 조야의 기대를 배신하는 일이 없이 순조롭게 진행되었다. 하지만, 징병제가 아니기 때문에 내지인들과 같이 이른바 총후(銃後)의 조직이 정비되지 않았다. 때문에 군사구호 등이 시의적절하게 실시되지 못하였다. 동시에 지원병의 전형검사 수험을 위한 여비와 숙박료를 자비로 충당해야 하는 상황이었다. 그래서 조선인 유식자간에 후원운동이 대두해서 우선 경성에서는 조병상과 박흥식 등 유지들이 앞장서게 되었다. 조선총독부도 이들의 운동을 측면에서 지원하였다"고 한다. 朝鮮軍殘務整理部(1951), 『朝鮮人志願兵徵兵の梗概』.

75. 「동아일보」 1939년 2월13일자.

76. 伊藤猷典(1942), 『鮮滿の興亞敎育』, 目黒書店, 48쪽.

77. 육군특별지원병 제2기생(제1보충역)은 1939년 11월 2주간에 걸친 일본 시찰여행에 나섰다. 이들은 동경을 비롯해서 가는 곳마다 씩씩한 군용(軍容)을 펼쳤고, 일본 대중들의 열렬한 환영을 받았다. 『매일신보』 1939년 11월14일자; 帝國地方行政學會朝鮮本部編(1939.1), 『朝鮮行政』 第3券第1号.

창하고자 '육군특별지원병명예지가(陸軍特別志願兵名譽之家)'[78]라는 표찰을 제작·증정하기도 하였다. 후원회는 1940년 충북 옥천군 표충비건립기성회(表忠碑建立期成會)와 공동으로 이인석 상등병의 표충비 건립을 추진하였다. 1939년 제2기 이후 육군특별지원병 입영자의 장행회는 「경성부육군병지원자후원회」가 주관하였다. 1941년 이후 훈련생도 증원과 함께 수료자도 기별 1000여 명에 달하면서 장행회 형식도 종래 경성부 부민회관이 아니라 경성부 내의 무장행진으로 바뀌었다.[79] 당일 「지원병권유실행위원회」는 경성부 국민학교 재학생을 대상으로 육군특별지원병 지원을 권유하는 연설회를 개최하기도 하였다.

견학과 방문

1938년 6월 이래 육군병지원자훈련소와 훈련생도의 근황은 조선인 사회의 커다란 관심거리였다. 조선총독을 비롯한 관민은 육군병지원자의 입소식과 수료식뿐만이 아니라 평상시에도 육군병지원자훈련소를 빈번하게 방문하였다. 척무대신을 비롯한 일본과 만주국 고관들도 육군병지원자훈련소를 방문해서 훈련생도들을 격려하였다. 1939년 5월 독일 해군의 리하르트 푀르스터 제독을 단장으로 하는 독일 신문기자단[80], 1940년 10월 히틀러 유겐트(Hitler Jugend)의 훈육을 담당하는 하인리히 유로겐스 일행이 육군병지

---

78. 삼천리사(1940), 「君國多事의 秋에 志願兵(志望者)十萬突破, 志願兵 母姉에 送하는 書」, 「삼천리」 제12권 제7호.
79. 1941년 11월6일 육군특별지원병 1300명은 경성부 내의 무장행진을 펼쳤다. 동대문─종로─광화문─서대문─의주통─경성역─남대문─태평통─덕수궁─황금정─경성운동장으로 이어지는 무장행진으로 오전 9시부터 오후 4시까지 이어졌다. 이들의 무장행진은 「경성부육군병지원자후원회」, 「경성부방호회」, 「임전보국단」, 「지원병권유실행위원회」가 공동으로 주최하였다. 「매일신보」 1941년 11월7일자.
80. 독일 기자단은 1939년 5월12일 육군병지원자훈련소를 방문해서 훈련생도의 사열을 받았고, 강당에서 육군병지원자훈련소의 창설 경위와 상황 설명을 들었다. 이후 교육훈련 참관과 함께 기숙사 등 여러 시설을 둘러보았다. 「매일신보」 1939년 5월13일자.

원자훈련소를 방문하였다.[81] 견학과 방문의 실상은 다음과 같았다.

첫째는 조선인 유력자층의 방문이다. 좌옹 윤치호는 물론이고 춘원 이광수 등 조선인 「협력엘리트」와 「문화엘리트」는 육군병지원자훈련소를 빈번하게 방문해서 잡지와 신문에 방문기를 게재하였다. 1940년 3월 이광수는 「지원병훈련소를 보고」라는 방문기를 『매일신보』에 연재하였다. 그는 1938년 400명, 1939년 600명이었던 육군특별지원병 모집 정원이 1940년 일거에 3000명으로 증원된 것을 두고 "반도 동포의 애국의 적성과 제1~2회 지원병의 성적이 양호함"[82]을 의미한다며, 육군병지원자훈련소의 성과를 높이 평가하였다.[83] 잡지 『삼천리』의 주필 김동환은 「애국정신과 지원병」[84]이라는 시찰기에서 조선인이 국민으로서 결여한 세 가지는 용기·훈련·조직이며, 육군병지원자훈련소만이 이들 세 가지 요소를 조선인 청년들에게 가르친다고 갈파하였다. 조선인 청년들이 신라 화랑 이래 처음으로 육군병지원자훈련소에서 제대로 된 무사교육에 전념하고 있다며 찬사를 아끼지 않았다.[85]

둘째는 군국미담의 유통이다. 1941년 1월 육군병지원병훈련소 제1구대 제3훈련반 신상묵은 전북 익산군 출신으로 1938년 대구사범을 졸업하고, 전남 화순의 청풍소학교 교사로 근무하다가 육군특별지원병을 지원하였다.

---

81. 『매일신보』 1940년 10월 5일자.

82. 『매일신보』 1940년 3월 2일자.

83. 『매일신보』 1940년 3월 2일자.

84. 김동환(1941), 「愛國精神と志願兵」, 『삼천리』 제13권 제6호.

85. 김동환은 육군병지원자훈련소 시찰기에서 "훈련소에 가보니까 소학교육도 제대로 안 받은 농촌 청년들이 처음에는 예라고는 전혀 없어서 벗은 옷은 내던지고 밤에는 덮은 이불을 함부로 재고 그 밖에 방청소, 밥 먹는 방법, 걷는 방법, 줄을 서는 방법은 부끄러울 정도로 난잡했습니다. 그것이 2~3개월 훈련으로 체중은 2~3관이 늘고, 몸은 똑바로 되며, 걷는 보조는 정식이 되며, 눈은 지평선을 노려보고, 넓은 교실에는 티끌 하나 없고, 걸레나 옷이나 이불을 재는 방법이 몰라볼 정도로 고쳐졌습니다. … 훈련소는 청년에게 천황을 위하여 묵묵히 죽어가는 존귀한 용기를 가르치며, 중요한 훈련을 시키는 군대로, 국민으로서 중요한 조직 방법까지 가르쳐 줍니다"라고 교육훈련의 성과를 소개하였다. 위와 같음.

1940년 8월 육군병지원자훈련소에 입소하면서 '인텔리 지원병'으로도 주목을 받았다. 신상묵은 지원 과정에서 「내가 지원병이 된 감상」이라는 글을 제출해서 관계자들을 감동시켰다. 신상묵은 "어린 생도를 훈육하고 있는 소학교 훈도의 몸으로 육군특별지원병을 지원하여 군인정신을 체득하여 어린 생도들의 황국신민화에 매진하는 동시에 일반 지원병의 모범이 되겠다"[86]는 소신을 피력하였다. 1941년 1월 신상묵은 잡지 『삼천리』에 "사랑하는 반도 동포들이여! 참으로 황국신민이 될 생각이 있거든 그리고 내선일체를 실행하려고 생각하거든 이 훈련소로 오시요"[87]라는 일기를 게재하기도 하였다.

셋째는 단체방문이다. 1940년 10월 이광수, 모윤숙, 최정희 등 「조선문인협회」 회원 38명은 이른바 「문사부대」를 결성해서 직분봉공 혹은 문장보국의 기치를 내걸고 육군병지원자훈련소를 방문했고, 그 소감을 잡지 『삼천리』에 게재하였다.[88] 1940년 11월 「국민훈련후원회」는 경성부 상류층 부인을 중심으로 이른바 「부인부대(婦人部隊)」의 1일 입소체험을 후원하였다.[89] 이들의 입소 소감은 1941년 1월 잡지 『삼천리』에 「부인부대와 지원병」이라는 제목으로 게재되었다. 그 가운데 김응신(金應信) 여사는 조선인 청년만이

---

86. 삼천리사(1940), 「삼천리」 제12권 제9호.

87. 신상묵은 육군병지원자훈련소를 수료해서 조선군 예하 보병 연대에 배치되었고, 뛰어난 근무성적으로 하사관으로 선발되었다. 그는 1945년 8월 제대 당시 헌병 조장이었다. 重光國雄(1941), 「志願兵일기, 그네의 生活 一日 記錄」, 「삼천리」 제13권 제1호.

88. 1942년 10월12일 육군병지원자훈련소를 방문한 춘원 이광수는 잡지 「삼천리」에 「천황께 바쳐서 쓸 데 있는 사람」이라는 제하의 소감문을 게재하였다. 그 요지는 "지원병훈련소를 보는 것은 두 번째인데 볼 때마다 가장 느껴지는 것은 신체와 정신의 개조입니다. 소화기의 개조, 근육의 개조, 피부의 개조, 이것은 지원병들이 공통으로 감사하는 바이며, 습관의 개조를 통한 정신의 개조 그 이상이 아닌가 합니다. 그들이 군대생활을 마치고 오는 날은 전혀 신인(新人)이 되는데 이 신인화(新人化)야말로 2300만 모두가 통과해야 할 필연하고 당연한 과정이 아닌가 합니다"라고 주장하였다. 삼천리사(1940), 「文士部隊와 志願兵」, 「삼천리」 제12권 제10호.

89. 「매일신보」 1940년 11월16일자.

아닌 여성들까지도 의무적으로 '국민 만들기의 공장'[90]을 거쳤으면 한다는 아주 흥미로운 입소체험을 게재하였다. 1940년부터 지역 단위의 견학과 방문이 본격화하였다. 예를 들어, 1940년 2월 황해도는 청년훈련소를 증설하는 과정에서 도민의 인식을 계몽한다는 취지에서 도민 유력자의 육군병지원자훈련소 견학을 실시하였다.

요컨대, 육군병지원자훈련소는 당시 조선인 사회의 상식을 부정하고, 조선인 보통 청년들을 확고한 국체관념과 국민의식을 내면화한 충량한 황국신민으로 포섭·개조하는 '황국신민의 도장'이자 '문명개화의 도장'[91]이었다. 말하자면, 몸과 마음으로 충군애국(忠君愛國)을 실천하는 병영생활의 복사판이자, 비국민을 국민으로 포섭·개조하는 '국민 만들기의 공장'이었다. 여기서 훈련생도들은 근대사회에 적응하는 시간, 신체, 언어의 규율화와 함께 개성, 인격, 자의식을 부정하는 이른바 '군대적 평등성' 그리고 '불편부당(不偏不黨)의 능력주의'를 실천하는 육군병지원자훈련소를 거치면서 정강(精剛)한 「제국의 첨병」으로 단련되었다. 아시아태평양전쟁기 육군특별지원병들에게 육군병지원자훈련소는 영혼의 고향이자, 마음의 안식처였다.[92]

---

90. 김응신의 입소체험 소감은 "지원병훈련소의 하루 입영에서 나는 그들의 규율 정연한 생활에 감격했다. … 대개는 소학교 출신 정도로 시골에서 농사를 짓던 농군들이다. 농군이라 하면 으레 문화인보다 포식할 뿐더러 불규칙하게 지내던 그들이 이곳에 와서 4개월 사이에 그처럼 규율 정연한 훌륭한 새사람이 된 것이다. … 이렇다 할진대 비단 지원자만 말고 조선 청년 전부를 의무적으로 이 국민공장을 거치도록 했으면 한다. 그리고 우리 젊은 조선 여자들까지도 이 훈련소에서 4개월간 훈련을 받으면 실로 훌륭한 국민으로 훌륭한 족적을 남기리라 느꼈다"고 적었다. 김응신(1941.1), 「女子도 訓練받기를!」, 『삼천리』 제13권 제1호.
91. 요시다 유타카 지음, 최혜주 옮김(2005), 『일본의 군대』, 논형, 34~67쪽.
92. 朝鮮軍殘務整理部(1951), 『朝鮮人志願兵徵兵の梗概』, 196쪽.

제6장 입영·생활·진급

조선군사령부 제3차 전형을 통과한 육군특별지원병은 정식의 병적을 취득하고 조선군 예하 제19·20사단에 입영하였다. 이들의 배치, 입영, 생활, 진급은 어떠했는가? 이들은 여기서 무엇을 학습하고 무엇을 경험했는가? 제6장에서는 일본군에 입영한 육군특별지원병의 병영생활을 실증 분석한다.

I. 입영과 생활

우선, 육군특별지원병의 부대 배치와 특질, 입영과 생활, 지도와 취급의 실상을 구체적으로 검토해보자. 1943년 법제국 및 육군성 자료를 활용한다.

배치와 특질
현재 이들의 부대배치는 자료적인 제약으로 전체적인 파악이 불가능한 상황이다. 종래 연구는 1951년 조선군잔무처리반이 작성한 『조선군개요사』[1]의 「1938~1943년 육군특별지원병 배부계획표」를 활용하였다. 이 책은 『조선군개요사』와 함께 새롭게 발굴한 1943년 법제국 자료를 활용한다. 「법제국」 자료는 『조선군개요사』와 달리 자료생산의 주체와 의도가 분명한 1차 사료라는 비교우위가 있다. 우선, 『조선군개요사』와 1943년 법제국 자료를 비교하면서 육군특별지원병의 부대배치를 논의해보자.

첫째는 자료의 성격이다. 1943년 법제국 자료는 연도별 「조선특별지원병 병종별, 역종별 채용 인원표」[2]를 포함한다. 반면 『조선군개요사』도 병종별, 역종별 인원과 배치부대를 포함한다. 하지만, 『조선군개요사』와 함께 법제국 자료도 이들의 부대배치를 예정하는 '계획자료'였다는 사실이다. 말하자면, 이들 자료는 부대배치의 실상을 드러내는 것이 아니라 매년 육군성이 계획하는 병종과 역종별 채용 인원의 부대배치에 한정하였다. 그럼에도 종래 연구는 '계획'을 곧바로 '실상'으로 간주하면서 여러 혼란을 초래하였다.[3]

둘째는 역종별 모집 정원이다. 『조선군개요사』는 1938~1943년 현역병 7900명과 제1보충역 8930명으로 합계 1만 6830명을 예정하였다. 법제국 자료도 1940~1942년 현역과 제1보충역 채용 인원에서 『조선군개요사』와 일치하지만, 1943년 제1보충역 모집 정원에서 차이가 있다. 『조선군개요사』 2130명에 대해서 법제국 2800명으로, 정확히 670명의 차수가 발생한다. 『조선군개요사』에서 제1보충역의 과소추계는 1943년 모집 정원의 착오 혹은 누락 때문이다.

법제국 자료에 따르면, 1938~1943년 육군특별지원병의 병종별, 역종별

---

1. 朝鮮軍殘務整理部(1951), 『朝鮮軍概要史』, 84~89쪽.

2. 法制局(1943.5.25), 「朝鮮總督府陸軍兵志願者訓練所官制中改正の件」.

3. 표영수(2014), 「일제강점기 육군특별지원병 제도와 조선인 강제동원」, 『민족운동사학』 제79호.

모집을 예정하는 정원은 [표6-1]과 같이 합계 1만 7500명이었다.

[표6-1] 육군특별지원병의 역종별 모집계획 (단위: 명)

구분	현역	보충역	합계
1938	300	100	400
1939	550	50	600
1940	900	2,100	3,000
1941	1,000	2,000	3,000
1942	2,250	2,250	4,500
1943	3,200	2,800	6,000
합계	8,200	9,300	17,500

(자료) 法制局(1943), 「朝鮮總督府陸軍兵志願者訓練所管制中改正の件」.

셋째는 병종별 모집 정원이다. 1938~1939년 병종별 모집은 [표6-2]와 같았다. 현역은 보병과 치중병, 제1보충역은 고사포병에 한정되었다. 그러나 1940년부터 의무병과 통신병을 제외한 모든 병종으로 확대되었다.

[표6-2] 육군특별지원병의 병종별 모집계획 (단위: 명)

구분	현역	제1보충역	합계
보병	6,080	2,500	8,580
기병	30	–	30
고사포병	100	350	450
야포병	230	290	520
산포병	290	340	630
야전중포병	60	–	60
기갑병	60	–	60
방공병	370	810	1,180
공병	160	160	320
치중병	820	4,850	5,670
합계	8,200	9,300	17,500

(자료) 法制局(1943), 「朝鮮總督府陸軍兵志願者訓練所管制中改正の件」.

그 가운데 『조선군개요사』는 1939년도 600명의 역종과 병종을 현역 250명(보병 200명과 치중병 50명)과 제1보충역 350명(고사포병 50명과 치중병 300명)으로 파악하였다. 반면, 1939년 법제국 자료는 현역 550명(보병 200명과 치중병 350명)과 제1보충역 50명(고사포병)이었다. 『조선군개요사』가 1939년도 치중병 역종(현역병과 제1보충역)을 뒤바꾸어 기재했기 때문이었다.[4] 1938~1943년 병종별 모집에서는 보병(8580명)이 49.0퍼센트와 치중병(5670명)이 32.4퍼센트를 기록하였다.

넷째는 부대배치 계획이다. 1938~1943년 이들의 부대배치 계획은 [표6-3]과 같았다. 1938~1939년까지는 관내의 조선군 상주 제19·20사단에 한정되었다. 그러나 1940년부터 관동군을 시작으로 관외(중국, 만주, 일본)의 일본군으로까지 광역화되었다.

[표6-3] 육군특별지원병의 입영부대와 배치계획   (단위: 명)

구분	1938년	1939년	1940년	1941년	1942년	1943년	합계
19사단	250	375	990	840	1,380	450	4,285
20사단	150	225	1,010	820	1,345	420	3,970
30사단						160	160
조선군직할				440	405	150	995
관동군			1,000	900	400	780	3,080
지나방면군					970	730	1,700
동부군						210	210
중부군						150	150
서부군						150	150
기타						2,800	2,800
합계	400	600	3,000	3,000	4,500	6,000	17,500

(주) 1943년도 기타는 제1보충역.
(자료) 朝鮮軍殘務處理部(1951), 『朝鮮軍槪要史』.

---

4. 陸軍省(1939.1.24), 「昭和十四年度採用すべき朝鮮人志願兵の採用人員並に入營又は召集部隊等に關する件」.

1938~1943년 제19·20사단 배치정원 8255명은 모집 정원의 약 47.2퍼센트를 차지하였다. 그러나 1941년 이후 조선군직할과 1943년 임시사단 제30사단을 포함한 조선군 배치 총원은 9410명으로 전체 약 53.8퍼센트를 차지하였다. 이들의 부대배치는 조선지역 일본군 배치를 특징으로 하였다.

앞서 지적과 같이 현재 이들의 부대배치 전모를 파악하기 곤란한 상황이다. 하지만, 1938년 제1기생(현역) 195명에 한정해서는 [표6-4]와 같았다.

[표6-4] 1938년 육군특별지원병 제1기생(현역)의 병적 판정과 부대 배치   (단위: 명)

구분	출신지역	제19사단					제20사단					합계	불합격	
		73	74	75	76	소계	77	78	79	80	소계		인원	이유
경기	13	0	0	0	0	0	0	12	0	0	12	12	1	정신병
충북	27	9	0	0	2	11	0	2	14	0	16	27	0	
충남	7	4	0	0	0	4	0	0	3	0	3	7	0	
전북	9	4	0	0	0	4	0	0	5	0	5	9	0	
전남	47	0	0	20	9	29	0	1	0	15	16	45	2	매독
경북	18	0	0	0	12	12	0	1	0	5	6	18	0	
경남	19	0	0	0	1	1	6	4	2	4	16	17	2	품행불량
황해	6	0	0	0	0	0	0	5	0	0	5	5	1	매독
평남	8	0	0	0	0	0	8	0	0	0	8	8	0	
평북	9	0	0	0	0	0	9	0	0	0	9	9	0	
강원	28	6	20	0	0	26	1	0	0	0	1	27	1	명예퇴소
함남	5	0	5	0	0	5	0	0	0	0	0	5	0	
함북	6	1	0	4	1	6	0	0	0	0	0	6	0	
합계	202	24	25	24	25	98	24	25	24	24	97	195	7	

(자료) 岡久雄(1939), 『陸軍特別志願兵讀本』, 帝國地方行政學會朝鮮本部.

1938년도 예정하는 모집정원 400명의 역종은 현역 300명과 제1보충역 100명이었다.[5] 하지만 1938년 제1기생 현역 202명 가운데 조선군사령부의 제3차 전형을 통과한 병적 판정자는 195명이었다. 불합격 7명은 정신병을

5. 朝鮮軍殘務整理部(1951), 『朝鮮軍槪要史』, 84쪽.

비롯한 불치병 환자였고, 병역부담이 불가능한 훈련생도들이었다. 정식의 병적을 취득한 육군특별지원병들은 1938년 12월 육군병지원자훈련소 수료와 동시에 제19사단(98명)과 제20사단(97명) 예하 연대에 배치되었다.

1930년대 후반 조선군 제19사단의 주둔지는 [표6-5]와 같이 함흥과 나남이었고, 제20사단은 용산·대전·대구였다. 195명의 부대배치를 살펴보면, 경기 출신 12명은 용산 주둔 제20사단 제78·79연대, 강원 출신 20명은 함흥 주둔 제19사단 제74연대에 배치되었다. 전남·충북·경남 출신자를 예외로 하면, 이들 대부분은 출신지 인근의 조선군 상주사단 예하 연대에 배치되었다. "고향의 선배와 친우 등 앞으로 감격적 통신이 있었고, 그 상황은 매일 신문지상에 게재"[6]되었다는 지적과 같이 이들은 지역사회의 작은 영웅들이었다. 이들의 조선군 배치는 지역민과 조선 주둔 일본군과의 향토적 연대감을 강화하고자 했던 것으로 추정된다.

[표6-5] 조선군 제19·20사단 예하 보병연대의 주둔지

사단명	사단사령부	보병			기병	야포병	산포병	중포병	공병	위수
		여단	소재지	연대	연대	연대	연대	연대	연대	지역
제19	나남	제37	함흥	제73 / 제74	제27		제25			나남 / 함흥
		제38	나남	제75 / 제76					제19	회령 / 나남
제20	용산	제39	평양	제77 / 제78	제28	제26 / 제26			제20	평양 / 용산
		제40	용산	제79 / 제80						대구/대전

(주) 제20사단 제80연대는 대대본부와 제1·2대가 대구, 제3대대가 대전에 주둔. 비행연대는 제2항공연대 소속.
(자료) 朝鮮文化普及社編(1938), 「朝鮮大觀」.

---

6. 朝鮮總督府警務局(1941.12), 「第79回帝國議會說明資料」.

한편, 병적 판정자의 관리실태를 보면, 현역은 배속부대, 제1보충역은 본적지 연대구사령부였다. 의무복무 기간 2년을 마친 현역병은 [표6-6]와 같이 15.4년의 예비역 근무를 거쳐 만 40~45세까지 국민역을 부담해야 했다. 반면, 제1보충역은 육군병지원자훈련소 수료와 함께 일단 귀향 조치되었다. 이후 조선군사령부의 교육소집 명령에 따라 지정부대에서 3개월의 병과교육을 마치고 제대하였다. 이후 제1보충역은 본적지 재향군인회 소속으로 17.4년의 예비역 복무기간을 거쳐 40~45세까지 국민역을 부담해야 했다. 제1보충역 교육소집은 군사적 필요에 따라 회수와 일수에 제한이 없었다.[7]

[표6-6] 일본군의 병역과 복무기간　　　　　　　　　　　　　　(단위: 연월)

구분			1941.2	1942.2	1943.11
상비군	현역	육군	2	2	2
		해군	3	3	3
	예비역	육군	15.4	15.4	15.4
		해군	12	12	12
보충역	제1	육군	17.4	17.4	17.4
		해군	1		
	제2	육군	17.4	17.4	17.4
		해군	16.4		
국민역	제1		–	40세	45세
	제2		17~40세	17~40세	17~45세

(자료) 原剛·安岡昭男編(2003), 「日本陸海軍事典(下)」, 新人物往来社.

생활과 교육

1938년 12월 조선군 제19·20사단에 배치된 육군특별지원병은 연대 차원의 '별반조직'[8]으로 6개월의 초병교육과 제1기 검열을 거쳐 대대, 중대, 소대

---

7. 岡久雄(1939), 「陸軍特別志願兵讀本」, 帝國地方行政學會朝鮮支部, 28~29/51쪽.
8. 「매일신보」 1938년 12월24일자.

에 재배치되었다. 이들의 중대 단위 부대배치는 조선인 병사의 '횡단적 결속' 혹은 '향토적 집결배당'[9]을 절대 피한다는 취지에서 평균 1~2명에 한정하는 '고도의 희산성(稀散性)'을 특징으로 하였다.[10] 육군특별지원병은 육군성의 방침에 따라 "병의 정원으로 일반병과 동일하게 취급"[11]되었다. 이들의 지원 병역은 신분과 복무에서 일본인 병사의 의무병역과 무차별하였다.

배치부대의 첫인상과 관련해서 1940년 제3기생(현역) 출신 공국진의 증언에 따르면, "각 내무반에 배당되어 보니 침대에는 새 모포가 4매씩 깔려 정돈되어 있었고, 지급될 관급품도 질서정연하게 정돈선반에 정돈되어 있었다. 군복은 3벌씩 배급되고, 내의·양말도 2벌씩 배당되어 고참병들에 의해 일본군 특유의 두부 모양으로 정돈되어 있는데 놀랐다"[12]고 한다.

초병교육은 일반교육과 특별교육으로 구분되었다. 초병교육은 일본군 입영자들이라면, 누구나 거쳐야 하는 기초 전투력 배양 훈련이었다.[13] 초병생활은 가장 고달픈 병영생활의 적응 기간이었다.[14] 병영생활의 일과는 [표 6-7]과 같이 오전 5시 기상나팔과 함께 시작되었다. 식사 수령을 시작으로 고참병의 세탁과 수발, 내무반 정리와 정돈, 병기 손질과 보수 등으로 분주한 일과의 시작이었다.

초병들은 조식 이후 20분 이내에 내무정돈과 병기수입을 마치고 교육훈

---

9. 陸軍省副官(1943.8.14), 「朝鮮出身兵取扱教育の參考資料送付に關する件陸軍一般へ通牒」.

10. 1944년 4월 조선인 징병제 실시 이후 일본군 부대에서 조선인 병사의 포함률은 최고 지휘관에게 일임되었다. 하지만, 조선인만의 부대를 별도로 편성하지 않는다는 방침은 그대로 유지되었다. 당시 개별 부대에서 조선인의 최대 포함률은 "제1선 부대 20퍼센트, 후방부대 40퍼센트, 근무부대 80퍼센트 한도를 표준으로 한다"는 것이었다. 大江志乃夫編(1988), 「支那事變大東亞戰爭間動員槪史」, 不二出版, 436~437쪽.

11. 陸軍省(1939.3.16), 「特別志願兵令に依る兵取扱に關する件」.

12. 공국진(2001), 「한 노병의 애환」, 원민, 30~31쪽.

13. 伊藤桂一(2008), 「兵隊たちの陸軍史」, 新潮社, 71쪽.

14. 김이현(1991), 「멀고도 먼 귀로」, 베드로서원, 106~113쪽.

련에 참가해야 했다. 개인들에게 지급된 피복과 장구류는 일정한 위치와 규격에 따라 정돈되어야 했다. 내무반 정리정돈의 불충분은 수백 점의 피복과 장구류가 가차 없이 내무반 바닥에 내팽개쳐지는 '내무반 지진'으로 이어졌고, 가혹한 기합과 사적 제재를 받아야 했다. 일석점호도 긴장과 공포의 시간이었다. 점호 시작과 함께 병기수입, 정리정돈, 관물조사, 내무규정 암송의 불충분은 주번사관의 단골 지적 사항이었다. 이는 곧바로 장구치기, 슬리퍼치기, 매미울기 등 야만적인 기합으로 이어졌다.[15]

[표6-7] 일본군 육군병의 일과와 병영생활

구분	행사		시간	일상생활
오전	기상		05:00	복장 착용과 침구정돈
	일조점호		기상 직후	내무반 정렬, 주번하사관과 내무반장 지휘의 인원 점검
	조식		06:30~07:30	내무반 청소, 병기, 마필, 사격연습, 총검술, 승마, 조식
	연습	진단	18:00~10:00	입대 당초 영내에서 군인정신, 군인칙유 등 정신교육
		회보	12:00	환자는 의무실 진료, 주번하사관의 연대본부 회보 수령
오후		점심	12:00~13:00	도보교련, 승마교련, 각 병과 훈련, 야간훈련 등
	목욕		16:00~19:00	전원 매일 목욕, 보건, 위생 점검
	석식		17:00~18:00	병기와 마필의 정비, 지정구역의 청소와 정돈
	휴식		18:00~20:00	학과의 연습, 가정통신, 주보출입
	일석점호		20:00	일조검호와 동일, 명령과 회보 전달
	소등		20:30~21:30	불침번 이외 전원 취침 원칙, 면학자는 중대사무실 이용

(자료) 伊藤桂一(1969), 「兵隊たちの陸軍史」, 番町書房.

---

15. 일본 학계의 정치사상사를 대표하는 마루야마 마사오(丸山眞男, 1914~1996년)는 1944년 7월 당시 30세의 동경제대 조교수였지만, 육군 보병 이등병으로 징집되었다. 초병생활은 평양 주둔 제30사단이었지만, 2개월 만에 영양실조와 각기병으로 조선에서의 병영생활을 마감해야 했다. 평양에서 병영생활은 "어이 대학생"이라 호명되는 고등 학력자에 대한 집요한 조롱과 고참병들의 가혹한 사적 제재가 횡행하는 '지옥'과 다를 바 없었다. 마루야마에게 "가장 못된 짓을 해온 것은 육군병지원자훈련소에서 철저한 황민화 교육을 받고 입영한 조선인 일등병"이었다. 이후 마루야마는 1945년 3월 재차 히로시마 우지나초에 소재하는 육군선박사령부 일등병으로 소집되었지만, "평양에 있을 때와 비교하면 그 잔혹함은 덜했다"고 회고하였다. 가루베 다다시 지음, 박흥규 옮김(2011), 「마루야마 마사오」, 논형, 108~110쪽.

내무생활은 일상생활과 제반근무를 포함하는 병사들의 공동 생활체였다. 그래서 초병들의 일거수 일투족은 고참병들에게 "24시간 점검·감시"[16] 당했고, 지적 사항에 따라 "무지막지하고 모욕적인 욕설과 구타를 감수"[17]해야 했다.

육군특별지원병은 입영 이후 약 6개월에 걸쳐 대대·중대·소대·분대 단위의 야외훈련, 실탄사격, 야간훈련, 총검술, 진지훈련 등 실전을 방불케 하는 기초 군사훈련을 거쳐야 했다. 이들은 복무기간 2년에 걸쳐 총 6회의 다양한 교육검열을 통과하지 않으면 안되었다.[18] 입영 이후 약 4개월 일반교육을 수료한 시점에서 소속부대 연대장이 실시하는 제1기 교육검열(제식, 사열, 행진, 사격)을 받아야 했다. 성적 우수자는 일등병 진급과 함께 간부후보생 지원도 가능하였다.[19] 탈락자는 이등병 계급으로 재교육 대상이었다.

연대 단위의 초병교육 수료자는 일등병 진급과 함께 정식의 전투원 자격이 주어졌다. 진급은 몇 차례 심사를 거쳐 판정되었다.[20] 그래서 입대 동기라 하더라도 실력에 따라 진급 격차가 발생했고, 서열화를 초래하였다. 이들의 초병교육과 관련해서 조선군 제20사단 예하 보병 제79연대는 "국민개병(國民皆兵)의 징병제도에 의한 내지 장정들과 달리 지원자들 가운데 선발된 입

---

16. 김성수(1999), 『상이군인 김성수의 전쟁』, 금하출판사, 66쪽.
17. 조성식(2007), 『영어와 더불어』, 해누리.
18. 제1기~제4기까지는 연대장 검열이었고, 제5기는 여단장 검열, 제6기는 사단장 검열이었다. 伊藤桂一(2008), 『兵隊たちの陸軍史』, 新潮社, 71~77쪽.
19. 일본군 계급은 일반병(이등병, 일등병, 상등병, 병장), 하사관(오장, 군조, 조장), 준사관(준위), 위관(소위, 중위, 대위), 좌관(소좌, 중좌, 대좌), 장관(소장, 중장, 대장)이었다. 佐々木春隆(1976), 『朝鮮戰爭(上)』, 原書房, 96쪽.
20. 1942년 11월 후쿠오카(福岡) 출생의 일본인 병사 우에즈하라 다카시(上津原猛)에 따르면, 체격 등급 병종으로 후쿠오카에 주둔하는 보병 제46연대 보충대를 거쳐 조선군 제20사단 예하 보병 제79연대에 입영하였다. 그는 1943년 8월 입영 10개월차의 제3차 선발을 통과하면서 겨우 일등병으로 진급할 수 있었다. 우에즈하라는 1943년 1월 당시 초병교육 미수료자였기 때문에 제20사단의 뉴기니 파병에서도 제외되었다. https://www.heiwakinen.go.jp/shiryokan/heiwa/12onketsu/onketsu12.html

영자였기 때문에 전체적으로 능력이 높았다"[21]고 평하였다. 육군특별지원병은 치열한 교육훈련과 엄격한 내무반 생활에 적응하면서 정강(精强)한 황군 병사로 단련되었다.

취급과 지도

배속부대는 이들을 이른바 '위험인물'[22]로 분류하였다. 이들의 일거일동은 부대 지휘관들의 주목과 감시의 대상이었다. 1939년 육군성은 육군특별지원병 제1기생(현역)의 부대 배치를 계기로 예하 부대장 앞으로 「조선 출신병 취급 교육의 참고」[23]라는 기밀문건을 배포하였다.[24] 문건은 조선군사령부가 작성한 것으로 이들의 지도와 취급에 대한 참고를 목적으로 하였다. 자료 열람자는 육군성 예하 독립단 대장급 이상이었다. 문건의 요지는 다음과 같았다.

첫째는 조선에서 육군특별지원병제 시행은 신부(新附)의 민을 건군의 본의에 기초해서 황국을 수호하는 대임을 부여하는 황군건제(皇軍建制)상의 획기적인 제도이다. 아울러 일시동인의 성지에 기초해서 황민화 시책의 진수(眞髓)를 구현하기 위한 조선통치의 비약 또는 팔굉일우(八紘一宇) 이념을 실천하는 대동아 민족지도의 일환으로 중대한 의의를 갖는다.

둘째는 조선인은 종래 내외의 정정(政情)과 숭문비무(崇文卑武)의 유교적 전통으로 일본인과는 상이한 사상과 성격이다. 민족적 자질은 황국신민으로서 지극히 부족한 점이 많다. 교육지도는 일시동인의 성지(聖旨)를 받들어 팔굉일우의 대승애(大乘愛)로 포섭해야 한다. 이들을 진심으로 천황의 위광

---

21. 步兵第七十九聯隊史編集委員會編(1984), 『步兵第七十九聯隊史』, 293~294쪽.

22. 林えいたい(1995), 『証言集, 朝鮮人皇軍兵士』, 拓植書房, 156~157쪽.

23. 陸軍省副官(1939), 「朝鮮出身兵取扱教育の 參考資料送付に關する件陸軍一般へ通牒」.

24. 이응준(1982), 『회고 90년』, 산경기념사업회, 207쪽.

에 감득하게 해서 귀일(歸日)하게 하는 것을 근본이념으로 한다.

셋째는 조선인의 사상은 방종불패(放縱不覇)해서 내지인과 같은 일관된 건국(堅國)의 본의를 기조로 하는 도의관(道義觀)을 결여하고 정신적 지주(持主)도 부재하다. 따라서 교육지도는 정신적인 요소 함양에 역점을 두어야 한다. 민족적 대립관을 근본적으로 불식하고 국가관념 특히 충군애국의 정신을 계몽·배양해서 확고한 일본적 신념과 군인적 자질을 완성하는 데 노력해야 한다.

넷째는 조선 출신자에 대해서 앞서 취지에 따라 선입관적 멸시관과 차별적 태도를 절대로 피한다. 또한, 교육자와 피교육자는 모두 이른바 계모(繼母)와 계자(繼子)적 관계의 성립을 절대 경계해야 한다. 교육은 조선인의 일반적 사상과 성격의 상이점과 아울러 개인적 특질을 분명히 파악해서 실시해야 한다.

다섯째는 조선의 역사, 전통, 풍속, 습관, 생활, 민도, 사상을 이해함과 아울러 학교와 기타 입영 이전 교육의 실상을 적절히 파악해서 교육지도에 활용한다. 또한, 주의사항의 요점은 하급간부까지 철저히 주지시켜야 한다. 조선인의 특질을 일본인의 기준으로 시비하거나 선입관·멸시관으로 파악하는 것에 주의해야 한다.

문건은 육군특별지원병의 취급요령으로 정신적 요소의 함양을 규정하였다. (1)조선인의 국가관, 종교관, 충효관의 교정과 훈화, (2)전통과 도덕적 표준의 차이를 고려한 지도와 솔선수범, (3)군기와 복종심의 함양과 지도, (4)책임관념과 희생정신의 도야와 공리타산적 습성의 교정, (5)민족주의 잠재의식 개조와 황군의식의 고취를 강조하였다. 내무교육은 (1)향토적 집결 배당을 피하고 전우 선정에 각별히 주의할 것, (2)풍속, 습관, 생활 등 습성을 교정하고 감독할 것, (3)상벌의 공정성과 엄정성을 유지할 것 등이었다. 육군성은 육군특별지원병의 지도 및 취급과 관련해서 교련, 전기(戰技), 무기(武技)만이 아닌 인내, 책임, 희생 등 무형적 전투요소의 함양을 강조하였다.

II. 진급과 간부후보생

육군특별지원병 입영자의 진급과 간부후보생 지원 및 채용의 실상이다. 이들에게 진급과 간부후보생 합격은 자신들의 장래 혹은 인생 설계와도 직결되는 최대의 관심 사안이기도 하였다. 이하에서는 여러 자료를 활용해서 그 실상을 구체적으로 검토해보자.

제도와 특질

육군성은 육군특별지원병 출신 병사들에 대해서도 일본인 징병자와 동일하게 간부후보생(하사관 혹은 예비역 장교) 응시자격을 부여하였다.[25] 이는 중일전쟁의 장기화에 따라 하사관 및 초급장교 부족이 심화되었기 때문이었다. 1941년 말 아시아태평양전쟁 발발 이후 육군특별지원병 출신 입영자 가운데 중학교 졸업 이상 학력자는 본인 희망과 관계없이 간부후보생을 지원해야 했다.

일본군에서 간부후보생 양성제도는 1937년 중일전쟁 발발 이래 초급간부의 충원과 소질 향상 그리고 병역의무 균형을 위해 1938년 2월 의무복무 2년 입영제 부활을 계기로 하였다.[26] 간부후보생은 단기 현역병 가운데 선발했고, 입영기간도 일반병과 동일한 2년이었다. 간부후보생은 소정의 교육을

---

25. 森下三男(1942), 『陸軍特別志願兵』, 立川文明堂, 97~98쪽.
26. 原剛編(2003), 『日本陸海軍事典(上)』, 新人物往來社, 43~44쪽.

거쳐 갑종 예비역 장교와 을종 예비역 하사관으로 구분되었다. 1938년 3월 「육군예비사관학교령」 공포와 함께 모리오카(盛岡), 센다이(仙臺), 마에바시(前橋), 도요하시(豊橋), 구루메(久留米), 구마모토(熊本)의 하사관교육대를 예비사관학교로 전환하게 되었다.[27]

육군특별지원병의 간부후보생 지원과 선발은 「육군보충령시행규칙」 제85조에 의거하였다.[28] 이들은 초병교육을 수료한 시점에서 [그림6-1]과 같이 다양한 병과의 간부후보생을 지원할 수 있었다. 간부후보생 지원자는 (1)지원서, (2)학력 일람표, (3)학교 졸업증서를 제출해야 했다.[29]

[그림6-1] 육군특별지원병의 병역과 진로

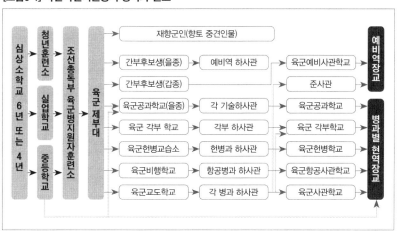

(자료) 森下三男(1942), 「陸軍特別志願兵」.

---

27. 1939년까지 하사관 교육은 1927년 개설된 육군교도학교(센다이, 도요하시, 구마모토)에서 실시되었다. 1939년 육군교도학교는 육군예비사관학교로 전환하면서 갑종 간부후보생 교육시설로 전환하였다. 반면, 하사관 교육은 소속부대(사단 혹은 연대) 예하 하사관교육대에서 실시하게 되었다. 原剛編(2003), 「日本陸海軍事典(上)」, 新人物往來社, 44쪽.

28. 陸軍省(1940.3.2), 「特別志願兵にして幹部候補生を志願せんとする志願及其の取扱に關する件」.

29. 原剛編(2003), 「日本陸海軍事典(上)」, 新人物往來社, 108쪽.

간부후보생은 채용 결정 이후 6개월의 집체교육을 거쳐 갑종(예비역 사관)과 을종(예비역 하사관) 간부후보생으로 구분되었다. 이 가운데 갑종 간부후보생은 다시 예비사관학교에 입교해서 소정의 집체교육을 수료해야 했다.

한편, 육군특별지원병의 하사관 지원과 선발은 일본 「병역법」이 규정하는 일본인에 한정한 '육군현역지원병'과도 구별되었다. 육군특별지원병은 만 17세 이상으로 연령 제한이 없었지만, '육군현역지원병'의 지원자는 당해 연도 12월1일 만 17세 이상 만 20세 미만으로 한정되었다. 하사관 채용자는 입영 4개월차부터 소속부대 하사관교육대에서 간부후보생 교육을 받았고, 입영 1년차부터 육군교도학교에 입교해서 약 1년의 집체교육을 마치고 오장으로 진급하였다. 하사관의 진급 연한은 오장 6개월, 군조 1년, 조장 2년이었다.

[표6-8] 육군특별지원병의 간부후보생 지원과 채용

징집 1년차	12월1일	이등병	
징집 2년차	5월1일	일등병 진급	일등병 진급
	7월1일	상등병 진급	상등병 진급
	7월20일	갑을종 구분	갑을종 구분
	구분	갑종	을종
	9월1일	오장 진급	–
	12월1일	군조 진급	오장 진급
징집 3년차	8월1일	조장 진급, 견습사관	성적우수자 군조 진급
	10월20일	12월1일 입영자의 수업기간 종료	
	10월30일	12월10일 입영자의 수업기간 종료	
	11월30일	1월 입영자의 수업기간 종료	

(자료) 森下三男(1942), 『陸軍特別志願兵』.

육군특별지원병의 간부후보생 지원과 채용은 [표6-8]과 같이 입영 6개월 차에 일등병, 입영 8개월 차에 상등병으로 진급하였다. 이후 약 20일이

경과한 시점에서 갑을종 간부후보생으로 구분되었다.[30] 갑종 간부후보생은 입영 10개월 차에 오장, 13개월 차에 군조, 1년 8개월 차에 조장으로 진급해서 1년 10개월 차에 육군예비사관학교를 수료하였다. 이후 6개월 견습사관 근무를 거쳐 예비역 육군 소위로 임관하였다. 을종 간부후보생은 입영 1년 8개월 차에 하사관학교를 수료하고 성적 우수자에 한해서 군조 계급으로 진급할 수 있었다.[31] 육군특별지원병의 간부후보생 채용은 육군병지원자훈련소의 수료 성적이 당락을 좌우하였다.[32]

지원과 선발

육군특별지원병의 간부후보생 선발과 관련해서 육군성은 "엄격한 사정(查定) 특히 정신적 자질과 가정 사정을 고려해서 빈곤자는 가능하면 피한다. 이들 간부후보생 교육은 사상과 성격의 약점을 구조적으로 교정하고, 내지인의 장점에 동화하고 융합하도록 지도함과 아울러 공정하고 충분한 실력을 발휘하도록 지도한다"[33]는 것이었다.

1942년 5월 조선인 징병제 실시 준비를 공포한 상황에서 이들의 간부후보생 선발과 관련해서 육군성은 "조선인의 황민화 구현에 극히 유효한 시책일 뿐만이 아니라 군내에서도 조선 출신병 지도에 유리하므로 이를 적극 활용한다"[34]는 방침이었다. 1941년 말 육군특별지원병의 간부후보생 지원 및 채용과 관련한 조선총독부 법무국의 입장은 다음과 같았다.

---

30. 陸軍省副官(1939), 「朝鮮出身兵取扱教育の參考資料送付に關する件陸軍一般へ通牒」.

31. 陸軍省(1940.3.2), 「特別志願兵にして幹部候補生を志願せんとする志願及其の取扱に關する件」.

32. 東京靑年立志會編輯部編(1938), 『陸軍現役志願兵』, 東京靑年立志會.

33. 陸軍省副官(1939), 「朝鮮出身兵取扱教育の參考資料送付に關する件陸軍一般へ通牒」.

34. 陸軍次官柴山兼四郎(1945), 「朝鮮出身兵取扱指導刷新向上に關する件陸軍一般へ通牒」.

성적은 상당히 양호해서 일반 내지병과 비교해도 손색이 없다. 황군의 일원으로 완전하고자 하는 염원이 강하고, 간부후보생을 지원하는 자도 극히 많다. 현재 입대자 1845명 가운데 갑종 간부후보생 2명, 을종 간부후보생 30여 명을 배출하였다. 상등병의 경우에는 각 부대에서 약 60~65퍼센트를 차지한다. 또한, 제1보충병으로 소집된 자도 있지만, 장기복무를 희망하는 자도 부지기수에 달한다. 이들은 일반 내지병에 비해서 학력이 낮고 난관을 돌파하는 기백이 둔하지만, 일반적으로 훈도성이 풍부하고 열심이어서 학력 향상과 교육지도가 양호하다. 장래 성적이 크게 향상될 것으로 예상한다.[35]

여기서 주목해야 하는 사실은 이들의 상등병 진급률이 약 60퍼센트에 달했다는 사실이다.[36] 당시 일본인 병사의 상등병 진급률 평균 20퍼센트를 고려하면, 약 3배 이상의 파격적인 성적이다.[37] 육군특별지원병의 간부후보생 채용률은 전체 입영자의 약 1.7퍼센트에 불과하였다. 하지만, 입영자 1845명의 100퍼센트 간부후보생 지원을 가정하면, 약 58대 1의 치열한 지원자 경쟁률이다. 1942년 6월 당시 육군병지원자훈련소 수료생이 약 7000명에 달

---

35. 朝鮮總督府法務局(1941), 「第79回帝國議會說明資料」.
36. 1940년 2월22일 춘원 이광수는 박영희와 김동환 등과 함께 육군병지원자훈련소를 방문하였다. 이광수는 잡지 『삼천리』에 게재한 방문기에서 육군특별지원병 진급과 관련해서 "지원병의 6할은 상등병이 되었고 그중에서 하사관 후보생이 될 특별 교련을 받는 지원병이 30명가량 된다. 상등병이란 정원으로 보면 정원의 5분의 1이기 때문에 만일 내지의 한 마을에서 10명이 입영해서 그 중에 6명이 상등병이 되었다고 하면 그것은 놀랄만한 성적이다. 지원병의 6할이 상등병이라 함은 보통의 3배를 의미한다. 이것은 지원병의 우수함을 표하는 동시에 군대가 얼마나 공평한가를 증명한다. 군대에서는 내지인이니 조선인이니 하는 차별은 전혀 없다"고 적었다. 이광수(1940.5), 「지원병훈련소 방문기」, 『삼천리』 제12권 제5호.
37. 평시 상황에서 상등병 진급은 용이한 일이 아니었다. 동향 출신의 병사가 상등병으로 제대하는 경우, 향촌사회에서 촌장과도 같은 유력자 대우를 받았다. 실제로, 1913년 모 부대의 사례이기는 하지만, 70명의 초년병 가운데 20여 명이 상등병 후보자로 선발되었다. 그 가운데 상등병 진급자는 16명으로 전체의 22.9퍼센트에 불과하였다. 그래서 징병자 대부분은 일등병 계급으로 만기 제대하는 것이 일반적이었다. 伊藤桂一(2008), 『兵隊たちの陸軍史』, 新潮社, 95~96쪽.

하는 상황에서 간부후보생 채용자는 육군예비사관학교 수료자 2명(갑종)과 하사관 60명(을종) 그리고 연차별 상등병 진급자 약 60퍼센트를 기록하였다.[38] 이들 간부후보생의 근무성적은 "군인정신의 극치를 발휘한 사례도 적지 않았다".[39]

이들 가운데 제1호 간부후보생 채용자는 1939년 7월 조선군 제19사단 보병 제74연대 소속의 오용복(함남)과 제20사단 보병 제78연대 소속의 이기용(경기), 박종화(황해)와 최덕윤(경성)이었다.[40] 이들은 1939년 7월 상등병 진급과 동시에 을종 간부후보생으로 선발되었다. 1939년 12월 제19사단 제74연대 소속의 이기동(20세)은 기술 간부후보생에 합격해서 육군공과학교에 입교하였다.[41] 1940년 7월 제3기생(현역) 출신의 신상묵(전북)은 육군특별지원병 출신 최초의 헌병 간부후보생 채용자였다.[42]

급료와 처우

1945년 당시 일본군의 계급별 급료와 처우는 [표6-9]와 같았다. 사병들의 급료는 이등병 5.50원으로부터 병장 13.50원이었다. 이 가운데 이등병과 일등병 급료는 별반 차이가 없었다. 병장 급료는 상등병과 비교해서 약 2배 이상이 높았고, 군조 4등급과 같은 수준이었다. 병장의 높은 급료는 심각한 하사관 부족으로 병장이 간부 역할을 대신했기 때문이었다.[43] 육군 병

---

38. 朝鮮總督府陸軍志願兵訓練所(1942.12), 「訓練所教育概觀」, 『朝鮮』 第331号.

39. 海田要(1939), 『志願兵制度の現狀と狀來への展望』, 錄旗聯盟.

40. 『매일신보』 1939년 4월8일자.

41. 『매일신보』 1939년 12월19일자; 原剛編(2003), 『日本陸海軍事典(上)』, 新人物往來社, 54쪽.

42. 육군헌병학교는 헌병 상등병 후보자를 선발해서 집체교육을 실시하였다. 교육 내용은 정신교육과 함께 법학 교육(헌법, 행정법, 형법, 민법, 국제공법, 법의학 등)이었다. 헌병 간부후보생은 입영 5개월 이상자로서 부대장 추천을 받아 채용되었고, 육군헌병학교 1년 교육과 헌병대 실습을 거쳐 입영 만 2년차에 헌병 오장으로 진급하였다.

43. 東京靑年立志會編輯部編(1938), 『陸軍現役志願兵』, 東京靑年立志會, 41~42/107쪽.

장은 1941년 이후 종래 '오장 근무 상등병제'를 대체하고 등장한 새로운 사병 계급이었다. 하사관은 실병지휘를 담당하는 정식의 육군 간부였고, 판임관 4등의 군인관료였다. 하사관은 오장, 군조, 조장, 견습사관(조장)으로 구분되었고, 계급과 등급에 따라서 급료와 관등도 차별화되었다. 이들 하사관과 준사관에 대한 처우는 계급과 관등 그리고 복무기간에 따라 수당, 가봉, 연금이 지급되었다.

[표6-9] 일본군의 계급별 급여와 처우　　　　　　　　　　　　　　　(단위: 원)

구분		1등	2등	3등	4등	전투수당	관등	명칭
병	이등병	5.50				12.00		급료
	일등병	5.50				12.00		
	상등병	6.40				14.00		
	병장	13.50				18.00		
하사관	오장	10.50	9.00			27.00	판임관 4등	
	군조	22.50	18.00	15.00	13.50	34.00	〃 3등	
	조장	39.00	34.50	30.00		85.00	〃 2등	
	견습사관	18.00				50.00	〃 2등	
사관 장교	준위	960.00	900.00			110.00	〃 1등	봉급
	소위	850.00				105.00	고등관 8등	
	중위	1,130.00	1,020.00			115.00	〃 7등	
	대위	1,900.00	1,650.00	1,470.00		145.00	〃 6등	

(주) 준위는 판임관으로 급료는 월급이 아닌 연봉, 전투수당은 1945년 수준.
(자료) 東京靑年立志会編輯部編(1938), 「陸軍現役志願兵」, 東京靑年立志会.

또한, 전지증봉(戰地增俸) 혹은 출전수당(出戰手當)에서도 하사관은 일반병과 구별되었다. 하사관의 처우와 조건은 육군특별지원병 가운데 "장기 재영을 희망하는 자도 부지기수에 달한다"[44]는 지적과도 일맥 상통하는 것이었다. 군조 2등급부터는 영외 거주도 가능하였다.

---

44. 朝鮮總督府法務局(1941), 「第79回帝國議會說明資料」.

사관장교 보수는 일반병과 하사관의 급료와 달리 연봉 개념의 봉급이었다. 하지만 보통학교 졸업 학력의 육군특별지원병에게 장교임관은 쉽게 상상하기 곤란한 계급이었다. 앞서 인용문과 같이 입영자 1845명 가운데 갑종 간부후보생은 겨우 2명에 불과하였다. 1945년까지 최고위 계급은 육군 준위였고, 그 당사자들은 1938년 제1기생(현역) 출신 최경록(충북)과 함병선(평남)으로 추정된다. 준위 1등급의 급료는 조장 1등급의 2배 이상이었다.

이들에게 간부후보생 채용은 경제적 안정과 함께 사회적 지위를 보장하는 입신출세의 지름길이자, 계층이동의 사다리였다.[45] 그렇다고 해서 간부후보생 선발이 육군특별지원병 입영자 누구에게나 개방되었던 것도 아니었다. 1944년 학도지원병 출신 김계원 장군의 증언과 같이 "일본군 지원병에서 하사관까지 올라가는 것은 정말 어렵고 힘든 일"[46]이었다. 바꾸어 말하면, 이들의 간부후보생 지원과 채용은 치열한 경쟁을 거쳐야 하는 무척 비좁은 통로였다.

Ⅲ. 하사관 진급자들

육군특별지원병 출신자 가운데 상당수가 간부후보생에 채용되었다. 이하에서는 이들의 일본군 경력을 분석해보자. 그 대상은 육군특별지원병 제1기생 출신의 함병선, 신재식, 박경원 3명이다. 활용 자료는 현재 국가기록원이 소장하는 『병적전시명부』와 『유수명부』 그리고 당사자의 「인터뷰」 등이다.

45. 요시다 유타카 지음, 최혜주 옮김(2005), 『일본의 군대』, 논형, 89~98쪽.
46. 나종남 편(2012), 『한국군 초기 역사를 듣다』, 국사편찬위원회, 45쪽.

함병선

함병선(咸炳善, 東原輝善)은 [표6-10]과 같이 1920년 5월 평남 대동군에서 철도공무원 가계의 7남 1녀 가운데 4남으로 출생하였다.[47] 조부는 독실한 천도교 신자였다. 그는 1936년 4월 북울(北蔚)심상소학교를 거쳐 희천고등보통학교에 진학하였다. 어려서부터 의협심이 강하고 효성도 지극한 소년이었고, 스포츠를 좋아해서 검도 3단의 소유자였다.

[표6-10] 육군특별지원병 하사관들의 병적기록

구분		함병선	신재식	박경원
이력	창씨개명	東原輝善	石黑勝義	木戶忠一
	본적지	평남 대동	강원 영월	강원 고성
	생년월	1920.5	1920.7	1921.10
	가족관계	7남 1녀 4남	4남 3녀 차남	1남 3녀 장남
병역	역종	현역	현역	현역
	병종	보병	보병	공병
	최초 배속부대	제77연대	제74연대	제73연대
	최종 전역부대	정진제1연대	공병제23연대	육군사관학교
진급	이등병	1938.12.1	1938.12.10	1938.12.10
	일등병	1939.5.7	1939.6.1	1939.6.1
	상등병	1939.8.1	1939.11.1	-
	병장	-	1940.9.15	1939.11.1
	오장	1940.12.1	1940.11.1	1940.11.15
	군조	1942.1.1	1941.11.1	1941.11.15
	조장	1944.3.1	1943.12.1	1943.12.1
상훈	정근장	4회	-	1939.6.10
	총검술휘장	1940.8.1	-	1939.11.30
	소총보통휘장	1939.4.1	-	1939.11.30
	중일전쟁종군기장	1940.4.29	1940.4.29	1940.4.29

(자료) 국가기록원, 「병적전시명부」.

---

47. 함병선(1990), 「약식이력서」.

학교 성적도 우수해서 향리 인근에서는 대보산 정기를 타고난 신동으로도 회자되었다.[48]

1938년 4월 희천중학 2학년을 중퇴하고 육군특별지원병 제1기생에 합격하였다. 같은 해 12월 육군병지원자훈련소를 수료와 동시에 정식의 병적을 취득해서 조선군 제20사단 예하 제77연대(평양)에 입영하였다. 함병선의 진급과 경력은 [자료6-1]과 같이 1939년 5월 일등병, 1939년 8월 상등병, 1940년 12월 오장, 1942년 1월 군조, 1944년 3월 조장으로 진급하였다.

[자료6-1] 함병선(東原輝善)의 병적기록

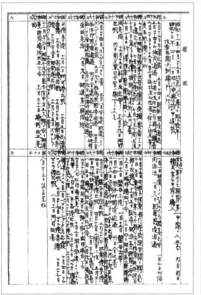
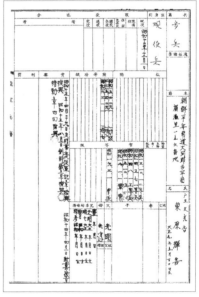

(출처) 국가기록원, 「병적전시명부(東原輝善)」.

---

48. 咸氏大宗會訂正發行委員會(2009), 「江陵楊根 咸氏大同譜(第一卷)」, 江陵楊根咸氏大同譜刊行委員會, 215~217쪽.

1939년 5월 초병교육을 마친 함병선은 일등병으로 진급했고, 곧바로 중일전쟁에 참전하였다. 배속부대의 임무는 중국 산시성(山西省) 일대의 토벌작전과 점령지 경비였다. 1941년 7월 함병선은 당시 육군성이 추진하는 일본군 최초의 기동부대 혹은 「정진(挺進)연대」 창설을 위한 제2차 수검요원으로 선발되었다. 정진연대 요원들은 전원이 하사관 출신 지원자들이었고, 엄격한 심사와 전형을 거쳐야 했다. 당시 일본 육군을 대표하는 문자 그대로 일당백(一當百)의 최정예 병사들이었다.[49] 함병선은 도쿄(東京) 근교의 하마마쓰(浜松)육군비행학교에서 지상준비훈련과 만주국 백성자(白城子)육군비행학교에서 실강하(實降下)훈련(단독강하, 연속강하, 집단강하, 전투강하)을 거쳐 정식의 부대원 자격을 취득하였다.

[사진6-1] 1945년 8월 말 함병선과 정진연대 전우들

(출처) 이 사진은 2019년 함 장군의 4남 함상균으로부터 제공받았다. 둘째 줄 오른쪽에서 네 번째가 함병선 장군이다.

---

49. 「정진연대」의 요원 선발은 (1)의지가 견고하고 강변성을 가질 것, (2)대담하고 동시에 세심할 것, (3)명랑하고 활달할 것, (4)종순성을 갖을 것, (5)지능이 표준 이상일 것, (6)독신자일 것, (7)가능하면, 장남이 아닐 것이었다. 陸軍省副官川原直一(1942.9.17), 「陸軍挺進練習部挺進聯隊要員たる兵の轉屬に關する件」.

1941년 11월 함병선은 제1정진단 소속 정진 제1연대에 배속되었다. '하늘의 신병(神兵)'으로도 널리 알려진 「정진연대」는 제2차 세계대전기 일본 육군이 자랑하는 최강의 공정(空挺)부대였다. 1941년 12월1일 대미개전(對美開戰)의 결정과 동시에 제1정진단에 대해서도 동원령이 발령되었다. 1941년 12월15일 함병선이 소속하는 정진 제1연대는 남방군사령부 소속으로 12월 19일 모지(門司)항을 출항하였다.[50] 이들의 임무는 네덜란드령 수마트라섬 남단에 위치하는 팔렘방(Palembang)을 점령하는 강습작전이었다.[51] 하지만, 1942년 1월3일 해남도 남방 해상에서 수송선 메이코마루(明光丸)에서 선상(船上)화재가 발생하면서 강습작전을 포기해야 했고, 1942년 2월14일 정진 제2연대가 작전을 대신해서 성공하였다.[52]

이후 함병선의 정진 제1연대는 1942년 4월 버마 북구 라시오(Lashio) 강습작전을 비롯해서 태국, 말레이시아, 싱가포르의 여러 기동작전에 투입되었다. 제2차 출동으로 정진 제1연대는 1943년 6월부터 1944년 8월에 걸쳐 동부 뉴기니를 담당하는 제18군과 공동으로 베나베나하겐(Benavena Hagen) 강습작전에 동원되었다. 1945년 8월15일 함병선은 일본 치바현(千葉懸) 주둔지에서 종전을 맞았고, 1945년 8월26일 준위 계급으로 일본군을 제대하였다.[53] 1941~1945년까지 정진단 소속 1만 4000명 가운데 85.7퍼센

---

50. 국가기록원, 「병적전시명부(東原輝喜)」.

51. 팔렘방 강습작전의 입안, 실시, 성과 그리고 陸軍中野學校 출신 특무요원들의 활약에 대해서는 加藤正夫(2014), 『陸軍中野學校』, 潮書房光人社, 81~89쪽을 참고.

52. 메이코마루(明光丸)의 선상(船上)화재는 1942년 1월3일 해남도 남방 해상에서 발생하였다. 대련에서 적재했던 장비 가운데 항공용 소이탄이 자연발화해서 화재가 발생했고, 결국 침몰하고 말았다. 다행히도 호위함의 구조를 받아 인명 손실을 면할 수 있었지만, 낙하산을 비롯한 일절의 장비를 손실하면서 팔렘방 강습작전을 단념해야 했다. 당시 정진단장을 비롯한 정지비행연대 주력은 남방항로를 경유해서 남방사령부 예하 프놈펜 기지에 도착해서 대기하는 상황이었다. 정진 제1연대는 1942년 1월11일 방콕을 거쳐 프놈펜에 도착해서 정진단 사령부와 합류할 수 있었다. 田中賢一(1984), 「大空の華」, 芙蓉書房, 48~49쪽.

53. 현재 확인되는 정진 제1연대 소속 조선인 병사는 함병선 준위와 1923년 경남 동래 출생의 김두천(金城斗千) 병장 2명뿐이다. 국가기록원, 「유수명부(金城斗千)」.

트에 상당하는 1만 2000명이 남방작전의 수행 과정에서 전사 혹은 해몰사(海沒死)하였다.[54] 함병선은 천만다행으로 생존자 2000명 가운데 한 명일 수 있었다.

함병선의 상훈이다. 그는 1939년 중일전쟁에 참전해서 혁혁한 전공을 세웠고, 1940년 4월 일본군 최고 영예였던 공7급 금치훈장을 수상하였다.[55] 육군특별지원병 출신 생존자 가운데 금치훈장 수상자 제1호였다. 1944년 3월 「정진연대」 창설과 함께 특수임무 수행 공로를 인정받아 훈7등 서보장(瑞宝章)을 수상하였다.[56] 이 외에도 1939년 4월 사격휘장, 1940년 4월 중일전쟁 종군기장, 1940년 8월 검술휘장으로 총 4회의 정근장을 수상하였다. 함병선의 일본군 병적기록은 그가 전문적인 군사지식과 풍부한 실전경험을 쌓은 '역전의 용사'였음을 웅변하고 있다.

신재식

신재식(辛在植, 石黑勝義)은 1920년 7월 강원도 영월 중농층 가계의 4남 3녀 가운데 차남으로 출생하였다. 그의 가계는 논 1200평, 밭 900평, 산림 5정보의 가산을 소유하였다. 그는 1935년 3월 영월공립심상소학교를 졸업한 이후 가사에 종사하다가 1938년 4월 육군특별지원병을 지원하였고, 1938년도 강원도 출신 육군특별지원병 전기생(현역) 합격자 28명 가운데 1명이었다. 1938년 6월 그는 육군병지원자훈련소에 입소해서 같은 해 12월 소정의 교육과 훈육과정을 수료하였다. 소속부대가 작성한 신상명세서에 따르면, 그는 지극히 성품이 온순하고 품행이 단정한 인물이었다.

---

54. 田中賢一(1984), 『大空の華』, 芙蓉書房, 86쪽.
55. 佐野八十衛(1943), 『戰ふ朝鮮』, 內外公論社, 73쪽.
56. 위와 같음.

[자료6-2] 신재식(石黑勝義)의 병적기록

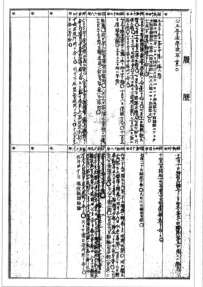

(출처) 국가기록원, 『병적전시명부(石黑勝義)』.

신재식은 [자료6-2]와 같이 1938년 12월 육군병지원자훈련소 수료와 동시에 정식의 병적을 취득했고, 이등병 계급으로 조선군 제19사단 제74연대(함흥) 제5중대에 배속되었다. 1939년 2~3월에 걸쳐 중일전쟁에 참전했고, 1940년 4월 중일전쟁 종군기장을 수상하였다. 1939년 11월 오장 근무 상등병 진급과 함께 12월 부대장 추천으로 하사관 후보로 선발되었다. 1940년 6~11월에 걸쳐 도요하시(豊橋) 육군교도학교에 입교해서 하사관 집체교육을 받았고, 같은 해 10월 병장을 거쳐 11월 오장으로 진급해서 제74연대 3중대에 복귀하였다. 1941년 11월 군조, 1943년 12월 조장으로 진급하였다. 신재식은 육군특별지원병 출신 최초의 오장 진급자였다.

1943년 6월 신재식은 독립공병 제23연대로 전속하면서 병종이 보병에서 공병으로 바뀌었다. 같은 해 7월 재차 일본 우지나(宇品)에 소재하는 선박사령부로 전속하였다. 1943년 8월 구레(吳)잠수학교에 입교했고, 1944년 1월 임시 편성의 잠수운송교육대에 배치되지만, 같은 해 8월 오사카육군조병창으로 전속하였다. 1944년 9월 육군병기행정본부 중국 출장소 공무감독반 전속을 거쳐 1945년 4월 재차 오사카육군조병창으로 복귀하였다. 신재식의 주특기는 95식 속사포 조작 갑종 자격자였다. 독립공병 제23연대의 중대 병기계와 내무반장을 역임하였다. 1945년 9월30일 육군 조장 계급으로 일본군을 제대하였다.

박경원

박경원(朴敬遠, 木戶忠一)은 1921년 10월 강원도 고성군 고성면 중농층 가계에서 1남 3녀의 장남으로 출생하였다. 1936년 3월 고성공립고등소학교를 졸업한 이후 부친(일본대학 경제과 졸업)의 가사를 도왔고, 1938년 4월 육군특별지원병을 지원해서 합격하였다.[57] 그는 1938년도 강원도 출신 합격자 28명 가운데 한 명이자, 고성군 지원자 201명 가운데 유일한 합격자였다.[58] 1.78미터의 강건한 체격의 소유자였던 박경원은 일본인에게 뒤지지 않는 실력을 쌓아서 자신의 운명을 개척하고자 육군특별지원병을 지원하였다.[59]

[자료6-3]과 같이 1938년 12월10일 일본군 병적을 취득한 박경원은 이등병 계급으로 제19사단 제37여단 예하 보병 제73연대(나남) 제1중대에 입영하였다. 1939년 6월 일등병으로 진급했고, 같은 해 11월 오장 근무 상등병으로 진급하였다. 1940년 7월 간부후보생에 선발되어 도요하시 육군교도학교에 입교하였다. 당시 입교자 가운데 육군특별지원병 제1기생 출신자는

57. 박경원(2019.7.24), 「인터뷰」.
58. 「매일신보」 1938년 6월11일자/6월14일자.
59. 박경원(2020.1.12), 「인터뷰」.

6~7명이었던 것으로 기억하였다.[60] 같은 해 9월 육군 병장으로 진급하였다.

1940년 11월 도요하시 육군교도학교 수료와 함께 오장으로 진급하였다. 1940년 11월 제73연대 제7중대에 배속되었고, 1941년 11월 육군 군조로 진급하였다. 1943년 9월 육군사관학교 생도대 제2중대로 전속 명령을 받았고, 12월 육군 조장으로 진급하였다. 1944년 9월 생도대 제12중대로 전속하였고, 1945년 5월 생도대 제13중대를 거쳐 7월 생도대 제8중대로 전속하였다.

[자료6-3] 박경원(木戸忠一)의 병적기록

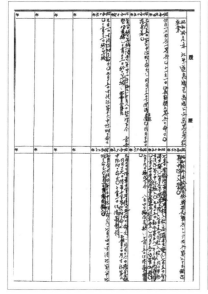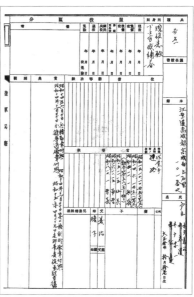

(출처) 국가기록원, 「병적전시명부(木戸忠一)」.

박경원의 육군사관학교 근무는 교수부 소속으로 사관생도 교육훈련 계획과 일정을 입안하고 시행하는 일이었다. 그래서 당시 사관생도였던 장창

---

60. 위와 같음.

국 및 정래혁과도 각별한 인연을 맺을 수 있었다. 1945년 9월 육군 조장 계급으로 일본군을 제대하였다. 그는 1938년 12월 일본군에 입영한 이래 1939년 6월 정근장을 시작으로 1939년 11월 제2종 검술휘장, 1939년 11월 소총 보통휘장, 1940년 4월 중일전쟁 참전 종군기장을 수상하였다. 2019년 7월 「인터뷰」에서 박경원은 육군특별지원병훈련소와 육군교도학교를 거치면서 철저한 실력주의와 군인정신을 체화하는 절호의 기회였다고 증언하였다.[61]

1938년 12월 육군병지원자훈련소를 수료하고 정식의 일본군 병적을 취득한 육군특별지원병은 이등병 계급으로 조선군 상주 제19·20사단에 배치되었다. 이들은 실전을 방불케 하는 혹독한 군사훈련과 사적 제재가 횡행하는 엄격한 군기의 내무생활에 적응해야 했다. 박경원에 따르면, "결코 지지 않는다는 자부심과 할 수 있다는 굳은 신념"[62]으로 일본군 병영생활의 여러 곤란을 극복할 수 있었다. 이들은 초병교육을 마치는 시점에서 부대장 추천을 받아 간부후보생을 지원하였다. 간부후보생 합격자는 하사관교육대 및 예비사관학교 집체교육을 거쳐 군인관료로 변신하였다. 요컨대, 육군특별지원병 출신 간부후보생은 '일본군 군인정신의 극치(極致)'를 체화했던 조선인 출신 일본군 병사들이었다.

---

61. 박경원(2019.7.24), 「인터뷰」.
62. 위와 같음.

제7장 중일전쟁 참전

1939년 5월 조선군 제20사단 소속 육군특별지원병은 초병교육 수료와 동시에 중일전쟁에 참전하였다. 이는 조선인 육군특별지원병의 군사적 자질과 충량한 일본 국민됨을 증명하는 역사적인 무대였다. 제7장에서는 육군특별지원병의 중일전쟁 참전과 전과(戰果)를 실증 분석한다.

I. 조선군 제20사단

1939년 5월 조선군 제20사단 소속 육군특별지원병은 중일전쟁에 참전한 야전본대의 교체요원으로 중일전쟁에 참전하였다. 이들의 참전, 활약, 전과를 구체적으로 검토해보자.

파병과 작전

1937년 7월7일 중일전쟁 발발과 함께 일본 육군성은 관동군 예하 2개 혼성여단과 비행대 그리고 조선군에 대한 동원령을 하달하였다.[1] 1937년 7월12 일 조선군 제20사단 파병이 정식으로 결정되었다. 7월27일 제20사단은 일본 국내의 3개 사단(제5사단, 제6사단, 제10사단)과 함께 중국 화북전선에 출 정하였고, 파병임무를 마치고 귀환한 것은 1939년 12월이었다.[2] 이하에서는 1937년 7월 이래 약 2년 6개월에 걸친 제20사단의 중일전쟁 참전과 작전을 살펴보자. 자료는 1940년 1월 제20사단장 시치다 이치로(七田一郎)가 천황 앞으로 상주한 「제20사단 상주(上奏)」[3]와 「제20사단 상황보고」[4] 그리고 제20 사단 예하 보병 연대사 등이다.[5]

첫째는 작전의 경과이다. 제20사단 주력(제78연대·제80연대)은 1937년 7월11일 용산역을 출발해서 중국 톈진(天津)으로 이동, 지나주둔군 예하 에 편입하였다.[6] 제20사단의 작전 경로는 [지도7-1]과 같이 1939년 7월 하 순 난위안(南苑) 지역 일대의 중국군을 섬멸하면서 다른 일본군 병단과 공 동작전으로 중국군 쑹저위안(宋哲元) 예하 제29군의 근거지였던 핑진(平津) 지역을 점령하였다. 일본군의 난위안 공략전은 중일전쟁의 확전과 장기화로 이어지는 "사상 초유의 비운을 초래하는 기점"[7]이었다.

1. 波多野澄雄編(2006), 「日中戰爭の軍事的展開」, 慶應義塾大學出版會.
2. 第二十師団參謀部(1937.7), 「第二十師団機密作戰日誌」.
3. 第二十師團長七田一郎(1940.1.11), 「第二十師團上奏」.
4. 第二十師團長七田一郎(1940.1.11), 「第二十師団狀況報告」.
5. 步兵第七十八聯隊史編纂委員會編(1983), 「步兵第七十八聯隊史」; 步兵第七十九聯隊史編集委員會編 (1984), 「步兵第七十九聯隊史」; 高鍋博美編(1984), 「地隙を征く」, 高鍋博美.
6. 조선군 제20사단 예하 보병 제79연대의 경우, 1937년 7월16일 용산을 출발해서 선만 국경도시 신 의주와 안동(安東)을 거쳐 20일 중만국경 산해관을 넘어서 21일 하북성 당산에 도착하였다. 步兵第 七十九聯隊史編集委員會編(1984), 「步兵第七十九聯隊史」, 105쪽.
7. 1890년 평남 안주 출생으로 일본 육군사관학교 제26기 출신의 이응준(가야마 다케토시 香山武俊)도 조선군 제20사단사령부 참모부 소속으로 중일전쟁에 참전하였다. 이응준(1982), 「회고 90년」, 산운기념 사업회, 165쪽.

[지도7-1] 제20사단의 중일전쟁 참전과 작전개요도

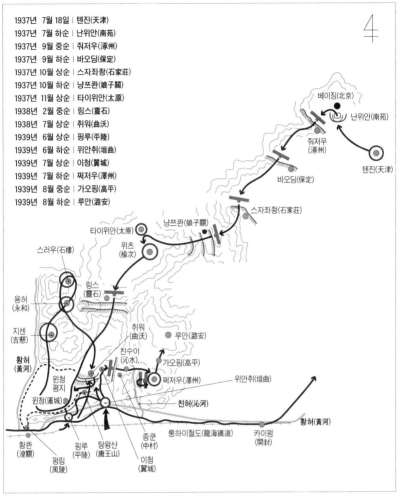

1937년 7월 18일	텐진(天津)	
1937년 7월 하순	난위안(南苑)	
1937년 9월 중순	줘저우(涿州)	
1937년 9월 하순	바오딩(保定)	
1937년 10월 상순	스자좌좡(石家莊)	
1937년 10월 하순	냥쯔관(娘子關)	
1937년 11월 상순	타이위안(太原)	
1938년 2월 중순	링스(靈石)	
1938년 7월 상순	취워(曲沃)	
1939년 6월 상순	핑루(平陸)	
1939년 6월 하순	위안취(垣曲)	
1939년 7월 상순	이청(翼城)	
1939년 7월 하순	쩌저우(澤州)	
1939년 8월 중순	가오핑(高平)	
1939년 8월 하순	루안(潞安)	

(출처) 第二十師團長七田一郎(1940.1.11), 「第二十師團上奏」.

1937년 9월 제20사단은 줘저우(涿州)·바오딩(保定)회전(會戰)과 함께 스
자좡(石家莊) 회전에 참전했고, 11월 하순 타이위안(太原) 남방시구에 진출
해서 타이위안성(城)을 점령하였다. 1938년 2월 초순 제20사단은 링스(靈石)
에 주둔하는 중국군을 추격·섬멸하면서 황하 부근까지 진출할 수 있었다.

1938년 7월 하순 윈청(運城)으로 진격해서 방어, 토벌, 치안작전에 치중하였다. 1939년 7월 제20사단은 이청(翼城) 동방산지(東邦山地)에서 중국군 소탕작전을 수행했고, 쩌저우(澤州)와 가오핑(高平)를 점령하였다. 1939년 8월 하순 중국군 약 10만 명이 주둔하는 루안(潞安)평지를 점령하고 치안업무로 전환하였다.[8] 1939년 11월 육군성의 귀환 명령에 따라 임무를 마치고 용산 주둔지로 귀환하였다.[9]

둘째는 부대 상황이다. (1)출정 장병은 출정의 의의와 목적에 대한 투철한 신념과 엄정한 군기, 견고한 의지로 여러 곤란을 극복하고 임무를 수행하였다. (2)중대장 이하 간부의 지휘 기능은 병력 소모와 함께 저하했지만, 멸사봉공과 용약기백으로 소마쇠퇴(消磨衰頹)를 극복하고 소기의 목적을 달성할 수 있었다. (3)병기는 누차의 전투로 훼손이 적지 않았지만, 적극적인 복구와 정비로 극복하였다. (4)보급과 급양은 산악의 중첩과 교통 불편으로 시기를 놓치는 경우도 있었지만, 현지물자의 적절한 조달과 이용으로 작전수행의 지장을 최소화할 수 있었다. (5)장병의 건강은 양호함을 유지해서 기후와 풍토 등 가혹한 환경을 극복하고 부여된 작전을 수행하였다. (6)마필과 관련해서 전사마와 폐사마가 급증했지만, 현지 토착마를 징발해서 작전수행의 지장을 줄였다.

셋째는 관민의 후원이다. 총후의 국민, 특히 조선 관민의 장병들에 대한 후원은 열렬하고 진지했고, 내선일체의 내실을 발휘하였다.[10] 제20사단은 2년 6개월의 출정으로 중국군을 격파함으로써 일반 민중도 점차 황군의 위덕에 감읍(感泣)하게 되었다. 관민의 후원은 간부들의 적절한 지도와 장병

---

8. 1939년 9월 중순 루안평지에서 중국군 및 치안상황 그리고 교육, 병기, 경리, 보급, 위생 등에 대해서는 第二十師團長七田一郎(1940.1.11), 「第二十師団状況報告」를 참조.

9. 新人物往來社戰史室(1991), 「日本陸軍步兵聯隊」, 新人物往來社, 33쪽.

10. 第二十師團長七田一郎(1940.1.11), 「第二十師團上奏」.

들의 분투 그리고 총후 국민의 열렬한 후원 덕분이었다. 이 과정에서 다수의 충용한 장병들이 전사 혹은 전상을 입었다. 천황은 3회에 걸쳐 시종무관(侍從武官)을 파견해서 성지(聖旨)의 전달과 성은(聖恩)을 하사하였다. 제20사단 장병들은 보다 분투·노력해서 성은에 보답하고자 한다.

제20사단은 중일전쟁기 약 200여 회에 걸쳐 중국군과 교전하였다. 전과는 [표7-1]과 같이 사살 13만 800명과 포로 4400명을 기록하였다.[11] 반면, 손실은 전사 4742명(장교 198명), 전병사 686명(장교 3명), 전상 1만 3307명(장교 459명)이었다.[12] 이 가운데 보병 제78연대의 경우, 전사 658명과 전상 2364명으로 합계 3022명을 기록하였다.

[표7-1] 제20사단의 중일전쟁 참전과 전과　　　　　　　　　　　　　　　(단위: 명)

구분		손실	비고
중국군	사살	130,800	–
	포로	4,400	–
	합계	135,200	–
일본군	전사	4,742	198
	전병사	686	3
	전상	13,307	459
	합계	18,735	660

(주) 비고는 손실에 포함된 장교 인원.
(자료) 第二十師團長七田一七(1940), 「第二十師團上奏」.

이는 제20사단 전체 전사상의 16.1퍼센트에 상당한다.[13] 보병 제79연대는 전사 759명으로 제20사단 전체 전사의 16.0퍼센트를 차지하였다.[14]

---

11. 第二十師團長七田一郎(1940.1.11), 「第二十師團狀況報告」.
12. 1939년 중일전쟁에 참전한 일본군 전체의 인적 손실은 전사 3만 81명, 전병사 9338명, 전상 5만 5979명이었다. 吉田裕(2006), 「アジア·太平洋戰爭の戰場と兵士」, 「アジア·太平洋戰爭(5)」, 岩波書店, 59~86쪽.
13. 步兵第七十八聯隊史編纂委員會編(1983), 「步兵第七十八聯隊史」, 87쪽.
14. 步兵第七十九聯隊史編集委員會編(1984), 「步兵第七十九聯隊史」, 204쪽.

1939년 8월 제1군사령관 우메즈 요시지로(梅津美治郎) 중장은 제20사단의 중일전쟁 참전 및 작전과 관련해서 "훈련도 정치(精緻)하고 필승의 신념이 충만했다. 견인불발(堅忍不拔)과 용전분투로 발군의 무공을 세웠다"[15]고 치하하였다.

활약과 전과

제20사단 소속 육군특별지원병은 1939년 5월 제1기 검열을 통과하면서 일등병으로 진급했고, 정식의 전투원 자격을 취득하였다. 1939년 5월 이들은 야전본대의 보충요원으로 '거대한 인파의 환송'[16]을 받으며 용산역을 출발하였다. 제20사단 소속으로 중일전쟁에 출정한 육군특별지원병은 제1기생 97명 가운데 환자 2명을 제외한 95명이었다.[17] 이하에서는 1939년 10월 조선군사령부가 작성한 「육군특별지원 종군상황에 관한 건」[18]이라는 내부문건을 활용해서 제20사단 소속 육군특별지원병의 활약과 전과를 구체적으로 살펴보자.

첫째는 보병 제77연대 소속 육군특별지원병 24명의 실전 성적이다. 1939

---

15. 第一軍司令官梅津美治郎(1939.8.25), 「感狀」.

16. 1939년 5월9일 당시 「경성부육군병지원자후원회」 회장이었던 윤치호 일기에 따르면, "저녁 7시 30분 용산역에 나가 북방으로 떠나는 장병들의 열차행렬을 배웅했다. 그들 중 14명이 조선인 지원병"이었다고 한다. 이어서 5월10일에도 같은 시각에 "용산역에 나가 북방으로 떠나는 장병들의 열차행렬을 배웅했다. 그들 중에 조선인 지원병 제2군이 포함되어 있다. 거대 인파가 그들을 환송"했고, 5월11일에도 같은 시각 "용산역에 나가 일본인 전우들과 함께 전선으로 떠나는 조선인 지원병들을 배웅했다"고 적고 있다. 윤치호 일기에 따르면, 조선군 제20사단 소속 육군특별지원병은 1939년 5월9일부터 11일에 걸쳐 용산역을 출발한 것으로 파악된다. 박정신 역(2016), 『(국역) 윤치호 영문 일기』, 국사편찬위원회, 207~208쪽.

17. 삼천리사(1940.5), 「삼천리」, 제12권 제5호.

18. 같은 자료는 조선군사령부가 제20사단 예하 보병연대 중대장의 육군특별지원병에 대한 전황보고를 정리한 문건이다. 朝鮮軍司令部(1939.11), 「陸軍特別志願兵縱軍狀況に關する件」. 원자료는 1939년 10월 조선군사령부가 작성한 「陸軍特別志願兵狀況調書」였다.

년 5월20일 육군특별지원병은 제77연대 예하 중대에 배속되었다. 배속 중대장은 육군특별지원병의 병영생활과 실전상황을 "주의해서 관찰했지만, 하등의 결함을 인정할 수 없었고, 제반의 솔선수범은 실로 다른 병사의 모범이 되기에 충분"[19]했다고 평가하였다.

제1중대장에 따르면, 이들은 (1)사상이 온건하고 정순해서 군인정신이 충만하다. (2)전투간 지극히 용감하고 적극적이며, 성적도 우수하였다. (3)일반병(일본인 병사)과 이들과의 관계는 내선일여 정신으로 동료 전우와도 친화적이었다. (4)일상의 복무는 열심이고 착실해서 다른 병사들의 모범이 되기에 충분하였다. 특히, 6월 초순 이래 계속되는 작전에서도 이들은 열렬한 기백을 유지했고, 계속되는 호우와 험준한 지형 그리고 척박한 도로를 답파하면서 분전역투(奮戰力鬪)하였다. 병력 손실은 전상 3명에 불과하였다. 요컨대, 제77연대는 이들의 왕성한 전투력과 성실성이 '일반 동년차병을 능가하는 것'으로 평가하였다.

둘째는 보병 제78연대 소속 육군특별지원병 24명의 실전 성적이다. 보병 제78연대는 1939년 5월 전지(戰地)에 도착 이래 육군특별지원병에 다대한 기대와 관심을 가졌고, 전투간은 물론이고 행군과 경비중에도 이들의 동정을 살폈다. 이들 24명 가운데 전투·행군·경비 등 때와 장소를 가리지 않고 체력·기력·정신력에서 일본인 일반병과 비교해도 손색이 없는 자는 19명이었고, 나머지 5명은 실전 성적이 약간 뒤처졌다. 병력 손실은 전상 4명에 불과하였다. 종합적인 평가와 관련해서 "육군특별지원병은 일반병과 비교해서 전혀 손색이 없었다. 특히 지구력이 강해서 곤고결핍(困苦缺乏)을 인내하고 황군의 일원으로 영예와 긍지 그리고 멸사봉공의 군인정신도 충만했다"[20]며

---

19. 朝鮮軍司令部(1939.11), 「陸軍特別志願兵縱軍狀況に關する件」.
20. 위와 같음.

찬사를 아끼지 않았다. 제78연대는 조선군사령부 앞으로 '지원병 일반의 성적은 지극히 우수해서 조선 민족의 교육지도와 함께 점차 본 제도를 더욱 확충·강화해서 국군의 충실을 기하고 성업(聖業)의 관철(貫徹)을 도모해야 한다'고 제안하였다.

셋째는 보병 제79연대 소속 육군특별지원병 25명의 실전 성적이다. 보병 제79연대는 이들에 대해 (1)전장에서 형이상(形而上)의 관찰에 한정하면, 체력과 정신력에서 우수한 자는 소수였고, 양호한 자와 불충분한 자가 각각 절반이었다. 양호한 자도 일본인 병사의 중간 정도였다. (2)전투 성적은 일반 사격과 적진에서 탄환우비(彈丸雨飛)의 상황과 비교해서 상당한 차이가 있다. 금후 정신교육 강화와 황군의식 함양에 노력해야 한다. (3)전장에서 근무 성적은 소수를 제외하고 전반적으로 양호하였다. (4)일반병과의 융화는 전체적으로 친밀하였다. 병력 손실과 관련해서는 1939년 6월 산시성 무명사(無名祠)고지 전투에서 모 중대 소속 모 지원병이 수류탄 파편상으로 전사하였다. 종합적인 전투력 평가는 구구해서 단순한 기준으로 양부를 단정할 수 없다. 요컨대 제79연대는 금후 추가적인 관찰과 종합적인 재평가가 불가결하다는 의견을 제시하였다.

넷째는 보병 제80연대 소속 육군특별지원병 22명의 실전 성적이다. 제80연대는 (1)전장 실황과 관련해서 육군특별지원병은 체력과 기력이 강건해서 곤고결핍(困苦缺乏)을 인내하고 장거리 무장행군을 수행했고, 근무와 책임 관념도 왕성하였다. 특히, 황군의 일원이라는 명예와 긍지를 자각해서 제반 성적이 양호했고, 일본인 병사와 비교해서도 하등 손색이 없었다. 1939년 8월 이들 육군특별지원병 22명 가운데 9명이 상등병으로 진급했고, 9명은 간부후보생에 합격하였다. (2)실전 성적과 관련해서 1939년 5월 하순 야전부대에 편입된 이후 제2기 산시성 숙정작전에 출정하였다. 이들은 전투, 사격, 돌격, 경계 근무에서 우수한 성적을 거두었다. 제80연대는 금후 교육지도와 관련해서 실전경험을 중시한다면, 크게 진보·향상할 것이라 전망하였다. 병력 손실은 전사 1명과 전상 2명이었다. 제80연대는 이들의 참전 성적이 지극히 양호해서 경축을 금할 수 없다고 격찬하였다.

1939년 6월 이래 북지전선에 출정한 조선군 제20사단 소속 육군특별지원병은 내무, 근무, 행군, 실전에서 왕성한 정신력과 강건한 체력 그리고 솔선수범의 책임관념으로 일본인 병사를 능가하는 발군의 전투력을 발휘하였다. 그래서 당시 조선군참모장 기타노 겐조(北野憲造)는 보고서 말미에서 "지원병의 성적이 상당히 양호해서 일본군을 위해 참으로 경하할 만한 일"[21]이라 총평하였다. 1941년 조선총독부 촉탁 아이바(相場)도 일본 민족의 조락(凋落)과 조선 민족의 대두(擡頭)를 주장하는 흥미로운 보고서에서 "금번 지나(支那)사변에서 조선인 군인들의 군공(軍功)이 일본인 병사를 앞서면서 군 및 총독부 당국으로부터 크게 칭송을 받았다. 이는 조선 민족의 용맹성과 봉공(奉公)이념의 왕성함을 입증하는 것"[22]이라며, 보고서의 논거로 삼기도 하였다.

김석원의 호평

김석원(가네야마 샤쿠겐·金山石原, 1893~1978)은 경성부 재동 출신으로 육군유년학교, 육군사관학교(제27기), 육군보병학교를 수료하고 약 15년에 걸쳐 조선군 제20사단 예하 보병 제78연대 소속 장교로 복무하였다. 1937년 7월 그는 제20사단 제78연대 제3대대장으로 중일전쟁에 출정해서 혁혁한 전공을 세웠다.[23] '육군특별지원병의 대부'로도 회자되었던 김석원은 1931

---

21. 朝鮮軍司令部(1939.8.30), 「鮮内兵事部長會議書類提出の件」.
22. 相場淸(1941), 「朝鮮民族思想に就て」; 『월간조선』 2008년 9월호.
23. 步兵第七十八聯隊史編纂委員會編(1983), 『步兵第七十八聯隊史』, 57쪽.

년 만주사변기 기관총 부대장으로 중국군 마잔산(馬占山) 부대를 격파하면서 명성을 쌓았고, 공4급 금치훈장 수상과 함께 육군 소좌로 진급하였다.

1937년 7월 중일전쟁 발발과 함께 김석원은 가와기시 병단(川岸兵團)의 남운(南雲)부대장으로 화북전선에 출정하였다. 난공불락의 난위안행궁(南苑行宮) 공략전을 시작으로 경한(京漢) 대진격전, 타이위안(太原) 공략전, 산시성 소탕전에서 혁혁한 전과를 세웠다. 1937년 말 김석원은 "반도 출신의 용사이며, 혜성같이 빛나는 존재"[24]라는 호평과 함께 〈김소좌남원공략가(金少佐南苑攻略歌)〉[25]가 유행하기도 하였다.[26] 관내외의 여러 신문과 방송을 통해서 중일전쟁의 조선인 군국영웅으로 회자되었다. 1939년 1월 수훈갑(殊勳甲) 공3급 금치훈장 수상과 함께 육군 중좌로 진급하였다. 김석원은 중일전쟁에 참전한 육군특별지원병의 군사적 역량을 다음과 같이 평하였다.

나는 제일선에 있을 때 다수의 지원병 출신들이 내지인과 어깨를 나란히 하고 적군의 포연탄우(砲煙彈雨)를 무릅쓰고 용전분투하는 광경을 목격하였다. 제일선에서는 두말할 것도 없고 군대에서도 지원병 성적은 물론이고 평판도 무척 좋았다. 지원병들이 엄격한 규율 아래 군인정신을 유감없이 발휘하여 어떤 손색도 없이 일선에서 잘 싸우고 또 부대에서도 좋은 성적을 거두어 '지원병은 참으로 훌륭하다'는 찬사를 받았다. 이는 그들이 입영 이전 훈련소에 입소해서 전후 6개월간 군인의 자질을 연마하는 훈련을 쌓았기 때문이다. 군인으로서 체득해야 하는 기본작법(作法)을 비롯해서 단체생활과

---

24. 「매일신보」 1937년 12월14일자.

25. 김석원(1977), 「노병의 한」, 육영사, 152~158쪽.

26. 〈김소좌남원공략가〉는 1937년 12월 김석원의 모교였던 개성 궁정공립보통학교 동창회가 그에게 바친 헌시를 김석원이 설립한 이태원보통학교의 모 음악 교사가 작곡한 것이다. 「매일신보」 1937년 12월14일자.

훈련을 몸소 실천하고 입영했기 때문이다. 지원병 수료생이 후배들에게 나아
갈 길을 가르치며 살아 있는 모범을 보여 오늘과 같은 좋은 결과를 얻었다.[27]

　김석원의 평가는 1944년 4월 이래 일본군 건군 이래 최대 규모의 「대륙타
통작전(大陸打通作戰, 1944.4.17~1944.12.10)」 전반전에 해당하는 「경한작
전(京漢作戰)」에 참전했던 육군특별지원병에 대한 평가와도 일맥상통한다.
「경한작전」에 참가한 일본군 총병력은 50만 명(약 20개 사단)으로 작전거리
는 2400킬로미터에 달하였다.[28] 당시 「경한작전」에 참가한 현지의 모 부대장
은 조선군 참모장 앞으로 육군특별지원병의 전적서(戰績書)를 발송하였다.
그 요지는 "육군특별지원병은 전장 군기가 엄정하고, 상관의 명령에 복종해
서 일반 병대와 비해서 조금도 손색이 없을 뿐만 아니라 체력이 왕성하고
지구력이 풍부한 행군력으로 격무(激務)를 감내했고, 성적도 양호하였다"[29]
고 격찬하였다.

II. 전사상 및 특훈자

　다음은 중일전쟁에 참전했던 제20사단 소속 육군특별지원병의 전상자와
특훈자 분석이다. 여기서 전상자는 1939년 5월 중일전쟁에 참전한 육군특
별지원병 제1기생 출신에 한정한다. 반면, 전사자는 1939~1943년까지 중일
전쟁에 참전했던 병사들이다.

---

27. 「매일신보」 1942년 2월 3일자.
28. 笠原十九司(2010), 「日本軍の治安戰」, 岩波書店, 144~148쪽.
29. 「매일신보」 1944년 11월 6일자.

전상자

1939년 10월 당시 제20사단 예하 보병 연대에 배속한 육군특별지원병 전사상자는 [표 7-2]와 같이 합계 11명으로 전사 1명, 전상사 1명, 전상 9명을 기록하였다.[30] 이들 전사상자는 1939년 6월부터 7월에 걸친 산시성 토벌작전에서 발생하였다. 전사상자의 피탄 종류는 수류탄, 포탄, 소총탄, 기관총탄이었다. 전상자 9명의 정도는 경상 8명, 중상 1명이었다.[31] 이하에서는 1939년 11월 조선군사령부의 내부문건을 활용해서 조선군 제20사단 소속 전사상자 5명의 사례를 검토해보자.[32]

첫째는 보병 제77연대 제1중대 소속의 송용하 일등병이다.[33] 그는 1939년 6월20일 산시성 자거우(家溝) 북방고지 전투에서 좌측 대퇴부와 왼손에 수류탄 파편상을 입었다. 그의 소속 대대는 적진에 돌파해서 적의 퇴로를 차단하고자 서쪽으로 기동하는 상황이었다. 같은 작전에서 송용하의 제1중대는 첨병중대로 활약하였다. 제1중대 제3소대 제1분대 소총수였던 송용하는 거대한 암석이 도처에 산재한 전투 환경과 적군의 포화가 작열하는 상황에서도 신속하고 과감한 전투행동으로 적군의 저격병을 제압하고 분대장을 보좌하였다. 치열한 적군의 공격으로 사상자가 속출하고 전진마저 곤란한 와중에서도 그는 험준한 암석을 타고 넘어 적진을 공략하였다. 그 과정에서 적군이 던진 수류탄의 파편상을 입고 말았다. 그럼에도 그는 굴하지 않고

---

30. 朝鮮軍司令部(1939.11), 「陸軍特別志願兵縱軍狀況に關する件」.

31. 1943년 당시 후생성이 제84회 제국의회에 제출한 "재일조선인에 대한 동화정책과 협화사업"이라는 참고자료에 따르면, 1938~1943년 조선인 육군특별지원병은 "전상자 천수백 명"에 달했다고 한다. 在日朝鮮人運動史研究會編(2011), 『在日朝鮮人史資料集(2)』, 綠陰書房, 495쪽.

32. 위와 같음.

33. 1943년 당시 후생성이 제84회 제국의회에 제출한 "재일조선인에 대한 동화정책과 협화사업"이라는 참고자료에 따르면, 1938~1943년 조선인 육군특별지원병은 "전상자 천수백명"에 달했다고 한다. 在日朝鮮人運動史研究會編(2011), 『在日朝鮮人史資料集(2)』, 綠陰書房, 495쪽.

적진을 돌파하는 용맹을 떨쳤다.

[표7-2] 제20사단 육군특별지원병의 중일전쟁 참전과 부상자 현황

성명	출신지역	배속연대	소속중대	참전계급	전사상일	장소	피탄종류	전사상부위	정도
송용하	경남 김해	77	1	상등병	1939. 6.20	산시성 家溝縣 북방 고지 부근	수류탄	좌대퇴부 좌수장부 파편창	경상
백상식	경남 김해	77	1	일등병	1939. 6.22	산시성 垣谷縣 山石 부근	소총탄	우측 하복부 盲貫 총창	중상
정종태	경남 고성	77	5	일등병	1939. 6.22	산시성 垣谷縣 劉庄治 부근	포탄	우측 頸部 파편창	경상
조봉환	전남 장흥	78	1	일등병	1939. 6.6	산시성 解縣 동남고지 부근	기관총탄	좌측 대퇴부 연부 관통 총창	경상
문재혁	경기 연천	78	6	일등병	1939. 7.6	산시성 縫縣 동방고지 부근	수류탄	우측 흉부 좌측 대퇴부 파편창	경상
박종화	황해 옹진	78	12	일등병	1939. 7.9	산시성 縫縣 曹家山 부근	포탄	우측 대퇴부, 우측 수장 파편창	경상
최순업	경기 수원	78	5	일등병	1939. 7.7	산시성 縫縣 吊山溝 부근	수류탄	족부 타박상	경상
이인석	충북 옥천	79	–	일등병	1939. 6.22	산시성 聞喜縣 무명사 고지	수류탄	좌측 대퇴부	전사
이형수	전남 순천	80	9	일등병	1939. 7.7	산시성 翼城 동방산지	소총탄	경부 관통 총창	전상사
김용계	전남 담양	80	2	상등병	1939. 6.6	산시성 張店鎮 남방지구	포탄	흉부 파편창	경상
안연흥	전남 광산	80	1	상등병	1939. 6.21	산시성 唐王山 부근	소총탄	우수 관통창	경상

(자료) 朝鮮軍司令部(1939.10), 「陸軍特別志願兵狀況調書」.

둘째는 보병 제78연대 제12중대 소속의 박종화 일등병이다. 1939년 7월5일 산시성 봉현(縫縣) 조가산(曹家山) 전투 당시 그의 보직은 지휘반장을 보좌하는 전령이었다. 포탄이 작렬하는 치열한 전투의 와중에서 소대장과 지휘반장을 비롯한 여러 대원들이 크고 작은 부상을 입었다. 박종화도 우측 대퇴부와 오른손에 포탄 파편상을 입었다. 그럼에도 그는 중대장에게 달려가서 지휘반의 전황을 상세히 보고하였다.

보고 당시 소속 중대장도 박종화의 부상을 알아차리지 못하였다. 이후 부상에도 불구하고 그는 중대본부와 전투행동을 같이하였다. 하지만 당일 저녁에 이르러서야 중대장은 그의 부상을 인지했고, 위생대 수용을 조치하였다. 박종화의 전장행동은 일본인 병사들의 경우에도 쉽게 생각할 수 없는 것이었다. 제12중대장은 박종화의 왕성한 군인정신과 책임관념이 병사들의 모범이 되기에 충분하다고 격찬하였다.

셋째는 보병 제78연대 소속의 조봉환 일등병이다.[34] 1939년 6월6일 그는 산시성 하동군(河東郡) 해현(解縣)의 동남방 고지 전투에서 왼쪽 대퇴부를 관통하는 총상을 입었다. 당시 조봉환이 소속하는 제77연대 제1중대는 평륙(平陸)작전의 일환으로 산시성 해현 동남방에 위치하는 해발 1563고지에 대한 공격작전을 개시하였다. 중대의 좌측 제일선을 담당했던 제3소대 제1분대 소총수였던 조봉환은 빗발치는 총탄을 무릅쓰고 분대장을 보좌해서 적진에 돌파하였다. 그 과정에서 측방에 위치한 적군의 기관총 사격을 받고 심각한 총상을 입었다. 그럼에도 조봉환은 진격을 계속했지만, 결국 쓰러지고 말았다. 그래서 소속 중대장은 '그의 치열한 공격정신은 실로 군인의 귀감이며, 동작은 참으로 군인의 모범'이라 극찬하였다.

넷째는 보병 제78연대 제6중대 소속의 문재혁 일등병이다. 1939년 7월6일 그는 산시성 봉현(縫縣)에 소재하는 춘가당(椿街堂) 동방고지 점령작전 당시 제6중대 제1소대 제1분대 소총수였다. 당일 오후에야 목표 고지를 겨

---

34. 조봉환은 중일전쟁에 참전한 육군특별지원병 출신자 가운데 최초의 부상자였다. 『매일신보』 1939년 7월2일자.

우 점령할 수 있었다. 하지만 곧바로 적군 약 150여 명이 지형지물을 활용해서 수류탄을 투척하며 급습해 왔다. 당시 진지공사의 와중이었던 제6중대 부대원들은 즉시 소총사격으로 응전하였다. 그 와중에 문재혁은 우측 흉부와 좌측 대퇴부에 수류탄 파편상을 입고 말았다. 그는 중상에도 전혀 흐트러짐이 없이 고통을 참아내며, 소지한 붕대로 지혈하는 용기를 보였다. 그래서 소속 중대장은 치열한 전투의 와중에서도 자신의 임무를 침착하게 완수한 문재혁이야말로 진정한 군인정신의 발로이자, 모범이라며 극찬하였다.

다섯째는 보병 제80연대 제2중대 소속의 김용계 일등병이다. 1939년 6월 6일 그는 산시성 장점진(張店進) 남방지구 전투에서 우측 대퇴부에 박격포탄의 파편상을 입었다. 그럼에도 김용계는 치료를 거부하며 작전임무를 수행했고, 일주일이 지나서야 치료를 받게 되었다. 이후에도 그는 각지의 전장을 전전하며 혁혁한 전과를 올렸다. 1939년 7월7일 이청(翼城) 동방산지 점령작전에서도 중대 지휘반 소속으로 중대장을 보좌하며 분투하였다. 하지만, 치열한 전투 와중에 적군이 발사한 박격포탄으로 흉부 파편상을 입고 말았다. 김용계는 재차의 전상에도 중대의 주력으로 행동하였다. 제2중대장은 "김용계 일등병의 왕성한 기력과 책임감이야말로 간부 이하 부대원의 귀감"[35]이라 극찬하였다.

1939년 중일전쟁에 참전한 육군특별지원병의 군사적 역량과 관련해서 제77연대 제5중대장은 육군특별지원병 7명 가운데 우수자는 1938년 일본인 병사의 상위 수준과 대등하고, 최하위자라 해도 일본인 병사의 중위 수준에 상당하는 것으로 평가하였다. 더구나 제77연대 제1중대장은 이들의 왕성한 사기와 성실한 진중근무야말로 "이들이 반도를 대표하는 제1회 조선인 육군특별지원병이리는 책임관념과 충군애국 징신에 기초한 군인정신의 발

---

35. 朝鮮軍司令部(1939.11), 「陸軍特別志願兵縱軍狀況に關する件」.

로"[36]라며 격찬하였다. 반면, 보병 제80연대만은 이들의 실전성적을 평가하면서도 교육지도에 세심한 주의와 면밀한 지도 그리고 엄정하고 적절한 주의가 필요하다는 의견을 제시하였다.

전사자

국내외 학계에서 육군특별지원병의 전사를 최초로 거론한 연구자는 히구치 유이치(樋口雄一)이다.[37] 히구치는 육군특별지원병 1만 7664명에 대해서 2473명(14.0퍼센트)을 전사자 혹은 행방불명자로 파악하였다. 그러나 히구치의 주장은 육군특별지원병 전사자의 전사지역과 시점 그리고 산출 근거도 불분명하다는 문제가 있다.[38] 한편, 1962년 일본 후생성은 조선인 총동원 병사 11만 6294명(육군 9만 4978명, 해군 2만 1316명)에 대해서 전사자 6178명(육군 5870명, 해군 308명)으로 파악하였다.[39] 필자는 1939~1945년 조선인 군사동원의 제도별 추계와 분석을 통해서 앞서 육군병 전사자 5870명 전원을 육군특별지원병 출신자로 파악하였다. 주장의 근거는 조선인 징병이 본격화하는 1944년 말 일본군의 전황이 '절망적 항전기'로 바뀌면서 격전지 남방전선에 대한 병력파병이 여의치 않았기 때문이다.[40]

1944년 12월 제86회 일본 제국의회 설명자료는 조선총독부 관방정보과 작성의 「반도출신 군인 특훈자 및 전사자」[41] 현황을 수록하고 있다. 같은 자

---

36. 위와 같음.

37. 樋口雄一(2001), 『戰時下朝鮮の民衆と徴兵』, 總和社, 128쪽.

38. 히구치 연구는 육군특별지원병 전사자와 관련해서 이인석 상등병을 비롯해서 3명의 전사자를 개략적으로 소개하는 데 그쳤다. 樋口雄一(2001), 『戰時下朝鮮の民衆と徴兵』, 總和社, 115쪽.

39. 厚生省援護局(1962), 「朝鮮在籍舊陸海軍軍人軍屬」; 樋口雄一(2001), 『戰時下朝鮮の民衆と徴兵』, 總和社, 300~301쪽.

40. 정안기(2017), 「1940년대 육군특별지원병의 아시아태평양전쟁 참전사 연구」, 한국역사학대회(고려대학교) 경제사분과 발표 논문.

41. 朝鮮總督府(1944.12), 「第86回帝國議會說明資料」.

료는 육군사관학교, 육군비행학교, 육군특별지원병, 소년지원병, 학도지원병 출신 25명의 전사상자를 망라한다. 반면, 1941년 12월 제79회 제국의회 설명자료는 육군특별지원병 출신 전사자인 이인석과 이형수 2명만을 게재하고 있다. 요컨대, 1944년 12월 이인석과 이형수를 제외한 나머지 전사자는 1942~1944년에 전사한 조선인 병사로 간주할 수 있다.[42] 이들 23명 가운데 육군특별지원병 출신 전사자는 [표7-3]과 같이 12명이었다. 그 실상을 구체적으로 검토해보자.

[표7-3] 육군특별지원병의 중일전쟁 참전 전사자와 특훈 내역

성명	역종	계급	본적	훈련소 기수	소속 연대	전사연월	금치 훈장	2계급 특진	靖國 합사	전사지
李仁錫	현역	상등병	충북 옥천	제1기	보병 제79연대	1939. 6.22	○	–	○	산시성
李亨洙	현역	상등병	전남 순천	제1기	보병 제80연대	1939. 8.	○	–	○	〃
文元同一	현역	상등병	전남 해남	제3기	보병 제79연대	1943. 3.10	–	○	○	〃
金廣昌貞	현역	상등병	평북 자성	제10기	–	1943. 5.16	–	○	○	〃
文岩龍雄	현역	병장	평북 선천	제10기	독립보병 제82대대	1943. 8.28	–	○	○	〃
金城義輝	현역	병장	함남 함주	제10기	독립보병 제82대대	1943. 8.28	–	○	○	〃
山村東壽	현역	병장	함북 무산	제10기	독립보병 제82대대	1943. 8.28	–	○	○	〃
山城浩弼	현역	병장	황해 연백	제10기	독립보병 제82대대	1943. 8.28	–	○	○	〃
高本龍雄	현역	군조	경기 부천	제1기	보병 제78연대	1943. 10.12	–	–	○	〃
金義在煥	–	병장	경기 김포	제1기	–	1943. 11.	–	–	–	〃
金光永年	–	상등병	경기 부평	제10기	–	1944. 8.	–	–	–	〃
金丸庭信	–	일등병	평북 선천	제1기	–	1944. 10.	–	–	–	〃

(자료) 朝鮮總督府(1944.12), 「第86回帝國議會說明資料」; 국가기록원, 「병적전시명부」.

---

42. 위와 같음.

첫째는 연도별 전사자 추세이다. 전사자의 연도별 추이는 1939년 2명을 시작으로 1941년 1명, 1943년 8명, 1944년 2명이었다. 전사자의 대부분은 1943~1944년 중국 산시성 전투에서 발생하였다. 1940년 이후 이들의 부대 배치가 제국권 전역으로 확대되었던 점을 고려하면, 이들의 전사는 연도별 부대배치와도 긴밀한 관련성을 갖는다. 여기서 중요한 사실은 1939~1943년 전사자 발생에 일정한 시차가 존재한다는 사실이다. 이는 아마도 1939년 육군특별지원병 제1호 전사자 이인석의 등장을 계기로 조선인 사회의 민감한 반응을 의식해서 이들의 전지 파병을 주저했던 것이 아닌가 한다.

둘째는 전사자의 계급과 육군병지원자훈련소 기수이다. 이들 전사자 12명의 계급은 일등병 1명, 상등병 5명, 병장 5명, 군조 1명이었다. 이 가운데 상등병과 병장은 일등병으로 전지에 출정해서 전사했고, 그래서 사후 서훈한 계급으로 추정된다. 이들의 육군병지원자훈련소 기수는 1938년 제1기생 5명, 1940년 제3기생 1명, 1943년 제10기생 6명이었다. 1938년 육군병지원자훈련소 제1기생 가운데 1939년 전사자 2명(이인석과 이형수 상등병)을 제외한 나머지 3명은 종군지원으로 복무기간을 약 2년 정도 연장한 상황에서 전사한 것으로 추정된다.

셋째는 전사자의 특훈이다. 전사자 12명 가운데 특훈자는 8명이었다. 그 내역은 금치훈장 수상 2명과 2계급 특진 6명이었다. 금치훈장 특훈자는 육군병지원자훈련소 제1기생으로 1939년 중국 산시성 전투에서 전사 혹은 전병사한 이인석과 이형수 상등병이었다. 야스쿠니 신사(靖國神社) 합사자는 이인석과 이형수 상등병 그리고 제10기생 카네히로 마사사다(金廣昌貞) 상등병 등 9명이었다.[43] 제10기생 4명은 육군특별지원병 최초의 2계급 특진자였다.

1944년 말 육군특별지원병 전사자 12명은 앞서 히구치가 제시한 2473명

---

43. 朝鮮總督府情報課(1944), 『新しき朝鮮』, 48쪽.

과는 상당한 차이가 있다. 전사자의 차수는 1943년 조선군 제20사단의 뉴기니 참전을 시작으로 1944년 조선군 제19, 제30, 제49사단의 버마와 필리핀에 파병하면서 발생했던 전사자와 밀접한 관련성을 갖는다. 바꾸어 말하면, 히구치가 제시한 2473명은 중일전쟁이 아닌 1943년 태평양전쟁에 참전해서 발생한 것이라 추정된다. 여기서 유의할 점은 그럼에도 히구치가 주장하는 전사자 2473명과 1962년 일본 후생성이 발표한 육군병 전사자 5870명과는 2배 이상의 과부족이 발생한다는 사실이다.

특훈자

1939년 6월 육군특별지원병 제1호 전사자 이인석 상등병의 등장은 조선인 사회의 '이상한 추모열'을 자극하였다. 물론, 1939년 이전에도 조선인 헌병보의 전사자가 발생했고, 야스쿠니 신사에 합사되었다.[44] 하지만 이인석의 군민장에는 군민 약 5000명이 참가하는 성황을 이루었다. 중일전쟁에 참전한 육군특별지원병의 전사자 발생과 특훈 조치는 "조선인으로서 더욱 높은 애국심의 앙양"[45]을 자극하였다. 이하에서는 [표7-4]와 같이 1939~1944년 육군특별지원병 출신 특훈자 5명의 공적을 구체적으로 검토해보자.

첫째는 이인석 상등병이다.[46] 육군특별지원병 제1기생(현역) 이인석은 1938년 12월 제20사단 제79연대(용산)에 배치되었고, 1939년 5월 본대 보충요원으로 중일전쟁에 참전하였다.

---

44. 2001년 당시 야스쿠니신사에 합사된 일본군 군인 군속 약 246만 명 가운데 조선인 출신 군인 군속은 2만 2182명이었다. 靖國神社(1933), 「靖國神社忠魂史」; 國立國會圖書館(1976), 「靖國神社問題資料集」; 島田裕巳(2014), 「靖國神社」, 幻冬舍新書.

45. 朝鮮總督府警務局(1941.12), 「第79回帝國議會說明資料」.

46. 朝鮮軍參謀長加藤鑰平(1939.11), 「陸軍特別志願兵從軍狀況に關する件」; 「半島志願兵 最初의 戰死」, 「興亞協會」 1939年 8月号.

[표7-4] 육군특별지원병의 금치훈장 수상자

성명	계급	본적	소속 연대	생사여부	수상연월	공급
이인석	상등병	충북 옥천	보병 제79연대	–	1939.6.22	공7급
김형수	상등병	전남 순천	보병 제80연대	–	1939.8.00	〃
백승길	상등병	경남 남해	보병 제80연대	○	1941.7.00	〃
김경진	오장	경북 상주	薰공정부대	–	–	〃
함병선	상등병	평남 대동	보병 제77연대	○	1940.4.29	〃

(주) 생사 여부의 ○은 생존자.
(자료) 朝鮮總督府(1944.12), 「第86回帝國議會說明資料」; 국가기록원, 「병적전시명부」.

1939년 6월22일 그는 중국 산시성 문희현(聞喜縣) 부근 고지 전투에서
적군이 던진 수류탄에 피탄되면서 '천황폐하 만세'[47]를 외치고 전사한 것으
로 알려졌다.[48] 이인석은 1915년 12월 충북 옥천 출생으로 1931년 옥천 군
서보통학교를 거쳐 1937년 옥천공립농업실수학교를 졸업하였다. 같은 학교
조수로 근무하던 와중에서 육군특별지원병을 지원하였다. 이인석 상등병은
세 차례의 고별식과 금치훈장 수상 그리고 야스쿠니 신사에 합사되었다.[49]

둘째는 이형수 상등병이다. 육군특별지원병 제2호 전사자 이형수(23세)
는 육군병지원자훈련소 제1기생(현역)으로 1938년 12월 조선군 제20사단
보병 제80연대(대구) 제9중대에 배속되었다. 1939년 5월 이와기리(岩切)부
대의 일반 소총수로 중일전쟁에 참전하였다.[50] 1939년 7월7일 산시성 이청
(翼城) 동방산지 전투에서 척후대 일원으로 적군을 추격하다가 적탄을 맞고
중상을 입고 말았다. 그럼에도 이형수는 "의식이 있는 동안에는 결코 총에
피를 묻히지 않았고, 일본군의 정신을 끝까지 발양(發揚)"[51]하였지만, 1939

---

47. 朝鮮總督府情報課(1944), 「新しき朝鮮」, 48쪽.
48. 조선일보사(1940.4), 「이인석 상등병의 遺族을 찾아서」, 「여성」 제5권 제4호.
49. 「매일신보」 1941년 9월20일자.
50. 陸軍省(1939.9), 「告別式に弔電供与の件」.
51. 삼천리사(1941.5), 「삼천리」 제12권 제5호.

년 8월 후송 과정에서 전병사하고 말았다.[52] 이형수는 1916년 전남 순천 출생으로 부친 이학신(51세)의 장남으로 조모와 남동생 2명을 유족을 남겼다. 남동생 이형택은 친형의 유지를 계승하고자 1941년 광주농업학교를 졸업하고 육군특별지원병을 자원하였다.[53] 1942년 3월 이형수 상등병은 금치훈장 수상과 함께 야스쿠니 신사에 합사되었다.

셋째는 백승길(松原承吉) 오장이다. 백승길은 경남 남해 출생으로 7남매의 셋째였고, 기혼자였다. 남해농업실수학교를 졸업하고 육군특별지원병 제1기생을 지원해서 합격하였다. 그는 1939년 4월 당시 화북전선에서 팔로군 소속 쑹저위안과 옌시산 부대의 토벌작전에 참전하였다. 그 과정에서 단신으로 적진을 뛰어들어 육박전으로 적군을 제압하고 기관총을 강탈하는 혁혁한 무훈을 세웠지만, 불행하게도 그 와중에서 적탄에 부상을 입고 말았다.[54] 1941년 7월 백승길은 금치훈장을 수상했고, 1942년 4월 병장 계급으로 제대해서 경성 제1육군병지원자훈련소 훈련조교로 특채되었다. 1943년 1월 종군지원으로 제20사단 보병 제80연대 소속으로 뉴기니에 출정했고, 1944년 12월 뉴기니 부츠(but)에서 말라리아 발병으로 전병사하고 말았다. 당시 계급은 육군 오장이었다. 1945년 종전 이후 백승길은 야스쿠니 신사에 합사되었다.[55]

넷째는 김경진(金原庚鎭) 군조이다. 1921년 경북 상주 출신의 김경진은 동부공립보통학교를 졸업하고 자동차 운수업에 종사하다가, 1939년도 육군특별지원병을 지원해서 제1보충역에 합격했다. 1940년 5월 육군병지원자훈련소를 수료한 그는 이등병 계급으로 1940년 7월부터 9월까지 조선군사령

---

52. 朝鮮軍司令部(1939.11), 「陸軍特別志願兵縱軍狀況に關する件」.

53. 「매일신보」 1942년 3월 27일자.

54. 淸原弘(1943.3), 「金鵄勳章輝く志願兵」, 「조광」, 제9권 제3호.

55. 第二十師團司令部(1945.9.9), 「南方軍第八方面軍第二十師團留守名簿」, 2167쪽.

부가 지정하는 치중부대의 교육소집을 마치고 귀향하였다. 1941년 12월 그는 아시아태평양전쟁 종군지원으로 ○○○항공대 ○○○지상부대에 배속되었다. 1944년 11월 김경진은 육군특별공격대였던 「카오루공정대(薫空挺隊)」의 일원으로 필리핀 레이테만 인근의 「브라우엔비행장 강습작전」에 참전했지만, 전사하고 말았다. 일본정부는 '반도의 충혼'이라는 헌사와 함께 금치훈장과 2계급 특진의 서훈 그리고 야스쿠니 신사 합사를 조치하였다.[56]

다섯째는 함병선(東原輝善) 오장이다. 그는 1938년 육군특별지원병 제1기생 출신으로 일본군에 입대하였고, 제20사단 제77연대(평양) 소속으로 1939년 5월 중일전쟁에 출정하였다. 화북의 무더위와 풍토병을 극복하면서 쑹저위안과 옌시산 부대를 섬멸하는 소속부대의 첨병으로 활약하였다. 그는 적탄이 빗발치는 와중에서도 폭 20미터의 하천을 단신으로 도하해서 적진을 돌파하는 발군의 기백과 용맹을 떨쳤다. 함병선의 중일전쟁 참전과 활약은 당시 국민학교 교과서에도 실렸다고 한다.[57] 1940년 4월 일본정부는 "불멸의 위훈"[58]을 세운 함병선의 뛰어난 전공에 대한 포상으로 공7급 금치훈장을 하사하였다. 그의 금치훈장 수상은 중일전쟁에 참전한 육군특별지원병 가운데 전사자가 아닌 생존자로서 전무후무한 일이었다.[59]

마지막으로 육군특별지원병에 대한 원호사업이다. 1938년 2월 조선총독부는 「육군특별지원병령」 공포에 앞서 1937년 중일전쟁 참전 군인 군속 유가족의 조사와 제도정비에 착수하였다.[60] 1939년 6월 조선총독부 내무국은 육군특별지원병의 현역 입영자까지 포함하는 군사원호의 확대 방침을 발표하였

56. 「매일신보」 1944년 12월7일자.
57. 함병룡(2019.8.30), 「인터뷰」. 함병룡은 육군사관학교 제13기생 출신으로 함병선 장군의 친동생이다.
58. 淸原弘(1943.3), 「金鵄勳章輝く志願兵」, 「조광」, 제9권 제3호.
59. 「매일신보」 1941년 7월13일자/1944년 8월1일자. 佐野八十衛(1943), 「戰ふ朝鮮」, 內外公論社, 73쪽.
60. 「매일신보」 1938년 2월17일자.

다. 1939년 6월 조선총독부는 제대를 앞둔 육군특별지원병 제1보충역에 대해서도 「재향군인군사부조법」을 적용해 직업 알선을 조치하였다.[61] 1941년 4월에는 입영자 및 응소자에 대한 「군사부조법」 적용대상의 확대와 함께 육군병지원자훈련소 입소자 가족에 대해서도 일률적인 부조방침을 결정하였다.[62]

III. 조선인 사회의 반향

다음은 육군특별지원병의 중일전쟁 참전과 혁혁한 전적이 조선인 사회에 미친 영향과 다양한 반응이다. 특히, 1940년 이후 육군특별지원병 모집 정원의 증원과 높은 지원자 배율에 주목해보자.

좌담회

1940년 11월 조선군사령부는 1939년 이래 산시성과 '우한(武漢)3진(鎭) 공략전'에 참전하고 귀환한 조선군 제20사단 소속 육군특별지원병의 좌담회를 개최하였다. 좌담회 참석자는 경성사단보도부 관계자 이시가키(石垣) 대좌, 야스이(安井) 중위, 야노(失野) 중위 3명 그리고 마쓰모토(松本) 병장, 리쿠잔(陸山) 병장, 구니모토(國本) 상등병, 가네야마(金山) 상등병, 마쓰하라(松原) 상등병, 스기야마(杉山) 일등병, 이암우(李岩雨) 이등병의 10명이었다. 좌담회는 야스이 중위의 사회로 진행되었다. 주요 지문을 중심으로 하

---

61. 朝鮮軍事後援聯盟(1939.3), 「軍事後援聯盟事業要覽」, 30~45쪽; 「매일신보」 1939년 6월11일자.

62. 부조방침의 결정 이유는 "우리의 자랑 지원병들은 해마다 훌륭한 성적을 내고 있는데 이들의 진충보국에 후고(後顧)의 염려를 없게 하고자 그들의 가정과 유가족에 대한 군사원호를 결정"하게 되었다. 「매일신보」 1941년 4월19일자.

는 이들 참석자의 참전 소감은 다음과 같았다.[63]

첫째는 출정의 감격이다. (1)마쓰모토: 출정 소식에 기뻐서 날뛰었습니다. 우리는 제1회생이라 해서 출정시키지 않을까 걱정했지만, 출정하게 되어 참으로 기뻤다. (2)구니모토: 반도에서 제1차 선발의 영예와 2300만 동포를 대표한다고 생각할 때, 일억국민(一億國民)의 기대에 부응하도록 그저 일사보국(一死報國)만을 결심하였다. (3)스기야마(杉山): 군중들의 뜨거운 송별을 받은 이후 살아서 돌아오면 미안하다는 생각마저 들었다. 그래서 죽어서 돌아오겠다고 결심하였다.

둘째는 실전의 회상이다. (1)마쓰모토: 명령에 따라 일제히 돌격해서 적의 진지를 점령해버렸다. 사격하는 와중에서 적병이 넘어지는 것을 보았다. 참으로 통쾌했다. (2)리쿠잔: 출정 명령을 받았을 때는 참으로 날이 밝는 것이 지루하였다. 몇 명의 적을 죽일까 생각하면, 팔이 부들부들 떨렸다. 발이 부풀지 않도록 군화를 고치고 각반을 차는 등 단단히 준비하면서 날이 밝기를 기다렸다. (3)구니모토: 저도 2~3명의 적군을 사살하였다. 적은 단지 불과 20분 만에 약 30명의 사체를 유기하고 도망치고 말았다. 소속 부대원 15~16명 가운데 한 명의 부상자도 없었다.

셋째는 지원 동기와 긍지이다. (1)구니모토: 저는 만주사변 당시부터 군대에 입대하고자 청년학교에 입소하였다. 지원병제도가 발표되면서 누구보다도 먼저 지원하였다. (2)라쿠잔: 변변치 못한 저로서 병장 진급을 생각하면, 그저 감격할 뿐이다. 훈련소 교관 여러분과 고향에 계신 부모님이 아시면 얼마나 기뻐할까. 무거운 책임감을 통감한다. (3)마쓰모토: 장거리 행군에서 우리 지원병 가운데는 단 한 명의 낙오도 없었다.

---

63. 京城師團報道部(1941.1), 「山西 武漢의 實戰에 참가했던 歸還 志願兵의 奮鬪 回憶 座談會」, 『삼천리』 제13권 제1호.

넷째는 후배들에 대한 당부와 희망이다. (1)리쿠잔: 무엇보다도 소학교 때부터 국어(일본어)를 충분히 배웠으면 한다. 우리들은 아직도 국어가 능숙하지 못해서 곤혹스러울 때가 있다. (2)마쓰모토: 무엇보다도 하루 속히 조선에서 징병령이 실시되기를 소망한다. 조선 청년들도 모두 인간도장(육군병지원자훈련소)에서 군대교육을 받았으면 한다. (3)스기야마: 하루 속히 의무교육이 실시되어 어느 조선 농촌에 가더라도 소학교를 나오지 않은 사람이 없었으면 한다. (4)마쓰하라: 참다운 애국심은 군대에 입문해서 비로소 깨닫게 되었다. 하루 속히 징병령이 실시되어 반도 청년들도 군대생활을 체험했으면 한다. 좌담회에 참석한 병사들은 이구동성으로 조선인 청년들에 대한 의무교육과 군사교육의 필요성 그리고 징병제 실시를 주장하였다.[64] 제20사단 경성사단보도부 관계자들은 육군특별지원병들의 충만한 애국심에 감격하면서 조선인 사회의 모범이 되어줄 것을 당부하는 것으로 좌담회를 갈무리하였다.

순회강연

1939년 12월 조선군 제20사단이 용산 주둔지로 귀환하였다. 이후 식민권력은 중일전쟁에 참전했던 육군특별지원병을 앞세운 순회 강연회와 좌담회를 개최하게 되었다. 조선총독부 후원을 받은 「정신총동원연맹」과, 「조선군보도부」, 그리고 각지의 지원병후원회는 중일전쟁에 참전하고 귀환한 육군특별지원병 귀환병을 이른바 '설봉부대(舌鋒部隊)'로 편성해서 전국적인 순

---

64. 1920년 평북 정주 출생으로 1943년 말 와세다대학 문학부를 졸업, 학도지원병을 지원했던 엄영식은 1943년 12월10일부터 일주일에 걸쳐 「특별지원학도임시연성소」에 입소해 예비군무교육을 받았다. 연성소의 조교 요원들은 육군특별지원병 출신의 상등병들이었고, 이들이 "어찌나 까다롭게 구는지 구역질이 날 지경이었다"고 한다. 하지만 예비군무교육을 마치기 전날 밤 조교들은 "여러분 형님들이 군에 입대하는 것은 가슴 아픈 일입니다. 입대한 후 형님들이 격렬한 훈련과 까다로운 내무반 생활을 조금이나마 익게 하기 위한 것이었으니 지나치게 대한 것이 있었으면 본심은 아니었으니 용서를 바란다"며 정중히 사과했고, 그래서 다들 크게 감격했다고 회고하였다. 엄영식(2005), 「탈출」, 야스미디어, 36~37쪽.

회강연을 추진하였다.[65] 요컨대, 조선인 사회의 자긍심과 군국열을 고취시키는 한편, 보다 우수한 자질을 갖춘 육군특별지원병의 예비군을 발굴하고자 하는 것이었다.

1939년 12월 중순 관제언론 『매일신보』는 제20사단 예하 보병 제78연대 소속으로 화북전선에 출정해서 혁혁한 전공을 세운 백승길 상등병의 생생한 전쟁 체험담을 게재하였다.[66] 1940년 1월 조선총독부 학무국은 육군특별지원병제 홍보를 목적으로 1939년 1~2월에 걸쳐 '귀환병 좌담회'와 강연회를 개최하였다. 실제로, 1940년 1월 「국민정신총동원 경성연맹」과 「경성육군병지원자후원회」는 공동으로 경성부민회관 대강당에서 경기도 출신으로 중국 산시성에서 귀환한 육군특별지원병 5명을 환영하는 오찬회와 강연회를 개최하였다.[67] 강연회의 청강단체는 경기도 청년단 7개와 부내 26개 중등학교 재학생들이었다.[68]

1940년 1월 말 경기도 김포군은 육군특별지원병 출신 귀환병 4명을 초청해서 육군특별지원병제의 취지 보급을 겸한 강연회를 개최하였다.[69] 같은 해 1월19일 경기도 파주군은 금촌국민학교에서 산시성 전투에 참전했던 4명의 경기도 출신 육군특별지원병의 참전 보고회를 개최하였다. 같은 해 1월 22일 통천군은 이들 귀환병 3명을 초청해서 실전 체험담의 강연회를 개최하였다. 강연회 참석자는 관공리와 지역유력자 그리고 육군특별지원병 부형

---

65. 『매일신보』 1939년 12월14일자.

66. 『매일신보』 1939년 12월15일자.

67. 관련해서 1940년 1월27일자 일기에서 윤치호는 "그들이 겪은 어려움과 승리가 무척 고무적이었다. 적절한 훈련과 유능한 지도력만 갖춘다면 조선 청년들도 훌륭한 군인들이 될 것이다. 조선 청년들에게는 일본의 전사들보다 더 나은 스승도 없다"며 감격과 흥분을 감추지 않았다. 박정신 역(2016), 『(국역) 윤치호 영문 일기(10)』, 국사편찬위원회, 301쪽.

68. 『매일신보』 1940년 1월27일자.

69. 『매일신보』 1940년 1월25일자.

들이었다. 경기도 포천군도 같은 해 1월24~25일 육군특별지원병제 홍보를 목적으로 귀환병의 강연회를 개최하였다. 1940년 3월10일 조선군사령부는 육군기념일을 맞아 부내의 학교, 은행, 회사와 협력해서 순회 강연회를 개최하였다. 청강단체는 소학교, 중등학교, 전문학교를 포함하는 62개교였고, 설봉부대 파견 귀환병도 약 60여 명에 달하였다.

1940년 1~2월 조선 전역에서 개최된 육군특별지원병 출신 귀환병 강연회는 [표 7-5]와 같이 258회에 달하였고, 강연회에 참석한 청중도 약 16만 명에 육박하였다. 역내의 경찰서가 주관한 '귀환병 좌담회'는 조선 각지에서 광범위하고도 빈번하게 개최되었다. 강연회 개최 횟수에서 수위를 차지한 것은 47회를 기록한 경기도였다.

[표7-5] 귀환병 강연회와 참석자   (단위: 회, 명)

도별	강연회수	참가인원
경기	47	24,509
충북	7	5,318
충남	15	6,300
전남	20	10,625
경북	26	32,400
경남	22	16,439
황해	15	8,212
평남	18	13,507
평북	18	14,139
강원	31	14,936
함남	26	7,700
함북	13	6,700
합계	258	160,785

(주) 1940년 1월부터 2월까지.
(자료) 『매일신보』 1940년 3월6일자.

하지만, 청중 동원에서 수위는 3만 2400명으로 전체의 20퍼센트를 기록한 경북이었다. 그래서 『매일신보』는 "이들의 체험담은 총후 민심의 더 한층 애국열"[70]을 자극했다고 자평하였다. 「국민총력연맹」도 시국 인식의 제고와 애국심 환기를 목적으로 실시한 귀환병 초청 강연회와 지역별 좌담회가 소기를 목적을 달성한 것으로 간주하였다.

전시효과

1939년 육군특별지원병의 중일전쟁 참전은 국가와 국민에 대한 멸사봉공의 상무정신으로 충만한 조선인의 군사적 자질과 잠재력을 증명하는 역사적인 무대였다. 이는 당초 식민권력과 조선인 「협력엘리트」의 기대와 예상을 크게 넘어서는 일이었다. 좌옹 윤치호조차도 "제도 실시와 함께 다소 우려스러운 것은 과거 몇백 년 동안 군사교육이 없었고, 그래서 민중은 병대(兵隊)가 되는 것을 오히려 천시해왔기 때문에 군사훈련 혹은 군규(軍規)라는 것에 대해서도 거의 무관심하였다. 과연 이들이 총독부와 군 당국이 만족할 만한 성적을 올릴 수 있을까"[71]라며 걱정하였다.

육군특별지원병의 군사적 역량에 대한 의문과 우려는 윤치호만에 한정되는 것도 아니었다. 당시 식민권력은 물론이고 세간 일반에서도 과연 육군특별지원병 응모자가 얼마나 되겠는가, 응모자가 있다고 치더라도 과연 이들이 군인으로 합당하겠는가, 평시라면 몰라도 전시 상황에도 일본군의 군인정신을 발휘할 수 있겠는가 하는 의문과 우려도 무성했기 때문이었다. 하지만, 1939년 육군특별지원병 제1기생의 중일전쟁 참전과 혁혁한 전과는 춘원 이광수의 지적과 같이 "이인석, 이형수, 박종화 제군을 필두로 하는 선배 지원병들의 우수한 성적은 이러한 여러 의문을 장쾌하게 분쇄"[72]하고 말았다.

---

70. 「매일신보」 1940년 3월6일자.
71. 윤치호(1938.4.1), 「教育令改正志願兵制度實施に際しての感想」, 「朝鮮」 第275号.
72. 「매일신보」 1940년 3월2일자.

실제로 1941년 내무성이 발행하는 『특고월보』에 따르면, 육군특별지원병제에 대한 조선인 사회의 동향으로 "진충보국의 성의를 다하고 호국의 신이 된 선배 동포의 혁혁한 무공에 자극되어 혈서지원(血書志願)이 다수에 달한다"[73]고 지적하였다.

제20사단 소속 육군특별지원병의 전투, 행군, 경비 등 종군 성적을 뒷받침하는 체력과 정신력은 일본인 병사를 훨씬 능가하였다. 관련해서 1939년 4월 당시 『삼천리사』 주필 김동환을 비롯한 조선인 유력자는 조선군 및 총독부 관계자와의 좌담회를 개최해 (1)지원병제의 문호 개방(연간 400명에서 7000명으로 증원), (2)지원병의 부대 배치의 전면적인 확대, (3)징병제의 조속한 실시를 요망하였다. 하지만, 관계자들은 여전히 '군부의 결정사항'[74] 혹은 '시기상조'만을 반복할 뿐이었다. 하지만 육군특별지원병의 중일전쟁 참전과 혁혁한 전과는 식민권력의 입장에서도 조선인의 군사적 자질과 잠재력에 대한 전면적인 재평가를 불가피하게 만들었다. 실제로, 1940년 육군성은 육군특별지원병 모집 정원을 1939년 600명에서 일거에 5배에 달하는 3000명으로 증원을 결정하지 않으면 안되었다. 1939년 이후 지원자 배율도 1940년 28.1배, 1941년 48.2배, 1943년 56.9배의 가파른 증가세를 기록하였다. 그래서 윤치호는 "이로써 조선 민족의 역사에 새로운 장이 열렸다. 용맹한 일본군의 지도와 훈육 아래 조선 민족을 재무장"[75]하게 되었다며, 감격하였다. 육군특별지원병의 중일전쟁 참전과 활약은 육군특별지원병제가 조선인 사회의 문약지폐(文弱之弊)를 극복하고 상무정신을 회복하는 '민족갱생의 지름길'임을 확산시키는 전시효과를 발휘하였다.

---

73. 內務省(1941.12), 『特高月報』.

74. 삼천리사(1939.6), 「徵兵·義務敎育·總動員 問題로 軍部와 總督府 當局에 民間有志가 問議하는 會」, 『삼천리』 제11권 제7호.

75. 박정신 역(2016), 『(국역) 윤치호 영문 일기(9)』, 국사편찬위원회, 207쪽.

제8장 천황폐하 만세

육군특별지원병 제1호 전사자 이인석 상등병은 1939년 중일전쟁에 참전해서 '천황폐하 만세'를 외치고 전사한 조선인 군국영웅으로 널리 알려진 인물이다. 이인석! 그는 누구인가? 과연 '천황폐하 만세'를 외치고 전사했는가? 제8장에서는 이인석의 전사를 둘러싼 「죽음의 정치성」 그리고 이른바 「이인석 효과」를 실증 분석한다.

I. 이인석! 그는 누구인가

생애사의 관점에서 이인석의 가계와 생활, 성장과 배움의 전체상을 재구성한다. 이어서 1938년 4월 육군특별지원병 지원과 동기를 검토해보자.

가계와 성장
이인석은 [표8-1]과 같이 1915년 12월 충북 옥천군 군서면 하동리(일명

새터)에서 부친 이천전과 모친 서일순 슬하에서 4남 3녀의 장남으로 출생하였다.[1]

[표8-1] 이인석 상등병의 이력

년월	이력
1915. 12	출생(충북 옥천)
1925. 4	군서공립보통학교 입학
1931. 3	군서공립보통학교 졸업
1933. 5	유서분(18세)과 결혼
1935. 4	옥천농업실수학교 입학
1937. 3	옥천농업실수학교 졸업
1938. 3	장녀 이정숙 출생
1938. 6	옥천농업실수학교 조수 사퇴
1938. 5	충북 도지사의 육군특별지원병훈련소 적격자 선발 합격
1938. 6	조선총독부육군병지원자훈련소 제1기생 입소
1938. 12	조선총독부육군병지원자훈련소 수료(우수상)
1938. 12	제20사단 보병 제79연대 입영
1939. 5	야전본대 교체요원으로 북지 산시성 출정
1939. 6	산시성 문희현 요장 부근 무명사 고지 전투에서 전사
1939. 7	이인석 일등병의 전사 소식과 관내에 유포
1939. 7	충북 도지사 이인석 상등병 전사 소식 접수 및 부고
1939. 7	매스미디어에 의한 이인석 상등병 전사 소식 게재
1939. 7	조선군사령부, 이인석 일등병의 상등병 특진 추서
1939. 9	제20사단, 합동 고별식 거행
1939. 10	조선총독부육군병지원자훈련소, 합동 고별식 거행
1939. 10	충북 옥천군, 이인석 상등병의 군민장 거행
1940. 2	내각상훈국, 이인석 상등병의 금치훈장 수여 발표
1940. 7	조선총독부, 금치훈장 수여식 거행
1941. 9	임시제대위원부, 이인석 상등병의 야스쿠니 신사 합사 결정
1941. 9	조선육군병지원자훈련소, 이인석 상등병 합사 기념 위령제 거행
1941. 10	이인석 상등병 유가족의 야스쿠니 신사 참배

(지료) 필자 작성.

---

1. 陸軍省(1939.9.26), 「告別式に弔電供与の件」.

충북 옥천은 "넓은 벌 동쪽 끝으로 옛이야기 지줄대는 실개천이 휘돌아 나가고 얼룩배기 황소가 해설피 금빛 게으른 울음을 우는 곳"[2]으로 서정적이고 감각적인 시어로 독자들의 심금을 울린 정지용 시인의 대표작 「향수」의 무대이자, 고 육영수 여사의 고향이기도 하다.

[사진8–1] 이인석 상등병의 근영

1939년 당시 이인석의 남동생은 이의석(18세), 이종두(15세), 이종우(7세) 3명이었고, 여동생 이종여(12세)와 그 외 2명이었다.[3] 1933년 이인석은 인근 마을의 유서분(당시 18세)과 혼인해서 1938년 3월 장녀 이정숙을 출산하였다. 1939년 당시 이인석의 고향은 옥천 읍내로부터 약 6킬로미터가 떨어진 농가 10여 호가 옹기종기 모여 사는 전형적인 산골 마을이었다. 인근에는 농경지가 과소해서 2모작으로 생계를 유지하였다. 그래서 동네와 인근에는 굴지의 부호도 없었지만, 극빈자도 없었다.[4]

이인석의 가계는 논 1800평과 밭 900평의 소작농이었고, 연간 수입은 겨우 미곡 5섬에 불과하였다. 가계 경제력은 당시 남선지역 농민의 평균 경지 면적 4000평을 밑돌았다. 그러나 당시 조선인 아동의 취학률이 30퍼센트를 밑도는 상황에서도 이인석이 상당액의 학비를 부담해야 하는 군서소학교와 옥천농업실수학교를 진학했던 사실을 고려할 필요가 있다. 어쨌든 부친 이천전은 곤궁한 가계경제를 꾸리고자 이인석을 비롯한 남동생 이의석과 함께 품팔이와 가마니 짜기 등 부업을 겸해야 했다. 그래서 이인석은 당

---

2. 정지용의 대표작 「향수」는 1927년 3월 『朝鮮之光』 제65호에 발표되었고, 1935년 출간한 제1시집 『鄭芝溶詩集』에 수록되었다.

3. 『매일신보』 1939년 7월 11일자.

4. 和久正志(1940.4.1), 「仰げ! 故李仁錫上等兵の殊勲」, 『朝鮮』 第299号.

초 소학교 진학을 포기하고, 부친의 농사일을 거들어야 했다.

1939년 당시 하동리진흥회 회장이었던 곽정호에 따르면, 이인석은 어려서부터 재주가 비상하고 온화한 성품의 소년이었다. 그러나 곤궁한 가정환경으로 소학교 진학을 단념해야 했던 이인석은 "산에서 나무를 하고 날이 저물어 집으로 돌아가는 길에 보통학교를 다니는 친구들이 책보를 끼고 귀가하는 것을 보고 한없이 부러워서 눈물을 흘렸다"[5]고 한다. 향학열에 불타는 이인석은 부친에게 소학교 진학을 애원했고, 부친도 이인석의 지성에 감복해서 진학을 허락하고 말았다. 이인석은 12세의 늦은 나이에 1921년 개교한 군서공립보통학교에 진학하였다. 이인석은 약 60전에 달하는 월사금을 마련하고자 매달 3~4차례 땔감을 마련해서 수십 리를 걸어서 대전 시장에 내다파는 수고를 마다하지 않았다. 1931년 3월 이인석(18세)은 군서공립보통학교를 졸업하였다.

옥천농업실수학교

군서공립보통학교를 졸업한 이인석은 '조선 제일의 모범농가'를 꿈꾸며, 근면하고 성실하게 농사일에 전념하였다. 1935년 4월 이인석(21세)은 근대적인 농사기술을 체득하고자 부친과 마을 유력자 곽정호의 도움으로 옥천농업실수학교에 진학하였다.[6] 실수학교 재학 과정에서 이인석은 성실한 학교생활로 당시 마쓰오 세이지(增尾政治) 교장의 관심을 끌었고, 직접 훈도를

---

5. 조선일보사(1940.4), 『여성』
6. 옥천농업실수학교는 1927년 5월 옥천공립보통학교 부속으로 2년제 옥천공립농업보습학교로 개교해서 1936년 5월 옥천농업실수학교(2년제)를 거쳐 1944년 옥천농업전수학교로 개편되었다. 1945년 4년제 옥천농업학교, 1946년 9월 6년제 옥천농업중학교, 1951년 3년제 옥천농업고등학교, 1958년 2월 옥천상업고등학교, 1961년 11월 농과와 상과를 포함하는 옥천실업고등학교, 1977년 옥천공업고등학교, 1999년 옥천전문대학, 2000년 옥천과학대학, 2008년 충북도립대학으로 바뀌었다. https://ko.wikipedia.org

받았다. 이인석은 우수한 성적과 함께 "실로 세간에 보기 드문 모범생"[7]이라는 평판을 얻었다. 그 때문에 이인석은 1937년 2월 실수학교 졸업과 동시에 당시 마쓰오 교장의 추천으로 학교 조수로 발탁되었다. 당시 마쓰오 교장의 이인석에 대한 인물평은 다음과 같았다.

첫째는 과언묵행이다. 이인석은 평소 온후하고 성실하며, 연구와 공부 그리고 실행의 성실함을 실천하였다. 그래서 겉치레와 달리 학과 성적과 실습에서 언제나 학교의 우등생이었다. 실습의 경우에는 정규 수업외 독학으로 연구와 공부를 게을리 하지 않았다. 때로는 교사들마저 놀라게 하는 뛰어난 성적으로 교우들 가운데 흠모의 대상이었고, 신뢰를 독차지하였다.

둘째는 학업과 가업의 실천이다. 당시 재학생 가운데는 가업과 학업을 별개로 간주하는 경향이었지만, 이인석은 가계의 장남으로 학교에서 배운 농업 지식을 실제 농업 경영과 연계·실천해야 한다는 신념의 소유자였다. 이인석은 학교생활의 와중에도 틈틈이 귀가해서 학교에서 배운 농업기술을 가계의 영농에 적용해서 양계, 양돈, 양토, 양우 등 다각적 농업을 실천하였다.

셋째는 투철한 정의감과 책임감이다. 이인석은 정의감과 책임감이 강한 학생이었다. 당시 마쓰오 교장의 훈도 방침은 철저한 농경 실습 위주의 수업을 강행했기 때문에 학생의 반발을 초래하기도 하였다. 그러나 마쓰오 교장의 훈도 방침에 절대 순종했던 이인석은 교우들로부터 따돌림을 받기도 하였다. 그러나 이인석은 친구들의 부정과 불의에 굴하지 않고 맞서는 용기를 보였다. 모교의 조수로 채용된 이후에도 후배들의 존경과 모범이 되었다.

넷째, 풍부한 감성과 수양 노력이다. 평소 온후한 사람은 감성이 부족하고 기백을 결여하는 경향이라지만, 이인석은 감성이 풍부하고, 정신훈화에도 깊이 감명·심취하는 경향이었다. 특히 모교 조수 임용 이후에는 정신수

---

7. 和久正志(1940.4), 「仰げ! 故李仁錫上等兵の殊勳」, 『朝鮮』 第299号.

양의 일환으로 일본정신의 체득을 위해 노력하였다. 개인적으로 인쇄물과 잡지 등을 탐독했고, 때로는 마쓰오 교장을 방문해서 훈도를 청하기도 하였다.

지원과 동기

1938년 당시 옥천농업실수학교 조수였던 이인석도 육군특별지원병을 지원하였다. 1938년 2월 「육군특별지원병령」 공포 이전 옥천군의 육군특별지원병 지원자는 20명이었다.[8] 1938년 2월23일부터 4월30일까지 충북지역 육군특별지원병 지원자는 160명을 기록하였다. 1938년 5월 충북은 적격자 58명을 선발하였다. 옥천군 출신의 적격자는 이인석을 비롯한 5명이었다.[9] 1938년 6월 조선총독부와 조선군사령부는 이들 적격자를 대상으로 제2차 전형을 실시해서 육군병지원자훈련소 전후기 합계 404명을 선발하였다. 그 가운데 충북지역 합격자는 27명이었고, 옥천군 출신자는 이인석을 비롯한 5명 전원이었다.[10]

다음은 이인석의 육군특별지원병 지원 동기와 경위이다. 관련해서 '최초에 자제가 지원병을 지원하였을 때 즉시 쾌락하였든가요'라는 1940년 4월 『조선일보』 취재기자 질문에 이인석의 부친은 "몸으로써 황은의 만분지 일이라도 갚겠다고 내 자식이 말하기에 두말없이 승낙했습니다"[11]라고 답하였다. 2003년 9월 『옥천신문』 취재기자의 같은 질문에 미망인 유서분 여사는 "교장의 꼬드김에 빠져 지원병에 입대"[12]했다고 답하였다. 어쨌든 옥천농업실수학교 조수 시절 '조선 제일의 모범농가'를 꿈꾸었던 이인석은 마쓰오 교장을 방문

---

8. 『매일신보』 1938년 2월16일자.
9. 『매일신보』 1938년 5월30일자.
10. 1938년 육군특별지원병 제1기생 입소 합격자는 408명이었고, 이 가운데 당시 군 단위에서 5명의 합격자를 배출한 지역은 충북 옥천군뿐이었던 것으로 추정된다. 『매일신보』 1938년 6월11일자.
11. 조선일보사(1940.4), 『여성』
12. 『옥천신문』 2003.9.27(http://www.okinews.com).

해서 육군특별지원병 지원을 상담하였다. 당시 마쓰오 교장은 장래의 희망을 어떻게 할 것인가라고 물었다. 그러자 이인석의 답변은 다음과 같았다.

　제국의 군인이 되는 것은 일본 남자의 최대 명예이며, 당연한 의무입니다. 금번 우리들 조선 청년들도 명예로운 군인이 되는 길이 열렸습니다. 때문에 명실공히 내선일체의 봉공이 가능하게 되었기 때문에 의무라 생각하기에 앞서 지원하는 것이 저희들 조선 청년이 취해야 할 도리라고 생각합니다. …　제가 희망하는 '조선 제일의 모범농가'도 일본정신을 완전히 체득하지 않고서는 달성할 수 없다고 생각합니다. 저는 아직 일본정신을 체득하지 못했기 때문에 2~3년 군대생활을 통해서 더욱 일본정신을 연마해서 '조선 제일의 모범농가'의 희망을 달성하는 데 노력하고자 합니다.[13]

　마쓰오 교장은 종래 '조선 제일의 모범농가'라는 장래 희망을 실현하기 위한 구체적인 대안으로 일본 정신을 체득하고자 육군특별지원병이 되고자 결심했다는 이인석의 대답에 크게 감격하였다. 그는 이인석을 격려하고 후원자를 자처하게 되었다. 바꾸어 말하면, 마쓰오 교장은 천박한 명예심과 공명심이 아닌 '병농양전(兵農兩全)'의 정신에 크게 감동했고, 자신의 훈육이 결실을 맺었음에 크게 기뻐하였다.[14]

　실제로 당시 충북 출신으로 이인석의 동기생이자, 제20사단 제78연대 소속으로 뉴기니에 참전했던 유기화는 당시 "청년들은 지원병으로 가는 것 그 자체가 명예이며, 선택받았다는 자긍심을 갖는 분위기"[15]였다고 증언하였

13. 和久正志(1940.4.1), 「仰げ! 故李仁錫上等兵の殊勳」, 『朝鮮』 第299号.

14. 『매일신보』 1939년 7월9일자.

15. 林えいたい(1995), 『証言集, 朝鮮人皇軍兵士』, 拓植書房, 154쪽.

다. 또한 1941년 육군병지원자훈련소는 "지원병이란 지위를 얻어 장래 취직 수단으로 삼으려는 소망을 가진 자 등 자못 불순한 동기 혹은 그릇된 애국심"[16]이 있다고 우려하였다. 바꾸어 말하면, 육군병지원자훈련소 입소자 가운데는 명예심과 공명심으로 충만한 생도들도 적지 않았다. 그 점에서 이인석은 참으로 신실(信實)하고 각별한 존재였다.

II. 전사와 「이상한 추모열」

1938년 6월 이인석은 육군병지원자훈련소에 입소해서 6개월의 훈육과정을 수료하고 1938년 12월 보병 제20사단 제79연대에 입영하였다. 1939년 6월 중일전쟁에 참전했고, 중국 산시성 전투에서 전사하고 말았다. 이하에서는 이인석의 입소, 입영, 전사의 실상을 구체적으로 검토해보자.

육군병지원자훈련소

1938년 6월15일 조선총독부는 경성대학 문학부에서 1938년도 제1기생 202명의 입소식을 거행하였다.[17] 육군병지원자훈련소의 교육은 "엄격한 규율에 따른 학력 기능보다도 오히려 정신 도장으로 반도 청년을 육성한다"[18]는 이른바 「황국혼의 성훈도장(聖訓道場)」[19]을 지향하였다. 훈련생도들은 국체명징(國體明徵), 인고단련(忍苦鍛鍊), 일억관행(一意慣行)의 교육방침에

---

16. 朝鮮總督府陸軍志願兵者訓練所(1941.12), 「지원병은 이렇게 훈련한다」, 「신시대」 제1권 제12호.
17. 「매일신보」 1938년 6월16일자.
18. 朝鮮總督府(1943), 「朝鮮事情」, 208쪽.
19. 佐野八十衛(1943), 「戰ふ朝鮮」, 內外公論社, 65쪽.

따라 앞으로의 병영생활을 준비하였다.[20] 훈련소 생활은 입소기간에 걸쳐 금주와 금연은 물론이고 외출 외박도 금지되었다. 훈련생의 일과는 교관의 명령에 절대 복종하는 '월월화수목금금'[21]의 나날들이었다.[22]

이인석은 육군병지원자훈련소의 엄격한 교육과 훈육과정을 거치면서 질서와 규율, 국가와 국민, 충성과 희생의 고귀함을 체득하였다. 육군병지원자훈련소 소장 가이다 대좌는 "이인석 군은 훈련소에 들어올 때부터 침착 온순하고 책임감이 강해서 제2 훈련반 반장으로 6개월 훈련을 마쳤고, 작년 12월 수료식에서 발군의 성적으로 우등상까지 수상했다"[23]고 증언하였다. 수료 성적은 전체 201명 가운데 2등이었다.[24] 1938년 12월 육군병지원자훈련소 수료식에서 신체건강, 품행단정, 학력우수, 교련우수 등 성적 우수자 8명 가운데 한 명이었다.[25] 이인석은 육군병지원자훈련소를 거치면서 '독실명민(篤實明敏)한 병대'[26]로 훈육되고 단련되었다. 1938년 12월 이인석은 용산 주둔 제20사단 보병 제79연대 기고시(木越)부대에 배치되었다.[27] 제79 연대가 실시한 이들 육군특별지원병에 대한 초병교육과 성적은 다음과 같았다.

---

20. 1942년 3월 동래중학을 졸업하고 1942년 6월 육군병지원자훈련소 제2중대 소속 10기생으로 입소한 경남 좌병영 출신의 김성수 회고에 따르면, 훈련소 생활은 고된 훈련의 연속으로 감옥과도 같았다고 회고하였다. 김성수(1999), 『상이군인 김성수의 전쟁』, 금하출판사, 56~62쪽.

21. 교육출판기획실편(1988), 『교과서와 친일문학』, 동녘, 201쪽.

22. 朝鮮初等敎育硏究會(1938.10), 「朝鮮志願兵訓練所參觀記」, 『朝鮮の敎育硏究』第121号.

23. 『매일신보』 1939년 7월8일자.

24. 佐野八十衛(1943), 『戰ふ朝鮮』, 內外公論社, 64쪽.

25. 1938년 12월 제1기생 수료생 가운데 우수상 표창을 받은 생도는 윤종록(강원), 최규협(전남), 김종연(전남), 강석주(경기), 오용복(함남), 박종화(황해), 이인석(충북), 김인조(경남), 장몽석(강원)의 합계 9명이었다. 『매일신보』 1938년 12월8일자.

26. 『국민신보』 1939년 7월16일자.

27. 帝國地方行政學會朝鮮本部編(1939.1), 『朝鮮行政』第3券 第1号.

1938년 12월 징집 현역병 장정과 함께 15명은 보병 제79연대 보충대에 입영해서 제1중대에 배속되었고, 지원병 특별반이 편성되었다. 초년병 교육교관 가와다카(川高) 소위 휘하에 이쿠다(生田) 군조가 반장에 임명되었다. 나중에 예비사관학교를 졸업하고 귀대한 이토 오사무(伊藤修) 견습사관이 가담해서 제1기생 교육을 담당하였다. 제1기 검열을 마친 육군특별지원병들은 5월11일 용산역을 출발해서 북지 야전본대의 보충병으로 출정하였다. 국민개병 징병제의 내지 장정들과 달리 지원자들 가운데 선발된 입영자였기 때문에 지원병들은 전체적으로 능력이 출중했다.[28]

제19~20사단 예하 부대에 배속된 육군특별지원병은 사단 차원의 '별반조직'[29]으로 3개월에 걸친 중대, 소대, 분대 단위의 기동훈련, 산개훈련, 실탄훈련, 야간훈련, 진지훈련 등 실전을 방불케 하는 초병교육을 이수하였다. 이후 연대장이 주관하는 제1기 교육검열을 거쳐 일등병으로 진급했고, 연대, 대대, 중대에 배속되었다. 물론 상등병 진급을 위해서도 제2기 교육검열을 거치지 않으면 안되었다.[30]

출정과 전사

1939년 5월 이인석은 제20사단 보병 제79연대 다케하나(竹鼻)부대의 일반 소총수로 중일전쟁에 출정해서 활약하였다.[31] 1939년 6월22일 제79연대는 산시성 문희현(聞喜縣) 요장(腰莊) 만촌(灣村) 서측에 위치하는 무명사(無名祠) 고지를 점령하였다. 이인석의 소속 중대원 150여 명은 당일 적군의

---

28. 步兵第七十九聯隊史編集委員會編(1984), 『步兵第七十九聯隊史』, 293~294쪽.
29. 『매일신보』 1938년 12월24일자.
30. 삼천리사(1940.5), 「朝鮮文化及産業博覽會, 志願兵編」, 『삼천리』 제12권 제5호.
31. 淸原弘(1943.3), 「金鵄勳章輝く志願兵」, 『조광』, 제9권 제3호.

야습을 예상하고 대비하였다. 적군의 야습은 정확히 6월 22일 밤 12시에 개시되었다. 이들은 야음을 틈타 무리를 지어 수류탄을 던지며, 일제히 고지 점령을 감행해 왔다. 이들의 야습은 다음날 새벽까지 계속되었다.

이인석의 소속부대는 일본군이 장기(長技)로 하는 소총전과 돌격전으로 대응하였다. 치열한 방어전투의 와중에 이인석은 적군이 던진 수류탄 파편으로 좌퇴부에 중상을 입고 말았다. 당일 야간 방어전투에서 소속부대의 다카다(高田) 대대장과 히로카미(廣神) 소대장이 전사했고, 미야케(三宅) 분대장도 심한 중상을 입었다. 결국 적군도 "귀신도 울고 가는 장렬무비한 이인석 일등병의 분전맹격(奮戰猛擊)"[32]의 덕분인지 새벽녘에 이르러 다수의 사체를 남기고 후퇴하고 말았다.

중상을 입은 이인석은 위생병의 응급조치에도 불구하고 위급한 용태였고, 다량의 출혈과 함께 혼수상태에 빠져들었다. 그럼에도 전우의 부축을 받고 겨우 정신을 차린 이인석은 '분대장님 죄송합니다. 가이다 대좌님께도 잘 부탁드립니다. 훈련소 후배들을 잘 부탁드립니다'라는 유언과 함께 '천황폐하 만세'[33]를 외치고 전사하고 말았다. 이인석의 전사 시각은 정확히 6월 23일 오전 0시 45분이었다. 이인석의 전사 전황을 최초로 소개한 조선총독부 촉탁 가즈히사 마사시(和久正志)는 "참으로 장렬한 전사였고, 숭고한 최후였다. 더구나 충용무비의 무훈에도 불구하고 내가 무운이 없어 병력을 손실해서 부대장에게 참으로 죄송하다며 황군으로서의 책임감을 견지하고 같은 봉공의 길을 가는 후배들의 후사를 부탁하고, 은사의 은혜에 감사하는 이별을 고했고, 천황에 대한 최후의 감사를 올리고 서거하였다. 그의 심사,

---

32. 和久正志(1940.4), 「仰げ! 故李仁錫上等兵の殊勲」, 『朝鮮』 第299号.
33. 위와 같음.

태도, 숙연함은 소매를 훔치게 한다"[34]며 찬사를 아끼지 않았다.[35]

가즈히사가 묘사한 이인석의 전사 정황은 치명적인 중상에도 불구하고 정상에 가까운 의식을 유지하며, 장렬한 최후를 마쳤다고 할 수 있다. 그러나 이인석은 6월22일 밤 12시 전투 개시 이후 단 45분 만에 좌퇴부의 파편상을 입고 전사했다는 사실에 주목할 필요가 있다. 전투 개시와 함께 최후를 맞았다는 사실은 무척 지근거리에서 중국군이 던진 수류탄이 파열하면서 심각한 중상을 입었음을 의미한다. 더구나, 적군의 파상적인 수류탄 공격의 와중에서 전우의 부축을 받으면서 최후를 마쳤다고 보기도 곤란한 정황이다.

전사 정황에 대한 결정적인 단서를 제공하는 것은 1939년 11월 조선군사령부가 작성한 「육군특별지원병 종군상황 조서」[36]이다. 같은 조서는 제20사단 제79연대 배속 육군특별지원병의 종군 성적을 당시 조선군 제20사단 예하 제77연대, 제78연대, 제80연대와 달리 지극히 냉소적인 평가로 일관했다는 사실에 주목할 필요가 있다. 같은 조서에서 제79연대가 묘사한 이인석의 전사 정황은 다음과 같다.

모 중대에 속하는 모 지원병은 1939년 6월22일 산시성 문희현 만산촌 부근 무명사 고지 점령 이후 적의 역습을 받아서 중대 주력과 함께 출격하였다. 모 지원병은 좌측 대퇴부에 수류탄 파편창을 입게 되자 전황이 급박한 상황에

---

34. 위와 같음.

35. 1939년 10월 「국민정신총동원조선연맹」은 이인석의 전사를 기념해서 잡지 『총동원』 제1권 제5호를 '육군특별지원자특집호'라 명명하였다. 그 가운데 '고 이인석 상등병 전사의 실황'을 게재했는데 전사 장면과 관련해서 '무언가 남기고 싶은 말은 없는가'라는 전우의 요청에 대해 이인석은 "일본은 필히 성전에서 승리할 것이다. 나는 성전의 와중에서 죽게 되어 참으로 미안하다. 좀 더 국가에 봉공할 수 없는 것이 유감이나. 황군의 부운장구를 빌면서 지원병 제군을 잘 부탁한다고 전해 달라"는 유언과 함께 천황폐하 만세를 삼창하고 숨을 거두었다고 한다. 이는 앞서 가즈히사의 기사와 비교해서 전사 상황을 더욱 극적으로 묘사한 것이다. 「故李仁錫上等兵戰死の實況」, 『總動員』 第1券第5号, 1939.10.

36. 朝鮮軍参謀長加藤鑰平(1939.11), 「陸軍特別志願兵縱軍狀況に關する件」.

도 불구하고, 아이고! 아이고! 비명을 지르면서 전의를 완전히 상실해서 전투의 승패는 안중에도 없었다. 전사 직전 전우로부터 정신차릴 것을 주의받았지만, 기어드는 목소리로 천황 폐하 만세를 삼창(三唱)하고 전사하고 말았다.[37]

제20사단 소속으로 중일전쟁에 출정한 육군특별지원병 가운데 전사자는 단 1명뿐이었다. 때문에 같은 조서에서 호명하는 모 지원병은 바로 이인석을 가리킨다. 그럼에도 제79연대는 제20사단 다른 예하 연대와 달리 '모 중대에 속하는 모 지원병'이라며 이인석의 실명을 거론하지 않았다는 사실에도 유의할 필요가 있다. 이는 1938년 7월 조선인 사회에 유포되었던 이인석의 '장렬무비의 명예전사' 혹은 충군애국·멸사봉공·인고단련이라는 일본군의 상무정신과도 크게 괴리된 것이었기 때문으로 추정된다. 바꾸어 말하면, 이인석의 전사는 부대의 명예를 훼손하는 전사였기 때문이었다.

하지만, 여기서 중요한 사실은 이인석이 심각한 중상과 과다 출혈의 와중에서도 과연 '천황폐하 만세'를 삼창하고 장절한 최후를 마쳤는가 하는 점이다. 종래 요시미 요시아키(吉見義明)는 "이인석 성명을 감추고 모 중대의 모 지원병으로 기술하였고, 그의 사후에 대해서도 낮게 평가하였다. 따라서 그의 전사는 같은 조서에서 작위이거나 미화되었다고 생각할 수 없다"[38]고 주장하였다. 바꾸어 말하면, 요시미는 이인석이 '천황폐하 만세'를 삼창하고 전사했다는 보고서의 지적을 두고 분명한 '역사적 사실'이라 강변하였다.

그러나 이인석의 전사 정황과 관련해서 1937년 7월 제20사단 보병 제78연대 소속 제3대대장 혹은 전위 부대장으로 중일전쟁에 참전해서 특훈갑의 금치훈장을 수상했던 김석원의 증언에 따르면, "나는 100회 이상의 실전을

---

37. 위와 같음.
38. 吉見義明(1987), 『草の根のファシズム』, 東京大學出版會, 135쪽.

경험한 사람이다. 그동안 수백 명의 부하가 쓰러지는 모습을 옆에서 내 눈으로 똑똑히 보았지만, 단 한 사람도 '덴노헤이카 만자이(천황 폐하 만세)'를 부르며 죽는 사람은 못 보았다. 대개는 어머니를 부르며 쓰러지는데, 그중에는 야라레다(당했다)니 다노무요(부탁한다)니 하고 쓰러지는 사람은 더러 있었다"[39]고 증언하였다.

김석원의 회고를 고려하면, 이인석은 '천황폐하 만세'가 아니라 '어머니'를 부르며 최후를 마쳤다고 보는 것이 타당하다. 그러나 치열한 야간전투의 정황과 치명상에 따른 혼수상태를 고려하면, 이인석이 과연 어머니를 부르는 것조차 가능했는지도 의문이다. 이인석의 전사와 '천황폐하 만세'를 둘러싼 요시미의 견해는 돌발적인 죽음에 처한 인간의 본성에 대한 심각한 몰이해·몰지각의 다름 아니다.[40]

이상한 추모열

이인석의 전사 통보가 조선총독부 앞으로 도착한 것은 1939년 7월 6일 오후였고, 라디오와 신문을 통해서 세간에 널리 유포된 것은 다음날이었다.[41]

---

39. 김석원(1977), 『노병의 한』, 육영사, 187~188쪽.

40. 이인석의 전사 시각은 6월 23일 오전 0시 45분이었다. 당시 조선총독부 학무국장 겸 조선총독부 육군병지원자훈련소 소장 시오바라에 따르면, 이인석은 복부에서 등까지 파편이 관통해서 장이 절단되었다고 밝히고 있다. 그래서 피탄 당시 이인석은 심각한 중상이었고, 빠르게 혼수상태에 빠져들었던 것으로 추정된다. 그런 와중에서 이인석이 재차 정신을 차려서 여러 유언을 남기고 '천황폐하 만세'까지 삼창했다는 것은 쉽게 상상하기 곤란한 정황이다. 더구나 중국군의 파상적인 야습은 다음날 새벽까지도 계속되었다는 사실도 고려해야 한다.

41. 이인석의 보다 상세한 전사 정황이 일간 신문에 게재된 것은 1939년 9월 6일자 『매일신보』였다. 이인석의 전우가 군사우편 형식으로 이인석의 전사 정황을 묘사해서 육군병지원자훈련소 소장 가이다 대좌 앞으로 발송한 것이다. 군사우편에서 묘사한 전사 정황은 앞서 조선총독부 촉탁 가즈히사의 소개와 비교해서 (1)적의 수류탄을 맞아 배로부터 등에 걸쳐 상처를 입고 전신이 피투성이가 되었다는 점, (2)한때 혼수상태에 빠졌지만, 다시 생기를 되찾아 2시간 후에 절명하고 말았다는 점에서 일정한 차이를 보인다. 그 외 '천황폐하' 만세 삼창을 비롯한 구구한 유언은 앞서 가즈히사의 기사와 거의 일치한다. 『매일신보』 1939년 9월 6일자.

당시 조선총독부 기관지 『매일신보』는 "반도의 사나이로 총칼을 잡고 황군의 용사로서 제일선에 나섰다가 흥아(興亞)의 새로운 여명을 부르며 적탄에 맞고 대륙건설의 초석 … 당당한 제국의 군인으로 반도 남아의 의기를 빛낸 이야기"[42]라는 〈반도인의 영예, 지원병 최초의 전사, 충북 옥천 출신 이인석 군〉이라는 제하의 기사를 게재하였다. 이인석의 전사 소식에 대한 조선인 사회의 반응은 다음과 같았다.

우리 2300만 형제의 한 사람으로서 뽑혀 흥아의 성업에 칼을 들었던 이인석군! 성전의 두 번째를 맞이한 어제 그의 명예로운 전사를 들었구나. 형제여 보라! 흥아의 역사는 어제 또 한번을 더하였도다. 우리도 세계에 내어 놓아도 거리낌이 없을 대장부를 가졌으니 인류의 평화와 행복의 전설도 우리 형제의 의기와 피로써 이루어질 것을 또 한번 마음속에 다져라. 한 사람 형제의 피는 영원한 명예를 노래한다느니. 보다 다음날 위대한 역사를 거두는 씨앗이 되지 않을까 보냐.[43]

1939년 7월6일 오후 9시경 이인석의 전사 통보를 받은 옥천 군수는 경찰서장, 농업실수학교 교장, 재향군인회 회장 등 역내 유지들와 함께 조문을 서둘렀다. 오후 10시경 조문단을 맞이한 이인석의 부친 이천전은 "나는 아들이 출정할 때 이 이별이 마지막이라 각오했습니다"[44]라는 심정을 밝혔다. 미망인 유서분 여사도 세 살의 여아(이정숙)를 안고 "이미 각오하고 있었습니다"[45]라고 대답하였다.

---

42. 『매일신보』 1939년 7월8일자; 『국민신보』 1939년 7월16일자.
43. 『매일신보』 1939년 7월8일자.
44. 和久正志(1940.4.1), 「仰げ! 故李仁錫上等兵の殊勳」, 『朝鮮』 第299号.
45. 朝鮮總督府情報課(1944), 『新しき朝鮮』, 48~50쪽.

조문 정황과 관련해서 2003년 『옥천신문』의 유서분 여사와의 인터뷰에 따르면, "하루는 일하고 고단해서 잠이 들었는데 누가 불러, 시아버님이 나갔는데 군청에서 왔나, 어디에서 사람이 와서 이인석이 운명했다며 울면서 종잇조각을 읽고 한참을 강연을 해, 잠자다가 갑자기 당한 일이라 울어보지도 못했어"[46]라고 증언하였다. 바꾸어 말하면, 당시 이인석의 유가족은 '황국혼의 현현(顯現)'이라 칭송받는 와중에서 아들과 남편의 죽음에 대해 슬픔이 아닌 기쁨이라는 심각한 감정 왜곡을 경험해야 했다.

이인석의 전사 소식에 가장 먼저 반응했던 조선인 유력자는 화돈(花豚) 김문집이었다.[47] 김문집은 모친의 기일이었던 1939년 7월8일 신문을 보고 이인석 일등병의 전사 소식을 접하였다. 김문집은 "우리 이천삼백만의 충성이 반영된 희망의 표징"[48]이라며 이인석의 전사 소식을 자축하였다. 그 이유는 이인석이 '반도는 폐하를 받들고 충의를 다하고 국가 유사시에 충용을 다 바치는데 결코 조선인이 일본인에게 뒤지지 않는다는 다짐'을 보여주었기 때문이라는 것이다. 그래서 김문집은 '두고 보라! 백 명의 이인석, 천 명을 죽이는 제2의 귀신 이인석 등등 계속해서 어떤 자들이 튀쳐나올지 모르는 호국의 귀신들이 지금부터 야스쿠니 신사의 방을 신청하기 위한 예약이 쇄도할 것'이라 장담하였다.

1939년 7월 이인석에 대한 조의문은 경향 각지는 물론이고 일본, 중국,

---

46. 이안재(2003.9.27), 「발굴 옥천현대사 − "형님이 이용당한 것…"」, 『옥천신문』.

47. 1907년 대구 출생의 김문집은 일본 와세다(早稻田) 중학과 마쓰야마(松山) 고등학교를 거쳐 동경제대 문과에 진학했지만, 중퇴하고 말았다. 1939년 「조선문인협회」 간사를 지냈으며, 「국민정신총동원조선연맹」 총재부 촉탁을 역임한 이후 1941년 일본인으로 정식 귀화하였다. 그는 1930년대 조선 문단에 등단해서 활발한 문예활동을 펼쳤고, 1937년 「비평예술론」에서 "가치의 창조가 작가의 생명이라면, 가치의 재창조가 비평가의 혈흔"이라며 문예비평의 독창성을 강조하였다. 김문집은 조선문단에서 문예비평이라는 새로운 문예 장르를 개척했고, 비평문학의 새로운 가능성을 탐색했던 선구적인 인물이다. 『국민신보』 1939년 7월16일자.

48. 『국민신보』 1939년 7월16일자.

만주로부터서도 답지하였다. 이인석의 추모열은 각계각층을 망라하였다. 1939년 7월8일 이타가키 세이시로(板垣征四郎) 육군대신은 '진중의 꽃'이라는 요지의 조의, 육군병지원자훈련소 소장의 조의, 7월17일 영월 요릿집 기생들의 조의금, 강화군 소학교 어린 학생들의 조의금, 경성부 소재 중국 요릿집 직원들의 조의금, 중국 베이징 거주 문창린의 조의금, 화신백화점 사장 박흥식의 조의금, 황후의 위문품, 가네미쓰 쓰네오(金光庸夫) 척무대신의 조문 등 열거하기 곤란할 정도였다. 미나미 조선총독은 "이 군이 흘린 피는 일본과 조선이 하나의 몸으로 합치는 풀"[49]이라는 감격의 성명을 발표하였다. 1941년 당시 조선총독부 법무국이 조사한 이인석 상등병의 전사에 대한 조선인 사회의 반응은 다음과 같았다.

조선인 최초의 제국 군인으로 이들의 활동 여하는 일반 조선인의 가치를 좌우하는 시금석이다. 전사상자에 따른 일반의 격앙과 감격이 앙등해서 장의에서는 향당 부민 참가자 5000~6000명에 달하는 상황이며, 조선 전체의 면과 부락으로부터 애국단체의 조의금은 막대한 금액에 달하는 등 지원병의 용장스러운 전사는 조선인 사회의 애국심을 크게 앙양시키고 있다.[50]

1939년 7월 이인석 상등병의 전사 소식 이후 2주일 만에 약 1000여 명의 조문객을 시작으로 조의금 약 5000원, 조건 76건, 조의문 59통에 달하였다.[51] 더욱이 1940년에 이르러서는 약 2100통의 조의문과 조의금 만 원을 기록하였다.[52] 이인석 전사 이후 "이들 가족들은 일제 강점기 동안 전국에

---

49. 「국민신보」 1939년 7월16일자.
50. 朝鮮總督府法務局(1941), 「第79回帝國議會說明資料」.
51. 「매일신보」 1939년 7월20일자.
52. 伊藤猷典(1942), 「鮮滿の興亞敎育」, 目黑書店, 48쪽.

서 온 부의금 등으로 살았다. 그리고 그 돈으로 만주 좁쌀을 팔아 순례한다며 찾아온 사람들에게 점심이라도 대접할 수 있었다"[53]고 한다. 1939년 7월 이래 이인석에 대한 이상한 추모열과 관련해서 그때부터 3년이 넘게 군서면 하동리 이인석의 집은 옥천뿐 아니라 전국적인 순례객들로 넘쳐났다. 그래서 유서분 여사는 "어디서든 안 온 데가 없었어. 선생들이 학생들 데리고 왔고, 그때는 사람이 죽었어도 이름은 안 잊어버리고 찾아온다 싶었어"[54]라고 회고하였다.

Ⅲ. 이른바 「이인석 효과」

이인석은 세 차례의 고별식, 금치훈장 수상, 야스쿠니 신사 합사라는 파격적인 서훈·현창과 함께 '반도의 충혼'으로 더없는 추앙과 경배(敬拜)를 받았다. 1940년대 '이인석의 시대'를 방불케 하는 다양한 문화 매체의 주인공이었고, '조선인 군국영웅(軍國英雄)'으로 서사화되었다. 이하에서는 서훈·현창과 함께 이른바 「이인석 효과」를 구체적으로 검토해보자.

서훈·현창

1939년 7월10일 조선군사령부는 이인석 일등병에 대해 1계급 특진으로 상등병 계급을 추서하였다.[55] 당시 조선군 제20사단 제80연대의 경우, 육군 특별지원병 22명 가운데 9명이 1939년 8월 제1차 선발에 따라 상등병으로

---

53. 이안재(2003.9.27), 「발굴 옥천현대사 – "형님이 이용당한 것…"」 「옥천신문」.
54. 위와 같음.
55. 「동아일보」 1939년 7월13일자.

진급했고, 9명이 하사관 후보생으로 선발되었다. 바꾸어 말하면, 중일전쟁에 참전한 22명의 육군특별지원병 가운데 18명이 진급했고, 나머지 4명은 진급에서 탈락하였다. 따라서 이인석의 1계급 특진은 앞서 전사 정황 등을 고려하면, 지극히 파격적인 서훈이라 할 것이다. 이하에서는 3차례 고별식, 금치훈장 수상, 야스쿠니 신사의 합사라는 서훈·현창의 실상은 다음과 같았다.

첫째는 3차례의 합동 고별식이다. 1939년 9월 제20사단 제78연대의 주둔지였던 용산에서는 이인석을 비롯한 제10회 전사자 759명의 합동 고별식을 거행하였다.[56] 9월30일 육군대신은 "흥아의 초석으로 전몰한 육군 보병 상등병 이인석 및 이형수 영령에 대해 충심(衷心)으로부터 애도를 표한다"[57]는 조전(弔電)을 타전하였다. 또한, 1939년 10월2일 육군병지원자훈련소는 이인석과 이형수 상등병[58]의 합동 고별식을 거행하였다.[59] 고별식에는 유가족을 비롯한 미나미 총독과 나카무라 고타로(中村孝太郎) 조선군사령관 등 식민 권력의 수뇌부와 관민 유력자 그리고 내외빈 3000여 명이 참석하였다.[60] 좌옹 윤치호도 고별식에 참석하였다.[61] 1939년 10월3일 옥천군은 이인석의 '옥

---

56. 『매일신보』 1939년 10월1일자.

57. 陸軍省(1939.9),「第20師団長合同告別式に弔電供与の件」.

58. 육군특별지원병 출신 제2호 전사자 이형수(23세)는 전남 고흥 출생의 육군병지원자훈련소 제1기생이다. 그는 1939년 5월 제20사단 보병 제80연대 제9중대 소속으로 북지전선 산시성 전투에 출정하였다. 1942년 3월 이형수는 이인석과 함께 공7급 훈8급 금치훈장을 수상했고, 1942년 4월24일 호국 영령으로 야스쿠니 신사에 합사되었다. 삼천리사(1940.5),「삼천리」 제12권 제5호. 『매일신보』 1942년 3월 27/29일자.

59. 『매일신보』 1939년 10월3일자.

60. 鹽原時三郎(1939.9),「弔詞(弔電)賜はリ渡件」.

61. 윤치호 일기에 따르면, 그는 1939년 10월2일 김활란 등과 함께 오전 9시10분 육군병지원병훈련소를 방문해서 "북중국 전장에서 일본제국의 대의를 위해 목숨을 바친 이인석과 이형수를 기리는 신도 예배"에 참석했다고 한다. 박정신 역(2016),「(국역) 윤치호 영문 일기(10)」, 국사편찬위원회, 255쪽.

천 군민장'을 거행하였다.[62] 옥천 제2소학교(현재 삼양초등학교)에서 거행된 군민장에는 유가족 및 친지는 물론이고 충북지사 등 역내 유력자 약 5000여 명이 운집하는 성황이었다.[63] 이인석의 유해는 당초 옥천군 군서면 월전리 매장되었지만, 1944년 7월 하동리 선산 묘역으로 이장되었다.[64]

둘째는 금치훈장의 서훈이다. 1940년 2월 일본 내각 상훈국과 육군성은 제19회 논공행상을 발표하였다.[65] 행상의 대상자는 전사상자 526명, 전병사자 2624명, 합계 3150명이었다. 논공행상에서는 1931년 만주사변 당시 혁혁한 전공을 세

[사진8-2] 이인석 상등병의 묘지와 상석

운 군인 군속을 포함하였다.[66] 이 가운데 금치훈장의 서훈 대상자는 합계 740명이었다. 수상자 가운데는 육군특별지원병 출신 최초로 수훈을(殊勳乙)을 수상한 이인석 상등병과 만주국의 치안숙정 공작에서 커다란 공훈을 세운 관동군 촉탁 김동한의 6등 욱일장(旭日章)을 포함하였다.[67] 특훈갑(特

62. 「매일신보」 1939년 7월16일자.

63. 「매일신보」 1939년 10월6일자.

64. 저자는 2016년 10월14일 「옥천신문」의 이안재 사장의 안내로 이인석 상등병의 묘역을 참배하였다. 묘지 상석의 전면에는 '勳8等功7級 故陸軍上等兵李仁錫之墓 昭和十九年七月七日'이라 새겨져 있었다. 2019년 10월 말 이안재 사장에 따르면, 유가족들은 세간의 관심을 의식해서인지 이인석의 묘지를 이장했다고 한다. 그 과정에서 묘지의 상석도 유골과 함께 땅속 깊이 묻혔다고 한다.

65. 1940년 1월2일 조선군 제20사단장 시치다 이치로(七田一郎)가 천황 앞으로 1937년 7월11일부터 1939년 12월까지의 전황을 상주하였다. 같은 기간 제20사단의 전과는 사살 약 13만 800명, 포로 약 4400명이었던 반면, 인적 손실은 전사 4742명(장교 198명), 전병사 686명(장교 3명), 전상자 3만 3307명(장교 459명)을 기록하였다. 第二十師團長七田一郎(1940.1), 「第二十師團上奏」.

66. 「大阪朝日新聞」 1940년 2월10일자.

67. 김효순(2015), 「간도특설대」, 서해문집, 96~109쪽; 「매일신보」 1940년 2월11일자.

勳甲)은 육군소장 이이노 겐주(飯野賢十)를 비롯한 18명이었고, 특훈을 서훈자는 이인석이 유일하였다. 훈상 내역은 공칠급 훈8등 금치훈장과 함께 매달 150원의 연금이 지급되었다.

셋째는 야스쿠니 신사의 합사이다. 1941년 9월10일 야스쿠니 신사 임시대제위원부(臨時大祭委員部)는 조선 관계 영령 95명의 합사를 공포하였다. 그 가운데 "반도 출신의 지원병으로 용명을 떨치고 최초로 전사한 이인석을 비롯해서 제일선에서 활약한 통역과 군속 등 8명을 포함"[68]하였다. 1941년 10월 17일 아들 혹은 남편을 야스쿠니에 합사하는 재조조선인 유족 152명이 야스쿠니 신사를 참배하였다. 그 가운데 조선인 전사자의 유족은 총 12명이었다.

이인석 상등병의 모친은 백발의 하얀 소복 차림이었다.[69] 1941년 10월16일 육군병지원자훈련소 훈련생 1300명은 대강당에서 합사 기념 위령제를 거행하였다. 당시 훈련생도를 대표했던 도리야마 이치로(鳥山一郎)는 "우리 후배 지원병은 이 상등병의 전사를 거울삼아서 반도 지원병의 명예를 더럽히지 않겠습니다"[70]라는 조사를 낭독하기도 하였다. 이인석 상등병은 야스쿠니 신사에 합사되면서 '군신(軍神)의 반열'에 올랐다.

조선총독부는 '귀신을 울리는 장렬무비의 전사, 추앙하라! 고 이인석 상등병'[71]의 슬로건을 내걸고 이인석을 일본 정신의 체현자 혹은 군국미담의 상징으로 우상화하였다. 육군병지원자훈련소 소장 가이다 대좌는 일사보국, 분골쇄신, 칠생봉공의 적성(赤誠)을 다짐하는 이인석의 서신을 공개하는 한편, 지원병의 모범으로 훈련소 대강당의 정면에 그의 영정을 거치해서

---

68. 『매일신보』 1941년 9월20일자.
69. 당시 『매일신보』는 이인석 모친의 야스쿠니 신사 참배 정황과 관련해서 "백발이 여사의 어깨에 크게 물결친다. 감격에 사무쳐 흐르려는 눈물을 꾹 참고 있는 듯싶다. 인석아! 라고 부르며, 통곡하고 싶을 것이다"라고 전하였다. 『매일신보』 1941년 10월19일자.
70. 『매일신보』 1939년 10월3일자.
71. 和久正志(1940.4.1), 「仰げ! 故李仁錫上等兵の殊勳」, 『朝鮮』 第299号.

육군병지원자훈련소 수호신으로 추앙하게 되었다.[72] 군사원호단체 애국부인회 조선지부는 옥천군과 협력해서 '이인석의 표충비(表忠碑)' 건립을 추진하였다.[73] 이인석은 전사를 통해서 일약 조선인 군국영웅의 화신이 되었고, '특별한 죽음'으로 미화되었다.[74] 이인석 상등병의 야스쿠니 신사 합사는 조선인의 황민화 혹은 국민화를 위한 전시효과를 발휘하였다.[75]

영웅적 서사화

1938년 6월 육군병지원자훈련소 개소 이래 훈련생도의 일거수일투족은 조선인 사회의 주요 관심거리였다. 그 와중에서 이인석의 전사는 내선일체와 순국봉공의 표본으로 조선인 사회의 추모열을 자극하였다. 1939년 7월 8

---

72. 최정희는 단편소설 「야국초」에서 "강당은 넓습니다. 창이란 창은 모두 열려 있어서 바람이 들어와 추울 정도였습니다. 고 이인석과 이형수 양위의 사진이 검은 리본을 두르고 찬연히 걸려 있습니다. 바람 때문에 리본이 자꾸만 펄럭이는 탓인지 두 분이 다 살아 있는 듯한 모습으로 뭔가 이야기해줄 것 같은 느낌이 듭니다"라고 묘사하였다. 교육출판기획실편(1988), 「교과서와 친일문학」, 동녘, 199~200쪽.

73. 大野テル子(1940.7), 「君國多事의 秋에 志願兵(志望者)十萬突破, 志願兵 母姉에 送하는 書」, 「삼천리」 제12권 제7호.

74. 朝鮮總督府情報課(1944), 「新しき朝鮮」, 48~50쪽.

75. 1939년 종래 「초혼사(招魂社)」 제도가 폐지되고 「호국신사(지방초혼사)」 제도가 성립하면서 조선에서도 나남과 경성에 호국신사가 설치되게 되었다. 1939년 4월 조선총독부 알선으로 군관민 합동의 「호국신사봉찬회(護國神社奉讚會)」가 결성되었다. 「경성 호국신사」는 1940년 용산구에 신역을 정하고 80만 원의 예산으로 조영(造營)공사에 착수해서 1943년 11월 완성하였다. 1943년 11월26일 「경성 호국신사」는 중일전쟁에서 혁혁한 무훈을 세운 7446주의 호국영령을 제신(諸神)으로 봉사하는 진좌제(鎭坐祭)를 거행하였다. 이 가운데 육군특별지원병 최초의 전사자 이인석을 비롯한 578주(조선인과 재조일본인 포함)가 제신으로 봉사되었다. 「나남 호국신사」는 조영공사가 지연되면서 1944년 5월 진좌제 거행을 예정하였다. 「경성 호국신사」의 숭경(崇敬)구역은 경기를 비롯한 남한 9개도였고, 「나남 호국신사」는 강원, 함남, 함북이었다. 경성과 나남 호국신사에 합사한 제신은 숭경구역의 본적 또는 주소를 갖는 조선인과 일본인으로 야스쿠니 신사에 합사된 호국영령을 제신으로 삼았다. 진좌제 의식에는 고이소 조선총독을 시직으로 정무총감, 조선군사령관, 신해경비사령관, 각 도의 도지사 등 다수의 문무현관(文武顯官)과 유족 1500명(재일 500명과 재조 1000명)이 참석하였다. 그래서 당시 「매일신보」는 사설에서 호국영령의 합사와 영구적인 신진(神鎭)이 호국영령 및 유가족들에게 '국가의 파격적인 수우(殊遇)'라 평하였다. 「매일신보」 1943년 11월25일자/26일자.

일 이인석의 전사 소식이 『매일신보』에 게재되었을 당시 육군병지원자훈련소 가이다 대좌는 아직 "부대장으로부터 전적 보고가 오기를 기다리고 있다"[76] 혹은 이인석의 부친 이천전은 "어느 곳에서 어떻게 활동했나요"[77]라고 질문 하였다. 또한 1939년 9월16일 『국민신보』에 따르면, "아직 상전(詳電)이 없기 때문에 이인석의 훈공과 전사 상황이 전해지지 않았다"[78]고 전하고 있다. 그 럼에도 조선인 사회는 이인석의 전사 정황과 무관하게 이른바 '묻지마 식의 이상한 추모열'에 휩싸이고 말았다. '이상한 추모열'의 이면에는 조선인 '문화 엘리트'의 다양한 문예협력도 크게 일조하였다. 이인석을 소재로 하는 문예 장르와 작품은 다음과 같았다.

첫째는 헌사와 헌시이다. 당대 조선 문단의 거두였던 춘원 이광수는 이 인석의 전사와 관련해서 "이 소식은 반도 2000만 민중의 가슴에 이루 말할 수 없는 감격을 불러일으켰다. 이 상등병의 전사가 보도된 지 이미 수일이 지났지만, 아직 우리들이 뭐라 말해야 좋을지 적절한 말을 찾을 수가 없다. 그것은 이것이 최초의 경험이기 때문이기도 할 것이다. 또는 오랫동안 게 으른 잠에 빠져 있던 우리의 영혼으로서는 너무나 큰 충격이고 감격이었던 탓인지도 모른다. … 우리는 실로 국민의 자격이 부끄럽지 않은 국민이 될 것"[79]이라 헌사하였다. 1941년 3월 「조선문인협회」 간사 송아 주요한은 잡지 『신시대』에 「첫 피-지원병 이인석에게 줌-」이라는 헌시를 발표하였다.[80] 주요 한의 헌시는 이인석 전사를 앞세워 조선인 청년들의 욕망과 자긍심을 자극 하였다.[81] 1941년 여류시인 모윤숙은 주요한의 「첫 피」를 올해 조선문단의 대

76. 『매일신보』 1939년 7월8일자.
77. 『매일신보』 1939년 7월11일자.
78. 『국민신보』 1939년 7월16일자.
79. 『국민신보』, 1939년 7월16일자.
80. 교육출판기획실편(1988), 『교과서와 친일문학』, 동녘.
81. 綠旗聯盟(1939), 『朝鮮思想界槪觀』, 68쪽.

표작이라 절찬하였다.

둘째는 박영랑의 전기 소설 『이인석 상등병』이다. 이 작품은 경남 거창 출신으로 진주중학을 졸업한 박영랑(본명은 이윤기)이 쓴 논픽션 형식의 영웅전이다. 박영랑은 육군특별지원병 제1기생으로 1939년 6월 제20사단 소속으로 화북전선에 참전하였다.[82] 『이인석 상등병』은 이인석의 유년기 이래 순수하고 성실한 모범청년으로 자라는 성장기와 학교생활, 결혼과 부부관계, 지원병 지원과 훈련소 생활, 입영과 전사의 일대기를 자신의 참전 경험을 기초해서 사실적으로 묘사하였다. 당시 조선총독부 경무과장 야기 노부오(八木信雄)는 서문에서 "지원병 출신자 이인석 상등병이야말로 장엄한 일본의 도를 달성한 최초의 한 사람이며, 반도의 늘어나는 일본혼의 표현"이라 격찬하였다. 1943년 7월 충북 옥천군은 『이인석 상등병』이 징병제 실시를 앞두고 결전사상을 고취시킨다는 취지에서 독서 장려운동을 전개하기도 하였다.[83]

셋째는 이인석을 모델로 하는 영화 제작이다. 이인석을 소재로 하는 최초의 영화는 1941년 조선과 일본에서 동시에 개봉한 〈그대와 나〉였다.[84] 영화는 조선군보도부와 조선총독부의 적극적인 후원으로 조선인 영화감독 허영이 메가폰을 잡았다. 영화의 플롯은 육군병지원자훈련소 훈련생도 가네코 에이조(金子英助)라는 조선 청년과 아사노 미쯔키(淺野美津技)라는 일본인 처녀가 혼담이 오가는 와중에서 아사노가 전선으로 나가는 연인 가네코를 격려하고 송별하는 내용이다. 1941년 미나미 조선총독은 "황국정신을 앙양케 함은 물론 내외인으로 하여금 내선일체의 실상을 인식케 함에 크게

82. 김윤식(2012), 『한일 학병 세대의 빛과 어둠』, 소명출판, 12쪽.
83. 『매일신보』, 1943년 7월31일자.
84. 여기서 '그대'는 일본인을, '나'는 조선인을 총칭한다. 그대와 나는 굳게 손을 잡고 대동아공영권의 초석이 되자는 결의를 의미한다. 김려실(2006), 『투사하는 제국 투영하는 식민지』, 삼인, 276쪽.

기여할 것"[85]이라 격찬하였다. 영화는 일본 문부성과 조선총독부 추천 영화로 일본 제국권 전역의 학교와 영화관에서 상영되었다.[86] 영화 〈그대와 나〉의 성공은 이후 육군특별지원병 영화 혹은 밀리터리 시네마가 조선 영화계를 석권하는 결정적인 계기가 되었다. 영화는 이인석 상등병의 '이상한 추모열'을 부추기고, 육군특별지원병 지원열을 자극하는 이른바 「이인석 효과」를 발휘하였다.[87]

「죽음의 정치성」

이인석은 1939년 6월 전사에 이르기까지 가난한 소농 가계의 7남매 장남으로 태어나서 장삼이사(張三李四)의 삶을 살았다. 그러나 이인석은 육군특별지원병 제1호 전사자가 되면서 '조선인 군국영웅'으로 재탄생하게 되었다. 이인석의 일대기는 영화를 비롯한 시와 소설 등 문학작품으로 널리 각색·연출되었다. 조선과 일본의 매스미디어는 '피로써 국가에 봉납'한 이인석의 전사와 추모열을 앞다투어 보도하였다. 당시 『매일신보』 등 관제언론은 물론이고 『동아일보』 등 조선인 언론도 육군특별지원병 최초의 전사자 이인석의 대중적 상징성을 고려해서 경쟁적 보도와 선전활동에 주력하였다. 다음은 이인석의 전사에 따른 조선인 사회의 반향 혹은 「죽음의 정치성」을 검토해보자.

첫째는 영웅 만들기이다. 1940년 당시 육군병지원자후원회와 충북 옥천군 「표충비건립기성회」는 조선총독부와 조선군사령부의 지원을 배경으로 이인석의 표충비 건립을 추진하였다.[88] 표충비 건립은 "반도가 낳은 무인 최고의 명예를 반도 동포는 감분(感奮)의 지표로 하여 애국지성에 끓고 있는데,

---

85. 「매일신보」 1941년 11월15일자.
86. 김려실(2006), 『투사하는 제국 투영하는 식민지』, 삼인.
87. 「경성일보」 1941년 7월6일자.
88. 삼천리사(1940.7), 『삼천리』 제12권 제7호.

이제 이인석 상등병의 유열(遺烈)을 영구히 후세에 전하기 위해서 향리 충북 옥천군에서는 표충비 건립의 의논이 일어나서 기성회를 결성하고 정구평씨가 회장이 되어 최병협 군수와 함께 강호에 호소"[89]하면서 시작되었다. 또한 표충비 건립과 관련해서 당시 군사원호단체였던 「애국부인회」 조선본부 회장이었던 오노 데루코(大野テル子, 오노 로쿠이치로大野綠一郎 정무총감 부인)는 "이인석 상등병은 정국의 신으로 영구히 살고 있다. 이인석 상등병의 향리에 표충비를 건립하기로 되었다니 진실로 좋은 일이다. 표충비를 귀감으로 더욱더 충의의 관념을 함양하기를 기원한다"[90]는 소감을 밝혔다. 하지만 묘역의 성역화와 표충비 건립은 석재를 모으는 수준에서 1945년 8월 종전을 맞고 말았다.[91]

둘째는 조선인 정체성의 환기이다. 육군특별지원병제 시행의 적극론자였던 좌옹 윤치호는 1938년 4월 "과연 이들이 총독부와 군 당국이 만족할 수 있는 성적을 올릴지 의문"[92]이라 논평하였다. 바꾸어 말하면, 육군특별지원병들이 과연 조선왕조 500년에 걸친 고질적인 문약성을 혁파하고 상무정신을 회복한 강병으로 탈바꿈할지 혹은 "응모자가 얼마나 되겠느냐. 설사 응모자가 있기로서니 군인으로 합당하겠느냐"[93]는 의혹과 우려였다. 그러나 이인석 상등병의 등장은 이러한 의문과 우려가 한낱 기우에 불과했음을 증명하였다. 이인석의 전사를 계기로 조선문단의 거두였던 춘원 이광수는 그동안 조선인 사회가 잊고 있었던 1200년 전 황산벌 전투에서 조국 신라를 위해 장렬한 최후를 마친 '화랑 관창'과 임진왜란에서 활약한 '성웅 이순신'

89. 삼천리사(1940.7), 「君國多事의 秋에 志願兵(志望者)十萬突破, 志願兵 母姉에 送하는 書」, 「삼천리」 제12권 제7호.
90. 삼천리사(1940.7), 「삼천리」 제12권 제7호.
91. 御手洗辰雄編(1942), 「南次郎」, 京城日報社, 237쪽.
92. 윤치호(1938.4), 「教育令改正志願兵制度實施に際しての感想」, 「朝鮮」 第275号.
93. 「매일신보」 1940년 3월2일자.

의 충정을 소개하며, 조선인의 멸사봉공과 상무정신을 환기하고 애국심을 고취하는 데 앞장섰다. 이인석의 전사는 의도하지 않은 결과였지만, 조선인들의 민족적 정체성과 자긍심을 환기시키는 촉매제였다.

셋째는 전시동원의 프로파간다이다. 1951년 「조선군잔무정리부」는 이인석의 전사가 "라디오, 신문, 잡지에 의해 선전되어 조선인 각층의 애국심을 크게 분기시켰다"[94]고 평하였다. 또한, 1941년 『특고월보』는 "진충보국의 성의를 다하고 호국의 신이 된 선배 동포의 혁혁한 무공에 자극되어 혈서지원이 다수에 달하였다"[95]고 지적하였다. 실제로 이인석 전사 다음해였던 1940년 육군특별지원병 모집 정원은 600명에서 3000명으로 증원되었다.[96] 이에 호응해서 지원배율도 1939년 20.6배, 1940년 28.1배, 1941년 48.2배, 1942년 56.5배를 기록하였다.[97] 더욱이 1940년부터 육군특별지원병의 배치부대도 조선군만이 아닌 관동군과 일본 관내 부대로까지 확대되었다. 1939년 6월 당시 육군특별지원병의 증원과 배속부대의 확대 요청에도 지극히 소극적이었던 일본정부도 적극적인 입장으로 전환하지 않으면 안되었다. 더욱이 1942년 "이번 지나사변으로 … 내지인이 10만 6000명이 전몰할 때 그 가운

---

94. 朝鮮軍殘務整理部(1951), 「朝鮮人志願兵徵兵の梗概」, 165쪽.

95. 內務省(1941.12), 『特高月報』.

96. 1939년 12월 「조선정신연맹」은 1940년도 육군특별지원병 모집정원의 증원과 관련해서 보다 자질이 우수한 지원병을 동원하고자 다음과 같은 방침을 결정하였다. (1)애국반을 상대로 제대한 군인과 입영 전의 지원병, 경찰관, 교사를 참석시켜서 좌담회를 열고 지원병제를 철저히 인식시킬 것. (2)각도 연맹에서는 강연회를 개최해서 지원병의 활동과 무훈을 널리 선전할 것. (3)대체로 가정의 주부와 노인들에게 널리 선전해서 내 아들과 손자를 지원하게 할 것. (4)각 소학교와 중학교에 지원병제의 취지를 알려서 졸업 이후 '나도 지원병이 되겠다'는 생각을 갖게 할 것. (5)각 동리와 부락 연맹 혹은 애국반에서는 자기 부락과 애국반의 영예로 생각하고 적어도 한 사람의 지원병 응모자를 낼 것. (6)각 연맹 이사장은 응모 사항을 자주 살필 것이며, 경찰서장과 재향군인회와 협력해서 많은 응모자를 동원할 것. (7)연맹 이사장은 청년단, 부인회, 면사무소 기타 교화단체와 협력할 것. (8)연맹 이사장은 군병사부, 헌병대, 지원병훈 련소와 협력해서 응모자 알선에 노력할 것 등이었다. 『매일신보』 1939년 12월8일자.

97. 法制局(1943.5), 「朝鮮總督府陸軍兵志願者訓練所管制中改正の件」.

데 조선인이 3만 명은 포함되어야 진실이고 공평하다"[98]는 이른바 '혈세의 윤리학'이 등장하면서 조선인 사회의 군국열을 가일층 부채질하였다. 이인석의 영웅적 전사에 관한 다양한 홍보자료는 각급 학교와 청년훈련소에 배포되었고, 내선일체의 구현 혹은 순국봉공의 표본으로 '조선인의 국민화'를 위한 주요 교보재로 활용되었다.[99] 이인석 상등병의 전사와 영웅적 서사화는 조선인 군사동원의 자발성을 자극하는 「죽음의 정치성」을 발휘하였다.[100]

조선군 제20사단 보병 제79연대가 작성한 적나라한 종군보고와 같이 이인석의 전사는 장렬무비의 전사 혹은 영웅적인 최후도 아니었다. 그럼에도 식민권력은 그의 전사를 작위·미화해서 조선인의 국민화 정책에 적극 활용하였다. 「협력엘리트」도 조선인 최초의 혈세 납세자임을 내세워 징병제 시행과 참정권 확보를 위한 정치적 바게닝의 호재로 삼았다. 그 때문에 이인석의 전사는 민족혼을 탈색하고 황국혼(皇國魂)으로 충만한 조선인 출신의 '군국영웅'으로 각색되고 연출될 수 있었다. 그의 죽음은 서로 다른 정치적 목적과 셈법을 욕망하는 식민권력과 조선인 「협력엘리트」가 공모한 '정치적 죽음'이었다.[101]

98. 이광수(1942.3), 「この秋こそ奉公の機會」, 『大東亞』 第14券 第3号.

99. 海田要(1939), 「志願兵制度の現狀と將來ヘの展望」, 『今日の朝鮮問題講座』, 綠旗聯盟, 23쪽.

100. 1944년 1월 보성전문학교 재학 중에 학도지원병을 지원했던 이용상에 따르면, "조선총독부는 '천황에게 충성을 다한 황국신민'이라고 대대적으로 치켜세우며, '조선 청년들은 이인석 상등병의 뒤를 따르라'고 아침저녁으로 신문이나 라디오에서 법석을 떨었다"고 한다. 이용상(1994), 『삼색의 군복』, 한줄기, 11~12쪽.

101. 이인석 상등병의 전사를 둘러싼 식민권력의 작위·미화에 대한 또 다른 해석이다. 식민권력은 당초 이인석 상등병의 전사를 날조·작위할 의도가 없었지만 조선인 사회의 열렬한 환호와 '묻지마 식 추모열' 혹은 '이상한 추모열'에 휘말리면서 이인석의 전사를 보다 극적으로 작위·미화하고 말았다. 조선인 「협력엘리트」가 '죽음의 정치성'을 선취하고 정치적 교섭력을 확대·강화함으로써 식민권력도 당초와 다르게 날조·미화하고 말았다는 가설이다. 이를 계기로 조선인 「협력엘리트」는 1940년 육군특별지원병 모집 정원의 증원과 병과 및 부대 배치의 확대를 끌어낼 수 있었다. 더 나아가서는 1944년 4월 조선인 징병제 시행과 1945년 3월 참정권 확보라는 1920년 이래 조선인 사회가 열망했던 정치적 목적을 달성하는 지렛대로도 활용하였다.

제9장 아시아태평양전쟁 참전

1943~1944년 조선군 상주사단(제19·제20)과 임시사단(제49·제30)은 아시아태평양전쟁에 참전하였다. 이들 조선군 소속 육군특별지원병은 언제, 몇 명이, 어느 전선에 파병되었는가? 그리고 어느 전선에서 몇 명이 어떻게 전사했으며, 몇 명이 어떻게 생환했는가? 제9장에서는 육군특별지원병의 아시아태평양전쟁 참전사를 실증 분석한다.[1]

I. 상주사단의 동원과 파병

조선군 상주사단은 언제, 어떻게 창설되었는가? 이들 상주사단 소속으로 아시아태평양전쟁에 동원된 육군특별지원병은 몇 명이었으며, 몇 명이 전사했고, 몇 명이 생환했는가를 구체적으로 검토해보자.

---

1. 1938~1943년 육군특별지원병의 조선군 배치는 모집 정원의 약 54퍼센트를 예정하였다.

상주사단 창설과 경위

1868년 메이지(明治)유신 이래 일본은 부국강병을 국가전략으로 삼은 군비확장에 치중하였다. 일본군의 조선지역 주둔은 1904년 러일전쟁 개전과 함께 「한국주차사령부」가 설치되면서 본격화하였다. 이들 조선 주둔 일본군의 명칭은 청일전쟁기 「경성수비대」를 시작으로 「한국주차군(1904~1910)」, 「조선주차군(1910~1918)」, 「조선군(1918~1945)」, 「제17방면군(1945)」으로 바뀌었다.[2] 1918년 이래 조선통치의 핵심 물리력은 조선군 제19·20사단이었다. 이들 상주사단은 식민통치의 안정성 확보와 함께 러시아와 중국을 견제하는 군사력이었다. 조선군은 1920년 간도출병, 1931년 만주사변, 1937년 노구교(蘆溝橋) 사건, 1938년 장고봉(張鼓峰) 사건과 같이 일본군의 대륙진출을 위한 주요 기동타격대로도 활약하였다.[3]

1915년 조선지역 상주사단 설치가 결정되면서 1921년까지 제19사단과 제20사단이 편제되었다. 명칭도 「조선주차군」에서 「조선군」 혹은 「조선상주군」으로 개칭되었고, 「천황의 직예(直隸)」로 편입되었다.[4] 1915년 12월 제19사단과 제20사단 사령부가 창설되었고, 1916년부터 본격적인 사단 편제에 착수하였다. 상주사단은 양대 사단사령부 예하에 사단별 2개의 여단과 4개 보병 연대를 핵심 전력으로 포병연대, 공병연대, 치중연대의 편제였다. 평시편제의 병력 규모는 약 1만 2000명이었고, 전시편제는 약 2만 5000명 수준이었다. 1944년 말 조선군 상주사단 편제는 [표9-1]과 같았다.

제19사단은 당초 나진, 함흥, 회령을 주둔지로 두만강 연안의 국경경비를, 제20사단은 용산, 평양, 대구를 거점으로 북서부 압록강 유역의 국경

---

2. 徐民敎(2015), 「韓國駐箚軍の形成から朝鮮軍へ」, 『地域のなかの軍隊』, 吉川弘文館.

3. 서민교(2002), 「만주사변기 조선주둔 일본군의 역할과 행동」, 『한국민족운동사학회』 제32호.

4. 原剛編(2003), 『日本陸海軍事典(上)』, 新人物往來社, 60쪽.

경비와 남한지역 치안경비를 담당하였다. 제19사단의 병력 보충은 일본 도호쿠(東北)지방이었고, 제20사단은 간사이(關西)와 규슈(九州)지방이었다. 1918년 6월 조선군사령부는 경성부 용산에 설치되었다. 조선군사령부의 군정과 인사는 육군대신, 작전과 동원은 참모총장, 교육은 교육총감이 각각 감독권을 장악하였다. 조선총독은 식민지 조선에서 질서와 안정을 위해 사후보고 형식으로 조선군에 대한 긴급 명령권을 발동할 수 있었다.

[표9-1] 1944년 조선군 상주 및 임시사단 편제와 파병

사단명		연대명	통칭	편성지	편성년월	파병연월	부대장	파병지
상주	제19	제73	虎8502	나남	1916. 4.18	1944. 12	田中 實	필리핀 루손
		제75	虎8505	회령	1916. 4.18		名越 透	〃
		제76	虎8506	나남	1920. 10.15		古見政八郎	〃
	제20	제78	朝2053	용산	1916. 4.18	1943. 1	松木松次郎	동부 뉴기니
		제79	朝2054	용산	1916. 4.18		林田金城	〃
		제80	朝2055	대구	1916. 4.18		井出篤太郎	〃
임시	제30	제74	豹12024	함흥	1916. 4.18	1944. 5	根岸 幹	필리핀 민다나오
		제77	豹12025	평양	1916. 4.18		新郷榮次	〃
		제41	豹12023	히로시마	1896. 12.1		炭谷鷹義	필리핀 레이테만
	제49	제106	狼18702	경성	1941. 9.10	1944. 6	齊藤敏雄	버마 모르멘
		제153	狼18703	경성	1941. 5.21		野田倭文雄	〃
		제168	狼18705	경성	1940. 12.4		中尾策郎	〃

(자료) 新人物往来社戦史室編(1991), 『日本陸軍歩兵連隊』, 新人物往来社.

1937년 7월 중일전쟁 발발과 함께 제19·20사단도 전투부대로 재편되었고, 1937~1938년 사단별 예하에 고사포연대, 통신대대, 치중병 연대가 새롭게 편제하였다. 특히, 제20사단은 1937년 7월 중일전쟁 발발과 함께 전시 동원체제로 전환했고, 8월 북지나방면군(제1군) 전투서열에 편입되었다.[5]

---

5. 庵逧由香(2015), 「朝鮮に常設された第一九師団と第二十師団」, 『地域のなかの軍隊(7)』, 吉川弘文館.

제20사단은 앞서 제7장에서 검토한 바와 같이 화북지역 베이징 근교와 톈진 일대 그리고 산시성 전투에 참전하였다. 두만강 연안의 국경 경비를 담당했던 제19사단은 1938년 7월 러시아와의 국경분쟁으로 장고봉 격전을 치르기도 하였다.[6]

1937년 7월 이래 중일전쟁이 장기화하는 와중에 1941년 7월 제19·20사단은 대소(對蘇) 방위작전을 위해 「관동군특별연습」을 위한 임시 동원체제로 전환하였다. 그 와중에서 1941년 12월 아시아태평양전쟁이 발발하였다.[7] 그래서 1941년 7월 이래 임시 동원체제를 그대로 유지하지 않으면 안되었다. 1943년 이후 일본군의 전황이 '전략적 수세기'로부터 1944년 말 '절망적 항전기'로 전환하면서 제19사단과 제20사단도 종래의 대소방위와 국경경비를 탈피해서 본격적인 야전군으로 변신하게 되었다.[8] 1943년 1월 제20사단은 뉴기니, 1944년 12월 제19사단은 필리핀 루손에 파병되었다.

1945년 2월 일본군 대본영은 종래 조선군을 해체하고 제17방면군으로 재편시켰다.[9] 이후 제17방면군은 대소전 발발과 함께 관동군총사령부 전투서열에 편입되었다. 1945년 4월 미군의 오키나와 상륙과 함께 제주도 방어를 전담했던 제17방면군은 제58군(제96사단, 제111사단, 제121사단, 1개 독립여단)을 새롭게 편제하였다. 1941~1945년 조선군 병력 규모는 1941년 약 2

---

6. アルヴィン·D·クックス 著, 岩崎博一編譯(1998), 『張鼓峯事件』, 原書房: 笠原孝太(2015), 『日ソ張鼓峯事件史』, 錦正社.

7. 大江志乃夫編(1988), 『那事變大東亞戰爭間動員槪史』, 不二出版, 228~230쪽.

8. 아시아태평양전쟁기 일본군의 전황은 크게 4기로 구분된다. 제1기 전략적 공세기는 1941년 12월부터 1942년 5월까지, 제2기 전략적 대치기는 1942년 6월부터 1943년 2월까지, 제3기 전략적 수비기는 1943년 3월부터 1944년 7월까지, 제4기 절망적 항전기는 1944년 8월부터 1945년 8월까지이다. 吉田裕(2017), 『日本軍兵士』, 中公新書, 14~22쪽.

9. 古野直也 지음, 김해경 옮김(1997), 『조선군사령부』, 대왕사, 214~215쪽.

만 5000명에서 1945년 약 23만 명으로 약 10배 이상의 증원을 기록하였다.[10] 제주도 방어를 전담하는 제58군 전력은 당시 오키나와 수비병력을 크게 능가하였다.[11]

제20사단의 뉴기니 파병

제20사단은 중일전쟁이 장기화하는 가운데 1941년 7월 임시 동원령을 발령해서 대소작전을 위한 「임시특별연습」 혹은 「관동군특별연습」에 참가하였다. 1941년 12월 아시아태평양전쟁 발발 이후에도 임시 동원체제를 그대로 유지하면서 주둔지 훈련에 전념하였다. 1942년 12월 대본영의 명령에 따라 제20사단은 남태평양 전선의 과달카날 증원부대로 선발되었다.

하지만, 대본영이 과달카날을 포기하면서 파병지역은 동부 뉴기니(이하 뉴기니)로 변경되었다.[12] 제20사단은 대본영 직할 제8방면군 제18군(제20사단, 제41사단, 제51사단) 예하 전투서열에 편입되었고, 1942년 12월27일 전시동원을 완료하였다. 뉴기니는 [지도9–1]과 같이 세계 제2위를 자랑하는 거대한 섬이자, 일본 본토로부터 약 5000킬로미터가 떨어진 남태평양에 위치하였다.[13]

---

10. 朝鮮軍殘務處理部(1951), 『朝鮮軍槪要史』.

11. 白善燁(2013), 『若き將軍の朝鮮戰爭』, 草思社.

12. 제20사단의 뉴기니 파병과 그 경위와 관련해서 당시 대본영 참모였던 다케다 쓰네요시(竹田恒德)의 수기에 따르면, 다음과 같다. "당초 즉전즉결을 기대하고 시작했던 대동아전쟁이 의지와 다르게 일본의 전체 병력을 동원한 상황에서 전기를 맞이한 것이 1942년 가을이었다. 그 후 작전지도를 위해서 대본영의 육해군 참모 합동 파견단이 남방에 소재하는 육해군 사령부와 연락해서 전황을 시찰하였다. 그 결과, 남태평양 방면은 머지않아 적군의 대대적인 반격이 예상된다는 결론이었다. … (나는)남과 북의 작전에 관계했기 때문에 제20사단 전출 이후 대북방 수비의 구상과 함께 제20사단 파병을 위한 남방전장에 대한 진상의 전달을 겸한 대명전달(大命傳達)의 소임을 맡게 되었다. 1942년 12월20일 경성에 파견되었다"고 회고하였다. 古野直也(1990), 『朝鮮軍司令部: 1904~1945』, 國書刊行會, 221~222쪽.

13. 步兵第七十九聯隊史編集委員會編(1984), 『步兵第七十九聯隊史』, 330쪽.

[지도9-1] 아시아태평양전쟁기 동부 뉴기니에서의 미군 공세

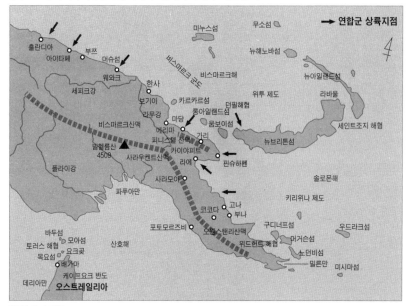

(출처) 필자 작성.

　동서 최대 연장 약 2400킬로미터, 남북 최대 연장 약 650킬로미터, 총 면적 약 79만 제곱평방킬로미터에 달하였다. 뉴기니 북단은 적도의 직하이며, 남단은 남위 10도 내외의 열대권이었다. 뉴기니 중앙부는 동서로 종관하는 해발 3000~4000미터의 고봉준령과 험준한 산맥이 북부와 남부를 양분하고 있다. 최고봉은 4509미터에 달하는 빌헬름산이다. 남북부는 중앙부의 산맥으로부터 태평양으로 흘러드는 다수의 대소하천을 형성하였다. 수만 년에 걸쳐 생장한 원시림과 광활한 습지대는 인간의 근접을 불허하는 "세계 시스템으로부터 가장 격절(隔絶)된 장소"[14] 가운데 하나였다.

---

14. ハンク·ネルソン(2006), 「パプアニューギニアとアジア·太平洋戦争」, 『アジア·太平洋戦争(3)』, 岩波書店, 244쪽.

제20사단은 1943년 1월8일 2진을 편성해서 비밀리에 부산항을 출항하였다. 파병 당시 제20사단의 총동원 병력은 2만 446명이었다.[15] 하지만 1944년 3월 5250명을 보충하면서 합계 2만 5591명을 기록하였다.[16] 제20사단 제1진은 1943년 1월9일 부산항을 출항해서 사이키만(佐伯灣)과 1월23일 팔라우를 거쳐 1월 하순 뉴기니 북부해안의 웨와크(Wewak)에 상륙하였다. 이후 제20사단 주력은 비행장과 도로 건설에 동원되었다. 1943년 9월 미연합군이 뉴기니 동부 연안의 핀슈하펜(Finschhafen)에 상륙하면서 본격적인 전투를 개시하였다. 그러나 막강한 화력을 자랑하는 미군과의 전투는 역부족이었고, 1943년 말 북동부 연안의 시오(Sio)로 후퇴해야 했다.[17] 1944년 1월 연합군이 재차 시오 북부의 사이도르(Saidor) 해안에 상륙하면서 퇴로마저 차단당하는 위기에 직면하기도 하였다.

1944년 2월 제20사단 주력은 마당(Madang)을 거쳐 한사(Hansa)로 후퇴하지 않으면 안되었다. 해발 4000미터의 사라우케트(Salawaket)와 피니스텔(Finistere) 산맥 그리고 전인미답의 열대우림을 답파하는 후퇴작전은 문자 그대로 '죽음의 행군'이었다. 1944년 9월 당시 제18군사령관 아다치 하타조(安達二十三) 중장에 따르면, 제20사단이 핀슈하펜으로부터 피니스텔 산맥을 답파하는 도피 탈출의 기동거리는 약 800~1200킬로미터에 달했다

---

15. 조선군 제20사단 예하 보병 제79연대사에 따르면, "핀슈하펜 작전 이후 가리를 거쳐 피니스텔 산맥을 종주해서 1944년 3월 중순 한사에 집결해서 오랜만에 식량보급으로 기력을 회복하였다. 한사에 집결한 제79연대 병력은 연대장 이하 659명에 불과하였다. 이후 제79연대는 한사에서 580명을 충원해서 이후 작전을 대비하였다"고 기술하였다. 또한 1943년 1월 뉴기니 파병 당시 제20사단 예하 보병 제80연대의 편제 병력은 4258명이었지만, 이후 약 1000명의 병력을 보충하면서 총동원 병력은 약 5258명을 기록하였다. 步兵第七十九聯隊史編輯委員會編(1984), 『步兵第七十九聯隊史』, 409쪽; 古川靜夫著(2015), 『步兵第八十聯隊史』, 4쪽.

16. 步兵第七十八聯隊史編纂委員會編(1983), 『步兵第七十八聯隊史』, 100쪽; 步兵第七十九聯隊史編集委員會編(1984), 『步兵第七十九聯隊史』, 324쪽.

17. 新人物往來社戰史室編(1996), 『太平洋戰爭師団戰史』, 新人物往來社, 135쪽.

고 한다.[18] 더욱이 당시 제20사단 보병 제79연대 소속의 육군 오장 오카와 마사쓰구(尾川正二)에 따르면, 피니스텔 산맥을 답파하는 2개월에 걸쳐 약 4000명의 병사들이 기아, 질병, 부상으로 죽어갔다고 한다.[19] 1944년 6월 한사에 집결한 제20사단 주력은 약 6612명에 불과하였다.[20]

1944년 4월 미연합군이 이른바 「개구리 작전(skip-strategy)」[21]으로 아이타페(Aitape)에 상륙하면서 궁지에 몰리게 하였다. 1944년 7월 제18군사령부는 최후 결전으로 「맹호작전(猛號作戰)」을 발령하였다. 작전은 제18군 예하 3개 사단의 잔존병력을 총동원해서 아이타페에 상륙한 미연합군을 분쇄한다는 공세적 방어작전이었다. 조선군 제20사단도 뉴기니 동북부의 라무(Ramu)강과 세피크(Sepick)강 그리고 20~30킬로미터의 광활한 습지대를 통과해서 아이타페 공략전에 참가하였다. 하지만, 약 1개월에 걸친 과감하고 끈질긴 공세에도 미연합군의 압도적인 화력에 밀리면서 수세에 몰리게 되었다.

1944년 8월3일 제18군사령부는 보급두절과 전사상자 속출에 따른 병력 부족으로 「맹호작전」을 중지하지 않으면 안되었다.[22] 아이타페 공세작전에서 제18군의 병력 손실은 약 1만 3000명을 기록하였다.[23] 이후 제20사단은 미

---

18. 第十八軍司令官 安達二十三(1944.9), 「第二十師團感狀/賞詞」.

19. 山田朗(2015), 『兵士たちの戰場』, 岩波書店, 107~108쪽.

20. 한사에 집결했던 제20사단의 잔존병력은 제78연대 1300명, 제79연대 700명, 제78연대 1010명, 야포병 제26연대 990명, 기타 1612명이었다. 이 가운데는 집결 지연자와 부상자도 포함했기 때문에 가용병력은 전체의 약 60퍼센트에 불과하였다. 步兵第七十八聯隊史編纂委員會編(1983), 『步兵第七十八聯隊史』, 161쪽.

21. 1943년 5월 미 합동참모본부는 뉴기니의 일본군을 분쇄·섬멸하는 대대적인 반격작전으로 이른바 「개구리 직진」을 입안하였다. 작전은 일본군 방어가 견고한 전선에 대해서는 개구리 뛰기로 회피하는 한편, 방어가 취약한 주변부를 집중 공략해서 일본군의 보급을 단절하고 자멸시키는 「스트랭글(Strangle; 목졸라 죽임) 작전」이었다. 瀨戶利春(2015), 「東部ニューギニア攻防戰」, 『歷史群像』 제24권 제4호.

22. 田中宏巳(2009), 『マッカーサーと戰った日本軍』, ゆまに書房.

23. 原剛·安岡昭男編(2003), 『日本陸海軍事典(下)』, 新人物往來社, 100쪽.

연합군의 공세와 추격을 피해서 해발 2000미터의 알렉산더(Alexander) 산맥을 넘어 산남(山南)지구로 후퇴하는 한편, 자활자전(自活自戰)의 지구전 체제로 전환해야 했다. 고온열한(高溫熱汗)의 뉴기니는 무모한 도상(圖上)작전에 한정한 전략 부재의 전장이었다.[24] 전쟁의 양상도 세계전쟁사에서 유례가 없는 자연과의 사투였다.[25]

1943~1945년 뉴기니에는 일본군 제18군 예하 3개 보병사단, 약 21만 명에 달하는 일본군 최정예 부대가 동원되었지만 전사자 약 19만 명의 참패를 기록하였다. 뉴기니는 제2차 세계대전사에서 유례를 찾아 볼 수 없는 극한의 전장이었다. 제20사단 예하 보병 제80연대 생환자에 따르면, "뉴기니 3년간에 소금을 먹어본 것은 전체 6개월 정도"[26]에 불과하였다. 제공권과 제해권마저 상실하면서 보급로가 차단되면서 다수의 병사들이 기아와 풍토병으로 죽어갔다.[27]

1945년 8월 말 조선군 제20사단은 제18군사령관 아다치 중장의 정전명령에 따라 전투를 중지하였다. 이후 일본군 병사들은 연합군의 지시에 따라 무장을 해제하고 알렉산더 산맥을 넘어 10월 하순 웨와크 정면에 위치한 머슈(Muschu)섬에 개설된 「연합군 포로수용소」에 수용되었다. 1946년 1월 일본군 포로들은 일본 우라가항(浦賀港)으로 귀환하였다.[28]

조선군 제20사단의 병력 손실은 [표9-2]와 같이 동원자 2만 5591명, 전

24. 近現代史編纂會(2001), 「陸軍部隊戰史」, 新人物往來社, 90~99쪽.
25. 1943년 11월 대본영이 전군에 송부한 「동부 뉴기니 작전 체험에 기초한 교훈」에 따르면, "작전행동에 종사하는 활동부대는 1.5개월경부터 말라리아 환자가 발생했고, 2.5개월경부터 전력이 반감하기 시작해서 3.5개월경에 이르러 전력이 3분의 1로 감소하였다. 5~6개월경에 이르러 건강한 자는 전체의 7분의 1 이하로 급감하였다"며 전황의 참혹함을 보고하였다. 吉田裕(2006), 「アジア·太平洋戰爭の戰場と兵士」, 「アジア·太平洋戰爭(5)」, 岩波書店, 73쪽.
26. 古川靜夫(2015), 「步兵第八十聯隊史」, 4쪽.
27. 消えゆく太平洋戰爭の戰跡編集委員會(2017), 「消えゆく太平洋戰爭の戰跡」, 山川出版社.
28. 新人物往來社戰史室編(1996), 「太平洋戰爭師団戰史」, 新人物往來社, 135쪽.

사자 2만 4780명, 생환자 811명으로 전멸에 가까운 약 96.8퍼센트의 전사율을 기록하였다.[29] 제20사단 소속 육군특별지원병 동원자의 역종은 현역 793명, 제1보충역 902명, 예비역 122명, 기타 84명으로 합계 1901명이었다.[30]

[표9-2] 제20사단의 뉴기니 참전과 육군특별지원병
(단위: 명, %)

구분	제20사단					육군특별지원병			
	동원(1)	동원(2)	전사	생환	전사율	동원	전사	생환	전사율
제20사단사령부	95	456	348	108	76.3	19	9	10	47.4
보병 제78연대	4,300	5,725	5,613	112	98.0	379	337	42	88.9
보병 제79연대	4,320	6,151	6,060	91	98.5	515	442	73	85.8
보병 제80연대	4,320	5,258	5,168	90	98.3	359	304	55	84.7
야포병 제26연대	2,560	2,492	2,386	106	95.7	170	147	23	86.5
공병 제20연대	1,250	1,400	1,368	32	97.7	35	28	7	80.0
치중병 제20연대	1,295	1,264	1,182	82	93.5	304	246	58	80.9
사단 통신대	260	308	301	7	97.7	7	7	–	100.0
사단 병기대	112	110	96	14	87.3	3	2	1	66.7
사단 위생대	818	1,118	1,069	49	95.6	30	24	6	80.0
제1야전병원	270	466	417	49	89.5	35	21	14	60.0
제2야전병원	270	271	238	33	87.8	–	–	–	–
제4야전병원	270	266	248	18	93.2	–	–	–	–
방역급수부	306	306	286	20	93.5	45	36	9	80.0
합계/평균	20,446	25,591	24,780	811	96.8	1901	1,603	298	84.3

(주) 동원자(1)은 1943년 1월 당시, 동원자(2)는 1944년 3월 보충병력 5250명을 포함. 전사율은 전사자/동원자(2)*100으로 산출.
(자료) 小野三郞編(1983), 「白雲悠々」, 戰誌刊行会; 步兵第七十九聯隊史編集委員会編(1984), 「步兵第七十九聯隊史」.

---

29. 1944년 3월 조선군 제20사단의 병력보충과 관련해서 경남 좌병영 출생, 1942년 특별지원병 제10기생(제1보충역)으로 1943년 3월20일 대구 제80연대에 입영했던 김성수(大立俊雄)에 따르면, "내가 일등병으로 진급한 9월, 우리 대대에도 뉴기니로 선발 보충병을 보내라는 명령이 하달되었다. 나는 다행히도 인사계에서 교육요원으로 남아 있으라는 명을 받았다. 다행이라는 뜻은 뉴기니에 간 부대는 전멸당했기 때문이다. 그들이 비극적으로 죽어간 사실을 안 것은 전쟁이 끝난 후의 일"이었다고 회고하였다. 김성수(1999), 「상이군인 김성수의 전쟁」, 금하출판. 71쪽.
30. 조건(2014), 「전시 총동원체제기 조선 주둔 일본군의 조선인 통제와 동원」, 동국대학교 박사학위논문.

제20사단 소속 육군특별지원병의 동원과 전사는 동원자 1901명, 전사자 1603명, 생환자 298명을 기록하였다.[31] 이들의 전사율은 제20사단 전체 전사율과 비교해서 약 13퍼센트가 낮은 84.3퍼센트를 기록하였다.

제19사단의 필리핀 파병

1915년 12월 조선군 제19사단은 앞서 제20사단과 동시에 사령부를 창설하는 한편, 1916년부터 2개 여단과 4개 연대의 사단 편제에 착수하였다. 제19사단사령부를 비롯한 보병 제73연대와 제76연대는 함북 나남, 제74연대는 함흥, 제75연대는 회령에 배치되었다. 함경도에 배치된 제19사단은 대소작전을 겸해서 압록강 동북부와 두만강 연안의 국경경비를 담당하였다. 대소작전의 전담 부대였기 때문에 1943년까지도 이른바 「4·4편성」[32]의 특수사단 체제를 유지하였다.

1931년 만주사변기 제19사단은 혼성 제38여단을 임시로 편제해서 제20사단과 공동으로 창춘(長春)과 하얼빈(哈爾濱)에 파병하기도 하였다. 1938년 7월 제19사단은 독단으로 장고봉 국경분쟁을 획책해서 극동소련군과 치열한 접전을 벌였고, 전체 병력의 약 20퍼센트(전사 500명, 부상자 900명)의 병력을 손실하였다.[33] 1941년 7월부터 1942년 9월까지 제19사단은 임시 동원

31. 조선군 제20사단 보병 제78연대 생환자 110명 가운데 육군특별지원병 출신자는 28명이었다. 확인되는 생환자는 이민우(1940년), 안경식(1940년), 장병묵(1939년), 김수범(1939년), 유기화(1939년), 백창환(1939년), 강성호(1941년), 조대환(1939년), 신동우(1939년), 박재영(1941년) 10명이다. 보병 제80연대 생환자는 머슈섬의 포로수용소를 출발할 당시 105명이었지만, 귀환 과정에서 9명이 사망하면서 정식 귀환자는 99명에 불과하였다. 이 가운데 육군특별지원병 출신자는 17명이었다. 步兵第七十八聯隊史編纂委員會編(1983), 『步兵第七十八聯隊史』, 191/359쪽; 古川靜夫著(2015), 『步兵第八十聯隊史』, 4쪽.

32. 4·4편성이란 4개 연대, 3개 대대, 4개 중대, 3개 소대의 이른바 '징검돌 4·4편성'으로도 회자되었다. 이는 4단위제에서 3단위제로 이행하는 과도기적 편제였다. 1943년 5월 제19사단은 3·3편성으로 재편되었다. 공국진(2001), 『한 노병의 애환』, 원민, 30쪽.

33. 笠原孝太(2015), 『日ソ張鼓峯事件史』, 錦正社.

령을 발령해서 대소방어를 위한 「관동군특별연습」에 참가하였다. 1943년 5월에는 보병 제74연대를 분리해서 조선군 임시 제30사단을 창설하면서 3단위제 보병 사단으로 재편되었다.

1944년 11월 제19사단은 대본영의 명령에 따라 필리핀 루손(Luzon)섬에 파병하게 되었다. 1944년 11월30일 전시동원을 완료한 제19사단 주력은 제14방면군 직할부대였던 쇼부(尙武)집단에 편입되었고, 비밀리에 나남을 출발해서 부산항에 집결하였다. 이후 부산항을 출항해서 12월14일 일본 미이케(三池)항과 12월22일 대만의 가오슝(高雄)항을 거쳐 미군의 상륙이 예상되는 필리핀 루손섬 북부의 산페르난도(SanFernando)에 상륙하였다.

그 과정에서 제19사단 예하 산포병 연대 수송선이 미공군의 폭격을 받아 대만 지룽(基隆)항 인근에서 격침되는 사고가 발생했고, 군마 200두, 포탄 2만 발, 식량 20일분을 상실하였다.[34] 그 때문에 1945년 1월 보병 제76연대 일부 병력을 포함한 3개 대대는 대만 잔류가 불가피했고, 혼성 제103여단을 편입되었다.[35] 1944년 11월 부산항 출항 당시 제19사단의 병력 규모는 1만 2328명이었지만, 12월 말 필리핀 루손섬에 상륙한 병력은 1만 500명으로 감소하였다.[36]

필리핀 방어를 전담하는 제14방면군의 루손섬 방어작전은 섬 전체를 3개

---

34. 1944년 8월 징병 1기 출신의 채을석(함북 길주)은 조선군 제19사단 보병 제76연대 소속 이등병으로 9월부터 12월에 걸쳐 제19사단사령부가 소재하는 나남에서 초병교육을 마치고 전시동원령에 따라 필리핀 루손에 파병되었다. 채을석이 소속된 보병 제76연대는 1945년 1월1일 대만 가오슝항을 거쳐 1월3일 필리핀을 향해 출항하였다. 그러나 출항 직후 미공군의 끈질긴 추격을 받으면서 중국 광동성(廣東省) 산터우(汕頭)항에 상륙해야 했다. 하지만 가오슝항으로 회송하는 과정에서 미공군 폭격으로 수송선이 대만해협 인근에서 침몰하고 말았다. 채을석은 구사일생으로 구조되었고, 모 부대 소속으로 대만 북부 지역 방어를 담당하는 와중에서 1945년 8월 종전을 맞았다. 강용권(2000), 『끌려간 사람들, 빼앗긴 사람』, 해와달, 42쪽.

35. 朝鮮軍殘務整理部(1951), 『朝鮮軍槪要史』.

36. 步兵第七十六聯隊記念誌編纂委員會編(1995), 『步兵第七十六聯隊秘錄』, 86쪽.

지역으로 분할해서 연합군의 상륙을 저지한다는 것이었다. 루손섬은 세계적으로 17번째의 큰 섬이었고, 필리핀 정치와 경제의 중심지였다. 대략 직사각형으로 남북 최대 연장 약 740킬로미터, 동서 연장 약 225킬로미터였고, 마닐라만(Manila Gulf)과 링가옌만(Lingayen Gulf)을 포함하였다. 제14방면군은 루손섬 북부에 직할부대의 쇼부집단, 클라크 거점에 겐부(建武)집단, 중남부에 신부(振武)집단을 배치하였다.

제14방면군의 필리핀은 레이테만(Leyte Gulf) 전투를 시작으로 단기간에 약 50만 명에 달하는 막대한 전사자를 기록했던 최악의 전장이었다. 더구나 미공군에 제공권마저 빼앗긴 상황에서 현지민의 집요한 게릴라 공격에도 시달려야 했다. 제19사단은 쇼부집단 소속으로 링가옌만의 산페르난도 방어를 담당하였다. 1945년 1월9일 미군 19만 1000명이 링가옌만에 상륙하면서 치열한 접전을 벌였지만, 미군의 압도적인 화력에 밀리고 말았다. 결국, 루손섬 북부 산악지대로 후퇴해서 자활자전의 지구전 체제로 전환하지 않으면 안되었다.[37]

제19사단의 군수품 보급과 관련해서 당시 제75연대 소속으로 징병 제1기 출신 석청수의 증언과 같이 병사들은 장기간의 보급두절과 식량부족으로 토착민들의 식량(고구마와 가축 등)을 약탈해서 연명해야 했다.[38] 당시 병사들에게 배급되었던 하루 식량은 고구마 1개가 전부였다. 그것도 식량공작대가 토착민의 식량이었던 고구마를 강탈한 것이었다. 당시 일본군은 내부적으로 현지민의 식량 강탈을 총살형에 처할 것을 규정하였다. 그럼에도 굶주림에 시달린 병사들의 도주가 속출하였다. 밀림을 떠도는 도주병들은 일본군과 토착민의 협격을 받는 '공동의 적'이었다.

---

37. 新人物往來社戰史室編(1996), 『太平洋戰爭師団戰史』, 新人物往來社, 134쪽.
38. 강용권(2000), 『끌려간 사람들, 빼앗긴 사람』, 해와달, 43~44쪽.

1945년 "5월부터 제41군만이 아닌 루손섬 전역의 병단은 부대의 편제를 유지할 수 없게 되었고, 굶주린 병대가 먹을 것을 찾아서 몇 명씩 그룹을 지어 방황하였다. 운이 좋아서 필리핀 토착민 마을을 발견하면 살인과 강도를 저질렀고, 가끔 일본병을 습격해서 식량을 강탈"[39]하였다. 필리핀 전선에서 최단 기간에 걸쳐 막대한 전사자가 발생한 것은 장기간에 걸친 보급두절과 식량부족에 따른 넓은 의미의 아사였다.[40] 1945년 9월 제19사단은 대본영의 명령에 따라 지구전을 중지하고, 라오(Laog) 지구에서 연합군에 항복하였다. 1945년 10월 제19사단 생존병력은 라오 지구 「연합군 포로수용소」에 수용되었다. 생존자는 1945년 10월부터 1947년 12월에 걸쳐 귀환하였다.

제19사단의 동원과 전사는 동원 1만 2328명에 대해서 전사 8233명과 생환 4095명으로 66.8퍼센트의 전사율을 기록하였다. 한편, 제19사단 소속 조선인 병사의 동원은 [표9-3]과 같이 합계 1888명이었다. 이들의 역종은 현역 1392명, 제1보충역 424명, 예비역 22명, 기타 50명이었다.[41] 이들 조선인 병사는 동원자 1888명, 전사자 941명, 생환자 947명으로 49.8퍼센트의 전사율을 기록하였다. 이들의 전사율은 제19사단 전사율과 비교해서 약 17퍼센트가 낮은 수준이다. 이들 동원자 가운데 301명은 1944년 9월 입영한 징병 제1기 출신이었을 것으로 추정된다. 제19사단 조선인 병사 대부분은 육군특별지원병 출신이었다.

---

39. 千田夏光(1975), 『禁じられた戰記』, 汐文社, 51쪽.

40. 1937년 중일전쟁 발발 이래 일본군 전사자는 약 230만 명에 달하였다. 이들 전사자에 관해서는 후지와라 아키라(藤原彰)의 선구적인 연구가 있다. 이들 전사자는 영양실조에 의한 아사와 체력 소모로 인헤 말라리아에 쉽게 감염되어 병사한 광의의 아사자를 포함하면, 약 140만 명으로 약 61%의 아사율을 추정하였다. 230만 명에 달하는 일본군의 전사자 대부분은 아사자였다고 한다. 藤原彰(2001), 『餓死した英靈たち』, 靑木書店; 吉田裕(2017), 『日本軍兵士』, 中公新書, 31쪽.

41. 조건(2014), 「전시 총동원체제기 조선 주둔 일본군의 조선인 통제와 동원」, 동국대학교 박사학위 논문.

[표9-3] 제19사단의 필리핀 참전과 육군특별지원병 (단위: 명, %)

소속	동원	전사	생환	전사율
사단사령부	27	11	16	40.7
보병 제73연대	367	277	90	75.5
보병 제75연대	385	181	204	47.0
보병 제76연대	352	146	206	41.5
수색병 제19연대	104	36	68	34.6
산포병 제25연대	285	187	98	65.6
공병 제19연대	72	9	63	12.5
치중병 제19연대	168	30	138	17.9
기병 제19연대	2	2	-	100.0
사단 통신대	5	4	1	80.0
사단 위생대	56	45	11	80.4
병기 근무대	3	1	2	33.3
제독대	20	-	20	0.0
방역급수부	4	3	1	75.0
병마창	10	1	9	10.0
제1야전병원	28	8	20	28.6
합계	1,888	941	947	49.8

(자료) 조건(2014), 「전시 총동원체제기 조선 주둔 일본군의 조선인 통제와 동원」, 동국대학교 박사 논문.

II. 임시사단의 창설과 파병

조선군 임시사단은 언제, 어디서, 어떻게 창설되었으며, 언제, 어느 전선의 아시아태평양전쟁에 참전했는가? 이들 임시사단에 소속하는 육군특별지원병의 동원자, 전사자, 생환자는 몇 명이었는가? 조선군 임시사단의 편제와 파병은 앞서 [표9-1]과 같았다. 이하에서는 이들 임시사단 소속 육군특별지원병의 아시아태평양전쟁 참전사를 구체적으로 검토해보자.

「경개(更改)군비충실계획」과 임시사단

1937년 7월 중일전쟁 발발 이전 일본 육군은 총 17개 사단에 불과하였다. 그러나 [표9-4]와 같이 중일전쟁 발발과 함께 24개 사단, 1941년 12월 아시아태평양전쟁 발발 당시 51개 사단, 1945년 8월 종전에 이르러 169개 사단으로 증설되었다. 일본군의 사단 증설은 1937년 이래 「병비충실6개년계획」[42]에 따라 종래 4단위 사단 편제를 3단위로 개편하는 한편, 1개 연대를 차출해서 3단위 편제의 임시사단을 새롭게 편제하는 형식이었다.[43] 4단위 편제 사단의 병력 규모는 약 2만 2000명이었지만, 3단위 편제는 약 1만 5000명이었다.

[표9-4] 전시기 일본 육군의 사단 증설과 지역별 배치 (단위: 개)

연도 지역	1936	1937	1938	1939	1940	1941	1942	1943	1944	1945
일본	11	1	1	2	8	3	3	4	9	53
북방	1	1	0	0	1	1	1	1	4	5
대만	0	0	0	0	0	0	0	0	7	8
조선	2	1	1	2	2	2	1	2	1	7
만주	3	5	8	9	12	13	14	15	10	25
중국	0	16	24	28	26	22	23	24	25	26
남방	0	0	0	0	1	10	16	24	44	45
합계	17	24	34	41	50	51	58	70	100	169

(자료) 藤井非三四(2018), 『帝国陸軍師団変遷史』, 図書刊行会.

일본군에서 사단 편제는 신속한 기동, 집중, 추격, 결전 등 단독작전이 가능한 최소 전략 단위였다. 1940년대 일본군의 사단 증설은 1938년 장고봉

---

42. 「병비충실6개년계획」은 1942년까지 전시편제 보병 40개 사단과 비행단 140중대 그리고 이에 상응해서 부대를 정비하고, 평시편제는 27개 사단과 비행단 140중대를 보유한다는 것이었다. 그리고 1937년도에는 상비사단 17개를 동원해서 전시편제 상설사단(甲) 17개와 특설사단(乙) 13개를 창설한다는 것이었다. 특설사단의 경우, 1920년대 전반 「우가키(宇垣)군축」으로 해체되었던 4개 사단의 부활과 상비사단을 모체로 해서 주로 예비역과 후비역 소집자로 편제된 사단이었다. 新人物往来社戦史室編(1991), 『日本陸軍步兵連隊』, 新人物往来社, 22쪽.

43. 原剛·安岡昭男編(2003), 『日本陸海軍事典(下)』, 新人物往来社, 257쪽.

사건과 1939년 노몬한 사건의 충격을 반영한 「경개(更改)군비충실계획」에 따른 '임시편성 사단'이었다. 임시사단을 편제해서 격증하는 병력수요와 다양한 기동작전에 대응하고자 하는 것이었다. 아시아태평양전쟁기에 활약한 일본군 대부분은 이들 임시사단이었다. 임시사단은 1941년 51개에서 1945년 169개로 118개 사단이 증설되었다.[44] 1941년 당시 일본군의 지역별 사단 배치는 중국, 만주, 남방이었지만, 1944년 말 '절망적 항전기'로 바뀌면서 남방, 일본, 중국으로 바뀌었다.

1939년 「경개군비충실계획」에 따른 조선군 임시사단의 창설 실태를 검토해보자. 당초 계획에 따르면, 교토(京都) 주둔 제16사단을 조선군 소속으로 재편해서 전남 광주에 배치한다는 것이었다. 그러나 같은 계획은 이유를 알 수 없지만, 흐지부지되고 말았다. 그래서 제19사단 예하 보병 제76연대(나남)과 제20사단 예하 보병 제80연대(대구) 그리고 일본 후쿠치야마(福知山)에 주둔하는 제16사단 예하 보병 제20연대를 기간(基幹)으로 임시사단을 창설해서 관동군에 편입시킨다는 계획으로 바뀌었다.[45]

첫째는 보병 제41사단의 창설이다. 제41사단은 1937년 중일전쟁 장기화에 대응해서 점령지 경비와 치안유지를 목적으로 창설되었다. 제41사단은 1939년 6월 조선군 제20사단을 모체로 창설된 3단위 보병 사단이었다. 초대 사단장은 다나베 모리타케(田邊盛武) 중장이었다. 사관구(師管區)는 우쓰노미야(宇都宮)였다. 1939년 10월 제41사단은 중국 화북지역을 관할하는 북지나방면군(제1군)의 전투서열에 편입되었다. 1940~1942년 제41사단은 중국 산시성의 치안경비와 토벌작전에 투입되었다. 1942년 11월 제41사단은 모체 사단이었던 조선군 제20사단과 함께 뉴기니에 파병되었다. 1943년 5월 보병

---

44. 新人物往來社戰史室編(1991), 「日本陸軍步兵連隊」, 新人物往來社, 29쪽.
45. 藤井非三四(2018), 「帝國陸軍師団変遷史」, 図書刊行會, 126쪽.

제239연대를 선발대로 삼아 뉴기니 전선에 참전하였다.

둘째는 보병 제30사단의 창설이다. 보병 제30사단은 1943년 6월 제19사단 보병 제74연대(함흥), 유수 제20사단 보병 제77연대(평양), 제5사단 예하 보병 제41연대(福知山)를 기간으로 평양에서 창설되었다. 초대 사단장은 모로즈미 교사쿠(兩角業作) 중장이었다.[46] 제30사단 창설 발령은 1942년 5월 14일이었다. 하지만 제41연대가 난하이(南海)지대 일원으로 뉴기니에 참전한 상황이었기 때문에 약 1년 정도 사단 창설이 지체되었다.[47] 1896년 12월 히로시마(廣島)에서 제5사단 예하 보병 연대로 창설된 제41연대는 아시아태평양전쟁 발발과 함께 말레이와 싱가포르 그리고 1942년 6월 제17군 난하이지대 소속으로 뉴기니 포트모르즈비(Port Moresby) 공략전에도 참전했던 역전의 부대였다.[48] 1943년 5월 제41연대는 뉴기니로부터 철군해서 조선군 제30사단 예하 보병 연대로 재편성되었다.[49]

셋째는 보병 제49사단의 창설이다. 제49사단은 1944년 1월 대본영의 임시편성 명령에 따라 조선군 유수 제20사단(보충대)과 일본 나라(奈良)에 주둔하는 독립 제64보병대를 기간으로 1944년 6월20일 경성, 대구, 대전, 평양에서 편제된 혼성부대였다.[50] 사관구는 호쿠리쿠(北陸), 주고쿠(中國), 도호쿠(東北), 조선이었다.[51] 제49사단 총동원 병력 가운데 조선인 병사가 전체의 약 20퍼센트를 차지하였다. 조선인 병사의 동원 제도별 구성은 육군특별지원병, 학도지원병, 징병 제1기였다. 제49사단 초대 사단장은 다케하라 사부로(竹原三郎) 중장이었다. 제49사단은 보병 제106연대, 보병 제153연

46. 豹兵団戦跡概要編集委員會(1982), 『第30師団(豹兵団)の記録』.
47. 新人物往來社戰史室編(1996), 『太平洋戦爭師団戦史』, 新人物往來社, 158~159쪽.
48. 大田祐介(2014), 『永遠の四一』, 福山健康舍, 265쪽.
49. 新人物往來社戰史室編(1996), 『太平洋戦爭師団戦史』, 新人物往來社, 120쪽.
50. 沖浦沖男編(1986), 『ビルマ助っ人兵団』, 狼第49師団戦記刊行會, 25쪽.
51. 福谷正典(1995), 『破れ狼』, 連合出版, 21쪽.

대, 보병 제168연대의 편제였다.[52] 1944년 9월 당시 제49사단 전력은 병력 1만 5495명, 군마 3498두, 자동차 50대였다.

제30사단의 필리핀 파병

1944년 4월 미군의 필리핀 민다나오(Mindanao) 상륙을 예상한 대본영은 공세적 방어작전으로 조선군 제30사단의 파병을 발령하였다. 당초 필리핀 민다나오 파병을 예정한 부대는 제32사단이었다. 그러나 제32사단이 뉴기니 파병으로 바뀌면서 제30사단이 민다나오 방어작전의 주력부대로 선발되었다.[53] 1944년 5월 당시 제30사단의 전력은 병력 1만 3410명과 군마 1633두였다. 1944년 7월 대본영은 필리핀 방어를 위해 제14방면군을 새롭게 편제하였다. 이어서 1944년 8월 제14방면군은 필리핀 남부방어를 담당하는 제35군 쇼부(尙武)집단을 편제하였다. 제30사단은 제14방면군 직할 제35군의 전투서열에 편입되었다.[54]

1944년 5월9일 전시동원을 완료한 제30사단은 부산항에 집결해서 다음날 새벽 3척(다마쓰마루玉津丸, 기비쓰마루吉備津丸, 잇쇼마루日昌丸)의 수송선에 승선해서 기동을 개시하였다.[55] 5월12일 모로즈미 제30사단장은 후쿠오카 비행장에서 수송기를 타고 대만 타이베이(臺北)를 거쳐 13일 필리핀 마닐라에 도착한 상황이었다. 1944년 5월25일 제30사단 주력이 마닐라를 거쳐 민다나오 북단의 슈리가오(surigao)에 상륙하였다. 상륙 직후 제30사단은 민다나오 동해안을 따라 방어작전을 개시하였다.

1944년 8월 제30사단은 미군이 민다나오 다바오(Davao)에 상륙할 것이

---

52. 步兵第七十八聯隊史編纂委員會編(1983), 『步兵第七十八聯隊史』, 94~95쪽.
53. 新人物往來社戰史室編(1996), 『太平洋戰爭師団戰史』, 新人物往來社, 158~159쪽.
54. 太平洋戰爭硏究會(1998), 『日本陸軍部隊總覽』, 新人物往來社, 19쪽.
55. 豹兵団戰跡槪要編集委員會(1982), 『第30師団(豹兵団)の記錄』, 2쪽.

라는 대본영의 전황 판단에 따라 일제히 남진을 개시하였다. 하지만, 1944년 10월20일 대본영의 예상과 달리 미군이 레이테만에 상륙을 개시하면서 북진 기동으로 전환하지 않으면 안되었다. 그 와중에 제30사단은 수송선을 활용해서 보병 제41연대를 레이테만에 진격시켰다. 제41연대는 미군의 압도적인 화력에 밀리면서 열세를 면치 못하였고, 다수의 전사자를 내고 후퇴해야 했다. 1944년 12월18일 대본영의 공격중지 명령에 따라 제30사단 주력은 민다나오 북부지역으로 후퇴하지 않으면 안되었다.

1945년 4월 이래 미군은 제30사단의 전력 약화와 분산을 목적으로 민다나오 서측, 북측, 남측에 대한 격렬한 함포사격과 함께 해병대를 앞세운 상륙작전을 개시하였다. 하지만 제30사단은 1944년 5월 민다나오 상륙 이래 1개년에 걸쳐 대본영의 반복되는 작전변경과 보급두절에도 불구하고 약 500킬로미터에 달하는 '죽음의 행군'을 강행해야 했다. 미군과의 결전 이전부터 이미 병력집중이 불가능한 높은 병력 소모율을 기록하였다.

제30사단 보병 제74연대의 경우, 미군의 압도적인 공습, 보급두절, 전력 소모, 현지 게릴라의 습격, 말라리아 등 풍토병에 시달리면서 병력 소모율이 급증하였다. 실제로, 1944년 8월 이래 병참보급이 중단되면서 3개월 동안 곡류와 소금의 취식도 불가능하였다. 극한 상황에 처한 병사들은 심각한 영양실조와 말라리아 등 풍토병에 쓰러져 갔다.[56] 심각한 기아와 영양실조에 시달린 병사들의 자살이 속출하면서 "기아의 지옥"[57]을 방불케 하였다. 1945년 4월 이래 제30사단은 미군이 민다나오 상륙작전에 성공하면서 더욱 궁지에 몰리게 되었고, 밀림지대로 도피해서 자활자전의 항전체제로 전환하지 않으면 안되었다.

---

56. 大田祐介(2014), 『永遠の四一』, 福山健康舍, 302쪽.
57. 步兵第七十四聯隊史編集刊行委員會(1998), 『步兵第七十四聯隊史』, 32쪽.

[표9-5] 제30사단의 필리핀 참전과 육군특별지원병 (단위: 명, %)

구분	제30사단				육군특별지원병			
	동원	전사	생환	전사율	동원	전사	생환	전사율
제30사단사령부	300	210	90	70.0	6	6	-	100.0
보병제41연대	3,206	2,446	580	76.3	37	36	1	97.3
보병제74연대	3,064	2,505	559	81.8	324	250	74	77.2
보병제77연대	3,000	2,890	110	96.3	379	376	3	99.2
수색제30연대	473	287	186	60.7	8	2	6	25.0
야포병제30연대	1,897	1,319	578	69.5	102	64	38	62.7
공병제30연대	1,330	1,170	160	88.0	21	18	3	85.7
제30사단통신대	303	248	55	81.8	-	-	-	0.0
치중병제30연대	793	495	298	62.4	182	140	42	76.9
제30사단병기근무대	80	39	41	48.8	3	1	2	33.3
제30사단위생대	800	590	210	73.8	152	74	78	48.7
제1야전병원	254	97	157	38.2	7	2	5	28.6
제2야전병원	245	122	123	49.8	-	-	-	0.0
제4야전병원	248	216	32	87.1	-	-	-	0.0
제30사단병마창	60	44	16	73.3	2	-	2	0.0
제30사단방역급수부	196	154	42	78.6	24	8	16	33.3
합계	16,249	12,832	3,237	79.0	1,247	977	270	78.3

(자료) 제14방면군제35군 제30사단(1948.2), 「留守名簿」.

1945년 9월7일 제30사단 모로즈미 사단장이 항복을 선언하면서 종전을 맞았다.[58] 종전 당시 병사들 대부분은 영양실조, 대장염, 말라리아 발병으로 극도로 쇠약해진 건강 상태였다.[59]

1944년 5월 제30사단 동원병력은 [표9-5]와 같이 3개 보병연대 9270명을 포함한 1만 6249명에 대해서 전사자 1만 2832명과 생존자 3237명으로 약 79.0퍼센트의 전사율을 기록하였다. 한편, 제30사단 소속 조선인 병사의 동원자는 3개 보병연대 740명과 기타 507명으로 합계 1247명이었다. 이

---

58. 豹兵団戦跡概要編集委員會(1982), 「第30師団(豹兵団)の記録」, 166쪽.

59. 留守業務部(1950), 「步兵第四十一聯隊行動の概要」.

들은 1944년 9월 조선인 징병 제1기의 입영 이전이었기 때문에 대부분 육군 특별지원병 출신들이었다. 이 가운데 생환자 270명과 전사자 977명으로 약 78.3퍼센트의 전사율을 기록하였다. 이들의 전사율은 제30사단 전체 전사율에 비해서 약 0.7퍼센트가 낮은 수준이었다. 제30사단은 필리핀에 파병되었던 일본군 사단 가운데서도 육군특별지원병이 가장 많이 배치된 부대였다.[60]

제49사단의 버마 파병

1944년 5월 일본 대본영은 제49사단에 대해 전시동원령을 발령하였다. 1944년 6월18일 제49사단은 야간열차로 활용해서 평양과 용산을 출발해서 부산항에 집결하였다. 6월20일 이후 총 4차례에 걸쳐 5000톤급 수송선 30척에 승선해서 부산항을 출항하였다.[61] 이후 모지(門司), 가오슝(高雄), 마닐라, 싱가포르를 경유해서 베트남 사이공에 상륙하였다. 이후에는 철도를 이용해서 버마 북부지역으로 기동해서 점령지의 치안과 경비업무를 담당하였다. 1944년 6월 당시 제49사단의 총동원 병력은 1만 7167명, 군마 3498두, 자동차 50대였다.

기동 과정에서 제49사단 예하 보병 제153연대는 제4차 수송선 3척이 베트남 캄란만에서 미공군의 함포사격과 잠수함 공격을 받고 침몰하고 말았다. 약 1600명에 달하는 병사들이 해몰사(海沒死)하였다.[62] 제49사단의 버마 파병은 1944년 3월 이래 버마방면군 제15군이 실시했던 「임팔(Imphal)

---

60. 北原道子(2014), 「北方部隊の朝鮮人兵士」, 現代企畵室, 125쪽.

61. 1944년 1월 도쿄제국대학 문학부 불문과 재학 중에 학도지원병을 지원해서 일본군에 입대했던 이 가형(1921.3~2001.10)은 조선군 제49사단(늑대사단) 산포(山砲) 제49연대 제2대대 제5중대 소속으로 버마전선에 파병되었고, 구사일생으로 생환하였다. 그는 1993년 소설 형식으로 '나의 버마전쟁 (1944~1945년)'이라는 부제의 회고록을 집필하였다. 이가형(1993), 「분노의 강」, 경운.

62. 沖浦沖男編(1986), 「ビルマ助っ人兵団」, 狼第49師団戦記刊行會, 195쪽.

작전」 실패에 따른 예비병력의 충원이었다.[63] 이하에서는 버마전선에 파병되었던 제49사단 예하 보병 연대의 참전 상황을 검토해보자.[64]

보병 제106연대는 1944년 9월 단(斷)작전(1944년 9월 「임팔작전」에 실패한 일본 버마방면군이 영국군과 중국군의 공세에 의해 버마 북부지역을 상실하면서 중국 국민당군에 대한 물자원조 루트 차단에 치중했던 군사작전)을 시작으로 1945년 1월 메이크틸라(Meiktila)의 반(盤)작전(1945년 1월부터 3월에 걸쳐 버마방면군 예하 제15군이 이라우지 강을 방어선으로 영국군을 격멸하고자 했던 공세작전), 1945년 4월 극(克)작전(1945년 4월 이래 버마방면군이 버마 북부로부터 수도 랑군으로 진격하는 영국군 저지작전)에 참전하였다. 제106연대의 병력손실은 1945년 1월 반작전에서 1348명(장교 6명, 하사관을 포함한 일반병 1225명, 행방불명 57명, 포로 6명)이었고, 1945년 4월 극작전 참전과 후퇴의 와중에서 약 286명 그리고 1945년 6월 이후 83명을 기록하였다.

보병 제153연대는 1944년 7월 말 베트남 사이공항에 상륙해서 철도로 태국과 버마 북부국경으로 기동하였다. 1945년 2월 산포병 제49연대 제3대대와 혼성으로 하야시(林)부대를 편성하였다. 하야시부대는 버마 남서부에 위치하는 영국령 최대 유전지대였던 에낭자웅(Yenangyaung)의 방어작전을 수행하였다. 1945년 4월 방콕을 출발해서 중국명 누쟝(怒江), 버마의 이우라지강을 건너 7월 버마 남부지역의 방어작전에도 참전하였다.

보병 제168연대는 1944년 7월 중순 베트남 사이공에 상륙해서 철도를 타고 버마 국경으로 기동하였다. 이후 산포병 제49연대 제2대대와 혼성으로 요시다(吉田)부대를 편성해서 버마방면군 제33군이 주도하는 원장(援將)루

---

63. 太平洋戰爭硏究會(1998), 『日本陸軍部隊總覽』, 新人物往來社, 19쪽.
64. 厚生省援護局(1961), 「ビルマ方面部隊略歷(その2)」.

트 차단을 위한 단작전에 참전하였다. 하지만, 기갑부대를 앞세운 압도적인 전력를 자랑하는 영국군과 인도군 그리고 중국군의 공세를 저지하기에는 역부족이었다.[65]

이후 제168연대는 1945년 2월 반작전, 4월 극작전, 6월 견작전에도 참전했지만, 거듭되는 작전실패와 함께 버마 남부지역으로 후퇴해야 했다. 1945년 8월 제49사단은 시탕강(Sittang River)의 동부 연안방어를 수행하는 와중에서 종전을 맞았다. 제49사단 보병 제153연대와 제168연대 생존자는 1946년 6월 버마 모울메인(Moulmein)항을 출항해서 7월 일본 오타케(大竹)항으로 귀국하였다.[66] 보병 제106연대는 1947년 7월 말 버마 랑군을 출발해서 싱가포르를 거쳐 9월 일본 사세보항(佐世保港)으로 귀환하였다.

1944년 6월 제49사단의 동원은 [표9-6]과 같이 3개 보병연대 8643명을 포함한 1만 7167명에 대해서 생환자 8341명과 전사자 8826명으로 약 51.4 퍼센트의 전사율을 기록하였다.[67] 한편, 제49사단 소속 육군특별지원병은 3개 보병연대 456명과 기타 507명으로 합계 963명이었다. 이는 제49사단 총동원 병력의 약 5.5퍼센트에 상당하는 것이었다.[68] 이 가운데 생환자 518명에 대해 전사자 445명으로 약 46.2퍼센트의 전사율을 기록하였다.[69] 이는 제49사단 전체 전사율 51.4퍼센트와 비교해서 약 5.2퍼센트가 낮은 수준이었다.[70]

---

65. 原剛·安岡昭男編(2003) , 「日本陸海軍事典(下)」, 新人物往來社, 95쪽.

66. 福谷正典(1995), 『破れ狼』, 連合出版, 268〜281쪽.

67. 沖浦沖男編(1986), 『ビルマ助っ人兵団』, 狼第49師団戦記刊行會, 21쪽.

68. 北原道子(2014), 『北方部隊の朝鮮人兵士』, 現代企畫室, 120쪽.

69. 1943년 당시 버마 랑군에서 일본군 위안부 생활을 했던 문옥주의 회고에 따르면, "병사들 중에는 조선인도 있어서 개중에는 대구에서 온 사람도 있었다. 조선인이 많이 있는 부대는 아주 강하다고들 했다. … 우리들은 조선인 병사들과 무사히 고향에 돌아가자며 서로 격려하곤 했다"고 증언하였다. 모리카와 마치코, 김정성 옮김(2005), 『버마전선 일본군 위안부, 문옥주』, 아름다운사람들, 85쪽.

70. 제49사단 소속 육군특별지원병의 낮은 전사율과 관련해서 보병 제168연대 소속으로 버마전선에 참전했던 김성수에 따르면, "말라리아가 유행했는데, 나는 지원자훈련소에서 말라리아병에 걸린 후 그 면역이 생긴 탓인지 무사했다"고 증언하였다. 김성수(1999), 『상이군인 김성수의 전쟁』, 금하출판, 59〜 60쪽.

[표9-6] 제49사단의 버마 참전과 육군특별지원병

(단위: 명, %)

구분	제49사단				육군특별지원병			
	장교	하사관	일반병	합계	동원	생환	전사	전사율
제49사단사령부	53	72	207	332	16	13	3	18.8
보병제106연대	99	445	2,708	3,252	163	74	89	54.6
보병제153연대	99	445	2,708	3,252	127	58	69	54.3
보병제168연대	99	445	2,708	3,252	166	68	98	59.0
기병제49연대	21	103	434	558	22	9	13	59.1
산포병제49연대	96	102	2,453	2,651	132	62	70	53.0
공병제49연대	22	84	1,025	1,131	35	13	22	62.9
치중병제49연대	27	72	700	799	183	138	45	24.6
사단통신대	7	46	250	303	-	-	-	-
사단병기근무대	2	15	74	91	-	-	-	-
사단위생대	40	57	491	588	112	79	33	29.5
사단병마창	5	9	41	55	-	-	-	-
사단방역급수부	12	30	186	228	-	-	-	-
제1야전병원	27	41	157	225	7	4	3	42.9
제2야전병원	27	41	157	225	-	-	-	-
제4야전병원	27	41	157	225	-	-	-	-
합계	663	2,048	14,456	17,167	963	518	445	46.2

(자료) 沖浦沖男編(1986), 『ビルマ助っ人兵団』, 狼第49師団戰記刊行会.

北原道子(2014), 『北方部隊の朝鮮人兵士』, 現代企畫室.

주목할 만한 사실은 당대 조선인 「협력엘리트」의 거두였던 조병상(夏山茂)의 장남 조태환(夏山光郎)도 제49사단 보병 제106연대 소속 조장 계급으로 버마전선에 참전하였다.[71] 제49사단 소속 육군특별지원병은 투철한

---

71. 1939년 5월 중추원 참의, 경기도 부회의원, 종로경방단장을 겸했던 조병상의 장남 조태환은 1939년 육군특별지원병 제2기생(현역)에 합격하였다. 1939년 말 조선군 제20사단 보병 제78연대에 배속되었고, 을종 간부후보생에 채용되었다. 1942년 말 육군 오장 계급으로 제대한 조태환은 1943년 5월 종군을 지원해서 1944년 6월 조선군 제49사단 제106연대(狼1870부대) 소속으로 버마전선에 출정했고, 1946년 4월 일본군을 제대하였다. 국가기록원(1948.12), 『유수명부(夏山光郎)』.

군인정신과 우수한 근무성적으로 일본인 장교와 병사들에게 깊은 인상을 남겼다.[72]

Ⅲ. 뉴기니 참전과 생존투쟁

다음은 제2차 세계대전사에서 '가장 비참한 기아의 전장'[73]으로 알려진 뉴기니에 동원된 육군특별지원병의 참전, 생존, 귀환의 실상이다. 검토 대상은 [표9-7]과 같이 조선군 제20사단 소속 6명의 육군특별지원병 가운데 유기화, 오종철, 김시형 3명이다.[74]

유기화(劉琦華)

육군특별지원병 제2기생(현역병) 출신의 유기화는 1939년 12월 제20사단

---

72. 관련해서 제49사단 경리부 주계로 근무했던 오키우라 오키오(沖浦沖男) 소좌에 따르면, "조선 출신 병대는 지원병이어서 참으로 우수했다. 경리부에도 30여 명의 조선 출신자가 있었다. 편성 당시에는 각 반에 분산 배치되어 내지인과 동일한 취급을 받았다. 급여·식사·복장 등도 동일했고, 기거도 함께 했기 때문에 일선융화(日鮮融和)도 원활하였다. 우수한 조선 출신자는 젊은 나이에도 오장으로 승진해서 연배의 내지인을 부하로 삼았다. 필자의 당번병도 조선 출신자였지만, 무척 뛰어난 근무성적을 기록했다"고 증언하였다. 沖浦沖男編(1986), 『ビルマ助っ人兵団』, 狼第49師団戰記刊行會, 318쪽.

73. 瀬戸利春(2015), 「崩壊した日本陸軍の太平洋戰爭 昭和18年東部ニューギニア攻防戰」, 『歴史群像』第24券 第4号.

74. 1995년 하야시 에이다이(林えいだい)는 조선군 제20사단 소속으로 뉴기니 전선에 참전했던 전남 고흥 출신 김재연(야포 제26연대)을 비롯한 육군특별지원병 6명의 증언집을 출간하였다. 개인별 가정환경과 육군특별지원병 지원 동기를 비롯해서 뉴기니의 참혹한 전장 체험을 생생하게 담아내고 있다. 그러니 증언집은 제20사단 전체의 동원자, 희생자, 생환자 규모가 불분명하다는 문제점이 있다. 그는 조선인 병사의 동원자가 약 3000명에 달했지만, 귀환자는 겨우 약 5퍼센트(150명)에 불과했다고 주장하였다. 그러나 하야시가 주장하는 조선인 병사의 생존율은 제20사단 총동원 병사의 생존율에 근접한다. 하야시의 연구는 조선인 병사의 생존율을 크게 과소평가한 것으로 추정된다. 林えいだい(1995), 『証言集, 朝鮮人皇軍兵士』, 拓植書房, 10~11쪽.

제78연대에 입영해서 제1~2기 교육검열을 거쳐 상등병으로 진급하였다.[75] 이후 내무반장과 중대본부 당번병을 거쳐 하사관으로 선발되었다.

[표9-7] 제20사단 육군특별지원병의 뉴기니 참전　　　　　　　　　　　　　(단위: 세)

성명	고향	직업	기혼 여부	학력	입소 연월	소집 연월	직역	소속 연대	병과	최종 계급	증언 연령
김재연	전남 고흥	어업	기혼	보통학교	1941.6	1942.10	보충역	야포 제26	치중병	병장	73
임문옥	전남 장흥	농업	미혼	보통학교	1941.6	1942.10	보충역	야포 제26	치중병	오장	74
유기화	충북 ○○	농업	미혼	보통학교	1939.6	1939.12	현역병	보병 제78	보병	조장	73
오종철	전남 영광	농업	미혼	농업실습	1939.6	1939.12	현역병	보병 제79	보병	오장	78
김시영	전북 군산	농업	미혼	중학 중퇴	1939.12	1942.10	보충역	치중 제20	치중병	오장	73
장병묵	평북 영변	농업	미혼	보통학교	1939.12	1941.10	보충역	보병 제78	보병	오장	73

(자료) 林えいたい(1995), 『証言集, 朝鮮人皇軍兵士』, 拓植書房.

1943년 1월 소속부대는 부산항을 출발해서 팔라우를 거쳐 1월 말 동부 뉴기니 한사에 상륙하였다. 한사 상륙과 동시에 하역작업의 와중에서 미 공군의 격렬한 공습을 받았다. 유기화가 경험한 미군과 최초의 접전이었다. 이후 제78연대는 비행장 건설에 동원되었다. 하지만, 미군의 빈번한 공습과 매일 장시간의 중노동에 시달려야 했다. 1943년 3월 제78연대는 에리마와 포가진를 거쳐 마당으로 기동하게 되었다.

---

75. 1921년 충북 출생의 유기화는 자신의 육군특별지원병 지원 동기와 관련해서 '유년기부터 천황 중심의 황국신민화 교육을 통해서 철저한 내선융화 사상을 주입받았다. 그래서 지원병이 되는 것을 전혀 의심하지 않았다'고 한다. "청년들은 지원병이 되는 것을 명예로 간주했고, 선택받았음을 자랑하는 분위기였다. 천황은 신이었다. … 지원병으로 가는 것이 천황을 위하는 것이자 나라를 위한 것이라 굳게 믿었다"고 회고하였다. 林えいだい(1995), 『証言集, 朝鮮人皇軍兵士』, 拓植書房, 153~154쪽.

제78연대는 제20사단 치중대와 공병대의 혼성으로 나가이(中井)지대(支隊)를 편성해서 나가노(中野)부대의 후퇴작전을 지원하고자 라무강을 역류해서 카이야피트(Kaiapit)까지 진출하였다. 하지만, 연합군 공수부대가 알란(Alan)고원 지대를 장악하게 되면서 퇴로마저 차단당하고 말았다. 더욱이 핀슈하펜과 아넷(Arnet) 해안으로 연합군이 상륙하면서 나가이 지대는 곤경에 처하였다. 결국, 나가이 지대는 카이야피트를 경유한 마당으로 후퇴계획을 단념하고 해발 4000미터의 사라우케트 산맥을 답파해서 서북방 해안으로 기동하지 않으면 안되었다. 그러나 1944년 1월 미군이 재차 사이도르 해안에 상륙하면서 사라우케트산을 넘어선 이후에는 더 이상의 후퇴도 여의치 않게 되었다. 1943년 10월부터 1944년 1월까지 제78연대의 병력손실은 741명에 달하였다.[76]

1944년 6월 한사에 집결한 제78연대 총병력은 파병 당시 4320명에서 단지 1년 6개월 만에 1300명으로 급감하였다. 1944년 7월3일 제18방면군은 아이타페 총공격의 「맹호작전」을 발령하였다. 제78연대는 작전 참가를 위해 라무강과 세피크강 그리고 인근의 광활한 습지대를 통과해야 했다. 부상, 말라리아, 아메바 설사에 시달리는 병사들에게는 생물학적 한계를 넘어서는 사형선고와도 같은 '자멸의 기동'이었기 때문이다. 1944년 8월 「맹호작전」 종결 이후 제78연대는 작전 참가자 1300명 가운데 생존자 350명으로 약 73퍼센트의 전사율을 기록하였다.[77]

1944년 10월 중순 제78연대는 포이킨(Poinkin)을 출발해서 해발 2000

---

76. 보병 제78연대 전사자는 1943년 7월부터 1945년 8월에 걸쳐 합계 2061명을 기록하였다. 그 가운데 1943년 9월부터 1944년 1월에 걸쳐 741명과 1944년 7~8월의 「아이타페 전투」에서 914명이 전사하였다. 제78연대는 같은 기간 총동원 병사의 80.3퍼센트에 달하는 높은 전사율을 기록하였다. 步兵第七十八聯隊史編纂委員會編(1983), 『步兵第七十八聯隊史』, 192쪽.

77. 步兵第七十八聯隊史編纂委員會編(1983), 『步兵第七十八聯隊史』, 177쪽.

미터의 알렉산더 산맥을 답파하고 산남(山南)지구로 기동해서 자활자전(自活自戰)의 항전 체제로 전환해야 했다. 산남지구에 도착한 제78연대 잔존 병력은 약 120명에 불과하였다. 산남지구에서 유기화는 연합군의 포위공격을 저지하는 와중에서 3차례의 총상을 입었고, '침권(針卷)지휘반장'이라는 별칭을 얻기도 하였다. 유기화는 풍부한 실전경험의 최고참 하사관으로 중대장을 대신해서 부대를 지휘했고, 신중한 공세작전으로 희생자를 줄이는 데 기여하였다. 소속 중대의 육군특별지원병들은 발군의 전투력을 발휘하였다.

1943년 6월 이래 미군이 제공권과 제해권을 장악하면서 일본군의 보급은 두절되었다. 1944년 6월 한사에서 수령한 식량은 겨우 일주일분에 불과하였다. 그래서 굶주림에 지친 병사들은 야생의 독초와 열매를 마구잡이로 취식하면서 사망자가 속출하였다. 특히, 열대우림의 뉴기니에서 말라리아 발병은 약 99퍼센트의 사망률을 기록하였다. 하지만 육군특별지원병 대부분은 시골 출신으로 유년기부터 거칠고 열악한 의식주에 익숙했기 때문에 대장균이 바글대는 생수를 마셔도 별탈이 없었다.[78] 반면에 도회지 출신이 많은 일본인 병사들은 체력을 소진한 상황에서 생수를 마시면 곧장 배탈과 설사에 시달리며 쓰러져갔다.[79]

유기화는 야생 타조의 위장을 해부해서 생명의 콩과 죽음의 콩을 선별했고, 독초·독충·풍토병도 원주민의 지혜를 활용함으로써 생존력을 극대화할 수 있었다. 야생의 호박과 고사리를 삶고 건조하거나 야생 조류를 사냥해서 고기와 간장을 탄화(炭化)·건조·저장해서 보존식 혹은 비상식량으로 활용하였다. 충북 산골 출신의 유기화는 곤궁했던 어린 시절의 거친 생

---

78. 朝鮮總督府陸軍志願兵訓練所(1939.8), 「志願兵訓練所より見た半島靑年の體力」, 『朝鮮』 第291号.
79. 林えいだい(1995), 『証言集, 朝鮮人皇軍兵士』, 拓植書房, 179쪽.

활환경에 익숙했기 때문에 뉴기니의 가혹한 전장 환경에도 쉽게 적응하면서 '정글에서의 생존경쟁에서 승리'[80]할 수 있었다.[81] 1945년 소속 중대의 생존자는 총 30명이었지만, 이 가운데 40퍼센트가 육군특별지원병 출신이었다.[82]

뉴기니 파병 당시 보병 제78연대 소속 육군특별지원병은 총동원 병력의 약 10퍼센트에 상당하는 660명이었다. 1945년 8월 종전 이후 귀환자 135명 가운데 육군특별지원병 출신자는 27명이었다. 1945년 8월 이후 구사일생으로 생환한 유기화를 맞이한 것은 '민족의 반역자' 혹은 '매국노'라는 날선 비판과 냉소적인 시선들이었다. 뉴기니 참전과 해방 이후 그가 받은 정신적 충격과 마음의 상처는 그렇게 쉽게 아물지 않았다. 정상적인 사회생활로 복귀하는 데 약 3년이 걸렸다.

1948년 10월 유기화는 이등병 계급으로 대한민국 육군에 입대하였다. 하지만, 일주일 만에 일본군에서의 군사경력을 인정받아 특무조장(상사)으로 진급하였다.[83] 1950년 한국전쟁기에는 현지임관 장교로 발탁되었고, 최일선 부대의 중대장으로 혁혁한 전공을 세웠다. 이후 승승장구한 유기화는 1974년 육군 준장으로 예편하였다.[84]

---

80. 위와 같음, 180쪽.

81. 전남 고흥 출신으로 조선군 제20사단 야포 제26연대 소속 김재연은 "조선인 지원병은 원래 건장한 체력이기 때문에 지치는 일이 없었다. 20세 전후로 젊었기에 그 어떤 식량이라도 찾아서 먹었다. 연대장과 부대장이 지원병을 당번병으로 착출한 것은 무거운 물건도 아무렇지 않게 걸쳐 멜 뿐만이 아니라 식량을 구하는 독특한 감각을 갖고 있었기 때문이었다. 굶어 죽는 일은 결코 없었다"고 증언하였다. 위와 같음, 111쪽.

82. 위와 같음, 182쪽.

83. 50동우회편(1998), 『국군의 뿌리』, 삼우사, 392쪽.

84. 유기화는 뉴기니로부터 자신의 생환을 하나의 기적으로 간주하였다. 육군특별지원병은 지옥의 전장에서 일본인 전우들과 함께 연합군을 대항해서 용전분투했고, 그래서 그 심리적인 연대감도 보통 이상이었다고 증언하였다. 林えいだい(1995), 『証言集, 朝鮮人皇軍兵士』, 拓植書房, 187쪽.

오종철(吳鐘哲)

1939년 6월 육군특별지원병 제2기생(현역)으로 육군병지원자훈련소에 입소한 전남 영광 출신의 오종철은 1939년 12월 제20사단 보병 제79연대에 배속되었고, 이후 뛰어난 근무성적으로 하사관에 선발되었다.[85] 1943년 1월 오종철은 제79연대 소속 4320명의 일원으로 부산항을 출발해서 1월 말 팔라우에 도착하였다. 이후 약 1주일에 걸친 적응과 상륙훈련을 거쳐 뉴기니 동북 해안의 한사에 상륙하였다. 오종철에게 뉴기니의 첫인상은 끝없이 펼쳐진 하얀 백사장과 코발트색의 바다로 둘러싸인 지상낙원이었다. 하지만, 뉴기니가 '지옥의 섬'이라는 사실을 깨닫는 데 그리 오랜 시간이 걸리지 않았다.

오종철의 소속 부대는 탄약, 식량, 포도당, 담배, 주류 등을 만재한 제27 야전화물창 경계업무를 담당하였다. 하지만 곧바로 제79연대는 마당으로 기동명령에 따라 야간행군을 감행해서 정글을 헤치며 하루 수차례의 스콜을 맞으며 행군을 강행해야 했다. 1943년 9월 말 연합군이 핀슈하펜에 상륙하면서 치열한 공방전을 벌였다. 하지만 제79연대는 정글, 산악, 습지대를 통과하는 야간행군의 후퇴작전을 수행하지 않으면 안되었다. 당시 오종철은 소대장 당번병이었고, 소대장의 비상식량과 개인 물품마저 대신 걸머질 정도의 강건한 체력의 소유자였다. 병약한 일본인 병사들은 체력이 소진하면서 비상식량마저 내던지는 불가사의한 행동을 보였다.[86] 병사들은 점

---

86. 1921년 전남 영광 백수에서 대지주의 막내아들로 태어난 오종철은 자신의 육군특별지원병 지원 동기와 관련해서 "조선인이라 자각하고는 있었지만, 일본국민의 일원으로 군대에 가는 것에 한 치의 의심도 없었다. … 나는 철저한 황국신민화 교육으로 세뇌되어 있었고, 이미 일본인이 되어 있었다"고 증언하였다. 林えいだい(1995), 『証言集, 朝鮮人皇軍兵士』, 拓植書房, 199〜200쪽.

86. 뉴기니 파병 일본군의 아사문제와 관련해서 1943년 초반 남방시찰을 마치고 귀임한 육군성 의무국장 간바야시 히로시(神林浩)는 1943년 8월23일 육군성 의무국 앞으로 뉴기니전장의 위생상황과 관련해서 병사들의 영양부족이 총의 무게를 감당할 수 없게 하였다. 격전에 따른 병력 소모의 주요 요인이 아사라고 보고하였다. 같은 지적은 조선군 제20사단도 예외는 아니었고, 1943년 초반부터 이미 아사자가 발생하였다. 『日本軍兵士』, 中公新書, 33쪽.

차 식량마저 바닥나면서 야생 잡초를 취식해서 아사를 면하는 상황으로 바뀌었다. 체력의 회복제이기도 했던 소금은 아까워서 쉽게 섭취할 수도 없었다.

1944년 1월 가리(Gari)에서 마당으로의 후퇴작전은 해발 3000미터의 험준한 산악지대를 답파해야 하는 강행군이었고, 생물학적 한계를 넘어서는 일이었다. 오종철은 중대 본부 소속의 물자수집반으로 활동하면서 생존력을 극대화하였다. 당시 보병 제78연대 소속 육군특별지원병이었던 장병묵에 따르면, 병사들이 연합군 진지를 점령해서 적탄 세례를 받으면서 미군의 전투식량을 취식하며 죽어가는 병사도 많았다고 한다.[87] 장병묵 자신도 적진에 침투해서 훔쳐낸 전투식량 2박스를 정글에 숨겨놓고 몰래 취식했고, 그래서 매일 생일을 맞는 기분이었다고 증언하였다. 오종철은 부비트랩을 설치해서 야생 조류를 포획하거나 수류탄 투척으로 물고기를 어획·취식해서 체력을 유지할 수 있었다.

1944년 3월 제79연대는 해발 4000미터의 피니스텔 산맥을 답파해서 한사에 집결하였다. 생존 병력은 650명에 불과하였다.[88] 한사에서 오랜만에 식량보급을 받고 기력을 회복할 수 있었다. 1944년 7월 제79연대도 「맹호작전」에 참전하게 되었다.

하지만, 작전의 주적은 연합군이 아니라 습지대의 말라리아 및 기아와의 싸움이었다. 공복감에 지친 병사들은 야초, 곤충, 뱀 등 닥치는 대로 취식해야 했다. 하지만, "조선인 지원병은 연령이 젊고 혈기도 왕성해서 소소한 일로 쓰러지는 일"[89]은 없었고, "적의 총탄이 아니고는 죽는 일이 없었다"[90]

---

87. 林えいだい(1995), 『証言集, 朝鮮人皇軍兵士』, 拓植書房, 275쪽.
88. 步兵第七十九聯隊史編集委員會編(1984), 『步兵第七十九聯隊史』, 409쪽.
89. 林えいだい(1995), 『証言集, 朝鮮人皇軍兵士』, 拓植書房, 222쪽.
90. 위와 같음, 139쪽.

고 한다.[91]

1944년 8월 말 「맹호작전」 실패 이후 부쯔(but)로 기동한 제79연대의 병
력은 당초 650명에서 250명으로 격감하였다.[92] 잔존병력은 해발 2000미터
알렉산더 산맥을 답파해서 산남지구로 후퇴해서 자활자전의 항전체제로 전
환해야 했다. 그 와중에서 제79연대는 이 연합군 공수부대에 대항하는 결
사대를 운용하였다. 그런데도 병사들이 앞을 다투어 자원하였다. 그 이유
는 심각한 기아와 생존이 불투명한 상황에서 즉사를 희망했기 때문이었다.
1945년 산남지구는 피아의 구별이 불분명한 아수라장이었다. 위계질서와
전우애마저 상실했고, 자신의 생존을 위해 수단과 방법을 가리지 않았다.
특히 "적보다도 무서운 것이 우군 패잔병"[93]들이었다.

1945년 10월 제79연대 생존자 약 100여 명은 북부 해안 웨와크의 맞은
편 머슈섬 「연합군 포로수용소」에 수용되었다. 이후 오종철은 일본 우라가
항을 거쳐 부산항으로 귀환하였다. 당시 가족들은 그를 사망자로 간주해서
장례식까지 치른 상황이었다. 오종철은 뉴기니 참전에 따른 심신의 충격으
로부터 쉽게 벗어날 수 없었다. 하지만, 모친의 지극한 간병과 정성으로 체
력을 회복하고 결혼도 하였다. 다행히도 백수읍 면서기로 사회생활에 복귀
할 수 있었다.

해방 이후 전남 영광의 '가장 좌익적인 지역성'[94] 때문인지 오종철은 '민족
반역자' 혹은 '매국노'로 내몰리게 되었고, 주위의 차가운 시선 때문에 면서
기를 그만두어야 했다. 그래서 전남 경찰국에 투신하였다. 1950년 6·25전

91. 관련해서 전남 고흥 출신으로 야포 제26연대 소속 김재연은 "지원병은 설사에는 강했지만, 일본인
병사는 특별히 장이 약해서 곧바로 생명을 잃었다. 나도 말라리아에 걸렸지만, 장기간에 걸쳐 생존할 수
있었던 것은 장이 무척 강건했기 때문"이라 증언하였다. 위와 같음, 111쪽.

92. 步兵第七十九聯隊史編集委員會編(1984), 「步兵第七十九聯隊史」, 429쪽.

93. 林えいだい(1995), 「証言集, 朝鮮人皇軍兵士」, 拓植書房, 113쪽.

94. 부르스 커밍스 지음, 김동노 외 옮김(2001), 「부르스 커밍스의 한국현대사」, 창작과비평사, 308쪽.

쟁 발발 직후 그의 가족과 친지 수십 명이 토착 좌익들에 의해 지주 반동으로 내몰려 학살당하는 엄청난 불행을 겪었다. 그래서 오종철은 평생에 걸쳐 자신의 육군특별지원병 지원이 가족과 친지들의 희생을 초래했다는 깊은 자책감과 죄의식에 시달려야 했다.

김시영(金時暎)

1939년 육군특별지원병 제2기생(제1보충역) 출신의 김시영은 1939년 12월 육군병지원자훈련소에 입소해서 1940년 5월 수료했고, 만주국 치치하얼에 소재하는 관동군 치중대대 제36중대 소속으로 소집교육을 받았다.[95] 그는 3개월에 걸쳐 사격훈련, 무장행군, 군마관리, 물자운송 등 교육소집을 마치고 제대하였다. 이후 충북 옥천 군청의 주사보로 취직하였다. 1942년 10월29일 「전시동원령」에 따라 조선군 제20사단 치중 제20연대에 소집되었다. 뉴기니 파병 당시 치중 제20연대 총동원 병력은 1265명이었다. 중대원 50명 가운데 조선인 육군특별지원병은 5명이었다.

1942년 12월7일 제20연대는 용산역을 출발해서 부산항에 집결하였다. 12월9일 소속 연대는 부산항을 출항해서 일본 우라가항을 거쳐 1942년 12월23일 팔라우에 상륙하였다. 일주일에 걸친 적응과 상륙훈련을 거쳐 1942년 12월29일 뉴기니 한사에 상륙하였다. 상륙과 동시에 미 공군의 폭격으로 보급품을 만재한 수송선이 침몰하면서 다수의 병사들이 해몰사하였다.

---

95. 1921년 충남 출생의 김시영이 육군특별지원병을 지원하게 되었던 경위는 다음과 같다. 당시 김시형의 모친은 군산항 인근의 무허가 노상영업으로 경찰에 연행되었다. 군산경찰서는 모친의 방면(放免)을 조건으로 육군특별지원병 지원을 강요하였다. 그는 며칠을 고심한 끝에 불효자식이 될 수 없다고 생각해서 지원서를 제출하고 말았다. 모친은 15일 만에 귀가하였다. "군산시는 전체 시민을 총동원해서 장행회를 열어 주었고, 군가를 부르며 경성을 향해 출발했다. 나 자신은 모친의 일 때문에 무척 화가 났지만, 주위에서 조선인의 명예라고 추켜세우자 어서 빨리 훈련을 마치고 군복을 입었으면 하는 생각이 굴뚝같았다"고 회고하였다. 林えいだい(1995), 『証言集, 朝鮮人皇軍兵士』, 拓植書房, 248쪽.

야간행군으로 급거 에리마(Erima)로 기동해야 했던 제20연대는 1943년 7월28일 도착해서야 약간의 식량을 수령할 수 있었다.

연합군의 핀슈하펜 상륙과 동시에 격렬한 공방전을 전개하였다. 제20연대는 핀슈하펜 서측 산테르베르크(satelberg) 고원지대에 도착했지만, 물자보급마저 두절되면서 치중병에서 일반 전투병으로 전환하게 되었다. 당시 김시영의 소속 소대는 대원 절반 이상이 말라리아 발병으로 고열에 시달리는 상황이었다. 이후 정글전으로 전환했지만, 탄약은 물론이고 식량마저 바닥나면서 아사 위기에 내몰렸고, 미군의 추격을 피해서 후퇴를 거듭해야 했다.

뉴기니의 북부 해안은 미군의 공격표적이 되었기 때문에 고산지대를 넘어서 가리로 후퇴해야 했다. 그러나 미군이 사이도르 해안에 상륙하면서 퇴로마저 차단당하고 말았다. 제20연대는 진로를 바꾸어 해발 4000미터의 피니스텔 산맥을 답파해서 활로를 모색해야 했다. 그 와중에서 병사들은 심각한 영양실조에 시달렸다. 체력을 소진한 병사들은 주의력을 상실하면서 깊이를 알 수 없는 낭떠러지로 추락사하였다. 이후 에리마를 거쳐 한사에 도착해서야 제27야전화물창으로부터 약간의 식량을 수령하고 기력을 회복할 수 있었다.

1944년 7월 제20사단은 제18군사령부의 명령에 따라 「아이타페 공략전」에 참전하게 되었다. 라무강을 도하한 이후 약 20일에 걸쳐 광활한 습지대를 통과해야 했고, 재차 세피크강을 도하해야 하는 무모한 작전이었다. 그 과정에서 체력을 소진한 병사들은 급류에 휩쓸렸다. 「아이타페 전투」에서 제20연대 전우들 다수가 전사하였다. 1944년 8월 「맹호작전」 중지와 후퇴명령에 따라 연대의 잔존병력은 해발 2000미터의 알렉산더 산맥을 넘어 산남지구로 기동해서 자활자전의 항전체제로 전환하였다. 산남지구로의 기동 또한 몸서리쳐지는 '죽음의 행군'이었다.

김시영의 소속 중대장은 부대원들에게 원주민과의 물물교환을 엄금하였다. 당시 그는 소대장의 당번병이었지만, 격심한 굶주림에 시달렸다. 그래서 중대장의 명령에도 불구하고 소지했던 면도날을 원주민의 고구마와 교환하고 말았다. 하지만, 물물교환 사실이 발각되면서 그는 중대장의 혹독한 사적 제재를 받아 초죽음 상태에 내몰렸다. 이후 김시영은 낙오병이 되어 정글을 떠돌게 되었다. 그는 시간의 경과에 따라 정글의 낙오병 생활에도 적응하면서 미연합군이 먹다 버린 씨레이숀을 주워서 허기를 채우거나 원주민의 식량을 훔쳐서 연명했다.

그는 낙오병 생활의 와중에서 인육식을 경험하였다.[96] 정글을 떠돌면서 며칠을 굶주린 그는 심한 공복감이 일으킨 착시현상으로 미연합군의 사체를 산돼지로 착각하게 되었다. 사체의 "넓적다리 살을 베어서 돼지고지인지 인간의 고기인지 생각할 여유도 없이 미친 듯이 취식"[97]하고서야 체력을 회복하였다. 이후에도 심한 공복감에 시달리게 되면 인육식의 기억을 억제할 수 없었고, 미연합군 수색대 병사를 사살해서 취식하였다. 그는 인육식을 거듭하면서 최소한의 죄악감마저 상실하고 말았다. 낙오병 생활의 와중에서 미연합군 병사 약 10명의 사체를 취식하였다. 아사 위기에 내몰린 병사들은 인간이기를 포기해야 했고, 아귀와 다를 바 없었다.[98]

---

96. 김시영은 자신의 인육식 경험을 73세에 이르러서야 고백해야 했던 경위와 관련해서 '쇼와(昭和) 천황이 사망했기 때문'이라며, '나의 인생에서 치부지만, 더 이상 거칠 것이 없게 되었다. 지금까지는 아무래도 천황이 족쇄가 되었던 것 같다. 황국신민의 체질이 자신의 어딘가에 남아서 주저하게 하였다'고 고백하였다. 바꾸어 말하면, 식민지 말기 조선인들이 내면화했던 황민화 의식은 1945년 8월 해방 이후에도 자신들의 의식과 무의식 세계를 끈질기게 지배했음을 시사한다. 관련해서 1993년 다나카 도시유키(田中利幸)는 오스트리아 전쟁기념관과 공문서관 그리고 미국 공문서관이 소장하는 인육식 관련 1차 사료를 발굴해서 일본군이 자행한 전쟁 범죄의 실상을 최초로 고발하였다. 林えいだい(1995), 『証言集, 朝鮮人皇軍兵士』, 拓植書房, 21~22쪽; 田中利幸(1993), 『知られざる戦争犯罪』, 大月書店.
97. 林えいだい(1995), 『証言集, 朝鮮人皇軍兵士』, 拓植書房, 263쪽.
98. 尾川正二(1969), 『極限のなかの人間』, 國際日本研究所.

김시영은 1945년 8월26일 원주민을 통해서 종전 사실을 알았다. 1945년 9월25일 머슈섬의 「연합군 포로수용소」에 수용되었다가 우라가항을 거쳐 고향 땅을 밟을 수 있었다. 귀환 이후 그는 「공동통신사」와 「세계통신사」 기자로 활약하였다. 1961년 「동화통신사」로 전직했고, 다시 1967년 「한국외환은행」에 입사해서 금융인으로 변신하였다. 증언 당시 73세였던 김시영은 "나의 인생에서 인육사건은 일대 오점이지만, 뉴기니에서 그렇게까지 병사를 궁지에 몰아넣은 것은 일본 지도부였다. 전쟁이 인간을 악마로 변모"[99]시켰다며, 깊은 참회의 눈물을 흘렸다.

[표9-8] 아시아태평양전쟁기 조선군의 참전과 육군특별지원병 (단위: 명, %)

구분		파병시기와 지역		사단 전체			육군특별지원병			
		지역	연월	동원자	전사자	전사율	동원자	생환자	전사자	전사율
상주	제19사단	필리핀 루손	1944년 12월	12,328	8,233	66.8	1,888	947	941	49.8
	제20사단	동부 뉴기니아	1943년 1월	25,591	24,780	96.8	1,901	298	1,603	84.3
임시	제30사단	필리핀 민다나오	1944년 5월	16,249	12,892	79.0	1,247	270	977	78.3
	제49사단	버마 무돈지구	1944년 6월	17,167	8,826	51.4	963	518	445	46.2
합계/비율		–	–	71,335	54,731	73.5	5,999	2,033	3,966	66.1

(자료) 필자 작성.

1943~1945년 육군특별지원병은 조선군 상주 및 임시사단 소속으로 아시아태평양전쟁에 참전하였다. 이들은 [표9-8]과 같이 총동원 5999명에 대해서 생환자 2033명과 전사자 3966명으로 전사율 66.1퍼센트를 기록하였다.

이 가운데 제20사단 전체 전사율이 약 96.8퍼센트에 육박하는 와중에서도 육군특별지원병은 84.3퍼센트에 그쳤다. 이들의 높은 생존율은 (1)유년

---

99. 林えいだい(1995), 「証言集, 朝鮮人皇軍兵士」, 拓植書房, 270쪽.

기 이래 거친 식생활, (2)풍토병에 대한 생물학적 면역성,[100, 101] (3)고참병 출신의 본부 소속으로 식량취득의 유리성 때문이었다. 육군특별지원병 생환자들은 뉴기니 참전에서 인간과 아귀의 경계를 넘나드는 '살아있는 지옥'을 경험하였다.[102] 제78연대 소속으로 뉴기니에 참전했던 장병묵은 남태평양의 절해고도(絶海孤島)에서 숨져간 육군특별지원병 출신 전우들이 "바글대는 구더기의 사료"[103]에 불과했다며 안타까워하였다.[104]

마지막으로, 조선군만이 아닌 일본군 전체에 걸친 육군특별지원병의 동원과 전사를 추계해보자. 1938년 이래 제도별 조선인의 군사동원은 육군특별지원병(1938~1943년), 해군특별지원병(1943년), 학도지원병(1944년), 징병 제1~2기(1944~1945년)로 구분된다. 이들의 동원과 전사는 합계 11만

---

100. 관련해서 1924년 경남 좌병영 출생으로 1942년 육군특별지원병 제10기생 출신의 김성수는 육군병지원자훈련소 입소 직후 주기적인 발열과 발작을 일으키는 말라리아가 발병하였다. 그래서 말라리아의 특효약 키니네를 복용하고 약 3주간의 요양을 거쳐 건강을 회복할 수 있었다. 하지만 그는 "훈련소에서 쌓은 체험이 면역성을 길러준 탓으로 미얀마 전선에 갔을 때, 전우들은 잇따라 넘어졌는데, 나는 늠름하였다"고 증언하였다. 김성수(1999), 『상이군인 김성수의 전쟁』, 금하출판, 60쪽.

101. 1938년 9월 당시 육군병지원자훈련소는 입소생 202명의 신체검사를 실시하였다. 하지만, 입소생들이 일본인 병사들과 달리 말라리아 환자가 너무 많아서 관계자들이 깜짝 놀랐다고 한다. 바꾸어 말하면, 육군특별지원병들은 아시아태평양전쟁 참전 이전 이미 말라리아 발병에 따른 면역성을 갖게 되었고, 그래서 남방전선의 전장환경에도 수월하게 적응할 수 있었던 것으로 판단된다. 朝鮮總督府陸軍志願兵訓練所(1939.8), 「志願兵訓練所より見た半島靑年の體力」, 『朝鮮』 第291号.

102. 해방 이후 제79연대 일본인 병사들은 아시아태평양전쟁기 생사를 함께 했던 육군특별지원병 출신 전우들을 회고하며, "20세를 채우지 않은 이들 젊은이들은 유구한 역사의 흐름과 변천의 와중에 있었고, 자기가 처한 입장을 솔직하게 이해하고 받아들였다. 순진하고 진지하게 군무에 정진하는 자가 많았고, 이들을 접한 전우들에게 큰 감명을 주었다"며 감사와 위로의 말을 남겼다. 步兵第七十九聯隊史編集委員會編(1984), 『步兵第七十九聯隊史』, 294쪽.

103. 林えいだい(1995), 『証言集. 朝鮮人皇軍兵士』, 拓植書房, 280쪽.

104. 관련해서 일본 육군사관학교 제49기생 출신(채병덕 장군과 동기생)이자, 1952년 부산 정치파동 당시 육군참모총장으로 이승만 대통령이 요구하는 계엄군 진주를 거부했던 인물로도 널리 알려진 이종찬 장군도 1943년 일본군 독립공병 제15연대장 대리 신분으로 뉴기니에 참전했었다. 회고록에 따르면, "뉴기니에서 1945년 8월 해방을 맞기까지 살아남기 위해 비참한 생활을 계속하지 않으면 안되었다. 심지어 단백질을 섭취하기 위해 들쥐를 잡아먹기도 했는데 더러는 상한 것을 먹기도 했다"고 증언하였다. 강성재(1986), 『참 군인 이종찬 장군』, 동아일보사, 115쪽.

6294명(육군 9만 4978명과 해군 2만 1316명)에 대해 전사자 합계 6178명(육군 5870명과 해군 308명)을 기록하였다.[105] 하지만, 육군병 전사자의 대부분은 학도지원병 혹은 징병자가 아닌 육군특별지원병 출신이었다. 왜냐하면, 징병 제1기 출신 4만 5000명의 징집은 1944년 9월부터였고, 이들이 3개월의 초병교육을 마치고 정식의 전투원 자격을 취득한 시점은 일본군 전황이 '절망적 항전기'로 바뀐 1944년 11월 이후였기 때문이다.[106] 1944년 말 당시 일본군은 바닥을 드러낸 수송력과 미군의 잠수함 작전으로 격전지 남방권에 대한 병력파병이 불가능한 상황이었다. 요컨대, 조선인 육군특별지원병의 동원과 전사는 입영자 1만 8154명에 대해서 생환자 1만 2284명과 전사자 5870명으로 32.3퍼센트의 전사율을 기록하였다.

---

105. 樋口雄一(2001), 『戰時下朝鮮の民衆と徵兵』, 總和社, 298쪽.

106. 1944년도 징병 제1기 4만 5000명의 입영은 1944년 9월 1만 5936명, 10월 5922명, 11월 1886명, 12월 6585명으로 합계 3만 327명이었다. 이 가운데 1944년 11월과 12월 입영자는 10월 말 시점에서 이후 입영 결정자를 계상한 것이다. 나머지 1만 4673명은 1945년 5월까지 입영을 예정하였다. 內閣官房總務課(1944), 「朝鮮に於ける徵兵制度實施の狀況」.

제2부
조국의 간성

제10장 임관과 창군

아시아태평양전쟁에서 구사일생으로 생환한 육군특별지원병 출신 군사 경력자들은 1946년 군사영어학교를 시작으로 정규·비정규 군사학교를 거쳐 육군 초급장교로 임관하였다. 이들은 "만주군 및 학병과 함께 건군의 3대 인맥"[1]을 형성했던 대한민국 창군의 초석이 되었다. 제10장에서는 육군특별지원병 출신 군사 경력자들의 임관과 대한민국 창군사를 실증 분석한다.

I. 건국기 장교 양성

육군특별지원병 출신 군사 경력자들은 미군정기와 건국기에 걸쳐 군사영어학교, 조선경비사관학교, 육군사관학교를 거쳐 초급장교로 임관하였다. 이하에서는 장교 임관의 실상을 구체적으로 살펴보자.

---

1. 『중앙일보』 1982년 11월26일자.

군사영어학교

1945년 12월 미군정은 한국에서 원활한 군정활동과 언어장벽 해소를 위한 통역관 양성을 목적으로 군사영어학교(Military Language School)를 설치하였다.[2] 군사영어학교는 기초 군사영어를 체득한 통역관 양성이었고, 그래서 입학 자격을 일본군, 만주군, 광복군 출신의 장교 및 준사관 경력자에 한정하였다.[3] 입교자 선발은 출신, 경력, 사상을 불문에 붙이는 '불편부당(不偏不黨)'의 방침이었다. 당초 모집 정원은 일본군, 만주군, 광복군 출신 각각 20명으로 합계 60명을 선발한다는 것이었다. 하지만, 입교자 대부분은 일본군과 만주군 출신자들이었다.[4]

1946년 1월 군사영어학교는 남조선국방경비대 창설과 함께 장교 양성을 겸하게 되었다.[5] 그래서 입교생도 당초 계획과 달리 200명으로 대폭 증원되었다. 선발 전형은 간단한 구두시험, 신체검사, 군사경력의 확인에 그쳤고, 영어 수준에 따라 ABCD반으로 구분되었다. 당시 일본 육군사관학교, 만주 군관학교, 학도지원병 출신자들은 간단한 영어라도 가능해서 A반에 편입될 수 있었다. 하지만, "송요찬, 최경록 또는 함병선과 같이 영어 실력이 없는 (육군특별)지원병 출신들은 자연적으로 D학급"[6]에 속하였다.

2. 장창국(1984), 『육사졸업생』, 중앙일보사, 57쪽.
3. 1946년 1월 최홍희는 임선하와 함께 냉천동 군사영어학교를 방문해서 초대 학교장 리스 소령에게 왜 사관학교가 아니고 군사영어학교인가를 물었다고 한다. 그러자 리스 소령은 "만약 우리가 사관학교라고 하면 이북에서 군대를 만들 염려가 있기 때문"이라 답했다고 회고하였다. 최홍희(1997), 『태권도와 나(1)』, 사람다움, 172쪽.
4. 김행복 편(2004), 『6·25전쟁사(1)』, 국방부군사편찬연구소, 325쪽.
5. 1946년 1월14일 개시된 남조선국방경비대 창설은 8개 도별에 걸쳐 화기소대를 제외한 정원(사병 225명과 장교 6명)의 약 20퍼센트에 달하는 초과 병력을 선발해서 첫 번째 중대를 편성한다. 단기간의 훈련을 마친 후 이들 초과 병력을 활용해 다른 지역에서 두 번째 중대를 편성하였다. 그렇게 해서 대대를 창설하고 최종적으로 하나의 연대를 편제하는 형식이었다. 로버트 소이어 지음, 이상호 외 옮김(2018), 『주한미군사고문단』, 선인, 26쪽.
6. 최홍희(1997), 『태권도와 나(1)』, 사람다움, 171쪽.

물론 교육기간에 걸쳐 영어력 정도에 따라 주당 3회의 테스트를 거쳐 월반도 가능하였다. 교육 내용은 국방경비대 창설을 목적으로 했기 때문에 영어만이 아닌 기초교양, 참모학, 군사학을 겸하였다. 장교 임관은 A반부터 순차적으로 실시되었다.[7] 군사영어학교 출신 최홍희 장군에 따르면, "A학급 출신이 중령이 될 때 그들(D학급)은 대위"[8] 계급에 불과했다고 한다. 바꾸어 말하면, 군사영어학교 출신이라 하더라도 식민지기 일본군 계급과 군사 경력에 따라 진급 격차가 심했음을 시사한다.

1946년 4월 말 군사영어학교 폐교까지 입교생은 약 200명이었다. 하지만, 장교 임관자는 [표10-1]과 같이 18차에 걸친 110명으로 전체의 55퍼센트에 불과하였다. 입교 와중에서 좌익 계열의 퇴교자와 신분 불안정에 따른 자퇴자 그리고 미 군정청 통역관 지원자도 적지 않았기 때문이었다. 더구나 이들 110명 가운데는 1946년 4월 말 군사영어학교 폐교 이후에도 식민지기 일본군 군사경력을 인정해서 수료자로 추인을 받았던 17명(오덕준, 박진경, 이응준 등)을 포함한다.

군사영어학교 출신자는 장교군번 제1번 이형근을 시작으로 제5번(채병덕, 유재흥, 장석륜, 정일권)까지는 육군 대위로 임관하였다. 또한, 조선경비대 창설을 서두르는 와중이었기 때문에 그 창설 요원으로 선발된 백선엽, 김백일, 최남근, 이성가는 서류상의 수료만으로 육군 중위에 임관하였다. 군사영어학교 창설의 산파역을 담당했던 만주군 소좌 출신의 원용덕은 소령, 일본군 대좌 출신의 이응준은 대령으로 임관하였다. 1946년 4월 30일 군사영어학교 폐교 당시 재학생 60명 가운데 20명이 임관했고, 나머지 40명은 조선경비사관학교 제1기생으로 전입하였다.

---

7. 육군본부군사연구실 편(1980), 「창군전사」, 「병서연구」 제11집.
8. 최홍희(1997), 「태권도와 나(1)」, 사람다움, 172쪽.

군사영어학교 수료자 110명의 출신 성분은 일본군 87명, 만주군 21명, 중국군 2명이었다. 이 가운데 일본군 출신자는 일본 육군사관학교 13명, 학도지원병 68명, 육군특별지원병 6명이었다.[9] 만주군관학교 출신 21명 가운데 5명은 일본 육군사관학교 편입자였다.[10] 임관자 110명의 연령대는 1916년부터 1926년생까지 다양했지만, 1919~23년생이 가장 많았다. 최고령자는 이응준(56세)이었고, 최연소자는 정래혁(20세)이었다.

[표10-1] 군사영어학교 수료임관자 추이　　　　　　　　　　　　　　　　　　(단위: 명)

임관차수	임관연월일	장교군번	임관자
1차	1946. 1.15	1~21	21
2차	1946. 1.22	22~25	4
3차	1946. 1.28	26~33	8
4차	1946. 2.3	34~38	5
5차	1946. 2.7	39~40	2
6차	1946. 2.9	41~44	4
7차	1946. 2.11	45~46	2
8차	1946. 2.12	47	1
9차	1946. 2.18	48~50	3
10차	1946. 2.21	51~52	2
11차	1946. 2.26	53~57	5
12차	1946. 2.28	58~60	3
13차	1946. 3.4	61~65	5
14차	1946. 3.15	66	1
15차	1946. 3.23	67~72	6
16차	1946. 4.25	73~93	21
17차	1946. 5.1	94~109	16
18차	1946. 6.12	110	1

(자료) 국방부(1984), 『국방사(1)』.

---

9. 종래 연구에서 군사영어학교 일본군 출신은 육군사관학교생 13명, 학도지원병 68명, 육군특별지원병 6명으로 파악하였다. 육군특별지원병 출신자는 최경록, 이춘경, 박기병, 함병선, 송요찬, 이백우였다. 그러나 박기병은 와세다대학 중퇴 학력으로 관동군 현병 장교 출신이었다. 박기병의 학력은 다른 육군특별지원병 출신자와 크게 다르며 학도지원병 출신자로 추정된다.
10. 한용원(1984), 『창군』, 박영사, 72~81쪽.

이들의 민간학력은 대학교 54명, 전문학교 15명, 중학교 20명, 불분명 21
명이었다. 민간학력은 육군사관학교 출신이 중학교, 육군특별지원병 출신이
국민학교, 학도지원병 출신이 전문학교와 대학교, 만주군관학교 출신이 대
학교 졸업과 중퇴였다. 학도지원병과 만주군관학교 출신이 상대적으로 높
은 민간학력 수준을 기록하였다.[11] 반면, 육군특별지원병 출신자들은 국민
학교 졸업으로 상대적으로 가장 낮은 학력 수준을 기록하였다.

[표10-2] 미군정기, 건국기, 한국전쟁기 초급장교 양성 현황 (단위: 명, %)

구분		군사영어학교 (1945.12 ~1946.4)	조선경비사관학교 (1946.5 ~1948.7)	육군사관학교 (1948.8 ~1950.7)	현지임관 (1945.12 ~1953.7)	육군종합학교 (1950.9 ~1951.4)	육군보병학교 (1950.1 ~1953.7)	기타	합계
임관	인원	110	1,255	3,731	9,686	6,987	10,550	717	33,036
	비율	0.3	3.8	11.3	29.3	21.1	31.9	2.2	100.0
전사	인원	5	366	1,095	484	921	801	–	3,672
	비율	0.1	10.0	29.8	13.2	25.1	21.8	–	100.0
장성	인원	78	257	343	20	127	54	–	879
	비율	8.9	29.2	39.0	2.3	14.4	6.1	–	100.0

(자료) 갑종전우회(1997), 『갑종장교단약사』; 이계홍(2005), 『장군이 이등병』, 화남; 장창국(1983), 『육군사관학교』, 중앙일보사.

군사영어학교 출신자 가운데 장성 진급자는 [표10-2]와 같이 78명으로
전체의 89퍼센트를 기록하였다.[12] 육군참모총장 13명(이형근, 채병덕, 정일
권, 최경록, 민기식, 김종오, 김계원, 최영희, 백선엽, 김용배, 장도영, 송요
찬, 이응준)과 합참의장 7명(이형근, 정일권, 유재흥, 백선엽, 최영희, 김종
오, 장창국)을 배출하였다.

이들은 건국기와 6·25전쟁기를 거치면서 파격적인 진급을 거듭했고, 파
워 엘리트 집단을 형성하였다.[13] 군사영어학교 출신 장성급은 1961년 5·16군

11. 김영만(1985), 「미군정기 조선경비대 창설과정 연구」, 고려대학교 석사논문.
12. 김행복 편(2004), 『6·25전쟁사(1)』, 국방부군사편찬연구소, 327쪽.
13. 한용원(1984), 『창군』, 박영사, 75~81쪽.

사정변 이후 대부분 예편하게 되었지만, 이후 외교관, 국방장관, 국회의원, 국무총리 등 대한민국의 정관계를 좌지우지하는 관료집단으로 변신하였다. 1946년 군사영어학교를 수료한 육군특별지원병 출신 장성급은 [표10-3]과 같이 육군 중장 3명과 준장 3명으로 합계 6명이었다.

[표10-3] 육군특별지원병 출신 장성급 현황 (단위: 명)

구분	기별		대장	중장	소장	준장	합계
군사영어학교	-		-	3	-	3	6
조선경비사관학교	제1기		–	–	2	1	3
	제2기		1	4	10	11	26
	제3기		–	2	4	9	15
	제4기		–	1	–	1	2
	제5기		–	–	5	7	12
	제6기		–	–	1	1	2
	소계		1	7	22	30	60
육군사관학교	제7기	(특)	–	–	3	2	5
		(정)	–	–	1	1	2
		(후)	–	–	3	–	3
	제8기	(특)	–	–	1	4	5
		(정)	–	–	2	3	5
	소계		–	–	10	10	20
합계			1	10	32	42	86

(자료) 이 책 부표(380~382쪽)로부터 작성.

이들의 면면은 최경록, 함병선, 송요찬, 이춘경, 이백우, 이치업 6명이었다. 최경록 중장은 헌병사령관, 제2군사령관, 육군참모총장을 역임하였다. 함병선 중장은 제2사단장, 제2군단장, 국방연구원장을 역임하였다.[14] 송요찬 중장은 헌병사령관, 수도사단장, 제1군사령관, 육군참모총장을 역임하였다. 이춘경 준장은 사단장과 국방연구원장을 역임하였나. 이백우 준장은 제

---

14. 함병선(1976), 「이화령에 뿌린 혈흔」, 『북한』 제57호.

26연대 연대장, 제8사단 포병단장, 제6사단장을 역임하였다.[15] 이치업 준장은 제5연대 창설 중대장, 제3대 조선경비사관학교장, 제9연대장, 육군보병학교장, 제3대 육군수송감, 제8사단장, 제27사단장을 역임하였다.[16]

조선경비사관학교

1946년 5월 개교한 조선경비사관학교(Korean constabulary Training Center)는 군사영어학교 폐지 이후 조선경비대 창설을 담당하는 전문적인 장교 양성을 목적으로 하였다. 당초 학교명은 조선국방경비사관학교였지만, 1946년 6월 조선경비사관학교(Korean constabulary Academy)로 개칭하였다.[17] 초대 교장은 '한국군의 나폴레옹'으로도 회자되었던 일본 육군사관학교 출신의 이형근 대위였다. 1948년 9월 조선경비대가 대한민국 국방부로 재편되면서 육군사관학교로 개명하였다.[18]

1946년 5월부터 1948년 7월까지 조선경비사관학교는 [표10-4]와 같이

---

15. 전라남도지편찬위원회(1996), 『전라남도지』 제29권; 영암군지편찬위원회(1998), 『영암군지』 영암군.

16. 1922년 부산 동래 출생. 1940년 동래중학을 졸업한 이치업은 조선총독부 철도국 고원(雇員)을 거쳐 1943년 육군특별지원병을 자원하였다. 1943년 말 중국 제남에 주둔하는 일본군 제59사단 제53연대 제42대대에 입영해 갑종 간부후보생으로 선발되었고, 1945년 8월 함남 함흥에서 해방을 맞았다. 육군 소위 계급으로 일본군을 제대한 이치업은 1945년 8월 해방과 함께 국립경찰에 투신해서 이승만 박사의 초대 경호실장을 역임하였다. 1945년 12월 미 군정청이 조선국방경비대 창설을 위해 군사 경력자를 모병한다는 소식을 접한 그는 미 군정청을 방문해 입대를 문의하였다. 이치업은 "내 지원 경위와 의사를 파악한 미 군정청의 마샬 대령은 내 영어 수준이 이미 상당하기 때문에 군사영어학교에 갈 필요가 없다고 하면서 서약서를 쓰게 하더니 즉시 임관 선서를 하도록 하였다. 그는 또한 그 자리에서 소위 계급장을 내가 쓰고 있던 군모 정면에 달아 주었다"고 회고하였다. 이치업의 군사영어학교 수료 군번은 34번이었다. 그는 1950년 육군본부 교육부장으로 6·25전쟁을 맞았고, 제3사단 제26연대장으로 낙동강 교두보의 최우익 전선의 사수를 진두지휘하였다. 이후 제7사단과 제3사단 부사단장을 거쳐 1952년 1월 제3대 육군 수송감에 취임하였다. 1954년 미 육군 참모대학 유학을 거쳐 1955년 제8사단장과 1956년 제27사단장을 거쳐 1959년 예편하였다. 이치업(2001), 『번개장군』, 원민, 80/315~316쪽.

17. 김행복 편(2004), 『6·25전쟁사(1)』, 국방부군사편찬연구소, 328쪽.

18. 1946년 말 사관생도들 사이에서는 조선경비사관학교를 「장교후보양성소」라 자칭했다고 한다. 이치업(2001), 『번개장군』, 원민, 97쪽.

제1기부터 제6기까지 입교자 1511명에 대해서 1255명의 장교를 배출하였다. 이들은 대한민국 국군 창설을 담당하는 기간요원들이었다. 이 가운데 제3기생의 경우, 약 60퍼센트에 달하는 임관자들이 1948년 10월 「여순사건」을 계기로 숙군이 단행되면서 군적을 박탈당했다.[19]

[표10-4] 미군정기와 건국기 초급장교 양성 실태 (단위: 명, 주)

구분			입교일	임관일	교육기간	입교자	임관자	전사자	장성급	입교자 경력
군영 (軍英)	–		1946. 1.15	1946. 6.12	–	200	110	6	68	고급하사관 이상
조선경비사관학교	제1기	정규	1946. 5.1	1946. 6.15	5	88	40	9	19	고급하사관 이상
	제2기	정규	1946. 9.23	1946. 12.14	11	263	195	40	79	군경력자 및 민간인
	제3기	정규	1947. 1.13	1947. 4.19	12	338	296	88	63	하사관 추천
	제4기	정규	1947. 5.16	1947. 9.10	16	120	107	38	16	하사관 추천
	제5기	정규	1947. 12.23	1948. 4.6	24	420	380	97	59	민간인 시험
	제6기	정규	1948. 5.5	1948. 7.28	18	282	237	94	21	하사관 추천
	소계		–	–	–	1,511	1,255	366	257	–
육군사관학교	제7기	정규	1948. 8.9	1948. 11.11	24	602	561	137	41	민간인 시험
		특1	1948. 8.17	1948. 10.12	8	246	190	42	41	군경력자
		특2	1948. 11.22	1948. 12.21	4	290	289	75	16	하사관 추천
	제8기	정규	1948. 12.7	1949. 5.23	24	1,300	1,264	402	111	민간인 시험
		특1	1948. 12.7	1949. 1.1	3	11	11	2	9	군경력자
		특2	1948. 12.7	1949. 1.14	5	160	145	32	9	군경력자
		특3	1948. 12.7	1949. 3.2	12	190	181	45	11	군경력자
		특4	1949. 2.21	1949. 3.29	4	250	247	53	17	군경력자
	제9기	정규	1949. 7.13	1950. 1.14	24	668	580	198	49	민간인 시험
	제10기	정규	1949. 7.15	1950. 7.10	48	338	263	109	39	민간인 시험
	소계		–	–	–	4,055	3,731	1,095	343	–

(자료) 국방부(1984), 『國防史(1)』; 육사30년사편찬위원회(1978), 『육군사관학교30년사』, 육군사관학교.

---

19. 이대인(2017), 『대한민국 특무부대장 김창룡』, 기파랑, 62쪽.

6·25전쟁기 조선경비사관학교 출신 장교의 전사자는 합계 366명으로 임관자 대비 29.2퍼센트의 전사율을 기록하였다. 장성급 진급자는 합계 257명으로 임관자의 20.5퍼센트를 차지하였다.

조선경비사관학교 입교자의 출신 성분은 일본군(육군사관생, 학도지원병, 육군특별지원병), 만주군(군관학교, 간도특설대 하사관)과 중국군 출신의 혼성이었다.[20] 제1~4기 입교자는 군사영어학교에 입교했지만 미처 졸업하지 못하고 전입한 경우와 각지 연대장 추천을 받은 하사관 출신 군사 경력자들이었다. 만주군관학교 출신의 박정희, 신현준, 이규동 그리고 일본 육군사관학교 출신의 이종찬과 유승렬은 뛰어난 일본군 경력에도 불구하고 여러 사정으로 귀국이 늦어지면서 군사영어학교 입교 기회를 놓친 사람들이었다.

조선경비사관학교는 1946년 1월 이후 각지의 연대 창설과 함께 급격한 장교 수요를 배경으로 단기 속성교육이 불가피하였다. 제1기생의 교육기간은 총 5주에 불과했지만, 제2기생부터 제6기생까지는 11주에서 24주로까지 연장되었다.[21] 이 가운데 제1기생은 군사영어학교 폐교에 따른 전입자들이 대부분이었다. 이들은 조선경비대 예하 연대 소속으로 하사관 출신자들이었다. 육군특별지원병 출신자는 임부택을 비롯해서 1948년 「여순사건」에서 활

---

20. 1970년대 국방장관을 역임한 임충식 장군은 간도특설대 하사관 출신으로 1946년 당시 광주 4연대 소속이었지만, 연대장 추천을 받아 김점곤과 함께 조선경비사관학교 제1기생으로 입교하였다. 최홍희 (1997), 『태권도와 나(1)』, 사람다움, 181쪽.
21. 학도지원병 출신 한신 장군에 따르면, "제2기생 모집에 응시한 자는 전군의 8개 연대에서 추천받은 우수 사병과 군사경력을 가진 민간인을 합쳐 500여 명에 이르렀다. 필기시험으로 국사, 수학, 영어 등을 치르고, 다시 면접과 신체검사를 거쳐 최종 선발 인원은 263명이었다. 2대 1의 경쟁률이었으나 나는 무난히 합격을 했다. 1946년 9월24일 시험에 합격한 일행은 경비사관학교 제2기생으로 입교했다. 이때 제2기생 입교자들의 출신 배경으로 보면, 광복군·만주군·중국군 그리고 일본군 출신 장교가 약 30여 명, 하사관 출신이 50여 명이었으며, 나머지는 민간인 출신이었다"고 증언하였다. 한신(1994), 『한신 회고록』, 명성출판사, 77~80쪽.

약한 '백두산 호랑이'[22] 김종원을 비롯한 서종철, 김용주 등이었다.[23]

이들 사관후보생 교육은 미군식 제식훈련, 부대편성, 전술학이었고, 교재는 미 육군의 야전교본을 번역해서 사용하였다. 이 가운데 제5기생부터는 점차 교육체계가 안정되면서 민간인을 포함하게 되었다. 민간인의 지원 자격은 만 21세 이상 35세 미만으로 구제 중학교(5년제) 졸업 이상이었다.[24] 수험과목은 국어·국사·수학·영어·작문·면접·신체검사였고, 약 15대 1의 경쟁률을 기록하였다. 제5기생 입교자의 대부분은 북한에서 월남한 반공우익 청년들이었다. 교육과정은 12주 군사훈련과 12주 군사학이었다.[25]

조선경비사관학교를 거쳐 임관한 육군특별지원병 출신 장성급은 앞서 [표10-3]과 같이 합계 60명으로 조선경비사관학교가 배출한 장성급의 23.3퍼센트를 차지하였다. 각 기수를 대표하는 육군특별지원병 출신 장성급의 면면은 제1기 임부택 소장(전남), 제2기 문형태 대장(전남), 제3기 김진위 소장(강원), 제4기 이병형 중장(경기), 제5기 김용배 준장(경북)[26], 제6기 박경원 소장(강원)이었다. 이들 대부분은 1950년 6·25전쟁 발발 당시 최일선 부대의 연대장과 대대장으로 활약하였다.

---

22. 신철식(2017), 『신현확의 증언』, 메디치, 131~132쪽.

23. 임부택은 공국진, 김종원 등과 함께 제1연대 창설에 따른 하사관 요원으로 입대하였다. 이들의 사병군번은 1번 임부택, 2번 공국진, 3번 김종원이었다. 임부택은 당시 채병덕 장군의 추천으로 '군사영어학교' C반에 입교해서 2주간 교육을 받았다. 그렇지만, 임관이 지체되면서 1946년 5월 조선경비사관학교 제1기생으로 전입하였다. 김행복 편(2004), 『6·25전쟁사(1)』, 국방부군사편찬연구소, 330쪽; 임부택(1996), 『낙동강에서 초산까지』, 그루터기, 27~28쪽.

24. 『동아일보』 1947년 5월1일자.

25. 1946년 4월 국방경비대 제8연대(춘천) 이등병으로 입대했던 이건영은 진급을 거듭해서 특무장교(원사)였던 1948년 8월 조선경비사관학교 제7기생으로 입교하였다. 입교 동기는 "장교의 수요가 늘어남에 따라 일본군 지원병 출신이나 우리 경비대의 하사관 출신 장교들이 부대에 배치되면서 고급하사관들을 자극하기 시작했다. … 얼마 전까지 부하였던 하사관이 장교가 되어 돌아와서는 지난날의 동료와 상사 위에 군림하는 경우도 허다했다. 억울하면 장교가 되는 길밖에 도리가 없었다"고 회고하였다. 이건영(1996), 『패자의 승리』, 진명출판사, 16~17쪽.

26. 김병권(2010), 『세월의 이끼에 가려진 보석』, 예가.

[부표] 육군특별지원병 출신 장성급 명단

구분	번호	성명 한자	성명 한글	생년 월일	본적	육사 기수	일본군 계급	예편 계급	임관 연월일	전역 연월일	최고 상훈 내역	예편 당시 직책
군사영어학교	1	崔慶祿	최경록	1920	충북	군영	준위	중장	1946. 1.15	1961. 6.22	을지	육군참모총장
	2	李春璟	이춘경	1922	평북	군영	준위	준장	1946. 1.15	1959. 10.10	을지	국방연구원장
	3	咸炳善	함병선	1920	평남	군영	준위	중장	1946. 1.15	1961. 7.4	태극	국방연구원장
	4	宋堯讚	송요찬	1918	충남	군영	조장	중장	1946. 1.15	1960. 5.23	태극	육군참모총장
	5	李致業	이치업	1922	경남	군영	소위	준장	1946. 1.15	1959. 1.00	–	사단장
	6	李白雨	이백우	1919	전남	군영	준위	준장	1946. 1.15	1958. 9.1	을지	사단장
조선경비사관학교	7	林富澤	임부택	1919	전남	1	조	소장	1946. 6.15	1962. 3.15	태극	군단장
	8	李源長	이원장	1924	충남	1	–	소장	1946. 6.15	1958. 2.24	을지	사단장
	9	金鳳喆	김봉철	1921	평남	1	–	준장	1946. 6.15	1962. 3.15	을지	부군단장
	10	文亨泰	문형태	1922	전남	2	조	대장	1946. 12.14	1970. 8.6	을지	합참의장
	11	朴元根	박원근	1922	경기	2	–	중장	1946. 12.14	1974. 12.26	충무	군사령관
	12	李敏雨	이민우	1921	충남	2	오장	중장	1946. 12.14	1974. 12.17	충무	참모차장/ 국방차관
	13	全富一	전부일	1924	전남	2	–	중장	1946. 12.14	1970. 8.15	을지	군단장
	14	金在命	김재명	1917	경기	2	–	중장	1946. 12.14	1972. 8.25	을지	합참본부장, 교통부장관
	15	李哲熙	이철희	1923	충북	2	–	소장	1946. 12.14	1971. 1.28	을지	중정차장
	16	李賢進	이현진	1924	경기	2	–	소장	1946. 12.14	1967. 9.10	을지	합참작전 기획국장
	17	張春權	장춘권	1924	충남	2	–	소장	1946. 12.14	1968. 8.10	을지	군단장
	18	韓雄震	한웅진	1924	전북	2	준위	소장	1946. 12.14	1968. 8.10	을지	군부사령관
	19	韓泰源	한태원	1925	함남	2	–	소장	1946. 12.14	1969. 3.31	을지	관구사령관
	20	玄石朱	현석주	1918	경북	2	–	소장	1946. 12.14	1970. 9.25	충무	군부사령관
	21	崔勳燮	최훈섭	1926	경기	2	상등병	소장	1946. 12.14	1971. 10.1	충무	관구사령관
	22	河甲淸	하갑청	1924	경남	2	상등병	소장	1946. 12.14	1960. 6.22	을지	특무부대장
	23	辛在植	신재식	1920	강원	2	–	소장	1946. 12.14	1969. 2.28	을지	군수기지사령관
	24	高白圭	고백규	1916	강원	2	준위	소장	1946. 12.14	1957. 9.25	을지	감찰관
	25	申東雨	신동우	1920	경기	2	–	준장	1946. 12.14	1957. 10.21	태극	공군참모총장 보좌관
	26	趙在美	조재미	1917	전북	2	–	준장	1946. 12.14	1963. 7.1	태극	민사군정국감
	27	孔國鎭	공국진	1923	경기	2	조장	준장	1946. 12.14	1957. 4.19	을지	헌병사령관
	28	李相國	이상국	1920	황해	2	조장	준장	1946. 12.14	1961. 12.22	충무	사단장
	29	金仁哲	김인철	1920	경기	2	병장	준장	1946. 12.14	1969. 8.16	을지	부군단장
	30	金貞武	김정무	1926	경기	2	–	준장	1946. 12.14	1963. 5.15	충무	내각수반실
	31	趙炳殷	조병은	1925	충남	2	–	준장	1946. 12.14	1961. 7.4	충무	병기학교장
	32	崔碩男	최석남	1924	경기	2	–	준장	1946. 12.14	1962. 3.6	충무	제2훈련소장

33	兪義濬	유의준	1919	전북	2	-	준장	1946. 12.14	1963. 7.1	충무	국방대학원 교수부장
34	權泰順	권태순	1922	강원	2	-	준장	1946. 12.14	1951. 2.12	충무	연대장
35	朴魯奎	박노규	1918	전북	2	조장	준장	1946. 12.14	1951. 3.3	태극	제31연대장
36	高光道	고광도	1924	경남	3	-	중장	1947. 3.22	1977. 5.6	충무	참모차장
37	尹泰浩	윤태호	1924	충북	3	-	중장	1947. 4.19	1975. 4.19	을지	국방부관리차관보
38	金振暐	김진위	1917	강원	3	조장	소장	1947. 3.22	1967. 12.13	충무	제2훈련소장
39	李昌雨	이창우	1919	경북	3	오장	소장	1947. 4.19	1971. 2.28	을지	육군본부 예비군부장
40	楊燦宇	양찬우	1926	강원	3	-	소장	1947. 4.19	1963. 12.18	을지	군수사령관
41	崔英圭	최영규	1919	강원	3	-	소장	1947. 3.22	1968. 8.10	을지	군수참모부장
42	朴昌錄	박창록	1922	전북	3	오장	준장	1947. 4.19	1961. 11.15	충무	부군단장
43	尹永模	윤영모	1925	경북	3	상등병	준장	1947. 4.19	1963. 12.15	충무	부군단장
44	金永夏	김영하	1922	전남	3	-	준장	1947. 4.19	1969. 8.16	을지	군사학교장
45	金玄玉	김현옥	1926	경남	3	-	준장	1947. 4.19	1963. 12.18	충무	항만사령관
46	朴應圭	박응규	1920	강원	3	-	준장	1947. 4.19	1967. 12.18	을지	육군본부 병기국장
47	鄭麟澤	정인택	1927	강원	3	-	준장	1947. 4.19	1961. 7.4	충무	행정참모부장
48	趙赫換	조혁환	1925	전남	3	-	준장	1947. 4.19	1969. 8.16	충무	육군본부 작전처장
49	陳龍坤	진용곤	1926	함남	3	-	준장	1947. 4.19	1967. 9.30	을지	부군단장
50	崔秉權	최병권	1925	경북	3	-	준장	1947. 4.19	1962. 10.30	충무	육군부통신감
51	李秉衡	이병형	1926	경기	4	-	중장	1947. 9.10	1976. 7.9	을지	군사령관
52	郭哲鍾	곽철종	1925	충북	4	-	준장	1947. 9.10	1968. 2.5	충무	관구부상령관
53	丁世振	정세진	1925	경기	5	오장	소장	1948. 4.6	1975. 9.12	을지	관구사령관
54	鄭圭漢	정규한	1925	경북	5	오장	소장	1948. 4.6	1976. 12.31	충무	관구사령관
55	崔大明	최대명	1924	경기	5	병장	소장	1948. 4.6	1970. 12.10	을지	국방대학원장
56	房景源	방경원	1926	경남	5	-	소장	1948. 4.6	1973. 10.2	을지	관구사령관
57	李元燁	이원엽	1925	함남	5	-	소장	1948. 4.6	1963. 12.12	충무	항공학교장
58	孫永乙	손영을	1925	경북	5	오장	준장	1948. 4.6	1963. 12.18	을지	육군본부항공감
59	金龍培	김용배	1921	경북	5	조장	준장	1948. 4.6	1951. 7.2	태극	제7사단 제5연대장
60	崔乃鉉	최내현	1925	강원	5		준장	1948. 4.6	1970. 4.1	충무	군행정참모
61	宋贊鎬	송찬호	1923	평남	5	-	준장	1948. 4.6	1962. 5.3	충무	군포병참모
62	裴德鎭	배덕진	1926	경기	5	병장	소장	1948. 4.6	1965. 2.20	을지	육군본부통신감
63	李禎淳	이정순	1927	경기	5	-	준장	1948. 4.6	1964. 6.30	화랑	경리감
64	許晙	허준	1922	경기	5	-	준장	1948. 4.6	1963. 10.01	충무	통신학교장
65	朴敬遠	박경원	1921	강원	6	-	소장	1948. 7.28	1963. 12.18	충무	관구사령관, 강원지사
66	梁成植	양성식	1924	경기	6	상등병	준장	1948. 7.28	1969. 11.28	충무	수송감

	67	文重燮	문중섭	1924	경기	7특	–	소장	1948. 10.12	1974. 1.31	을지	군부사령관
	68	方熙	방 희	1922	경기	7특	–	소장	1948. 10.12	1961. 10.11	충무	육군본부관감
	69	許弼殷	허필은	1917	충북	7특	–	소장	1948. 10.12	1967. 8.7	충무	공병감
	70	李炳雨	이병우	1920	전북	7특	준위	준장	1948. 10.12	1972. 2.1	충무	조병창장
	71	金仁	김 인	1923	경북	7특	–	준장	1948. 10.12	1963. 12.18	을지	사단장
	72	金益淳	김익순	1926	평남	7	오장	소장	1948. 11.11	1971. 10.14	화랑	헌병감
	73	李東壽	이동수	1922	충남	7	오장	준장	1948. 11.11	1968. 5.3	충무	육군본부경리감
육군사관학교	74	李春和	이춘화	1927	경남	7후	오장	소장	1948. 12.21	1971. 2.20	충무	합참통신 전략국장
	75	徐潤澤	서윤택	1921	전남	7후	준위	소장	1948. 12.21	1963. 10.20	충무	공병감
	76	崔憲熙	최헌희	1925	강원	7후	–	소장	1948. 12.21	1972. 10.06	충무	공병감
	77	李岐鎬	이기호	1912	경기	8특	–	준장	1949. 1.14	1961. 3.28	충무	병사구 사령관
	78	林秀一	임수일	1922	충남	8특	–	준장	1949. 1.14	1973. 2.1	충무	군수사령부 부사령관
	79	柳承源	유승원	1921	황해	8특	–	준장	1949. 3.2	1963. 2.25	충무	인천시장
	80	張壽永	장수영	1923	경기	8특	–	준장	1949. 3.2	1963. 6.2	충무	국가재건 최고회의 감찰위원
	81	嚴基杓	엄기표	1923	경남	8특	–	소장	1949. 3.20	1966. 8.26	충무	부관감
	82	曹千成	조천성	1926	경기	8	–	소장	1949. 5.23	1976.09.17	을지	관구사령관
	83	林澤柱	임택주	1922	전남	8	오장	준장	1949. 5.23	1976.11.30	을지	관구부사령관
	84	鄭茂植	정무식	1924	경기	8	일등병	준장	1949. 5.23	1970.12.15	화랑	육군본부 작전참모차장
	85	金憲模	김덕모	1926	경기	8	–	준장	1949. 5.23	1977.01.31	충무	원호관리단장
	86	車鎔泰	차용태	1925	경남	8	–	준장	1949. 5.23	1972.10.30	충무	부사단장

(주) 25번 신동우 준장은 1951년 5월15일 육군에서 공군으로 이적.
(자료) 육군본부 병적민원과와 공군본부 전직지원정책과의 도움을 받아 작성.

육군사관학교

조선경비사관학교는 1948년 9월 육군사관학교로 재편되었다. 육군사관학교는 제7~8기생까지 정규반과 특별반을 운영하였다. 특별반은 「제주4·3사건」과 「여순사건」의 토벌과 급격한 군사력 증강에 따른 장교 충원이 시급했기 때문이었다. 제7~8기 특별반은 당초 조선경비사관학교 입교를 주저하거나 기회를 놓쳤던 군사 경력자의 보다 신속한 전력화를 의도한 것이었다. 특별반 기수들은 군사 경력에 따른 단기 속성교육에도 불구하고 같은 기수의 정규반 출신에 비해서 진급이 훨씬 빨랐다.

제7~8기 정규반은 조선경비사관학교는 물론, 육군사관학교 제7~8기 특별반에 비해서도 입교생이 많았다. 제7~10기 입교생은 4055명이었고, 이 가운데 정규반 입교자는 2908명으로 전체의 71.7퍼센트를 차지하였다. 입교생 4055명 중 임관자는 3731명으로 임관율 92.0퍼센트를 기록하였다. 6·25전쟁기 전사자는 1095명으로 임관자 대비 29.3퍼센트의 전사율을 기록하였다. 장성급 진급자는 343명으로 임관자 대비 약 9.2퍼센트를 기록하였다.

육군사관학교 정규반의 교육 기간은 당초 24주였다. 12주는 기초 군사훈련, 나머지 12주는 사관교육이었다. 하지만, 양과 질을 담보하는 초급장교를 지속적으로 충원하기 위해서는 사관교육을 위한 정규 교육과정의 도입이 불가결하였다. 그래서 1949년 7월 국방부는 육군사관학교 제10기생부터 2년제 교육과정 도입을 결정하였다. 하지만 "도저히 2년제 교육과정을 지탱할 여력이 없어 다시 1년제 교육과정으로 변경"[27]하고 말았다. 13대 1의 치열한 경쟁률을 돌파하고 입교한 제9기생은 재학 중에 6·25전쟁을 맞았고, 1950년 7월 대전에서 임관하였다.[28]

정규 4년제 사관생도의 양성은 1950년 6월 약 10대 1의 경쟁을 거쳐 선발된 제10기생부터였다.[29] 하지만, 이들 제10기생은 불운하게도 6·25전쟁 발발과 함께 일반 소총수로 참전하면서 많은 희생을 치러야 했다.[30] 제10기

27. 육군본부(1970), 『육군발전사(상)』, 육군본부, 219쪽.
28. 장창국(1984), 『육사졸업생』, 중앙일보사, 328~336쪽.
29. 김행복 편(2004), 『6·25전쟁사(1)』, 국방부군사편찬연구소, 333쪽.
30. 1950년 6·25전쟁 발발과 함께 육군사관학교 제9기생 262명과 제10기생 227명이 전투에 참전하였고, 총원의 약 30퍼센트가 전사하였다. 이 가운데 약 30명은 북한군 포로로 사로잡혔고, 서울 시내에서 공개 총살되었다. 이한림(1994), 『세기의 격랑』, 팔복원, 143쪽·국방부군사편찬연구소(2005), 『북한의 전면 남침과 초기 방어전투』, 국방부군사편찬연구소, 145쪽.

생 338명 가운데 전사자를 제외한 175명은 1950년 8월 육군종합학교 제1~2기 속성과정을 거쳐 임관하였다. 국군 최초의 4년제 육군사관학교 교과과정은 1951년 10월 경남 진해에서 시작되었다. 이들 제11기생은 전두환 전 대통령을 비롯한 1980년대 신군부의 주류들이었다.[31]

다음은 육사 제7~8기생의 출신 성분과 선발전형이다. 제7기생 정규반은 민간인 출신 279명과 각 연대장 추천의 하사관 및 사병 출신을 포함한 602명이었다. 정규반의 민간인 출신자 대부분은 북한에서 월남한 반공청년들이었다. 제7기생 특별반 536명은 일본군, 만주군, 중국군 경력자와 각 연대장 추천의 고급 하사관(특수병과 기술병 포함)들이었다. 선발 전형은 필기시험, 신체검사, 구술면접이었다. 이들의 사관교육의 핵심은 미군식 군사교리와 소화기 취급 요령이었다.

1948년 12월 제8기생은 정규반과 특별반이 동시에 입교하였다. 제8기생 1911명(정규반 1300명, 특별반 611명)은 건국기 육군사관학교 출신 장교의 약 51.2퍼센트를 차지하였다. 제8기생 정규반은 10대 1의 치열한 경쟁률을 기록하였다. 입교자의 대부분은 서북청년회와 대동강청년회 등 북한에서 월남한 반공 청년들이었다. 기본 교육기간은 정규반 6개월과 특별반 3개월 과정이었다. 입교생의 평균 연령대는 22~23세의 구제 중학 졸업자들이었다. 제8기생은 1949년 5월 임관과 동시에 「옹진 전투」를 시작으로 지리산과 태백산 지구 「공비토벌 작전」에 투입되었다. 6·25전쟁기 이들 제8기생들은 소대장·중대장·대대참모로 활약했고, 1961년 「5·16군사정변」 당시의 정변주체 세력이었다.[32]

---

31. 육군본부(1970), 『육군발전사(상권)』, 육군본부, 663쪽.

32. 육군사관학교 제8기생 출신이며 6·25전쟁 발발 초기 제18연대 제3대대 제10중대 소대장으로 「기계·안강 전투」에 참전했다 중상을 입었던 허일성은 1942년 육군특별지원병 출신 군사 경력자였고, 남태평양 상파울섬에서 해방을 맞았던 인물이다. 육군사관학교제8기생회(1992), 『노병들의 증언』, 400쪽.

건국기 육군사관학교를 수료한 육군특별지원병 출신 장성급은 앞서 [표 10-3]과 같이 합계 20명이었다. 이들은 건국기 육군사관학교가 배출한 장성급 총원 343명의 약 5.8퍼센트를 차지하였다. 육군특별지원병 군사 경력자로서 육군사관학교 제7~8기생 출신 장성급은 제7기 특별반 출신으로 군사령관을 역임한 문중섭 소장(경기)과 정규반 출신으로 헌병감을 역임한 김익순 소장(평남) 그리고 제8기생 특별반 출신으로 부관감을 역임한 엄기표 소장(경남), 정규반 출신으로 관구사령관을 역임한 조천성 소장(경기) 등이 있다. 이들 대부분은 1940~1943년 육군특별지원병 출신 군사 경력자들이 었다.[33]

II. 6·25전쟁기 장교 양성

1950년 6·25전쟁 발발은 급격한 장교 소모율을 기록했고, 대대적인 초급 장교의 양성 및 충원이 시급하였다. 이하에서는 1950년 8월부터 1953년 7월까지 정규·비정규 초급장교 양성 체제를 중심으로 육군특별지원병 출신 군사 경력자들의 장교 임관의 실상을 검토해보자.

---

33. 육군사관학교 제7기생 특별반 출신 김풍익의 사례이다. 그는 1921년 충남 예산 출생으로 1941년 선린상업학교를 졸업해서 만주국 신경전업(주)에 사원으로 입사였다. 1942년 12월 육군특별지원병에 합격해서 경성 제1육군병지원자훈련소에 입소하였다. 1943년 5월 제19사단 국경수비대 포병대에 입대해서 갑종 간부후보생으로 선발되었다. 1943년 6월 만주국 흑룡강성 하얼빈의 하사관교육대를 거쳐 1944년 1월 회령교육대에서 예비사관 교육을 수료하였다. 1944년 6월 평양 제30사단 중포대 견습사관을 거쳐 1945년 1월 육군 소위로 임관하였다. 1945년 8월 평양사단 야포대 포병 소위로 근무하던 와중에 종전을 맞았다. 1948년 10월 조선경비사관학교 제7기생 특별반에 입소했고, 1948년 10월 육군 소위로 임관하였다. 풍익사업추진위원회편(1987), 『내 젊음 조국에』, 병학사.

현지임관

1950년대 6·25전쟁기 국군은 [표10-5]와 같이 3년 1개월에 걸쳐 장교 6159명과 사병 28만 8137명의 막대한 인적 손실을 기록하였다. 특히, 개전 초기 초급장교 손실률은 약 60퍼센트에 달했고, 「낙동강 전투」의 절정기였던 1950년 9월에 이르러 중대 단위 초급장교는 평균 1~2명에 불과한 상황이었다. 1950년 6월 당시 초급장교 보충은 육군사관학교 졸업생 2413명에 불과한 상황에서 전사상자 1478명을 기록하였다.[34]

[표10-5] 6·25전쟁기 국군의 병력 손실과 보충   (단위: 명)

구분	손실			보충		
	장교	사병	소계	장교	사병	소계
1950	2,886	84,426	87,312	10,477	191,650	202,127
1951	1,689	66,980	68,669	7,491	142,344	149,835
1952	907	53,920	54,827	6,096	124,783	130,879
1953	677	76,652	77,329	10,509	123,689	134,198
합계	6,159	281,978	288,137	34,573	582,466	617,039

(자료) 육군본부(1970), 「육군발전사(상권)」, 육군본부.

당시 대대단위 보직률 70퍼센트와 전사율 60퍼센트를 고려하면, 1950년 8월 당시 5개 사단 초급장교 675명은 초급장교 소요 인력 1090명의 61.9퍼센트에 불과하였다.[35] 더구나 1950년 6월 당시 국군은 대대적인 전력증강 정책에 따라 5개 사단의 신설을 추진하던 와중에서 초급장교의 잠재수요가 약 1475명에 달하는 상황이었다. 요컨대, 1950년 6월 6·25전쟁 발발은 심각한 초급장교의 부족사태를 초래했고, 시급한 양성과 충원이 불가피한 상

---

34. 1950년 6·25전쟁 발발 당시 육군 전체의 장교 6617명(소·중대장 2413명) 가운데 1478명이 전사하면서 가용 인원은 965명에 불과한 상황이었다.

35. 육군종합학교전우회(1995), 「(실록), 6·25한국전쟁과 육군종합학교」, 117~118쪽.

황이었다.

1946년 1월 창설된 조선경비대는 지원병제를 도입해 가용병력을 충원하였다. 지원자들은 식민지기 육군특별지원병 학도지원병, 징병 제1기 출신들이었다.[36] 지원 자격은 만 21세 이상 30세 미만, 국민학교 졸업 이상으로 군사 경력자를 우대하였다.[37] 이들은 의식주마저 열악한 병영생활과 혹독한 군사훈련을 감수해야 했다.[38] 조선경비대 창설과 함께 입영한 이들은 곧바로 하사관으로 진급했고, 1950년 6·25전쟁 발발 당시 북한군의 공세를 육탄으로 저지했던 '철모일생·군화일생'[39]의 장본인들이었다. 1950년 8월 말 국방부는 초급장교의 부족을 해소하고자 대통령령 제382호 「보충장교령」을 공포해서 고급 하사관을 초급 장교로 충원하는 현지임관제를 실시하였다.[40]

현지임관은 군사경력 4년 이상으로 실병지휘 능력과 군사지식을 중시하였다. 6·25전쟁기에 걸쳐 현지임관은 [표10-6]과 같이 보병 3134명을 시작

36. 1946년 2월 말 전북 이리에서 창설되었던 제3연대 소대장으로 연대 창설에 참여했던 이한림 장군의 회고에 따르면, "이리국민학교를 임시본부로 하고 모병을 시작하자 약 100명의 병사가 모집되었다. 여기에는 일제시 지원병을 나갔던 청년들 혹은 학병 출신들이 몰려왔다. 별다른 수속은 없었고, 입대 절차도 간단했다"고 증언하였다. 현지임관 제1호는 1946년 2월 육군 대위로 임관한 오덕준이다. 오덕준은 식민지기 학도지원병 출신으로 당시 조선국군준비대 경남지대 지대장이었다. 1946년 1월 제5연대 창설 중대장이었던 박병권과 오덕준은 학도지원병 출신으로 후쿠치야마(福知山) 예비사관학교 동기생이었다. 박병권 중대장은 조선국군준비대 경남지대에 소속하는 700명의 대원을 제5연대 부대원으로 흡수하는 과정에서 오덕준을 미군정에 추천해서 장교 임관을 조치한 경우였다. 이한림(1994), 『세기의 격랑』, 팔복원, 63쪽; 이원복(1996), 『타이거 장군 송요찬』, 육군교육사령부, 60~61쪽; 나종남 편(2012), 『한국군 초기 역사를 듣다』, 국사편찬위원회, 262쪽.

37. 육군본부(1970), 『육군발전사(상권)』, 육군본부, 89쪽.

38. 50동우회편(1998), 『국군의 뿌리』, 삼우사, 115쪽; 박경석(1990), 『육군종합학교』, 서문당, 26~272쪽.

39. 50동우회편(1998), 『국군의 뿌리』, 삼우사, 135쪽.

40. 1950년 당시 육군시관학교 부교장으로 6·25전쟁 발발 이래 제2사단장, 제2군단 부군단장, 제9사단장으로 참전했던 이한림 장군의 회고에 따르면, "소대장급과 중대장급 장교의 많은 손실로 계속되는 장교 보충이 문제되고 있었다. … 부족한 초급지휘관의 보충을 위하여 우수한 하사관 중에서 지휘능력이 있다고 인정될 때 육군 소위로 현지 임관시킨 것은 말단 전투력 발휘에 큰 역할이 되었다"고 증언하였다. 이한림(1994), 『세기의 격랑』, 팔복원, 175쪽.

으로 총 19개 병과에 걸쳐 4935명을 기록하였다. 관련해서 1950년 8월 말 보병 제6사단(사단장 김종오 대령)은 각 부처의 선임 하사관 17명의 현지임 관을 단행하였다.[41] 1950년 9월 「낙동강 전투」에서 수도사단과 제3사단에 부임하는 초급장교들은 손톱과 머리카락이 담긴 유품봉투를 지참해야 했다.[42]

[표10-6] 현임장교의 병과별 임관 현황 (단위: 명)

구분	1950년	1951년	1952년	1953년	합계
보병	1,858	863	87	326	3,134
포병	62	43	1	24	130
기갑	31	15	9	4	59
공병	87	13		36	136
통신	95	12		87	194
항공		1	1	1	3
화학	24	5	5	5	39
병기	81	11	2	53	147
병참	120	15	7	54	196
수송	117	47	3	28	195
부관	99	28	18	34	179
헌병	146	28	3	31	208
정훈	1	1			2
경리	23	7	1	31	62
군종		1			1
군악		1		2	3
의정	65	2	1	81	149
군의	17	11	18	27	73
여군	10	15			25
합계	2,836	1,119	156	824	4,935

(자료) 50동우회 편(1998), 『국군의 뿌리』, 삼우사.

---

41. 위와 같음, 248쪽.
42. 김종민(2010), 『대전쟁』, 동아E&D, 125쪽.

왜냐하면, 이들 초급장교들은 전투간의 공방전과 백병전을 진두지휘해야
했고, 높은 전사율을 기록했기 때문이었다. 그래서 이들은 '소모품 장교' 혹
은 '전선의 불쏘시개'로 회자되면서 낙동강 방어전과 북진작전 그리고 중동
부 전선 고지 전투에서 맹활약을 펼쳤다.[43]

이들 현지임관자는 1946년 1월 이래 조선경비대 창설 요원으로 입대한 지
원병들이었다. 실제로, 이들의 현지임관 이전 계급은 [표10-7]과 같이 준위,
상사, 기타였다. 여기서 중요한 사실은 이들 가운데 상당수는 1950년 6월
6·25전쟁 발발 이전 만기 제대한 고급 하사관 출신 경력자들도 다수를 포
함했다는 사실이다. 바꾸어 말하면, 6·25전쟁 발발과 함께 재차 자원 입대
해서 초급장교로 임관한 경우들이었다. 이들 재입대 고급 하사관 출신자의
현지임관은 50동우회 회고록과 자서전에서도 산견된다.[44]

[표10-7] 현임장교의 임관 이전 계급과 인원   (단위: 명, %)

구분	1950년	1951년	1952년	1953년	합계	비율
준위	11	1		745	757	15.3
상사	930				930	18.8
기타	1,895	1,118	156	79	3,248	65.8
합계	2,836	1,119	156	824	4,935	100.0

(자료) 50동우회 편(1998), 『국군의 뿌리』, 삼우사.

이들은 1946년 조선경비대 창설 이래 각 연대의 다양한 병과에서 장기
근속했던 하사관 출신 고참들이었기 때문에 정규 군사학교 출신의 초급장

---

43. 이계홍(2005), 『장군이 된 이등병』, 화남, 162~165쪽.
44. 1950년 9월 수도사단 제1연대 제1대대 제2중대장으로 기계·안강 전투에 참전했던 차규헌(육사 제8
기) 장군에 따르면, "연대의 중·소위급이 열흘간 20여 명이 전사 또는 부상을 당하자 상사 중에 30여
명을 현지임관시켜 줄 것을 건의하여 일주일이 지난 후에 육군본부에서 임관명령이 내려왔을 때는 이미
건의된 소대장 요원들이 전사하고 난 뒤였다. 다급하여 중사를 또 임관시켰으나 또 다시 이와 같은 전
철을 밟아야 했다"고 증언하였다. 차규헌(1985), 『전투』, 병학사, 136쪽.

교와 비교해서 가성비가 월등한 '만능장교'들이었다.[45]

육군특별지원병 출신 현지임관자였던 유기화의 사례를 살펴보자.[46] 1922년 충북 충주 출신의 유기화는 육군특별지원병 제2기생(현역)으로 육군병지원자훈련소를 수료하고 1939년 12월 조선군 제20사단 제78연대에 입영해서 1945년 8월 육군 조장으로 제대하였다. 그는 1943~1945년 뉴기니에 참전했다가 생환한 역전의 용사였다.[47] 1948년 10월 유기화는 독립기갑연대 이등병으로 입대해서 일주일 만에 특무조장(상사)으로 진급하였다.[48] 1953년 10월 현지임관한 이후 최일선 부대의 중대장으로 활약하였다. 1966년 8월 화학병과로 전과해서 육군 대령으로 진급했고, 1969년 12월 육군화학학교장, 1971년 육군본부 화학감실 차감, 1972년 육군본부 화학감을 역임하였다. 1974년 예비역 육군 준장으로 예편하였다.[49]

6·25전쟁기 현지임관 장교 4935명 가운데 전사자는 484명으로 9.8퍼센트를 전사율을 기록하였다. 1951~1953년 장교 전사자 3672명의 13.2퍼센트에 상당한다. 현지임관 출신 장성급 진급자는 소장 9명과 준장 5명으로 합계 14명을 기록하였다.[50] 그 가운데 이등병에서 육군 소장까지 3개의 군번과 3종의 신분을 거친 군사 경력자는 정수암 소장과 최갑석 소장이다.

이들 현지임관 장교들은 "특수사회인 군대 내에서 나라와 국민을 알게 되

45. 1922년 충북 괴산 출생으로 관동군 보충마창(만주 제59부대) 군속과 1948년 육군사관학교 제8기생 출신의 김종민은 제8연대 '나카오리 중대장'이라는 현지임관 사례를 소개하고 있다. 김종민(2010), 『대전쟁』, 동아E&D, 76~77쪽.

46. 50동우회 편(1998), 『국군의 뿌리』, 삼우사, 392쪽.

47. 林えいだい(1995), 『証言集, 朝鮮人皇軍兵士』, 拓植書房, 153~195쪽.

48. 50동우회 편(1998), 『국군의 뿌리』, 삼우사, 392쪽.

49. 예비역 육군 소령 박정선은 "비록 일제에 의해 동원되어 일본군 군수기술 교육을 받고 일본군 부대에서 근무했던 경험이 부끄러울 한 때가 있었지만, 이것을 해방된 조국과 창군 후 우리 군대에서 열심히 노력하고 적용하여 활용할 수 있었다는 사실이 한편으로는 다행한 일이었다"고 증언하였다. 50동우회 편(1998), 『국군의 뿌리』, 삼우사, 208쪽.

50. 이계홍(2005), 『장군이 된 이등병』, 화남, 164쪽.

고 전쟁을 통하여 제 나라 지키기가 얼마나 소중한 것인지 천지인(天地人)의 이치를 터득"[51]한 아주 특별한 상무집단이었다. 현지임관 장교들 가운데는 앞서 유기화의 사례와 같이 육군특별지원병 출신자들이 많았을 것으로 추정된다.

육군종합학교

육군종합학교는 1950년 8월15일 시급한 초급장교 충원을 목적으로 창설한 정규 군사학교였다. 육군종합학교는 6·25전쟁 발발 이후 육군사관학교와 육군보병학교를 통합한 육군보병학교로부터 출발하였다. 육군사관학교 제10기생 생존자와 갑종간부후보생(제1~2기)을 대상으로 부산 동래중학교에서 장교 양성을 개시하였다. 그러나 1950년 8월 말 국방부는 육군보병학교를 육군제병학교로 개칭함과 아울러 보병과를 시작으로 포병과·공병과·통신과·병기과·병참과·경리과·헌병과를 설치하고, 1950년 9월4일 제1기생 입교식을 거행하였다. 그러나 1950년 9월 초순 육군제병학교는 육군종합학교를 거쳐 1951년 2월 재차 육군보병학교로 개칭하였다. 육군종합학교 교훈은 지(智)·충(忠)·용(勇)이었고, 초대 총장에는 중국군 출신의 김홍일 장군이 취임하였다. 1950년 9월부터 1951년 4월까지 약 7개월에 걸쳐 총 32기생에 달하는 다수의 초급장교를 양성하고 배출하였다.

[표10-8]과 같이 보병 4761명을 시작으로 포병, 공병, 통신, 병기, 병참, 경리 병과를 망라해서 합계 6987명을 기록하였다. 이는 1946~1953년까지 초급장교 임관자 3만 3036명의 21.1퍼센트를 차지하였다. 육군종합학교 제1기생의 성분은 육군보병학교(시흥) 갑종장교 후보생 제3기생과 육군사관학교 제10기생 가운데 1931년 이전 출생자들이었다.

---

51. 50동우회 편(1998), 『국군의 뿌리』, 삼우사, 135쪽.

[표10-8] 육군종합학교의 기수별 병과별 장교 양성 추이 (단위: 주, 명)

기수	입교연월일	교육기간	기수별전사자	병과별							합계
				보병	포병	공병	통신	병기	병참	경리	
1	1950. 9.4	6	41	143	24		31				198
2	1950. 9.11	〃	35	134		53		14			201
3	1950. 9.18	〃	48	140	23		37			100	300
4	1950. 9.18	7	48	151		51					202
5	1950. 9.18	8	33	160	36						196
6	1950. 9.18	9	19	146		52					198
7	1950. 9.25	〃	41	122	40		33				195
8	1950. 10.2	〃	33	123		51		14			188
9	1950. 10.9	〃	36	138	44		34				216
10	1950. 10.16	〃	11	132		52		11			195
11	1950. 10.23	〃	33	142	40		20				202
12	1950. 10.29	〃	27	130		55		14			199
13	1950. 11.5	〃	28	142	34		35				211
14	1950. 11.12	〃	37	134		53		13			200
15	1950. 11.19	〃	32	142	45		34				221
16	1950. 11.25	〃	36	130		54		10			194
17	1950. 12.3	〃	36	185	34						219
18	1950. 12.10	〃	21	160		51		14			225
19	1950. 12.17	〃	19	150	35		33				218
20	1950. 12.24	〃	28	200							200
21	1951. 1.3	〃	36	177	39		30				246
22	1951. 1.17	〃	24	188		45					233
23	1950. 1.14	〃	21	198	43						241
24	1950. 1.28	〃	24	194		44					238
25	1950. 1.28	〃	28	198	44						242
26	1950. 2.4	〃	29	161		39		43			243
27	1950. 2.18	〃	19	89	42	50		34	46	192	453
28	1950. 2.25	〃	22	166			33	26			225
29	1950. 3.4	18	16	125	31						156
30	1950. 3.18	〃	20	90		27	20		51		188
31	1951. 4.1	〃	19	141	32			14			187
32	1951. 4.15	〃	21	130		27					157
합계	-	-	921	4,761	586	704	340	207	97	292	6,987

(자료) 육군종합학교전우회(1995), 「(실록), 6·25한국전쟁과 육군종합학교」, 육군종합학교.

제2기생은 육군사관학교 제11기생 가운데 1932년 이후 출생자들이었다. 제3~4기생은 식민지기 학도지원병과 육군특별지원병 출신 군사 경력자들이 대부분이었다. 이들은 부산에 소재했던 육군 제2훈련소에 입소한 사병들 가운데 선발된 자원들이었다. 육군종합학교 제1~4기생까지는 정식의 선발 전형이 없이 모집하였다. 정식의 선발전형은 제5기생부터 개시되었다. 지원 대상과 조건은 구제 중학교 졸업 이상의 학력을 구비한 민간인들이었다.

제5기부터 제32기까지는 신체검사, 학과시험(국어, 역사, 영어, 수학, 논문), 구술시험을 실시해서 선발하였다. 차수당 다수의 인원을 선발해서 주간 단위로 200~250명을 입교시키는 형식이었다. 후보생 연령은 1911년생부터 1934년생까지 다양했지만, 1930년생이 가장 많았다. 이들의 학력 수준은 구제 중학교 재학생과 졸업생 그리고 대학생과 졸업생까지를 망라하였다. 입교 이전 이들은 교육계, 관계, 법조계, 실업계, 금융계, 언론계, 문화계에 종사하였다.[52]

육군종합학교 기수당 입교생은 평균 200명 내외였다. 교육기간은 제1기부터 제3기까지 6주, 제4기 7주, 제5기 8주, 제6기부터 제28기까지 9주, 제29기부터 제32기까지 18주였다. 제3기부터 제7기까지는 1950년 9월15일 같은 날 입교해서 일주일 간격으로 교육과정을 마치고 임관하였다. 제1기부터 제4기까지는 육군사관학교와 육군보병학교에서 초병교육을 수료했기에 상대적으로 초단기 교육이었다. 교과 과정은 9주를 기준으로 일반학, 화기학,

---

52. 육군종합학교 제31기 출신의 김희오 장군은 안룡국민학교 재직 중에 1951년 제2국민병으로 징집되었고, 경북 청도에서 군사훈련을 예정하였다. 그러나 국민방위군 사건으로 부대가 해체되고 말았다. 그래서 대구 보충대에서 현역 입영을 대기하는 와중에서 간부후보생으로 선발되었다. 1951년 8월 육군종합학교를 수료하고 초급장교로 임관해서 수도사단 제26연대 제3중대 소대장에 보직되었다. 김희오 (2000), 『인간의 향기』, 원민, 45쪽.

전술학이었다.

육군종합학교의 교육과정은 6·25전쟁 와중이었기 때문에 "세계 군사에 그 유래를 찾아볼 수 없는 초단기 교육"[53]을 특징으로 하였다. 교육 내용도 단기간에 극한의 전투 환경에 적응해야 했기 때문에 실전 위주의 가혹한 군사훈련과 엄격한 내무생활을 감내해야 했다. 1951년 3월 제29기부터 정착한 18주 교과과정은 1951년 4월 입교한 마지막 제32기까지 유지되었다. 1951년 2월 복수의 특수병과(포병, 공병, 통신, 병기 등)가 각각의 병과학교로 전환하면서 육군종합학교도 육군보병학교로 재편되었다. 6·25전쟁기 육군종합학교 출신자들은 최일선 부대의 소대장으로 활약했고, 그래서 임관자의 13.2퍼센트에 상당하는 921명의 전사자를 기록하였다. 이는 1946~1953년에 걸친 정규·비정규 군사학교 출신 전사자 총원의 약 25.1퍼센트에 상당한다. 육군종합학교 출신의 6·25전쟁 수훈자는 제32기 김교수 소위(1953년 7월14일 전사)의 태극무공훈장을 시작으로 을지 31명, 충무 267명, 화랑 2463명으로 합계 2762명에 달하였다.[54] 임관자들 가운데 장성급 진급은 대장 1명, 중장 4명, 소장 45명을 포함해서 127명을 기록하였다.

육군보병학교

1948년 11월30일 대한민국 정부는 (법률 제9호) 「국군조직법」 공포와 함께 미군정으로부터 조선경비대를 계승해서 육군을 창설하였다. 1949년 6월 주한미군 철수를 전후해서 1949년 말까지 8개 사단과 5개 여단을 창설하였다. 육군은 식민지기 군사 경력자로부터 핵심 간부를 발탁하는 한편, 군사영어학교(110명), 조선경비사관학교(4551명), 개별 병과학교(313명)를 포함해

---

53. 위와 같음, 46쪽.
54. 육군종합학교전우회(1995), 「(실록), 6·25한국전쟁과 육군종합학교」, 1128쪽.

서 4900명의 장교를 양성하였다.

하지만 이들 장교만으로는 8개 사단과 5개 여단(23개 연대)의 수요를 충족할 수 없었다. 특히, 초급장교는 턱없이 부족한 형편이었지만, 자질도 3~16주 단기교육으로 크게 불충분하였다. 육군은 최소 6개월 이상의 체계적인 교육을 통한 초급장교 양성이 시급하다는 판단과 함께 간부들의 재교육을 통한 정예화를 추진하였다. 그래서 1948년 2월 육군은 경기도 수색 제1여단 사령부에 '보병학교' 설치를 결정했지만, 여러 사정으로 지체되었다. 1949년 7월 「학교창설위원회」를 결성해서 육군 전체 병과 간부들의 군사 및 보수교육을 담당하는 육군보병학교를 창설하였다. 경기도 시흥 소재의 육군보병학교는 1944년 4월 조선총독부가 징병자의 예비 군무교육을 목적으로 시설했던 조선총독부 제3군무예비훈련소를 계승한 것이었다.[55]

1949년 9월 육군보병학교는 초급장교의 군사지식과 지휘능력 배양을 위한 초등군사반(OBC, 3개월), 지휘관 및 참모능력의 제고를 위한 고등군사반(OAS, 3개월), 경찰간부반(2개월)을 각각 운영하였다. 1950년 1월 육군은 추가로 초급장교 양성을 위해 갑종간부 후보생 6개월 과정(OCS:Officer Candidate School)을 신설하였다.[56] 제1기생은 현역 사병

---

55. 갑종전우회(1997), 『갑종장교단 약사』, 104~405쪽.

56. 「갑종간부후보생」 제도는 1927년 이래 일본 육군의 예비역 장교 양성제도를 계승한 것이었다. 1933년 이래 일본 육군은 군비충실 계획의 일환으로 갑종 장교와 을종 하사관으로 구분되는 간부후보생 제도를 실시하였다. 지원 자격은 육군 장교가 배속하는 구제 중학교 졸업자, 고등학교 고등과 졸업자, 대학 예과 제1학년 수료자로서 소속 학교의 교련검증 합격자에 한정하였다. 이들은 일반병으로 4개월 이상을 재영한 이후 간부후보생을 지원했고, 소정의 선발전형을 거쳐 채용되었다. 이들 합격자는 3개월 집체교육을 거쳐 갑종과 을종으로 구분되었다. 이 가운데 「갑종간부후보생」은 예비사관학교에서 약 11개월의 예비사관학교 집체교육을 이수해야 했다. 예비사관학교 수료 이후 견습사관 4개월 근무를 거쳐 예비역 육군 소위로 임관하였다. 全陸軍甲種幹部候補生制度史編集委員會編(2005), 『全陸軍甲種幹部候補生制度史』, 全陸軍甲種幹部候補生制度史刊行會; 原剛編(2003), 『日本陸海軍事典(上)』, 新人物往来社, 108쪽.

과 민간인 출신의 387명이었다.[57] 이어서 1950년 4월 현역 군인과 민간인 출신 150명이 제2기생으로 입교하였다. 하지만 6·25전쟁 발발과 함께 휴교가 불가피하였다. 제1~2기 간부후보생들은 문산지구, 김포지구, 과천지구 전투에 참전해서 많은 전사자를 기록하였다.

1950년 8월4일 육군보병학교는 대구 소재의 육군중앙훈련소로 이전했고, 1950년 8월10일 경북 경주를 거쳐 8월15일 부산 동래로 이전해야 했다. 당시 육군보병학교는 육군사관학교와 통합해서 육군제병학교로 개편되었지만, 1950년 9월 육군종합학교로 개칭되었다. 1951년 2월 육군종합학교를 계승해서 육군보병학교를 회복하였다. 1951년 10월 육군보병학교는 부산 동래에서 전남 광주 소재의 상무대로 이전하면서 본격적인 초급장교 양성에 치중하게 되었다.[58] 1950년 6·25전쟁 이전 갑종간부 후보생 제1~2기생은 육군보병학교에 입교했지만, 전쟁의 영향으로 동래에 있는 육군종합학교 제1~2기생으로 전입해서 1950년 7월과 9월 각각 임관하였다. 1951년 4월 육군보병학교가 재건되지만, 1951년 11월에 이르러 전남 광주의 상무대로 이전하게 되었다. 그래서 육군보병학교 출신 갑종간부후보생은 제5기생~제17기생까지 동래, 제18기생~제49기생까지 상무대에서 임관하였다.

육군보병학교 갑종간부 후보생은 [표10-9]와 같이 1950년 7월 제1기생 387명을 시작으로 1953년 7월 제49기까지 합계 1만 550명의 초급장교를 양성·배출하였다. 1952~1953년 중공군 공세기 갑종장교 출신자들은 최일선 부대의 초급장교 수요를 반영해서 월간 평균 2주 간격으로 입교해서 24주의 교육과정을 수료하고 임관하였다. 기수당 입교자는 최다 제1기 387명에서 최소 제2기 150명까지였고, 평균 215명이었다.

---

57. 육군본부(1970), 『육군발전사(상)』, 육군본부, 219쪽.
58. 위와 같음, 676쪽.

[표10-9] 갑종간부후보생의 기수별 임관 현황

(단위: 명, 개)

기수	입교연월일	임관연월일	인원	전사	장성	위치	병과	비고
1	1950. 1.27	1950. 7.15	387	51	7	시흥	10	현역/민간인
2	1950. 4.21	1950. 9.10	150	16	4	시흥	10	현역/민간인
3	1951. 4.29	1951. 10.12	173	18	2	동래	13	현역/방위군/지원병/학도의용군
4	1951. 5.12	1951. 10.26	178	21	3	"	13	사병/하사관
5	1951. 5.27	1951. 11.12	158	11	4	"	9	민간인
6	1951. 6.10	1951. 11.24	166	21	1	"	11	사병/하사관/방위군/학도의용군
7	1951. 6.24	1951. 12.8	171	10	3	"	12	민간인
8	1951. 7.8	1951. 12.22	175	27	2	"	13	민간인
9	1951. 7.22	1951. 12.29	183	11	3	"	11	민간인
10	1951. 8.5	1952. 1.19	193	17	2	"	13	민간인
11	1951. 8.20	1952. 2.2	193	20	2	"	11	민간인
12	1951. 9.1	1952. 2.16	192	10	1	"	10	사병/민간인
13	1951. 9.16	1952. 2.29	193	16	2	"	12	사병/예사관/민간인
14	1951. 10.1	1952. 3.15	182	5	0	"	8	민간인
15	1951. 10.15	1952. 3.29	175	17	0	"	9	민간인
16	1951. 10.27	1952. 4.12	189	14	1	"	10	방위군/예비역
17	1951. 11.10	1952. 4.26	250	22	3	"	10	사병/방위군
18	1951. 11.25	1952. 5.10	265	19	3	광주	12	사병
19	1951. 12.10	1952. 5.24	238	26	0	"	9	사병/민간인
20	1951. 12.24	1952. 6.7	259	19	1	"	11	사병/민간인
21	1952. 1.7	1952. 6.21	266	29	1	"	14	사병/민간인
22	1952. 1.21	1952. 7.5	248	25	1	"	8	하사관/학도병/대학졸/교사
23	1952. 2.4	1952. 7.26	247	26	0	"	10	사병/민간인
24	1952. 2.8	1952. 8.2	254	20	0	"	10	사병/하사관/민간인
25	1952. 3.3	1952. 8.16	256	19	0	"	10	사병/민간인
26	1952. 3.15	1952. 8.30	261	22	0	"	9	하사관/학도병/민간인
27	1952. 3.29	1952. 9.13	259	33	0	"	8	민간인
28	1952. 4.4	1952. 9.27	266	31	1	"	9	민간인
29	1952. 4.29	1952. 10.11	233	26	0	"	9	민간인/사병/하사관
30	1952. 5.12	1952. 10.25	220	14	0	"	6	민간인
31	1952. 5.26	1952. 11.8	205	14	0	"	10	민간인
32	1952. 5.26	1952. 11.22	???	23	0	"	7	사병/경찰/민간인
33	1952. 6.23	1952. 12.6	216	14	0	"	10	사병/하사관/방위군
34	1952. 7.7	1952. 12.20	233	15	0	"	2	민간인
35	1952. 7.21	1953. 1.3	226	25	2	"	6	사병/하사관/민간인
36	1952. 7.22	1953. 1.25	215	2	0	"	3	사병/민간인

37	1952. 8.18	1953. 1.31	216	11	0	"	3	사병/민간인
38	1952. 9.1	1953. 2.14	193	6	0	"	10	하사관/민간인
39	1952. 9.14	1953. 2.28	200	10	0	"	10	사병/학생/민간인
40	1952. 9.30	1953. 3.14	153	24	0	"	8	민간인
41	1952. 10.13	1953. 3.28	196	9	3	"	9	사병/하사관/민간인
42	1952. 10.27	1953. 4.11	177	1	0	"	4	민간인
43	1952. 11.10	1953. 4.25	134	2	1	"	8	사병/민간인
44	1952. 11.24	1953. 5.9	206	2	1	"	4	사병
45	1952. 12.8	1953. 5.23	242	3	0	"	13	민간인
46	1953. 1.5	1953. 6.6	252	10	0	"	10	사병/민간인
47	1953. 1.5	1953. 6.20	208	11	0	"	10	사병
48	1953. 1.20	1953. 6.27	237	2	0	"	6	민간인
49	1953. 2.2	1953. 7.18	239	1	0	"	10	하사관/민간인
합계	–	–	10,550	801	54	–	–	–

(자료) 갑종장교단중앙회(2005), 『불멸의 갑종간부 후보생』.

육군보병학교 갑종간부 후보생의 출신 성분은 기수별에 따라 천차만별이었다. 순수 민간인 선발 기수, 현역과 민간인의 혼성 기수, 국민방위군 출신 기수, 순수한 현역 사병 선발 기수 등이었다.[59] 6·25전쟁기 이들 갑종장교 출신 임관자 1만 550명 가운데 전사자 801명을 기록하였다.

제1기~제44기 장성급 진급자는 54명(대장 2명, 중장 3명, 소장 19명, 준장 30명)으로 군사학교 출신별 장성급 진급자의 6.1퍼센트를 차지하였다.[60] 이들 가운데 무공훈장 수훈자는 태극 2명, 을지 36명, 충무 350명, 화랑 2742명으로 합계 3130명이었다.[61] 현재 자료적 제약으로 육군보병학교 갑종장교 출신자 가운데 육군특별지원병 출신 군사 경력자를 확인할 수 없는 상

---

59. 예를 들어, 1929년 7월 평남 평양 출신의 안용현은 1949년 월남해서 육군독립기갑연대 이등병으로 입대해서 6·25전쟁에 참전했고, 1953년 8월 육군보병학교 갑종간부후보생(제50기) 과정을 수료하고 육군 초급장교로 임관하였다. 안용현(2003), 『(실록), 한 노병의 잡화』, 한솜미디어.
60. 갑종장교단중앙회(2005), 『불멸의 갑종간부 후보생』, 갑종장교단중앙회, 14~15쪽.
61. 위와 같음, 279쪽.

황이다. 그러나 육군특별지원병 출신자들의 군사경력과 6·25전쟁이라는 조국의 공산화 위기를 고려하면, 다수의 육군특별지원병 출신자들이 육군보병학교를 지원해서 초급장교로 임관했을 것으로 추정된다.

Ⅲ. 고급 장성급의 군사경력

육군특별지원병 출신 군사 경력자들은 1946년 군사영어학교를 시작으로 정규·비정규 군사학교를 거쳐 초급장교로 임관해서 대한민국 창군을 담당하였다. 이 가운데 1946년 군사영어학교 출신 고급 장성급 진급자의 군사경력를 검토해보자. 대상은 육군특별지원병 제1~2기생(현역) 출신의 최경록, 송요찬, 함병선이다.

최경록 중장

최경록(1920.9~2002.9)은 1920년 9월 충북 음성 출생으로 일본 삼성보통학교와 구마모토(熊本)현립중학을 거쳐 육군특별지원병 제1기생(현역)으로 선발되었다.[62] 1939년 12월 육군병지원자훈련소를 수료한 그는 이등병 계급으로 조선군 제20사단 제79연대에 배속되었다. 그는 제2차 조선총독부 전형 보결생으로 육군병지원자훈련소에 입소하였다. 이후 발군의 성적과 군사적 자질을 드러내면서 관계자들의 주목을 받았다. 육군병지원자훈련소 소장 가이다 대좌는 '의외의 보기 드문 인재'라며 격찬하였다.

---

62. 최경록은 하사관 선발과 관련해서 "그동안 중대장의 절절한 교훈과 혹한을 무릅쓰며 교육해주신 교관 반장 상등병 여러분들의 지도로 군무에 힘쓰겠습니다. 지원병의 모범이 되겠습니다"라는 소감을 발표하였다. 『매일신보』 1938년 6월11일자.

1939년 5월 「조선군사후원연맹」과 육군병지원자훈련소는 제1기 교육검열을 마친 육군특별지원병 제1기생 격려회를 개최하였다. 같은 자리에서 최경록은 훈련생도를 대표해서 내외빈의 축사에 답사하였다.[63] 1939년 5월 우수한 성적으로 하사관에 선발되었다.[64] 그리고 1943년 1월 조선군 제20사단 보병 제79연대 소속으로 뉴기니에 출정했지만, 부상을 입고 가까스로 후송되면서 목숨을 구할 수 있었다.[65] 1944년 8월 그는 가네코 다케야마무사시(金子武山司) 중위의 고별식에서 육군특별지원병을 대표해서 조사를 낭독하기도 하였다.[66] 1944년 8월 도요하시 육군예비사관학교(제59기)를 거쳐 1945년 8월 육군 준위 계급으로 일본군을 제대하였다.[67] 1945년 8월15일 당시 제20사단 제79연대(제23부대) 제1중대 조장이었던 그는 조선인 병사 약 3000명의 무사한 제대와 귀향을 위해 헌신하였다.[68]

1946년 최경록은 군사영어학교를 수료하고 초급장교에 임관하였다. 군사경력은 1948년 6월 제11연대장, 1950년 7월 수도사단 참모장과 제2훈련소장을 거쳐 1950년 9월 헌병사령관에 취임하였다. 1952년 국방부 제1국

---

64. 「매일신보」 1939년 5월4일자.

65. 최경록은 1943년 조선군 제20사단 예하 보병 제79연대 하사관으로 뉴기니에 참전했다가 부상을 입었다. 하지만 조선군 제20사단 참모장 오노 다케오(小野武雄) 대좌의 특별한 배려로 마닐라 육군병원, 고쿠라(小倉)육군병원, 도쿄 제1육군병원을 거치며 목숨을 구할 수 있었다. 최경록은 평생에 걸쳐 오노 대좌를 생명의 은인으로 섬겼다. 小野三郎編(1983), 「白雲悠 (小野武雄追悼錄)」.

66. 1944년 8월 「매일신보」는 최경록을 "중국 북지전선에서 명예의 부상을 입고 현재 경성 육군병원에서 정양하고 있는 제1회 육군특별지원병 신다 게이키치(新田慶吉)"로 소개하기도 하였다. "중국 북지전선에서 명예의 부상"은 사실과 다르다. 「매일신보」 1944년 8월14일자.

67. 第20師團司令部(1945.9), 「南方軍第8方面軍第20師團留守名簿」, 2107쪽.

68. 1921년 함남 이원 출생으로 대련(大連)고등상업학교를 졸업하고 학도지원병을 자원해서 조선군 제20사단 제79연대에 입영했던 신재원은 1945년 8월 "18~19 양일간에 걸쳐 한 사람의 실수도 없이 그 반은 최형(최경록)의 인솔하에 병영을 떠났고 나머지는 나의 인솔하에 선심(善心)보따리를 배낭삼아 짊어지고 삼각지 앞 광장에서 조국 광복에 이바지할 것을 다짐한 이후 질서정연하게 해산하였다"고 회고하였다. 1.20동지회문화부(1973), 「청춘만장」, 1.20동지회본부, 26~27쪽.

장, 1953년 육군사관학교장, 미국참모대학 유학, 1954년 제8사단장을 거쳐 1955년 제2군부사령관, 1958년 국방대학원을 수료하였다. 1959년 국방대학원장, 1960년 육군 중장으로 진급해서 육군참모차장에 취임하였다. 1960년 8월부터 1961년 2월까지 최영희 장군의 뒤를 이은 제13대 육군참모총장을 역임하였다. 1961년 3월 제2군사령관으로 「5·16군사정변」을 맞았고, 6월 육군 중장으로 예편하였다.[69]

최경록은 1948년 「제주4·3사건」 수습과정에서 피살당한 박진경 대령의 후임으로 제11연대장에 발탁되어 활약하였다. 1949년 제11연대장으로 「송악산 5·4 전투」 당시 「육탄10용사」를 배출한 장본인이었다.[70] 1950년 6·25전쟁 발발 당시 제1사단(사단장 백선엽) 제11연대장으로 「고랑포 전투」에 참전했으며, 1951년 제8대 헌병사령관으로 「거창 양민학살」과 「국민방위군」 사건의 전모를 드러내는 뛰어난 수완과 강직성을 발휘하였다. 1961년 예편 당시 최경록의 가산은 후생주택 한 칸뿐이었고, 생활이 어려워 부하들이 쌀가마를 전달했을 만큼 청직(淸直)한 군인이었다. 1963년 3월 미국 조지워싱턴대학 유학 당시 국회의원 강문봉, 전규홍 등과 함께 "박정희 군사독재 타도 혹은 한국인은 진정한 민주주의를 지지한다"[71] 등 군정연장 반대성명을 발표하기도 하였다.[72]

1967년 10월 주멕시코 대사에 임명되면서 외교관 생활을 시작해서 1971년 배의환 대사 후임으로 제6대 주영국 대사에 임명되었다. 1974년 9월 김신 장관의 후임으로 제22대 교통부장관에 임명되었다. 그러나 1977년 이리역 폭발사고가 발생하면서 책임을 지고 사임하는 책임행정의 모범을 보였

---

69. 佐々木春隆(1976), 『朝鮮戰爭(上)』, 原書房, 478쪽.

70. 김석원(1977), 『노병의 한』, 육영사, 254~309쪽.

71. 짐 하우스만·정일화(1995), 『한국 대통령을 움직인 미군 대위』, 한국문원, 44쪽.

72. 『동아일보』 1965년 1월6일자.

다. 교통부장관 사임 이후에는 정치인으로 변신해서 1978년 12월 제3기 유정회 국회의원으로 당선되었다. 1979년 5월 김종필과 함께 유럽 6개국 및 아프리카 수단공화국의 대통령 특사로도 활약하였다.

1980년 8월 최경록은 김정렴 대사 후임으로 제7대 주일본 대사에 취임해서 1985년 10월까지 최장수 대사로 우호적인 한일관계 형성과 유지에 크게 기여하였다.[73] 이후 민주평화통일자문회의 자문위원 및 재향군인회 회장으로 활약하였다. 그는 오랜 군 생활에도 강직과 청렴으로 일관했던 제대로 된 군인이었다.[74] 대한민국 창군사에서 최경록 중장은 송요찬 중장과 함께 육군특별지원병 출신 군사 경력자를 대표하는 인물이다. 상훈은 충무무공훈장, 을지무공훈장, 수교훈장 광화장, 청조근정훈장, 미국 훈장(Legion of Merit), 일본 1등 훈장 등 다수에 달한다.

송요찬 중장

송요찬(1918.2~1980.10)은 1918년 2월 충남 청양 출생으로 화성공립보통학교를 졸업하였다.[75] 1939년 육군특별지원병 제2기생(현역)으로 육군병지원자훈련소에 입소하였다. 같은 해 12월 수료식에서 우등상을 수상하였다.

---

73. 군사영어학교 출신으로 육군참모총장과 대통령 비서실장을 역임한 김계원 장군에 따르면, "최경록 장군도 꽤 괴짜였습니다. 그 사람은 일본군 지원병 출신인데, 한국군에 와서도 늘 큰 칼을 차고 다녔던 친구입니다. 사실 일본군에서 지원병에서 하사관까지 올라가는 것은 정말 어렵고 힘든 일입니다. 뭔가 재주가 있어야 되는데 최경록 씨는 정말 대단한 사람이었습니다. 그분은 나중에 일본 대사를 역임했지요. 내가 박정희 전 대통령에게 농담으로 '각하, 최경록 대사 잘 시키셨습니다'라고 말한 적도 있었다"고 회고하였다. 나종남 편(2012), 『한국군 초기 역사를 듣다』, 국사편찬위원회, 45쪽.
74. 『동아일보』 1980년 8월13일자.
75. 일본 방위대학 교수 사사키 하루타카(佐々木春隆)는 1976년 저서에서 송요찬이 화성보통학교를 거쳐 대전중학을 졸업했다고 주장하였다. 그러나 송요찬의 자서전을 집필한 이원복에 따르면, 송요찬의 민간 학력은 화성보통학교 졸업이라 기술하였다. 또한, 2017년 2월 필자가 청양을 방문해서 송요찬의 고향 후배를 인터뷰한 적이 있지만, 화성보통학교 졸업에 그친 것으로 파악되었다. 이원복(1996), 『타이거 장군 송요찬』, 육군교육사령부, 20쪽; 佐々木春隆(1976), 『朝鮮戦争(上)』, 原書房, 445쪽.

이후 송요찬은 조선군 제20사단 소속으로 육군병지원자훈련소 조교로 근무하면서 하사관에 선발되었다.[76]

1945년 8월 종전 당시 일본군 계급은 육군 조장이었다.[77] 1946년 1월 송요찬은 군사영어학교에 입교했고, 같은 해 5월 초급장교로 임관하였다.[78] 군사경력은 제5연대 소대장과 중대장 그리고 제8연대 대대장을 거쳐 1948년 7월 제9연대 연대장으로 「제주4·3사건」 진압작전에서 발군의 수완을 발휘하면서 두각을 나타냈다.[79] 1949년 5월 제10연대장으로 「양양 돌격사건」의 실책으로 연대장에서 해임되는 수모를 겪기도 하였다.[80] 1949년 9월 제15연대장으로 복귀해서 한국군 내부의 좌익세력 척결과 공비토벌 작전에서 혁혁한 전공을 세웠다.[81]

1950년 6월 송요찬은 제6대 헌병사령관으로 6·25전쟁을 맞았다. 그는 전선에서 낙오한 장병들을 수습해서 후방지역의 민심 안정에 주력하는 등 "카빈총을 휘두르며 평택시가 네거리에서 낙오병을 질타"[82]하는 등 독전업무를 수행하기도 하였다. 또한, 한국은행의 지금(地金) 반출을 주도해서 국가재정의 건전성 확보에도 공헌하였다.[83] 1950년 9월 수도사단장으로 낙동강 동부전선 「안강·기계지구 전투」를 진두지휘해서 승리로 이끌었다.

1950년 10월 수도사단은 북진작전으로 전환해서 국군 최선봉으로 38선을 돌파했고, 함남 안변군 「신고산 전투」에서 개전 이래 최대 규모의 전과를

---

76. 「매일신보」 1939년 11월28일자.
77. 이원복(1996), 「타이거 장군 송요찬」, 육군교육사령부, 39쪽.
78. 위와 같음. 55쪽.
79. 佐々木春隆(1976), 「朝鮮戰爭(上)」, 原書房, 241쪽.
80. 이형근(1993), 「이형근 회고록」, 중앙일보사, 43쪽.
81. 전쟁기념관(2000), 「이달의 호국의 인물, 송요찬 육군 중장」.
82. 강영훈(2008), 「나라를 사랑한 벽창우」, 동아일보사, 146쪽.
83. 안용현(2003), 「실록, 한 노병의 잡화」, 한솜미디어, 309~310쪽.

올렸다. 1951년 1월 수도사단은 단기간에 강릉을 탈환해서 맥아더 사령관의 치하를 받았다. 1952년 7월 육군 소장으로 진급해서 남부지구 경비사령부 초대 사령관으로 「지리산 공비토벌 작전」을 진두지휘하였다. 1952년 10월 재차 수도사단장으로 복귀해서 「지형능선 탈환작전」을 승리로 이끌었다.[84]

1953년 7월 미군 지휘참모대학 유학 대기하던 와중에 제8사단장에 취임하였다. 1953년 6월부터 7월 휴전협정까지 「금성 동남지구 전투」에서 중공군의 파상공격을 격파하고, 6·25전쟁 최후의 「7·13공세」를 승리로 장식했다. 그는 태극무공훈장 2개, 금성을지훈장 2개, 은성충무훈장 1개, 한국군 최초의 미국 은성훈장을 수상하였다.

함병선 중장

함병선(1920.5~2001.2)은 1920년 평남 대동군 출생으로 1938년 희천고보를 중퇴하고 육군특별지원병 제1기생을 지원해서 합격하였다. 1938년 12월 육군병지원자훈련소를 수료한 이후 제20사단 제77연대(평양)에 배속되었다. 1939년 5월 일등병 계급으로 중일전쟁에 참전해서 혁혁한 전공을 세웠고, 일본군 최고의 영예였던 금치훈장을 수상하였다.[85] 1939년 8월 하사관으로 선발되었고, 1941년 일본 육군 최정예 공정부대였던 「정진연대」 창설요원으로 활약했던 역전의 용사였다.

1945년 8월 일본군을 전역한 함병선은 귀국해서 비공식 군사조직이었던 치안반총사령부에서 활동하였다.[86] 1946년 1월 조선경비대가 창설되자 채병덕의 권유로 군사영어학교에 입교해서 조선경비대 초급장교로 임관하였다. 1947년

---

84. 이원복(1996), 「타이거 장군 송요찬」, 육군교육사령부, 55쪽.

85. 「매일신보」 1941년 7월13일자와 1944년 8월1일자.

86. 「월간전우」 1991.10.

제2연대 군수참모, 1948년 제2여단 군수참모, 1948년 12월 제2연대장으로 송요찬 제9연대장에 이어서 「제주4·3사건」 진압 부대장으로 활약하였다.

1948년 당시 제주도는 "폭도건 양민이건 서로 끈끈한 핏줄로 얽혀"[87] 있는 억새풀과도 같은 공동체였다. 그래서 함병선은 무장대와 양민을 분리하는 이른바 '제2연대 선무공작'[88]을 실시해서 일정한 성과를 거두게 되자, 1949년 3월 한라산에 잠복하는 무장대를 소탕해서 단기간에 제주도의 치안을 확보할 수 있었다.[89] 그 과정에서 함병선은 백병전을 진두지휘했고, 대퇴부에 수발의 총상을 입기도 하였다.[90]

[자료10-1] 함병선 장군의 장교자력표

(출처) 육군본부(2019), 『장교자력표(함병선)』

---

87. 이계홍(2005), 『장군이 된 이등병』, 화남, 106~107쪽.

88. 위와 같음, 106~107쪽.

89. 백선엽(1992), 『실록, 지리산』, 고려원, 130쪽.

90. 함병룡(2019.8.30), 「인터뷰」.

1948~1950년 제2연대장 함병선은 여수, 순천, 제주도, 옹진, 홍천, 춘천 등 여러 크고 작은 작전을 수행하는 최일선 부대의 지휘관으로 활약하였다.[91] 1950년 6·25전쟁 발발 당시에는 제6사단 제2연대장으로 「홍천지구 전투」에서 용맹을 떨쳤고, 1950년 7월 중순 「이화령 전투」에서는 북한군 제1사단을 격파하였다. 특히 「이화령 전투」에서 함병선 연대장은 북한군의 우세한 병력과 화력에 압도되어 방어선 일부가 돌파당하는 위기 상황이 발생하자, 권총을 빼들고 선두에서 '온몸이 불덩이처럼 고함'[92]을 지르며 돌격해서 전황을 단숨에 역전시켰다. 그는 군사적 자질을 타고난 '충용무쌍(忠勇無雙)한 제대로 된 무장'이었다.

1950년 11월 초대 제2사단장에 취임했고, 1951년 「태백산지구 공비토벌 작전」에서 혁혁한 전과를 올렸다. 1952년 7월 교육총감겸 전남지구 위수사령관, 1953년 미육군 참모대학 유학, 1954년 제2훈련소(논산) 소장, 1955~1957년 제2군단장과 국방연구원 연수를 거쳐 1958년 육군본부 기획 참모 부장, 1960년 국방대학원장에 취임하였다. 1955년 1월 육군 중장으로 진급하였다.[93] 1961년 「5·16군사정변」 당시 국방대원원장으로 학생들과 함께 친선교류를 위해 대만 방문 중이었다. 곧바로 현지에서 혁명지지 전문을 타전하는 한편, 급거 귀국해서 국가재건최고회의 기획위원장에 취임하였다.[94] 1961년 7월 육군 중장으로 예편하였다.

---

91. 이계홍(2005), 「(실록), 장군이 된 이등병」, 화남, 117쪽.

92. 함병선(1976), 「이화령에 뿌린 혈흔」, 「북한」 제57호.

93. 육군본부(2019), 「장교자력표(함병선)」.

94. 그 경위와 관련해서 1992년 육군사관학교 제8기생회의 회고록에 따르면, 1961년 "5월21일 당면한 혁명과업 수행을 위해 국가정책을 연구케 할 목적으로 최고회의 기획위원회를 신설해 그 밑에 정치, 경제, 사회, 문화 재건, 기획, 법률 등 분과위원회를 설치하고, 위원장에 국방대학원장 함병선 중장이 임명됐다. 기획위원장 고문에는 유진오, 최호진, 이용희, 김석범, 오종식, 서정순 씨 등 6명의 인사가 임명됐다. 함병선(1990), 「이력서」; 육군사관학교제8기생회(1992), 「노병들의 증언」, 육군사관학교제8기생회, 907쪽.

6·25전쟁기 함병선은 태극무공훈장 2개를 비롯해서 대한민국이 수여하는 각종 훈장 10개와 대통령 표창 등 표창장 20개 그리고 외국 정부가 수여하는 최고훈장 3개를 수상하였다.[95] 제주 서귀포시의 공적비, 충남 논산의 송덕비, 강원 정선의 송덕비가 함병선 장군의 혁혁한 공적과 충정을 기리고 있다.

요컨대, 대한민국 창군 세력은 식민지기 일본 육군사관학교, 만주군관학교, 학도지원병 출신의 장교 경력자만이 아닌 전문적인 군사지식과 풍부한 실전경험을 쌓은 육군특별지원병 출신 군사 경력자들도 중요한 역할을 담당하였다. 이들은 해방 직후 학도지원병 출신자들의 「학병단」 혹은 만주국 출신자들의 「만주장교단」과 같은 비공식 군사 조직체를 결성하는 등 파벌 형성의 움직임이 없었다. 관련해서 장창국 장군은 "지원병이라는 명칭이 떳떳이 내세우기 어려웠고 … 횡적 연대나 응집력이 약했던 까닭"[96]이라 증언하였다. 현재 확인되는 육군특별지원병 출신의 육군 장성급 진급자는 대장 1명과 중장급 3명(최경록, 송요찬, 함병선) 등 86명에 달한다.

---

95. 함병선(1990), 「이력서」.
96. 『중앙일보』 1982년 11월26일자.

제11장 건국을 향한 대질주

대한민국 건국기 육군특별지원병 출신 군사 경력자들은 '국민과 비국민을 구분하는 합법적이고 조직적인 반공국가의 물리력'이었다.[1] 제11장에서는 1948년 이래 좌익세력의 토벌과 북한군의 불법도발을 저지·분쇄하는 육군특별지원병 출신 군사 경력자들의 건국을 향한 대질주를 실증 분석한다.

I.「제주4·3사건」과 앵그리 중령들

1948년 4월 제주도에서는 토착 좌익세력이 주도하는「제주4·3사건」이 발

---

1. 제9대 합참의장을 역임한 장창국 장군은 육군특별지원병 출신 군사 경력자들의 군사적 역량과 관련해서 "적지 않은 수의 한국인 지원병들이 日軍 하사관 또는 장교로 철저한 군대 실무경험을 쌓을 수 있었다. 명령에 대한 절대적 복종, 임무 완수의 강한 책임감과 충성심 등이 일반적으로 지원병 출신의 성향"이었고, 국군 내부적으로 공인된 평가였다고 증언하였다. 장창국(1984), 『육사졸업생』, 중앙일보사, 46쪽.

생하였다. 폭동세력에 대한 본격적인 진압작전은 제11연대장 최경록, 제9연대장 송요찬, 제2연대장 함병선이 담당하였다. 이들은 육군특별지원병 제1~2기와 군사영어학교 출신의 군사 경력자들이었다. 이하에서는 「제주4·3사건」의 진압작전을 진두지휘했던 이들의 활약을 구체적으로 검토해 보자.

제11연대장 최경록 중령

1948년 4월3일 오전 2시 한라산 영봉에서 봉화가 오르면서 제주도 전역에 걸쳐 제주도인민해방군 소속 무장대 350여 명이 일제히 봉기하였다.[2] 이들이 12개 경찰지서를 비롯해서 경찰관서, 서북청년단회 숙소, 독립촉성국민회 등 우익단체와 요인들을 살해·방화하면서 「제주4·3사건」이 시작되었다.[3] 이들은 남한 단독정부 수립을 위한 「5·10총선거」의 방해하고 저지할 목적이었다. 1948년 4월 한 달 동안 이들 좌익 폭동세력은 제주 전역의 15개 경찰관서 가운데 14개를 비롯해서 관공서 기습 53건, 경찰·경찰 가족·관공리·우익 민간인 테러 107건, 경찰서를 포함한 관공서 방화 23건을 기록하였다.[4] 이들 대부분은 1945년 제주도 주둔 '일본군 제58군'이 매몰·유기했던 무기와 탄약으로 무장하였다.[5]

---

2. 이들 무장대는 제주도에 벌집처럼 만들어진 동굴, 터널, 방어용 벙커 등 일본군이 남겨놓았던 지형지물에 은폐해 있다가 해안도로와 저지대 마을이 내려다보이는 산에서 내려와 기습 공격했다. 1948년 6월 초 내륙지역의 마을 대다수는 제주도 인민유격대에 의해 통제되었고, 섬 전역에 걸쳐 도로와 다리가 파괴되었다. 브루스 커밍스 저, 김동노 편역(2001), 『브루스 커밍스의 한국현대사』, 창작과비평사, 310쪽.
3. 제주 4·3사건 진상규명 및 희생자 명예회복위원회(2003), 『제주4·3사건 진상조사 보고서』, 169쪽.
4. 佐々木春隆(1976), 『朝鮮戰爭(上)』, 原書房, 230~231쪽.
5. '일본군 제58군'은 3개 사단과 1개의 혼성여단 편제였고, 병력 규모는 약 6만 명에 달하였다. 1945년 세58군의 직진계획은 본토 결전의 일환으로 한라산에 진지를 구축해서 제주, 모슬포, 서귀포의 비행장 사용을 저지한다는 것이었다. 그래서 한라산의 주요 능선을 따라 산간도로를 건설하고 갱도진지를 연결해서 한라산 전체를 요새화하였다. 1945년 8월 이후 이들이 철수하는 과정에서 운송력 부족과 철수 시간에 쫓기면서 무기와 탄약 등 일부를 한라산에 매몰·은닉했다. 국방부전사편찬위원회(1967), 『한국전쟁사 제1권(1945~1950.6)』, 437쪽; 佐々木春隆(1976), 『朝鮮戰爭(上)』, 原書房, 224쪽.

이들 무장대의 지도자는 제주지구 남로당 총책 김달삼(본명은 이승진)과 부책 조노구, 그리고 제주도인민해방군 사령관 이덕구와 조직부장 김민성이 었다.[6] 이들은 모두 남로당 군사부장 이재복의 지령을 받는 직계 비선조직이 었다. 이들 모두는 식민지기 제주도에서 태어나고 자란 학도지원병 출신 군사 경력자들이었다.[7] 그래서 이들은 학도지원병 출신의 국군 고급 지휘관들과도 나름의 인적 연망을 형성하였다. 실제로, 1948년 4월28일 제주 제9연대 연대장 김익렬 중령이 홀로 한라산에 올라서 무장대 총책이었던 김달삼과 "평화협상"[8]에 합의할 수 있었던 것도 이들이 1944년 학도지원병 출신 갑종간부후보생으로 후쿠치야마(福知山) 예비사관학교 동기생이었기 때문이었다. 이들 무장대는 무장 500명과 비무장 1000명으로 제주도의 시, 읍, 면에 걸친 3개 연대 12개 중대를 편제·운영하였다.

1946년 11월 제주도 모슬포에 주둔하는 국군 제3여단 예하 제9연대의 창설은 크게 지연되었다. 그 이유는 좌익세력의 방해공작으로 병사 모집이 여의치 않았기 때문이었다. 그래서 1948년 당시에 이르러서도 1개 대대의 편성에 불과한 극히 지지부진한 상황이었다. 더구나 초대 제9연대장 장창국 소령과 제2대 이치업 소령은 제9연대 내부 좌익세포들로부터 독살 위협에

---

6. 김달삼은 제주도 대정리 출생으로 본명은 이승진(李勝晉)이다. 그는 1943년 일본 주오(中央)대학 재학중에 학도지원병을 지원했고, 1945년 일본 후쿠치야마(福知山) 육군 예비사관학교를 거쳐 일본군 소위로 제대하였다. 그는 1946년 말 제주 대정중학 교사로 재직하면서 남로당에 입당하였다. 1948년 초반 제주 제9연대장을 역임한 학도지원병 출신 김익렬 중령과도 후쿠치야마 육군 예비사관학교 동기생이다. 노가원(1993), 『남도부(상)』, 월간 말, 276~277쪽.

7. 佐々木春隆(1976), 『朝鮮戰爭(上)』, 原書房, 224쪽.

8. 평화협상의 골자는 "72시간 내에 전투 중지 및 5일 이후 전투행위는 배신행위로 간주, 무장해제는 점차적으로 하되 약속을 위반하면 즉각 전투 재개, 무장해제와 하산에 따른 주모자의 신변 보장" 등 이었다. 하지만, 1948년 5월1일 우익 청년단의 '오하리 방화 사건'과 5월3일 '경찰의 발포'로 인해 평화 협상은 물거품이 되고 말았다. 노영기(2018), 「남북연석회의와 4·3사건」, 『한국현대사(1)』, 푸른역사. 217쪽.

시달렸다.[9] 1948년 4월3일 사건 발생에 대응해서 조선경비대 총사령부는 부산에 주둔하는 제5연대 제2대대를 급파하였다. 그러나 좌익세력의 거두였던 제2대대장 오일균 소령은 제주도 좌익세력과 내통하면서 무장대 토벌작전에 지극히 소극적이었다.

1948년 5월6일 조선경비대 총사령부는 제2, 제3, 제4연대에서 착출한 기간요원을 중심으로 수원에서 창설한 제11연대를 제주도에 급파하였다. 그러나 제11연대는 1개 대대 병력에 불과했기 때문에 제9연대를 해산하고 재편한 제1대대와 제5연대 제2대대를 합편하지 않으면 안되었다. 조선경비대는 당시 제9연대장 김익렬 중령을 해임하고 초대 제11연대장에 식민지기 학도지원병 출신으로 1946년 군사영어학교를 수료한 박진경 중령을 발탁하였다.[10] 박진경은 당시 조선경비대 총사령부 인사국장으로 영어에도 능숙하고 수완도 탁월해서 미 군사고문단의 신임이 두터웠다.[11] 제11연대 작전참모는 육군특별지원병 제2기생 출신의 임부택 대위가 발탁되었다.

제11연대는 양민과 폭도의 구별이 곤란한 상황과 좌익세포들이 암약하는 와중에서도 부대를 한림, 서귀포, 성산포에 분산배치해서 입산 주민들의 하산 종용과 민심 수습을 위한 선무공작 그리고 부락별 자위대를 조직해서 주민과 무장대를 분리하는 무장대의 고립 작전을 추진하였다.[12] 부락별 자위대는 한국 최초의 민방위 조직이었다. 하지만, 1948년 6월18일 박진경 대

---

9. 1947년 어느 여름날 제9연대장 이치업은 부대를 방문한 제주도 민정사령관 베로스 중령과 점심을 먹고 장병 교육 참관을 위해 연병장을 가로질러 가던 중에 갑자기 피를 토하며 의식을 잃고 쓰러졌다. 그래서 그는 일주일에 걸쳐 미군 의무대에 후송되어 치료를 받았다. 당시 민간인 의사들은 그의 병명을 급성 장티푸스로 진단하였다. 나중에 이 사건은 당시 골수 공산분자였던 제9연대 본부중대장 문상길 준위가 열렬한 반공주의자였던 이치업 제9연대장의 독살을 기도한 것이었다. 이치업 편(2001), 『번개장군』, 원민, 106~107쪽.
10. 제주 4·3사건 진상규명 및 희생자 명예회복위원회(2003), 『제주4·3사건 진상조사 보고서』, 217쪽.
11. 국방부전사편찬위원회(1967), 『한국전쟁사(1)』, 440쪽.
12. 이원복(1996), 『타이거 장군 송요찬』, 육군교육사령부, 85~86쪽.

령이 제3중대장 문상길(충남 출생, 학도지원병 출신의 일본군 하사관, 조선
경비사관학교 제3기생) 중위가 사주한 연대 내부의 좌익 세포에 의해 피살
당하는 사건이 발생하였다.[13] 이는 좌익에 의한 최초의 국군 고급장교의 희
생이었다.

1948년 6월 제11연대장 박진경 대령 피살과 관련해서 당시 연대 작전과장
이었던 임부택 대위는 "박 대령의 비보를 들은 나는 그 비통함을 형언할 수
없었다. 제주 폭동을 진압하기 위해서 함께 제주로 왔다가 불귀의 객이 되
었으니 이는 마치 내 친형이 전사한 것 이상으로 비통"[14]했다고 증언하였다.
존경하는 상관이었던 박진경 대령의 피살에 격분한 임부택 대위는 당시 연
대 작전참모를 고사하고 제11연대 제1대대장을 자원해서 무장대 토벌의 선
봉장으로 활약하였다.

1948년 6월 당시 조선경비대 총사령부는 제주도민 약 80퍼센트가 좌경
화되어 제주도가 인민공화국과 다름이 없는 상황으로 간주하였다. 그래서
사태의 심각성을 고려해서 제11연대장 박진경 대령의 후임으로 최경록 중령
과 송요찬 소령을 부연대장으로 발탁하였다. 이들 육군특별지원병 출신 군
사 경력자의 발탁은 당시 한국군 내부적으로 이들이 발군의 가성비를 자랑
하는 최강의 상무집단이었기 때문이었다. 1948년 6월21일 당시 주한 미 군
사고문단장 로버츠(William L. Roberts) 준장의 발언은 다음과 같았다.

---

13. 박진경(朴珍景) 대령은 1920년 경상남도 남해군 이동면 무림리 출생이다. 오사카(大阪)외국어학교
재학 중에 학도지원병을 지원했고, 육군공병학교를 거쳐 일본군 소위에 임관하였다. 1945년 8월 제주
도 주둔 일본군 제38군 소속으로 해방을 맞았다. 1946년 군사영어학교를 거쳐 조선경비대 초급장교로
임관했고, 1948년 5월 제9연대장 보직 당시에는 조선경비대 인사참모였다. 그는 영어에도 능숙하고 지
휘력도 탁월해서 미군정 수뇌부로부터서도 두터운 신임을 받았다. 정부는 제1호 육군장과 함께 육군 준
장을 추서하였다. 1952년 11월7일 제주도민과 군경후원회는 박진경 대령의 충혼을 기리는 추모비를 건
립하였다. 『제주의 소리』 2014년 1월29일자; 임부택(1996), 『낙동강에서 초산까지』, 그루터기, 40쪽.
14. 위와 같음, 40쪽.

오늘 우리는 최(경록) 중령을 제11연대 연대장으로, 송(요찬) 소령을 부연 대장으로 파견하였다. 최 중령은 이곳의 모든 지휘관들로부터 선택되었으며, 본인도 그를 좋아하며 그의 경력이 아주 훌륭하다. 본인은 송 소령이 강인하며 용감한 사람으로 알고 있다. 우리는 감찰관을 보내지 않을 것이다. 왜냐하면 송 소령은 우리가 보유하는 최상의 장교이며, 우리는 그를 감찰관으로 활용할 수 있다.[15]

1948년 6월 이래 제11연대장과 제9연대장을 겸했던 최경록은 부임 당일부터 대대적인 수색작전을 실시했고, 부임 일주일 만에 박진경 대령의 암살범으로 문상길 중위를 색출하는 전과를 올렸다.[16] 이어서 당시 제9연대 제1대대장을 거쳐 수용소 소장으로 이적 행위를 일삼았던 오일균(일본 육사 제61기) 소령을 색출하는 데도 성공하였다. 이후에도 제9연대에 잠복했던 좌익세포에 대한 끈질긴 색출과 함께 대대적인 숙군을 단행하였다. 문상길 중위의 체포와 처형은 대한민국 창군사에서 사실상 숙군작업의 신호탄이었다.[17] 박진경 대령의 암살사건을 수습한 최경록 연대장은 병사들에 대한 정신교육 강화와 함께 광범위한 연행작전을 펼쳤다.

최경록은 무장대와 주민의 분리공작, 주민과 좌익 용의자들에 대한 선무공작, 부락별 자위조직의 확대 강화 그리고 경찰과 역할 분담과 변경 등 과

---

15. 제주 4·3사건 진상규명 및 희생자 명예회복위원회(2003), 『제주4·3사건 진상조사 보고서』, 234쪽; 허호준(2011), 「미군 고문관들의 제주4·3 경험과 인식」, 『민주주의와 인권』 제11권 제1호.

16. 위와 같음, 229쪽.

17. 숙군의 직접적인 계기를 제공한 것은 1948년 10월19일 발생한 「여순사건」이었다. 여순사건은 남로당과 북한의 입장에서 그동안 애써 심어놓은 군부 내의 세포조직을 깡그리 노출시키고 숙군에 의해 뿌리가 뽑히는 결정적인 손실을 가져 왔다. 반면, 국군으로서는 군 내부에서 암약하는 적색분자를 완전 색출·제거해서 이념적 동질성을 회복하는 결정적인 계기가 되었다. 만약, 여순사건 없이 6·25전쟁이 발발했다면, 전쟁의 양상도 크게 달라졌을 것이다. 이태(1988), 『남부군』, 두레; 이대인(2011), 『대한민국 특무대장 김창룡』, 기파랑.

감한 토벌작전을 진두지휘하였다. 그러자 무장대들은 장기 항전체제로 전환해서 한라산으로 잠적하고 말았다. 1948년 7월 조선경비대 총사령부는 병력교체를 포함한 제주도 제9연대의 재편성 그리고 제11연대의 원대 복귀를 조치하였다. 제1차 토벌작전의 전과에 따라 최경록 중령은 대령으로, 임부택 대위는 소령으로 진급하였다.

제9연대장 송요찬 중령

조선경비대 총사령부는 제11연대 부연대장으로 문상길과 오일균 등 좌익세포의 색출과 무장대 토벌작전에서 발군의 수완을 발휘한 송요찬 부연대장의 중령 진급과 함께 제9연대장에 임명하였다. 제9연대는 제11연대를 대신해서 제주도 진압작전을 전담하게 되었다.

조선경비대 총사령부는 제11연대 이탈에 따른 병력 보충을 위해서 대구에 주둔하는 제6연

[사진11-1] 제9연대장 송요찬 중령

대 예하 2개 중대 350명을 제9연대에 전속 조치하였다. 과감한 결단력과 끈질긴 추진력의 소유자였던 송요찬 연대장은 연대 정보참모를 앞세운 철저한 좌경분자 색출 그리고 약 1개월에 걸쳐 장병들의 교육훈련에 치중하였다.

제9연대는 1948년 8월15일 대한민국 정부수립과 동시에 육군 예하부대로 편입되었다. 약 1개월에 걸쳐 부대재편과 정비를 마친 제9연대는 1948년 9월부터 한라산을 근거지로 하는 무장대의 소탕작전을 개시하였다. 하지만, 적정 파악이 불충분한 상황에서 한라산 일대의 토끼몰이식 무장대 소탕은 성과를 기대할 수 없었다. 이는 한라산 중산간 지역에서 양민을 가장한 프락치들이 토벌대의 동태를 감시하고 한라산에 잠복하는 무장대에 정보를 제공하는 일이 비일비재했기 때문이었다. 따라서 무장대 토벌은 번번이 무

위에 그치고 말았다.

송요찬 중령은 「중산간 초토화 작전」이라는 특단조치를 강구하게 되었다. 중산간 지대의 주민들을 전부 하산시켜 수용소에 수용한 다음 이들의 성분에 따라 좌익분자를 선별하고 전향과 선도를 추진하였다. 또한, 전향자를 앞세워 한라산에 잠복하는 무장대에 대한 삐라 살포 등 선무 및 귀순공작을 추진하였다. 특히 송요찬의 제9연대는 한라산에 잠적한 무장대의 고립화를 위해 해안선 5킬로미터 이외의 중산간 마을에 대한 과감한 초토화작전을 전개하였다. 작전 개시 수일 만에 귀순하는 피난민과 무장대가 약 1000여 명에 달하였다. 그래서 당시 미 군사고문단장 로버츠 준장은 "송요찬 중령이 섬 주민들의 당초 적대적인 태도를 우호적인 태도로 바꾸는 데 대단한 지휘력을 발휘하였다"[18]고 평가하였다. 송요찬도 이를 계기로 총보다도 강한 민심의 중요성을 깨달았고, 이후 성공적인 군 생활을 위한 '하나의 성전(聖戰)'[19]이 되었다고 회고하였다.

주민들의 동요에 당황한 남로당 군사부와 제주도 인민해방군은 제9연대와 일전을 불사하게 되었다. 이들은 1948년 10월 러시아 혁명 기념일을 기해서 도순과 오동리 지서를 습격하는 등 공세를 재개하였다. 10월 공세에서 발생한 인명 피해는 피아 약 550명에 달하였다. 1948년 10월11일 육군본부는 계엄령 선포와 함께 제주도 경비사령부를 설치하였다. 제5연대, 제6연대, 제9연대, 제14연대로부터 1개 대대씩을 착출한 병력 그리고 해군 및 제주경찰대를 통합 지휘해서 보다 체계적이고 조직적인 토벌작전을 추진하였다.[20] 그 과정에서 10월19일 제주도 출동을 앞둔 여수 주둔 제14연대에서 반란사

18. 위와 같음, 252쪽.
19. 이원복(1996), 『타이거 장군 송요찬』, 육군교육사령부, 85~86쪽.
20. 佐々木春隆(1976), 『朝鮮戦争(上)』, 原書房, 238쪽.

건이 발생하였다.

제9연대의 토벌작전은 매번 기밀이 누설되면서 실패했고, 별다른 성과를 기대하기 어려운 상황이었다. 그래서 송요찬은 연대 내부의 좌익세포 색출에 더욱 치중하였다. 1948년 10월 말 조천지구에서 활동하는 무장대 소탕을 위해 제5중대장 이근양 중위를 앞세워 일부 병력을 여수 제14연대 반란군으로 가장해 조천지구에서 준동하는 무장대의 소탕을 명령하였다. 무장대 포착이 여의치 않은 상황에서 제14연대 반란군을 가장한다면, 조천지구 무장대들이 환영하고 나올 것이 분명하고 이를 기회로 삼아서 무장대를 일망타진한다는 것이었다.[21] 이는 중일전쟁과 아시아태평양전쟁기 일본군이 만주와 화북지역 비적 토벌과정에서 빈번하게 구사한 기만작전이었다.[22]

그 와중에서 송요찬 중령은 우연히도 합선된 전화기를 통해서 연대의 모하사관이 작전계획을 무장대에 비밀리에 알려주는 전화를 도청하게 되었다. 즉시 헌병대장을 호출해서 연대 통신대의 전화교환병과 경찰청의 전화교환수를 체포하게 하였다. 이들을 심문해서 제9연대 내부에 침투한 장교와 하사관을 포함한 약 80명에 달하는 좌익세포를 검거하는 데 성공하였다.[23] 제9연대의 좌익세포가 일망타진되면서 남로당 군사부의 무장투쟁도 커다란 타격을 입었다. 이를 계기로 제9연대는 본격적인 토벌작전을 개시하였다. 그러나 한림에 주둔하는 제6중대가 대낮에 기습을 받아 중대장을 비롯한 14명이 전사하는 사건이 발생하였다. 송요찬은 재차 제3중대의 출동과 함께 토벌작전을 진두지휘하였다. 그러나 제3중대장을 비롯한 다수의 부상자와 전사자만을 기록했고, 기관총과 장비를 무장대에 탈취당하는 수모를 겪어

---

21. 이원복(1996), 『타이거 장군 송요찬』, 육군교육사령부, 105~106쪽.

22. 佐々木春隆(1976), 『朝鮮戰爭(上)』, 原書房, 239쪽.

23. 국방부전사편찬위원회(1967), 『한국전쟁사(1)』, 443쪽.

야 했다. 송요찬은 '한번 걷어채인 돌에 두 번 다시 채이지 않는다'는 뚝심으로 제5중대를 앞세운 야간작전을 지휘해서 무장대를 근거리에서 포위하고 기습하는 데 성공하면서 무장대 약 100여 명을 사살하는 전과를 올렸다.

이후 송요찬 중령은 생포한 포로를 앞세운 수색작전으로 무장대의 아지트, 보급창, 무기수리창을 색출하고 파괴하였다. 제9연대의 과감한 토벌작전으로 제주도 인민해방군은 병력 손실을 이기지 못하고 전면적인 조직 재편이 불가피하였다. 1948년 10월24일 사령관 이덕구는 선전포고와 함께 서귀포 경찰서를 습격해서 반격작전의 기세를 올렸다. 11월3일 제9연대는 대대적인 토벌작전으로 제주도 인민해방군 주력 약 200명을 사살하였다. 제9연대는 1948년 9월 이래 제2차 제주도 토벌작전을 완료할 수 있었다.

제2연대장 함병선 중령

1948년 12월29일 제9연대는 함병선 중령이 지휘하는 제2연대와 맞교대하였다. 제2연대는 「여순사건」 진압작전에 참전해서 전투력 검증을 마친 실전부대였다. 제2연대가 제주도 작전권을 인수할 당시 정황과 관련해서 "이제 공비는 손으로 헤아릴 정도의 숫자라는 말을 들었는데 실상은 달랐다. 오갈 데 없는 많은 주민들이 산으로 올라가버려 공비 숫자가 급증"[24]하는 상황이었다. 앞서 송요찬이 지휘하는 제9연대가 철저한 「중산간 초토화 작전」으로 단기간에 토벌작전의 전과를 올렸지만, 130여 개의 중산간 마을이 소실되면서 약 8만 명의 이재민을 발생시켰다. 월동을 앞두고 주민들이 해안가와 허허벌판에 내몰려 추위와 굶주림에 시달리는 상황이었다.

함병선 중령의 제2연대장 보직은 1948년 12월7일이었다.[25] 함병선은 연대

---

24. 백선엽(1992), 『(실록), 지리산』, 고려원, 126쪽.

25. 육군본부, 『장교자력표(함병선)』.

본부와 제2대대를 제주시, 제1대대는 서귀포, 서북청년단 출신의 제3대대는 한라산 북측의 오동리에 배치하였다.[26] 또한, 심각한 민심 이반을 우려하는 지역 유지들의 조언에 따라 제1단계의 '제2연대 선무공작'[27]을 결정하였다. 선무공작의 핵심은 1만 5000명의 이재민을 수용하는 재건부락(함명리) 건설, 갱생자금 살포, 구호물자 배급, 무장대 귀순 종용, 중화기의 대대적인 위력시위, 부대원들의 현지 결혼장려 등이었다. 부대원들에 대한 신상필벌의 엄정한 군기를 확립하고 민폐 근절과 민심 수습에 노력했다. 주요 면소재지에서는 면민대회를 개최해 무장대의 만행을 규탄하는 한편, 최신예 무기의 위력 시범과 토벌작전에 대한 주민들의 협력을 요청했다.[28]

1949년 3월 제주도 전투사령부 설치와 함께 선무공작의 뚜렷한 성과를 확인한 제2연대는 육해공군과 연합하는 제2단계 대대적인 소탕작전을 펼치게 되었다. 관련해서 함병선은 종래 "온건 완화 작전을 취하여 오던 국군은 최후적 결의를 갖고 제3단계인 무력소탕 태세에 들어가게 되었으니 3월1일부터 동월 말일까지의 일대 섬멸전이 그것이다"[29]라고 밝혔다. 제2연대는 제주시 공격을 준비하던 무장대의 주요 병기창과 보급창을 색출해서 치명적인 타격을 입혔다.[30]

1949년 6월7일 제2연대는 제주도 인민해방군 사령관 이덕구를 비롯하여 한라산에 잠적한 무장대 대부분을 사살하는 전과를 올렸다.[31] 1949년 6월

26. 제주 4·3사건 진상규명 및 희생자 명예회복위원회(2003), 『제주4·3사건 진상조사 보고서』, 306쪽.
27. 제2연대 선무공작은 "제주도민이 폭도건 양민이건 끈끈한 핏줄로 얽혀 있다. 이것을 단순히 피아로 또는 이분법적으로 구분해 진압·소탕하려는 것은 제주도의 실상을 너무 모른 데서 나온 방법이며, 그래서 특단의 대책을 세워야 한다"는 취지였다고 한다. 이계홍(2005), 『장군이 된 이등병』, 화남, 106~107쪽.
28. 국방부전사편찬위원회(1967), 『한국전쟁사(1)』, 445쪽.
29. 『경향신문』 1949년 6월29일자.
30. 佐々木春隆(1976), 『朝鮮戰爭(上)』, 原書房, 224쪽.
31. 백선엽(1992), 「(실록), 지리산」, 고려원, 130쪽.

함병선은 대령으로 진급하였다. 1949년 7월7일 제2연대는 제주도 지역의 경비업무를 독립 제11대대에 인계하는 한편, 북한군 도발이 빈번하게 발생하는 옹진지구의 은파산과 까치산 공방전에 참전하였다.[32] 건국기 제2연대는 여수, 순천, 제주도, 옹진을 옮겨가며 '전쟁의 청소부'[33] 역할을 담당하였다.

1948년 4월 이래 「제주4·3사건」은 함병선이 지휘하는 제2연대의 치밀한 선무공작과 과감한 소탕작전으로 도민들이 납득하는 방향에서 수습되었다. 1949년 6월 제주 도민들은 한라산 정상과 서귀포시에 송덕비를 세워서 함병선 연대장의 공적을 치하였다. 1949년 3월 이래 제주도전투사령관을 역임했던 유재흥은 "그는 직선적이었으나 전술에 관한 식견이 높아 부하들로부터 신망을 얻고 있었다. … 도지사, 경찰국장을 비롯하여 말단 면서기에 이르기까지 친화를 맺음으로써 흔히 공비토벌 지역에서 볼 수 있는 민·관·군의 마찰을 한 건도 없게 하여 소기의 안정을 되찾는 데 크게 도움이 되었다"[34]고 호평하였다. 1948~1949년 제주도 토벌작전은 대한민국 창군을 위한 '살아있는 중요한 경험'이 되었다.[35] 요컨대, 「제주4·3사건」의 진압·토벌작전은 육군특별지원병 출신 고급 지휘관들의 군사적 역량을 가늠하는 역사적인 무대였다.[36]

32. 육군본부(1970), 『육군발전사(상)』, 육군본부, 248쪽.
33. 이계홍(2005), 『장군이 된 이등병』, 화남, 117~118쪽.
34. 유재흥(1994), 『격동의 세월』, 을유문화사, 97~98쪽.
35. 로버트 소이어 지음, 이상호 외 옮김(2018), 『주한미군사고문단』, 선인, 58쪽.
36. 관련해서 당시 정보국장 백선엽 장군은 "결과를 놓고 말하면, 인내심이 강하게 단련된 이들은 사상적으로 전혀 불안이 없었고, 전투지휘도 발군의 능력을 부였다. 당시에는 머리만 좋아서는 난국을 헤쳐 나갈 수 없는 상황이었다"고 증언하였다. 제주4·3사건 진압을 육군특별지원병 출신 고급 지휘관들에게 맡겨야 했던 것은 이들의 확고한 반공이념과 실병지휘 능력 그리고 풍부한 실전경험을 높이 평가했기 때문이었다. 佐々木春隆(1976), 『朝鮮戰爭(上)』, 原書房, 241쪽; 이형근(1993), 『이형근 회고록』, 중앙일보사, 43쪽.

II. 「송악산 전투」와 최경록 대령

1949년 개성지구 38선 경비를 담당했던 제1사단 제11연대장 최경록 대령은 국군 최초로 「육탄돌격대」를 운용해서 북한군 38경비대의 개성지구 송악산 점령 기도를 저지·분쇄하는 혁혁한 전과를 기록하였다.[37] 이하에서는 제11연대장 최경록 대령이 진두지휘했던 「송악산 전투」를 구체적으로 검토해보자.

38선 경비업무와 제11연대

1947년 7월 북한군은 정규군과는 별도로 38선 경비를 전담하는 「38경비대」를 편제하였다. 북한군 「38경비대」는 1949년 이래 한국군 38선 경비상황과 전투태세를 가늠하고자 개성, 동두천, 춘천지구 등 38선 전역에 걸쳐 빈번히 무력도발을 자행하였다. 당시 남한 측의 38선 경비는 주한미군 제24군단 소속 제7사단이 개성, 의정부, 춘천, 홍천, 강릉지구에 걸쳐 38선 부근에 외곽 초소를 설치하고 북한군과 대치하였다. 하지만, 주한미군의 38선 경비는 잠정적인 것이었고, 1948년 8월 대한민국 건국과 함께 38선 경비를 국군이 인수하게 되었다.[38]

1948년 5월 이래 제1차 제주도 토벌작전을 수행하고 원대 복귀한 제1사단 제11연대는 1948년 11월 경기도 수원에서 새로운 주둔지 문산으로 기동하였다. 주한미군 제7사단 제32연대가 담당하는 개성지구 38선 경비업무를

---

37. 주한미군사고문단 소속 장교였던 로버트 소이어 소령에 따르면, 1949년 5~12월 38선을 따라 400회에 달하는 크고 작은 교전이 발생하였다. 국군은 6개월에 걸쳐 총 542회(하루 평균 3회)에 달하는 토벌작전에 투입되어야 했다. 충돌의 대부분은 정찰대 사이에 발생한 소규모 전초전이었지만, 옹진반도, 개성, 춘천에서 충돌은 양측 모두 다수의 사상자를 발생시켰다. 로버트 소이어 지음, 이상호 외 옮김(2018), 『주한미군사고문단』, 선인, 96~97쪽.

38. 마욱(1984), 「장렬한 죽음속에 피어난 영생」, 『통일한국』 제2권 제6호.

인수해야 했기 때문이었다. 1949년 1월 부임한 제1사단장은 식민지기 '육군특별지원병의 아버지'[39]로 회자되었던 일본 육군사관학교 제27기와 육군 대좌 출신의 군사 경력을 갖는 김석원 준장[40]이었다.[41] 6·25전쟁기 김석원은 미 고문관과 상이한 전술사상(물량주의와 정신주의)을 둘러싸고 대립하면서 '일본군의 망령'[42]이라는 야유와 조롱을 받기도 하였다.[43]

1949년 당시 38선에서 빈발하는 국지전에 대한 김석원의 분쟁처리 방침은 당시 정보국장이었던 백선엽의 「절도있는 반응론」과 달리 "상대방의 도발 정도를 상회하는 적극적인 보복공격으로 한국군의 위신을 유지하고 상대방의 도발기도를 사전에 봉쇄한다"[44]는 '이에는 이로' 맞서는 식민지기 관동군

---

39. 佐野八十衛(1943.10), 『戰ふ朝鮮』, 内外公論社, 67쪽.

40. 브루스 커밍스에 따르면, 김석원이 "1930년대 말 일본군 내에 '김일성 전담대' 대장으로 만주벌판에서 김일성을 추격한 적이 있었다"고 주장하였다. 그러나 김석원의 회고록과 다른 어떤 자료에서도 같은 사실을 확인할 수 없었다. 브루스 커밍스 지음, 김동노 옮김(2001), 『브루스 커밍스의 한국현대사』, 창작과비평사, 299쪽.

41. 김석원(1977), 『노병의 한』, 육영사.

42. 공국진(2001), 『한 노병의 애환』, 원민, 114쪽.

43. 육군특별지원병 출신 군사 경력자들과 김석원 장군의 관계는 백선엽 장군의 회고와 같이 "전쟁 전 예편했던 김석원 준장이 (1950년) 7월 초 수도사단장에 복귀하자 많은 장교들이 김 장군 아래로 몰려들었다. 당시 그의 명성은 높았다. 나의 부하이던 제11연대장 최경록 대령과 작전참모 김덕준 소령이 이때 수도사단으로 떠났다. 그러나 어려운 전시에 자기가 모시는 상관 곁에서 싸우겠다는 것을 말릴 수는 없었다"고 한다. 백선엽 장군은 2000년 회고록에서도 "식민지기 김석원 장군은 지원병들을 크게 후원하였고, 지원병들도 장군을 존경하고 의지하였다"고 한다. 김석원은 육군특별지원병 출신자들의 군사적 역량을 높이 평가했고, 그래서 '육군특별지원병의 아버지'로도 회자되었다. 육군특별지원병 출신 군사 경력자들도 김석원 장군을 존경하고 의지하였다. 박경원 장군과의 인터뷰에 따르면, 김석원 장군과 육군특별지원병 출신 군사 경력자들과는 형제 이상의 친밀함과 유대감을 가졌다고 한다. 김석원 장군은 1949년 「남북교역 사건」 혹은 이른바 「명태 사건」으로 까마득한 후배였던 채병덕 육군참모총장과 격돌하면서 1949년 10월10일 제1사단장을 사직하고 말았다. 당시 한국군의 자존심이었던 김석원 장군은 육군특별지원병과 힉도지원병 출신 군사 경력자들의 존경을 한 몸에 받았다. 그는 일본구의 정신세계를 대변하는 국군 최고 지휘관이었다. 백선엽(1989), 『군과 나』, 대륙연구소, 56쪽.; 이원복(1996), 『타이거 장군 송요찬』, 육군교육사령부, 137쪽.; 白善燁(2000), 『若き將軍の朝鮮戰爭』, 草思社, 253~254쪽; 박경원(2019.7.24), 「인터뷰」.

44. 佐々木春隆(1976), 『朝鮮戰爭(上)』, 原書房, 362쪽.

의 국경경비론을 계승한 「적극 대응론」을 주장하였다. 당시 김석원의 주장은 일선부대 지휘관들의 열렬한 지지를 받았다.

최경록이 지휘하는 제11연대 경비구역은 개성지구 청단에서 고랑포에 이르는 광범위한 지역에 걸쳐 있었고 지형적으로도 지극히 불리한 조건이었다. 제11연대의 경비업무는 간선도로를 따라 설치한 초소경계를 특징으로 하였다. 하지만, 북한군은 간선도로 이외 개성으로 진입하는 도로와 개성시에 대한 완전 감제가 가능한 송악산 주봉 488고지를 점령한 상황이었다. 반면, 국군은 200미터 남측에 위치하는 475고지를 점령하고 대치하였다. 그러나 표고상의 차이로 인해 '눈 아래 코'와 같이 전술적으로 지극히 불리한 상황이었다.[45] 비록 국군이 개성 시가지를 장악하고 있었지만, 북한군은 개성시를 완전 감제하면서 수시로 기습사격을 가하는 등 지극히 불안한 대치 국면이었다.

한국군의 괴짜로도 알려진 제11연대장 최경록 대령은 부대 교체와 동시에 시가지 전역의 전술적 요충지를 선정하고 대대적인 진지구축 작업을 명령하였다. 이를 위협으로 간주한 북한군 38경비대도 국군의 진지구축 방해를 위해 소련군의 전술지도에 따라 송악산 일대에 토치카 구축작업에 착수하였다.[46] 1949년 5월3일 북한군 제1사단 제3연대 예하 제1개 대대 병력이 송악산 능선을 타고 송악산 남방 100미터 지점에 위치한 292고지에서 진지구축 작업의 와중이었던 제11연대를 기습하였다. 이어서 인근의 유엔고지와 비둘기고지마저 기습 점령하는 사건이 발생하였다. 북한군은 국군 제11연대가 북한군 전면에 진지구축에 착수하자 이를 도발로 간주한 것이었다. 1949년 「송악산 5·4 전투」의 시작이었다.

---

45. 위와 같음, 359쪽.
46. 국방부전사편찬위원회(1967), 『한국전쟁사(1)』, 520쪽.

5·4 전투와 「육탄공격대」

제11연대는 제2대대가 청단·연안·배천·송악산 일대에 배치되어 진지구축 작업을 담당했고, 제1대대는 신병교육을, 제3대대는 제5연대에 배속되어 파견의 와중이었다. 제11연대의 예비대는 신병교육을 담당하는 제1대대와 연대 하사관교육대 병력뿐이었다. 최경록 연대장은 제1대대 제3~4중대를 제2대대에 증원하는 한편, 하사관교육대에 반격을 명령하였다. 5월4일 이른 아침 제2대대의 제7중대와 제1대대의 제3~4중대를 제2대대장이 지휘해서 정면을 공격하고, 하사관교육대는 신관지서 후방에서 공격을 개시하였다. 또한, 포병 제6대대의 105밀리 곡사포 15문과 57밀리 대전차포 2개 중대의 포격지원으로 292고지 탈환작전을 개시하였다.

그러나 탈환작전은 훈련부족으로 포격지원도 시원치 않은 상황에서 토치카에 은폐한 북한군의 강력한 화력에 번번이 저지당하는 상황이었다. 당시 북한군은 비둘기고지, 155고지, 유엔고지, 292고지에 10개의 유개호 토치카를 구축해서 특화점 방어전략으로 대응하였다. 그 과정에서 제11연대는 북한군이 보유한 소련제 최신예 122밀리 곡사포의 존재를 최초로 확인하고, 육군본부에 보고하였다.[47] 하지만 당시 육군본부와 미 군사 고문단은 설마 그럴 리 없을 것이라 부정하였다. 하지만 6·25전쟁 발발과 함께 북한군의 주요 포병 화력이 소련제 122밀리 곡사포라는 사실이 확인되었다.

제11연대는 제2대대와 하사관교육대를 포함한 대대적인 동원령을 발령하는 동시에 105밀리 박격포와 57밀리 대전차포 사격을 앞세워 반격을 시도하였다. 그러나 견고한 토치카에 엄폐해서 응전하는 북한군의 화력을 제압할

---

47. 안용현(1992), 『한국전쟁비사』, 경인문화사, 70쪽.

수 없었고, 다수의 사상자가 발생하는 지지부진한 전황이었다.[48] 그래서 그는 예하 대대장, 하사관교육대장, 연대참모를 포함하는 지휘관 회의를 개최해서 타개책을 논의하였다. 그 결과, 실지탈환을 위해 북한군 토치카에 대한 육탄공격을 결정하였다.

하사관교육대장 김영직 대위에게 육탄공격 명령을 하달하였다. 김영직은 제1소대 제1분대장 서부덕 이등상사를 지휘관으로 10명의 지원자를 선발해서 「육탄공격대」를 편성하였다. 이들은 특별히 고안·제작된 81밀리 박격포탄을 지참하고 지정된 목표고지의 토치카를 기습·자폭하는 공격작전이었다. 5월4일 오후 2시경 이들 육탄공격대의 기습작전이 성공하면서 후방에 대기하던 하사관교육대가 과감한 돌격전을 감행했고, 그동안 토치카 화망에 저지되었던 비둘기고지를 탈환할 수 있었다. 이후 치열한 공방전을 거쳐 1949년 5월8일 제11연대는 송악산의 실지를 회복할 수 있었다.

제11연대는 「송악산 전투」에서 제2대대장 김종훈 소령, 하사관교육대장 김영직 대위, 하사관교육대 제1소대장 김성훈 소위 그리고 서부덕 상사 이하 10명 그리고 26명의 사병을 포함한 39명의 전사자를 기록하였다. 1949년 5월26일 정부는 서울운동장에서 이들을 위한 성대한 합동위령제를 거행하였다. 특히, 육탄공격을 감행하고 산화한 서부덕 상사를 포함한 「육탄 10용사」에 대해 을지무공훈장을 추서하고 국립묘지에 안장했다.

이등상사 서부덕은 육군 소위로, 하사 박창근을 비롯한 상등병 김종해, 윤승원, 이희복, 박평서, 황금재, 양용순, 윤옥춘, 오제룡은 육군 상사로 특진하였다. 이들 「육탄 10용사」의 용맹은 국민학교 교과서에 실리면서 널리 알려졌고, 이들의 충정을 기리는 기념물이 각지에 설치되었다. 육군본부는 2001년부터 「육탄 10용사」의 고귀한 뜻을 후세에 남기고자 「육탄 10용사상」

---

48. 채한국 편(1995), 『한국전쟁(상)』, 국방군사연구소, 38~39쪽.

을 제정하였다. 현재 육군부사관학교 최우수 졸업생에게 주어지는 최고 영예이다.

「7·25 전투」와 고지탈환전

「5·4 전투」 이후에도 송악산을 둘러싼 북한군의 도발은 계속되었다. 1949년 5월17일 북한군은 배천 방면을 기습하는 무력충돌을 자행하였다. 그러나 제11연대 제7중대는 제5중대와 합동작전으로 이들을 격퇴하였다. 또한, 1949년 7월24일 북한군이 비둘기고지를 향해 기습사격을 하면서 매복공격으로 제11연대 수색대의 장교와 하사관을 피살하는 사건을 일으켰다. 북한군의 호전적인 도발에 대해 제1사단장 김석원은 더 이상 은인자중할 수 없다며, 1949년 7월25일 최경록의 제11연대에 대해 공격명령을 하달하였다.

최경록은 제1대대를 공격수로 삼아 488고지 토치카로부터 쏟아지는 기관총 공격을 무릅쓰고 육박해서 고지 탈환에 성공하였다. 포병화력의 지원도 없이 보병만을 앞세운 돌격작전의 전과였다.[49] 하지만 7월27일 제11연대는 북한군의 격렬한 반격에 의해 488고지를 탈취당하면서 475고지로 후퇴해야 했다. 최경록 연대장은 1개 중대의 특공대를 앞세워 편성한 재반격을 명령하였다.[50] 이후 양측은 일진일퇴를 거듭하는 공방전을 반복했고, 1949년 8월3일에야 종결할 수 있었다. 최경록은 화력과 지형의 불리에도 불구하고 북한군의 기습공격을 격퇴하고 등대고지, 192고지, 비둘기고지를 탈환할 수 있었다.

제11연대장 최경록 대령은 육탄돌격대를 운영해서 적진을 돌파했던 장본인이었다. 제11연대 운영한 육탄돌격대는 1950년 6·25전쟁 발발 당시에도

---

49. 국방부전사편찬위원회(1967), 『한국전쟁사(1)』, 529쪽.

50. 佐々木春隆(1976), 『朝鮮戰爭(上)』, 原書房, 360쪽.

북한군의 탱크와 전차를 저지·분쇄하는 유일한 전술이었다. 당시 제1사단 장이었던 김석원 장군은 1977년 회고록에서 최경록 대령의 군사적 역량과 관련해서 "내가 겪어본 고급 장교들 중에서 특히 기억에 남아 있는 우수한 군인이었다"[51]며 칭찬을 아끼지 않았다. 1949년 5~7월에 걸친 「송악산 전투」에서 최경록 제11연대장은 일본군에서 체득한 군사지식과 풍부한 실전경험을 유감없이 발휘하였다.

Ⅲ. 「양양 돌격작전」과 송요찬 중령

1949년 7월 발생한 이른바 「양양 돌격작전」은 제6사단 제10연대장 송요찬 중령이 예하 대대를 앞세워 북한군 38경비대가 주둔하는 강원도 양양 지구를 일시 점령했던 북진사건을 말한다. 이하에서는 제10연대장 송요찬 중령이 진두지휘했던 「양양 돌격작전」의 경위와 실상을 구체적으로 검토해보자.

북한군의 월경과 무력도발

1949년 국군 제6사단 제10연대가 38선 경비를 담당하는 동부전선에서는 북한군 38경비대의 월경과 도발이 빈발하였다. 이들은 오대산 지구에 침투해서 경찰서 기습, 양민학살, 부락방화, 농우약탈을 자행한 후에 월북하는 방식이었다. 당시 동부전선의 경비업무를 전담하는 제6사단 제10연대는 오대산 지구로 남하하는 북한군 인민유격대의 토벌작전을 겸해야 했기 때문

---

51. 1950년 7월 김석원 장군은 수도사단장 현역 복귀와 함께 참모장으로 최경록 대령을 발탁한 것과 관련해서 "전시에 있어서 최경록은 그 누구보다도 지혜롭고 용감하게 싸울 수 있는 훌륭한 군인"이었다고 회고하였다. 김석원(1977), 『노병의 한』, 육영사, 254/309쪽.

에 병력 분산이 불가피하였다. 1개 연대의 병력으로 26킬로미터에 달하는 38선을 경비하는 데 허술한 점이 많을 수밖에 없었다.

북한군 제38경비대의 무력도발은 제10연대의 경비병력을 38선에 묶어두고 인민유격대의 남파 혹은 침투를 지원하고자 하는 군사행동이었다.[52] 그러나 1949년 2월 하순 당시 제10연대장 백남권 중령(학도지원병 출신 일본군 소위, 군사영어학교 수료)은 북한군 제38경비대의 무력도발에 대항해서 양양군 기사문리(基士門里)를 주둔지로 하는 북한군 해군파견대에 대한 105밀리 포사격을 실시해 이른바 「기사문리 포격사건」[53]이 발생하였다. 사건의 경위는 다음과 같았다.

1949년 2월 하순 북한군 제38경비대 중대병력이 서림 방면으로 침투하였고, 또 다른 1개 중대 병력은 기사문리에서 동해안으로 남하해서 천교리를 점령해서 대한민국 양민을 학살하고 유력자를 납치하는 만행을 저질렀다. 제10연대는 병력을 파병해서 이들과의 치열한 교전 끝에 격퇴시켰다. 북한군의 그치지 않는 불법도발과 만행에 격분한 당시 백남권 제10연대장은 포중대장 노재현 대위에게 명령, M3(105밀리) 곡사포 2문을 38선으로 급파시켰다. 노재현 대위는 인구리 북방 해안선 인근 기사문리에 주둔하는 북한군 해군파견대를 포격하였다. 포경도 없는 직접 조준만으로 총 5발을 발사해서 주요 건물을 파괴하는 전과를 올렸다. 이는 국군 최초의 북한군에 대한 105밀리 포사격이었다.

제10연대의 기사문리 포사격을 탐지한 미 군사고문단은 사건의 중대성을 고려해서 심문 조사를 거쳐 사건을 육군본부 참모회의에 회부하였다. 미 군사고문단은 기사문리 포격이 외교분쟁으로 비화해서 더 큰 전쟁과 도발의

---

52. 국방부전사편찬위원회(1967), 「한국전쟁사(1)」, 536쪽.
53. 이원복(1996), 「타이거 장군 송요찬」, 육군교육사령부, 123쪽.

빌미가 될 것을 우려하였다. 미 군사고문단은 북한군의 월경과 도발에는 강경하게 대응하지만, 국군의 북한군에 대한 발포와 공격을 억제하는 소극적인 방침이었다. 그래서 국군에 대해 105밀리 곡사포를 지급하면서도 포경을 회수해서 북한군과의 무력충돌 과정에서 곡사포 사용을 구속하는 상황이었다. 미 군사고문단의 반발에도 육군 포병단장 장은산 중령이 정당방위를 주장하면서 「기사문리 포격사건」 자체는 흐지부지되고 말았다.

송요찬의 분노와 「양양 돌격작전」

1949년 2월 「기사문리 포격사건」이 일단락되었지만, 육군본부는 미 군사고문단의 요구를 반영해서 백남권 중령의 제10연대장 보직 해임을 조치하지 않으면 안되었다. 한편, 송요찬 중령은 1948년 6월 이래 「제주4·3사건」 토벌작전과 과거 제8연대 제3대대장으로 강릉지역 근무 경험을 살려 북한군 인민유격대를 섬멸하고자 동부전선 근무를 자원하였다. 송요찬은 "군인은 전투를 잘해야 명성이 높아지고, 개는 도둑을 잘 잡아야 똥개를 면할 수 있다"[54]는 신념의 소유자였다. 1949년 5월 육군본부는 송요찬을 백남권 중령의 후임으로 제10연대장에 보직하였다.

송요찬의 제10연대장 취임 이후에도 북한군 제38경비대의 월경과 도발은 끊이지 않았다. 실제로 1948년 10월 북한군은 「여순사건」으로 인한 남한의 치안 공백과 혼란을 틈타 제1차 「강동정치학원」 수료생 180명을 인민유격대로 편성해서 오대산 지구에 침투시켰다. 그러나 제10연대는 과감한 토벌작전으로 이들 인민유격대 전원을 사살하였다. 북한군은 제1차 침투의 실패를 만회하고자 재차 400명 규모의 인민유격대를 새롭게 편성해서 1949년 6월 제10연대 경비구역이었던 오대산 지구에 침투시켰다. 이는 송요찬의 제

---

54. 위와 같음, 122쪽.

10연대장 보직 이래 최초의 북한군 인민유격대 침투였다.[55]

평남 강동에서 편성된 인민유격대는 양양에 소재하는 유격대훈련소에서 재교육을 받고 남파되었다.[56] 그래서 제10연대장 송요찬은 남파된 인민유격대를 섬멸하기 위한 근본책으로 양양 유격대훈련소의 파괴를 결정하였다. 하지만, 기습작전은 지난 2월 「기사문리 포격사건」을 고려하면, 당시 제6사단장 이형근 준장은 물론이고 육군본부와 미 군사고문단으로부터 결코 승인을 받을 수 없는 사안이었다. 이는 군법회의 회부 등 처벌을 각오한 쉽지 않은 결단이었다.

그럼에도 송요찬 중령은 북한군 인민유격대의 일방적인 만행을 방관할 수 없다고 판단하였다. 당시 제10연대 소속 장교와 사병들도 빈번한 북한군의 기습과 도발에 크게 분노하는 상황이었다. 사실 제10연대 장병들도 북한군에 대한 적극적인 대응을 요구했지만, 미 군사고문관들로부터 번번이 제지당하는 상황이었다. 그래서 송요찬은 육군특별지원병 제3기생 출신으로 주문진에 주둔하는 제1대대장 고백규 소령을 호출해서 "우리의 연대를 위해서, 우리 사단을 위해서 그리고 우리의 대한민국을 위해서 작전"[57] 수행을 명령하였다. 「양양 돌격작전」은 송요찬 자신의 모든 것을 걸어야 하는 일대 모험이기도 하였다.

1949년 7월4일 미명을 기해서 제1대대장 고백규 소령이 진두지휘하는 제1대대는 당시로서는 최신형 M1소총으로 무장하고 북한군의 아무런 저항도 받지 않고 양양의 남대천 대안 80고지를 점령할 수 있었고, 주민들로부터 크게 환대를 받기도 하였다. 하지만, 고백규 소령이 이끄는 제1대대의 기

---

55. 인민유격대의 침투와 활동에 대해서는 이태와 노가원의 저작이 있다. 이태(1988), 『남부군』, 두레; 노가원(1993), 『남도부』, (주)월간 말.
56. 佐々木春隆(1976), 『朝鮮戰爭(上)』, 原書房, 358쪽.
57. 이원복(1996), 『타이거 장군 송요찬』, 육군교육사령부, 130~131쪽.

습작전을 탐지한 북한군은 비밀리에 10여 척의 어선에 위장·분승해서 양양 이남의 동해안으로 침투하는 기습작전을 전개하였다.

양양 주민들의 환영을 받으며 휴식을 취하고 있던 제1대대는 점령한 80고지의 정면과 후면으로부터 북한군의 협공을 받게 되었다. 상황의 심각성을 인지한 고백규 대대장은 즉시 부대원들의 후퇴를 명령하였다. 그러나 제1대대 제1중대는 무전불통으로 철수명령을 접수하지 못한 상황에서 북한군의 공격을 받았고, 적지 않은 병력과 장비를 손실하고 말았다. 「양양 돌격작전」의 실패는 사전계획의 불충분, 대대장의 작전 미숙, 정보력 부족 때문이었다. 실패의 핵심은 북한군이 어선을 가장해서 해안선에 접근했음에도 주의력 부족으로 이를 간과했기 때문이었다.

사건의 시말과 동상이몽

육군본부와 미 군사고문단은 곧바로 「양양 돌격사건」의 진상을 조사해서 육군본부 사문위원회에 회부하였다.[58] 앞서 백남권 연대장이 「기사문리 포격사건」으로 연대장직에서 해임된 지 2개월 만에 재차 송요찬 연대장이 보직 해임 위기에 내몰리게 되었다. 하지만, 미 군사고문단의 조치에 대해 제10연대 지휘관과 사병은 물론이고 육군본부 수뇌부도 크게 반발하였다. 1949년 7월15일 육군본부는 송요찬 중령의 대령 진급을 발령하였다. 하지만, 미 군사고문단은 제10연대장 송요찬의 돌출행동이 지휘체계 문란과 군령 위반이라며 문책을 요구하였다.

1949년 7월24일 육군본부도 송요찬 대령의 제10연대장 보직 해임을 조치하지 않으면 안되었다. 송요찬 중령의 「양양 돌격사건」은 국군도 '이에는 이

---

58. 佐々木春隆(1976), 『朝鮮戰爭(上)』, 原書房, 359쪽.

로 맞서는 군인의 규범'[59]이 있음을 내외에 과시하는 쾌거였다. 그래서 당시 육군본부도 북한군의 월경과 기습 그리고 인민유격대의 남파가 선전포고도 없는 직접적인 도발행위이며, 준전시 상황과 다름이 없다는 강경한 입장이었다. 바꾸어 말하면, 준전시 상황에서 담당지역 방어를 담당하는 연대장이 감행한 독단 혹은 군령 위반이 아닌 정당한 자위권 발동이라는 주장이었다.

이후 육군본부의 내부적인 논의를 거쳐 송요찬이 독단적으로 주도한 「양양 돌격작전」 자체는 정당화되었지만, 지휘체계 문란을 빌미로 연대장 해임을 조치해야 했다. 그는 1949년 7월30일 육군보병학교 학생감을 거쳐 9월28일 제5사단 예하 제15연대장에 보직되었고, 곧바로 「지리산 공비토벌 작전」에 참전하였다. 1967년 국방부전사편찬위원회는 「양양 돌격작전」을 주도한 송요찬에 빗대어 '집안에 사나운 맹견을 붙들어 매놓은 격'[60]이었다고 지적하였다.

요컨대, 육군특별지원병 출신 군사 경력자들은 식민지기 일본군에 투신해서 전문적인 군사지식과 풍부한 실전경험을 쌓았다. 이들은 건국기 최일선 부대장으로 북한군의 국지적 도발과 좌익세력의 준동을 섬멸하는 물리력의 핵심이었다. 백선엽 대장의 증언과 같이 "인내력이 강하게 단련된 이들은 사상적으로 전혀 불안이 없었고, 발군의 전투지휘 능력"[61]을 발휘했던 철석(鐵石)과도 같은 상무집단이었다. 대한민국 건국기 이들은 '국민과 비국민을 구분하는 합법적이고 조직적인 반공국가 물리력의 핵심'이었다.

59. 안용현(1992), 『한국전쟁비사(1)』, 경인문화사, 72쪽.
60. 국방부전사편찬위원회(1967), 『한국전쟁사(1)』, 537쪽.
61. 佐々木春隆(1976), 『朝鮮戰爭(上)』, 原書房, 241쪽.

제12장 멸공의 횃불 아래

　육군특별지원병 출신 군사 경력자들은 6·25전쟁기 최일선 부대장으로 국제 공산세력으로부터 또 다른 조국 대한민국의 자유와 인권을 지켜낸 전쟁 영웅들이었고, 멸공의 횃불 아래 죽기를 다짐했던 「호국의 간성」들이었다.[1] 제12장에서는 [지도12-1]과 같이 누란지세의 구국전선에서 용전분투했던 이들의 군사적 역량과 함께 국가관, 사생관, 군인관을 실증 분석한다.[2]

I. 북한군 불법남침과 결사항전

　1950년 6월25일 북한군의 불법남침과 남한 공산화의 최후 저항선이었던

---

1. 「멸공의 횃불」은 1975년 서정모 작사, 나화랑 작곡으로 대한민국 10대 군가 가운데 하나이다. 제1절은 '아름다운 이 강산을 지키는 우리, 사나이 기백으로 오늘을 산다, 포탄의 불바다를 무릅쓰면서, 고향 땅 부모 형제 평화를 위해, 전우여 내 나라는 내가 지킨다, 멸공의 횃불 아래 목숨을 건다'이다. 병역의무를 제대로 수행한 대한민국 남자라면, 언제 부르고 들어도 감동적인 군가일 것이다.
2. 정안기(2018), 「한국전쟁기 육군특별지원병의 군사적 역량」, 「군사연구」 제146집.

낙동강 전투에 이르기까지 육군특별지원병 출신 최일선 부대 지휘관들의 군사적 역량과 결사항전을 구체적으로 살펴보자.

[지도12-1] 6·25전쟁의 개요도

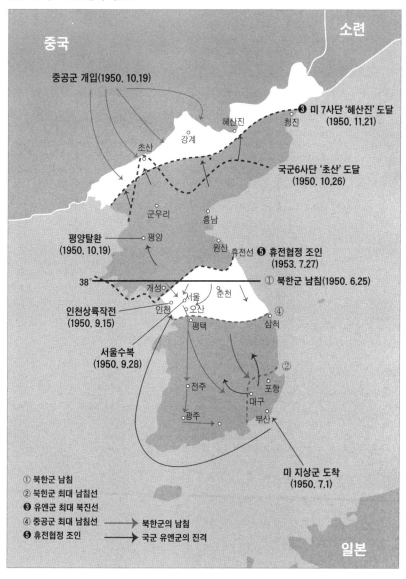

① 북한군 남침
② 북한군 최대 남침선
❸ 유엔군 최대 북진선
④ 중공군 최대 남침선 ——→ 북한군의 남침
❺ 휴전협정 조인 ——→ 국군 유엔군의 진격

「춘천대첩」의 영웅, 임부택 장군

「춘천 전투」는 1950년 6월25일부터 28일까지 3일간에 걸쳐 한국군 제6사단 제7연대가 북한군 제2군단의 불법남침을 저지·분쇄했던 춘천지구 공방전을 말한다. 「춘천 전투」를 진두지휘한 제6사단 제7연대장은 전쟁 초기 한국군 최고의 연대장으로 회자되었던 임부택 중령이다. 임부택(1919.9~2001.11)은 1919년 전남 나주출생의 1939년 육군특별지원병 제2기생으로

[사진12-1] 1953년 제11사단장 당시 임부택 장군

육군병지원자훈련소를 수료했고, 이등병 계급으로 일본군에 투신하였다.[3]

1939년 12월 그는 함북 나남에 주둔하는 보병 제19사단 제76연대 소속으로 "지옥 같은 병영의 내무반에서 일본군 특유의 악명 높은 모진 기합"[4]을 감내하면서 군사적 역량을 쌓았다. 1945년 8월 임부택은 육군 조장 계급으로 일본군을 제대하였다. 1946년 1월 조선경비대 제1연대 사병 입대를 자원하였다. 1946년 5월 조선경비사관학교 제1기생으로 입교해서 같은 해 6월 육군 초급장교로 임관하였다. 1946년 6월 임부택은 제1연대 제1중대 제1소대장을 시작으로 1948년 8월 육군본부 작전국 작전과장, 제11연대 작전참모, 1949년 6월 제7연대 부연대장을 거쳐 12월 육군 중령으로 진급해서 제6사단 제7연대장에 부임하였다.

6·25전쟁 발발 당시 제6사단장은 학도지원병 출신으로 군사영어학교를 수료한 김종오 대령이었다. 당시 제6사단은 우측의 제7사단과 좌측의 제8사단과의 분계선으로 춘천과 홍천지구에 걸쳐 약 84킬로미터의 38선 경비를

---

3. 남정옥(2010), 『한국전쟁 이것만은 알아야 한다』, 삼우사, 205~208쪽.
4. 임부택(1996), 『낙동강에서 초산까지』, 그루터기, 24쪽.

담당하였다. 1949년 2월 제7연대는 제6사단 예하 부대로 편입되었고, 1950년 5월 당시 제8연대가 담당했던 38선 경비임무를 교대하였다.[5] 춘천지구로 기동한 임부택 중령의 제7연대는 신규로 지급된 M1소총의 조작술 및 교육훈련 그리고 방어진지 구축에 착수하였다.[6] 그 때문에 제7연대는 6·25전쟁 발발 이전 시점에서 이미 화천-춘천 국도변에 콘크리트 대전차 예비진지를 신축하였다. 1949년 10월부터 12월에 걸쳐 제7연대는 소대, 중대, 대대 단위의 전투훈련을 완료하면서 약 50퍼센트의 전투력을 확보한 상황이었다.[7] 1950년 6월15일까지 제7연대 배속 장교 대부분은 육군보병학교 고등군사반을 수료하였다.[8] 1950년 6월 당시 제7연대의 편제는 보병 3개 대대, 대전차포중대, 제16야전 포병대대, 제6사단 공병대 1개 중대의 편제였다. 병력 규모는 장교 105명과 사병 2398명이었다.[9] 제7연대는 1950년 5월 이래 38선 방어진지 전면에서 북한군의 병력 이동 등 정보수집에 주력했고, 병사들의 휴가 및 외출을 제한하는 등 비상경계 태세를 늦추지 않았다.[10]

한편, 북한군의 수뇌부는 제2군단(제2, 제12, 제15사단, 병력 3만 6938명)[11]을 앞세워 48시간 이내 중부전선 요충지 춘천지구를 점령한 다음 이

5. 김행복 외 편(2004), 『한국전쟁사(1)』, 국방부군사편찬연구소, 666~669쪽.
6. 장창국(1984), 『육사졸업생』, 중앙일보사, 82쪽.
7. 박동찬(2014), 『통계로 본 한국전쟁』, 국방부군사편찬연구소, 56/59쪽.
8. 손규석(2003), 『태극무공훈장에 빛나는 한국전쟁 영웅』, 국방부군사편찬연구소, 16~17쪽.
9. 제7연대의 전투편성 및 지휘관은 연대장 임부택 중령을 비롯하여 부연대장 최영수 중령, 인사주임 조용락 대위, 정보주임 김동명 대위, 작전주임 임남호 소령, 군수주임 조한섭 대위, 대전차포 중대장 송광보 대위였다. 각 대대장은 제1대대장 김용배 소령, 제2대대장 김종수 소령, 제3대대장 인성관 소령이었다. 제1대대장 김용배 소령은 육군특별지원병 제1기생 출신이었고, 마지막 주월공사로 알려진 이대용 장군은 당시 제1대대 제1중대장이었다. 양영조 편(2005), 『한국전쟁사(2)』, 국방부군사편찬연구소, 442~489쪽.
10. 1950년 한국전쟁 발발 당시 제6사단 배속의 미 군사고문 토머스 D. 맥페일 중령의 활동과 제6사단의 방전태세 구축에 대해서는 マシュウ・B. リッジウェイ 著, 態谷正巳 外譯(1976), 『朝鮮戰爭』, 恒文社, 36~37쪽을 참조.
11. 이대용(2017), 『이대용 장군의 수기』, 육군군사연구소, 12쪽.

천·용인·수원을 거쳐 한강 축선을 따라 북상시키는 한편, 서부전선의 개성·동두천·포천을 돌파한 제1군단(제1·3·4·6사단과 105탱크사단)과 양동작전으로 대한민국 수도 서울에서 국군의 유생역량을 분쇄·섬멸한다는 「3일 단기 결전계획」이었다. 실제로, 북한군 제2군단은 예하 제2사단(병력 1만 838명)을 앞세워 춘천지구를 점령하고 화천-춘천과 화천-가평 축선을 따라 남침을 감행하였다.[12] 유비무환의 방전태세를 유지했던 제7연대는 국군 최초로 북한군의 불법남침을 상급부대에 보고한 부대였다. 당시 옥산포와 가래모기 전투에서 활약했던 제6사단 제16포병대대장 김성 소령에 따르면 "보리밭은 누런데 적은 꺼멓게 파리떼 같아 구별이 용이했다. 조준이고 무엇이고 할 시간의 여유도 없이 쏘아대었다. 벌판은 인민군의 시체로 가득찼다"[13]며, 「춘천 전투」의 치열함을 증언하였다.

제7연대는 소양강변과 봉의산 일대에 예비진지를 편성해서 6월27일까지 공세적 방어작전으로 북한군의 파상공세를 격퇴하였다. 하지만, 6월28일 새벽 제7연대는 춘천 외곽 원창고개에 주저항선을 따라 축차 지연전을 펼치며 후퇴하지 않으면 안되었다.[14] 제6사단의 후퇴는 인접한 동부와 서부전선이 무너지면서 전선의 균형유지가 불가피했기 때문이었다.

북한군 제2군단은 「춘천 전투」에서 제6사단 제7연대의 완강한 결사항전에 직면하면서 3일을 지체하였고, 서부전선을 돌파한 북한군 주력이 서울을 점령한 6월28일 늦은 저녁에 이르러서야 춘천지구를 점령할 수 있었다. 춘천지구 남침부대였던 북한군 제2사단(사단장 이청송 소장)은 조선의용군

---

12. 북한군은 1949년부터 1950년에 걸친 동계훈련 직후 전군에 대한 군사검열을 실시하였다. 그 결과, 1940년대 만주에서 전투력을 쌓은 조선의용군 편제의 나남사단 혹은 제2사단이 최우수 사단으로 선정되었다. 김영호(2006), 「한국전쟁의 기원과 전개과정」, 성신여자대학교 출판부, 73쪽.
13. 김형식(1999.4), 「세계사를 바꾼 6사단의 춘천 방어전」, 「월간조선」.
14. 양영조 편(2005), 「한국전쟁사(2) 북한의 전면남침과 초기 방어작전」, 국방부군사편찬연구소, 474쪽.

출신으로 북한군 최정예 사단으로 알려진 부대였다.[15] 1950년 7월4일 「춘천 전투」가 최종 종결되면서 김일성은 춘천지구 점령작전 실패의 책임을 물어 제2군단장 김광협 소장을 제2군단 참모장으로 강등시키고 김무정 소장을 대신 기용하는 인적 쇄신을 단행하였다.

「춘천 전투」의 전과는 북한군 사살 6792명과 포로 122명에 대해서 아군 전사 208명과 실종 1299명을 기록하였다.[16] 제7연대의 결사항전으로 "인민 군은 수원 지역을 계획대로 장악하는 데 실패하게 되었고 국군의 한강 방 어선이 구축됨으로써 인민군은 그 귀중한 3일간을 서울 지역에서 지체"[17]시 키는 전과로 이어졌다.[18] 제6사단 제7연대의 결사항전은 한강과 낙동강 방 어선 구축 그리고 미군과 유엔군 참전을 위한 절체절명의 시공간을 확보하 는 데 결정적으로 기여하였다. 그 점에서 「춘천 전투」는 6·25전쟁의 전체적 인 흐름과 판도를 바꾸어 놓고, 북한군을 각본 없는 전쟁에 휘말리게 했던 그야말로 「춘천대첩」이었다.[19] 물론 제6사단 제7연대의 결사항전은 춘천 관

---

15. 1950년 6·25전쟁 발발 당시 북한군은 17개 사단의 21개 연대를 앞세워 기습남침을 감행하였다. 이
    들 21개의 보병연대 가운데 10개 연대(약 12만 2000명)는 만주에서 밀입북한 조선의용군이었다. 조선의
    용군 출신 북한군 장교의 약 30퍼센트를 차지하였다. 그 가운데 장성급 지휘관은 제2군단장 김무정을
    시작으로 제1사단장 최광, 제2사단장 이청송, 제3사단장 이영호, 제4사단장 이권무, 제5사단장 김창덕,
    제6사단장 방호산, 제12사단장 전우 등 전체의 50퍼센트를 차지하였다. 김중생(2000), 「조선의용군의
    밀입북과 6·25전쟁」, 명지출판사, 173~174쪽; 안문석(1919), 「무정평전」, 일조각, 224~240쪽.
16. 춘천대첩기념평화공원(2000), 「춘천대첩(2)」.
17. 소진철(1996), 「한국전쟁의 기원」, 원광대학교 출판국, 235쪽.
18. 6·25전쟁기 북한인민군 작전국장 유성철이 증언하는 북한군 제2군단의 춘천지구 점령이 크게 지체
    되었던 주된 이유는 첫째, 빨치산 출신의 전문섭 대좌가 지휘하는 경탱크 부대가 동부전선의 험난한 산
    악 지형에 막혀 기동이 여의치 않았기 때문, 둘째, 한국군 제6사단이 예상과 달리 물러서지 않고 용감
    하게 분전했기 때문이다. 한국일보 편(1991), 「(증언) 김일성을 말한다」, 한국일보사, 84/88~89쪽.
19. 주한미군시고문단 소속 장교였던 로버트 소이어 소령은 "국군 제6사단의 완강한 저항으로 인해 북
    한군은 춘천을 점령하지 못하였고 공격을 강화하기 위해 추가로 전차와 포병 지원을 요청해야 했다. …
    제6사단은 적의 공격을 3일간 지연시키면서 북한군 제2사단에 막대한 손실을 입혔다. 그리고 무엇보다
    도 중요한 것은 국군 제6사단이 부대와 장비를 온전히 유지한 채 질서정연하게 철수했다"고 강조하였
    다. 로버트 소이어 지음, 이상호 외 옮김(2018), 「주한미군사고문단」, 선인, 147쪽.

민들의 적극적인 협조가 있었기 때문에 가능한 일이었다.[20]

이어서 임부택 연대장이 지휘하는 제7연대는 1950년 7월7일 충북 음성의 「동락리 전투」에서 북한군 제15사단 제48연대를 기습공격에 성공하면서 북한군 800여 명을 사살하고 76밀리 곡사포 12문, 박격포 35문, 기관총 47정, 소총 1000여 정, 장갑차 3대, 차량 60대 등 각종 무기를 노획하는 전과를 올렸다. 동락리 전투는 6·25전쟁 초기 국군 최초의 승전보였고, 북한군의 남진을 1주일 정도 지연시키는 데 기여하였다.[21] 「동락리 전투」는 1966년 3월 임권택 감독과 김진규 및 엄앵란 주연의 영화 〈전쟁과 여교사〉로도 제작되어 널리 알려졌다.

제7연대는 1946년 2월 충북 청원군 사주면 개산리 농촌청년훈련소에서 창설된 향토부대였다.[22] 1996년 임부택 장군은 이들이 "나라를 위해 목숨을 바칠 수 있는 애국심을 굳건히 갖추었으며, 엄격한 규율은 작전수행에 비상한 전과를 올리는 원동력"[23]

[사진12-2] 춘천대첩기념평화공원(춘천시 근화동 소재)

이었다고 했다. 1950년 10월 말 김종오 장군에 대신해서 제6사단 사단장

---

20. 박경원(2019.7.24), 「인터뷰」.

21. 이승만 대통령은 제7연대 장병 전원에게 1계급 특진과 50만 원의 상금을 하사하였다. 그래서 제7연대 "전 장병들은 1계급 특진되자 어디서 구했는지 흰 페인트 한 통을 구해 사병들이 철모에 작대기 하나를 더 그려 넣어 특진된 계급을 표시하느라 법석을 떨었다"고 한다. 장창국(1984), 「육사졸업생」, 중앙일보사, 109쪽.

22. 육군본부(1970), 「육군발전사(제1권)」, 육군본부, 106쪽.

23. 임부택(1996), 「낙동강에서 초산까지」, 그루터기, 52쪽.

에 취임한 장도영 장군도 2001년 회고록에서 "연대장 임부택 대령의 탁월한 지휘력과 정예 장병의 용전(勇戰)에 감탄을 금할 길이 없었다"[24]고 했다.

제6사단 제7연대 제1대대 제1중대장으로 「춘천 전투」에 참전해서 용전분투했던 이대용 장군은 "평소 사병들을 인간적으로 대우하고 따뜻하게 보살폈는데 전투가 벌어지자 후방으로 빠져 지휘하는 것이 아니라 최일선

[사진12-3] 춘천지구 전투 전사자 명부

에 나와 독려했다. 존경하는 연대장이 포탄이 쏟아지는 전장에 의연히 있다는 사실만으로도 사병들의 사기가 백배"[25]했다며, 임부택 장군의 솔선수범과 탁월한 지휘력을 높이 평가하였다.

임부택은 1951년 4월 제6사단 부사단장으로 사창리 전투와 5월 용문산 전투, 1951년 11월 제5사단 부사단장으로 351고지 전투, 1953년 1월 제11사단장으로 월비산 전투와 같은 해 7월 6·25전쟁 최후의 결전이었던 적근산 전투를 승리로 이끌었다. 1961년 「5·16군사정변」 당시 제1군단장이었던 임부택 소장은 제1군사령관이었던 이한림 장군의 명령에 따라 "혁명군 진압의 굳은 결의를 표명"[26]하였다. 하지만, 군사정변이 성공하면서 1962년 3월 제1군단장 해임과 동시에 강제 예편되었다. 이후 반혁명 분자로 내몰리면서 군사재판에 회부되었다. '압록강의 맹장' 혹은 '한국군 최고의 연대장'으로도 회자되었던 그는 6·25전쟁기 고급 지휘관 가운데서도 가장 많은 무공훈장

24. 장도영(2001), 『장도영의 회고록』, 숲속의 꿈, 209쪽.
25. 김형식(1999.4), 「세계사를 바꾼 6사단의 춘천 방어전」, 『월간조선』.
26. 이한림(1994), 『세기의 격랑』, 팔복원, 357쪽.

(태극 2개, 을지 4개, 충무 4개, 화랑 2개)을 수상했다.[27] 2008년 6월 대한 민국 보훈처는 '이달의 6·25전쟁 영웅'으로 임부택 장군을 현창하였다.[28]

이화령의 불사신, 함병선 장군

함병선(1920.5~2001.2)은 1920년 평남 대동군 출생의 1938년 육군특별지원병 제1기생 출신이다. 1945년 8월 일본군 최정예 공정부대였던 정진연대의 준위 계급으로 종전을 맞았던 역전의 용사였다.[29] 1946년 1월 함병선은 군사영어학교를 거쳐 대한민국 육군 초급장교로 임관하였다. 그는 1947년 제2연대 군수참모, 1948년 제2여단 군수참모, 1948년 12월 제2연대장으로 육군특별지원병

[사진12-4] 1950년 11월 초대 제2사단장 취임식의 함병선 장군

제1기생 출신의 제11연대장 최경록 중령과 같은 제2기생 출신의 제9연대장 송요찬 중령의 뒤를 이어서 「제주4·3사건」의 진압작전을 진두지휘하였다.

1948년 10월 이래 제2연대는 여순사건 진압을 위한 첨병부대로 「지리산운봉 전투」, 「제주4·3사건」 진압을 위한 「한라산 전투」, 옹진지구 「은파산·까치산 전투」를 수행하였다. 함병선 연대장은 「은파산 전투」에서 두 번째의 큰 부상을 입었다.[30] 1950년 6월20일 제2연대는 제6사단 예하 연대로 편입되면서 강원도 홍천지구로 기동하였다.[31]

27. 임부택(1996), 「낙동강에서 초산까지」, 그루터기, 19쪽.
28. 「코나스」 2008년 5월31일자.
29. 국가기록원, 「병적전시명부」.
30. 함병선(1990), 「이력서」.
31. 김행복 편(2004), 『한국전쟁사(1)』, 국방부군사편찬연구소, 666~667쪽.

6·25전쟁 발발 당시 제6사단 제2연대는 강원도 홍천지구 경비를 담당하였다. 당시 제2연대 예하 부대장의 면면은 육군특별지원병 제3기생 출신 제1대대장 박노규 중령(부연대장)[32]을 시작으로 제2대대장 김상룡 소령, 제3대대장 이운산 소령, 지원포대장 김성 소령, 지원공병대장 김영근 대위, 대전차포중대장 김훈 대위였다.[33]

제2연대의 방어지역은 춘천 동북쪽 764고지(계명산) 남쪽으로부터 우측 제8사단과 분계선으로 현리 965고지에 이르는 42킬로미터였다. 제2연대가 제8연대로부터 인계받은 방어진지는 인제-홍천 정면의 콘크리트 진지가 아닌 통나무로 구축한 유개호가 전부였다. 말하자면, 제2연대는 방어구역과 지형지물도 제대로 파악하지 못한 상황에서 북한군의 불법남침에 맞서야 했다. 6월25일 북한군 제2군단 예하 제7사단의 작전계획은 인제-홍천 축선으로 진출해서 홍천을 점령한 이후 홍천-여주 방면으로 진격해서 국군의 퇴로를 차단한다는 것이었다. 1950년 5월24일 제2연대는 873고지로부터 전차를 앞세운 북한군의 활발한 병력 이동을 포착하였다. 1950년 6월 25일 새벽 3시30분 홍천 북방에서 첫 포성이 울리면서 북한군 제7사단이 전차를 앞세우고 남침을 감행하였다. 국군 제2연대는 일단 38선 경계진지를 철수해서 어론리 585고지 주저항선에서 북한군을 저지하였다. 이후 자은리를 거쳐 말고개 일대에서 최후 저항선을 구축한 제2연대는 육탄돌격대를 운용하는 등 총 4회에 걸쳐 북한군 제7사단의 공세를 격퇴하였다.[34] 1950년 6월 28일 제2연대는 제6사단장의 명령에 따라 홍천 남방지구로 후퇴하지 않으면 안되었다.

---

32. 남정옥(2010), 「(11)전투지휘관의 귀감 박노규 장군 전사」, 『한국전쟁 이것만은 알아야 한다』, 삼우사, 441~442쪽.

33. 함병선(1976), 「이화령에 뿌린 혈흔」, 『북한』 제57호.

34. 양영조 편(2005), 『한국전쟁사(2)』, 국방부군사편찬연구소, 510~511쪽.

홍천지구 남침을 담당한 북한군 제7사단(사단장 전우全宇 소장)은 동북의용군 출신으로 기갑연대를 앞세운 막강한 화력을 자랑하였다. 그러나 제2연대장 함병선은 제5중대 강승호 소위가 지휘하는 20명 규모의 육탄돌격대 2개반을 운용하는 결사항전으로 남하하는 북한군 전차를 격파하고 북한군의 진격을 저지하였다.[35] 작전에 실패한 제7사단장 전우 소장은 최충국 소장으로 교체되었고, 부대명도 제12사단으로 개칭하고 말았다.

6·25전쟁 초기 제2연대의 또 다른 혁혁한 전공은 1950년 7월 중순 문경지구에서 북한군 제1사단을 분쇄한 「이화령 전투」였다.[36] 1950년 7월13일 제2연대는 이화령과 조령의 험준한 지세를 이용한 거점 방어전략으로 천혜의 방어선 이화령을 점령하였다. 이화령은 평균 700~1000미터의 소백산맥 준봉들이 뻗어 나가는 길목이자, 외가닥의 아득한 고갯길이었다. 북한군이 연풍-문경을 잇는 이화령을 점령한다면, 당시 경부선 연선에서 지연전을 펼치는 미군 제24사단의 퇴로가 차단됨과 동시에 북한군의 남진을 위한 전략적 요충지를 제공하는 셈이었다.

1950년 7월14일 북한군 제2군단 소속 제1사단 제2연대가 이른 새벽의 짙은 안개를 뚫고 이화령을 공격해 왔다. 제2연대는 북한군의 압도적인 병력과 화력에 고전을 면치 못하였고, 방어선 일부가 돌파당하는 위기가 발생하였다. 그러자 함병선 연대장은 권총을 빼들고 "온몸을 불덩이처럼 달군 채 고함을 지르며 연대장인 내가 달려 내려가자 몰려오던 병사들이 새 힘을 얻은 듯 이번에는 뒤로 돌아 적진으로 달려들기 시작"[37]해서 일거에 전황을 역전시킬 수 있었다. 당시 제2연대 종군 기자는 함병선 중령의 돌격 장면을

---

35. 전사편찬위원회(1977), 『한국전쟁사(1)』, 국방부, 254~255쪽.
36. 함병선(1976), 「이화령에 뿌린 혈흔」, 『북한』 제57호.
37. 위와 같음.

두고 「이화령 고개 위의 바위가 굴렀다」는 제하의 기사를 게재하였다. 제2연대는 사살 800여 명을 비롯해서 경전차 3대를 파괴하고, 장갑차와 각종 차량 60대 그리고 75밀리 산포 3문을 노획하는 뚜렷한 전과를 올렸다.[38]

「이화령 전투」의 승리는 "소수의 병력이 압도적인 적의 공격을 받는 위기에도 불구하고 지휘관의 명확한 판단과 진두지휘 및 전 장병의 혼연일체가 가져온 결과"[39]였다. 1953년 6월 함병선의 태극무공훈장 공적서는 '1950년 7월13일부터 15일까지 문경 이화령에서 병력과 장비의 열세에도 불구하고 제6사단 2연대를 지휘하여 북한군 제1사단의 침공을 저지한 후 기습적인 반격으로 적을 격퇴하였다'고 기술하였다. 이 때문에 함병선 대령은 '이화령의 불사신'이라는 별명을 얻게 되었다. 이등병 출신의 최갑석 장군은 함병선 장군의 공적을 다음과 같이 회고하였다.

전투에 한 번도 빠진 적이 없이 참가한 군인이다. 그는 국군에 들어와서 여순 10·19사건, 제주 4·3사건, 옹진지구 전투, 홍천 전투, 춘천 수복 전투, 6·25전쟁 등 한국군 전장에는 반드시 한복판에 있었으며, 혁혁한 전공을 세웠다. 일본군 준위와 상사 출신은 사관학교 출신보다 실전 경험이 많고, 그래서 전쟁의 난국에는 머리 좋은 장교들보다 이들의 용맹성, 효용성이 더 높다는 평가를 받았다. 함 연대장은 대표적인 인물이었다.[40]

1976년 함병선 장군은 제2연대의 「이화령 전투」를 회고하면서 "비록 조국 수호전선에서 서로 함께 목숨 바치기를 초개와도 같이 여기며 야전을 누벼

---

38. 국방부군사편찬연구소(2005), 『금강−소백산맥선 지연작전』, 국방부군사편찬연구소, 294쪽.
39. 손규석(2003), 『태극무공훈장에 빛나는 한국전쟁 영웅』, 국방부군사편찬연구소, 95쪽.
40. 이계홍(2005), 『장군이 된 이등병』, 화남, 115쪽.

온 전우들이지만, 많은 부하들은 가고 나는 살아남았다"[41]며, 구국전선에서 용전분투했던 소속 부대원들의 희생과 헌신에 감사하였다. 특히 "우리 연대는 대부분 충남 출신으로 평소에는 묵묵히 말이 없지만, 자기 임무에 충실하며 전투가 벌어지면 용감히 잘 싸웠다"[42]며, 제2연대 장병들의 우수한 자질과 성실함 그리고 뜨거운 애국심에 경의를 표하였다. 이외에도 그는 1950년 11월 북진작전 과정에서 청천강 인근에서 김일성의 승용차를 노획하는 전과를 거두었고, 같은 해 11월 초대 제2사단장에 취임하였다. 1951년 7월 미군 제9군단과 협공으로 대성산 말고개 734고지 혹은 김일성 고지 점령을 위한 치열한 공세작전을 성공적으로 수행하였다. 그 외에도 불암산, 적근산, 저격능선 고지 전투에서 용전분투하였다.[43]

「기계·안강 전투」와 송요찬 장군

송요찬(1918.2~1980.10)은 1939년 육군특별지원병 제2기생(현역병)으로 1945년 8월 종전 당시 일본군 육군 조장이었다. 그는 1946년 5월 군사영어학교를 수료하고 대한민국 육군 초급장교로 임관하였다.[44] 1948년 7월 그는 제9연대장으로 「제주4·3사건」 진압작전과 1949년 5월 동해안 제10연대장으로 「양양 돌격작전」으로 명성을 쌓았다. 6·25전쟁 발발 당시 그는 제6대 헌병사령관이었다.[45] 1950년 9월 송요찬 대령은 백인엽 대령 후임으로 수도사단장에 발탁되어 낙동강 동부전선 「기계·안강 전투」를 진두지휘하였다.

---

41. 함병선(1976), 「이화령에 뿌린 혈흔」, 『북한』 제57호.

42. 손규석(2003), 『태극무공훈장에 빛나는 한국전쟁 영웅』, 국방부군사편찬연구소, 95쪽.

43. 咸氏大宗會訂正發行委員會(2009), 『江陵楊根咸氏大同譜(第一卷)』, 江陵楊根咸氏大同譜刊行委員會, 216쪽.

44. 이원복(1996), 『타이거 장군 송요찬』, 육군교육사령부, 55쪽.

45. 안용현(2003), 『(실록), 한 노병의 잡화』, 한솜미디어, 309~310쪽.

「기계·안강 전투」는 한국군과 유엔군이 낙동강 방어선을 형성했던 1950년 8월9일부터 9월14일까지 기계, 안강, 포항, 경주 북부 일원에서 한국군 제1군단 예하 수도사단이 북한군 제12사단의 공세를 저지·분쇄했던 대표적인 「낙동강 방어 전투」 가운데 하나였다.[46] 수도사단은 1949년 6월 수도방위를 목적으로 수도경비사령부로 창설되었다. 초대 사령관은 권준 대령이었고, 보병 제2연대, 제18연대, 제17연대의 편제였고, 옹진지구 은파산과 까치산 전투에서 전투경험을 쌓았고.[47] 6·25전쟁 발발 이후 1950년 7월 부대명을 수도사단으로 개칭했고, 제1군단에 편입되었다. 송요찬의 회고록에 따르면, 당시 기계·안강지구의 전략적 중요성은 다음과 같았다.

「기계·안강 전투」는 적 5·12사단이 경주를 돌파, 낙동강 교두보를 무너뜨리려고 마지막 안간힘을 쓴 전투입니다. 국군은 여기서는 한 발짝도 물러설 수 없었어요. 여기서 더 밀려 경주를 빼앗기면 대구 북방의 1사단 방어지역인 다부동전선이나 미 해병사단이 결사적으로 방어하고 있는 오봉리전선 등은 배후를 찔려 쓸모없게 됩니다. 하긴 다부동이나 오봉리가 뚫리면 우리가 맡고 있던 안강리 진지를 지킬 수 없게 되는 것도 마찬가지지요. 이상의 전선들은 호각지세의 절대 방어선이었어요.[48]

1950년 8월 초순 한국군 제1군단은 북한군 주력이 안동-의성-영천지구로 기동할 것으로 판단해서 수도사단을 길안 일대에 배치하였다. 당시 수도사단의 편제와 지휘관의 면면은 사단장 백인엽 대령, 제1연대장 한신 중령,

46. 남정옥 편(2008), 『한국전쟁사(5)』, 국방부군사편찬연구소, 496쪽.
47. 육군본부(1970), 『육군발전사(제2권)』, 육군본부, 209/372쪽.
48. 중앙일보사 편(1983), 『민족의 증언(1)』, 중앙일보사, 227쪽.

제17연대장 김희준 중령, 제18연대장 임충식 대령, 기갑연대장 백남권 대령이었다. 그러나 수도사단은 8월5일부터 북한군의 파상적인 공세에 밀리면서 의성 방면으로 후퇴해야 했다. 8월9일 당시 북한군 제12사단은 청송-기계 축선의 공백지대를 점령하면서 포항 진격을 서두르는 상황이었다.

1950년 8월13일 수도사단은 제1연대를 안강지구로, 제18연대와 기갑연대를 구산동에서 동남진으로 기동시켰다. 8월16일 포항지구 전투사령부 예하 제17연대가 기계 남측 고지를 탈환해서 기계지구로 기동했고, 기계 북측에서는 수도사단 예하 제18연대가 용기동 일대를 점령하였다. 8월18일 수도사단은 북한군을 비학산 일대에서 격퇴시키고 기계지구를 탈환하였다. 그러나 8월26일 기계지구는 병력 보충과 부대재편을 완료한 북한군의 대대적인 야간공세에 의해 재차 피탈당하고 말았다. 그래서 미군 제8군사령관 워커 중장은 잭슨 특수부대를 기계지구에 급파하지 않으면 안되는 다급한 상황이었다.[49]

1950년 9월1일 육군본부는 지휘관 인사를 단행해서 수도사단장에 송요찬 대령을 임명하였다. 그는 곧바로 간도특설대 고급 하사관 출신의 이용 중령을 작전참모로 기용하는 한편, 곤제봉에서 북한군을 격파한다는 구체적인 작전계획을 수립하였다.[50] 수도사단이 기계지구 남쪽 고지를 중심으로 각 연대의 방어진지를 구축하고 있던 와중에서 9월2일 이른 새벽 북한군의 대대적인 9월 공세가 개시되었다. 송요찬 사단장은 북한군 제12사단의 공격로를 예상해서 기계·안강 방면 국도를 따라 양측 남북으로 연결된 두 줄기 능선으로 북한군의 병력과 화력을 분산시키는 방어전략을 구상하였다.

49. 남정옥 편(2008), 『한국전쟁사(5)』, 국방부군사편찬연구소, 496~541쪽.
50. 백선엽(1989), 『군과 나』, 대륙연구소, 11쪽; 정일권 편(1987), 『만주국군지』.

[지도12-2] 1950년 9월 낙동강 전선의 공방전

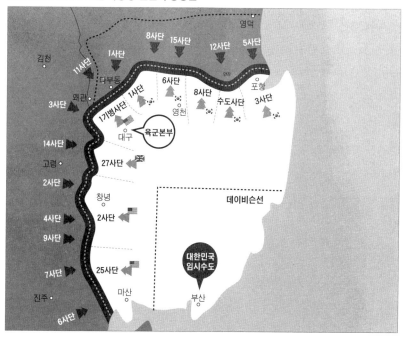

　안강지구에 집결한 북한군 제12사단은 전차를 앞세워 경주를 향해 남진을 개시했고, 무릉산-곤제봉 일대에 병력을 집중시켰다. 곤제봉은 남북간 거리 2.5킬로미터, 동서 폭이 2킬로미터, 해발 300미터의 주요 고지였다. 수도사단은 북한군의 집중 포화에 노출되면서 수 시간 만에 주저항선을 돌파당하고 말았다. 송요찬 사단장은 재차 제17연대와 기갑연대를 앞세운 격렬한 역습으로 곤제봉을 탈환했지만, 9월11일 제17연대 제2대대가 다섯 번째로 곤제봉을 피탈당하고 사방동으로 철수하고 말았다.[51] 그러자 송요찬 사단장은 제17연대 제2대대의 거듭된 작전실패와 병력손실의 책임을 물어 제

---

51. 이원복(1996), 『타이거 장군 송요찬』, 육군교육사령부, 211쪽.

2대대장 조영구 중령에 대한 즉결처분을 명령하였다.[52] 후임 제2대대장 유창훈 소령은 12명의 육탄돌격대를 운용해서 9월13일 곤제봉을 재탈환하였다.[53] "곤제봉 공방전은 결국 제17연대 장병들의 피어린 투지에 의한 승리"[54]의 결과였다.

1950년 9월5일 북한군 제12사단은 일제히 공격을 재개해서 안강과 포항을 점령했고, 일부 병력을 경주 북서쪽 4~5킬로미터까지 기동해서 낙동강 동부전선을 위협하였다. 송요찬 수도사단장은 침착한 대응으로 무릉산-곤제봉-형산강을 연결하는 최후 저항선을 구축하고 독전을 펼쳤다. 결국, 병력과 화력의 열세에도 불구하고, 송요찬은 북한군 2개 사단을 분쇄하고 「곤제봉 전투」를 승리로 이끌었다.[55] 곤제봉 확보는 작전의 성패를 좌우했기 때문에 초인적인 공방전의 연속이었다. 쌍방의 수류탄과 총검이 난무하는 야간의 백병전을 특징으로 하였다.[56] 「기계·안강 전투」의 승리는 안강 남쪽의 경주와 포항을 향하는 두 개의 능선으로 북한군의 공세 병력을 분산·유도해서 병력과 화력의 열세를 만회하는 전술이 주효했기 때문이었다.[57] 1950

---

52. 조영구 중령에 대한 즉결처분권 행사와 관련해서 송요찬 장군은 "곤제봉에 조 중령 대대를 배치하면, 밀려나곤 했는데 조 중령은 명령을 어기고 대대 OP를 무단이탈, CP까지 물러서는 바람에 사병들이 전의를 잃곤 했어요. 그래서 내가 그러지 말라고 세 번 경고하고, 네 번째에 헌병을 시켜 총살했습니다. 그 후부터 단위부대의 지휘관들이 무단후퇴를 못합니다"라고 증언하였다. 중앙일보사 편(1983), 『민족의 증언(2)』, 중앙일보사, 227~228쪽.

53. 당시 제18연대 제3대대 제11중대장으로 「기계·안강 전투」에 참전했던 김종민 예비역 중령은 "기계·안강 전투는 불리한 지형에서 시종되는 전투였기에 피비린내 나는 혈투 정도로는 표현할 수 없는 초인적인 난투의 연속이었다. 전투는 주로 야간에 있었고, 총기보다는 수류탄을 굴리고 던지는 육박전이었다"며 당시 전투의 치열함과 처절함을 증언하였다. 김종민(2010), 『대전쟁』, 동아E&D, 205쪽.

54. 이원복(1996), 『타이거 장군 송요찬』, 육군교육사령부, 214쪽.

55. 1950년 8월 말 차규헌(육사 제8기) 장군은 수도사단 제1연대 제1대대 제2중대장으로 기계·안강 전투에 참전하였다. 그는 1985년 자서전에서 중대장 차원에서 「기계·안강 전투」의 실상을 생생하게 묘사하고 있다. 차규헌(1985), 『전투』, 병학사, 115~147쪽.

56. 국방부전사편찬위원회(1986), 『안강·포항 전투』, 국방부전사편찬위원회, 179쪽.

57. 중앙일보사 편(1983), 『민족의 증언(1)』, 중앙일보사, 227쪽.

년 9월20일 송요찬 대령은 「기계·안강 전투」의 승리와 혁혁한 전공으로 육군 준장으로 진급하였다.

Ⅱ. 「중공군 참전」과 필사의 탈출

1950년 10월 중순 국군은 인천 상륙작전 혹은 크로마이트 작전(Operation Chromite)에 성공하면서 38선을 돌파해서 파죽지세의 북진작전으로 전환하였다. 그러나 1950년 10월 말 한국군은 겹겹의 중공군 포위망에 갇히면서 필사의 탈출과 재반격에 나서지 않으면 안되었다.[58] 이하에서는 1·4후퇴기 육군특별지원병 출신 고급 지휘관들의 군사적 역량을 구체적으로 검토해 보자.

백두산 호랑이, 김용배 장군

6·25전쟁기 제6사단 제7연대 제1대대장 김용배 장군은 「초산 전투」를 진두지휘했던 전쟁영웅이다. 「초산 전투」는 1950년 10월1일 북진작전 이래 국군 제6사단 제7연대가 북한군 제8사단을 섬멸하고 압록강변 초산을 점령한 공세 작전이자, 이후 중공군 포위망으로부터 벗어나는 필사적인 탈출 작전이었다. 「초산 전투」에서 활약한 제1대대장 김용배 중령은 6·25전

[사진12-5] 김용배 장군의 흉상

쟁 발발과 함께 춘천에서 홍성으로, 신림에서 음성으로, 충주에서 문경으

---

58. 중공군의 6·25전쟁 참전에 대해서는 중국 인민지원군 부사령관 홍학지의 참전 회고록이 있다. 홍학지 지음, 홍인표 옮김(2008), 『중국이 본 한국전쟁』, 한국학술정보.

로, 신령에서 화천으로, 김화에서 평강으로, 신포에서 원산으로, 양덕에서 순천으로, 개천에서 희천으로 그리고 압록강변 초산에 이르기까지 거센 비바람을 헤치며 선봉대대를 지휘했던 6·25전쟁 영웅이다.

김용배(1921.4~1951.7)는 1921년 경북 문경 출생으로 1934년 호서남보통학교를 졸업한 이후 1938년 4월 육군특별지원병 제1기생을 지원해서 합격하였다.[59] 1938년 12월 함북 나남에 주둔하는 제19사단 제76연대에 입대해서 1945년 8월 일본군 조장(상사)으로 종전을 맞았다.[60] 1947년 11월 조선경비사관학교 제5기생으로 1948년 4월 대한민국 초급장교로 임관하였다. 그는 제8연대 작전장교를 거쳐 1949년 8월 소령 진급과 동시에 임부택 중령이 지휘하는 제6사단 제7연대 제1대대장에 보직되었다. 하지만, 해방 이후 국군에 투신한 이후 식민지기 육군특별지원병 지원을 크게 후회했다고도 한다.

특히, 월남 패망 5년 구금투쟁의 영웅으로 널리 알려진 이대용 장군은 당시 제6사단 제7연대 제1대대 제1중대장이었고, 김용배 제1대대장의 직속 부하였다.[61] 6·25전쟁 발발과 함께 김용배는 춘천지구 「옥산포 전투」를 시작으로 총 5회에 걸친 공세적 방어작전을 진두지휘하며 혁혁한 전공을 세웠다.[62] 특히, 1950년 6월26일 북한군 제2사단 제6연대에 대한 「옥산포 공세적 기습작전」을 승리로 이끌면서 「춘천 전투」의 하이라이트를 장식했다.[63] 1950년 7월 초순 그는 음성지구 「동락리 전투」에서 북한군 제15사단 제48연대를 섬멸하였다. 제1대대는 「동락리 전투」에서 북한군 270명을 사살하고 45밀리 대전차포 등 각종 무기를 노획하였다. 「동락리 전투」는 6·25전쟁사에 빛나

59. 『매일신보』 1938년 6월11일자.
60. 이대용(2010), 『6·25와 베트남전, 두 사선을 넘다』, 기파랑, 16쪽.
61. 「이 시대의 진정한 영웅, 별이 되다」, 『국방일보』 2017년 11월19일자.
62. 이대용(2017), 『이대용 장군 수기』, 육군군사연구소, 31~32쪽.
63. 위와 같음, 74쪽.

는 최초의 승전보였고, 북한군의 남진을 저지하는 데 기여하였다.

1950년 8월 말 제1대대는 대구 동북방 신령지구에서 해발 828미터의 화산(花山)고지 탈환전을 감행하였다. 김용배 대대장은 변칙적인 기습작전을 구사하며, 「화산고지 점령작전」을 진두지휘하였다. 당시 이대용 대위가 지휘하는 제1중대는 끈질긴 접근전을 펼쳐서 화산고지를 점령하였다. 하지만 이후 북한군의 역습과 반격으로 화산고지를 둘러싸고 일주일에 걸친 치열한 공방전의 연속이었다. 그러나 제1중대는 다수의 전사자와 부상자가 발생하면서 중대가 소대병력으로 축소되는 전멸의 위기에 처하였다.

1950년 9월 초순 이대용 대위가 지휘하는 제1중대는 화산고지 정상에서 비바람과 굶주림에 시달리며 초가을 추위에 떨어야 했다. 당시 제1대대장 김용배는 생사의 기로에 선 부대원들이 안타까웠던 나머지 이대용 중대장을 호출해서 "압록강 대장(제1중대장의 암호명), 압록강 대장, 여기는 백두산 대장(제1대대장의 암호명), 압록강 대장, 기한(飢寒)이 얼마나 심하오, 부족한 나를 용서하오, 부족한 나를 용서하오"[64]라며 격려하였다. 무전기를 타고 흐르는 눈물을 담은 김용배 대대장의 목소리에 강골의 이대용도 치밀어 오르는 뜨거운 눈물을 삼켜야 했다고 한다.

1950년 10월 초순 제6사단 제7연대의 선봉으로 38선을 돌파한 제1대대는 가평–화천–김화 축선을 따라 평강–양덕을 거쳐 원산을 점령했고, 이어서 성천–순천–개천–희천 방면을 향한 북진작전을 계속하였다.[65] 제1대대는 평북 구장동을 출발해서 청천강을 건너 초산지구로 진격하였다. 10월26일 김용배는 제1대대 제1중대를 직접 진두지휘해서 한만국경을 점령하고 국군 최

64. 이대용(1984), 『국경선에 밤이 오다』, 한진출판사, 210쪽.
65. 민항기(2009), 『한국전쟁사(6)』, 국방부군사편찬연구소, 499~521쪽.

초로 압록강변에서 태극기를 휘날릴 수 있었다.[66] 제6사단 제7연대가 국군 최선봉으로 압록강변에 도달할 수 있었던 것은 6·25전쟁 발발과 동시에 춘천 및 영월지역 광산회사로부터 다수의 트럭을 징발해서 원활한 기동력을 확보했기 때문이었다. 1950년 말 「초산지구 진격작전」의 전과는 사살 2411명과 포로 524명이었다.[67] 제1대대는 평북 초산을 점령한 바로 다음날 회목동으로 철수하라는 사단장의 명령이 하달되었다. 이는 제7연대가 중공군 포위망에 걸려 퇴로마저 차단당한 채 절체절명의 위기상황에 처했기 때문이었다.[68] 제7연대는 고장-회목동 중간 지점의 병풍처럼 깎아지른 주원계곡을 통과하면서 중공군의 "깊고 복잡한 기만과 반칙의 덫"[69]에 빠져들고 말았다.

진퇴유곡의 제7연대는 계곡 양편에 방어진지를 구축하고 유엔군의 항공폭격을 기다리는 지연전으로 대응하고자 하였다. 하지만, 이를 간파한 중공군은 곧바로 제40군 제118사단을 앞세워 '붉은 광란(狂亂)의 해일(海溢)'과도 같이 제7연대를 덮쳤다.[70] 제6사단 제7연대도 사력을 다해서 대항했지만, 중공군 제38군과 제40군 소속의 6개 사단이 점령한 적유령산맥과 강남산맥으로 도피해야 했다.[71] 제7연대의 「주원계곡 전투」는 "한국전에서 한국군을 포함

---

66. 백선엽(2017), 『백선엽의 한국전쟁 징비록(1)』, 책밭, 112쪽.
67. 민항기(2009), 『한국전쟁사(6)』, 국방부군사편찬연구소, 521쪽.
68. 김병권(2010), 『세월의 이끼에 가려진 보석』, 예가, 197~226쪽.
69. 당시 육군참모총장이었던 정일권 장군에 따르면, 제1중대장이었던 "이대용 대위가 강변에 태극기를 내걸었다. 중대원 전원이 대한민국 만세를 목놓아 불렀다. 오후 2시15분이었다"고 증언하였다. 정일권(1986), 『(6·25비록) 전쟁과 휴전』, 동아일보사, 197쪽.
70. 6·25전쟁기 중국인민지원군 부사령관으로 활약했던 홍학지의 회고에 따르면, 1950년 6월28일 인민지원군 사령부는 초산-고장에 걸쳐 잠복하는 제40군을 주력군으로 동원해서 한국군 제6사단 제7연대를 완전 포위한 다음 희천과 운산을 점령한 한국군 6~7개 연대의 지원을 기다렸다가 인민지원군 제38군, 제39군, 제40군을 동원해서 운산 북쪽에서 일거에 격멸한다는 작전계획을 입안하였다. 1950년 10월29일 자정 무렵 인민지원군 사령부는 제40군 제118사단장 등악으로부터 "제6사단 제7연대를 기습해서 커다란 피해를 가하고 고장을 점령"했다는 전문을 받았고, 일거에 '축제 분위기'에 휩싸였다고 증언하였다. 홍학지 지음, 홍인표 옮김(2008), 『중국이 본 한국전쟁』, 한국학술정보(주), 100~101쪽.
71. 이대용(2010), 『6·25와 베트남전, 두 사선을 넘다』, 기파랑, 50~51쪽.

한 유엔군이 중공군과 접전한 최초의 사건"[72]이었다. 리지웨이 장군은 "중공군 부대는 마치 지면에서 용출(湧出)한 것과 같이 돌연히 출현해서 격렬한 백병전으로 (제7)연대를 괴멸시켰다"[73]고 회고하였다. 더구나, 제7연대를 구출하고자 출동했던 제6사단 제2연대도 후방에서 공격해 오는 중공군에 포위되면서 궤멸적인 타격을 입었다.[74]

1950년 11월26일 구사일생으로 평북 개천에 집결한 제7연대 부대원은 당초 3552명 가운데 875명에 불과하였다. 부연대장 최영수 중령을 비롯한 다수의 고급 지휘관과 장병들이 포로, 전사, 실종하고 말았다. 탈출에 성공한 고급 지휘관은 연대장 임부택과 제1대장 김용배뿐이었다.[75] 1951년 6월 김용배는 대령 진급과 함께 제7사단 제5연대장에 부임하였다.[76] 그러나 1951년 7월2일 양구군 군량리에서 불의의 중공군 포격을 받아 전사하고 말았다. 정부는 김용배 대령의 혁혁한 전공을 기리고자 준장 특진과 함께 태극무공훈장을 서훈하였다. 그는 조선경비사관학교 제5기생 가운데 가장 먼저 중령으로 진급했던 선두 주자였다. 최일선 대대장으로 머리 총상에도 불구하고 후송을 거부하고 붕대를 감고 부대를 지휘하는 확고한 책임감과 사생관으로 후배들의 모범이 되었다.[77] 제1대대 제1중대장으로 6·25전쟁기 김용배 대대장과 생사고락을 함께했던 제1중대장 이대용은 "그는 나무랄 데가 없는

72. 이건영(1996), 『패자의 승리』, 진명출판사, 28쪽.
73. マシュウ·B. リッジウェイ 著, 態谷正巳 外譯(1976), 『朝鮮戰爭』, 恒文社, 70쪽.
74. 강규형 외(2019), 『김일성이 일으킨 6·25전쟁』, 기파랑, 62쪽.
75. 이대용(1984), 『국경선에 밤이 오다』, 한진출판사, 55〜135쪽.
76. 채명신(1994), 『채명신 회고록』, 매일경제신문사, 252쪽.
77. 김용배 장군은 무릇 군인이란 "벽돌같이 네모난 마음가짐으로 청탁(淸濁)을 모두 삼킬 수 있는 넓은 도량과, 돈과 생명을 버리는 무구(無垢)의 정신으로 굵고 짧은 삶을 값있게 살다가 싱싱하고 화사한 꽃이 떨어지듯이 가버리는 것이 군인의 일생"이라는 신념의 소유자였다. 이대용(2010), 『6·25와 베트남, 두 사선을 넘다』, 기파랑, 57쪽.

훌륭한 인간이요, 군계일학(群鷄一鶴)의 뛰어난 군 지휘관"[78]이었다며 찬사를 아끼지 않았다.

[그림12-3] 1950년 11월 말 제6사단 제7연대 제1대대 제1중대의 중공군 포위망 탈출 경로

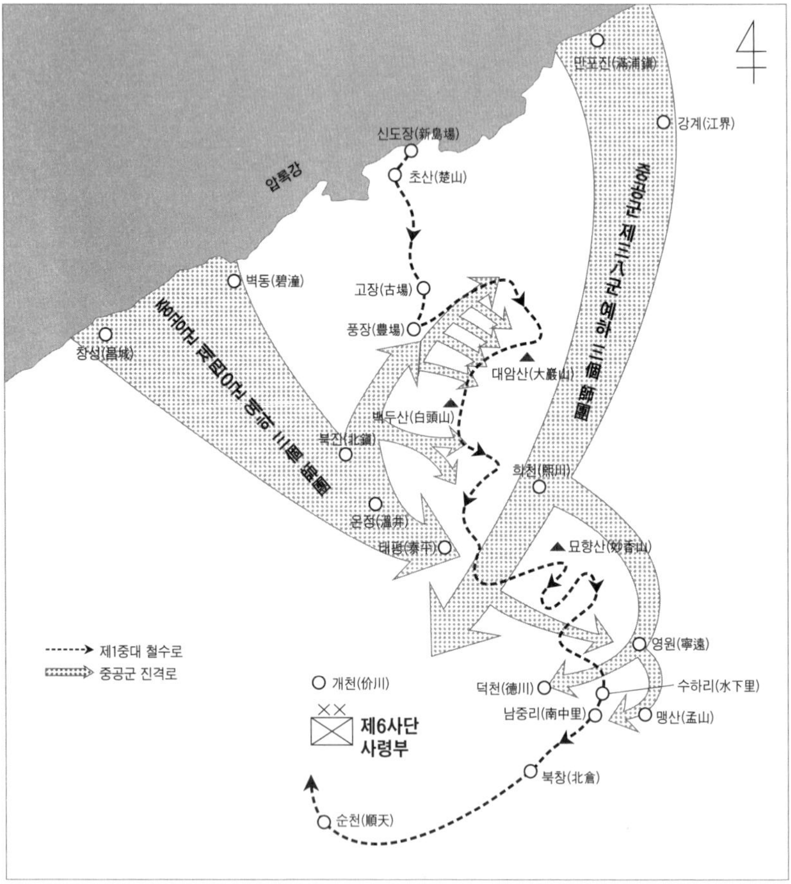

(자료) 이대용(1984), 『국경선에 밤이 오다』, 한진출판사.

---

78. 이대용 장군은 김용배 장군을 회고하며 "어질고 또 용감하고 지혜로운 군인으로서 갖출 것을 모두 구비한 이상적인 지휘관이며, 얻기 힘든 인재였다"고 회고하였다. 이대용 장군의 김용배 장군에 대한 존경심과 추모의 정은 각별하였다. 2017년 11월14일 이대용 장군도 92세의 일기로 하늘나라의 별이 되었다. 이대용(1984), 『국경선에 밤이 오다』, 한진출판사, 212~216쪽; 『국방일보』 2017년 11월19일자.

당시 제7사단 제5연대 부연대장이었던 채명신 장군도 "우리 연대장은 일본군 지원병 출신으로 태평양 전쟁을 치른 훌륭하고 용감무쌍한 역전의 용사"[79]라 자랑하였다.

김용배 장군의 전사 현장을 목도했던 이등병 출신의 최갑석 장군도 "김용배 대령, 그는 거인이었다. 그 육중한 몸집은 늘 보기만 해도 늠름하고 타는 듯한 눈빛이 인상적이었다. 그의 위풍당당한 모습에 용전과 무공담이 뒤따랐다"[80]며, 후덕한 인품과 용기에 경의를 표하였다. 박경원 장군도 국군의 모범이 되는 아주 훌륭한 군인이었다고 회고하였다.[81] 그는 1950년 12월 화랑, 충무, 을지무공훈장 그리고 1951년 10월 태극무공훈장을 수상하였다. 현재 전쟁기념관 중앙 홀에는 김용배 장군의 흉상이 안치되어 있으며, 강원도 인제에는 용배교, 고향 문경시에는 용배공원이 조성되어 있다. 2001년 7월 국방부는 김용배 장군을 '이달의 호국 인물'로 현창하였다.

「일월산 전투」의 영웅, 박노규 장군

1951년 2월 말 당시 제2사단 제31연대장 박노규 대령은 청송 방면으로부터 북상하는 북한군 제10사단 소속 패잔병을 섬멸하라는 토벌명령을 받았다. 박노규는 경북 일월산 남서쪽 장갈령을 점령하고 560고지를 중심으로 북상하는 1500명의 북한군을 섬멸하였다. 이후에도 박노규 연대장은 북한군 잔당 소탕전을 진두지휘하며 국군의 원활한 후방 보급로 확보에 주력하였다. 1951년 3월 북한군 잔당은 압도적인 병력으로 경북 봉화군 소천면 일월산 지구에서 국군의 경계선 돌파를 기도하였다. 박노규는 이들을 격퇴하

79. 채명신(1994), 『채명신 회고록』, 매일경제신문사, 253쪽.
80. 최갑석(1998), 『국군의 뿌리』, 삼우사, 297쪽; 이계홍(2005), 『장군이 된 이등병』, 화남, 192~196쪽.
81. 박경원(2020.1.12), 『인터뷰』.

는 과정에서 북한군이 난사한 총격에 전사하고
말았다.

1918년 3월 전북 임실 출생의 박노규
(1918.3~1951.3)는 임실보통학교를 졸업하고,
1939년 육군특별지원병 제2기생에 합격하였
다. 제2기 육군특별지원병 선발은 600명 모집
인원에 지원자 약 1만 2348명이 몰리면서 약
21대 1의 경쟁률을 기록하였다. 합격자는 "체

[사진12-5] 박노규 장군의 흉상

격, 학력, 정신 각 방면으로 가장 출중한 조건을 갖춘 씩씩한 청년"[82]들이었
다. 육군특별지원병 제2기생의 전북 출신 합격자는 총 36명이었다. 1939년
12월 육군병지원자훈련소를 수료한 그는 이등병 계급으로 조선군 제20사단
에 배치되었다. 1943년 1월 조선군 제20사단 소속으로 뉴기니에 참전했다가
구사일생으로 생환한 '역전의 용사'였다.

1946년 11월 그는 조선경비사관학교 제2기생 출신으로 대한민국 육군 초
급장교로 임관하였다. 1948년 제4연대 작전장교로 「여순사건」 진압작전에
참전하였다. 이후 그는 육군사관학교 교무처장을 거쳐 1949년 6월 수도경
비사령부 작전참모, 1950년 1월 옹진전투사령부 작전참모로 발탁되어 수차
의 국지전에 참전하였다. 1950년 5월 옹진지구 「은파산 전투」를 거쳐 육군보
병학교 고등군사반에 입교하면서 육군 중령으로 진급하였다. 박노규는 당
시 홍천 주둔 제6사단 제2연대 부연대장 보직 직후 6·25전쟁을 맞았다. 당
시 제2연대장은 '이화령의 불사신' 함병선 대령이었다.

1950년 6월25일 새벽 3시 북한군의 도발을 예상한 제2연대 작전회의에
서 당시 박노규는 "만일 놈들이 붙는다면 저는 제1선에 서겠습니다. 저를

---

82. 『매일신보』 1939년 5월31일자.

제1대대장으로 보내주십시오"[83]라며, 부연대장을 고사하고 최선봉 제1대대장을 자원하였다. 1950년 7월 그는 「홍천 전투」를 거쳐 「이화령 전투」에서 제2연대의 선봉 대대장으로 용전분투하였다. 제1대대는 제3대대가 돌파 위기에 처하자 "역습으로 633고지를 탈환하라"[84]는 함병선 연대장의 명령에 따라 격렬한 공격작전으로 전환해서 일거에 전세를 역전시키는 용맹을 떨쳤다. 1950년 7월 말 「어용산 전투」에서는 전사한 북한군 시체 1000여 구를 매장하는 휴머니즘을 발휘하였다.[85]

1951년 2월 박노규 대령은 제2사단 제31연대장으로 북한군 잔당의 토벌작전을 진두지휘하였다. 당시 일월산을 비롯한 경북의 산악지구는 국군의 질풍노도와 같은 북진작전으로 퇴로마저 차단당한 북한군 제10사단이 토착게릴라들과 합세해서 보급로를 차단하는 등 후방치안을 교란하는 상황이었다. 한국군은 이들 약 5000명에 달하는 북한군 패잔병 토벌이 시급하게 되었다. 1951년 2월28일 청송 방면의 북한군 제10사단 패잔병이 북상중이라는 정보를 입수한 제2사단장 함병선 장군은 이들의 섬멸을 명령하였다.

한편, 국군의 후방 보급로 확보에 주력하던 제2사단 제31연대는 일월산 남서쪽의 장갈령을 점령하고 1951년 3월1일 북상하는 북한군 1500여 명에 대한 기습작전을 감행하였다. 「장갈령 차단작전」에서 제31연대는 사살 469명, 포로 40여 명, 장비 293점을 노획하는 전과를 올렸다. 하지만, 박노규는 제31연대 제3대대 진지를 돌파하고자 달려드는 북한군 패잔병을 격퇴하는 와중에서 이들이 난사한 흉탄을 맞고 전사하고 말았다. 1951년 4월 정부는 박노규의 살신보국과 임전무퇴의 군인정신을 귀감으로 삼고자 태극무공

83. 함병선(1976), 「이화령에 뿌린 혈흔」, 『북한』 제57호.
84. 국방부군사편찬연구소(2008), 『금강-소백산맥선 지연작전』, 국방부군사편찬연구소, 293쪽.
85. 손규석(2003), 『태극무공훈장에 빛나는 한국전쟁 영웅』, 국방부군사편찬연구소, 241쪽.

훈장과 육군 준장 계급을 추서하였다.[86]

함병선 장군은 1976년 회고에서 "저 일원산 전투에서 간 박노규 중령
… 나는 그들을 위해 아침 자리에서 일어날 때마다 존경하기를 잊지 않았
다"[87]며, 박노규의 애국충정에 감사하고 추념하였다. 박경원 장군도 용맹스
럽고 훌륭한 군인이라 회고하였다.[88] 육군 제2사단 백호부대 부사관단과 31
전우회는 매년 3월3일이 되면, 국립서울현충원에 안장된 박노규 장군을 찾
아서 추모하고 있다.[89] 2012년 3월 국가보훈처는 '이달의 6·25전쟁 영웅'으
로 박노규 장군을 현창하였다. 2016년 6월 임실군과 오수청년회의소도 호
국보훈의 달을 맞아 박노규 장군의 흉상 제막식을 거행하였다.[90]

청직(淸直)한 군인, 최경록 장군

최경록(1920.9~2002.9)은 1951년 헌병사령
관으로 「거창 양민학살」과 「국민방위군 사건」을
처리하였다. 「국민방위군 사건」은 1951년 1·4
후퇴 당시 대한청년단 출신 국민방위군 소속
간부들이 예산과 물자 대부분을 횡령·착복하
면서 수만 명의 국민방위군 소속 병사들이 아
사·병사·동사한 건국 이후 최대의 부정사건이
다.[91] 1950년 6·25전쟁 발발과 함께 국군은 병

[사진12-7] 1961년 육군참모총장
최경록 장군

86. 「아주경제」 2012년 2월28일자.
87. 함병선(1976), 「이화령에 뿌린 혈흔」, 「북한」 제57호.
88. 박경원(2020.1.12), 「인터뷰」.
89. 「국방일보」 2013년 3월6일자.
90. 「전북일보」 2016년 6월12일자.
91. 김세중(2002), 「국민방위군 사건」, 「한국과 6·25전쟁」, 연세대학교 출판부.

력보충과 함께 향토방위가 시급한 상황이었다.[92] 1950년 12월 정부는 중공군 참전에 따른 대대적인 병력동원을 위해 법률 제172호 「국민방위군설치법」을 공포하였다. 만 17세 이상 만 40세까지 장정 50만 명을 제2국민병으로 징집해서 국민방위군을 편성한다는 것이었다. 국민방위군 총사령관은 씨름장사 출신의 대한청년단장 김윤근이었다. 이들 국민방위군은 경남북 일대에 설치한 51개 교육대에서 본격적인 군사훈련을 예정하였다.

1951년 1월 당시 최경록은 장창국 장군 후임으로 제8대 헌병사령관에 부임하였다.[93] 최경록의 헌병사령관 취임과 관련해서 1950년 6·25전쟁 발발과 함께 피난을 위해 군 차량 동원을 요청하는 경무대의 지시에 대해 "지금 전방으로 병력을 수송할 차량과 탄약 수송 차량도 모자라는 마당에 경무대 이삿짐 실으러 갈 차가 어디 있느냐! 그런 쓸개 빠진 소리는 하지 말라"[94]며 일언지하에 거절하는 강직성을 보였다. 그는 군관민의 전투의지 결속을 위해 엄정한 군기확립과 민폐근절을 천명하는 한편, 민정 파악의 일환으로 '사정함(司正函)'을 설치하였다. 또한 헌병 자체의 풍기 단속을 강조하고 군 내부의 부정부패에 대해서도 '추상과 같은 철추'[95]를 가하는 데도 주저하지 않았다.

1951년 1월 최경록 헌병사령관은 동래 소재 포로수용소를 시찰하고 대구로 돌아오는 길에 해괴한 광경을 목도하였다. 대구 모 국민학교 앞에서 가마니를 뒤집어쓴 군인들이 거지떼를 이루어 거리를 서성이는 것이었다. 그래서 사정을 알아보니 국민학교 교실마다 5~6명씩 젊은 청년들의 시체가 거적을 덮어쓰고 나뒹구는 참상이었다. 이들은 몇 달 동안 인근 민가를 전전

92. 육군본부(1970), 『육군발전사(1)』, 육군본부, 435쪽.
93. 박동찬(2014), 『통계로 본 한국전쟁』, 국방부군사편찬연구소, 103쪽.
94. 이철호(1986), 「'장군대사' 최경록 옷벗다」, 『정경문화』, 제252호.
95. 헌병사편찬실(1952), 『한국헌병사』, 헌병사령부, 27쪽.

하면서 걸식하다가 아사·동사·병사한 국민방위군 소속 병사들이었다. 그는 즉각 사안의 심각성을 인지하고 101헌병대를 차출해서 진상조사에 착수하였다. 이를 계기로 국민방위군 사건의 전모가 세상에 드러나게 되었다.

1950년 12월 국민방위군은 창설과 동시에 중공군의 불법 개입으로 후퇴가 불가피하게 되었다. 그 와중에 국민방위군 소속 고급 장교들은 막대한 국고금과 군수물자를 횡령하였다. 그 때문에 식량과 피복마저 지급받지 못한 국민방위군 병사들은 10년 만의 강추위 속에서 장거리 행군에 내몰렸고, 수만 명이 굶어죽고 얼어 죽었다. 당시 육군본부 보고에 따르면, 행방불명·동상·질병 등으로 낙오 장정이 27만 3000명에 달했고, 목적지에 도착한 병사는 겨우 3만 8000명에 불과하였다. 강추위 속에서 국민방위군 행렬은 '죽음의 행진'[96]과 다름이 없었다. 1951년 3월 국민방위군 참상이 국회에서 폭로되면서 거센 국민적 분노와 반발을 불러일으켰다. 당시 헌병사령관 최경록의 증언은 다음과 같다.

첫 번 조사에서 국회가 방위군 예산으로 급식비 등 27억 원을 의결했고, 이 돈이 방위군 간부에게 영달(榮達)된 것을 알아냈어요. 이렇게 많은 돈이 어떻게 유용되었나를 조사했더니 28억 원 중 3분의 1은 국회의 '신정동지회'에 정치자금으로, 3분의 1은 관계 요로에 무마비조로, 나머지 3분의 1은 방위군 간부들의 유흥비 등으로 소비했습니다. 이 사건은 신성모 국방장관이 국회 안에 자기를 지지하는 정치세력을 만들려고 70명의 신정동지회(회장은 국방위원장 김종회 의원)에 정치자금을 댄 데서 일어난 거예요. 내가 김종회, 이종린 등 3명의 국회의원을 불러다가 조사를 했어요. 방위군 간부들은 자기들이 착복한 돈으로 대구 교외에 큰 엿공장을 차려놓고 방위군 장정

---

96. 홍사중(1982), 「국민방위군 사건」, 『전환기의 내막』, 조선일보사, 555쪽.

에게 줄 쌀로 엿을 만들어 팔았어요. 이자놀이도 하구요. 어떤 자는 대구, 부산, 마산에 첩과 첩의 집을 이중삼중으로 마련하기도 했어요. 상식적으로 상상도 못할 만큼 죄상이 악질적이었습니다. 김윤근은 울면서 나에게 모두 자백합디다.[97]

또한 당시 전시특명검열관이었던 김석원 장군에 따르면, 1950년 12월부터 1951년 3월까지 국민방위군 간부들이 횡령하고 착복한 금품은 현금 23억 원, 미곡 5만 2000석(약 20억 원)에 달했다고 한다.[98] 최경록 헌병사령관은 제1차 진상조사 결과를 경무대에 보고하였다. 보고를 접한 이승만 대통령은 "내가 300만 명을 버리고 왔는데 이런 일이 일어나다니 책임자를 잡아서 포살하라"[99]며, 철저한 진상조사를 지시하였다. 1951년 6월 그는 「국민방위군 사건」의 전모를 발표하였다.[100] 핵심 관계자 전원은 1951년 7월 고등군법회의을 거쳐 곧바로 총살되었다.[101]

「국민방위군 사건」은 이를 방치하고 정치적으로 이용했던 신성모 국방부장관의 정치적 몰락과 함께 정일권 육군참모총장의 퇴진으로 이어졌다. 1951년 4월 말 국회는 국민방위군 해체를 결정하지 않으면 안되었다. 최경록 장군은 「국민방위군 사건」의 진상 조사와 처리 과정에서 타의 추종을 불허하는 수완과 강직성을 발휘하였다. 이 사건을 계기로 그는 국군을 대표하는 청직함의 대명사로 회자되게 되었다.[102]

만주국 건국대학 출신으로 학도지원병과 군사영어학교를 거쳐 제21대 국

---

97. 중앙일보사 편(1983), 『민족의 증언(4)』, 중앙일보사, 113~114쪽.

98. 유재흥(1994), 『격동의 세월』, 을유문화사, 289쪽; 김석원(1977), 『노병의 한』, 육영사, 373쪽.

99. 이철호(1986), 「'장군대사' 최경록 옷벗다」, 『정경문화』 제252호.

100. 『동아일보』 1951년 6월13일자.

101. 헌병사편찬실(1952), 『한국헌병사』, 헌병사령부, 18쪽.

102. 『동아일보』 1980년 8월13일자.

무총리를 역임했던 강영훈은 "최 장군은 전투 경험도 풍부할 뿐 아니라 정의감이 강했다. 자유당 정권하에서 서민호 씨 재판 때에 재판장으로 임명되었으나, 정부의 재판 방침에 반대하여 해임 좌천된 뒤 계속 '친야당 군인'이라 냉대를 받아 온 사람"[103]이라 회고하였다. 또한, 주한 미군 제8군사령관 고문관으로 약 40여 년에 걸쳐 한국군의 창군과 발전에 관여했던 짐 하우스만은 최경록 장군이 "6·25 중 전투도 잘했을 뿐 아니라 성격이 사(私)가 없고 원리 원칙에 충실한 군인"[104]이었다고 격찬하였다.

Ⅲ. 휴전협상기 고지쟁탈전

1951년 7월10일 6·25전쟁 조기 종결을 위한 휴전협상 와중에서 남북 양측은 중동부 전선에서 치열한 고지쟁탈전을 반복하였다. 이하에서는 휴전협상기 고지쟁탈전을 둘러싼 육군특별지원병 출신 고급 지휘관들의 활약을 구체적으로 검토해보자.

지리산 호랑이, 공국진 장군

공국진(1923.?~2014.12)은 1923년 경기도 화성 출신으로 수원상업학교

---

103. 강영훈(2008), 『나라를 사랑한 벽창우』, 동아일보사, 286쪽.

104. 짐 하우스만은 최경록 장군이 1960년 8월 최영희 장군에 이어서 육군참모총장에 취임했고, 1961년 2월 장도영 장군에게 물려주었는데, 만약 최경록 장군이 계속해서 육군참모총장 자리를 지켰다면 박정희 소장이 주도하는 「5·16군사정변」을 결코 좌시하지 않았을 것이라고 증언하였다. 실제로, 1986년 최경록 장군은 모 잡지사와 인터뷰에서 같은 요지의 질문에 대해 "5·16은 없을 수도 있었지요"라고 답변하였다. 짐 하우스만, 정일화 편(1995), 『한국 대통령을 움직인 미군 대위』, 한국문원, 44쪽; 이철호(1986), 「장군대사 최경록 옷벗다」, 『정경문화』 제252호.

를 졸업하고, 1940년 4월 육군특별지원병에 합
격하였다.[105] 공국진의 육군특별지원병 지원은
1939년 육군특별지원병 제2기생으로 당시 제
20사단 제78연대 소속으로 같은 고향 출신 신
동우 일등병의 권유에 따른 것이었다.[106] 1940
년 8월 공국진은 육군병지원자훈련소에 입소해
서 4개월의 교육훈련을 마치고 같은 해 12월 조
선군 제19사단 보병 제76연대에 배속되었다. 이

[사진12-8] 공국진 장군

후 고급 하사관으로 진급한 공국진은 1944년 1
월 징병자의 군무교육을 담당하는 조선총독부 제1군무예비훈련소(태릉) 조
교로 선발되었다. 1945년 8월 일본군 육군 조장 계급으로 종전을 맞았다.

　1946년 1월 공국진은 조선경비대 제1연대 사병으로 자원 입대하였다.
1946년 8월 연대장 추천으로 조선경비사관학교 제2기생으로 입교했고,
1946년 12월 수료와 동시에 대한민국 육군 초급장교로 임관하였다. 첫 부임
지는 제1연대 제1중대 제1소대장이었다. 1948년 4월 육군 대위로 진급한 공
국진은 총사령부 작전교육국 작전과장에 보직되었다. 이후 공국진은 1949
년 3월 지리산지구 전투사령부 창설과 함께 정일권 장군의 작전참모로 발
탁되었고, 「지리산 토벌작전」에 참전하였다. 공국진은 게릴라들의 관용전법

105. 『매일신보』 1940년 7월25일자.
106. 당시 신동우 일등병은 "군에 입대하면 군만큼은 내선일체가 구현되어 하사관 후보생을 지원하여 직
업군인이 되는 길도 있고, 군조 이상은 학력에 관계없이 사관학교에 응시할 수 있는 기회가 주어진다고
해서 건곤일척(乾坤一擲)의 결단을 내렸다"며 공국진에게도 육군특별지원병 지원을 권유하였다. 신동우
는 1943년 조선군 제20사단 제78연대 소속으로 뉴기니 전선에 참전해서 구사일생으로 생환했고, 제78연
대 귀환자 110명 가운데 한 명이었다. 1946년 조선경비사관학교 제2기생으로 한국군에 투신해서 1950년
6월 당시 신성모 국방장관의 비서실장을 역임하였다. 1951년 5월16일 공군으로 이적해서 1957년 10월21
일 공군참모총장 보좌관을 거쳐 육군 준장으로 예편하였다. 공국진(2001), 『한 노병의 애환』, 원민, 27쪽;
『매일신보』 1939년 5월31일자. 步兵第七十八聯隊史編纂委員會編(1983), 『步兵第七十八聯隊史』, 359쪽.

이었던 성동격서(聲東擊西)와 약타강피(弱打强避) 전술을 격파하는 비민(匪民)분리 공작과 함께 접촉·추격·포위·섬멸의 양동작전을 구사해서 「여순사건」의 주모자 김지회 일당을 소탕하는 데 공적을 세웠다.

1949년 9월 소령으로 진급한 공국진은 김백일 대령이 지휘하는 지리산지구 전투사령부 참모장으로 발탁되어 남부군 사령관 이현상이 지휘하는 강동정치학원 출신 지리산지구 제2병단의 섬멸작전에서도 혁혁한 전과를 올렸다. 1950년 1월 그는 공비 토벌전에서 보인 뛰어난 수완과 능력을 인정받아 육군 중령으로 특진했고, 경북지구 일월산, 보현산, 팔공산에서 암약하는 김달삼 총책의 남파 유격대와 토착 좌익세력을 토벌하는 제3사단 참모장에 발탁되어 활약하였다.

1951년 3월 말 그는 제1군단장 백선엽 소장의 작전참모로 발탁되었다. 제1군단은 수도사단, 제11사단, 제1103야전공병단, 제1005건설공병단을 동원해서 1951년 4월 중공군의 제1차 춘계공세를 저지하였다.[107] 이어서 1951년 11월 약 4000명에 달하는 남부군 토벌을 위해 백선엽 장군을 사령관으로 하는 이른바 「白야전군사령부」가 창설되었다. 1~2차 지리산 토벌작전에서 발군의 군사적 역량을 발휘한 공국진도 재차 작전참모로 발탁되었고, 이른바 '쥐잡이 작전'을 구사하였다.[108] 자타가 공인하는 '지리산 호랑이'였다.

1952년 2월 공국진 대령은 제8사단 제21연대장에 임명되었다. 당시 제8사단은 파머(Charles D. Parmer) 준장이 지휘하는 미군 제10군단 소속 예하 부대였고, 중동부 전선의 요충지 펀치볼(양구군 해안분지) 동북쪽 812고지와 854고지의 방어를 담당하였다. 1952년 7월 당시 제8사단의 방어진지는 924고지를 점령한 중공군에 의해 완전 감제당하는 상황이었다. 중공군의

107. 장창국(1984), 『육사졸업생』, 중앙일보사, 94쪽.
108. 공국진(2001), 『한 노병의 애환』, 원민, 57~96쪽.

조준 포격과 기습공격으로 매일 적지 않게 병력 손실이 발생하였다. 실제로, 1951년 7월부터 1952년 6월에 걸쳐 중공군은 미군의 무차별적인 공중폭격에 따른 이른바 '질식전(窒息戰)'의 와중에서 한반도의 동서를 횡단하는 난공불락의 '지하 만리장성'[109]을 구축하는 '땅굴전'으로 대항하였다.

또한 모든 전선의 돌출된 중·소대 땅굴 진지에는 특등사수 혹은 명사수를 배치해서 지표면에 노출된 한국군을 대상으로 하는 집중적인 저격작전을 실행하였다. 1952년 5~8월에 걸쳐 중공군은 1만 3000명의 한국군을 살상하는 놀라운 전과를 올렸다. 그래서 한국군도 중공군의 '땅굴전'에 맞서는 '동굴전'이 불가피한 상황이었다. 1952년 7월 제21연대는 대대적인 '동굴 진지화' 공사를 추진하는 한편, 배사면 사각지대와 교통호를 따라 반지하식 벙커를 구축해서 병력 손실을 저지하였다.

1952년 7월 말 미군 제10군단은 서부전선에 배치된 중공군 제64군 예하 6개 사단의 행방이 묘연해서 소재 파악을 서두르게 되었다. 제10군단장 파머 중장은 공국진 연대장에게 중공군 포로를 포획하는 특수작전을 명령했지만, 중공군 화기진지를 제압하는 포격지원을 받지 못하면서 실패하고 말았다. 하지만 파머 군단장은 공국진 연대장의 치밀한 침투작전과 과감한 실행능력을 높이 평가해서 미국 은성훈장을 수여하였다.

1952년 11월 제8사단은 해발 900미터의 교암산을 중심으로 지형능선과 수도고지 방어임무를 담당하게 되었다. 공국진 연대장은 교암산, 수도고지, 지형능선을 잇는 16킬로미터에 달하는 동굴 진지화 공사를 추진해 치열한

---

109. 1951년 7월부터 1952년 6월에 걸쳐 미군은 공군력의 약 70%를 동원해서 중공군의 후방보급을 차단하는 대대적인 공중폭격을 실시하였다. 반면, 중공군은 한반도를 횡단하는 250킬로미터의 전선에 걸쳐 20~30킬로미터 단락의 두터운 땅굴 방어선을 구축하는 거점식 진지방어 전략으로 대항하였다. '지하의 만리장성'이라 불리는 중공군의 '땅굴전'은 미군의 강력한 화력에도 병력을 유효하게 보존하는 한편, 공격시에는 땅굴 진지를 활용해서 병력의 손실을 절감하고 공격의 기습성을 제고할 수 있었다고 한다. 홍학지 지음, 홍인표 옮김(2008), 『중국이 본 한국전쟁』, 한국학술정보(주), 385~391쪽.

고지 쟁탈전을 승리로 이끄는 데 기여하였다. 1954년 5월 그는 준장 진급과 함께 제13대 헌병사령관에 임명되었다. 1956년 특무부대장 김창룡 중장의 암살사건에 연루되면서 군법회의에 회부되었고, 5년 유기형 처분을 받았다.[110] 1960년 4월 부산형무소 복역 중에 집행정지 처분을 받고 석방되었다.

「백암산 전투」의 영웅, 박경원 장군

금성지구 「백암산 전투」는 1953년 7월13일부터 7월15일에 걸쳐 금성 돌출부 우견부를 방어하던 한국군 제2군단 예하 제3사단이 중공군 제60군 예하 제201사단과 격전을 벌였던 주요 고지쟁탈전이다. 제3사단의 모체였던 제3여단은 1947년 12월 제5연대(부산), 제6연대(대구), 제9연대(제주)를 기간으로 부산에서 창설되었고, 1949년 5월 제22~23연대를 기간으로 사단으로 승격되었다. 1950년 12월 흥남 철수작전

[사진12-9] 1953년 당시 제18연대장 박경원 대령

와중에 수도사단 제18연대와 제3사단 제26연대가 교체되면서 제3사단으로 재편성(제18, 제22, 제23연대)되었다. 6·25전쟁기 150회의 전투를 승리로 이끌었던 상승부대였다.

1948년 창설된 제18연대는 6·25전쟁기 중동부 전선 산악지대를 중심으로 용전분투했던 국군 최강의 보병 연대였다. 1950년 7월23일 지연전의 와중이었던 충북 보은에서 기왕의 제18연대, 제8연대, 제3연대의 핵심 요원들을 1개 연대로 재편성해서 무적백골의 제18연대로 재탄생하게 되었다. 이는 6·25전쟁 발발 이래 전투 손실을 보충하지 못하면서 각각의 연대 편제를

---

110. 이대인(2011), 『대한민국 특무부대장 김창룡』, 기파랑.

유지할 수 없었기 때문이었다.

제18연대는 엄선된 고참 하사관과 장교들이 대부분이었던 일기당천(一騎當千)의 용사들이었다.[111] 제18연대의 부대 마크였던 백골은 죽어 백골이 되어서도 고향땅을 되찾겠다는 서북청년단 출신 부대원들의 제안에 따라 백골마크를 그려 넣은 데서 유래하였다.[112] 백골 마크는 적에게 공포감을 주고 무적 역량을 과시하는 표식이었고, 제18연대 별칭으로 자리잡았다. 백골 마크는 나중에 육군 제3사단 부대 마크와 호칭으로 정착하였다.[113] 1950년 8월 중순 임충식 연대장이 지휘하는 제18연대는 기계·안강지구 탈환을 위해 정일권 육군참모총장으로부터 "역습에 성공하지 못할 때 전원 옥쇄하라"[114]는 '비정한 전투명령'을 성공적으로 수행한 역전의 부대였다. 6·25전쟁 전반기 제18연대는 상승(常勝)부대 수도사단의 최선봉으로 북진작전을 수행하며 혁혁한 전투역량을 발휘하였다.[115]

1953년 7월 중공군 최후 공세를 분쇄했던 제18연대장 박경원 대령은 당시 '한국군의 방패'로도 알려진 국군 최고의 방어전술 전문가였다. 그는 1948년 육군사관학교 교관과 신성모 국방장관 비서를 거쳐 1949년 육군 보

---

111. 김종민(2010), 『대전쟁』, E&D, 157쪽.

112. 장일암 편(2013), 『살어도 백골 죽어도 백골』, 라온북, 38쪽.

113. 제18연대는 당초 수도사단 예하 부대였지만, 1950년 12월 말 함북 성진으로부터 철수 과정에서 3사단 주력과 함께 수송선을 타고 부산으로 이동하였다. 이후 김백일 군단장 지시에 따라 제3사단으로 편입되었다. 이병형(1980), 『대대장』, 병학사, 215쪽; 한신(1994), 『한신 회고록』, 명성출판사, 116쪽.

114. 1950년 제18연대를 최강의 전투력을 자랑하는 상승부대로 만들었던 임충식(1922.4~1974.1)은 전남 해남 출생으로 1939년 만주국 길림성 영길중학을 졸업하고 간도특설대에 입대해서 1945년 8월 만주국 국군 고급 하사관으로 종전을 맞았고, 1946년 6월 조선경비사관학교 제1기생으로 임관하였다. 1949년 제12연대장, 1950년 수도사단 제18연대장, 1953년 헌병사령관, 1956년 제2사단장, 1957년 제6군단장, 1960년 제2훈련소 소장, 1962년 제5군단장, 1965년 육군참모차장, 1967년 합참의장을 거쳐 육군대장으로 예편하였다. 1968년 국방장관을 거쳐 제8~9대 국회의원으로 활약하였다. 정일권(1986), 『(6·25비록), 전쟁과 휴전』, 동아일보사, 104~105쪽; 육군본부, 「장교자력표(임충식)」.

115. 이병형(1980), 『대대장』, 병학사.

병학교 창설 교관으로 고급 지휘관의 보수교육을 전담하는 보수요원이었다. 육군보병학교 교수부에서 박경원은 국군의 창과 방패로 회자되는 공격전술의 이용[116]과 함께 방어전술 교관으로 재직하였다. 이들은 한국군 창설

[사진12-10] 1952년 3월22일 인천항에서 이승만 대통령이 박경원 중령(미국 군사유학단 대표)을 전송 격려하는 장면.

초기 공격과 방어전술을 개발하고 정착시키는 데 기여하였다. 2019년 7월 박경원 장군과 인터뷰에 따르면, 1950년 6·25전쟁 발발 당시까지 국군의 고급 지휘관들은 군사지식과 실전경험이 부족해서 계급과 비대칭·불균형했다고 증언하였다.[117]

1921년 강원도 고성 출생의 박경원은 1938년 4월 육군특별지원병 제1기생 출신이다.[118] 1945년 9월 육군 조장 계급으로 일본군을 제대한 박경원은 귀향해서 고성중학교의 체육교사로 근무하다가 1947년 말 월남하였다.[119] 1948년 7월 조선경비사관학교 제6기생으로 국군 초급장교에 임관하였다. 1949년 육군보병학교 창설과 함께 방어전술 교관으로 고급 지휘관의 특수교육을 담당하였다. 1950년 6·25전쟁 발발 이후에는 수도사단(사단장 백인엽) 작전참

116. 이용 장군은 6·25전쟁 발발과 함께 송요찬 장군의 수도사단 참모장으로 낙동강 방어전에서 전공을 세웠고, 중공군 참전에 따른 흥남철수에서도 수완을 발휘하였다. 그는 수도사단을 상승부대로 육성하는 데 크게 기여하였다. 송요찬은 이용의 군사적 역량을 높이 평가해서 자신이 부임하는 곳마다 발탁해서 참모 및 사단장으로 기용했다. 장창국(1984), 『육사졸업생』, 중앙일보사, 138쪽; 남정옥(2010), 『한국전쟁 이것만은 알아야 한다』, 삼우사, 219~204쪽.

117. 박경원(2019.7.24), 「인터뷰」.

118. 『매일신보』 1938년 6월11일자; 6월14일자.

119. 박경원(2020.1.12), 「인터뷰」.

모로 「낙동강 전투」에 참전하였다. 1951년 육군종합학교 교수 부장과 1952년 육군교육총감부 작전교육처장을 거쳐 미국 육군보병학교(포트베닝)에 유학하였다.[120] 1952년 11월 귀국해서 제3사단 제18연대장에 보직되었다.

1952년 12월 박경원은 김덕준 중령의 후임으로 제18연대장에 보직되었다. 1953년 4월 초순 박경원의 제18연대는 당시 화천 북방 689고지(텍사스 고지) 탈환전을 성공적으로 수행하였다. 1943년 4월3일부터 12일까지 총 7차에 걸쳐 야간에 중공군이 고지를 점령하면, 주간에 역습해서 탈환하는 치열한 쟁탈전의 연속이었다.[121] 1953년 3월27~28일 양구군 변암동 전투에서 제18연대는 제1대대 제2중대 제3소대장 박석순 소위를 지휘관으로 18명의 결사대를 적진 깊숙이 침투시켜 한 명의 희생자도 없이 중공군 사살 6명과 3명의 포로를 포획하는 전공을 세우기도 하였다. 이는 당시 고지 진지전의 고착전선에서 적정 파악을 위한 포로 포획을 목적으로 하는 특공작전이었다. 이들 「18결사대」 용사 전원은 충무무공훈장을 받았다. 1953년 6월4일 경무대의 이승만 대통령을 예방하는 영광과 함께 서울 시민들의 열렬한 환영을 받았다.[122]

---

120. 2020년 1월 『인터뷰』에서 박경원 장군은 1952년 3월22일 절체절명의 위기에 처한 조국의 현실을 뒤로 하고 미국 군사유학을 떠나야 했던 68년 전 '인천항의 그날'을 회고하였다. 6·25전쟁의 참화로 황폐해진 부슬비 내리는 인천항에서 미국 군사유학단 150명의 전송식이 거행되었다. 당시 이승만 대통령은 대한민국의 장래를 걸머진 이들 젊은 장교들에게 크게 두 가지를 신신당부하였다고 한다. 첫째는 조국의 현실을 너무 걱정하지 말고 학업에 열중해서 더 많은 군사지식을 배워오기를 바란다. 둘째는 학업을 마치거든 곧바로 귀국해서 국란 극복에 힘을 모아주기 바란다며, 절절한 심정으로 호소했다고 한다. 박경원(2020.1.12), 『인터뷰』.
121. 국방부전사편찬위원회(1987), 『금성 전투』, 국방부전사편찬위원회, 32~33쪽.
122. 당시 제18연대 제1대대장으로 근무했던 김종민 예비역 중령은 2010년 자서전에서 "6·25전쟁 때 광화문 거리를 메웠던 환영 행사의 주인공 박석순 소위가 외롭게 암 투병을 하다가 수개월 전에 세상을 떠났다는 사실을 알고 있는 사람은 몇이나 될까 하는 생각에 잠긴다. 고 박 소위(중령 예편)의 빈소에는 국방부나 보훈처 등 국가기관에서 보낸 조문객이나 한 송이의 꽃조차 없어 서글프기 그지없었다"며 안타까워했다. 김종민(2010), 『대전쟁』, 동아E&D, 205쪽.

12장 | 멸공의 횃불 아래 >>> **467**

박경원 연대장은 "국군의 방어전술을 개발"[123]했다는 자부심으로 탁월한 공격과 방어전술을 구사해서 689고지를 둘러싼 5차례의 피탈과 탈환을 반복해서 최종적으로 점령하는 데 성공하였다. 1953년 중공군의 6월 공세 당시 제3사단은 제2군단 소속으로 금성 돌출부 우견부 방어를 담당했고, 6월 25일부터 7월3일에 걸쳐 북한강과 금성천의 분기점에 위치하는 독립고지 관망산(529고지) 방어작전을 수행하였다. 제18연대는 제3사단의 최선봉 부대였고, 중공군 6월 공세를 저지하는 데도 결정적으로 기여하였다.

1953년 7월3일 관망산을 확보한 중공군은 전열을 정비해서 7월13일부터 3만 6000명에 달하는 대규모 병력을 동원하여 7월 공세에 나섰다. 제18연대는 금성천 남안에서 "끊임없이 밀어닥치는 중공군의 공격을 수차에 걸쳐 격퇴"[124]하였다. 2020년 1월 인터뷰에서 박경원 장군은 529고지와 「689고지 전투」 당시 병사들이 제대로 싸워주었다며 흐뭇해하였다.[125] 중공군은 계속되는 파상공격이 인명 손실만을 초래할 뿐 번번이 실패하자 일부 병력을 우회시켜 제18연대의 배후를 찌르는 기습작전을 구사하기도 하였다. 7월15일 제18연대는 백암산 996고지에 주저항선을 구축하고 치열한 공세적 방어작전을 전개하는 와중에서 휴전협정을 맞았다. 박경원은 6·25전쟁기 무적의 제18연대를 진두지휘했던 마지막 연대장이었다.

1953년 10월 박경원은 육군 준장으로 진급해서 제9사단장에 보직되었다. 그는 조선경비사관학교 제6기생을 대표하는 선두주자였고, 최초의 연대장과 장군 진급자였다. 1953년 7월 당시 공포의 제18연대의 터줏대감이자, 제

123. 남정옥(2010), 『한국전쟁 이것만은 알아야 한다』, 삼우사, 221쪽.
124. 김상원 편(2013), 『한국전쟁사(11)』, 국방부군사편찬연구소, 414쪽.
125. 박경원(2020.1.12), 「인터뷰」.

1대대장이었던 김종민 소령의 회고와 같이 박경원 연대장은 "지식과 인격을 겸비한 덕장"[126]이었다. 이후 제1군사령부 참모장, 육군보병학교장, 헌병사령관, 연합본부장, 국방부 차관보를 역임하였다.

[사진12-11] 1953년 4월 전의를 다지는 제18연대 부대원들

(출처) 2019년 7월 박경원 장군 제공.

　1961년 「5·16군사정변」 직후 경북도지사를 거쳐 1963년 12월 육군 소장으로 예편하였다. 경북도지사 재직 당시에는 1953년 7월 「백암산 전투」에서 산화한 부하 장병들의 충혼을 기리고자 차량번호 689번을 사용하였다. 박경원은 창군과 함께 전술학 수준이 일천한 상황에서도 방어전술을 개발하고 보급해서 국군의 전술역량을 강화하는 데 크게 기여하였다. 또한 백골부대의 전통을 계승·발전시키는 데도 공헌하였다.

---

126. 김종민(2010), 「대전쟁」, 동아E&D, 211쪽.

「7·13공세」의 영웅, 송요찬 장군

송요찬은 1953년 7월 「금성 동남지구 전투」를 승리로 이끌었던 전웅(戰雄)이다. 이 전투는 휴전협정 체결 직전이었던 1953년 7월13일부터 18일까지 중공군 제20병단과 제3병단 예하 4개 사단이 금성 돌출부 선단지역을 침공하자, 이에 대응해서 한국군 제8사단이 수행했던 지형능선 방어전과 금성천 철수작전 그리고 별우지구 반격작전을 말한다.[127] 1953년 7월 휴전협상이 막바지에 이르면서 남북한 양측은 중부전선에서 치열한 고지 쟁탈전을 반복하였다. 당시 중부전선의 주요 격전지는 김화, 평강, 철원을 잇는 「철의 삼각지대」였다. 1953년 6월 당시 제8사단은 중공군 제67군의 대대적인 침공으로 수도고지와 지형능선을 피탈당하면서 금성천 남안으로 후퇴해야 했다.[128]

1953년 7월 초순 「철의 삼각지대」를 점령한 중공군은 한국군 주력부대를 격파하고 화천발전소를 탈취하기 위해 한국군 제2군단 정면의 금성천 북안으로 병력을 집결시켰다. 1953년 7월 당시 송요찬 장군은 수도사단장을 사임하고 미국 유학을 후방에서 대기하는 와중이었다. 그러나 그는 당시 미 8군사령관 테일러 장군과 육군참모총장 백선엽 장군의 간곡한 요청으로 제8사단장에 취임해야 했다.[129] 송요찬의 제8사단장 발탁은 수도사단장으로 장기간에 걸친 금성지구의 전투경험과 발군의 군사적 역량을 높이 평가했기 때문이었다. 당시 한국군 제2군단의 전황은 "제5사단과 제8사단이 무너지는 통에 군단은 연대와 대대가 어디 있는지도 모르는 형편"[130]이었다.

제8사단장에 취임한 송요찬은 곧바로 전체적인 전황을 판단하는 한편,

---

127. 김상원 편(2013), 『한국전쟁사(11)』, 국방부군사편찬연구소, 416~433쪽.
128. 이원복(1996), 『타이거 장군 송요찬』, 육군교육사령부, 425쪽.
129. 백선엽(1989), 『군과 나』, 대륙연구소, 287쪽.
130. 송요찬(1996), 『사실의 전부를 기술한다, 송요찬편』, 희망출판사, 465쪽.

중공군 공세가 예상되는 612-690-765고지를 연결하는 주저항선 및 예비 진지 구축에 착수하였다. 다른 한편으로, 주저항선 고수를 위해 우측의 612 고지에 제16연대, 좌측의 690고지와 765고지에 제10연대를 배치하는 한편, 예비 제21연대를 765고지 남쪽 605고지에 배치하였다. 당시 제8사단 제16 연대장으로 근무했던 안병건 예비역 육군 대령은 "송 장군은 부임 일성으로 '내가 있는 한 현지시간의 현 지점에서 일보의 후퇴도 있을 수 없다'고 선언 하더군요. 과연 송 장군은 '타이거'라는 별명에 어울리는 강력하고 실질적인 지휘 통솔로 긴박한 제반 사태를 잘 대처해 나갑디다"[131]라고 증언하였다.

1953년 7월13일 오후 10시 중공군은 제8사단 주저항선 정면에 야포 116 문과 박격포 207문을 동원해서 격렬한 포격전을 개시하였다. 이는 중공군 제67군 예하 제201사단의 공격준비 포격으로 「7·13공세」의 서막을 알리는 격렬한 포성이었다. 물론 제8사단 예하 포병부대도 일제히 포격전으로 대항 하였다. 이어서 중공군은 대규모 병력을 동원해서 제16연대와 제10연대 정 면에 대한 돌파공격을 개시하였다. 제8사단은 필사적인 항전에도 불구하 고 중공군의 인해전술에 밀리자 진지 일부가 붕괴되면서 아이슬랜드선(간진 현-금성천-462고지)으로 철수해야 했다.

1953년 7월15일 제8사단은 금성천 남안에 대한 대대적인 반격작전으로 전환하였다. 중공군의 완강한 저항을 근접전으로 제압하면서 461고지, 760 고지, 625고지, 596고지를 연이어 탈환하였다. 관련해서 안병건 대령은 "송 요찬 사단장은 어떤 수단을 써서라도 병력보충을 잘 해주어 거의 다 희생된 고참병들을 신병들로 대체해가면서 끝까지 중공군의 공격을 방어해낼 수 있었다"[132]고 회고하였다. 제8사단의 반격작전은 3일 만에 금성천을 목전에

---

131. 중앙일보사 편(1983), 『민족의 증언(6)』, 중앙일보사, 211쪽.
132. 중앙일보사 편(1983), 『민족의 증언(1)』, 중앙일보사, 211쪽.

두게 되었다. 7월 중순 금성천변을 감제하는 「479고지 탈환작전」을 개시하였다. 중공군의 강력한 포격으로 다수의 희생자가 속출하는 와중에도 육탄 공격으로 중공군을 격파하고 고지를 탈환하였다. 제8사단은 6·25전쟁 최후의 일전이었던 중공군의 「7·13공세」를 분쇄하고 승리로 장식하였다. 당시 제2군단장 유재흥 장군의 지적과 같이 "송요찬 소장은 목표 점령을 위해서는 희생을 마다하지 않으며, 실패했을 때는 책임을 묻는 강력한 지휘 스타일"[133]을 구사하였다.

송요찬은 「금성 동남지구 전투」에서도 군사적 역량을 발휘하였다. 전투 초기 사단 예비대였던 제21연대를 반격작전의 주력으로 삼아 중공군의 종심(縱深)에 병력과 화력을 집중해서 승기를 잡았다. 후일 송요찬은 당시 전황과 관련해서 "미 육군대학 유학을 떠나기 직전 미 제8군사령관 테일러 대장의 호출로 다시 전선에 나가게 되었는데, 제8사단을 맡고 보니 참으로 어려운 고비라는 것을 직감하지 않을 수 없었다"[134]고 증언하였다. 송요찬은 6대 1에 달하는 격차의 중공군 인해전술에 맞서지 않으면 안되었기 때문이었다.

「금성 동남지구 전투」는 6·25전쟁기 송요찬이 치른 혈전 가운데 하나였다. 국방부 전사편찬위원회는 금성 동남지구 전투의 전훈으로 주도면밀한 철수계획, 적절한 병력운용, 기민한 적정판단, 반격시 측면엄호, 지휘관의 의연한 지휘를 지적하였다. 그는 야전군 지휘관으로 여러 전장을 누볐고, 참전하는 격전지마다 백전백승의 상승신화(常勝神話)를 기록하였다. 6·25전쟁기 태극무공훈장 2개, 금성을지훈장 2개, 은성충무훈장, 미 은성훈장 2개, 전투공헌훈장을 수상하였다. 미군 제8군사령관 밴 플리트(James Alward Van Fleet) 장군으로부터는 '타이거 송'이라는 별칭을 얻었다. 2013년 대한

---

133. 유재흥(1994), 『격동의 세월』, 을유문화사. 314쪽.
134. 이원복(1996), 『타이거 장군 송요찬』, 육군교육사령부, 425쪽.

민국 전쟁기념관은 '12월의 호국 인물'로 송요찬 장군을 현창하였다.[135]

6·25전쟁기 육군특별지원병 출신 고급 지휘관들은 대한민국을 수호하는 멸공전선에서 푸른 젊음을 불살랐던 「조국의 간성」들이었다. 이외에도 제10 연대장 고근홍 중령[136]과 포병학교 제1교도대장 김풍익 중령 등 아깝게 전사한 연대장급 고급 지휘관도 상당수에 달한다.[137] 이들은 식민지기 일본군에 투신해서 확고한 국가관, 무구(無垢)의 사생관, 국가의 명령에 대한 복종과 충성의 투철한 군인관을 내면화하였다. 확고한 반공이념으로 무장한 육군 특별지원병 출신 군사 경력자들은 생사의 갈림길에서도 자유대한의 구국전선에 투신을 주저하지 않았고, 멸공의 횟불 아래 죽기를 맹세했던 무(武)집단이었다. 이들의 존재와 맹활약이 없었더라면, 6·25전쟁은 훨씬 더 비참한 결과를 초래했을 것이며, 대한민국의 존립조차도 장담할 수 없는 상황이었을 것이다.

---

135. 「국방일보」 2013년 12월4일자.

136. 1918년 경기도 강화군 출생의 고근홍 중령은 1940년 육군특별지원병 제3기생(현역병)으로 일본군에 입영하였고, 1945년 8월 육군 조장 계급으로 일본군을 제대하였다. 조선경비사관학교 제1기생으로 1946년 6월15일 육군 초급장교에 임관하였다. 제8사단 제10연대장으로 「지리산 공비토벌 작전」에서 수훈을 세웠고, 6·25전쟁기 낙동강 전선의 「영천 전투」에서 1개 연대 병력으로 북한군 1개 사단을 궤멸시켰다. 1950년 10월 북한군을 추격하며 한탄강을 건너 북진을 거듭해서 평양을 점령하였다. 하지만 1950년 11월25일 평남 덕천의 청천강 부근 「영원 전투」에서 중공군의 포위망을 벗어나지 못하고 실종되고 말았다. 1950년 12월30일 정부는 그의 전공을 기리고자 1계급 특진과 함께 을지무공훈장을 추서하였다. 경기도 포천시 영북면 자일리에는 고근홍 대령의 빛나는 승리는 기리는 전적비와 근홍교가 부설되어 있다. 「매일신보」 1940년 7월25일자; 육군사관학교학교제8기생회(1992), 「노병들의 증언」, 313~314쪽.

137. 장창국 장군은 고근홍과 김풍익 중령 외에도 박노규, 권동찬, 김영노, 김종렬 대령을 거론하였다. 「중앙일보」 1982년 11월26일자.

제13장 또 다른 충성과 반역

육군특별지원병 제2기생 출신의 송요찬 장군은 제11대 육군참모총장을 거쳐 1961년 「5·16군사정부」 내각수반에 취임했던 경이적인 이력의 소유자 이자, 국가와 국민에 대한 충정과 헌신으로 일관했던 '20세기 대한민국사에 빛나는 거인'이다. 제13장에서는 생애사적 관점에서 파란의 역사적 시공을 살아낸 송요찬 장군의 또 다른 충성과 반역을 실증 분석한다.

I. 송요찬! 그는 누구인가

1939년 육군특별지원병 제2기생(현역) 출신의 송요찬은 1946년 군사영어 학교를 수료하고 대한민국 육군 초급장교로 임관하였다. 그는 건국기 「제주 4·3사건」, 「오대산과 지리산 공비토벌 작전」, 「양양 돌격작전」을 주도하였다. 이하에서는 식민지기, 미 군정기, 대한민국 건국기 송요찬의 성장과 이력을 구체적으로 검토해보자.

일본군 경력

송요찬은 1918년 2월 충남 청양군 화성면 매산리에서 부친 송영달과 모친 이 씨 슬하에서 2남 6녀의 차남으로 태어났다. 송요찬의 가계는 인근 야산과 황무지를 개간해서 나름의 경제력을 축적한 중농이었다.[1] 모친은 서당과 야학당을 마치고 농사일을 돕게 했던 장남과 달리 송요찬을 서당에도 보내고 화성공립보통학교에도 진학시켰다. 1925년 조선인의 보통학교 취학률이 약 15.3퍼센트에 불과했던 점을 고려하면, 모친의 교육열은 남다른 것이었다.[2]

[사진13-1] 송요찬 육군참모총장

1927년 3월 부친의 별세와 함께 큰형마저 분가하면서 송요찬은 홀로 되신 모친을 모시고 가계를 꾸려야 했다. 1934년 2월 화성공립보통학교를 졸업한 송요찬은 가계 사정으로 상급학교 진학을 포기하지 않으면 안 되었다. 그러나 배움에 대한 열망이 컸던 송요찬은 인근의 서원을 오가며 한학에 심취했고, 1935년부터 2년 동안 금강산에 입산해서 한학과 서예를 익혔다.[3] 그래서인지 서예에 대한 조예가 상당한 수준이었다고 한다.

1938년 4월 송요찬은 육군특별지원병 제1기생을 지원하였다. 1938년도 육군특별지원병 제1기생 선발 전형은 7대 1의 지원자 경쟁률을 기록하였다.[4] 송요찬은 자격과 조건에서 결격 사유가 없었지만, 신체검사에서 탈락하

1. 2017년 2월13일 필자는 충남 청양군을 방문해서 송요찬 장군의 화성공립보통학교 후배였던 안선영(98세)님을 인터뷰할 수 있었다. 송요찬의 가계는 마을 근동에서도 상당히 넉넉한 집안이었다고 증언하였다. 안선영(2017.2.13), 「인터뷰」.

2. 오성철(2000), 『식민지 초등교육의 형성』, 교육과학사, 133쪽.

3. 이원복(1996), 『타이거 장군 송요찬』, 육군교육사령부, 27쪽.

4. 法制局(1943.5.25), 「朝鮮總督府陸軍兵志願者訓練所管制中改正ノ件」.

고 말았다. 불합격 사유는 안짱다리라는 신체적 결함이었다. 이후 송요찬은 매일같이 땔감 마련을 위해 뒷산에 올라 "칡덩굴을 잘라다가 두 다리를 나란히 뻗은 다음 다리목에서부터 무릎까지 칡덩굴을 힘주어 칭칭 감은 다음 땅바닥에 누워서 책을 읽으며 여러 시간을 산에서 보냈다. … 겨울철에는 방안에서 칡덩굴 대신 새끼줄로 다리를 감고 교정"[5]에 전념하였다.

1939년 활처럼 굽었던 송요찬의 안짱다리는 크게 교정되었고, 그래서 1939년 육군특별지원병 제2기생에 무사히 합격할 수 있었다. 1939년도 육군특별지원병 선발 전형은 21대 1의 치열한 지원자 경쟁률을 기록하였다.[6] 송요찬은 1939년 5월 육군특별지원병 제2기생의 충남지역 합격자 25명 가운데 한 명이었다.[7] 송요찬의 육군특별지원병 합격은 타고난 뚝심과 불굴의 집념에 다름이 아니었다.[8]

1939년 6월 송요찬은 육군병지원자훈련소에 입소하였다. 이후 6개월에 걸쳐 엄격한 교육훈련과 훈육과정을 거치면서 병역의 신성함과 고귀함을 체득하였다. 1939년 11월 말 육군병지원자훈련소 수료식에서 우등생으로 선발되었던 14명 가운데 한 명이었다.[9] 1939년 12월 송요찬은 이등병 계급으로 조선군 제20사단 제79연대에 입영하였다. "다행히 훈련소에서의 훈련 및 교육과정에서의 성적이 전반적으로 우수한 덕분에 지원자훈련소의 총검술 조교"[10]로 선발되었고, 1940년 4월 하사관을 지원해서 합격하였다. 당시 일

---

5. 이원복(1996), 『타이거 장군 송요찬』, 육군교육사령부, 35쪽.
6. 法制局(1943.5.25), 「朝鮮總督府陸軍兵志願者訓練所管制中改正の件」.
7. 『매일신보』 1939년 5월31일자.
8. 송요찬 장군과 유사한 사례는 경기 출신의 장준식(19세)이다. 장준식은 미동소학교와 경성고등소학교를 졸업하였다. 1938년도 육군특별지원병 제1기생을 지원했지만, 신체검사에서 체중미달로 탈락하고 말았다. 그래서 장준식은 1년에 걸쳐 집중적인 체중관리에 성공하면서 1939년도 육군특별지원병 제2기생에 합격하였다. 『매일신보』 1939년 5월31일자.
9. 『매일신보』 1939년 11월28일자.
10. 이원복(1996), 『타이거 장군 송요찬』, 육군교육사령부, 36쪽.

본군 간부후보생은 "엄격한 사정 특히 정신적 자질과 가정 사정을 고려"[11]
해서 선발되었다. 송요찬은 58대 1의 치열한 경쟁을 뚫고 을종 간부후보생
에 합격하였다.

일본군에서 하사관은 "병은 소련군, 하사관은 일본군, 장교는 독일군, 장
군은 미군으로 구성된 군대가 최고의 군대"[12]라는 이병형 장군의 증언과도
같이 핵심적인 역할을 담당하였다. 일본군 하사관의 자질과 관련해서 1944
년 학도지원병 출신의 영문학자 조성식의 증언에 따르면, "일본군 하사관들
은 인격적으로 질이 좀 낮은 위인들도 있었지만, 대부분은 매우 유능한 친
구들이었다"[13]고 한다.

다음은 육군병지원자훈련소의 조교 생활을 살펴보자. 1944년 1월 학도지
원병을 기피한 응징(應徵)학도(학도징용)였던 최기종은 150명의 동료와 함
께 육군병지원자훈련소에 입소해서 2주간의 치열한 황민화 교육을 받았다.
수료 전날 밤 응징학도들은 훈련소의 금지곡이었던 〈아리랑〉을 합창하였다.
그러자 송요찬은 "그 큰 몸집에 6척의 키로 두 발로 땅바닥을 차면서 고성
대갈(高聲大喝)했다. 이 2주일의 훈련이 아리랑이나 부르라는 것이냐. 헛되
게 된 것이 분하다"[14]고 노발대발했다고 한다. 그래서 분노와 적대감에 치를
떠는 응징학도들로부터 '진짜 민족반역자'[15]라는 비난을 받기도 하였다. 그

---

11. 陸軍省副官(1939), 「朝鮮出身兵取扱教育ノ參考資料送付ニ關スル件陸軍一般ヘ通牒」.
12. 김국헌(2015.11), 「김국헌의 대한민국 장군 評傳 〈上〉」, 『월간조선』.
13. 조성식(2007), 『영어와 더불어』, 해누리, 150쪽.
14. 당시 학도지원병 지원을 기피한 응징학도 가운데 한 명이었던 최기종의 회고에 따르면, 송요찬은 "이
조선반도는 대일본 제국의 영토이다. 이곳에 살고 있는 너희들은 대일본 제국의 신민이다. 거룩하게도 천
황폐하의 황은(皇恩)을 입고 있음에 보답하여야 한다. 이 반도에서 생산되는 쌀은 천황폐하의 쌀이다. 너
희들은 일본의 쌀을 먹을 자격이 없다. 왜냐하면, 국민의 3대 의무인 병역을 기피했으므로 비국민(非國
民)인 것이다. 너희들은 병역을 마쳐야만 일본인이다"라고 훈계했다고 한다. 최기종(1995.5), 「분노의 조선
인」, 『함북지성에 고함』, 함북중등학교동창회연합회, 126~137쪽: 계훈제(2002), 『흰 고무신』, 삼인, 72쪽.
15. 최기종(2002), 『자존심을 지킨 한 조선인의 회상』, 생각의나무, 341쪽.

렇지만, 또 다른 응징학도였던 경성제대 출신 서명원에 따르면, 당시 '말뚝이 하사관'으로 회자되었던 송요찬이 "장교의 길이 훤히 보이는 학도병 지원을 왜 마다했느냐며 이해가 가지 않는다는 표정을 지어보였다"[16]고 증언하였다. 송요찬은 육군병지원자훈련소 조교라는 강한 책임감과 자긍심으로부터 자신에게 주어진 책무를 다하고자 노력하였다. 송요찬은 일본군 복무를 통해서 국가의 명령에 대한 복종, 충성, 희생의 고귀함과 '불편부당의 군대적 실력주의'를 내면화하였다.

장교 임관

1945년 8월 송요찬은 조선총독부 경성 제1군무예비훈련소 조교 신분으로 해방을 맞았다.[17] 소속과 계급은 제17방면군 용산 제23부대 소속의 육군 조장이었다. 1945년 8월 해방과 함께 전국 각지에서는 다양한 사설 군사단체가 우후죽순으로 난립하였다. 1945년 11월 당시 이들 단체는 약 60여 개를 헤아렸다. 이들은 각기 출신과 계보, 명분과 이념으로 대립했고, 유혈사태를 빚기도 하였다.[18] 송요찬은 이들이 "국군의 창설을 앞두고 각기 자기 자신들이 이니셔티브를 잡기 위해 정계의 정파 못지않게 파벌 싸움"[19]에 몰두했다고 한다.

송요찬은 사설 군사단체의 난립과 난동에 실망했고, 어느 단체에도 가입하지 않았다. 1945년 9~10월 송요찬은 일시 국립경찰에 투신하기도 했지만, 곧바로 그만두고 말았다.[20] 그 이유는 앞서 이치업의 사례를 고려하

16. 서명원(2005), 『알면 알수록 더 모르겠네』, 정민사, 74~75쪽.

17. 김교식(1983.1), 「석두장군은 대권을 노렸다」, 『월간조선』.

18. 육군본부(1970), 『육군발전사(제1권)』, 육군본부, 69쪽; 국방부전사편찬위원회(1967), 『한국전쟁사(1)』, 국방부전사편찬위원회, 248쪽.

19. 이원복(1996), 『타이거 장군 송요찬』, 육군교육사령부, 48쪽.

20. 나종남 편(2012), 『한국군 초기 역사를 듣다』, 국사편찬위원회, 210쪽.

면, "경찰보다는 익숙한 군대생활에 대한 호기심이 더 많았기 때문"[21]이었다. 1945년 말 송요찬은 귀향해서 국군 창설과 장교 임관의 기회를 모색하였다. 일본군 하사관 출신이었던 송요찬에게 육군 장교는 하늘의 별과도 같은 존재였기 때문이었다.

1945년 12월 미 군정은 국방경비대 창설계획과 함께 「군사영어학교」 설치를 발표하였다.[22] 군사영어학교 입교자의 선발 소식을 접한 송요찬은 서둘러 상경해서 "일본군 지원병 출신들이 회원으로 많이 가입해 있는 육해공군출신동지회를 찾아가서 몇몇 동료들에게 사실"[23]을 확인하였다. 그러나 결과는 실망스러운 것이었다. 입교 자격을 장교와 준사관 출신에 한정했기 때문이었다. 그래서 그는 육군특별지원병 선배였던 최경록과 진로를 상담하였다. 최경록은 육군특별지원병 제1기생 출신으로 일본군 육군 준위로까지 진급했던 걸출한 인물이었다. 1946년 1월 송요찬은 군사영어학교를 지원해서 합격하였다. 영어 구두시험은 보통이었지만, 일본군 고급 하사관 경력이 주효하였다.

1946년 1월 개교한 군사영어학교는 통역관만이 아닌 조선경비대 창설을 위한 장교 양성을 겸하게 되면서 입교자도 약 200명으로 증원되었다. 반별 편성은 영어 실력에 따라 A, B, C, D반으로 구분되었고, 송요찬은 다른 지원병 출신과 함께 'D학급'[24]으로 분류되었다. 학교 생활에서 송요찬은 일본군 장교 출신자들로부터 단지 하사관 출신이라는 이유 때문에 심한 모욕과 멸시에 시달렸다. 같은 경험은 송요찬의 군 생활에서 영어 능력 배양과 함께 보다 빠른 진급을 다그치는 와신상담(臥薪嘗膽)의 직접적인 계기

---

21. 이치업 편(2001), 『번개장군』, 원민, 80쪽.
22. 장창국(1983), 『육군사관학교』, 중앙일보사, 57쪽.
23. 이원복(1996), 『타이거 장군 송요찬』, 육군교육사령부, 53쪽.
24. 최홍희(1997), 『태권도와 나(1)』, 사람다움, 171쪽.

가 되었다.[25]

송요찬은 동료들과의 경쟁에서 뒤처지지 않기 위해 밤 늦도록 영어의 예습·복습을 반복했다. 잠자리에서도 천장에 단어를 써 붙여놓고 암기할 때까지 취침에 들지 않았다.[26] 물론 장교 임관 이후에도 주경야독(晝耕夜讀)으로 영어를 전공한 사병의 지도를 받으며 영어 공부에 열중하였다. 안용현에 따르면, "그는 영어 실력이 부족한 것을 보완하기 위해 사단장이 될 때까지 3권의 영어사전을 갈아 마시면서 공부하였고, 미 고문관을 들볶아 회화"[27]를 숙달하는 노력과 집착을 보였다고 한다.[28]

1946년 5월 송요찬은 군사영어학교를 수료하고 육군 초급장교로 임관하였다. 당시 미 군정은 국방경비대 제1연대를 시작으로 9개 연대의 향토부대 창설을 개시한 상황이었다. 그래서 입교생은 영어 실력에 따라 순차적으로 임관하였다. 1946년 4월30일 군사영어학교가 폐교될 때까지 임관자는 입교자 총원 약 200명 가운데 110명이었다. 그의 장교 군번은 96번이었다.

거침없는 토벌

국방경비대 소속 초급장교로 임관한 송요찬의 보직은 1946년 1월 이래 창설 과정에 있던 부산 주둔 제5연대(부산) 제1소대장이었다. 그는 자신이

---

25. 이원복(1996), 『타이거 장군 송요찬』, 육군교육사령부, 57~58쪽.
26. 최갑석 장군의 회고에 따르면, 송요찬은 "군영학교 시절 아침에 일어나자마자 화장실에 가서 콘사이스 한 장을 외고 그것을 씹어 먹고 난 뒤에야 나오곤 해서 다음 용변 순서를 기다리던 생도들로부터 욕을 먹었다"는 일화를 소개하고 있다. 이계홍(2005), 『장군이 된 이등병』, 화남, 200쪽.
27. 안용현(1992), 『한국전쟁비사(1)』, 경인문화사, 72쪽.
28. 주한미군사고문단 소속 장교였던 로버트 소이어 소령에 따르면, 대부분의 한국군 장교들은 "추가 교육도 기꺼이 받아들였으며, 자신들의 능력을 향상시키고 군사 기술을 익히는 것에 열정적이었다. 미국 고문관들은 종종 통역의 도움 없이 자신들의 의사를 전달하면서 그림과 손짓만으로 수업을 진행했다. 이 방법은 놀라운 정도로 성공적이었다"고 증언하였다. 로버트 소이어 지음, 이상호 외 옮김(2018), 『주한미군사고문단』, 선인, 58쪽.

일본군 하사관 출신임을 자각하면서 '혼신의 노력'[29]을 기울였다. 1946년 10월 중위 진급과 함께 강릉 주둔 제8연대 제3대대 제2중대장 보직을 받았다. 정예 중대 육성을 위해 식민지기 육군병지원자훈련소의 조교 경험을 살려서 "모든 피로를 인내하는 힘은 계속 실시하는 훈련 속에서 얻어진다"[30]며 교육훈련에 치중하였다. 또한 미군과의 의사소통과 영어 교본을 참고하기 위해서 영어 공부도 게을리 하지 않았다. "영어 콘사이스가 걸레가 될 정도로 단어를 찾아 암기"[31]하였다.

1947년 2월 육군 대위로 진급한 송요찬은 3월 제8연대 제3대대장에 보직되었다. 대대장 취임 후에도 송요찬은 실전과 같은 훈련만이 승리의 지름길이라는 지휘방침에 따라 야간훈련을 포함하는 강도 높은 교육훈련을 실시하였다. 훈련기간 3개월 동안 사병들의 외출, 외박, 면회마저도 금지하였다. 그 때문에 고된 훈련에 적응하지 못한 병사들의 불만이 누적했고, 탈영자가 발생하기도 하였다. 송요찬은 군기확립을 위해 명령과 지시를 위반한 간부들에 대해서도 계급 강등과 입창 명령을 주저하지 않았다. 명령에 대한 절대 복종과 규율을 강조하는 '호랑이 대대장' 혹은 '교육훈련의 명수'로 회자되었다. 송요찬은 자신이 계획한 목표를 달성하는 데 거침이 없었다.[32]

1948년 6월19일 「제주4·3사건」 진압부대였던 제11연대장 박진경 대령이 부

---

29. 이원복(1996), 「타이거 장군 송요찬」, 육군교육사령부, 62쪽.

30. 위와 같음, 63쪽.

31. 위와 같음, 64쪽.

32. 1948년 6월 이래 육군보병학교장으로 근무했던 이치업은 업무 인수인계 과정에서 학교장 서랍에 못과 망치가 들어 있어서 깜짝 놀랐다고 한다. 당시 학교장 전임자였던 송요찬은 공산주의에 물든 사관학교 제2기생 출신의 학교 기간요원들을 신뢰할 수 없었고, 그래서 야간 취침을 위해 방문과 창틀에 널빤지를 대고 못질을 해서 암살자 침입을 스스로 방지했다고 한다. 그래서 송요찬은 망치와 못을 가리키며 '이게 더 소중합니다'라고 대답했다고 회고하였다. 이치업 편(2001), 『번개장군』, 원민, 112쪽.

대 내부에 잠복하는 좌익세포에 의해 암살당하는 사건이 발생하였다. 조선경비대 총사령부는 후임 제11연대장으로 최경록 중령과 부연대장으로 송요찬 소령을 발탁하였다. 송요찬의 부연대장 발탁은 결단성과 추진력을 겸비한 지휘관의 파견이 절실했기 때문이었다. 당시 미 군사고문단장이었던 로버츠 준장이 송요찬의 군사적 역량과 반공이념을 크게 신뢰했기 때문이었다.[33]

송요찬은 곧바로 박진경 대령의 암살을 사주한 문상길 중위와 좌익 거두 오일균 소령을 색출·체포하는 뛰어난 수완을 발휘하였다. 1948년 7월 송요찬은 중령 진급과 함께 제주 제9연대장에 보직되었다. 1948년 10월 그는 "해안선으로부터 5킬로미터 이상 들어간 중산간 지대를 통행하는 자는 전부 폭도배로 간주해서 총살한다"[34]는 계엄령을 공포하였다. 제9연대는 중산간 지역의 민간인 소개와 함께 이른바 「멍석말이식 토벌작전」을 펼쳤다. 채명신 장군의 회고와 같이 "4·3사태의 제주도는 송 장군의 부대가 본격적인 작전을 개시하면서부터 피비린내 나는 전쟁터"[35]로 변모하였다.

송요찬이 진두지휘하는 제9연대의 토벌전은 단기간에 약 1000여 명의 귀순자를 끌어낼 수 있었다. 나아가 1948년 10월 여수 주둔 제14연대 반란군을 가장한 기만작전으로 제9연대 내부의 좌익세포 80여 명을 일망타진하는 전과를 올렸다.[36] 1948년 11월 제9연대는 대대적인 토벌작전으로 한라산에 잠복하는 무장대 주력 200여 명을 사살하였다. 그는 무장대 토벌과 관련해

33. 제주4·3사건 진상규명 및 희생자 명예회복 위원회(2003), 『제주4·3사건 진상조사 보고서』, 선인, 234쪽.

34. 포고문의 요지는 "본도의 치안을 파괴하고 양민의 안주를 위협하여 국권 침범을 기도하는 일부 불순분자에 대하여 군은 정부의 최고 지령을 봉지(奉持)하여 차등 매국적 행동에 단호 철추를 가하여 본도의 영원한 평화를 유지하며 민족 만대의 영화와 안전의 대업을 수행할 임무를 가지고 군은 극렬분자를 철저 숙정코저 하니 도민의 적극적이며 희생적인 협조를 요망한다"는 것이었다. 『평화일보』 1948년 10월20일자.

35. 채명신(1994), 『채명신 회고록』, 매일경제신문사, 71쪽.

36. 국방부전사편찬위원회(1967), 『한국전쟁사(1)』, 국방부전사편찬위원회, 443쪽.

서 '연못을 말려 물고기를 잡거나 독약을 풀어서 물고기를 잡아야 한다'는 강한 신념의 소유자였다.

1949년 2월 제9연대는 수도여단 창설에 따라 예하 연대로 편입되었다. 송요찬은 육군본부를 출입하면서 이른바 '남북전쟁'[37]으로 회자되는 국군 내부의 파벌문제에 크게 실망하였다. 1949년 5월 강릉 주둔 제6사단 제10연대장으로 전속을 자청하였다. 1948년 이래 오대산 지구는 양양에 주둔하는 북한군 제38경비대 제1여단의 소속 부대가 침투해서 양민들에 대한 학살, 방화, 약탈을 자행하였다.[38] 그래서 제10연대 경비지역에서도 북한군과 교전이 빈발했고, 그 때문에 상급부대 참모들의 연대 방문도 잦았다. 하지만, 이들 상급부대 방문자들에 대한 대접은 주지육림이 아닌 부대숙식이었다. 그 때문에 평생을 따라다녔던 이른바 '석두'라는 별명을 얻게 되었다.[39]

송요찬의 제10연대장 취임 이후에도 제38경비대의 도발과 인민 유격대의 침투는 계속되었다. 북한군의 천인공노할 만행에 분노한 송요찬은 「양양 돌격작전」을 기획하였다. 이는 제6사단장은 물론이고 미 군사고문단도 불허하는 사안이었다.[40] 1949년 7월 제1대대장을 앞세운 「양양 돌격작전」은 작전미숙과 사전정보 누설로 실패하고 말았다. 미 군사고문단은 사건을 사문위원

37. 1949년 당시 육군의 핵심 요직은 채병덕, 정일권, 백선엽, 김백일, 양국진, 강문봉 등 북한 출신자들이 독차지하였다. 그래서 국군 내부에서도 '육군 내의 남북전쟁'이라는 말이 회자되었다. 당시 국군의 앞날을 걱정하는 일부 장교들 사이에서도 "도대체 군 내부에 일군파, 만군파, 학병파, 지원병파, 광복군파, 게다가 이북파니 이남파니 하는 온갖 파벌들이 머리를 들고 서로 헤게모니를 잡으려고들 반목하고 있으니 무슨 짓들을 하는 건지 한심합니다. 손바닥만한 놈의 나라에서 적재적소주의(適材適所主義)로 나가면 되지 무슨 놈의 파벌이 필요해요"라며 한국군의 파벌문제를 크게 개탄했다고 한다. 이원복(1996), 『타이거 장군 송요찬』, 육군교육사령부, 112쪽.
38. 국방부전사편찬위원회(1967), 『한국전쟁사(1)』, 국방부전사편찬위원회, 536쪽.
39. '석두장군'이란 별명과 관련해서 송요찬 장군의 회고에 따르면, 제9연대장으로 "대관령에서 근무할 때 육군본부에서 검열 나온 장교들에게 술대접을 하지 않았더니 요령부득이라고 이런 별명을 퍼뜨렸다"고 한다. 안용현(1992), 『한국전쟁비사(1)』, 경인문화사, 72쪽.
40. 이원복(1996), 『타이거 장군 송요찬』, 육군교육사령부, 130~131쪽.

회에 회부, 제10연대장을 해임시켰다. 하지만 육군본부는 송요찬의 대령 진급을 발령해서 미 군사고문단의 조치에 회답하였다.[41]

II. 「질풍노도」의 시대

1950년 4월 송요찬은 제6대 헌병사령관으로 1950년 6·25전쟁을 맞았다. 이하에서는 6·25전쟁기 헌병사령관을 시작으로 수도사단장과 제8사단장으로 사생결단의 멸공전선에서 용전분투했던 송요찬의 충정과 「질풍노도」의 시대를 실증 분석한다.

「낙동강 전투」

1948년 7월 송요찬은 육군보병학교 학생감을 거쳐 1949년 9월 제5사단 예하 제15연대장(순천)으로 지리산지구 전투사령관 정일권과 함께 공비토벌 작전과 민심수습을 주도하였다. 1950년 4월 최영희 대령의 후임으로 제6대 헌병사령관에 발탁되었다. 송요찬은 국군의 풍기 확립을 위해 월권행위와 민폐근절을 조치하였다. 이어서 헌병의 질적 향상을 위해 "무위 무능한 장교 20여 명을 전과시키고 유능한 인재를 선출해서 … 헌병 장교로 등용시켜 건전한 발전과 향상"[42]을 도모하였다. 송요찬의 헌병사령관 취임은 최초의 육군본부 근무였다. 그러나 "머리가 아플 정도로 복잡하여 근무의욕을 상실할 정도"[43]였다. 그 이유는 군 수뇌부와 정치권에서 대북정보 수집을 내

41. 이형근(1993), 『이형근 회고록』, 중앙일보사, 43쪽.
42. 헌병사편찬실(1952), 『한국헌병사』, 헌병사령부, 17쪽.
43. 이원복(1996), 『타이거 장군 송요찬』, 육군교육사령부, 148쪽.

걸고 자신들의 치부를 위해 몇몇 상인과 결탁한 「남북교역 사건」 혹은 「북어 사건」[44] 때문이었다. 1948년 발생한 「북어 사건」은 제1사단장 김석원과 육군 참모총장 채병덕의 사임을 초래했던 중대 사안이었다. 송요찬은 명백한 이 적행위를 목도하고서도 어찌할 수 없는 무력감에 시달려야 했다.

1950년 6월 송요찬은 육군보병학교 제3차 보수교육의 와중에서 6·25전쟁을 맞이하였다. 곧바로 주요 정부기관의 경비 강화, 휴가 장병의 비상소집과 원대 복귀, 낙오 장병의 수습과 독전업무로 동분서주하였다. 1950년 5월27일 국방장관의 명령을 받아 한국은행의 금괴 운반업무를 수행하였다.[45] 한국은행 지하금고의 금괴 1.5톤과 은괴 2.5톤을 호송하는 임무였다. 이들 금은괴는 열차에 실려 진해 해군사령부에 보관되었고, 1950년 8월 샌프란시스코를 거쳐 미 연방 준비은행에 예치되었다. 금은괴는 1955년 한국의 국제통화기금(IMF) 출자금으로 쓰였다.[46]

1950년 5월28일 육군본부 지휘부와 함께 수원으로 후퇴한 송요찬 헌병사령관은 낙오병 수습과 함께 한강 방어선의 구축을 지원하였다. 6월29일에는 맥아더 사령관의 한강 방어선 시찰 안내와 경호업무를 지휘하였다. 1950년 8월 워커 중장이 낙동강 방어선의 사수방침을 결정하면서 피난민들이 대구에 몰리게 되었다. 그러나 대구 위기설이 널리 유포되면서 민심 불안이 가중됐다. 그래서 송요찬은 헌병사령관과 대구방어사령관을 겸직해야 했고, 전국비상경비사령부와 협력해서 대구를 비롯한 후방지역의 민심 수습과 안정에 노력하였다.[47]

1950년 9월1일 송요찬은 백인엽 대령의 후임으로 수도사단장에 부임하

44. 김석원(1977), 「노병의 한」, 육영사, 255쪽.
45. 헌병사편찬실(1952), 「한국헌병사」, 헌병사령부, 18쪽.
46. 이원복(1996), 「타이거 장군 송요찬」, 육군교육사령부, 165~166쪽.
47. 손규석(2003), 「태극무공훈장에 빛나는 6·25전쟁 영웅」, 국방부군사편찬연구소, 390~398쪽.

였다. 드디어 자신의 군사적 역량을 발휘하는 절호의 기회를 맞이한 셈이었다. 송요찬은 기계·안강지역에서 용전분투하는 수도사단을 찾아서 '마치 먹이를 쫓는 호랑이'[48]와도 같이 달려갔다. 1950년 8월 이래 국군은 북한군의 파상적인 공세에 밀려 안동, 의성, 영천 방어선마저 돌파 위기에 처했던 절체절명의 상황이었다. 만약 「기계·안강 전투」에서 수도사단이 무너진다면, 다부동 전선과 함께 미 해병사단이 결사적으로 방어하는 오봉리 전선의 배후마저 찔리게 되는 호각지세(互角之勢)의 방어선이었다.[49]

송요찬은 수도사단장 보직과 함께 당시 국군 공격교관으로 명성을 떨치던 간도특설대 하사관 출신의 이용 중령을 작전참모로 발탁하였다.[50] 육군보병학교 교수부에서 함께 근무했던 박경원 장군에 따르면, 이용은 명석함과 치밀함을 겸비한 제대로 된 군인이었고, 정의의 사나이였다고 격찬하였다.[51] 송요찬은 요충지 곤제봉을 점령해서 북한군 제12사단을 유인하고 격파한다는 작전계획과 함께 예하 부대에 대한 방어선 사수를 엄명하였다. 1950년 9월 7차례의 「곤제봉 공방전」은 총검이 난무하는 치열한 백병전의 연속이었다. 송요찬은 '즉결처분권' 행사마저 주저하지 않는 과감한 독전을 펼쳤다.[52] 송요찬은 북한군 2개 사단(제5사단과 제12사단)을 격퇴하고 「기계·안강 전투」를 승리로 이끌었다.

---

48. 이원복(1996), 「타이거 장군 송요찬」, 육군교육사령부, 192쪽.
49. 당시 수도사단 편제는 참모장 윤춘근 대령, 제1연대장 한신 중령, 제17연대장 김희준 대령, 제18연대장 임충식 중령, 기갑연대장 백남권 대령, 제3연대장 이기건 대령, 제26연대장 이치업 대령이었다. 이원복(1996), 「타이거 장군 송요찬」, 육군교육사령부, 193쪽.
50. 백선엽(1989), 「군과 나」, 대륙연구소, 11쪽; 정일권 편(1987), 「만주국군지」.
51. 박경원(2019.7.24), 「인터뷰」.
52. 1950년 7월26일 정일권 육군참모총장은 파죽지세의 북한군 남침과 국군의 거듭되는 후퇴의 와중에서 군기확립을 위해 분대장급 이상 각급 지휘관에게 즉결처분권 부여를 훈령하였다. 그러나 1년 후 1951년 7월6일 여러 문제로 즉결처분권을 취소해야 했다. 그러나 취소 훈령 얼마 후 곧바로 부활되었다. 즉결처분권의 완전 폐기는 1953년 7월 휴전협정 이후였다. 중앙일보사 편(1983), 「민족의 증언(2)」, 중앙일보사, 227~228쪽.

혈전에 혈전을 거듭하면서 "초급장교의 무덤"[53]으로도 회자되었던 「기계·안강 전투」의 승리는 안강 남쪽의 경주와 포항을 향하는 두 개의 능선으로 북한군의 공세 병력을 분산시켜 요충지 곤제봉에서 격파하는 공세적 방어작전이었다. 병력과 화력의 열세를 만회하고 반전시키는 기발한 전략이었다. 1950년 9월20일 송요찬은 수도사단장 부임 20일 만에 육군 준장으로 진급하였다.[54] 송요찬의 지휘역량은 단지 과감한 독전만이 전부가 아니었다. 당시 수도사단 제1연대장이었던 한신 장군에 따르면, "송사단장은 예하부대를 지원해줄 능력이 지극히 제한되어 있었음에도 불구하고 연대에 많은 배려를 해주려고 노력한 것을 나는 잘 알고 있었다. 그래서 나는 항상 사단장에 대한 고마움을 잊지 않고 작전을 수행해 나갔으며, 우리 연대에 부여된 임무는 최선을 다해서 완수하려고 노력했다"[55]고 증언하였다.

북진과 후퇴 그리고 반격

1950년 9월 말 수도사단은 인천상륙작전 성공과 동시에 반격작전으로 전환하였다. 신속한 기동전술을 구사해서 점령지역에서 시간 낭비를 최소화하는 파죽지세의 진격작전이었다.[56] 수도사단은 9월30일 38선에 도착했고, 10

---

53. 당시 현지임관을 시작으로 육군종합학교와 육군보병학교를 수료하고 수도사단에 전속명령을 받은 초급 장교들은 부임에 앞서 가족과 친지들 앞으로 모발, 손톱, 유서를 남겨야 했다. 정일권(1996), 『정일권 회고록』, 광명출판사, 215~216쪽.
54. 1950년 9월20일 송요찬 수도사단장은 경주 사단지휘소에서 준장 계급장을 달았다. 당시 송요찬은 "나는 10여 년 전에 누런 별 하나를 달고 이곳에 와서 잠시 머물렀던 기억이 있는데 지금 다시 별 하나를 달고 이곳에서 전투지휘를 하게 되니 이 경주는 나와 별과의 인연이 있는 곳 같군. 그러나 10여 년 전의 누런 별은 일본군의 이등병 계급의 별이었고, 지금 내가 단 별은 대한민국 장군의 별"이라며, 장군 진급의 기쁨을 감추지 않았다. 이원복(1996), 『타이거 장군 송요찬』, 육군교육사령부. 220쪽.
55. 한신(1994), 『한신 회고록』, 명성출판사, 245쪽.
56. 관련해서 당시 제18연대 제1대대장이었던 이병형의 증언이 흥미롭다. 함북 주을지구 북진작전에서 어느 날 저녁 무렵 송요찬 사단장이 이병형을 무전기로 호출해서 "저 달이 보이는가, 수고스럽지만 저 달이 질 때까지 계속 전진하길 바란다"는 명령을 하달했다고 한다. 이병형(1980), 『대대장』, 병학사, 176쪽.

월1일 38선을 돌파해서 양양, 간성, 화천, 회양을 거쳐 원산을 향하는 강행군을 계속하였다.[57] 원산의 관문이었던 「신고산 점령작전」은 열세에 처한 북한군의 심리를 교묘하게 이용한 기만전술이었다.[58] 10월12일 원산을 점령한 수도사단은 북한군의 국지적 저항을 제압하면서 덕원, 문천, 고원, 영흥, 함흥, 홍남, 북청, 이원을 경유해서 10월25일 단천 일대를 점령하였다.

1950년 10월26일 수도사단은 함남 일대의 주요 거점을 제압한 상황에서 중공군 포로 5명을 생포했고, 중공군의 불법참전을 확인할 수 있었다.[59] 이후에도 북진작전을 계속했지만, 11월30일 통한의 후퇴 명령을 하달받았다. 당시 수도사단의 최선봉이었던 제18연대는 1950년 9월 말 기계·안강으로부터 양양, 원산, 함흥, 단천, 성진, 길주, 명천, 주을, 나남, 청진, 고무산까지 진격하는 상황이었다.

1950년 12월 중순 국군 제1군단사령부는 예하 부대와 함께 사방에서 몰려드는 '피난민 수송대책'을 논의하였다. 같은 자리에서 송요찬은 "우리 대신 피난민을 배에 태워 보내는 방법은 어떤가. 우리 군단은 걷는다. 원산을 돌파해 나가는 것이다. 수도사단이 앞장을 서겠다"[60]고 제안하였다. 12월18일 수도사단은 성진항과 홍남항을 경유해서 묵호항으로 무사히 후퇴할 수 있었다. 1951년 1월 강릉, 4월 양양, 5월 설악산 지구 탈환 작전에 성공하였다. 1951년 중공군의 5월 공세가 개시되었고, 수도사단도 군사적 요충지 대관령 사수를 위해 용전분투하였다.[61]

---

57. 전쟁기념사업회(1992), 『한국전쟁사(4)』, 전쟁기념사업회, 255~273쪽.

58. 중앙일보사 편(1983), 『민족의 증언(3)』, 중앙일보사, 202쪽.

59. 제18연대 제1대대의 중공군 포로 생포 경위에 대해서는 이병형의 자서전을 참조. 이병형(1980), 『대대장』, 병학사, 132~135쪽.

60. 대책회의 참석자는 제1군단장 김백일 소장을 비롯해서 제3사단장 최석 준장, 수도사단장 송요찬 준장, 민사처장 유원식 중령 등 군단 참모들이었다. 정일권(1996), 『정일권 회고록』, 광명출판사, 329쪽.

61. 이원복(1996), 『타이거 장군 송요찬』, 육군교육사령부, 389쪽.

1951년 7월 미 제10군단이 주도하는 「펀치볼 점령작전」에 참전하였다. 924고지를 둘러싼 1주일에 걸친 혈전으로 중공군의 위협을 제거하고 북진작전의 발판을 마련하였다. 1951년 휴전협상에 따른 소강상태에서 10월12일 고성 부근 난공불락의 월비산(459고지)을 4일에 걸친 끈질긴 공세작전으로 점령할 수 있었다. 여세를 몰아서 19일 고성 월정리까지 진출하였다. 그 때문에 동부전선은 38선으로부터 약 80킬로미터를 북상하게 되었다.

1951년 11월 말 수도사단은 작전지역을 제11사단에 인계하고 제8사단과 함께 白야전전투사령부 소속으로 「지리산 토벌작전」에 참전하였다. 수도사단이 수행한 지리산 남부지구 토벌작전과 관련해서 백선엽 장군은 "병사들은 오랜 토벌작전으로 심신이 지쳐 있었으나 송요찬 장군의 엄격한 통솔 아래 일사불란하게 움직였다. 분산된 공비를 추격과 매복으로 토벌해 나날이 전과를 더할 수 있었다"[62]고 증언하였다. 1952년 3월 수도사단은 3개월에 걸친 「지리산 토벌작전」을 완수하고 중부전선 최일선으로 복귀하였다.

1952년 3월 춘천지구로 기동한 수도사단은 새롭게 재편된 제2군단(백선엽 중장) 소속으로 종래 미군 제9군단이 담당하던 중부전선 방어를 전담하게 되었다. 1952년 6월 송요찬 수도사단장은 휴전협상 정체에 따른 교착전선에서 중공군의 적정 파악과 진지파괴 그리고 적정교란을 목적으로 지형능선과 612고지에 대한 제한공격을 결정하였다. 1952년 7월 초순 공격작전을 감행했지만, 예상을 넘어서는 중공군의 항전으로 고전하였다. 그 와중에서 1952년 7월8일 송요찬은 「타이거 송」이라는 애칭을 지어준 미 제8군사령관 밴 플리트 장군과 이승만 대통령의 특명으로 육군 소장으로 진급하였다.

1952년 7월 송요찬은 수도사단을 이용문 준장에게 인계하고 남부지구 성

---

62. 백선엽(1989), 『군과 나』, 대륙연구소, 229쪽.

비사령관에 임명되었다. 1952년 7월10일 창설된 남부지구 경비사령부는 군경 합동으로 지리산지구 공비토벌을 전담하였다. 1952년 7월 말부터 10월까지 3차에 걸쳐 군경합동 공비토벌 작전을 지휘해서 혁혁한 전과를 올렸다. 1952년 10월8일 송요찬은 재차 수도사단장에 임명되었다. 발탁 이유는 1952년 7월 이래 이용문 장군이 지휘하는 수도사단의 수도고지와 지형능선의 탈환작전이 번번이 실패했기 때문이었다.[63]

1952년 10월13일 송요찬은 「지형능선 탈환작전」을 진두지휘해서 단숨에 점령하였다. 그는 병력의 축차투입이 아닌 집중투입이라는 건곤일척의 탈환작전을 진두지휘했고, 3개월에 걸친 공방전을 승리로 장식하였다.[64] 수도사단의 전과는 사살 2286명, 추정사살 3083명을 기록했던 반면, 손실은 전사 971명, 부상 3120명, 실종 167명을 기록하였다.[65]

1952년 11월 수도사단은 예비사단으로 전환해서 미군이 주도하는 「야전훈련(FTC/Field Traning Course)」에 참가하였다. 12월 미 대통령 선거에서 '6·25전쟁의 조기 종결'을 공약으로 내걸고 당선된 아이젠하워 대통령 당선자가 수도사단을 방문하였다. 당시 수도사단은 수도고지와 지형능선 전투에서 용맹을 떨치고 있었고, 미군 장성들로부터 '타이거 송'으로도 통했던 사단장 송요찬이 "부지런하고 성실한 장군으로 정평"[66]이 나있었기 때문이었다. 아이젠하워의 수도사단 방문은 한국군의 전력 증강을 위한 전투의지와 역량을 가늠하고자 하는 것이었다. 아이젠하워 당선자는 "한국에 이처럼 훌륭한 부대와 지휘관이 있다는 것은 한국뿐만 아니라 자유 우

63. 유재흥(1994), 『격동의 세월』, 을유문화사.
64. 국방부전사편찬위원회(1989), 『한국전쟁전투사, 수도고지·지형능선전투』, 국방부전사편찬위원회.
65. 위와 같음, 165~166쪽.
66. 정일권(1986), 『(6·25비록) 전쟁과 휴전』, 동아일보사, 346쪽.

방 여러 나라들의 복된 영광"[67]이라며 격찬하였다.

세월이 지나서 아이젠하워는 대통령 당선자 시절 송요찬 장군이 지휘했던 수도사단 방문을 회고하였다. 그 내용은 "한국군 병사들을 훈련시키고 정비시키는 데서 얻어지는 이점을 보다 더 이해하게 되었다"고 언급하였다. 수도사단은 당초 9주간의 「야전훈련」 계획에도 긴박한 전황에 따라 일정을 변경해서 금성 서남지구 방어를 담당하는 국군 제9사단과 교대해야 했다. 1953년 3월 스탈린이 사망하면서 장기간 교착상태였던 휴전협상도 새로운 전기를 맞았다. 그래서 수도사단의 전황도 진지강화와 위력정찰 그리고 소부대 전투에 한정되었다.

최후의 결전

1953년 6월18일 휴전협상 타결을 예감하는 상황에서 이승만 대통령은 2만 7092명의 반공포로 석방을 조치하였다. 이는 휴전협상 결렬과 함께 6·25전쟁의 또 다른 전기가 되었다.[68] 1953년 7월13일부터 중공군은 휴전

---

67. 이원복(1996), 「타이거 장군 송요찬」, 육군교육사령부, 422쪽.

68. 1953년 6월18일 새벽 이승만 대통령은 남한에서 수용한 북한 및 남한 출신의 반공포로를 석방하였다. 같은 해 6월8일 판문점 휴전회담에서 양측이 체결한 「포로송환협정」에는 귀향을 원하는 포로를 휴전 성립 후 60일 내에 송환하기로 되어 있었다. 그러나 한미 방위조약을 체결하기 이전에는 휴전할 수 없다고 반대하던 이승만 대통령은 반공 애국 동포를 북한으로 보낼 수 없다며 협정을 묵살하였다. 마침내 이승만은 「반공 포로석방」을 단행해서 영천, 대구, 상무대, 논산, 마산, 부산, 부평 등 7개 포로 수용소에 수용된 3만 7000명의 반공포로 가운데 2만 7092명을 석방 조치하였다. 그리고 한국의 요구가 관철되지 않으면 휴전교섭 파기를 위한 보다 강력한 조치를 취한다는 강경한 태도를 천명하였다. 미군 감시원을 내쫓으면서 강행된 이 사건은 세계적인 충격이었고, 국제연합군 긴급회의, 영국의 내각회의, 한국 참전국 전체회의 개최를 불가피하게 만들었다. 더구나 6·25전쟁 휴전을 낙관하던 미국으로 하여금 이승만 대통령의 동의 없이는 휴전이 어렵다는 사실을 절감하게 하였다. 북한은 석방포로의 재수용을 요구했지만, 한국 정부는 일언지하에 거절하였다. 한편 미국이 체결한 협정을 한국이 깨뜨렸기 때문에 미국과의 심각한 갈등을 빚었지만, 1953년 6월25일 내한한 미국 국무부 차관보 로버트슨과의 끈질긴 절충을 거듭해서 「한미상호방위조약」을 체결할 수 있었다. 김행복(2015), 「반공포로 석방과 휴전협상」, 백년동안.

협상의 주도권 확보를 위한 정치적 목적과 국군의 위협을 제거한다는 군사적 목적으로부터 대대적인 공세를 개시하였다. 중부전선 격전지는 「철의 삼각지대(김화·평강·철원)」를 둘러싼 고지쟁탈전이었다. 1953년 4월 이래 북한강 동안의 689고지와 949고지, 서안의 수도고지(529고지)와 지형능선을 둘러싼 치열한 공방전의 연속이었다. 1953년 6월 당시 국군 제8사단은 중공군 제67군의 파상공세로 인해 전초기지였던 수도고지와 지형능선을 상실하면서 금성천 남안으로 후퇴하지 않으면 안되었다.[69]

1953년 4월 공세 이래 중부전선의 주요 공격거점 고지를 점령한 중공군은 국군의 섬멸과 화천댐 탈취를 목적으로 국군 제2군단 정면의 금성천 북안으로 병력을 집결시켰다. 1953년 7월3일 전황의 위기를 인지한 미군과 육군본부는 국군의 맹장 송요찬 장군을 호출해야 하는 절박한 상황이었다.[70] 당시 송요찬은 미 육군대학 유학을 위해 1953년 5월 수도사단장을 사직하고 후방에서 유학 출발을 대기하는 상황이었다.[71] 미 8군사령관 테일러 장군과 육군참모총장 백선엽 장군은 삼고초려해서 송요찬 장군을 제8사단장에 보직시킬 수 있었다. 송요찬의 제8사단장 발탁은 백전백승의 지휘역량과

69. 이원복(1996), 「타이거 장군 송요찬」, 육군교육사령부, 425쪽.

70. 이와 관련해서 백선엽 장군은 "테일러 사령관은 금성 전투가 돌발하자 신임 사단장을 신뢰하지 못하고 나에게 몇몇 사단장을 교체해 달라고 했고 이어 하루 이틀이 지나자 송요찬 장군 등 원래의 사단장을 불러달라고 요청하는 것이었다. 사단장을 이처럼 갈아대는 것은 물론 상식에 어긋나는 것이었으나 나는 전황이 워낙 급했을 뿐 아니라 이것이 마지막 전투라는 생각에서 테일러의 요청을 전폭 받아들였다. 나는 이때 송요찬 장군을 찾기 위해 헌병들과 서너 시간 서울을 뒤져 그를 전선에 보내기도 했다. 이로 인해 휴전 직전 단명의 사단장이 양산됐고 일시적으로 사단에 사단장 2명이 부임해 편의상 '작전사단장'과 '행정사단장'으로 업무를 분장하는 경우도 있었다"고 회고하였다. 백선엽(1989), 「군과 나」, 대륙연구소, 287쪽.

71. 1951~1960년에 해외 유학한 군인과 민간인은 군인 1만 1595명과 민간인 5423명으로 합계 1만 7018명을 기록하였다. 특히 6·25전쟁기 군인의 해외 유학은 1951년 317명, 1952년 814명, 1953년 1038명으로 합계 2169명에 달하였다. 박진환(2005), 「박정희 대통령의 한국경제 근대화와 새마을운동」, 박정희대통령기념사업회, 47쪽.

풍부한 전투경험 그리고 금성지구의 지형지물에 대해 누구보다도 익숙한 지휘관이었기 때문이었다. 「금성 동남지구 전투」는 중공군 제20병단의 제67군, 제54군, 제68군 그리고 제3병단 제60군의 공세에 대항해서 국군 제2군단 예하 제8사단이 수행했던 금성지구 동남 선단지역의 지형능선 방어전과 금성천 철수작전 그리고 별우지구 반격작전이다.[72]

1953년 7월 금성 동남지구 전투에 대해서는 앞서 제12장에서 검토했지만, 겹치지 않은 수준에서 부언하면 다음과 같다. 1953년 7월13일 중공군 제67군 소속 제201사단은 제8사단 주저항선 정면에 걸쳐 야포 116문과 박격포 207문을 동원해서 대대적인 포격과 함께 이른바 중공군 「7·13공세」가 개시되었다. 제8사단장 송요찬은 제3사단과의 연계를 고려해서 일단 제2방어선(아이슬랜드선)으로 철수를 명령하였다. 1953년 7월15일 송요찬은 금성천 남안에 대한 대대적인 반격작전을 명령하였다. 제8사단은 중공군의 저항을 근접전으로 제압하고 피탈당한 4개의 고지를 단숨에 탈환하는 전과를 올렸다.

1953년 7월17일 별우지구 반격작전에 성공한 제8사단은 금성천을 목전에 두게 되었다. 송요찬은 "패주하는 적을 추격해서 섬멸하고 금성천을 초월 공격하라"[73]며 금성천을 감제하는 479고지 점령을 명령하였다. 중공군의 강력한 포격으로 다수의 희생자를 감수하면서도 미군의 강력한 근접항공 포격지원과 제8사단의 육탄공격으로 목표 고지를 일거에 탈환할 수 있었다. 결국, 제8사단은 중공군의 「7·13공세」를 분쇄하고 6·25전쟁 최후의 결전이었던 「금성 동남지구 전투」에서 승리할 수 있었다.

그 때문에 1953년 7월27일 조인한 6·25전쟁 휴전협정에서 금성천 남안

---

72. 김상원 외편(2013), 「6·25전쟁사(11)」, 국방부군사편찬연구소, 416~433쪽.

73. 손규석(2003), 「태극무공훈장에 빛나는 6·25전쟁 영웅」, 국방부군사편찬연구소, 396쪽.

이 군사분계선으로 확정되었다. 「금성 동남지구 전투」를 진두지휘했던 송요찬 장군은 사단 예비대였던 제21연대를 선봉으로 내세워 중공군의 종심을 파고드는 과감한 전술을 구사하였다. 당시 전황과 관련해서 송요찬은 "제8사단을 맡고 보니 참으로 어려운 고비"[74]였다고 회고하였다. 그럼에도 송요찬의 불굴의 투지와 투철한 책임감으로부터 국군의 6배에 달하는 중공군의 파상공세를 저지·격파할 수 있었다. 이승만 대통령은 「금성 동남지구 전투」에서 전사한 수많은 호국 영령을 추념하고자 종래 '대붕호(大鵬湖)'라는 화천댐의 명칭을 '파로호(破虜湖)'로 개명하는 승전비를 세웠다.

Ⅲ. 누구를 위한 「충성」인가

1959년 2월 송요찬은 60만 대군을 호령하는 육군참모총장에 취임하였다. 국군 최초의 대대적인 국방개혁을 추진했고, 1960년 「4·19혁명」 당시 계엄사령관으로 사회민주화를 위한 무혈혁명에 기여했으며, 1961년 5·16군사정부의 초대 내각수반에 취임하였다. 이하에서는 또 다른 충성과 반역의 역사적 시공을 구체적으로 검토해보자.

육군참모총장

1953년 8월 송요찬은 6·25전쟁 최후의 결전을 위해 미루었던 미 육군 지휘참모대학 유학길에 올랐다. 1954년 8월 귀국과 동시에 제3군단장에 취임하면서 육군 중장으로 진급하였다. 제3군단장 송요찬은 예하부대에서 후생사업 근절과 반영구 병사 신축을 추진하였다. 1957년 5월 제1야전군사령관

---

74. 이원복(1996), 『타이거 장군 송요찬』, 육군교육사령부, 425쪽.

에 취임해서는 '고양이 목에 방울을 다는'[75] 결단으로 당시 국군에서 만연했던 후생사업 근절, 보급군기 확립, 군단 차원의 기동훈련, 난방연료의 석탄 사용, 100퍼센트 병력충원을 추진하였다. 송요찬은 월남전의 영웅 채명신 장군의 지적과 같이 '가장 그릇이 큰 장군'[76]이었다.

1959년 2월 송요찬은 대망의 제11대 육군참모총장에 취임하였다.[77] 그는 보통학교와 육군특별지원병 출신이라는 차별과 질시에도 불구하고, 마침내 대한민국 60만 대군을 호령하는 육군참모총장에 발탁되었다.[78] 그는 육군 참모총장 취임과 함께 독직, 부패, 사기로 만연한 군 내부의 가렴주구와 안일주의에 크게 분노하였다.[79] 그래서 (1)고질적 병폐였던 후생사업의 과감한 철폐, (2)보급군기 확립을 위한 부패 장교들의 과감한 정군(整軍), (3)국군의 10만 명 감축, (4)제대군인의 연금제 도입을 추진하였다.[80] 「국군의 현대화」를 위한 송요찬의 고뇌와 결단은 다음과 같았다.

국민의 피의 대가로 건져진 국가의 운명은 부패한 자유당 정권에 의해 붕괴 직전에 있게 되었으니 틈만 있으면 치부하기에 바빴던 일부 군인들의 부패 또한 목불인견이었다. 이러한 상태가 계속되는 한 과거 중국군이 걸어야 했던 현실을 답습하지 않는다고 누가 장담할 수 있으랴. 풍전등화 격이었던 국가의 운명을 건지려고 산화해간 숱한 장병의 넋을 생각할 때마다 나는 한

75. 송요찬 제1야군사령관은 참모장으로 박정희 준장을 발탁해서 역사적인 후생사업 중단을 추진하였다. 치밀한 박정희와 호탕한 송요찬은 똘똘 뭉쳐서 개혁에 대한 외부의 압력을 저지할 수 있었다. 조갑제(2007), 『박정희, 혁명전야(3)』, 조갑제닷컴, 81쪽; 송요찬(1966), 『(세계의 비사), 사실의 전부를 기술한다』, 희망출판사, 466쪽.

76. 채명신(1994), 『채명신 회고록』, 매일경제신문사, 343쪽.

77. 이원복(1996), 『타이거 장군 송요찬』, 육군교육사령부, 442~443쪽.

78. 『동아일보』 1959년 2월24일자.

79. 한신(1994), 『한신 회고록』, 명성출판사, 332쪽.

80. 유재흥(1994), 『격동의 세월』, 을유문화사, 370쪽.

없는 울분을 금할 길 없었다.[81]

군인들의 부정부패는 1956년 1월 특무부대장 김창룡 소장의 암살사건을 계기로 백일하에 드러났다.[82] 그 실상은 "특정 파벌 또는 정치군인에만 국한된 것이 아니라 범군적으로 만연한 현상"[83]이었다. 부패의 온상이었던 후생사업은 1953년 7월 「휴전협정」과 함께 시작되었다. 부대 인근의 야산을 벌목해서 도로와 교량 복구에 필요한 건축자재로 사용하고 나머지를 매각해서 수익을 챙겼다. 마구잡이 벌목은 임야를 벌거숭이로 황폐화시켰고, 일선 병사들은 이른바 '화목파견'[84]으로 숯을 구워야 했다.[85] 본인들의 의지와 무관하게 "처자식을 먹여 살린 장교들은 모두 도둑놈"[86]으로 내몰리는 상황에서 군 본연의 임무와 원칙은 설득력을 상실하였다.[87]

부정부패의 또 다른 온상은 사병들의 부식비 횡령이었다. 당시 육군 사병들의 부식비는 정액의 30퍼센트에 불과했고, 이른바 '나이롱국' 혹은 '황소 도강탕'으로 회자되는 멀건 소금 된장국이 전부였다.[88] 주식도 정량의 75퍼센트에 불과하였다. 1960년 『육군연감』의 사병 손실통계에 따르면, 연간 1

81. 송요찬(1966), 『(세계의 비사), 사실의 전부를 기술한다』, 희망출판사, 467쪽..

82. 이대인(2011), 『대한민국 특무부대장 김창룡』, 기파랑.

83. 김세중(2006), 「군통수권자로서의 이승만 대통령」, 『이승만 대통령 재평가』, 연세대학교 출판부, 280쪽.

84. 송병채(2006), 『나는 너를 믿는다』, 원민, 104~105쪽.

85. 조갑제(2007), 『박정희, 혁명전야(3)』, 조갑제닷컴, 106쪽.

86. 위와 같음, 119쪽.

87. 1960년 육군본부에 근무했던 육군사관학교 제8기생 출신의 이영근 중령에 따르면, "장교들은 영내에서 점심을 굶고 '불식미'라는 전표를 모아 쌀로 바꾸곤 그릇도 마땅치 않아 군용 지도에 받아서 집으로 가져가곤 했다. 미국 군사유학까지 다녀온 장교가 쌀이 부족해 군용파카의 털 안감을 시장에 내다 팔아야 살던 시대였다. 울분이 절로 솟았다"고 회고하였다. 조갑제(2007), 『박정희, 5·16의 24시(4)』, 조갑제닷컴, 105쪽.

88. 송병채(2006), 『나는 너를 믿는다』, 원민, 106쪽.

만 6787명에 달하는 탈영자를 기록하였다.[89] 탈영의 동기는 "배가 고파서 못 견디겠다"[90]며 휴가를 나가서 귀대를 거부한 경우가 대부분이었다. 부식비 횡령은 "맹훈련에 시달리는 사병들의 건강 유지가 거의 불가능하고 영양실조를 면치 못할 것이 자명한 상황"[91]이었다.

송요찬이 주도한 군 내부 적폐청산은 1957년 제1야전군사령관을 시작으로 1959년 육군참모총장에 취임한 이후 육해공군으로까지 확산되었다. '망국의 병'[92]으로까지 회자되었던 후생사업 금지 조치는 이와 불가분의 관계였던 부패 장교들의 정군운동으로까지 확산되었다.[93] 육군참모총장 취임과 함께 송요찬이 착수한 정군운동은 "곪기 전에 수술해야 한다"[94]는 뜨거운 국민적 열망을 반영하는 것이었다. 더욱이 「젊은 청교도」로도 회자되었던 육군사관학교 제11기생들도 정치적으로 오염된 국군의 정군운동을 강하게 요구하는 상황이었다.[95]

송요찬의 정군운동은 이규광 육군헌병감이 주도하는 특무대와 헌병대의 '자기정화'로부터 시작되었다. 당시 대량의 군수품을 횡령했던 부산지구 특무대장 김진각 대령을 비롯해서 헌병대 소속 영관급 장교만도 12명에 달하

---

89. 육군본부군사감실(1961), 『육군연감』, 육군본부군사감실.

90. 조갑제(2007), 『박정희, 혁명전야(3)』, 조갑제닷컴, 106쪽.

91. 이형근(1993), 『군번 1번의 외길 인생』, 중앙일보사, 151쪽.

92. 안용현(2003), 『한 노병의 잡화』, 한솜미디어, 178쪽.

93. 송요찬 육군참모총장이 추진했던 후생사업 철폐와 관련해서 안용현은 "군부의 부정을 뿌리 뽑기 위해 후생사업 명목으로 각 부대에서 내보냈던 차량과 병력을 철수시키는 한편 각 병과의 고질적인 병폐를 숙정하기 위해 일정표에 따라 각개 격파하고 있는 사실을 알고 우리 초급장교들은 모이기만 하면 '오랜만에 군대다운 군대가 되고 있다'며 박수갈채를 보냈다"고 한다. 안용현(2003), 『한 노병의 잡화』, 한솜미디어, 192쪽.

94. 1959년 4월21일자 『동아일보』는 '정군의 의의와 우리의 요망'이라는 사설에서 송요찬 육군참모총장의 정군방침과 용단을 크게 지지한다는 논설을 게재하였다. 『동아일보』 1959년 12월24일자.

95. 이상우(1988.8), 「한국군부의 인맥과 파벌」, 『신동아』.

였다.[96] 1959년 3월 '저탄장 하역 작업권' 문제로 물의를 빚었던 제6관구사령관 석주암 소장을 비롯해서 1959년 12월까지 소장급 3명과 준장급 11명을 포함한 1648명에 달하는 고급 장교들이 군복을 벗었다.[97] 정군운동은 각 군으로 파급되면서 공군, 해군, 해병대의 정군 대상자도 약 200여 명에 달하였다.

부패추방과 정군운동은 "강도와 규모 면에서 창군 이래 일찍이 보지 못한 수준이었는데, 그 추진 과정에서 적지 않은 고급 장성이 체포되었고, 심지어 거센 부패 추방운동의 충격으로 자살자"[98]가 발생하기도 하였다. 정군은 국군 내부적으로 최대의 파벌을 형성했던 '평안도파'에 대한 무더기 숙청이기도 하였다. 1962년 미국 대사관은 군부 파벌에 적대적인 송요찬 총장의 정군운동이 결과적으로 '한국군에서 파벌을 축소'[99]시켰다며 높이 평가하였다. 송요찬의 정군운동은 장기간 진급 정체에 따른 불만과 부패한 선배들에 대한 불신을 품어왔던 육사 제8기생 출신 중령들을 자극했고, 1961년 「5·16군사정변」의 촉매제이자, 도화선이 되었다.[100]

계엄사령관

1960년 3월15일 자유당 정권은 이기붕을 부통령에 당선시키고자 대대적인 선거부정을 획책하였다. 「3·15부정선거」는 전국적으로 유령 유권자 조작, 40퍼센트 사전투표, 입후보 등록의 방해, 관권을 동원한 유권자 협박, 야당 인사의 살상, 투표권 강탈, 3~5인조 공개투표, 투표함 바꿔치기 등으

---

96. 『경향신문』 1959년 4월8일자.
97. 『경향신문』 1959년 3월8일자.
98. 송요찬 육군참모총장이 주도하는 정군운동과 관련해서 주위에서는 '석두바람이 분다'며 비아냥댔다고 한다. 김세중(2006), 「군통수권자로서의 이승만 대통령」, 『이승만 대통령 재평가』, 연세대학교출판부, 280쪽.
99. 황일도 기획, 최요섭 번역(2010.3.3), 「1962년 미 대사관 기밀문건」, 『신동아』.
100. 김종필(2016), 『김종필 증언록』, 와이즈베리, 34~41쪽.

로 부정과 부패로 얼룩졌다.[101] 그 과정에서 송요찬 육군참모총장은 육군특별지원병 제3기생 출신의 하갑청 특무부대장을 앞세워 군부 내의 선거부정을 주도하였다.[102] 자유당 후보 득표율이 95~99퍼센트라는 터무니없는 집계에 놀란 자유당은 이기붕 득표율을 65~75퍼센트로 낮추지 않으면 안되었던 '엉망진창의 주권행사'[103]였다.

자유당 정권의 부정선거에 대한 국민적 저항은 3월15일 대규모 마산 시위를 촉발시켰다. 시위 진압 과정에서는 사망 8명과 총상 72명의 유혈사태를 빚기도 하였다. "쌓이고 쌓인 부패정권에 대한 분노는 마침내 3·15 부정선거를 분화구로 무섭게 폭발하여 불같은 젊은이들의 노호(怒號)가 연일 그칠 줄을 몰랐다".[104] 그 여파는 성난 들불처럼 전국적으로 번져 나갔다. 4월19일 학생들의 시위는 부산, 대구, 대전 등 전국의 대도시로 확산되면서 [표13-1]과 같이 사망자 184명과 부상자 1696명을 기록하는 참상이었다.

정부는 비상계엄을 선포하고 송요찬 육군참모총장을 계엄사령관에 임명하였다. 송요찬은 보병 제15사단장 조재미 소장[105]의 출동을 명령하면서도

101. 김정렬(1993), 『김정렬 회고록』, 을유문화사, 233~245쪽.
102. 1924년 경남 출생의 하갑청은 육군특별지원병 제3기생과 조선경비사관학교 제2기생 출신으로 1946년 12월 임관하였다. 1960년 6월 3·15 부정선거 책임을 지고 육군 소장으로 예편하였다. 김계원 (2012), 『The father』, SNS미디어, 366~367쪽.
103. 육군본부군사감실(1961), 『육군연감』, 육군본부군사감실, 30쪽.
104. 김종신(2011), 『영시의 횃불』, 기파랑, 51쪽.
105. 조재미 장군은 1917년 12월 전북 고창 출생으로 1940년 육군특별지원병 제3기생과 1947년 8월 조선경비사관학교 제2기생 출신이다. 그는 1950년 8월 제1사단 제15연대 부연대장으로 다부동 전투에서 용전분투했고, 10월 제1사단 제15연대장으로 평양탈환 작전의 선봉으로 활약하였다. 1960년 4월19일 조재미 장군은 계엄군 부대장으로 제15사단 병력과 전차 22대를 이끌고 서울 시내에 진입하였다. 4월20일 고려대학교를 방문한 조재미 장군은 시위 도중 경찰 발포로 숨진 학생의 시신이 안치된 강당에 입장해서 별이 새겨진 철모를 벗고, 희생자에 대한 경건한 조의를 표하였다. 이 모습을 지켜본 학생들은 격앙된 감정을 누그러뜨리고 정부와 협상에 나서게 되었다. 손규석(2003), 『태극무공훈장에 빛나는 6·25전쟁 영웅』, 국방부군사편찬연구소, 191~197쪽.; 김정렬(1993), 『김정렬 회고록』, 을유문화사, 244쪽.

출동한 계엄군에 대한 총기 사용을 엄금하였다.[106] 송요찬 계엄사령관은 자유당과 경무대가 주장하는 주동자 색출과 무력진압을 일언지하에 거부하는 한편, 대학 총장과 언론계 대표 등과 소통해서 사태수습에 노력하였다.[107]

[표13-1] 1960년 4·19혁명과 지역별 사상자 (단위: 명)

지역별	4월19일		4월25일		합계	
	사망자	부상자	사망자	부상자	사망자	부상자
서울	110	1,072	34	389	144	1,461
부산	15	94	–	34	15	128
마산	10	39	5	–	15	39
광주	8	30	–	3	8	33
김천	–	–	2	–	2	–
대구	–	3	–	–	–	3
청주	–	9	–	–	–	9
대전	–	–	–	23	–	23
합계	143	1,247	41	449	184	1,696

(자료) 육군본부군사감(1961), 『육군연감』, 육군본부군사감실.

1960년 4월20일 송요찬은 경무대를 방문해서 (1)이승만 대통령의 자유당 탈당, (2)재선거, (3)국무위원 전원 사퇴를 제안하였다.[108] 이후 사태를 관망하던 송요찬은 4월23일 재차 '모든 공직에서 이기붕의 사퇴'를 추가하였다. 4월24일 이승만 대통령도 사태수습을 위한 성명서를 발표했지만, 이는 '김 빠진 맥주'[109]에 불과한 상황이었다. 4월25일 정부의 미온적인 태도에 반발해서 대학교수 259명이 시국 선언문 발표와 함께 시위를 주도하게 되었다.

---

106. 이용원(1999), 『제2공화국과 장면』, 범우사, 227쪽.

107. 최원각(1960), 「호랑이와 불굴과 별과 송효찬론」, 『세계』 제6호.

108. 1960년 4월20일 송요찬 장군은 이승만 대통령이 요청한 사태수습 방안과 관련해서 (1)선거를 다시 할 것, (2)정계 은퇴와 국부로 남을 것, (3)경무대 앞 등 발포 책임자의 처벌을 제시했다고 증언하였다. 송요찬(1966), 「(세계의 비사), 사실의 전부를 기술한다」, 희망출판사, 469쪽.

109. M기자(1960.7.14), 「4·19와 군부와 경무대」, 『주간춘추』.

그럼에도 송요찬은 "시간만이 문제 해결의 첩경"[110]이라며 시위대에 대한 일절 불간섭 방침으로 일관하였다.

1960년 4월26일 당시 이미 사망 184명과 부상 1696명의 희생자를 기록한 상황에서 그는 재차 이승만 대통령과 김정렬 국방장관이 참석한 가운데 "발포하지 않고서는 수습이 불가능하다"[111]며 이승만 대통령의 최종적인 결단을 촉구하였다. 바꾸어 말하면, 송요찬은 이승만 대통령에 대한 더 이상의 지지가 불가능함을 선언한 것이었다. 결국, 이승만 대통령도 송요찬 계엄사령관이 제시한 4개조를 전면 수용하면서 하야를 선언하고 말았다.[112]

1960년 4월 송요찬은 「4·19혁명」의 무혈수습에 성공하였다. 그는 치안과 질서의 유지 임무를 맡았지만, 물리적인 시위 진압을 포기하고 발포를 엄금하였다. 오히려 체포된 시위 학생을 석방하고, 발포한 경찰을 처벌하였다. 결국 "군심이 민심과 맞물려 돌아가고 정권을 지탱하던 유일한 물리력 경찰은 계엄군에 의해 무력화"[113]되고 말았다. 그 때문에 "석두장군 대권을 노렸다"[114] 혹은 '만고역적(萬古逆賊)'[115] 운운의 구설수에 오르기도 하였다. 4·19

110. 송요찬(1966), 『(세계의 비사), 사실의 전부를 기술한다』, 희망출판사, 470쪽.
111. 육군본부군사감(1961), 『육군연감』, 육군본부군사감실, 48~49쪽.
112. 4·19혁명과 이승만 대통령의 하야에 대해서는 김정렬 회고록을 참조. 김정렬(2010), 『항공의 경종』, 대희, 210~237쪽.
113. 조갑제(2007), 『박정희, 혁명전야(3)』, 조갑제닷컴, 142쪽.
114. 김교식(1983.1), 「석두장군은 대권을 노렸다」, 『월간조선』.
115. 송요찬 장군이 '만고역적' 운운의 구설수에 휘말린 경위는 다음과 같다. 1960년 4월27일 당시 국방장관 김정렬은 육군본부 계엄사령부를 방문해서 계엄업무에 진력했던 송요찬 계엄사령관을 비롯한 관계자의 노고를 치하하였다. 그 와중에 부관 김운룡 소령이 당시 주한미군 군사고문단장 하우츠(howtz) 소장의 서신을 전하였다. 서신의 내용은 "미국 정부는 송요찬 장군을 수반으로 하는 정부를 지원한다"는 것이 있다. 이에 깜짝 놀란 김 국방장관이 "송 장군은 어떻게 생각하시오"라고 의사를 타진하자, 송요찬 장군은 "아이고, 만고역적이 되게요"라며 난색을 표시하였다. 그럼에도 김 국방장관은 "하지만 난색을 표명하느라 잔뜩 긴장된 얼굴 사이에서 내심 좋아하는 듯한 표정이 어쩔 수 없이 새어나오고 말았다"고 회고하였다. 당초 의도와 무관하게 김 국방장관의 황당한 '독심술(讀心術)적 증언'이 송 장군이 대권을 욕망했다는 등 의혹의 빌미가 되고 키우는 데 결정적으로 기여했다. 김정렬(2010), 『항공의 경종』, 대희, 240~241쪽.

혁명 당시 사태 수습을 지켜본 짐 하우스만의 증언은 다음과 같았다.

나는 4·19를 전후해서 송 장군과 침식을 같이하면서 지냈다. 그는 1959
년 2월 육군참모총장으로 임명됐다가 3·15부정선거, 4·19혁명의 거대한 소
용돌이를 거치면서 비록 그가 후세 사가들이 이구동성으로 칭찬해줄 만한
역할은 못했지만, 당시 현실로 보면 최선을 다한 공적을 쌓았던 인물이었다.
… 아무런 정치 훈련도 없이 전쟁만 알고 왔던 그의 순(純)군인 경력에도 불
구하고 결국 데모 군중에게 발포하지 않음으로써 한국 민주주주의의 문을
열게 했던 것이다. … 그는 이승만 대통령을 위해서는 총을 들어야 하고 독
재 타도를 외치는 국민을 위해서는 총을 내려야 한다며 그 엄청난 체구에
걸맞지 않게 눈물을 줄줄 흘리곤 했다. 그는 물론 총을 쏘지 않았다.[116]

송요찬은 그동안 자신을 신뢰하고 지지했던 이승만 대통령과 독재 타도
를 외치는 국민의 열망이라는 또 다른 의미의 충성과 반역의 기로에서 고
뇌해야 했다. 식민지기 독립운동의 실질적인 지도자이자, 대한민국 건국의
국부이며, 6·25전쟁기 탁월한 전쟁 지도력으로 자유대한을 지켜내는 데
헌신했던 이승만 대통령에 대한 배신 혹은 반역은 쉽게 생각할 수 없는 일
이었다.[117]
하지만, 송요찬은 대한민국 국군이 이승만 대통령의 일개 사병(私兵)이 아
니라 「국민의 군대」라는 신념을 결코 망각하지 않았다. 국가의 명운을 좌우
할 수도 있는 결정적인 순간에도 식민지기 일본군에서 내면화한 확고한 국가

---

116. 짐 하우스만, 정일화 편(1995), 「한국 대통령을 움직인 미군 대위」, 한국문원, 68~70쪽.
117. 6·25전쟁기 이승만 대통령의 치열한 전쟁지도와 불굴의 항전의지에 대해서는 영부인 프란체스카
여사의 일기가 있다. 프란체스카 도너 리 지음, 조혜자 옮김(2010), 「프란체스카의 난중일기」, 기파랑.

관·군인관·사생관에 흔들림이 없었다. 송요찬은 육군참모총장겸 계엄사령관으로서 엄정한 정치적 중립을 견지함으로써 난국을 수습하고, 국군의 명예를 지켜낼 수 있었다. 요컨대, 4·19혁명의 수습과정에서 관찰되는 송요찬 장군의 결단은 행위는 국가와 국민에 충성을 다하는 제대로 된 군인의 모범이었다.

내각수반

1960년 5월23일 송요찬 장군은 1938년 이래 약 22년에 걸친 군 생활을 마감해야 했다. 1960년 8월 말 짐 하우스만의 도움으로 미국의 조지워싱턴 대학에 유학하게 되었다. 그 와중에서 1961년 5월16일 오후 UP기자를 통해 「5·16군사정변」의 소식을 접하였다. 청천벽력과도 같은 충격이었지만, 쿠데타 진압을 위한 사회적 혼란과 다수의 희생자 발생 그리고 호시탐탐 재침 기회를 노리는 북한을 의식하지 않을 수 없었다. 더구나 쿠데타의 장본인들이 장도영과 박정희라는 사실도 파악하였다. 송요찬은 쿠데타 주역들이 결코 국가와 국민을 저버리지는 않을 것이라 믿었다.

[사진13-2] 1955년 제3군단장 송요찬 중장(앞줄 왼쪽 두 번째)과 제5사단장 박정희 준장

(출처) 태극사랑(2017), 「사진으로 본 62년 박정희 대통령」.

그래서 송요찬은 주위의 반대에도 불구하고 정변의 소식을 접하고서 얼마안되어 예비역 장성 최초로 '혁명을 전적으로 지지한다'[118]는 성명서를 발표하였다. 더구나 1961년 7월 그는 주위의 만류에도 불구하고 군사정부의 내각수반 제의를 수락하였다. 종래 연구는 별로 주목하지 않았지만, 당시 송요찬과 박정희와의 관계를 살펴보자.

1949년 2월 박정희는 숙군 과정에서 공산당 조직책으로 체포되어 극형 처분을 받았다. 그럼에도 목숨을 부지할 수 있었던 것은 송요찬을 비롯한 육군 수뇌부의 적극적인 신원보증과 구명운동이 있었기 때문이었다.[119] 1950년대 전반 박정희는 뛰어난 군사적 자질과 역량에도 불구하고 좌익경력의 주홍글씨 때문에 진급의 정체와 함께 한직을 전전해야 하는 처량한 나날들이었다.[120] 1956년 제3군단장에 취임한 송요찬은 경무대의 의혹에도 불구하고 박정희를 예하 제5사단장, 1957년 제1야전군사령관 재직시에는 제7사단장에 발탁하였다. 하지만, 박정희는 사단장 취임 이후에도 불운의 연속이었다.

엄청난 적설로 텐트가 무너지면서 다수의 장병이 몰사하거나 병참창고에 화재가 발생해서 대량의 동계 피복이 불타고 수십 명의 사망자가 발생하는 사건들이 잇따랐다. 때문에 국회는 사고뭉치 박정희의 파면을 요구했지만,

---

118. 위와 같음, 68~70쪽.
119. 조갑제(2007), 『박정희, 5·16의 24시(4)』, 조갑제닷컴, 74쪽; 정일화(2014), 『휴전회담과 이승만』, 선한약속, 149쪽.
120. 1947년 제3대 조선경비사관학교 교장으로 재직했던 이치업 장군은 육군사관학교 제2기생 출신의 박정희 대통령과 관련해서 흥미로운 사실을 증언하였다. 당시 학교장이었던 이치업 본인도 「애국가」를 배워보거나 들어본 적도 없는 상황에서 사관교육의 와중이던 생도 제2기생들에게 「애국가」를 적어내라는 과제를 냈다. 그러자 생도들 가운데 유일하게 애국가를 제대로 적어낸 인물은 박정희 생도 한 명뿐이었다고 한다. 박정희는 대구 사범학교를 졸업하고 문경소학교 교사로 재직하는 와중에서 이미 학생들에게 「애국가」를 가르쳤다고 한다. 이치업 편(2001), 『번개장군』, 원민, 93쪽.

송요찬은 신속한 지원으로 사건을 무마하고 감싸주었다.[121] 장도영 장군에 따르면 "송 장군은 박 장군을 각별히 많이 도와주었고 … 박 장군을 깊이 신뢰하고 계속 측근 요직에만 임명했다"[122]고 증언하였다.

1960년 5월2일 박정희 소장은 송요찬 육군참모총장 앞으로 「4·19혁명」의 민주적이고 원만한 수습에 대한 공적을 높이 평가하면서도 「3·15 부정선거」의 과실을 결코 간과할 수 없다며 "그 공과는 상쇄가 불가능한 사실에 비추어 조속히 진퇴를 영단(英斷)하심이 국민과 군의 진의에 영합"[123]한다는 취지의 서신을 발송하였다. 서신의 요지는 「3·15 부정선거」의 책임을 지고 자진 용퇴하라는 이른바 '비수와도 같은 서한'[124]이었다. 관련해서 짐 하우스만은 "그(송요찬)가 박을 진정 믿었던 것인지 아니면 잘 계산된 박의 행동을 버틸 재간이 없다는 판단에서였는지 몰라도 결국 그는 총장직을 물러나고 말았다"[125]고 한다.

실제로, 1960년 5월8일 박정희는 송요찬의 미국 방문에 맞추어 군사 쿠데타를 계획했었다. 하지만, 뜻밖에 「4·19혁명」이 발생하면서 계획을 접어야

---

121. 김종신에 따르면, "송 참모총장은 박정희 소장을 각별히 신임했는데, 박 장군이 6관구 사령관에서 군수기지 사령관으로 영전된 것도 모두 그의 총애 덕분이었다. 송 참모총장이 그를 신임하게 된 당초의 연유는 벌써 오래 전, 그의 대담한 솔직성에 감복한 후부터"였다고 한다. 김종신(2011), 『영시의 횃불』, 기파랑, 37쪽.

122. 장도영(2001), 『장도영 회고록』, 숲속의꿈, 273~274쪽.

123. 조갑제(2007), 『박정희, 혁명전야(3)』, 조갑제닷컴, 162쪽.

124. 1960년 5월8일 김종필을 필두로 하는 육군사관학교 제8기생 출신의 중령 8명도 박정희 소장이 송요찬 육군참모총장 앞으로 발송한 서신의 소식을 접하고 정군 연판장 작성에 착수하였다. 그 내용은 (1)3·15 부정선거를 방조한 군 장성들의 책임 추궁, (2)부정축재 장성의 정군, (3)무능하고 파렴치한 지휘관의 수방, (4)파벌 요인의 제기와 군의 정치적 중립성 보장, (5)군 처우개선 등이었다. 하지만, 이들은 연판장을 돌리던 와중에서 발각되면서 정군파 8명 가운데 5명이 국가반란음모죄로 방첩대에 구속되는 사건이 발생하였다. 이용원(1999), 『제2공화국과 장면』, 범우사; 강인섭(1984), 『4·19 그 이후』, 동아일보사, 111~154쪽.

125. 짐 하우스만, 정일화 편(1995), 『한국 대통령을 움직인 미군 대위』, 한국문원, 68~70쪽.

했다.[126] 바꾸어 말하면, 박정희는 자신의 은인이자 군의 거물이었던 송요찬에게 직접 총칼을 들이댈 수 없었기에 그의 미국 방문에 맞추어 거사 일정을 결정했던 것으로 추정된다. 사실 강골의 송요찬 장군이 군 통수권을 거머쥔 상황에서 쿠데타는 거의 불가능한 일이었기 때문이었다.

1960년 「4·19혁명」 이후 박정희는 쿠데타를 위한 치밀한 정지작업의 일환으로 이른바 '비수의 서한'을 발송해서 송요찬의 용퇴를 종용했던 것으로 추정된다. 바꾸어 말하면, 앞서 짐 하우스만의 지적과 같이 치밀하게 계산된 박정희의 지략에 버틸 재간이 없었기 때문이었다. 이는 송요찬과 오랜 친분을 쌓으면서 체득한 그의 자존심과 강직성을 역이용하는 박정희의 교활함 혹은 비정함의 일면이라고도 할 것이다.

그 점에서 「5·16군사정변」과 송요찬 장군은 불가분의 관계를 갖는다. 1953년 6·25전쟁 종결 이후 다들 진급과 보직 정체에 시달리는 상황에서도 박정희가 소망했던 사단장 보직과 육군 소장으로까지 승승장구해서 「5·16군사정변」을 꿈꿀 수 있었던 것도 전부 송요찬 장군의 든든한 후원이 있었기 때문에 가능한 일이었다.

1960년 5월 이후 송요찬은 미국 유학의 와중에도 여전히 박정희를 신뢰했고, 브로맨스(bromance)를 유지하였다. 그 이유와 관련해서 짐 하우스만은 "아마도 비슷하게 가난한 농촌 출신인 데서 동료 의식을 느꼈을 것이고, 중학교도 못 나온 채 지원병으로 일군에 들어갔던 자신과는 달리 당당히 사범학교를 나와 일본 육사까지 나온 박이 어쩌면 존경스럽기까지 했기 때문"[127]일 것이라 추론하였다. 어쨌든 박정희는 배은망덕의 치밀함으로 송요찬을 예편시키고 「5·16군사정변」에 성공할 수 있었다.

---

126. 조갑제(2007), 「박정희, 5·16의 24시(4)」, 조갑제닷컴, 107쪽.
127. 짐 하우스만, 정일화 편(1995), 「한국 대통령을 움직인 미군 대위」, 한국문원, 70쪽.

1961년 7월3일 미국의 신뢰와 함께 많은 국민들의 존경을 받았던 송요찬은 장도영의 뒤를 이어서 군사정부 내각수반에 취임하였다.[128] 취임 이후에는 한미관계, 군사 및 경제원조, 외국자본 유치, 경제개발의 초석을 다지는 데 혼신의 힘을 쏟았다. 널리 알려진 바와 같이 1962~1981년 「경제개발 5개년계획」은 급격한 공업화에 따른 경제구조의 전환으로 연간 10퍼센트 이상 경제성장률이라는 이른바 「한강의 기적」을 이룩하면서 자유세계의 주목을 받았다. 박정희 정부가 추진한 「경제개발 5개년계획」은 세계경제사에서 유례가 드문 후진국 공업화의 가장 성공적인 사례였다.

1960~1961년 송요찬은 조지워싱턴대학에 유학해서 정치경제학을 전공하였다. 유학의 성과를 바탕으로 1962년 3월 『산업혁명과 한국경제』라는 저서를 출간하였다.[129] 이 책은 한국에서 「산업혁명」이라는 경제학 개념을 최초로 소개하고 실물분석에 적용해서 한국경제 발전을 위한 나름의 경제정책을 제시한 역작이다.[130] 송요찬의 경제관은 "선진국이 번영을 누리고 있는 것은 이 농업 때문이 아니라 산업혁명에 의한 것이었다. 그러면 우리도 이 산업혁명을 일으키지 않으면 안 된다"[131]며 「정부주도형 공업화 전략」 혹은 「한국형 산업혁명론」을 주장하였다.

그는 한국인 최초의 하버드 경영대학원 출신으로 당시 재무부 차관이었

---

128. 송요찬의 내각수반 취임 경위에 대해서는 김종신(2011), 『영시의 횃불』, 기파랑, 272~274쪽을 참조.

129. 저서의 목차는 제1편 산업혁명의 기본요건, 제2편 각국의 산업혁명 과정과 그 의의, 제3편 산업혁명과 우리나라 경제의 구성이다. 제1편에서는 산업혁명의 개념과 후진국에서 산업혁명의 가능성을 검토했고, 제2편에서는 영국, 미국, 프랑스, 일본의 산업혁명 전개와 성과를 검토하였다. 제3장에서는 한국경제의 현황, 산업혁명의 필요성과 방향, 산업혁명과 국방경제의 관련성, 산업혁명의 애로와 문제점, 산업혁명을 위한 혁명정부의 경제시책을 검토하였다. 송요찬(1962), 『산업혁명과 한국경제』, 동아출판사.

130. 후발국 공업화론 혹은 경제성장론의 관점에서 한국경제를 분석하고 그 대안을 본격적으로 모색했던 학자는 1968년 박희범 교수였다. 박희범(1968), 『한국경제성장론』, 고려대학교 아세아문제연구소.

131. 송요찬(1966), 『(세계의 비사), 사실의 전부를 기술한다』, 희망출판사, 479쪽.

던 이한빈을 발탁해서 각 정부 부처에 기획조정실 창설을 주도하였다.[132] 그러나 송요찬의 개혁은 혁명주체 세력을 자처하는 육군사관학교 제8기 앵그리 중령들과 심각한 대립·갈등을 빚었다.[133] 특히 1962년 군사정변 주도세력이 관여했던 증권파동 등 「4대 의혹 사건」이 불거지면서 이들과 갈등의 골은 더욱 커지고 깊어지고 말았다. 결국 1962년 6월 송요찬은 국가재건최고회의 의장이었던 박정희의 간곡한 만류에도 불구하고 들러리에 불과한 내각수반직을 사직하고 말았다.

이후 송요찬은 군사정부에 대해서 민정이양의 혁명공약 준수를 요구하며, 군정과 긴장관계를 형성하였다. 1963년 1월 정변 주도세력의 정치 세력화를 비판하는 입장에서 박정희의 대통령 출마를 반대하는 성명서를 발표하였다. 「5·16군사정변」의 당위성을 인정하면서도 나라는 결코 혁명의 전리품이 될 수 없다며, 당초의 목적을 달성했으니 군인 본연의 임무로 돌아갈 것을 주장하였다. 1963년 3월 군정 연장에 반발해서 같은 해 『동아일보』 8월8일자에 '박 의장에게 보내는 공개장'[134]을 게재하면서 파란을 일으켰다.

정변세력은 눈엣가시였던 송요찬을 허위사실 유포 혐의로 체포해서 군법회의에 회부하였다. 이후 송요찬은 옥중에서 자유민주당에 입당했고, 대통령 출마를 선언하기도 하였다. 그러나 선거를 일주일 앞두고 정치에 대한 극단적인 환멸로부터 입후보 사퇴와 정계 은퇴를 선언하고 말았다. 송요찬은 1970~1976년에 걸쳐 인천제철(주) 제10대 사장과 고문으로 활동하였다.[135] 하지만, 1980년 10월 지병이었던 신장염과 고혈압 병세가 악화하면서 62세

132. 조갑제(2007), 『박정희, 5·16의 24시(4)』, 조갑제닷컴, 288쪽.

133. 육군사관학교제8기생회(1992), 『노병들의 증언』, 육군사관학교제8기생회.

134. 이수언(1987.1), 「장도영 송요찬을 제거하라」, 『월간경향』 제263호.

135. INN STEEL 50년사 사사편찬위원회(2003), 『INN STEEL 50년사』, INN STEEL주식회사, 630쪽.

를 일기로 영면하고 말았다. 1980년 10월25일 송요찬 장군의 장례식은 대한민국 최초의 「육군장」으로 치러졌고, 국립현충원이 아닌 충남 청양의 고향 선영에 안장되었다.

요컨대, 송요찬은 타고난 청백성과 강직성 때문에 요령부득의 '석두'라는 별명을 얻었다.[136] 그렇지만, 박정희 대통령의 지적과도 같이 그는 결단력, 포용력, 지휘력을 겸비한 제대로 된 군인이었다. 혹은 박경원 장군의 증언과 같이 청렴결백하고 불굴의 신념과 발군의 실천력 그리고 관대함을 구비한 인물이었다.[137] 1948년 「제주4·3사건」, 1950년 「6·25전쟁」, 1960년 「4·19혁명」, 1961년 「5·16군사정변」이라는 격동의 시대에도 국가와 국민에 대한 충정을 결코 저버리지 않았고, 군인으로서 본분을 다하고자 노력하였다. 국군은 대한민국의 핵심가치인 자유민주주의를 수호하는 「국민의 군대」여야 한다는 확고한 신념의 소유자였다. 그는 대한민국 국군의 정체성 확립과 전력(戰力)의 현대화에 불멸의 자취를 남긴 '20세기 대한민국사에 빛나는 거인'이었다.

---

136. 박정희 대통령은 송요찬 장군의 '석두'라는 별명과 관련해서 "송요찬 장군은 다른 사람들은 무식하고 돌대가리라고 하지만 그분은 용단과 인간미가 있으며, 지휘관으로서 더할 나위가 없는 장군이다. 그를 돌대가리라고 하는 사람이 바로 '철두(쇠대가리)'라고 나는 본다. 다만, 그는 가끔 고집이 세어서서 그렇지 않다면, 최고의 인품을 갖춘 사람"이라 평하였다고 한다. 안용현(1992), 「한국전쟁비사(1)」, 경인문화사, 72쪽.
137. 박경원(2019.7.24), 「인터뷰」.

제14장 국제비교 -대만과 인도-

19~20세기 제국주의 시스템이 작동하는 근대 세계체제에서 식민지 군사동원은 글로벌한 관행이었다. 제국주의 열강은 식민지 원주민을 「제국의 첨병」으로 삼아 제국팽창과 권익확보에 앞장세웠다. 이 장에서는 「글로벌 히스토리」의 관점에서 20세기 식민지 군사동원의 구조와 특질을 비교 분석한다.

I. 대만의 육군특별지원병제

1942~1944년 일본의 또 다른 식민지 대만에서도 육군특별지원병제를 시행하였다. 대만인 육군특별지원병제는 모집 정원 4200명에 대해 지원자 약 149만 명을 기록하였다. 이하에서는 대만 육군특별지원병제의 성립, 시행, 성과를 실증 분석한다.

제도성립과 경위

1941년 6월20일 일본정부는 대만에서 육군특별지원병제 시행을 결정하였다. 그 이유와 목적은 "대만 도민(島民)의 치열한 병역의무 부담의 여망·열의에 따른 대만 통치의 완성과 군 요원의 취득"[1]이었다. 같은 결정에 앞서 1941년 5월13일 대만군사령부는 '대만의 간디'[2] 혹은 '대만 의회의 아버지'[3]로도 회자되었던 임헌당(林獻堂)을 비롯한 대만인「협력엘리트」들과 간담회를 개최해서 제도 시행을 논의하였다.[4] 이어서 1941년 6월21일에도 재차 임헌당의 양해와 협력을 구하기도 하였다.[5]

1942년 2월 대만인 육군특별지원병제는 천황의 재가를 거쳐 정식으로 공포되었다. 대만인 사회는 육군특별지원병제 공포를 '충격과 환희'[6]로 맞이

---

1. 内閣(1941.6.20), 「台湾に志願兵制施行の件」.

2. 1937년 7월 대만군사령부는 중일전쟁 발발에 따른 대만인 사회의 민심과 사상 동향을 조사하였다. 조사의 결론으로 "본도인(本島人) 가운데 대만 점령 당시부터 소위 어용신사(御用紳士)는 사상적으로 이미 세력도 없고 노인으로 허병이대(虚病離臺)한 오늘에 이르러 '대만의 간디'라 자타가 공인하는 임헌당 이외에 본도인(本島人)을 통솔할 수 있는 인재"는 없다고 판단하였다. 臺灣軍司令部(1937.7.27), 「臺灣輿論槪觀」 제1호.

3. 임헌당(林憲堂, 1881.12~1956.9)은 식민지기 대만에서 민족운동의 지도자이며, 「대만 의회 아버지」로도 일컬어지는 정치적 거물이었다. 채식곡(蔡式穀), 채배화(蔡培火), 임정록(林呈祿) 등 민족주의 우파세력의 일본유학을 주선하고 후원하였다. 그는 1914년 「대만동화회」, 1920년 「신민회」, 1921년 「대만문화협회」 창립 그리고 1921~1934년 「대만의회 설치 청원 운동」을 주도하였다. 1936년 중국을 조국이라 호칭한 「조국사건(祖國事件)」으로 재대(在臺)일본인 사회로부터 테러와 협박에 시달렸다. 그래서 1937년 5월 일본으로 도피하지 않으면 안되었다. 1940년 10월 대만헌병대와 대만총독부 요청으로 귀국한 그는 '초비상 시국에서 전 국민이 국가에 봉공하지 않으면 안 된다. … 물불을 가리지 말고 분골해서 황국에 몸을 바쳐 봉공할 것을 각오한다'는 성명서를 발표하였다. 그는 1936년 재대일본인들로부터 비국민(非國民)이라는 비난을 받았고, 1945년 이후에는 국민당 정부로부터 한간(漢奸)으로 내몰리는 거친 수모를 겪어야 했다. 拓務省管理局(1931), 『拓務省所管各地域に於ける思想運動槪觀』; 田中宏(1974.12), 「日本の植民地支配下における國籍關係の経緯」, 『愛知縣立大學外國語學部紀要』 第9集; 伊藤幹彦(1998), 「台灣議會設置請願運動の意義」, 『昭和大學敎養部紀要』 제29집; 臺灣總督府(1935), 『臺灣總督府警察沿革誌(第3卷)』, 311~322쪽.

4. 『臺灣日日新報』 1941년 5월15일자; 近藤正己(1996), 『總力戰と臺灣』, 刀水書房, 367쪽.

5. 近藤正己(1996), 『總力戰と臺灣』, 刀水書房, 367쪽.

6. 臺灣總督府(1943), 『大東亞戰爭と臺灣』.

하였다. "지원병제 실시에 감격해서 경축하는 수많은 행사가 개최되었다. …
지원병 출원 붐이 발생하고 혈서지원도 유행"[7]하였다. 1942년 대만인 육군
특별지원병제 시행은 1920~1930년대 대만인 「협력엘리트」의 자치주의 운동
과 징병제 청원 그리고 조선인 육군특별지원병제 시행과도 밀접한 관련성을
갖는 것이었다.

[표14-1] 대만인 협력엘리트와 대만의회 설치 청원 (단위: 명)

회수	중의원제출	의회회차	청원대표	연서 인원	중의원 (상정월일)	귀족원 (상정월일)	결과
1	1921. 1.30	44	林憲堂	187	3.21	2.18	불채택
2	1922. 2.16	45	林憲堂	512	3.27	2.13	불채택
3	1923. 3.22	46	蔡惠如	278	3.12/19	2.12	불채택
4	1924. 1.30	48	林憲堂	71	-	-	의회해산
5	1924. 7.5	49	蔡培火	233	7.14/17	0	미완료
6	1925. 2.17	50	林憲堂	783	3.9/16/18/20/23	0	미완료
7	1926. 2.9	51	林憲堂	1,990	1.31/10/17/19	0	불채택
8	1927. 1.19	52	林憲堂	2,470	1.21/2.21/28	0	미완료
9	1928. 4.25	55	林憲堂	929	5.4/6	0	미완료
10	1929. 2.16	56	林憲堂	1,932	3.4/11/20	3.12	미완료
11	1929. 4.28	58	林憲堂	1,314	4.28/5.6/12	-	불채택
12	1931. 2.13	59	蔡培火	1,381	2.18/25/3.4/24	3.9	미완료
13	1932. 6.3	62	林憲堂	2,684	6.6/10	6.7	미완료
14	1933. 2.6	64	林憲堂	1,859	3.6/7/10	2.2	불채택
15	1934. 2.6	65	林憲堂	1,170	3.23	2.15	불채택

(주) 결과란의 '불채택'은 청원위원회 심의 부결, '의회 해산'은 미상정, '미완료'는 심의 미완료의 의회 종료.
(자료) 內閣官房總務課(1944), 「朝鮮及び台湾在住民政治処遇調査会(3)」.

대만인 「협력엘리트」는 1921년 「대만문화협회」를 결성하여 [표14-1]과 같
이 1921년 제44회 제국의회에서 임헌당이 주도하는 「대만의회 설치 건」을
시작으로 1934년 제65회까지 총 15회에 걸쳐 중의원과 귀족원 앞으로 「대만

---

7. 周婉窈(2007), 「臺灣の歷史」, 平凡社, 152쪽.

의회 설치」를 청원하였다.[8] 그 취지는 "대만 주민에 의해 공선된 의원으로 대만의회를 설치하고, 대만의 예산 및 1921년 법률 제3호(이른바 63법)에 따라 대만 총독에게 위임된 법규의 의결권"[9]을 부여하라는 것이었다. 하지만, 대만 총독부와 일본 정부는 이들의 청원이 헌법을 훼손하고 정치적 자치로까지 발전할 것을 우려하였다. 심의 기각과 불채택 방침으로 일관하였다.

1934년 대만인 「협력엘리트」는 대만의회 설치를 위한 청원운동 중지를 결정하는 한편, 1935년 징병제 청원운동으로 전환하였다.[10] 이들의 징병제 청원운동은 식민지 조선과의 정치적 공진화 혹은 제도적 연동성을 갖는 것이었다. 대만인 징병제 시행을 최초로 주장한 인물은 임헌당과 함께 민족주의 우파를 대표했던 채식곡(蔡式穀)이었다.[11] 1927년 5월 그는 타이중(臺中)에서 개최된 「대만민당(臺灣民黨)」 결당식에서 '징병제 실현'[12]을 제안하였다. 하지만, 아직 시기가 상조하다는 내부적인 판단에 따라 흐지부지되고 말았다.

1935년 타이베이(臺北)시 시의원 선거에 출마한 채식곡은 대만인도 '제국의 신민'이자 '천황폐하의 적자(嫡子)'라며, 일본인과 동일한 수준의 병역 부담을 주장하였다. 말하자면, 일본의 대만통치를 용인하면서도 대만인에 대한 정치적 차별철폐와 일본인과 대등한 수준의 처우개선을 끌어내고자 하는 의도였다. 채식곡의 주장은 당시 대만인 「협력엘리트」의 정치적 욕망과

---

8. 山本有造(1993), 『日本植民地經濟史研究』, 名古屋大學出版會, 56쪽.

9. 內務省管理局(1944.1), 「朝鮮及台湾に於ける衆議院政議員選擧法治施行竝に臺灣議會設置に關する 請願調」.

10. 『臺灣日日新報』 1934년 9월3일자.

11. 채식곡은 1894년생으로 대만총독부 국어학교를 졸업한 이후 일본 메이지대학 유학을 거쳐 변호사가 되었다. 그는 「대만문화협회」 이사, 「대만의회기성동맹회」 이사, 「대만민중당」 고문, 「대만지방자치연맹」 상무이사를 역임하였다. 그는 임헌당과 함께 민족주의 우파를 대표하였다. 近藤正己(1996), 『總力戰 と臺灣』, 刀水書房, 34~35쪽.

12. 臺灣總督府(1935), 『臺灣總督府警察沿革誌』 第3卷, 420쪽.

셈법을 적나라하게 드러내는 것이었다.

그렇다고 징병제 주장이 채식곡만의 주장도 아니었다. 1933년 10월 당시 「대동촉진회(大同促進會)」 대표였던 사룡활(謝龍潤)도 국민의 권리와 병역의무 부담을 주장하였다.[13] 1935년 4월 일본 내무성 앞으로 징병제의 대만 시행을 청원하는 건백서를 제출하였다.[14] 1935년 6월 제8회 대만총독부 평의회에서 진홍오(陳鴻鳴)와 황순청(黃純青)도 대만인의 국민정신 함양을 위한 징병제 시행을 주장하였다.[15] 1940년 민족주의 우파를 대변했던 『대만신민보(臺灣新民報)』도 육군특별지원병제 시행을 요망한다는 사설을 게재하였다. 1930년대 후반 대만 사회에서 분출하는 대만인 사회의 육군특별지원병제 시행 요구는 식민지 조선에서와 같이 징병제 시행과 연계해서 참정권 확보라는 정치적 포석으로 삼고자 했기 때문이었다.[16]

1930년대 대만인 「협력엘리트」들의 징병제 시행 요구에 재대(在臺)일본인 사회는 지극히 부정적인 반응이었다. 대만 인구의 약 5퍼센트에 불과했던 재대일본인 사회는 식민지 대만의 지배민족임과 아울러 대만인들의 민족주의 운동을 억압하는 식민세력이었다. 이들은 1933년 「대만개진당(臺灣改進黨)」 결당식에서 대만인의 관공리 채용을 노골적으로 반대하는 '일본인 제일주의'를 표방하였다.

---

13. 위와 같음. 1367쪽.
14. 大同促進會代表者總理 謝龍潤(1935.4.11), 「台湾に徴兵制度即時施行外2件」.
15. 近藤正己(1996), 『總力戰と臺灣』, 刀水書房, 36쪽.
16. 1945년 대만총독부는 대만에서 '지원병 제도 실시 이전 상황'을 다음과 같이 묘사하였다. "대만 본도(本島)인에 대한 병역 제도 실시에 관해서는 1933~1934년경부터 대만인 유식자간에서 요망이 있었지만, 제대로 된 운동으로까지는 이르지 못하였다. 1938년 1월 조선에서 지원병 제도 실시 발표를 접하고서야 본도인 유식자 계급에서는 후안선행(後雁先行)의 감이었지만, 실시 요망이 치열한 양상을 보이게 되었다. … 본도인 간에도 점차 관심과 열의를 갖고서 지원병제 실시를 기대하게 되었다"고 한다. 臺灣總督府(1945), 『臺灣統治概要』, 臺灣總督府, 71쪽.

이들은 충만한 '제국의식'[17]에 기초해서 대만인을 '제국의 불신민족' 혹은 '국방 무능력 민족'으로 간주해서 신성한 국방의무의 분담을 거부한다는 성명서를 발표하기도 하였다.[18]

대만총독부와 대만군 사령부는 징병제 시행을 시기 상조라고 일축하면서도 지원병제 시행에 대해서만은 고려할 여지가 있다는 입장이었다. 1936년 말 황민화, 남진화, 공업화의 기치를 내걸고 제17대 대만총독에 취임한 고바야시 세이조(小林躋造)는 '도민(島民)과의 국방분담'을 위한 대만인 지원병제 시행을 주장하였다. 그 취지는 "군사훈련을 실시해서 대만 청년들을 황민화하는 한편, 이들을 대만 사회의 기층(基層)으로 삼아 식민지 사회의 군사적 기반을 강화"[19]한다는 것이었다.

1937년 7월 중일전쟁 발발과 함께 대만은 남방 진출의 전략적 요충지이자, 군수기지로 급부상하였다. 이를 계기로 식민권력은 대만인의 황민화와 국민의식 함양을 위한 황민화 운동을 본격화하였다. 그 내용은 중국어 사용 금지, 일본어 보급 촉진, 창씨개명, 신사참배, 종교 및 사회풍속의 개혁이었다.[20] 황민화 운동의 주도세력은 대만 주둔 일본군 혹은 대만군이었다. 그 때문에 '황민화 운동'이라는 용어를 일본 제국권에 걸쳐 가장 먼저 사용한 지역도 대만이었다. 1937년 7월 당시 대만군사령부는 "대만인에 대한 국방사상 보급과 교육훈련을 황민화 운동"[21]이라 규정하였다.

---

17. '제국의식'이란 스스로 세계적인 권력과 함께 타민족에 대한 강력한 지배권을 장악해서 영향을 미치는 국가 혹은 제국의 중심국에 속한다는 의식구조를 말한다. 자국에 종속하는 타민족에 대한 격렬한 인종적 멸시감과 자민족에 대한 우월감으로부터 열등한 피식민자를 지도하고 교화해서 문명의 세계로 인도하는 것이 정당하다고 주장하는 사고체계를 말한다. 木畑洋一(2008), 『イギリス帝國と帝國主義』, 有志舍, 38쪽.

18. 臺灣總督府(1935), 『臺灣總督府警察沿革誌(第3卷)』, 1356쪽.

19. 近藤正己(1996), 『總力戰と臺灣』, 刀水書房, 41쪽.

20. 伊藤潔(1993), 『台湾』, 中公新書, 126쪽.

21. 近藤正己(1996), 『總力戰と臺灣』, 刀水書房, 161쪽.

1936년 말 고바야시 총독이 대만통치의 일환으로 구상했던 대만인 지원병제는 1937년 7월 중일전쟁 발발에 따른 대만군사령부 반대로 무산되고 말았다. 대만군사령부의 반대는 "(대만인의) 구조국(舊祖國) 중국이 사변하에 있기 때문"[22]이라는 이유였다. 말하자면, 대만인 지원병의 중일전쟁 참전에 따른 민족모순의 현재화와 함께 대만통치의 불안정화를 우려했기 때문이었다. 하지만, 1938년 1월 육군성이 발표한 조선인 육군특별지원병제 시행 결정은 대만인 사회에 대한 더 없는 충격이었다. 같은 소식을 접한 대만총독부 평의회 소속의 곽정준(郭廷俊)은 물론이고 타이베이(臺北)시 시의원 채식곡 등도 이구동성(異口同聲)으로 대만인 육군특별지원병제 시행을 주장하였다.[23]

1938년 2월 대만인 「협력엘리트」들은 가오슝(高雄) 주의회에서 '지원병제 실시 요망대회'[24]를 개최하였다. 이 때문에 대만인 사회에서도 대만인 특별지원병제에 "점차 깊은 관심과 열의"[25]를 공유하게 되었다. 하지만, 대만군사령부는 "병력은 국가의 필요에 따라서 결정되는 것"[26]이라는 궁색한 변명과 함께 반대 입장을 재천명하였다. 재대일본인 사회도 조선인의 황민화 정도가 대만인과 비교해서 보다 철저했기 때문에 가능한 일이었다고 강변하며, 대만인 사회의 육군특별지원병제 시행 요구를 비난하였다. 1938년 조선인 육군특별지원병제 시행은 대만인의 황민화 혹은 국민화 운동을 일층 확

---

22. 防衛廳防衛研修所戰史部編(1979), 『陸軍軍戰備』, 朝雲新聞社, 216쪽.

23. 『臺灣日日新報』 1938년 1월18일자/22일자.

24. 1938년 1월 내무성이 발행한 『특고월보』에 따르면, 조선인 육군특별지원병제 성립과 관련한 대만 사회의 반응은 "통치의 역사가 일천한 조선에서 대만에 앞서 지원병제도를 실시하는 것은 불공평하다는 불만을 흘리면서도 이들 대부분은 조속한 시일 내에 대만에서도 실시될 것이라 기대한다"는 것이었다. 內務省警保局保安課(1938.1), 『特高月報』.

25. 臺灣總督府(1945), 『臺灣統治槪要』, 臺灣總督府, 71쪽.

26. 興南新聞社(1943), 『臺灣徵兵制讀本』, 18쪽.

대·강화시키는 '정치적 레버리지'로 작동하였다.

제도설계와 시행

대만보병대(혹은 대만군수비대)는 1918년 8월 제1연대(타이난)와 제2연대(타이베이)의 혼성여단으로 편제되었고, 1930년 10월 「우서사건(霧社事件)」[27]과 같이 대만의 민족주의 운동을 탄압하는 치안부대로 운영되었다. 1937년 중일전쟁 발발과 함께 화중전선의 난징과 우한(武漢) 작전에 참전하면서 혁혁한 전공을 세웠고, 본격적인 야전군으로 변신하게 되었다.[28]

1940년 제2차 세계대전 발발과 함께 대만은 지경학적 조건으로부터 '황국 일본의 인후(咽喉)'[29] 혹은 '무력남진(武力南進)의 관문'[30]이라는 남방진출의 전초기지로 부상하였다. 1940년 11월 대만보병대는 보병 2개 연대를 기간으로 대만군 제48사단을 신편하게 되었다.[31] 제48사단은 일본 육군 최초의 상륙작전을 전담하는 무력남진의 기계화 부대였다.[32] 1941년 말 아시아태평양전쟁 발발과 함께 남방전선의 확대는 중일전쟁과 달리 대만인 육군특별지원병제 시행을 가능하게 하는 정치적 환경이었다.

육군성과 대만군사령부는 1940년 3월부터 대만인 육군특별지원병제 시행을 위한 제도설계에 착수하였다. 1941년 6월20일 육군특별지원병제의 대

---

27. 中川浩一·和歌森民男編(1980), 『霧社事件 台湾高砂族の蜂起』, 三省堂; 春山明哲(2008), 『近代日本と台湾』, 藤原書店.

28. 伊藤桂一(1969), 『兵隊たちの陸軍史』, 番町書房, 338쪽.

29. 大同促進會代表者總理 謝龍潤(1935.4.11), 「台湾に徴兵制度即時施行外2件」.

30. 近藤正己(1996), 『總力戦と臺灣』, 刀水書房, 46쪽.

31. 대만군 제48사단은 1941년 12월 아시아태평양전쟁 발발과 함께 일본군 제14군 주력으로 필리핀 공략전에 참전하였다. 1942년 1월 인도네시아 공략을 위해 제16군의 전투서열에 편입되었고, 3월 자바섬 상륙작전에 성공하면서 수라바야를 점령하였다. 이후에는 주로 자바섬 경비를 담당하였다. 1945년 8월 인도네시아 티모르섬에서 종전을 맞았다. https://ja.wikipedia.org/wiki/第48師団(日本軍)

32. 陸軍省第一復員局(1946.8), 「第十方面軍作戦準備竝作戦記録」.

만 시행 결정 및 공포와 관련해서 제18대 하세가와 기요시(長谷川淸) 대만 총독은 "본 제도의 실시는 국군(일본군) 충족을 위한 것이 아니라 도민 스스로 충량한 적자(赤子)가 되고자 하는 적심(赤心)이 인정되었기 때문"[33] 혹은 도민들의 '심각한 관심과 열의'[34]에 따른 것이라 역설하였다. 하지만, 대만총독이 발표한 시혜론적 견해는 사실과 다르다. 앞서 검토한 바와 같이 일본 정부의 입장은 '군 요원의 취득'[35]임을 분명히 밝히고 있기 때문이다. 대만에서 육군특별지원병제 시행은 병력자원 확보와 대만인 황민화라는 일거양득의 「연성형 황민화 정책」으로의 일대 전환이었다.

1942년 대만총독부는 "육군의 병역을 복무할 것을 지원한 자에 대해서 덕성을 함양하고 심신을 단련하고 지식을 전수해서 황국 신민의 본분을 자각하게 함과 아울러 육군병이 되는 기초훈련 실시를 목적"[36]으로 한다는 「대만총독부 육군병지원자훈련소 관제」를 공포하였다. 대만총독부는 1942년 4월1일부터 5월10일까지 지원자 접수를 개시하였다. 그 모집 요강은 "(일본)호적법 적용을 받지 않는 연령 17세 이상 제국신민의 남자로 육군병역의 복무 지원자 가운데 다음 각 호에 해당하는 자"[37]였다.

여기서 각 호의 규정은 (1)호적법 적용을 받지 않은 만 17세 이상 제국신민의 남자로 지원이 견고하고, 행동이 방정한 자, (2)신장 1.52미터 이상으로 육군신체검사규칙이 규정하는 체격등급 갑종 또는 제1을종에 상당하는 자, (3)국민학교 초등과를 수료하거나 동등 학력이 인정되는 자였다.[38] 신장

---

33. 臺灣總督府官房文書科(1944.3), 「陸軍特別志願兵制度實施に關し長谷川總督談」, 『諭告訓達類聚』.

34. 臺灣總督府(1945), 「臺灣統治槪要」, 71쪽.

35. 內閣(1941.6.20), 「台湾に志願兵制を施行の件」.

36. 外務省(1943), 「台湾に於ける陸軍特別志願兵制度實施狀況」, 『本邦に於ける敎育制度並狀況關係雜件(9)』, 68쪽.

37. 臺灣總督府(1943), 『大東亞戰爭と臺灣』.

38. 臺灣總督府臨時情報部(1942.2), 「志願兵特輯號」, 『部報』第139号.

을 제외하면, 1938년 이래 조선에서 시행된 육군특별지원병제와 거의 동일한 내용이었다.

지원자의 출원과 수속은 (1)군수, 시장, 지청장 앞으로 원서 제출과 심사, (2)제1차 지사 혹은 청장의 전형(신체검사, 구두시험, 학과시험)과 적격자 선발, (3)제2차 대만총독부 육군병지원자훈련소(이하 육군병지원자훈련소) 소장이 주관하는 학과시험, 신체검사, 구두면접을 실시해서 입소자를 선발하였다.

제2차 전형 합격자는 전반기(현역)와 후반기(제1보충역)로 나누어 육군병지원자훈련소에 입소해서 6개월의 훈육과 교육훈련 과정을 이수해야 했다. 입소 와중에서 대만군사령부가 실시하는 제3차 전형 합격자만이 정식의 병적을 취득하고 일본군에 입영하였다. 육군특별지원병 합격자에 대해서는 취직 등 사회적 우대를 약속하는 한편, 중학교 졸업자에 대해서는 특별 간부후보생 지원 자격을 부여하였다.[39] 대만인 육군특별지원병제는 식민지 조선과 동일한 3차에 걸친 '엄선주의 선발전형'이었다.

1942년 2월 대만총독부는 대만인 육군특별지원병의 등용문이었던 육군병지원자훈련소 시설에 착수하였다. 육군병지원자훈련소는 타이베이시 외곽 싼장리(三張犁)에서 류장리(六張犁)에 걸쳐 약 11갑(甲)의 부지에 시설되었다. 1942년 5월 말 시설을 완료하고 6월부터 제1기생(현역)의 입소와 교육훈련을 개시하였다. 1942년도 육군병지원자훈련소 예산은 운영예산 49만 3044원과 육군병지원자훈련소 시설예산 64만 3071원으로 합계 113만 6115원에 달하였다. 육군병지원자훈련소는 육군 대좌 출신 소장을 비롯해서 교관 9명(주임관 2명과 판임관 7명)을 포함한 34명의 직원과 용인 14명이 있다.

---

39. 「大阪毎日新聞」 1942년 2월28일자.

[그림14-1] 대만총독부 육군병지원자훈련소 편제

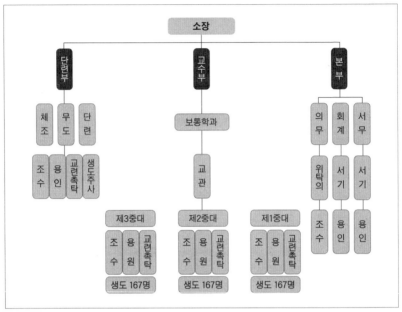

(자료) 法制局(1942. 2.23), 「台湾總督府陸軍兵志願者訓練所官制を定め高等官官等俸給令中を改正す」.

 육군병지원자훈련소 편제는 [그림14-1]과 같이 육군 대좌급 소장을 정점으로 본부, 교수부, 단련부의 3부 체제였다. 교수부와 단련부 산하에는 각기 3개의 생도대를 편성하였다. 교과 과정은 식민지 조선의 그것과 거의 동일하게 국교일체화에 기초한 훈육과, 보통과, 술과 구성이었다.[40] 제2차 총독부 전형 합격자는 6개월 과정의 육군병지원자훈련소에 입소해야 했다. 훈련생도들은 일본군 병영생활에 적응하는 정신, 언어, 동작의 엄격한 규율화와 군대적 실력주의를 자기화한 정강(精剛)한 황군 병사로 단련되었다. 대만인 육군특별지원병제는 1945년 3월 징병제 시행과 함께 폐지되었

---

40. 臺灣總督府情報部(1942.3), 『部報』第140号; 法制局(1942.2.23), 「台湾總督府陸軍兵志願者訓練所官制を定め高等官官等俸給令中を改正す」.

고, 육군병지원자훈련소도 징병자 군무교육을 위한 예비훈련소로 재편되었다.[41]

성과와 특질

1942~1944년 대만인 육군특별지원병제의 전형 성적은 [표14-2]와 같이 모집 정원 4200명에 대해 지원자 약 149만 명과 입소자 4525명을 기록하였다.[42]

[표14-2] 대만인 육군특별지원병의 선발전형 (단위: 명, 배)

구분	모집 정원	지원자	입소자	지원배율
1942	1,000	425,921	1,020	425.9
1943	1,000	601,147	1,008	601.1
1944	2,200	459,276	2,497	208.8
합계	4,200	1,486,344	4,525	353.9

(자료) 管理局(1944.7), 「朝鮮及台湾の現況の 2」, 陸軍省(1945), 「異民族の使用」, 臺灣總督府(1945), 「臺灣統治概要」, 臺灣總督府.

지원자 배율은 1942년 426배를 시작으로 1944년까지 연평균 약 354배에 육박하였다. 대만인 육군특별지원병제의 지원자 배율은 조선의 그것에 약 8배를 넘어서는 수준이다.

여기서 주목할 만한 사실은 앞서 육군특별지원병 모집 정원과 별도로 고

---

41. 臺灣總督府(1945), 「臺灣統治概要」, 臺灣總督府, 72쪽.

42. 1942~1944년 대만인 육군특별지원병제 전형과 관련해서 1996년 곤도 마사미(近藤正己)는 지원자 178만 6384명과 입소자 4507명으로 집계하였다. 그러나 1944년도 지원자와 입소자는 대만인 해군특별지원병을 포함하는 것이었다. 이 연구는 1945년 육군성 자료를 발굴해서 1944년 모집 정원 2200명, 지원자 45만 9276명, 입소자 4525명을 집계하였다. 1944년 해군특별지원병 지원자가 약 31만 명에 달하면서 육군특별지원병 지원자가 1943년과 비교해서 크게 감소하였다. 近藤正己(1996), 「總力戰と臺灣」, 刀水書房, 372쪽; https://ja.wikipedia.org/wiki

사족(高砂族)에 한정해서 1943년 500명과 1944년 800명의 육군특별지원병을 별도로 선발하였다. 그 때문에 대만인 육군특별지원병제의 모집 정원은 정규 모집 4200명과 고사족 800명으로 합계 약 5000명을 달하였다.[43] 하지만, 이들 고사족에 한정한 육군특별지원병 모집과 전형의 실상은 현재 불명한 상황이다.

파격적인 지원자 배율과 관련해서 1941년 6월 육군특별지원병제 시행 결정 이래 대만의 주요 신문은 주회의원, 시회의원, 가협의원 그리고 청원단원, 군부(軍夫) 경력자와 농업의용단의 열렬한 환영 담화를 게재하였다. 대만 도내의 모든 신문들은 매일 지원서 제출자 명단을 게재하는 등 지원열을 끌어올리는 데 크게 기여하였다.[44] 1942년 4월 지원접수 개시와 함께 신문과 라디오는 매일같이 강연회와 좌담회를 개최하였다.[45] 더욱이 대만의 소학교 교육은 일찍부터 병역이 "국민 의무임과 동시에 영예로운 특권"[46]임을 강조해 왔다. 이러한 소학교 교육도 육군특별지원병제의 지원 배율을 끌어올리는 데 크게 기여하였다.

1942년도 426배에 달하는 지원자 배율은 1941년 12월 일본군의 진주만 공습, 말레이만에서 영국 무적함대의 격파, 난공불락의 싱가포르요새 함락 등 아시아태평양전쟁 발발 때문이었다.[47] 지원자 가운데는 "산간벽지에서 계곡을 넘고 산길을 걸어 지원한 일단의 고사족은 물론이고 최고 학부를 나온 지식인층의 지원도 쇄도"[48]하는 등 집단지원의 양상이었다. 1942년 6월 대만총독부는 제2차 전형 합격자 1020명을 발표하였다. 합격자 가운데는

---

43. 臺灣總督府(1945), 『臺灣統治槪要』, 臺灣總督府, 71~72쪽.

44. 近藤正己(1996), 『總力戰と臺灣』, 刀水書房, 372~373쪽.

45. 臺灣總督府情報部(1942.3), 『部報』第140号.

46. 臺灣總督府(1936), 『中等公民敎科書』第2券, 60쪽.

47. 近藤正己(1996), 『總力戰と臺灣』, 刀水書房, 373쪽.

48. 臺灣總督府(1943), 『大東亞戰爭と臺灣』.

고사족 출신이 40명을 차지하였다.

1943년 지원자는 대만 도내만이 아닌 홍콩(香港), 광둥(廣東), 산터우(汕頭), 샤먼(夏門)의 재중대만인 약 1000여 명을 포함해서 합계 약 60만 명에 기록하였다. 이 가운데 '혈서 지원자도 상당수'[49]에 달하였다.[50] 1940년 당시 대만의 만 17세 이상 30세 미만의 남자 인구가 63만 명으로 추산되었던 점을 고려하면, 1943년도 지원자 약 60만 명은 대만 청장년 거의 대부분을 망라한다.[51] 조선과 비교해서 자릿수를 달리하는 354대 1의 지원자 경쟁률은 대만인 육군특별지원병제의 뚜렷한 특질이다.

그렇다면, 조선에서와 달리 대만인 육군특별지원병제의 파격적인 지원율과 결정 요인을 살펴보자. 첫째는 종래부터 대만인 유력자 가운데는 자제를 제국군인의 일원으로 참가시키고자 열망하는 자들이 적지 않았다. 둘째는 중일전쟁기 군부(軍夫), 군농부, 군통역 등 종군자가 귀환하면서 사회적으로 군국열을 지피는 불씨가 되었다. 셋째는 1940년 11월 취임한 하세가와 기요시(長谷川淸) 제18대 대만총독이 「황민봉공회(皇民奉公會)」[52] 결성을 주도해서 도시부와 산간벽지에 걸쳐 광범위하고 적극적인 황민화 운동을 추진하였다.[53] 넷째, 대만인은 조선인과 비교해서 높은 취학률과 일본어 보급

---

49. 臺灣總督府(1943), 「大東亞戰爭と臺灣」.

50. 대만인 육군특별지원병 지원자의 혈서지원에 대해서 저우진보(周金波)의 단편소설 「지원병」을 참고. 저우진보(2006), 「지원병」, 『식민주의, 저항에서 협력으로』 역락, 239~266쪽.

51. 臺灣省行政長官公署統計室(1946), 「臺灣省51年來統計提要」, 128쪽.

52. 「황민봉공회」는 1941년 4월 대만에서 신체제 운동을 위한 전위 조직으로 결성되었고, 일본 국내의 「대정익찬회(大政翼贊會)」에 비견되는 단체였다. 「황민봉공회」 위원에는 임헌당을 시작으로 임정록(林呈祿), 나만거(羅万俥) 등 대만인 「협력엘리트」가 대거 참가하였다. 1946년 육군성은 대만의 사상운동과 관련해서 "제2차 세계대전 발발 직전부터 황민봉공 운동이 도시부로부터 산간벽지에 이르기까지 침투하는 동시에 일본인과 대만인의 융화에 크게 공헌"한 것으로 평가하였다. 近藤正己(1996), 「總力戰と臺灣」, 刀水書房, 365~369쪽.

53. 臺灣總督府(1943), 「大東亞戰爭と臺灣」.

률 때문이었다.[54]

육군특별지원병 지원서 접수는 1942년 4월1일 이후였다. 하지만, 1941년 6월20일 일본정부가 제도시행을 결정한 직후부터 비공식 지원자가 급증하였다. 이는 식민지 조선과도 거의 동일한 양상이었다. 이들 비공식 지원자를 검토해보면, [표14-3]과 같이 1941년 6월 말부터 10월 말까지 합계 5041명에 달하였다. 지역별로는 가오슝주(高雄州)가 전체 57.8퍼센트에 달하였다. 종족별로는 전체의 56.1퍼센트를 복건족이 차지하였다. 하지만, 고사족과 광둥 출신의 객가계(客家系)도 결코 무시할 수 없는 비중이었다. 대만의 경우, 마이너리티한 종족일수록 상대적으로 높은 지원율을 기록하였다.

[표14-3] 비공식 지원자의 지역별 종족별 구성   (단위: 명, %)

구분	복건족	광둥족	고사족	기타	합계	비율
臺北	194	5	75	–	274	5.4
新竹	60	181	216	1	458	9.1
臺中	332	32	3	–	367	7.3
臺南	431	8	41	–	480	9.5
高雄	1,633	1,270	2	10	2,915	57.8
花蓮港	120	159	153	–	432	8.6
臺東	16	3	56	–	75	1.5
澎湖	40	–	–	–	40	0.8
합계	2,826	1,658	546	11	5,041	100.0
비중	56.1	32.9	10.8	0.2	100.0	–

(주) 1941년 10월 말 현재.
(자료) 臺灣總督府臨時情報部(1941.11.25), 「部報」第134号.

---

54. 1942년도 국민학교 취학률은 조선 54.0퍼센트와 대만 81.0퍼센트를 기록하였다. 대만은 1943년부터 의무교육제를 실시했고, 조선은 1946년부터 실시를 예정하였다. 일본어 보급도 1942년 대만은 전체 인구(599만 명)의 약 62.0퍼센트였고, 조선의 그것은 약 20.0퍼센트에 불과하였다. 內閣官房總務課(1944), 「朝鮮及台湾に於ける教育普及狀況」, 「朝鮮及臺灣在住民政治處遇調査會(3)」; 大藏省管理局(1943), 「朝鮮及台湾の現況(1)」.

특히, 대만 사회 내부적으로 원주민이었던 고사족에 대한 뿌리 깊은 멸시와 차별 때문이었다.[55] 그 때문인지 대만총독부도 고사족을 별도로 취급하였다.[56]

[표14-4] 비공식 지원자의 연령별 직업별 구성

(단위: 세, 명, %)

연령별			직업별		
연령	지원자	구성비	직업별	지원자	구성비
17	425	8.4	농업	2,953	58.6
18	934	18.5	관공리	632	12.5
19	1,220	24.2	상업	520	10.3
20	928	18.4	회사원	326	6.5
21	578	11.5	학생	30	0.6
22	297	5.9	기타	580	11.5
기타	659	13.1			
합계	5,041	100.0	합계	5,041	100.0

(주) 1941년 10월 말 현재.
(자료) 臺灣總督府臨時情報部(1941.11.25), 「部報」 제134호.

이들 비공식 지원자의 연령 분포는 [표14-4]와 같이 만 19세를 최고로 20세, 18세, 21세의 순이었다. 만 18세에서 만 21세까지 지원자가 전체의 72.6퍼센트를 차지하였다. 학력 수준은 국민학교 초등과 수료자를 수위로 해서 고등과 수료자 그리고 중등학교 이상 졸업자들이었다.[57] 직업 분포는 농업 58.6퍼센트를 시작으로 관공리와 각종 단체의 직원과 직공의 순이었

---

55. 孤蓬萬里(1994), 『「臺灣萬葉集」物語』, 岩波書店.
56. 「대만총독부 문교통계」는 내지인, 본도인, 조선인, 고사족, 외국인 순으로 집계하였다. 1944년 3월 말 대만에서 국민학교 취학률은 일본인 99.6퍼센트, 본도인 71.2퍼센트, 고사족 83.4퍼센트를 기록하였다. 일본은 소수민족 고사족에 대한 보호와 지원이라는 명분을 앞세워 민족분리 정책을 실시함으로써 대만 식민통치의 정치적 안정과 군사적 목적에 적극 활용하였다. 臺灣總督府(1945), 「臺灣統治概要」, 臺灣總督府, 37~52쪽.
57. 臺灣總督府(1945), 「臺灣統治概要」, 臺灣總督府, 72쪽.

다.[58] 농민 출신자의 높은 지원율은 조선의 그것과 일치한다. 하지만 그렇다고 해서 이들의 지원 동기를 세민들의 호구지책으로 파악하는 것은 곤란하다. 당시 일본군 병사와 대만인 군부(軍夫)의 급료 수준을 비교하면, 군부가 훨씬 유리했기 때문이다.[59]

1941년 말 대만인 소학교 취학률이 약 60.0퍼센트에 그치는 상황에서 지원 자격을 국민학교 졸업 이상으로 규정하였다. 바꾸어 말하면, 대만의 경우도 조선의 사례와 같이 육군특별지원병 지원자의 대부분은 일본군 입영 이후 가계 경제력에 별다른 영향이 없는 '보통 이상의 생계를 영위'[60]하는 중농층 가계의 자제들이었다. 대만인 육군특별지원병은 만 20세 전후의 소수민족 출신 중농층 자제들이었다. 이들에게 육군특별지원병 합격은 '일문일가(一門一家)의 영예'[61]였다.

육군특별지원병제 시행과 성과를 살펴보자.[62] 대만총독부는 대만통치 50년의 성과를 좌우하는 중요 시책으로 육군특별지원병제를 꼽았다. 그래서 육군특별지원병 예비군 양성을 위해 각 주(州), 군(郡), 가(街), 압(壓)에 황민연성소와 일본어강습소를 설치하였다. 육군특별지원병은 다수의 지원자들로부터 연령, 신체, 학력을 고려한 엄선주의 전형을 실시해서 합격자를 선발하였다. 6개월 과정의 육군병지원자훈련소는 1942~1944년까지 총 4기생까지를 배출하였다.[63] 정식의 병적을 취득한 육군특별지원병은 인도네시아

---

58. 『興南新聞』 1941년 8월19일자.

59. 近藤正己(1996), 『總力戰と臺灣』, 刀水書房, 373쪽.

60. 法制局(1938.3.23), 「拓務大臣請議朝鮮總督府陸軍兵志願者訓練所官制制定の件」.

61. 臺灣總督府情報部(1942.3), 『部報』 第140号.

62. 陸軍省第一復員局(1946.8), 「台湾人志願兵に就て」, 『第11章 台湾及台湾人の戰爭遂行に及ぼしたる影響及台湾人志願兵, 徵兵に就て」.

63. 1944년 고사족 출신 육군특별지원병 1100명의 병종은 보병 810명, 기병 10명, 야포병 20명, 산포병 35명, 공병 40명, 고사병 140명, 치중병 45명으로 보병이 압도적인 비중을 차지하였다. 陸軍省(1945), 「異民族の使用」.

를 비롯해서 동남아시아 각지를 점령한 일본군에 배치되었다.[64]

마지막으로, 대만인 육군특별지원병이 '제국의 총력전'에 기여와 공헌이다. 1946년 일본 육군성은 "중일전쟁, 대동아전쟁을 통해서 대만인은 일본을 위해 군사적, 경제적, 사상적으로 크게 기여한 것이 분명하다"[65]고 평가하였다.[66] 특히, 고사족 출신 육군특별지원병은 타고난 상무정신으로 발군의 군사적 역량을 발휘했고, 일본에 대한 확고한 충성심으로 총력전 수행에 크게 기여했다며, 이들의 희생과 헌신에 감사하였다.[67] 대만의 육군특별지원병제는 조선에서와 마찬가지로 "대만인의 철저한 국민화에 커다란 효과"[68]를 발휘하였다.

Ⅱ. 제1~2차 세계대전기 영국령 인도

제1~2차 세계대전은 식민본국과 식민지를 포괄하는 '제국의 총동원'을 특징으로 하였다. 그 때문에 서유럽에서 시작된 지역전쟁은 곧바로 식민지를 포함하는 글로벌 차원의 세계전쟁으로 발전할 수 있었다. 이하에서는 제1~2차 세계대전기 영국이 식민지 인도에서 추진한 군사동원의 구조와 특질을 실증 분석한다.

---

64. 後藤乾一(2013), 「アジア太平洋戦争と東南アジア」, 『外交史料館報』 第27号.

65. 陸軍省第一復員局(1946.8), 「台湾及台湾人の戦争遂行に及ぼしたる影響」, 『第11章 台湾及台湾人の戦争遂行に及ぼしたる影響及台湾人志願兵, 徴兵に就て』.

66. 1990년 일본 후생성 발표에 따르면, 제2차 세계대전에 동원된 대만인 일본군 병사(1942~1945년)는 동원 8만 433명에 대해서 전사 2146명으로 전사율 약 2.7퍼센트를 기록하였다. 이들 전사자 대부분은 야스쿠니 신사에 합사되었다. 伊藤潔(1993), 『台湾』, 中公新書, 131쪽.

67. 大形太郎(1942), 『高砂族』, 育生社弘道閣.

68. 陸軍省(1945), 「異民族の使用」.

제1차 세계대전

인도군(Indian Army, 1857~1947)은 1857~1958년 「세포이(sepoy) 항쟁」
직후 동인도회사를 통한 간접통치로부터 영국정부의 직접통치로 전환한 이
후 영국군의 일부로 창설되었다. 인도 현지인 용병과 소수의 인도인 장교로
구성된 인도군은 영국군 장교의 지휘를 받으며, 인도재정으로 유지되었던
식민지 군대의 전형이었다.[69] 인도군은 1776년 영국 동인도회사 군사부문으
로 창설되었고, 인도에서 발생하는 비즈니스 수익으로 유지·관리되었다. 인
도군은 영국의 글로벌 파워를 지탱하는 해군력(The Royal Navy)과 함께
육군력의 핵심을 이루는 전략자산(strategic assets)이었다. 인도군은 대영
제국의 설계자로도 회자되는 솔즈베리 후작(Lord Salisbury)의 지적과 같
이 "한 푼의 군사비 지출도 없이 막대한 병력을 동원할 수 있는 동아시아
바다에 떠 있는 영국의 병영"[70]이었고, 대영제국의 영화와 번영을 상징하는
'왕관의 보석'이었다.

19세기 후반부터 20세기 초엽에 걸친 인도군 병력은 15만~20만 명
이었다. 19세기 전반 인도군의 편제는 3개 군관구(벵골군, 뭄바이군, 마
두라스군)였고, 주력군은 캘커타에 주둔하는 벵골군 약 12만 명이었다.
1857~1958년 세포이 항쟁에 협력했던 주력군도 벵골군이었다. 반면, 진압
군은 약 3만 명의 펀자브 출신 마두라스군이었다. 마두라스군은 영국에 인
도 통치를 위한 튼튼한 방파제와 다름이 없었다.[71] 「세포이 항쟁」 이후 인도
군은 지역 단위의 「분할통치 원칙」에 따라 4개 군관구(펀자브, 뭄바이, 마드
라스, 벵골)로 개편되었다. [표14-5]와 같이 5개의 종족별 연대라는 억제와

69. 秋田茂(2003), 「イギリス帝國とアジア國際秩序」, 名古屋大學出版會.
70. 秋田茂(2000), 「帝國と軍隊」, 「地域の世界史(11)」, 山川出版, 188쪽.
71. 이옥순(2007), 「인도 현대사」, 창비, 62쪽.

균형의 군사기구로 재편되었다.

하지만, 1878~1981년 제2차 아프가니스탄 참전을 교훈 삼아 인도군 모병은 종래 억제와 균형의 모병원칙을 폐기하고, 이른바 「상무종족론(尙武種族論, Maritial Race theory)」에 입각한 극단적인 인종주의로 변질되고 말았다. 이후 인도군의 모병은 펀자브, 북서 변경, 네팔 출신자를 중심으로 치우치게 되었다. 이들 상무종족이 인도군에서 차지하는 비중은 1904년 57퍼센트에서 1914년 약 75퍼센트로까지 상승하였다.

[표14-5] 인도군 보병연대의 지역별 분포 (단위: 대대)

구분　　　　　연도	1862	1885	1892	1914
네팔	5	13	15	20
힌두스탄	28	20	15	15
펀자브	28	31	34	57
뭄바이	30	26	26	18
마두라스	40	32	25	11
합계	131	122	115	121

(자료) 秋田茂(2000),「帝国と軍隊」『地域の世界史(11)』, 山川出版.

인도 서북부의 네팔 출신으로 구성된 구르카(Gurkha) 연대는 발군의 군사적 역량과 높은 충성심을 자랑하는 최강의 상무집단이었다. 이들은 주로 연대 단위의 인적 연망을 활용해서 모병되었고, 모병 인원도 연간 약 1만 5000명에 달하였다. 인도 북부 변경의 산악지대에 거주했던 이들은 근대교육도 불충분했고, 문맹률도 높았다. 영국의 입장에서 '바보스럽지만 지극히 순종적인 병사'들이었다. 1911년 당시 이들의 월급은 11루피였지만, 해외파병에는 특별수당이 지급되었다.

병사들 모집을 위한 가장 효과적인 방법은 역시 퇴역장병에게 유리한 조건으로 관개농지를 현물로 양도하는 것이었다. 1880~1917년 인도정청(政廳)은 펀자브, 연합주 서부, 마두라스를 중심으로 대규모 관개사업을 추진해서 약 300만 에이커에 달하는 광활한 농지를 확보하였다. 이들 농지는 인도군 퇴역장병과 관계자들에게 유리한 조건으로 양도되었다. 네팔의 척박한 산악지대 출신의 구르카인들에게 인도군이 제공하는 정기적인 식사, 휴가, 월급 그리고 노후를 보장하는 연금과 농지는 뿌리치기 힘든 유혹이었다.

[표14-6] 인도군의 해외 파병과 경비부담

기간	파병지역	경상비		임시경비	
		인도	영국	인도	영국
1838~1842	제1차 아프간전쟁	○	–	–	○
1839~1842	제1차 아편전쟁	○	–	–	○
1856~1857	애로호 사건	–	○	–	○
1856~1856	페르시아	○	–	○	○
1859~1860	제2차 아편전쟁	–	○	–	○
1867~1868	앗시리아	○	–	–	○
1875~1875	페라크	○	–	–	○
1878~1878	말타	–	○	–	○
1878~1881	제2차 아프간전쟁	○	–	○	○
1882~1882	이집트	○	–	○	○
1885~1886	수단	○	–	–	○
1885~1891	제3차 버마전쟁	○	–	○	–
1896~1896	몸바사	–	○	–	○
1896~1896	사이킨	○	–	–	○
1898~1914	남아프리카, 중국, 페르시아 등	○	○	○	○
1914~1920	제1차 세계대전	○	–	–	○

(자료) 秋田茂(2000),「帝国と軍隊」『地域の世界史(11)』, 山川出版.

1838년 이래 인도군은 [표14-6]과 같이 지중해로부터 이집트 수에즈를 거쳐 인도와 중국 연안까지 이어지는 「엠파이어 루트(Empire Route)」에서 빈발하는 동시다발적 국제분쟁에 대처하는 기동타격대로 운용되었다.[72] 1914년 7월 제1차 세계대전의 개전과 함께 인도군은 프랑스, 동아프리카, 페

72. 木畑洋一(2008),『イギリス帝國と帝國主義』, 有志舍, 154~165쪽.

르시아만, 이집트에 파병되었다.[73] 1914년 8월 인도군 주력은 카라치항을 출항해서 수에즈 운하를 거쳐 9월 마르세유에 도착했고, 10월 말 프랑스 서부 플랑드르 전투에 참전하였다.

[표14-7] 제1차 세계대전기 영국제국의 병력동원과 사망자   (단위: 명, %)

구분	동원병력		해외파병		전사자	
	인원	비율	인원	비율	인원	비율
영국	6,704,416	70.3			704,803	10.5
캐나다	628,964	6.6	458,218	22.1	56,639	9.0
오스트레일리아	412,953	4.3	331,814	16.0	59,330	14.4
뉴질랜드	128,525	1.3	112,223	5.4	16,711	13.0
남아프리카	136,070	1.4	76,184	3.7	7,121	5.2
뉴포틀랜드	8,173	0.1			1,204	14.7
인도	1,440,437	15.1	1,096,013	52.8	62,056	4.3
동아프리카	34,000	0.4			2,000	5.9
서아프리카	25,000	0.3			850	3.4
서인도제도	15,601	0.2			1,256	8.1
합계	9,534,139	100.0	2,074,452	100.0	911,970	-

(자료)木畑洋一(1996), 「支配の代償」東京大學出版會」.

제1차 세계대전기 영국은 [표14-7]과 같이 본국, 자치령, 식민지를 포함해서 약 953만 명에 달하는 대규모 병력을 동원하였다. 이 가운데 인도군 144만 명은 자치령과 식민지를 포함하는 총동원 병력 283만 명의 50.9퍼센트, 해외파병 207만 명의 52.8퍼센트, 전사 21만 명의 30.0퍼센트를 기록하였다. 군사동원과 별도로 인도인 노무자 약 48만 명을 징발하였다.

1914년 제1차 세계대전 발발 직전 인도군 모병은 연간 약 1만 5000명 수준에서 개전 직후 약 30만 명으로 급증하였다. 1914년 8월 인도 전역에 모병위원회가 설치되었고, 다수의 보병관들이 농촌과 산간벽지를 순회하면서

---

73. 秋田茂(2003), 「イギリス帝國とアジア國際秩序」, 名古屋大學出版會, 89~90쪽.

지원병을 모집하였다. 이들 신병들은 연대훈련소에서 1개월의 기초 군사훈련을 거쳐 각지의 영국군 전선에 투입되었다. 제1차 세계대전기 모병은 펀자브주 무슬림 13만 6000명, 시크교도 8만 9000명, 라지푸트족 6만 2000명, 구르카족 5만 6000명, 카스트 가운데 육체노동을 하는 수드라 5만 4000명, 네팔 파탄인 2만 8000명에 달하였다.[74] 역시 상무종족이 높은 비중을 차지하였다. 유럽 서부전선에서는 약 13만 명의 인도군이 백인 병사들과 호각지세의 뛰어난 전투력을 발휘하였다.

제1차 세계대전기 인도군 전사자는 부상자를 포함해서 약 13만 명을 기록하였다. 인도군은 영국군의 승리를 보장하는 물리력의 마르지 않는 수원지였다. 더욱이 인도는 경제적으로도 합계 약 2억 2900만 파운드의 전비를 부담해야 했고, 이외에도 동물 18만 4350마리와 3441만 파운드의 식량을 부담하였다.[75] 그 때문에 제1차 세계대전 이후 인도는 [표14-8]과 같이 전시부채의 누적으로 재정적 곤란에 시달려야 했다.[76]

그렇다면, 대대적인 인도군 동원이 가능했던 조건은 무엇인가? 인도인 「협력엘리트」는 제1차 세계대전을 '자유를 위한 전쟁'으로 간주해서 영국의 참전 결정에 지지와 협력을 표명하였다. 「인도국민회의(The Indian National Congress)」 의장 바스(Basu)는 "이제 우리의 시대가 왔다. … 우리도 영국과의 연대를 강화해서 제국의 평등한 일부가 되어야 한다"[77]고 선언하였다.[78]

74. 이옥순(2007), 『인도 현대사』, 창비, 66쪽.
75. 최재희(2003), 「인도군 육성과 조직을 통해 고찰한 영국의 식민정책」, 『아세아연구』 통권 112호.
76. 秋田茂(2003), 『イギリス帝國とアジア國際秩序』, 名古屋大學出版會, 132쪽.
77. 최재희(2003), 「인도군 육성과 조직을 통해 고찰한 영국의 식민정책」, 『아세아연구』 통권 112호.
78. 「인도국민회의」는 1885년 12월 영국인 흄(Allan Octvian Hume, 1829~1912)에 의해 창설되었다. 그는 인도 행정관 출신의 자유주의자였고, 인도인 판사로 하여금 백인들을 재판할 수 있게 하려는 「일버트(ILbert)법」에 저항하는 백인들의 폭동(1883~1884)에 분노해서 '인도국민회의' 창설을 주도하게 되었다. 당시 국민회의 창설에 참여한 인도인들은 대부분이 사회개혁가 혹은 영국화한 인도인들이었다. 박지향(2018), 『제국의 품격』, 21세기북스.

1915년 1월 「전인도이슬람동맹(All-India Moslem League)」도 영국에 대한 충성과 협력을 천명하였다.

1914년 본격적인 정치활동을 개시한 간디도 제1차 세계대전을 "백 년에 한 번 찾아올 절호의 기회"[79] 혹은 "우리는 대영제국의 국민이며, 지금 영국 국민으로서 싸우는 것은 인간의 존엄과 문명이라는 선과 영광을 펼치기 위해 마땅히 해야 할 일"[80]이라며 인도군 모병활동에 적극 협력하였다.[81]

[표14-8] 인도의 재정과 군사비 비중
(단위: 루피, %)

연도	세입	세출	수지	방위비		
				총군사비	순군사비	비중
1911	1,242,536	1,183,431	59,105	313,524	293,378	25.2
1912	1,302,938	1,256,324	46,614	314,296	293,481	24.1
1913	1,278,107	1,243,421	34,686	318,986	298,441	25.0
1914	1,217,364	1,244,144	-26,780	327,144	306,523	26.9
1915	1,266,203	1,284,032	-17,829	352,546	33,920	27.8
1916	1,470,756	1,358,583	112,173	398,501	374,862	27.1
1917	1,689,935	1,568,629	121,306	461,454	435,647	27.3
1918	1,848,866	1,906,172	-57,306	700,000	667,203	37.9
1919	1,974,859	2,211,388	-236,529	910,300	869,776	46.1
1920	2,050,184	2,410,269	-360,085	932,000	873,813	45.5
1925	1,331,730	1,298,612	33,118	603,937	559,985	45.4
1930	1,245,955	1,361,800	-115,845	582,889	543,000	46.8
1935	1,210,726	1,210,726	0	496,427	449,800	41.5
1939	1,257,675	1,257,675	0	502,642	495,391	40.0

(자료) 秋田茂(2003), 『イギリス帝国とアジア国際秩序』, 名古屋大学出版会.

제1차 세계대전기 인도인 「협력엘리트」가 식민본국 영국의 전쟁을 열렬히 지지하고 협력했던 이유는 「제국 내 파트너」[82]라는 위상 제고와 함께 '정치적

---

79. 조길태(2017), 『인도독립운동사』, 민음사, 678쪽.
80. 박지향(2018), 『제국의 품격』, 21세기북스.
81. 최재희(2003), 「인도군 육성과 조직을 통해 고찰한 영국의 식민정책」, 『아세아연구』 통권 112호.
82. 木畑洋一(2008), 『イギリス帝國と帝國主義』, 有志舍, 160~161쪽.

자치'라는 반대급부였다. 영국에 대한 인도인 사회의 전쟁협력은 분명한 「협력의 정략성」을 갖는 것이었다. 이들은 유럽인 병사와 같은 참호에서 싸웠던 인도인도 역시 유럽인과 동등한 수준의 자치와 자유를 향유할 자격과 권리가 있다고 주장하였다. 「협력엘리트」의 입장에서 제1차 세계대전은 인도인의 정치적 자치를 확보할 수 있는 절호의 '흥정거리'[83]임과 아울러 탈식민화의 초석을 다지는 「민족자결의 전쟁」이었다.

마하트마 간디

제1차 세계대전기 인도 주둔 영국군 병력은 1만 5000명 미만에 불과했지만, 인도의 치안을 유지하는 데 별다른 어려움이 없었다. 1914년 9월 오래된 긴장과 적대감은 유보되었고, 인도의 모든 인종과 계급·종교의 대표자들은 영국에 대한 충성을 맹세하고 독일과의 전쟁에 기꺼이 모든 것을 바칠 것을 선언하였다. 제1차 세계대전기 영국은 인도로부터 더 많은 지원과 협력을 끌어내고자 '자치'를 약속하지 않으면 안되었다. 1917년 영국 수상 애스퀴스(Herbert H. Asqutih)는 제국의회에서 "인도의 장래 문제는 이전과는 다른 새로운 관점에서 고려될 것"[84]이라며 인도의 자치를 선언하였다. 같은 해 8월 영국은 전후 인도의 자치를 약속하는 이른바 「몬테규 성명(Montagues's Statement)」[85]을 발표하였다. 식민지 인도에서 자치와 책임정치를 실현한다는 인도성 장관 「몬테규의 성명」은 대인도 정책의 획기적인 전환이었다.

하지만, 1918년 7월 몬테규는 인도의 자치권을 연기한다는 「몬테규-쳴름스퍼드 개혁(Montagu-Chelmsford Reforms)」을 발표하였다. 1919년 12월

---

83. 조길태(2009), 「인도와 파키스탄」, 민음사, 89쪽.

84. 최재희(2003), 「인도군 육성과 조직을 통해 고찰한 영국의 식민정책」, 「아세아연구」 통권 112호.

85. 滿鐵東亞經濟調査局編(1942), 「印度統治機構の史的槪觀」, 滿鐵東亞經濟調査局, 88~89쪽.

「1919년 인도통치법(Government of India Act, 1919)」이 공포되었다. 「1919년 인도통치법」은 「1917년 몬테규 성명」과 달리 제한적 형태의 지방자치와 책임정치만을 허용한다는 것이었다. 더욱이 1919년 인도정청은 인도에서 시민적 자유를 부정하고 억압하는 「롤럿법(Rowlatt Act)」을 공포하였다. 이는 인도 국민을 자극했고, 시민들의 광범위한 저항을 초래하였다. 1919년 4월 암리차르(Amritsar)에서는 다이어(Reginald Dyer, 1864~1927) 장군이 이끄는 인도군이 시위자들에게 발포하면서 약 400명이 사망하고 약 1200명이 부상하는 대학살이 발생하였다. 제1차 세계대전기 인도의 전쟁협력에 대한 영국의 보답은 「롤럿법」 공포와 「암리차르 대학살」이었다.

「암리차르 대학살」은 대대적인 반영(反英)운동의 도화선이자 마하트마 간디(1869~1948)를 20세기 세계사의 전면에 등장시키는 결정적인 계기가 되었다.[86] 간디는 1869년 인도 서해안 쿠자라트 지방의 카티아와르반도의 포르반다르(porbandar)라는 작은 토호국 재상의 아들로 태어났다. 어려서부터 서구식 고등교육을 받았고, 약 3년에 걸쳐 영국 유학을 했다.[87] 간디는 영국 유학을 통해서 서구문명에 대한 환상과 함께 '제국의식'을 내면화했고, 대영제국에 충성하는 식민지 엘리트로 성장하였다.[88]

86. 木畑洋一(2008), 『イギリス帝國と帝國主義』, 有志舍.

87. 박지향(2018), 『제국의 품격』, 21세기북스, 235쪽.

88. 20세기 영국을 대표하는 역사학자 에릭 홉스봄은 「장기의 19세기(The long 19th century)」를 검토한 『제국의 시대』에서 제국주의가 종속세계의 엘리트층에 미친 영향은 '서구화'이며, 가장 강력한 문화적 유산으로 서구식 교육을 강조하였다. 홉스봄은 그러한 역사의 전형으로 간디를 꼽았다. 그에 따르면, "간디는 신제국주의가 창출한 환경에서 소극적 저항이란 수단을 활용해서 전통주의 대중을 비전통주의 목적을 위해 동원하는 독특한 수법을 습득하였다. 그것은 누구나 예상했던 서구적 요소와 동양적 요소의 융합이었다. 간디는 존 라스킨 혹은 톨스토이로부터 받은 지적 은혜를 감추지 않았다. 제국의 시대는 첫째, 반제국주의 지도자들을 배출하였다. 둘째는 반제국주의 지도자들의 주장에 공명하는 환경이 만들어졌다"고 지적하였다. 홉스봄은 제국주의 열강의 지배와 영향과 관련해서 저항과 주체의 측면만을 강조하는 것은 사실에 반하는 지극히 시대착오적 발상이라 갈파하였다. 에릭 홉스봄 지음, 김동택 옮김(1998), 『제국의 시대』, 한길사, 187쪽.

간디는 1893년 이래 약 21년 동안 남아프리카 나탈에서 변호사로 활동하였다. 그 와중에서 간디는 동일한 대영제국의 신민임에도 혹독한 인종차별을 경험하게 되었다. 그래서 남아프리카 백인사회에서 인도 이민노동자의 인종차별과 차별대우를 개선하고자 노력하였다. 그러나 간디의 간절한 호소와 노력에도 불구하고 인도인에 대한 인종차별은 쉽게 개선되지 않았다. 그래서 당초 대영제국과 서구문명의 신봉자였던 간디는 점차 환멸감에 빠져들었고, 당시 서구사회에서 풍미했던 긍정적 오리엔탈리즘의 영향으로 인도의 정신적 순수함과 반물질주의 가치를 재발견하게 되었다. 그는 점차 인도적 가치와 자긍심으로 충만한 「급진적 반제국주의자」로 변신하게 되었다.[89]

제1차 세계대전은 인도인 병사와 노동자들의 세계관에 커다란 변화를 초래하였다. 인도군이 유럽의 서부전선에서 목격한 유럽인은 자신들과 같은 노동자와 농민들이었고, 백인 여성들과의 성적 접촉은 유럽인의 위엄과 우월성을 훼손하기에 충분한 것이었다. 더구나 유럽인들의 자유로운 삶을 목도한 인도 병사들은 사회적 평등과 정치적 자유의 고귀함을 깨달았다. 이들은 1920년대 인도 민족주의 운동의 바이러스를 도시부로부터 벽지 농촌으로 침투·확산시키는 정치적 전염체(Political infectious agent)들이었다. 이들은 인도사회에서 자유와 자치를 전파하는 전도사임과 아울러 새로운 변화의 불씨들이었다.

1919~1922년 제1차 비폭력 불복종운동(Satyagraha)은 「롤럿법」에 대한 반대운동으로부터 시작되었다.[90] 1919년 3월 간디는 "정부와의 협력 여부는 박탈당할 수 없는 민중의 권리이다. 우리들은 정부의 배신에 대해서 비협력

---

89. 長崎暢子(1996), 「ガンディー 反近代の實驗」, 岩波書店.

90. 간디가 고안한 「사티야 그라하」 개념은 '불의에 대한 평화적 저항'을 뜻한다. 상대방보다도 높은 도덕성과 윤리성을 확보함으로써 물리적 공격이 아니라 수동적 저항을 통해서 상대를 동요시키고 승리한다는 「비폭력 불복종주의」를 가리킨다. 박지향(2018), 「제국의 품격」, 21세기북스, 237쪽.

의 권리를 갖는다"[91]고 선언하였다. 비폭력 불복종운동은 당시 영국에서도 시민들의 일상적인 권리운동이었고, 「무슬림연맹의 힐라파트운동(Khilafat Movement)」과도 연대하게 되었다. 1922년 2월 연합주 차우리 차울라에서 성난 군중이 경찰서를 습격하고 다수의 경찰을 불태워 죽이는 참혹한 학살 사건이 발생하였다. 간디는 즉시 비폭력에 반하는 불복종운동의 중단을 선언하고 스스로 체포·구금되었다.

1929년 12월 「인도국민회의」는 영연방의 자치령이 아닌 '완전독립'을 선언함과 아울러 간디를 지도자로 하는 제2차 비폭력 불복종운동을 결정하였다. 1930년 3월 창세기 모세의 출애굽기를 방불케 하는 「소금의 대행진」[92]은 전 세계를 놀라게 하였다. 1930~1934년 제2차 비폭력 불복종운동은 대공황의 파급으로 신음하는 인도 농촌은 물론이고 산간벽지로까지 반영(反英) 이데올로기를 침투·확산시키는 데 결정적으로 기여하였다. 제2차 불복종운동은 여성들의 광범위한 참가, 인도군 병사의 발포 거부, 토착자본가의 협력을 특징으로 하였다. 하지만, 인도정청(政廳)의 무자비한 탄압으로 약 9만 명이 투옥되었고, 다수의 사망자를 발생시켰다. 제2차 불복종 운동은 1931년 정치범 석방과 「어원-간디협정(Irwin-Gandhi Agreement)」을 체결하고서야 수습될 수 있었다.

제2차 세계대전

1939년 9월3일 제2차 세계대전 발발과 함께 영국은 대독선전을 포고하였다. 9월4일 인도총독도 영국령 인도의 동참을 선언하였다.[93] 대독 선전포

---

91. 長崎暢子(2006), 「二つの世界大戰とインド民族運動」, 『世界戰爭の時代とイギリス帝國』, ミネルヴァ書房, 185쪽.

92. ビパン チャンドラ 著, 粟屋利江 譯(2001), 『近代インドの歷史』, 山川出版社, 308~309쪽.

93. 滿鐵東亞經濟調查局編(1942), 『印度統治機構の史的槪觀』, 滿鐵東亞經濟調查局, 139~159쪽.

고에 앞서 영국은 1939년 9월1일 「1935년 인도통치법 수정안」을 공포하였다. 주요 골자는 전쟁에 따른 인도총독의 권한을 대폭 확대·강화한다는 내용이었다. 1939년 9월4일 인도정청은 치안유지를 위한 「인도보안령」을 공포하였다. 총독이 특별재판소를 설치해서 반영운동을 억압하는 모든 수단을 장악한다는 것이었다. 1939년 9월11일 인도정청은 연방제 실시를 포함하는 헌정 중단을 선언하였다. 반면, 「인도국민회의」는 인도의 참전과 관련해서 인도 인민에 대한 어떤 배려와 협의도 없었음에 반발하였고, 지방정부 내각의 총사퇴와 전쟁협력의 거부를 선언하였다.[94]

전쟁협력에 찬성하는 지방정부는 펀자브와 벵골 등 무슬림연맹 세력권에 한정되었다. 1940년 6월 독일이 프랑스를 점령할 때까지 영국은 인도군 상비군만으로 대응하였다. 그러나 독일의 프랑스 점령 이후 영국은 독일군 진격을 저지하고자 대대적인 인도군 동원이 불가피하였다. 1921년 8월 이슬람 농민집단이 일으킨 「모플라 반란(Moplah Rebellion)」을 계기로 힌두계의 인도국민회의와 종파적 갈등을 반복해 왔던 진나(Mohammad Ali Jinnah)를 수뇌로 하는 「전인도무슬림연맹」은 적극적인 전쟁협력을 선언하였다.[95] 이는 무슬림 세력의 파키스탄 건국을 조건으로 하였다. 위기에 처한 영국도 이들의 제안을 무시할 수 없었다. 물론 그 와중에도 영국은 유화정책으로 1939~1940년 세 차례 타협안을 제시하기도 하였다. 그러나 영국의 시도는 인도인 「협력엘리트」의 반발로 실패하고 말았다. 그래서 「인도국민회의」는 제

---

94. 전쟁 목적과 관련해서는 1941년 8월 영국의 처칠과 미국의 루스벨트가 대서양 헌장에서 "파시즘에 반대하고 강제적으로 주권과 자유를 박탈당한 국민의 해방전쟁"임을 선언하였다. 그럼에도 처칠은 인도에 한정해서는 대서양헌장의 적용을 부정하였다. 長崎暢子(2006), 「二つの世界大戰とインド民族運動」, 『世界戰爭の時代とイギリス帝國』, ミネルヴァ書房, 200쪽.

95. 조길태(2009), 『인도와 파키스탄』, 민음사, 99쪽; 滿鐵東亞經濟調査局編(1942), 『印度統治機構の史的槪觀』, 滿鐵東亞經濟調査局, 139~159쪽.

3차 비폭력 불복종 운동을 결정하였다.[96]

1940~1941년 독일군이 영국 본토를 시작으로 발칸, 중동, 북아프리카를 점령하면서 영국의 위기감은 최고조에 달하였다. 제1차 세계대전기와 달리 국제적 지위도 크게 낮아진 상황에서 영국은 인도의 전쟁협력이야말로 대독항쟁을 위한 필수불가결한 조건이었다. 1941년 2월 영국 인도상 애머리(Leopold Amery)는 '인도의 자치령화'를 선언하지 않으면 안되었다. 이는 영국이 처한 극단적인 절박감의 표출이었다. 「인도국민회의」를 제외한 인도인 「협력엘리트」도 영국과의 타협을 모색하였다. 1941년 3월 인도 초당파 지도자회의(자유당, 불가촉천민, 국민자유연맹 등)는 성명서 공포와 함께 애머리 인도상의 인도 방문을 촉구하였다. "영국 정부는 전쟁 종결 이후 일정 기한 내에 인도에 완전한 자치령 지위를 정식으로 성명하라"[97]는 것이었다.

1941년 말 제2차 세계대전은 중대한 분수령을 맞이하였다. 독일은 폴란드·벨기에·프랑스 등 동유럽권 대부분을 석권했고, 1941년 6월 러시아 침공을 개시하였다. 더구나 1941년 말 일본은 진주만 공습과 함께 제2차 세계대전 참전을 천명하였다. 일본군은 1942년 3월까지 파죽지세로 필리핀·인도차이나·인도네시아·말라야·버마를 점령했고, 인도 국경을 위협하게 되었다. 그래서 1942년 3월 영국정부는 「크립스 사절단」 파견과 함께 "가능한 조기에 자치정부의 실현"[98]을 선언해야 했다. 하지만, 간디는 제1차 세계대

---

96. 滿鐵東亞經濟調查局編(1942), 『印度統治機構の史的槪觀』, 滿鐵東亞經濟調查局, 151~155쪽.

97. 1940년 8월7일자 일기에서 좌옹 윤치호는 "신문을 보니 영국이 이번 전쟁이 끝나면 인도에게 자치령 지위를 부여하겠다고 약속했단다. 이제 와서 영국이 하는 말을 누가 믿겠는가. 지난 세계대전에서도 영국은 인도에게 똑같은 약속을 했다. 위대한 간디는 영국의 약속을 굳게 믿고, 인도 전역을 돌면서 동포들에게 영국이 승리하도록 돈과 인력을 제공하자고 설득했다. 그 결과 정말로 인도는 영국을 도왔다. 하지만 전쟁이 끝나자 영국은 약속을 꿀꺽해 버렸다. 그러고는 악명 높은 암리차르 학살로 보답을 대신했다. 영국은 쓸데없이 자존심만 세고 무기력하다는 점에서 영락없는 「유럽의 중국」이라 혹평하였다. 박정신 역(2016), 『(국역) 윤치호 영문 일기(9)』, 국사편찬위원회, 378~379쪽.

98. ビパン チャンドラ 著, 粟屋利江 譯(2001), 『近代インドの歷史』, 山川出版社, 324쪽.

전 이후 영국의 배은망덕을 환기하면서 크립스의 제안을 "도산한 은행의 부도수표"[99]라 조롱하였다. 영국에게 두려운 것은 "용맹한 부족이 아니라 여성적인 투쟁방식을 쓰는 마하트마 간디"[100]였다.

1943년 3월 이후 일본군이 인도 동부의 국경도시 임팔을 압박하는 상황에서 "거지옷을 입은 성자"[101] 간디는 점차 전투적으로 변신하면서 "영국인들의 질서 있는 철수"[102]를 촉구하였다. 일본의 인도에 대한 군사적 위협은 간디의 위상을 회복시키고 반영(反英)세력을 결집시켰다. 1942년 8월 뭄바이에서 개최된 「인도국민회의」 전국위원회에서 간디는 「인도에서 나가라 (Quit India)」[103]라는 유명한 결의문을 채택하였다. 간디는 완전한 인도의 독립 외에 다른 타협이 있을 수 없다는 강경한 입장이었다. 1942년 8월9일 간디는 "행동이 아니면 죽음을 달라"는 명언을 남기고 스스로 체포·구금되었다.

제2차 세계대전기 제국 차원에서 영국의 병력동원은 [표14-9]와 같이 총동원 병력 1094만 명 가운데 영국 본국 590만 명, 캐나다 등 자치령 4개국 206만 명, 인도 250만 명을 비롯한 식민지로부터 297만 명을 동원하였다. 병력 손실은 전사자 37만 명, 행불자 45만 명, 중경상 48만 명, 포로 32만 명을 기록하였다. 총병력 동원은 제1차 세계대전과 비교해서 총동원 병력의 1.2배, 전사자는 마이너스 2.4배를 기록하였다. 총동원 병력은 영국군 감소와 달리 자치령 및 식민지군이 보다 높은 증가를 기록하였다.

---

99. 조길태(2017), 『인도독립운동사』, 민음사, 386쪽.
100. 이옥순(2007), 『인도 현대사』, 창비, 66쪽.
101. 위와 같음, 247쪽.
102. 조길태(2017), 『인도독립운동사』, 민음사, 395쪽.
103. ビパン チャンドラ 著, 粟屋利江 譯(2001), 『近代インドの歷史』, 山川出版社, 326쪽.

[표14-9] 제2차 세계대전기 英연방국의 병력동원과 손실　　　　　(단위: 명, %)

구분	동원병력		전사자		행불자		중경상		포로	
	인원	비중	인원	비중	인원	비중	인원	비중	인원	비중
영국	5,896,000	53.9	264,443	70.8	41,327	9.1	277,077	58.3	172,592	54.10
캐나다	724,023	6.6	37,476	10.0	1,843	0.4	53,174	11.2	9,045	2.84
오스트레일리아	938,277	8.6	23,265	6.2	6,030	1.3	39,803	8.4	26,363	8.26
뉴질랜드	205,000	1.9	10,033	2.7	2,129	0.5	19,314	4.1	8,453	2.65
남아프리카	200,000	1.8	6,840	1.8	1,841	0.4	14,363	3.0	14,589	4.57
인도	2,500,000	22.9	24,338	6.5	11,754	2.6	64,354	13.5	79,849	25.03
기타	473,250	4.3	6,877	1.8	14,208	3.1	6,972	1.5	8,115	2.54
합계	10,936,550	100.0	373,272	100.0	452,404	17.5	475,057	100.0	319,006	100.0

(주) 기타는 키프로스, 서아프리카, 팔레스타인, 카리브해, 세일론, 말타, 피지 등.
(자료) 木畑洋一(1996), 「支配の代償」, 東京大學出版會.

한편 인도군은 총동원 병력 250만 명에 대해서 전사자 약 2만 4338명, 행불자 약 1만 1754명, 중경상 6만 4354명, 포로 7만 9849명를 기록하였다. 이는 총동원 병력의 22.9퍼센트를 시작으로 전사자 6.5퍼센트, 행불자 2.6퍼센트, 중경상 13.5퍼센트, 포로 25.0퍼센트의 비중이었다. 인도군의 핵심은 제1차 세계대전기와 달리 무슬림 세력권이었던 펀자브와 벵골 출신 병사들이었다.

인도군의 전사율에서는 영국군 4.5퍼센트에 대해서 인도군 1.0퍼센트, 포로율에서도 영국 2.9퍼센트에 대해서 인도군 3.2퍼센트를 기록하였다. 인도군의 전사자와 포로의 역비례 관계는 대대적인 병력동원에도 전투의지는 지극히 낮았음을 의미한다. 이러한 실상은 인도군이 영국을 위해서가 아니라 인도의 자유와 독립을 위해 참전했음을 시사한다. 제2차 세계대전기 인도군이 참전한 대표적인 전선은 버마, 북아프리카, 이탈리아 등이었다. 인노군은 총동원 병력 250만 명 가운데 7만 9849명이 독일군과 일본군에 항복하였다.

1938~1939년 「인도국민회의」 의장으로 민족주의 좌파를 대표했던 수바

스 찬드라 보스(Subas Chandra Bose)[104]는 독일을 거쳐 일본으로 망명하였다.[105] 그는 1943년 10월 일본군 포로가 된 인도군 병사 4만 6300명을 기간으로 「인도국민군(Indian National Army)」을 창설하였다.[106] 1944년 3월 「인도국민군」은 '자유인도(Free India)' 혹은 '해방인도'의 기치를 내걸고 일본군과 공동작전으로 「임팔작전(Battle of Imphal)」에 참전하였다.[107] 그러나 「임팔작전」은 일본군의 무모한 작전과 비협력으로 참담한 패배로 종결되고 말았다.[108]

인도정청은 제2차 세계대전이 장기화됨에 따라 강압적인 통제경제를 실시해서 인도인의 생활세계를 압박하였다. 영국은 군비조달을 위해 파운드화의 교환 정지와 함께 스털링 블록을 구축하였다. 스털링권의 달러와 산금

---

104. 수바스 찬드라 보스(1897~1945)는 1897년 인도 서벵골 캘커타의 저명한 변호사 가계에서 출생하였다. 유년기 이래 캘커타에서 서구식 교육과 문화를 접하면서 성장했고, 1919년 캘커타대학 철학과를 우수한 성적으로 졸업하였다. 1919년 7월 영국 케임브리지대학에 유학한 보스는 인도문관시험(ICS)을 4등으로 합격하였다. 1921년 7월 인도문관직을 사직하고 귀국한 보스는 간디의 「비폭력 불복종운동」에 실망하면서 벵골지역 정치 지도자 다스를 정치적 스승으로 삼아 「인도국민회」의 내부에서 좌파 민족주의를 대표하는 민족운동 지도자로 성장하였다. 또 다른 민족주의 좌파를 대표했던 네루와도 경쟁관계였다. 1938년 1월 젊고 열정에 넘쳤던 보스는 국민통합의 상징으로 「인도국민회의」 의장에 선출되었다. 1939년 시인 타고르의 후원으로 「인도국민회의」 의장에 재선된 보스는 3월10일 캘커타에서 개최된 「국민회」의 전국대회에서 6개월 이내에 유럽에서 세계전쟁의 발발을 주장하면서 이 전쟁이 인도를 해방시키는 절호의 기회가 될 것이라 역설하였다. 조길태(2017), 『인도독립운동사』, 민음사, 437~524쪽.; 内閣情報局(1943.7), 「起ち上るインド」, 『週報』 第352号.
105. 1942년 「인도독립동맹(IIL)」과 「인도국민군(INA)」이 서로 갈등하고 대립하는 와중에서 일본 정부는 독일에 망명해 있던 찬드라 보스를 초빙해서 문제 해결을 꾀하였다. 1942년 2~5월 보스가 프랑스 해안을 출발해서 대서양과 인도양을 거쳐 일본으로 이동하는 과정에서 일본과 독일은 극비리의 잠수함 작전을 펼쳤다. 加藤正夫(2014), 『陸軍中野學校』, 潮書房光人社, 143~145쪽.
106. 조길태(2017), 『인도독립운동사』, 민음사, 437~524쪽.
107. 丸山靜雄(1985), 『インド國民軍』, 岩波新書; 國塚一乘(1995), 『インパールを超えて F機關とチャンドラ・ボースの夢』, 講談社; 中島岳志(2005), 『中村屋のボース インド獨立運動と近代日本のアジア主義』, 白水社.
108. 「인도국민군」에 대한 역사적 평가와 관련해서 에릭 홉스봄은 "인도의 독립은 간디와 네루가 이끄는 인도국민회의파가 추진한 비폭력 독립운동이 아니라 일본군과 찬드라 보스가 이끄는 인도국민군(INA)이 협력해서 인도로 진격한 임팔작전 때문"이라 주장하였다. エリック・ホブズボーム 著, 河合秀和 譯(1996), 『20世紀の歷史』, 三省堂; 吉田裕(2017), 『日本軍兵士』, 中公新書, 63쪽.

수익을 런던에 집적시켰다. 스털링 잔액은 30억 파운드에 달하였다. 스털링 잔액은 자치령과 식민지 제국의 영국에 대한 차관과도 같은 것이었다. 스털링 잔액에서 차지하는 식민지 인도의 비중은 약 43.3퍼센트에 달하였다. 나아가, 인도는 1943년에 한정하더라도 연간 약 60억 루피의 군사비를 부담하였다.[109] 제2차 세계대전기 영국령 인도는 경제적으로도 '제국의 총력전'을 담당하는 불가결한 존재였다.[110]

1945년 9월 영국은 전후 처리의 일환으로 「인도국민군(INA)」 포로 약 1만 9500명을 대영제국에 도전한 반역자로 간주해서 군법회의에 회부할 것을 결정하였다. 이는 인도 식민통치의 재강화를 의도했던 영국의 결정적인 오판이었다. 4억 인도인들은 「인도국민군(INA)」이 인도 독립을 위해 싸운 애국자"[111]라며, 종교와 종족, 계급과 언어, 정당과 정파를 넘어서는 거족적인 항의·폭동으로 대항하였다. 결국, 1946년 영국은 「권력이양(transfer of power)」을 약속하지 않으면 안되었다.

다음해 2월 영국 수상 애틀리는 1948년 6월까지 인도에서 '질서 있는 철수'를 선언하였다. 하지만 1946년 8월 이래 인도는 힌두교도와 이슬람교도의 대립과 갈등으로 약 50만~100만 명이 살해되는 엄청난 폭력사태를 겪으며 정치적 분열이 격화되었다. 결국, 1947년 8월15일 「인도국민회의」와 「전인도 무슬림연맹」은 '머리를 잘라 두통을 제거'[112]한다는 네루의 지적과 같이 인도연방과 파키스탄공화국 건국으로 갈라서고 말았다.[113]

---

109. 內閣情報局(1943.7), 「起ち上るインド」, 『週報』 第352号.

110. 佐々木雄太(2006), 『世界戰爭の時代とイギリス帝國』, ミネルヴァ書房, 79쪽.

111. 加藤正夫(2014), 『陸軍中野學校』, 潮書房光人社, 159쪽.

112. 박지향(2018), 『제국의 품격』, 21세기북스.

113. ビパン チャンドラ 著, 粟屋利江 譯(2001), 『近代インドの歷史』, 山川出版社, 339쪽.

Ⅲ. 20세기 식민지 군사동원

비교와 관계 혹은 비교와 차이를 중시하는 「글로벌 히스토리」의 관점에서 일본의 식민지 조선과 대만의 육군특별지원병제 그리고 20세기 영국과 일본이 추진한 식민지 군사동원의 구조와 특질을 비교해보자.[114]

조선과 대만

1938년 조선인 육군특별지원병제 시행은 종래 동화주의 식민통치 이데올로기를 설교하는 「교화형 국민화 정책」으로부터 일본적 이데올로기를 언어·신체·정신으로 체화하는 「연성형 국민화 정책」으로의 일대 전환이었다. 「연성형 국민화 정책」은 '제국의 건아(健兒)'를 출산하고 양육해서 국가에 바치는 '군국의 어머니' 혹은 식민지 여성들의 국민적 호출을 포함하는 것이었다. 육군특별지원병제는 비국민을 국민으로 포섭·개조하는 '국민화 정책'의 발화점이었고, '조선인의 국민됨'을 칭량하는 바로미터였다. 1938년 이래 식민지 조선은 제국일본 차원에서 식민지 군사동원을 가늠하는 '국민화 정책의 실험장'이었다. 이하에서는 비교와 관계라고 하는 글로벌 히스토리의 관점에서 [표14-10]과 같이 조선과 대만에서 시행된 육군특별지원병제의 성립, 시행, 성과를 비교해 보자.

첫째는 제도 성립과 주체이다. 조선과 대만에서 육군특별지원병제 시행 논의는 1930년대 중반 거의 같은 시기에 논의되었다. 그럼에도 대만에 비해서 조선에서 일찍 시행되었던 것은 중일전쟁 발발의 영향 때문이었다. 당시 대만군은 육군특별지원병 시행이 1937년 중일전쟁 발발로 인해 '피는 물보

---

114. 川勝平太 編(2002), 『グローバル・ヒストリーに向けて』, 藤原書店; 水島司 編(2008), 『グローバル・ヒストリーの挑戦』, 山川出版社. 파멜라 카일 크로슬리 지음, 강선주 옮김(2010), 『글로벌 히스토리란 무엇인가』, 휴머니스트.

다 진하다'는 민족모순의 현재화를 우려하였다. 그래서 대만군 사령부는 아시태평양전쟁 발발에 따른 군사동원이 요청되는 1941년에 이르기까지 육군특별지원병제 시행을 미루지 않으면 안되었다. 식민권력 차원에서 육군특별지원병제 성립과 시행의 주체는 조선총독부와 대만군사령부로 상대화된다.

[표14-10] 조선과 대만의 육군특별지원병제

구분	조선	대만
인구 규모(만 명)	2,500	600
아동 취학률(%)	61.0	89.0
일본어 보급(%)	20.0	62.0
제도성립과 시행	1938~1943년	1942~1944년
제도성립의 주체	조선총독부	대만군사령부
제도시행의 취지	민심선도	병력충원
총독부의 역할	구상/실행	구상
모집 정원(명)	17,500	4,200
지원자 누계(명)	803,317	1,486,344
지원자 배율(배)	45.9	353.9
전사자(명)	5,870	2,146
징병제 청원 시기	1933년	1935년
징병제 청원 목적	참정	자치
징병제 시행	1944년 4월	1945년 1월
군사유산의 계승	높음	낮음

(자료) 필자 작성.

이러한 실태는 조선총독이 대만과 달리 제국정부는 물론이고 조선군사령관에 대해서도 상대적 자율성을 갖는 '제국 내 제국의 식민권력'이었음을 시사한다. 육군특별지원병제의 시행 목적도 조선은 민심의 선도라고 하는 황민화 혹은 국민화를 표방했지만, 대만은 노골적으로 병력충원을 거론하였다.

둘째는 시행 성적이다. 1938~1943년 조선인 육군특별지원병제는 모집 정원 1만 7500명에 대해서 지원자 80만 3317명이었다. 반면, 1942~1944년 대만은 모집정원 4200명에 대해서 지원자 148만 6384명을 기록하였다. 지원자 배율은 조선 약 46배에 대해서 대만 약 354배를 기록하였다. 조선의 8배를 넘어서는 대만의 높은 지원자 배율은 대만 사회의 복잡한 민족구성 때문이었다. 대만은 원주민 고사족을 포함하는 복합민족의 다문화 식민사회였다. 더구나 한마디로 고사족이라 칭하지만, 혈통에 따라 상호 배타적인 수십 개 종족으로 분화되었다. 복수의 고사족들은 중국계 대만인 사회는 물론이고 내부적으로도 타자화되었다. 또한, 비록 중국계라 하더라도 중국 본토의 출신지에 따라 세분화되었고, 치열한 경쟁관계를 형성하였다. 그 때문에 대만에서는 마이너리티한 종족일수록 상대적으로 더 많은 지원자를 배출하였다. 조선은 향촌사회의 모순, 대만은 에스닉 아이덴티티가 지원자 배율 혹은 육군특별지원병제의 시행 성적을 좌우하는 결정적인 요인이었다.

셋째는 「협력의 정략성」이다. 1920년 이래 조선인 「협력엘리트」는 참정권, 1933년 징병제 시행을 청원했지만, 일본정부의 상투적인 시기상조론을 극복할 수 없었다. 이들은 1936년 지원병제 시행을 요구해서 식민권력과 타협할 수 있었다.

반면 1921년 이래 대만인 「협력엘리트」도 보다 래디컬한 대만의회 설치 청원운동을 펼쳤지만, 별다른 성과를 기대할 수 없었다. 그래서 이들은 1935년 의회 설치 청원 활동을 중지하고 징병제 시행청원으로 돌아서면서 1938년부터 지원병 시행을 주장하게 되었다. 조선과 대만의 「협력엘리트」들이 육군특별지원병제 시행을 요구했던 것은 이를 징병제 시행과 연계해서 참정권 획득으로 나아가고자 하는 「협력의 정략성」 때문이었다. 하지만, 합법적인 탈식민화의 정치적 과정을 참정·자치·독립의 순서로 단순화한다면, 조선은 「일본의 스코틀랜드화(참정)」를, 대만은 「일본의 아일랜드화(자치)」로 상대화

할 수 있다.[115]

이러한 '의도(意圖)의 거리(距離)'가 발생했던 것은 대만의 경우, 1936년 임헌당의 「조국(祖國)사건」과 같이 구조국 중국의 정치적 자장(磁場)으로부터 결코 자유로울 수 없었기 때문이었다. 그래서 대만인 「협력엘리트」는 식민지 조선과 달리 보다 래디컬한 '정치적 자치'를 주장하였다.

넷째는 군사적 의지와 역량이다. 1946년 일본 육군성은 대만인 육군특별지원병과 관련해서 "성적이 극히 우수해서 일반 일본인 병사를 능가했고, 무척 뛰어난 전력(戰力)을 발휘"[116]한 것으로 간주하였다. 한편, 1939년 말 조선군사령부는 육군특별지원병의 중일전쟁 참전과 관련해서 "제반에 걸친 솔선궁행(率先躬行)은 실로 다른 병사(일본인)의 모범이 되기에 충분했다"[117]며 격찬을 아끼지 않았다.

[표14-11] 아시아태평양전쟁기 일본의 군사동원
(단위: 명, %)

구분	동원자	생환자	전사자	전사율
일본	7,896,496	5,981,520	1,914,976	24.3
조선	116,294	110,116	6,178	5.3
대만	80,433	78,287	2,146	2.7
합계	8,093,223	6,169,923	1,923,300	23.8

(주) 육군과 해군 포함, 연인원
(자료) 原剛·安岡昭男編(2003), 「日本陸海軍事典(下)」新人物往来社. 大江志乃夫編(1988), 「支那事變大東亞戰爭間動員概史」不二出版. 東洋經濟新報社(1980), 「昭和國勢總覽(下)」.

---

115. 윤치호는 1943년 3월1일자 일기에서 "조선인 가운데 최고 지식인들은 히틀러와 스탈린의 저주를 받은 이 세상에서 조선이 자기 보존과 미래 발전을 도모할 길은 오직 하나임을 잘 알고 있다. 그 길은 바로 스코틀랜드가 영국의 국가체제에 동화되었던 것처럼, 조선도 위풍당당한 일본제국의 국가체제에 철저히 동화되는 것이다. 나는 일본의 현명한 지도자들이 일본과 조선 둘 다의 이익을 위해 조선을 일본의 스코틀랜드로 만들기를 진심으로 염원한다"고 갈파하였다. 박정신 역(2016), 「(국역) 윤치호 영문일기(10)」, 국사편찬위원회, 506쪽.
116. 陸軍省第一復員局(1946.8), 「台湾及台湾人の戰爭遂行に及ぼしたる影響」, 「第11章 台湾及台湾人の戰爭遂行に及ぼしたる影響及台湾人志願兵, 徵兵に就て」.
117. 朝鮮軍參謀長加藤鑰平(1939.11), 「陸軍特別志願兵縱軍狀況に關する件」.

관련해서 [표14-11]과 같이 조선인 병사의 전사율은 대만인 병사 2.7퍼센트에 대해서 약 2배에 상당하는 5.3퍼센트를 기록하였다. 조선인 육군특별지원병의 전투의지는 대만인 병사의 그것을 크게 상회했음을 시사한다. 앞서 1946년 대만인 육군특별지원병에 대한 육군성의 평가는 고사족 출신의 일본군 병사에 한정한 것으로 추정된다.[118] 고사족 사회는 전통적으로 용감함과 강건함을 사회적 가치와 미덕으로 삼았다. 그래서 1944~1945년 일본군은 고사족의 상무정신과 군사적 역량을 동남아시아 정글전에 동원하였다.[119] 관련해서 1974년 12월 인도네시아 모로타이섬에서 약 30년을 잠복했다가 구조되었던 대만인 육군특별지원병 리광후이(李光輝)의 사례에 주목할 필요가 있다.[120]

---

118. 대만군과 대만총독부는 고사족에 한정한 육군특별지원병을 선발해서 특수부대를 편제하였다. 제1차로 1942년 초반 일본군 제14군의 요청으로 약 500명의 고사족 출신 육군특별지원병들이 필리핀 바탄반도(Bataan半島)의 밀림전에 참전하였다. 이후 총 8차에 걸쳐 합계 약 3000명의 '고사족 의용대'가 남방전선에 투입되었다. 이들은 혁혁한 전공을 세웠고, 일본군 군사령관으로부터 표창장을 받기도 하였다. 秦郁彦編(2005), 『日本陸海軍總合事典』, 東京大學出版會, 751쪽.

119. 1943년 11월 육군성은 태어나면서부터 가혹한 자연 환경에서 단련된 고사족 출신의 육군특별지원병 500명을 선발해서 게릴라로 양성하였다. 이들은 1944년 말 최정예 카오루 공정대(薰空挺隊) 소속으로 '불멸의 위훈'을 남겼다. 1944년 11월 말 필리핀 레이테만 공략전에서 미군 브라운비행장 강습작전을 수행하였다. 카오루 공정대는 당초 대만군 유격대의 일부이자, 밀림전 전문의 특수부대로 편제되었다. 제1~2중대 부대원 152명 가운데 통신과 위생 특기자를 제외한 대부분의 병사들은 고사족과 조선인 출신들이었다. 近藤正己(1996), 『總力戰と臺灣』, 刀水書房, 396쪽.

120. 리광후이(李光輝, 中村輝夫, 中尼育唔 1919.10~1979.6)는 대만의 고사족 가운데 아미족 출신의 육군특별지원병이다. 그는 1942년 4월 육군특별지원병제 시행 당시 혈서 지원서를 제출해서 합격하였다. 1943년 대만 신주(新竹)에 주둔하는 제48사단 보병 제1연대에 입영하였다. 1944년 7월 초병교육을 마치고 휘(輝) 제2유격대 소속으로 인도네시아 모로타이섬 방어전에 참전하였다. 1944년 9월 그는 정찰대의 일원으로 모로타이섬 해안부에 소재하는 미군 기지를 정찰하다가 발각되어 교전을 벌이게 되었다. 그 과정에서 다른 대원들이 전멸하고 말았다. 그는 미군의 추격대를 따돌리고자 모로타이섬 깊은 밀림으로 도망쳐서 잠복하고 말았다. 1974년 12월 그는 일본 방위성과 인도네시아 공군 수색대에 의해 극적으로 구출되었다. 그 과정에서 리광후이는 인도네시아 공군 수색대가 들려주는 일본의 「기미가요」와 「애국행진곡」을 듣고서 부동자세를 취하였다. 바꾸어 말하면, 그는 약 30년에 걸친 밀림생활과 잠복생활의 와중에서도 여전히 충량한 일본군 일등병이었고, '제국 신민'의 정신세계를 유지하였다. 佐藤愛子(1987), 『スニヨンの一生』, 文藝春秋; 河崎眞澄(2003), 『還ってきた台湾人日本兵』, 文藝春秋.

다섯째는 군사유산의 계승과 연속성이다. 1944년 4월 식민지 조선에 이어서 1945년 1월 대만에서도 징병제가 실시되었다.[121] 육군특별지원병을 포함하는 약 8만 명에 달하는 대만 출신 일본군 병사들은 제48사단을 비롯해서 1944년 5월 이래 신편한 제50사단과 제8비행사단, 제66사단 소속으로 동남아 전선에 동원되었다. 1945년 8월 이후 대만을 점령한 국민당은 귀환병들 가운데 육군특별지원병 출신자를 비롯한 약 3만 명을 재징집해서 중국 대륙에 파병하였다. 이들 가운데 다수는 1949년 국민당군이 패배하면서 중공군의 포로가 되고 말았다. 1950년 중국공산당은 이들을 인민지원군의 일원으로 6·25전쟁에 투입하였다. 대만인 출신 육군특별지원병은 아시태평양전쟁기 일본군 전우였던 대한민국 국군들에게 총검을 겨누어야 했다.[122] 이들은 1940년대 전반 제2차 세계대전기 일본은 물론이고 1940년대 후반 국민당과 1950년대 중국공산당으로부터서도 철저한 소모품 취급을 받았다.

반면, 1946년 이래 조선인 육군특별지원병 출신 군사경력자들은 1946년 군사영어학교 등 정규·비정규 군사학교를 거치면서 한국군 초급장교로 임관해서 승승장구했고, 1950년대 6·25전쟁기 대한민국의 자유와 인권을 지켜내는 「조국의 간성」이 되었다. 반면, 대만인 육군특별지원병 출신 군사경력자들은 조선인들과 달리 중화민국 국군 창설에 참여 혹은 기여는 지극히 제한적이었다.

---

121. 대만인 징병제 시행을 결정한 것은 1944년 9월1일이었다. 1945년 1월 실시한 징병검사 수검자는 4만 5726명이었다. 그 가운데 갑종 4647명과 제1을종 1만 8033명은 1945년 4월부터 일본군에 입영하였다. 징병자들은 대만 방어를 담당하는 제10방면군 예하 사단에 배치되었고, 부대병력의 약 20~40퍼센트를 차지하였다. 이들은 미군 대만상륙 이전 단계에서 종전을 맞았기 때문에 전사자도 극소수에 그쳤다. 秦郁彦編(2005), 『日本陸海軍總合事典』, 東京大學出版會, 751쪽, 臺灣總督府(1945), 『臺灣統治概要』, 臺灣總督府, 72~73쪽.

122. https://ja.wikipedia.org/台湾人日本兵.

일본과 영국

'동양의 헌병' 혹은 '제국의 기동대'로도 회자되었던 영국령 인도군은 인도 양 주변지역과 인도의 북서부 국경지대, 아시아·아프리카 각지에서 발생하는 국제분쟁을 제압하는 기동 타격대 역할을 담당하면서 대영제국의 세력 확장과 권익 보호에 기여하였다. 인도군은 (1)인도 대륙의 치안유지, (2)인도 국경 방위, (3)제국확장의 첨병 역할이었다. 영국에 인도군은 함포외교의 전략자산이자, 글로벌 헤게모니를 지지하는 물리력의 핵심이었다. 이하에서는 관계와 차이에 주목하는 글로벌 히스토리의 관점에서 [표14-12]와 같이 20세기 일본이 추진한 식민지 군사동원의 구조와 특질을 영국과 비교해보자.

[표14-12] 제2차 세계대전기 조선과 인도의 군사동원

구분	조선	인도
동원병력의 규모(만명)	12	250
동원병력의 전사(명)	6,178	24,338
동원병력의 포로(명)	–	79,849
동원병력의 전사율(%)	5.1	1.0
식민통치의 이데올로기	동화주의	자치주의
정치세력의 모빌리티	협력	저항/협력
정치세력화의 정도	낮음	높음
정치세력의 목적성	참정	독립
군사동원의 유인	물질	정신
군사동원의 역사성	의병	용병
군사동원의 이데올로기	동화주의	인종주의
군사동원의 부대배치	희산성	응집성
군사동원의 질적 수준	높음	낮음

(주) 조선의 경우, 육군특별지원병만이 아닌 해군특별지원병, 학도지원병, 징병까지 포함.
(자료) 필자 작성.

첫째는 미숙성이다. 19세기 이래 영국은 앞서 검토한 바와 같이 1838~1920년 제1차 아프가니스탄 전쟁을 시작으로 1914년 제1차 세계대전 종결까지 총 15회에 걸쳐 인도군의 여러 지역에 대한 해외파병을 추진하였다. 특히 동아시아와 관련해서 영국은 1840년과 1856년 제1~2차 아편전쟁에 인도군을 파병해서 중국에서 권익 확보를 위한 제국의 첨병으로 삼았다. 반면, 1930년대 일본은 국제질서에 도전하는 대외팽창의 와중에서도 식민지 「협력엘리트」가 요구하는 징병제 시행에 부정적인 입장이었다. 일본은 1938년 이래 조선인 육군특별지원병제를 시금석으로 삼아 1944년에 이르러서야 본격적인 식민지 군사동원을 개시할 수 있었다. 이러한 실상은 일본 사회가 병역의무의 과도한 신성성과 '제국의식'에 매몰되면서 식민지 현주민들의 군사적 자질과 역량을 과소평가했고, 그래서 인적 자원 개발에도 크게 소홀했기 때문이었다. 요컨대, 후발제국주의 일본의 식민지 군사동원은 「글로벌한 관행」에서 크게 동떨어진 미숙성을 특징으로 하였다.

둘째는 소극성이다. 제2차 세계대전기 영국은 제국 차원에서 총동원 병력의 약 22.9퍼센트에 상당하는 250만 명에 달하는 인도군을 동원하였다. 하지만, 식민지군을 앞세운 전쟁 수행은 지배와 피지배 관계를 균열시키는 정치적 딜레마이자, 양날의 칼이었다. 인도인 「협력엘리트」의 전쟁협력에 대한 대가는 「독립」이었다. 한편, 제2차 세계대전기 일본이 추진한 조선인의 군사동원은 약 12만 명에 불과하였다. 이는 일본군 총동원 병력의 약 2.5퍼센트, 영국령 인도의 약 8퍼센트 수준에 그치는 것이었다. 제1차 세계대전기를 거치면서 인도인들은 '주인과 노예의 관계'가 결코 영원한 것이 아님을 자각하였다. 인도인들의 각성은 1920~1940년대 「비폭력 불복종운동」의 에너지를 공급하는 정치적 자산이었다. 일본은 영국의 인도통치 경험으로부터 식민지 군사동원이 내재한 정치적 함의를 충분히 인지하였다. 말하자면, 국민화가 불충분한 식민지 군사동원은 제국통치의 위기를 자초하는 「트로이의 목마」에 불과하다는 사실의 인식이었다. 그래서 일본은 본격적인 군사동원에 앞서 식민지 조선에서 육군특별지원병제 시행과 함께 거대한 용광로를 방불케 하는 「연성형 국민화 정책」을 추진하지 않으면 안되었다. 일본은 식민지 군사동원의 정치적 함의를 과도하게 의식했고, 그래서 소극적일 수밖에 없었다.

셋째는 질적 수준이다. 영국은 인도 북서부 저개발 지역에 거주하는 소수 민족을 군사동원의 마르지 않는 수원지로 삼았다. 인도군이 제공하는 1일 3식, 군복 착용, 시장성이 높은 기술은 이들의 사회적 지위를 보장하였다. 과잉 인구에 시달리는 이들 지역민들에게 인도군이 제공하는 경제적 편익은 뿌리치기 힘든 유혹이었다. 이들은 근대교육의 세례도 받지 못한 '바보스럽지만 순종적인 병사'들이었다. 반면, 조선의 육군특별지원병은 일본인 징병자와 동일한 수준의 보통학교를 졸업한 중농층 자제들이었다. 이들의 급료는 일반 노동자는 물론이고 군부에 비해서 보잘 것이 없는 수준이었다. 그럼에도 이들이 육군특별지원병을 열망했던 것은 '병역의 신성성'으로부터 발생하는 사회적 편익이었다. 육군특별지원병을 통해서 향촌사회의 차별을 극복하고 사회적 지위 상승 혹은 계층 이동을 욕망하였다. 지원병제라 하더라도 영국의 「물질주의」와 달리 일본은 「정신주의」를 특징으로 하였다.[123] 요컨대, 20세기 식민지 군사동원은 일본의 「질적 의병주의」와 영국의 「양적 용병주의」로 상대화된다.

넷째는 제도적 성격이다. 인도군은 인도인 현지 용병(세포이)과 소수의 인도인 장교로 구성되었고, 영국인 장교의 일방적인 지휘를 특징으로 하였다. 인도인 병사들은 계급 상하관계와 무관하게 영국인 병사로부터 하급자 취

---

123. 일본군의 「정신주의」를 규정한 물리적 혹은 제도적 특질은 다음과 같았다. 일본군은 '양병이 양민이다'는 건군사상에 기초한 「국민개병제(國民皆兵制)」를 실시해서 상비병력의 증가를 억제하면서도 유사시 동원령에 따라 대규모 군대를 편제하는 동원제도(징병제)를 특징으로 하였다. 그래서 일본군의 전략전술은 영국과 미군의 「물량주의」에 기초한 「강자의 전법」과 달리 물자결핍을 만회하는 기습과 야습을 중시하는 「약자의 전법」을 특징으로 하였다. 그래서 일본군은 일당백의 충용무쌍(忠勇無雙)한 병사를 양성하는 「정신주의」를 지향하였다. 中村祐悅(2006), 「白團」, 芙蓉書房, 176~177쪽.

급을 받았다. 인도군의 모병은 「상무종족론」에 입각한 적나라한 인종주의를 특징으로 하였다. 이는 도시부에서 근대교육을 받은 인도인 지식인층을 물리력에서 배제하고 마이너리티 종족을 앞세워 식민통치의 안정성과 군사적 효율성을 확보하고자 하였다.

한편, 일본이 식민지 조선에서 추진한 육군특별지원병제는 만 17세 이상의 조선인이라면, 누구나 지원할 수 있었다. 이들은 치열한 지원자 경쟁과 함께 3차에 걸친 엄격한 전형을 통과해야 했다. 이들의 부대 배치는 인도군과 달리 '고도의 희산성(稀散性)'을 특징으로 하였다. 육군특별지원병의 지원병역은 신분과 복무에서 일본인 징병자의 의무병역과 완전 무차별하였다. 바꾸어 말하면, 인도군은 계급에 앞서는 「인종 차별주의」를 특징으로 했던 반면, 일본은 종족에 앞서 계급이라는 「계급 지상주의」를 특징으로 하였다.

다섯째는 「협력엘리트」의 역사적 평가이다. 제1~2차 세계대전기 인도군 동원은 인도인 「협력엘리트」의 적극적인 협력이 있었기 때문에 가능한 일이었다. 이들은 제1차 세계대전 발발을 자치와 독립을 획득하는 절호의 정치적 기회로 삼았다. 인도군 병사들은 자유라는 대의를 위해 싸웠기 때문에 같은 인도인에게도 동일한 자유가 보장되어야 한다며 영국을 압박하였다.

제2차 세계대전기 인도인 「협력엘리트」는 제1차 세계대전기 전쟁협력에 대한 영국의 배은망덕을 되새기며, 협력(「전인도무슬림연맹」)과 저항(「인도국민회의」)의 양동전략으로 지배와 피지배 관계를 해소하는 정치적 레버리지로 활용하였다. 한

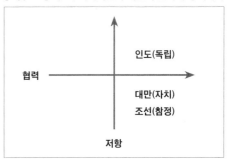

[그림14-2] 제2차 세계대전기 식민지 관계의 정치역학

협력

인도(독립)

대만(자치)
조선(참정)

저항

(자료) 필자 작성.

편, 조선인 「협력엘리트」는 1938년 육군특별지원병제를 징병제 시행과 연계한 참정권 획득을 위한 정치적 포석으로 삼았다. 이들은 영국령 인도의 사례와 같이 동원과 협력에 대한 '제국의 배신'을 경험한 적이 없었고, 정치적 바게닝의 와중에서 일본의 패전을 맞고 말았다. 말하자면, [그림14-2]와 같이 제2차 세계대전기 식민지 조선은 인도와 달리 높은 「협력」에도 불구하고 낮은 「저항」의 와중에서 종전을 맞이하고 말았다.

동남아시아

제2차 세계대전기 일본의 식민지 군사동원은 조선과 대만에만 국한되었던 것도 아니었다. 1940년대 동남아시아를 점령한 일본군은 각지에서 군정체제를 확립하는 한편, 의용대를 칭하는 현지민을 대상으로 대대적인 점령지 군사동원을 추진하였다.[124] 이들 동남아시아 의용대는 [표14-13]과 같이 인도네시아의 「향토방위의용군(PETA)」 3만 5500명을 시작으로 「필리핀애국동지회(Makapili)」 6000명, 「버마의용군(BIA)」 20만 명, 「인도국민군(INA)」 4만 6300명 등 합계 약 12만 명에 달하였다.[125] 이하에서 1940년 일본의 점령지였던 동남아시아에서 군사동원의 실상과 역사적 의의를 검토해 보자.

첫째는 인도네시아의 「향토방위의용군」이다. 일본군의 인도네시아 점령과 군정은 1920년대 이래 네덜란드로부터 독립을 위해 고양되어 왔던 인도네시아의 내셔널리즘을 자극하고, 현지민들의 정치적 연대를 강화시켰다. 1943

---

124. 1940년 동남아시아에서 일본의 군정은 전쟁 종결까지 일시적 조치이며, 군대가 행정, 사법, 입법의 전부 혹은 일부를 장악하는 체제를 말한다. 각각 군사령부 예하의 군정감부가 설치되고 군참모장이 최고 책임자에 취임하였다. 인도네시아는 육군 제16군, 말라야는 육군 제25군, 버마는 육군 제15군, 필리핀은 제14군이 역내의 군정을 담당하였다. 林英一(2015), 「東南アジアにおける對日協力と抵抗の諸相」, 『現代中國研究』 第35/36号.
125. 위와 같음.

년 10월 자바에서 창설된 「향토방위의용군」은 동남아시아 역내 최강의 의용대였다.

[표14-13] 아시아태평양전쟁기 동남아시아의 의용대　(단위: 명)

국가명	명칭	창설연월	병력	유력자
인도네시아	향토방위의용군(PETA)	1942년 6월	35,500	수하르토
필리핀	필리핀애국동지회 (Makapili)	1944년 12월	6,000	라우렐, 리카르테, 라모스
버마	버마독립의용군(BIA)	1941년 12월	200,000	아웅산, 네윈
인도	인도국민군(INA)	1943년 10월	40,000	찬드라 보스

(자료) 필자 작성.

이들은 1945~1949년 네덜란드와의 독립전쟁에서 인도네시아 독립군의 핵심으로 활약하였다. 「향토방위의용군」 창설은 인도네시아를 점령한 일본군 제16군의 병력부족 해소를 목적으로 하였다. 이들은 일본군으로부터 상대적 자율성을 갖는 인도네시아 장교와 병사로 구성된 국민군이었다. 「향토방위의용군」은 일본군이 개설한 간부양성학교(의용군 양성소)에서 게릴라전과 정보전을 비롯한 각종 군사훈련을 실시하였다. 군사 조직은 대단장, 중단장, 소단장 체제였고, 대단장과 중단장은 연령이 많은 종교 지도자와 교사 등으로부터 선발되었다. 간부양성학교 졸업생은 각자의 고향으로 흩어져 약 500명 규모의 대단(大團)을 결성하고 그 예하에 중단, 소단, 분단을 편제하였다. 「향토방위의용군」 규모는 1943년 말 35단(團)을 시작으로 1945년 8월까지 66개 대단의 약 3만 5500명에 달하였다. 1967년 3월 인도네시아 제2대 대통령에 취임했던 수하르토(Soeharto)도 바로 소단장 출신이다. 그는 중단장으로 진급해서 인도네시아 사관생도의 훈육을 담당하면서 정치적 역량을 쌓았다.

「향토방위의용군」 선발과 군사훈련을 담당하는 것은 일본군 제16군 참모부의 별반조직이었다. 일본군의 '보병조전(步兵操典)'에 기초한 군사훈련은 일본군 초병교육을 크게 넘어서는 엄격함과 혹독함을 특징으로 하였다. 이들의 정신교육에는 일본군의 '군인칙유(軍人勅諭)'가 활용되었고, 조국을 위한 충성과 희생의 신성함과 고귀함을 고취시켰다. 강건한 체력과 일정한 지력을 갖춘 청년들을 선별해서 혹독한 군사훈련을 실시하였다. 1945년 8월 이후 「향토방위의용군」 병사들은 독립선언과 함께 정규군의 근간이 되었다. 근대적 군사훈련을 거친 이들 병사들은 1945~1949년 네덜란드의 재식민지화에 대항하는 독립전쟁에서 발군의 군사적 역량을 발휘하였다. 젊은 수하르토도 정규군에 가담해서 야전군 지휘관으로 두각을 나타냈다. 이들은 강렬한 국방의식과 함께 국가와 민족의 수호자를 자처했고, 나중에 "인도네시아 국군의 중핵"[126]이 되었다.[127]

둘째, 필리핀의 사례이다. 필리핀은 제2차 세계대전 발발 당시 인도네시아의 경우처럼 일본군을 해방군으로 맞이하고 1945년 8월 이후 재식민화를 획책하는 네덜란드를 침략자로 규정했던 것과 전혀 딴판이었다. 필리핀은 점령 당초부터 일본을 침략자로 규정했고, 1945년 필리핀 전투에서 승리한 미군을 해방군으로 맞이하였다. 이는 제2차 세계대전 발발 이전 필리핀의 정치적 정황이 인도네시아 또는 버마와도 판이했기 때문이었다. 필리핀은 동남아시아 여타 지역과 비교하면 서구화가 크게 전전된 사회였고, 1935년 종주국 미국이 1946년 필리핀 독립을 보장한 상황에서 필리핀인들도 미국의 식민정책에 호의적이었다. 그 때문에 1942년 1월 필리핀을 점령한 일본군도 '미국의 외모(畏慕)와 일본의 경멸(輕蔑)'을 크게 우려해야 했다.

「필리핀 독립준비정부(Commonwealth of the Philippines)」 초대 대통령 마누엘 케손(Manuel Luis Quezon)은 대표적인 친미 엘리트였다. 1942

---

126. 後藤乾一(2013), 「アジア太平洋戰爭と東南アジア」, 「外交史料館報」 第27号.
127. 後藤乾一(2010), 「近代日本と東南アジア」, 岩波書店, 318쪽.

년 일본군의 필리핀 점령 이후 미국으로 망명한 케손은 필리핀 친미 엘리트들에게 미국에 대한 충성을 포기하지 않는다는 조건으로 대일협력을 허락하였다. 바꾸어 말하면, 필리핀은 기존 친미파 체제의 온존과 계승을 위한 전술적 선택지로써의 대일협력이었다.[128] 케손 대통령의 지시에 따라 호세 라우렐(Jos Paciano Laurel)이 1943년 10월 필리핀 제2공화국 제3대 대통령에 취임하였다. 라우렐은 1943년 11월 필리핀공화국 대표 자격으로 도쿄에서 개최된 「대동아회의」에도 출석하였다. 그는 1945년 8월 종전과 함께 일본으로 망명했고, 연합군 최고사령부 명령에 따라 전범 처분을 받기도 하였다.[129]

1944년 12월 창설된 「필리핀애국동지회(Makapili)」는 라우렐 정권하에서 일본군에 대한 군사지원을 담당했던 필리핀의 민병조직이었다. 「필리핀애국동지회」의 핵심 간부는 1899~1902년 미국과의 독립전쟁에서 필리핀군을 지휘했던 필리핀 육군의 아버지 아르테미오 리카르테(Artemio Ricarte)와 당시 언론인 출신으로 필리핀의 완전한 독립을 위해 대일협력을 제창했던 베니그노 라모스(Benigno Ramos)가 취임하였다. 「필리핀애국동지회」의 창설은 종래 가나프당 당원 등 친일파 민병이 중심이었고, 병력 규모는 약 6000명이었다. 이들은 일본군 제14군의 적극적인 지원을 배경으로 1943년 미 극동군으로부터 노획한 각종 소화기로 무장하였다. 필리핀 제2공화국은 소규모의 대통령 친위대를 제외하면, 정식의 공화국 군대가 없었다. 때문에 「필리핀애국동지회」가 필리핀 군정을 담당하는 일본군 제14군에 협력하는 무장조직의 핵심이었다. 이들은 1944~1945년 미국에 반격작전을 펼치는

---

128. 위와 같음, 318쪽.
129. 1945년 이후 필리핀의 「협력엘리트」들은 "강제된 협력은 협력이 아니다. 민족생존을 위한 수단 혹은 국민의 장래를 위해 일시적인 곤란을 돌파하기 위한 협력은 처벌할 수 없다"고 주장하였다. 위와 같음, 268쪽.

일본군과 함께 「필리핀 전투」에 참전하였다.

셋째는 버마의 「버마독립의용군(Burma Independence Army, BIA)」이다. 제2차 세계대전 이전 영국 식민지였던 버마는 급진적 민족주의 그룹이었던 「타킨(Thakin)당」이 독립 무장투쟁을 펼치고 있었다. 버마 침공과 점령을 계획하고 있었던 일본은 타킨당을 지원함으로써 협력적인 현지인의 조직화와 육성을 꾀하였다. 일본 육군은 1940~1941년 버마의 국부 아웅산(Aung San)을 비롯한 30명의 「타킨당」 당원을 비밀리에 망명시키는 한편, 영국으로부터의 독립을 지원한다는 명분을 내세우며, 버마 공략을 위한 특무기구 「미나미(南) 기관」을 창설하였다. 「미나미 기관」은 일본이 점령한 하이난섬에서 아웅산을 포함한 이른바 「30명의 지사」를 대상으로 게릴라 활동에 필요한 특수전 교육을 실시하였다. 이들은 게릴라 요원으로 버마에 침투해서 일본군의 버마 공략전에 기여하였다.[130]

1941년 12월 제2차 아시아태평양전쟁 발발과 함께 이들은 「미나미 기관」과 함께 방콕을 거점으로 삼아 재타이 버마인 청년 200명을 주력으로 삼아 「버마독립의용군」을 결성하였다. 1942년 1월 「버마독립의용군」은 일본군의 버마 점령작전에도 참전하였다. 이들은 프로파간다와 함께 점령지 각지에서 지원병을 모집해서 군사훈련을 실시하였다. 1942년 3월 수도 랑군에서 「버마독립의용군」 소속 병사 4500명이 참가하는 관병식을 펼쳤다. 1943년 말 총병력은 2만 7000명으로 증원되었다. 1942년 6월 버마인 영국 해군 병사 약 30명이 「버마독립의용군」 예하에 해군을 창설하였다. 이들은 나중에 미얀마 해군의 핵심이 되었다.

1942년 7월 일본군의 본격적인 군정 실시와 함께 「버마독립의용군」

---

130. 齊藤長照子(1980), 「ビルマにおける日本軍政をめぐって」, 『南アジアの民族運動と日本』, アジア經濟研究所, 145~164쪽.

은 해산되었다. 대신에 3개 대대 2800명 규모의 「버마방위군(Burma Defense Army, BDA)」을 창설하였다. 「버마방위군」은 일본군 제15군 소속의 보조부대였다. 제15군은 「버마방위군」 확충을 위한 간부생도대 설치와 함께 졸업생의 일본 육군사관학교 유학을 알선하였다. 1943년 8월 바모(Ba Maw)를 원수로 하는 버마공화국 건국과 함께 「버마국민군(Burma National Army, BNA)」으로 재편되었다. 「버마국민군」 초대 국방장관에는 아웅산이 취임하였다. 하지만, 「버마국민군」 내부에서는 명목적인 독립에 대한 반발과 함께 반일적 성향이 고조되었다. 1944년 말 「임팔작전」 실패에 따른 일본군의 열세를 배경으로 아웅산은 버마공산당 및 영국군 특무기관 136부대와 연계해서 1945년 3월 바 모 정권의 타도와 일본군에 대한 공격작전을 펼쳤다. 1948년 「버마국민군」은 미얀마연방공화국 건국과 함께 미얀마 정규군으로 발전하였다.[131] 1962년 「30인 지사」의 일원이었던 네 윈(Ne Win) 중장이 「버마국민군」 장교단을 이끌고 쿠데타를 일으켜 정권을 장악하였다.

요컨대, 식민지 군사동원은 오랑캐를 동원해서 오랑캐를 제압·통제·지배하는 이이제이(以夷制夷)라는 오랜 제국통치의 역사적 관행이었다. 피정복민을 군사적 목적을 위해 활용해 왔던 제국의 기억은 차고도 넘친다. 20세기 전반은 제국주의 시대임과 아울러 「협력의 시대」였다. 제국주의는 식민지에서 활동하는 반제국주의 정치세력이 발흥하는 토대가 되었고, 이들의 정치적 주장에 공명하는 역사적 시공간을 제공하였다. 협력은 치밀하게 계산된 정치적 목표를 향한 능동적인 행위였고, 지극히 보편성을 갖는 이른바 「역사의 리듬」과도 같았다. 조선의 윤치호, 대만의 임헌당, 인도의 간디와 같이 전쟁협력은 진정한 자유와 독립을 추구하는 인물 혹은 정치세력이라면

---

131. 根本敬(2006), 「東南アジアにおける對日協力者」, 『アジア太平洋戦争(7)』, 岩波書店, 313〜314쪽.

결코 피해갈 수 없는 일이었다. 아시아태평양전쟁기 일본이 추진한 식민지·점령지에서 군사동원은 당초 의도한 결과는 아니었지만, 탈식민화를 위한 절호의 정치적 기회를 제공했고, 1945년 8월 종전 이후 국민국가 창성을 위한 물리력 형성의 토대가 되었다.

종장

육군특별지원병 출신 군사경력자들은 20세기 「전쟁의 시대」에 태어나 군인이 되고자 일본군에 투신하였다. 이들은 비록 「망국노(亡國奴)의 후손」으로 태어났지만 차별과 멸시, 고난과 역경을 극복하면서 자유인의 본성을 지닌 근대인으로 성장하였다. 이들은 육군병지원자훈련소와 정식의 일본군 복무를 거치면서 국가 공동체를 위한 충성·복종·희생의 신성함과 고귀함을 내면화하였다. 이들은 1948년 대한민국 건립과 1950년 6·25전쟁기 공산세력으로부터 자신들의 조국을 지켜냈고, 오늘날 대한민국 성취의 기초를 닦아낸 공로자들이다. 이하에서는 몇 가지 논점을 정리하는 것으로 이 연구를 갈무리한다.

첫째 육군특별지원병, 이들은 과연 누구인가. 종래 미야다는 제국주의 민족모순으로부터 이들을 남한 농촌에 퇴적한 세민층으로 간주했고, 육군특별지원병 지원을 호구지책(糊口之策)의 경제적 동기로 파악하였다.[1] 최유

---

1. 관련해서 하라 타게시(原剛)는 조선인 청년들의 육군특별지원병 지원 동기와 관련해서 (1)의식주 해결의 보장, (2)군인의 높은 사회적 지위, (3)일본인과의 무차별을 지적하였다. 原剛 編(2003), 「日本陸海軍事典(上)」, 新人物往來社, 158쪽.

리는 식민권력의 광범위하고 철저한 강제동원의 결과로 파악하였다. 하지만 이들은 '모두 성적과 체격과 가정이 비교적 상위에 속하는 학생들'[2]이었고, '보통 이상의 생계를 영위'[3]하는 남한지역 중농층 대가족 가계의 차남들이었다.[4] 이들 중농층은 전근대 양반 출신의 상류층과 달리 "신분 변경이 용이하고 동시에 비교적 내지인 관공리와 지식층의 감화"[5]에도 민감한 존재들이었다.

이들이 육군특별지원병을 그토록 열망했던 것은 「상민의 사회」로 회자되는 북한지역과 달리 전통사회의 연장으로 「반상의 사회」였던 남한지역 향촌사회에서 횡행하는 시대착오적인 반상차별과 지주제의 모순 그리고 1939년 대한발(大旱魃)의 충격 때문이었다. 20세기 개명천지에도 전통적인 신분질서를 강요하는 식민지 향촌사회에서 육군특별지원병은 "골수에 사무친 원한"[6]의 분출구이자, 입신출세의 지름길이었고, 계층 이동의 사다리였다. 이들이 살아내야 했던 시대상은 1937년 미당 서정주 시인의 '애비는 종이었다'로 시작하는 「자화상」에서도 잘 응축해내고 있다.[7]

전근대의 상민층 혹은 상놈들은 20세기 문명의 시대에도 '혓바닥을 늘어뜨린 병든 수캐(壽介)'마냥 향촌사회의 차별, 조롱, 멸시를 감내해야 했던

---

2. 김성수(1999), 「상이군인 김성수의 전쟁」, 금하출판사, 49쪽.

3. 法制局(1938.3.23), 「拓務大臣請議朝鮮總督府陸軍兵志願者訓練所官制制定の件」.

4. 「매일신보」 1939년 12월8일자.

5. 朝鮮總督府警務局(1941.12), 「第79回帝國議會說明資料」.

6. 「매일신보」 1937년 2월3일자.

7. 식민지기 사회적 모순과 질곡을 다룬 문예작품에는 반상차별에 주목했던 서정주의 「자화상」 이외에도 영화 〈지원병〉과 최정희의 단편소설 「야국초」를 들 수 있다. 영화 〈지원병〉은 마름과 지주, 최정희의 「야국초」는 여성과 가부장제의 사회적 양태를 다루고 있다. 이들은 전통질서를 부정하고 제국질서로 편입해서 「천황의 적자」로서의 신분상승과 계층이동을 욕망하는 내용이다. 조선인 사회의 뿌리깊은 사회적 모순에 대한 깊은 환멸과 배신, 식민지의 혼돈과 불안 그리고 깊은 절망감과 절박함을 이야기한다.

가도 가도 부끄러운 삶들이었다.[8] 미당의 「자화상」은 20세기 개명천지에도 관습과 의식의 영역에서 비천한 신분의 굴레로부터 벗어나지 못하고 근대를 살면서도 전통적인 사회질서와 귀천의식을 강요당해야 했던 이 땅의 수많은 '수캐' 후손들의 아픔과 슬픔을 노래한 시대의 자화상이다. 깊은 좌절과 방황의 나날들이었을 이들 「수캐의 아들」 혹은 「바람의 아들」들에게 1938년 2월 「육군특별지원병령」 공포는 "그들의 팔자에 일대 전환을 가져올 수 있는 하늘의 소리"[9]였다. 그래서 연평균 약 46배에 달하는 지원자 배율과 남한 중심의 지역적 편재성도 하등 이상할 것이 없었다.

이들이 실체성을 결여한 민족을 반역하고 일본과 천황을 위해 죽기를 맹세했던 것은 이들이 '반역의 피'를 타고난 불손한 집안의 후손이거나 특별히 더 많이 사악한 매국노여서가 아니었다. 가계 경제력과 학력만을 놓고 보면 이들은 자신들에게 주어진 시대를 뚜벅뚜벅 살아가는 데 크게 부족할 것이 없었다. 그럼에도 이들이 육군특별지원병을 그토록 열망했던 것은 개명천지에도 불가살(不可殺)의 레거시로 남아 현실을 옭아매는 반상의 신분차별 혹은 피의 청탁(淸濁)으로 인간관계의 사회적 결을 가르는 향촌사회의 모순과 질곡 때문이었다. 이들은 보통학교에 입학해서 천부인권(天賦人權)과 사민평등(四民平等)을 교설(敎說)하는 근대교육을 받았다. 하지만, 교실 안의

---

8. 참고로 「자화상」의 전문은 다음과 같았다. "애비는 종이었다. 밤이 깊어도 오지 않았다. 파뿌리같이 늙은 할머니와 대추꽃이 한 주 있을 뿐이었다. 어매는 달을 두고 풋살구가 꼭 하나만 먹고 싶다고 하였으나 … 흙으로 바람벽한 호롱불 밑에 손톱이 까만 에미의 아들, 갑오년(甲午年)이라든가 바다에 나가서는 돌아오지 않는다 하는 할아버지의 숱 많은 머리털과 그 커다란 눈이 나는 닮았다 한다. 스물 세 해 동안 나를 키운 건 팔할(八割)이 바람이다. 세상은 가도 가도 부끄럽기만 하더라. 어떤 이는 내 눈에서 죄인을 읽고 가고 어떤 이는 내 입에서 천치(天癡)를 읽고 가나 나는 아무것도 뉘우치진 않으련다. 찬란히 티어 오는 어느 아침에도 이마 위에 얹힌 시의 이슬에는 몇 방울의 피가 언제나 섞여 있어 볕이거나 그늘이거나 혓바닥 늘어뜨린 병든 수캐마냥 헐떡거리며 나는 왔다"고 노래하였다. 서정주(2015), 『미당 서정주 전집(1)시』, 은행나무.
9. 선우휘(1987), 「외면」, 『선우휘문학선집(3)』, 조선일보 출판부.

이념과 교실 밖의 현실은 전혀 별개라는 사실에 크게 분노하고 절망해야 했다. 이들이 육군특별지원병제 시행에 열광하게 만들었던 것은 다름 아닌 전통사회의 신분모순을 포함하는 「우리 안의 식민주의(internal colonialism)」[10]였다.

둘째, 육군특별지원병은 20세기 대한민국사에서 어떤 존재들인가. 종래 이들은 조선인의 일본인화라는 황민화 정책을 '출세의 길로 착각한 무지랭이들'[11] 혹은 '친절한 인종주의 정책'의 전시효과에 놀아나는 불나방 정도로 파악되었다. 하지만, 이들은 1920년대 후반 아동 취학률이 약 30퍼센트를 밑도는 상황에서도 6년제 보통학교를 졸업했고, 신장 1.6미터 이상으로 일본어 소통에도 지장이 없는 청년들이었다. 이들은 도지사, 조선총독부, 조선군사령부가 실시하는 3차에 걸친 엄격한 선발 전형과 약 46대 1의 경쟁률을 돌파한 인재들이었다. 춘원 이광수의 비유를 빌리자면, 새로운 민족사를 개척하고 선도하는 「민족의 크림」[12]들이었다.

이들은 '조선인의 국민 만들기'의 인큐베이터였던 육군병지원자훈련소에 입소해서 치열한 훈육과 교육훈련을 받았다. 훈련소는 몸과 마음으로 충군애국(忠君愛國)을 수육하고 실천하는 국가권력의 훈육장치였고, 정치적으로 표백되고 이념적으로 살균되는 '국민 만들기의 생체 실험실'이었다. 이들은 '조선인의 국민화'라는 거대한 정치적 실험을 거치면서 제대로 된 근대국가의 국민이자, 「제국의 첨병(尖兵)」으로 훈육되고 단련되었다. 이들은 중일전쟁과 아시아태평양전쟁을 거치면서 전문적인 군사지식과 풍부한 실전경험

---

10. 「우리 안의 식민주의」 혹은 「내부 식민주의(internal colonialism)」와 관련해서 박지향은 "한 국가에 속하는 한 집단이나 지역이 마치 이민족의 식민지인 양 다루어지는 상황을 의미한다. 특히, 잉글랜드와 웨일즈, 스코틀랜드, 아일랜드 등 켈트 변두리 사이에서 볼 수 있는 관계가 여기에 해당한다. 또한, 독립 전의 북아메리카 백인 정착지의 경우처럼 「식민주의 없는 식민지(colonies without colonialism)」도 생각해 볼 수 있다"고 지적하였다. 박지향(2000), 「제국주의 신화와 현실」, 서울대학교 출판부, 15쪽.
11. 박경리(1993), 「토지(제13권)」, 솔, 48쪽; 김윤식(2012), 「한일 학병 세대의 빛과 어둠」, 소명출판, 13쪽.
12. 이광수(1985), 「나/나의 고백」, 우신사, 247쪽 .

을 쌓았다. 투철한 국가관·군인관·사생관을 내면화했다. 1946년 이래 이들은 여러 군사학교를 거쳐 대한민국 육군 장교로 임관하였다.

이들은 미 군정기, 건국기, 6·25전쟁기 대한민국의 자유와 인권을 수호하는 데 희생과 헌신을 주저하지 않았다. 그래서 이들은 1950~1960년대 육군참모총장, 합참의장, 내각수반(국무총리)으로까지 승승장구할 수 있었다. 이들이 대한민국에 진충보국(盡忠保國)할 수 있었던 것은 앞서 대만인 이광휘(李光輝)와 조선인 김시영(金時暎)의 사례와 같이 일본이 패망했다고 해서 이들의 정신세계를 지배하는 내셔널리즘이 쉽게 훼손되거나 무화(無化)될 수 없는 것이었기 때문이다. 요컨대 이들은 거대한 허위의식에 불과한 민족을 반역하고 일본과 천황을 위해 죽기를 맹세했기 때문이야말로 해방 이후 새로운 조국 대한민국에도 충성할 수 있었다. 말하자면, 목숨을 담보로 충성과 반역의 양가성·등가성을 실천하고 증명했던 역설의 주인공들이자, 대한민국 건국의 올바른 정신사(精神史)를 몸소 체현했던 제대로 된 국민들이었다.

셋째, 조선인 「협력엘리트」는 어떤 존재들인가. 종래 이들은 "사리사욕에 눈이 멀어 양심과 지조를 버리고 민족을 배신"[13]한 친일파, '황민화 정책'의 들러리, '기만적인 인종주의 정책'에 놀아나는 바보·천치 정도로 파악되었다. 하지만 육군특별지원병제 성립은 조선인 「협력엘리트」와 식민정부와 치

---

13. 현대 한국사회에서 「친일파」는 상대방을 공격하고 보복하는 시퍼렇게 살아있는 칼날로 전락한 지 오래다. 「친일파」 운운의 언설은 인간에 대한 극단적인 몰이해와 일본의 조선 지배를 오히려 왜소화시키는 어이없는 결과를 초래한다. 최정운은 "친일파들은 태어나면서부터 '친일'을 하고 나라를 팔아먹을 운명을 타고난 괴물로 취급되었고, 독자들은 이런 난센스를 묵인해 왔다. 친일파에 대한 본격적인 인문사회과학적 연구는 단 한 차례도 제대로 이루어진 일이 없었다. … 우리 '국학계'는 '친일파'에 대해서는 그야말로 인종주의자들이었다"고 갈파하였다. 같은 지적을 고려하면, 한국 사회 일반에서 유통되는 「친일파」 담론은 「민족」이란 미명의 또 다른 폭력이자, 본말이 전도된 '애국심의 오용'에 불과하다고 할 것이다. 최정운(2013), 『한국인의 탄생』, 미지북스, 73쪽; 하원호(1997), 「일제의 대한침략기(1876~1904)에 '친일'의 논리와 실태」, 『친일파란 무엇인가』, 아세아문화사; 박지향(2010), 『윤치호의 협력일기』, 이숲.

열한 정치적 바게닝의 소산이었다. 일본은 육군특별지원병제를 추진력으로 삼아 동화주의 식민통치 이데올로기의 제도적 완성을 추구했다. 반면, 「협력엘리트」는 이를 징병제 시행과 연계해서 조선인 참정권 확보를 위한 정치적 포석으로 삼았다.[14] 육군특별지원병제의 성립과 시행은 「협력엘리트」와 식민권력과 서로 다른 목적과 셈법이 교차하는 정치적 의존관계와 상호작용이라는 '식민지와 제국주의 관계의 쌍방향성'을 시사한다.

조선인 「협력엘리트」의 입장에서 육군특별지원병제는 징병제 시행과 연계한 참정권 획득이라는 「협력의 정략성」을 작동시키는 정치적 레버리지였다. 「협력엘리트」의 등장은 중일전쟁 와중에서 육군특별지원병제가 조선인 청년들의 목숨을 담보하지 않으면 안되었던 지극히 민감하고 중대한 정치적 사안이었기 때문이다. 식민권력의 입장에서 이들은 조선인 사회의 동의와 협력을 이끌어내는 데 불가결한 존재들이었다. 그 점에서 조선인 「협력엘리트」는 식민권력의 정치적 파트너임과 아울러 전혀 다른 셈법의 주판알을 튕기는 '민족주의 정치세력'이었다.

1940년대 중일전쟁이 장기화하는 와중에서 아시아태평양전쟁의 발발은 조선인 「협력엘리트」의 정치적 교섭력을 강화하고 「협력의 정략성」을 완성하는 절호의 정치적 환경이었다. 조선인 「협력엘리트」들은 육군특별지원병제의 성공이 조선인의 발언권을 확보해 각종 차별을 해소하는 길이자, 이 기회

---

14. 육군특별지원병 성립의 또 다른 주체였던 조선인 「협력엘리트」의 정치적 셈법과 관련해서 '직업적 친일파'로도 알려진 조병상의 사례를 살펴보자. 1938년 당시 경성부 의원이자 「중추원」 참의였던 조병상은 육군특별지원병제와 1943년 학도지원병제 시행에 적극 협력했고, 그것이 죄가 되어 해방 이후 반민특위에 기소되었다. 1949년 반민특위 조사에서 그는 "육군특별지원병제에 대해 기대했던 것은 이를 기회로 삼아 조선 민족의 상무정신을 회복하고, 정치적으로 민족적 차별을 해결할 수 있을 것이라 믿었기 때문"이라고 진술하였다. 요컨대, 조병상의 발언은 당대의 조선인 「협력엘리트」들이 욕망했던 육군특별지원병제를 둘러싼 「협력의 정략성」을 시사한다. 조병상(1949.2.4), 「조병상 피의자 신문조서」, 『반민특위 조사기록』. 정운현(2016), 『친일파의 한국 현대사』, 인문서원, 278~285쪽.

를 살려서 군사기술을 배워두는 것이 민족의 실력을 양성하고 새로운 장래를 대비하는 길이라 확신하였다. 실제로 일본정부는 조선인의 본격적인 군사동원으로 1944년 징병제 시행,[15] 1945년 참정권 부여,[16] 1946년 의무교육

15. 1942년 5월 일본 정부는 징병제 시행 준비를 결정했고, 1943년 8월 「병역법」 개정을 공포하였다. 1944년 4~8월에 걸쳐 제1기 징병검사를 실시했고 1944년 9월부터 본격적인 징병자 입영이 개시되었다. 징병 제1기 현역 판정자 4만 5000명은 1944년 9월부터 1945년 5월까지 입영을 예정하였다. 1944년 9~12월 징병 제1기 입영자는 합계 3만 327명이었다. 內閣官房總務課(1944.12), 「朝鮮及臺灣在住民政治處遇調查會(3)」.

16. 1944년 제9대 조선총독을 거쳐 총리대신에 취임한 고이소는 제85회 제국의회에서 조선인의 '일반처우 개선 외에 정치처우의 개선' 준비를 결정하였다. 더욱이 사안의 중대성을 고려해서 「조선 및 대만 在주민 정치처우 조사회」를 설치하고 입안의 신중을 기하였다. 이후 법안은 추밀원의 자문을 거쳐 1944년 제86회 제국의회에서 「귀족원령 개정안」과 함께 「중의원 선거법 개정안」이 통과하면서 1945년 4월2일 공포되었다. 귀족원령은 조선에 재주하는 만 30세 이상의 남자로서 명망가 10명 이내 7년 임기의 의원을 칙임하는 제도였고, 1945년 4월3일 칙임의원을 선임하였다. 조선인 출신 귀족원 의원은 박중양(朴重陽, 朴重忠陽, 중추원 부의장), 한상룡(韓相龍, 조선총력연맹사무총장, 중추원 고문), 윤치호(尹致昊, 尹東致昊, 중추원 고문, 대화동맹 이사장), 박상준(朴相駿, 朴澤相駿, 중추원 참의), 김전명(金田明, 金明濬, 중추원 참의, 국민협회 회장, 대화동맹 이사), 송종헌(宋鍾憲, 野口鐘憲, 귀족회 이사, 백작 송병준의 후사), 이기용(李埼鎔, 자작 이재원의 후사)과 함께 1943년 10월8일 칙임된 이진호(李軫鎬, 李家軫鎬, 중추원 부의장)를 포함해서 총 8명이었다. 대만인 귀족원 의원은 임헌당(林獻堂)을 비롯한 3명이었다. 1945년 4월 일본정부가 결정한 식민지에 대한 참정권 확대 정책은 (1)일본 국내의 보통선거에 대한 제한선거(중의원), (2)인구비례에 따른 의원 정수의 격차(중의원), (3)종신의원에 대한 7년 연한(귀족원)을 특징으로 하였다. 중의원 선거법은 만 25세 이상 남자로서 선거인 명부 작성일까지 1년 이상 직접국세 15원 이상의 납세자를 선거권자로 규정하였다. 피선거권은 일본 국내와 동일하지만, 선거권은 조선인의 민도와 지방자치제의 현황을 고려한 제한선거였고, 인구 100만 명당 1명을 선출한다는 것이었다. 조선에서 23명(경기 3명, 충남, 충북, 전북, 함남 각 1명씩 4명, 전남, 경북, 경남, 평남, 황해, 평북, 함남, 강원 각 2명씩 16명), 대만에서 5명의 중의원 선출을 예정하였다. 1945년 4월 「개정 중의원선거법」의 시행은 총선거를 예정하는 1946년 5월이었다. 조선인에 대한 제한적 참정권은 1945년 8월 일본의 패전과 함께 공수표가 되고 말았다. 하지만, 1945년 일본이 조선인에 대해서 제한적인 형태이기는 했지만, 참정권 부여를 결정했다는 것은 분명한 사실이다. 1945년 고이소 내각이 결정한 조선인의 정치적 처우 개선은 1920년 이래 조선인 사회가 그토록 열망했던 정치적 요구 거의 대부분을 망라하는 것이었다. 大藏省管理局(1945), 「朝鮮及臺灣の現況」, 81쪽; 小磯國昭(1963), 『葛山鴻爪』, 小磯國昭自叙伝刊行會, 926~927쪽; 田中武雄(1959), 「小磯總督時代の統治槪觀」, 『朝鮮近代史料研究集成』 第3号; 幼方直吉(1964), 「朝鮮參政權問題の歷史的意義」, 『東洋文化』 第36号; 『매일신보』 1944년 12월24일자; 『매일신보』 1945년 4월4일자.

시행[17]을 결정하였다. 일본은 조선인의 국민화라는 정치적 과정을 통해서 비로소 종래 동화주의 식민통치 이념과 현실의 이중성을 해소할 수 있었다. 1944~1945년 일본이 추진한 조선인의 지위 개선과 차별 철폐는 1920년 이래 조선인 「협력엘리트」들이 끈질기게 염원해 왔던 정치적 사안이자, 1930년 대 「복선적 정략」의 구체적인 목적들이었다. 바꾸어 말하면, 일본은 조선인 「협력엘리트」들의 정치적 이니셔티브(political initiative) 혹은 「협력의 정략성」에 휘둘리면서 당초 예정과 달리 조선인의 정치적 지위를 개선하는 징병제, 참정권, 의무교육의 시행 일정을 크게 앞당기지 않으면 안되었다.

하지만, 이 모든 성취는 1945년 8월 일본의 패전이라는 돌발변수 등장으로 1949년 육당 최남선의 지적과 같이 "우리의 소기(所期)는 죽도 밥도 다 되지 않고 말았다".[18] 하지만, 육군특별지원병 출신자들은 6·25전쟁기 자신들의 새로운 조국 대한민국을 국제 공산세력으로부터 지켜내는 데 혁혁한 전공을 세웠던 「조국의 간성」들이었다. 그 점에서 조선인 「협력엘리트」

---

17. 1942년 5월 조선총독부 정무총감을 위원장으로 하는 조선교육심의위원회는 조선에서 의무교육의 제 시행령을 공포하였고, 12월5일 「의무교육실시요강」을 결정·발표하였다. 요강에 따르면, 조선인 취학연령 아동은 1946년부터 누구나 6년제 초등교육을 의무적으로 이수해야 한다는 것이었다. 전체 취학연령 아동 가운데 의무교육의 성비(性比)는 남자 90퍼센트와 여자 50퍼센트였다. 국민의 지력, 체력, 도덕을 향상시켜 근대 국민국가의 초석을 다지는 의무교육은 1717년 프러시아에서 시작되어 1876년 영국, 1882년 프랑스, 1852년 미국 등 세계 각국으로 확산되었다. 일본에서 의무교육은 1879년 「교육령」 공포로부터 시작되었다. 당시 취학연령은 6~14세까지 8개년에 걸쳐 16개월의 의무교육 연한을 이수해야 한다는 것이었다. 이후 수차의 교육령 개정을 거쳐 교육연한은 1890년 3~4년, 1907년 6년, 1941년 「국민학교령」 공포와 함께 8개년으로 연장되었다. 1941년 당시 취학아동의 99.8%가 의무교육을 받았고, 의무교육 수혜자는 약 1400만 명에 달하였다. 조선의 경우, 1936년 당시 초등학교는 2498개 학교(관립 2411교, 사립 85교)와 1만 1359개 학급으로 취학연령 아동의 초등학교 취학율은 25.0%에 불과하였다. 그래서 1937년 미나미 총독은 6개년계획으로 조선인 아동의 취학율을 54.0%로까지 인상한다는 「제2차 초등교육확충정책」을 실시했고, 1938년 학교명 통일과 1941년 「국민학교령」을 공포해서 조선인 의무교육을 위한 법제와 제도정비를 추진하였다. 함상훈(1943.1), 「朝鮮學齡兒童의 義務教育實施」, 「조광」 제9권 제1호; 高橋濱吉(1943.2), 「義務教育實施の意義」, 「朝鮮」 第333号.
18. 최학주(2011), 「나의 할아버지 육당 최남선」, 나남, 293쪽.

들이 추구했던 「협력의 정략성」은 결코 실패한 것이 아니었다. 나름의 성과로 대한민국 현대사에 불멸의 공적을 남겼다. 이런 역사적 사실을 고려하면, 육군특별지원병제의 성립과 시행을 위해 견마지로(犬馬之勞)를 다했던 「협력엘리트」들이야말로 '내재적 독립운동'을 몸소 실천했던 '진정한 독립운동가'들이자, 1948년 대한민국 건국이라는 '민족사의 새로운 서막'을 준비했던 '위대한 아버지'들이었다. 인도의 간디와도 별반 다를 것이 없는 '조선인 마하트마(Mahatma, 위대한 영혼)'들이었다. 이들은 결코 일본의 기만과 선동에 넘어가는 바보·천치도 아니었지만, 자신과 민족을 팔아넘기는 「매국노」는 더더욱 아니었다. 20세기 전반은 제국주의 시대임과 동시에 「협력의 시대」였다. 이들의 대일협력은 정략성, 풀뿌리성, 헌신성, 능동성, 보편성을 갖는 치밀하게 계산된 정치적 목표를 향한 능동적인 행위였다. 대만의 임헌당 그리고 인도의 마하트마 간디와 같이 민족의 진정한 자유와 독립을 추구하는 지도자와 정치세력이라면 전쟁협력은 결코 피할 수 없는 일이었다. 이들은 결코 일본의 동화주의 식민통치 정책에 부화뇌동하고, 그들의 친절함을 선전하는 단순한 인테리어 혹은 메가폰이 아니었다.

넷째, 20세기 대한민국사에서 관전기적 성취는 무엇인가. 최근 대한민국 건국 논쟁에서 「1948년 건국론」은 '국체 형성(state-building)의 획기성'만을 강조했고, 주권재민의 국민을 초역사적 존재로 간주하였다. 하지만 '민주공화정의 본향(本鄕)'으로 알려진 프랑스마저도 공화주의 정치 이상을 근대국가의 정치형태로 구현하는 데 약 90여 년이라는 파란의 역사적 시공을 거쳐야 했다. 말하자면, 1945년 이후 단지 3년 만에 근대국가의 국민이 창출되고 자유인의 공화국 대한민국을 건국했다고 주장하는 「1948년 건국론」은 국민 형성의 역사성을 경시하는 지극히 불충분한 논의이다. 조선왕조 500년에 걸친 가혹한 인간 예종의 역사와 함께 미군정기까지도 백성, 신민, 인민, 자유민으로 호명되었던 한국인이 언제, 어떻게, 어떤 경로를 거쳐 1948년 대한민국 국민이라는 근대 국민국가의 「정치적 존재」로 재탄생할 수 있었던가의 질문을 결여하고 있기 때문이다.

"주권은 국민에게 있고, 모든 권력은 국민으로부터 나온다"[19]는 1948년 제헌헌법 제1조에서 명기하고 있는 대한민국 국민의 역사적 기원은 1938년 육군특별지원병제 시행을 계기로 하였다. 육군특별지원병제는 국민국가(national-state) 차원에서 "국가의 법규와 정부의 명령에 실질적으로 복종하는 국민"[20]을 주조·창출하는 본격적인 국민 만들기(nation-building)의 시작이었다. 육군특별지원병제 시행은 '조선인의 국민화'라는 거대한 정치적 실험이었고, 육군특별지원병은 이러한 정치적 실험체와도 같은 존재들이었다. 식민정부는 육군특별지원병 예비군 양성을 명분으로 군교일체화(軍校一體化)와 함께 조선인 청년들에 대한 신사참배, 국기게양, 황국신민 체조, '애국일' 기념[21], 일본어 상용, 창씨개명, '황국신민서사' 암송, 기미가요 제창, '동방요배', 정오묵도, 청년훈련소 입소 등 '국체관념의 신앙화'를 위한 강압

---

19. 20세기 대한민국사에서 '제헌헌법의 아버지'라 회자되는 유진오도 1938년 육군특별지원병제 시행의 찬성론자 가운데 한 명이었다. 그는 1941년 10월 「조선문인협회」가 결성한 '조선문사부대'의 일원으로 "지원병훈련소를 견학하고 그 질서와 규율에 다시금 탄복하였다. 공교롭게도 그날 오후 나는 불가피한, 사무가 있어 훈련의 실황은 견학하지 못하였으나 숙사, 학과, 식사 등의 實景을 보았을 뿐으로도 그 질서의 정연함에 탄복하였다. 그 일사분란(一絲不亂)의 훈련 속에서 동아신질서(東亞新秩序) 건설의 굳센 힘도 우러나올 것으로 믿는다"는 참관기를 잡지 「삼천리」에 게재하였다. 삼천리사(1940.12), 「文士部隊와 志願兵」, 「삼천리」 제12권 제10호.

20. 양동안(2016), 「대한민국 '건국일'과 '광복절' 고찰」, 백년동안; 이주영(2011), 「대한민국은 왜 건국을 기념하지 않는가」, 뉴데일리.

21. 1937년 11월17일 조선총독부는 경성부 소재 각 학교에 대해 매달 6일을 정례 「애국일」로 지정할 것을 발령하였다. 「애국일」에는 경성부내 중등학교 이상 남녀 학생들이 오전 9시부터 조선신궁과 경성신사를 참배하게 되었다. 초등학교는 교내 강당에서 국가합창을 시작으로 '황국신민서사'를 낭송한 다음 '국민정신흥작조서(國民精神興作詔書)'를 봉독하고 교장으로부터 애국일의 의의와 애국사상 훈화를 경청해야 했다. 중등학교 이상은 신궁과 신사를 참배한 후 귀교해서 '국민정신흥작조서'를 봉독하고 '황국신민서사'를 제창해야 했고, 교장의 식사에 이어 식가를 합창하고 해산하였다. 정례 애국일은 방학이나 공휴일에도 실시되었다. 「매일신보」 1937년 12월14일자/1938년 3월7일자.

적인 국민화 정책을 추진하였다.[22] 1939년 10월 조선총독부는 조선 전역의 각급학교에 '청년훈련소'를 설치하였다. 1939년 126개소에 불과했던 청년훈련소는 1943년 말 1852개소에 달했고, 연간 입소생 약 12만 명을 기록하였다. 더구나 1942년 5월 징병령 실시 준비 공포와 함께 설치되었던 '청년특별연성소'도 1943년 10월 1953개소와 입소생 누계 약 10만 명을 기록하였다.[23] 당대 조선인들의 삶은 아침의 궁성요배와 정오의 묵도(黙禱) 등 매일같이 천황의 만수무강과 제국의 번영을 기원하며, 충량한 일본 국민됨을 의식해야 했던 비일상의 일상이었다.

육군특별지원병제 시행은 대중을 국민으로 만드는 일, 즉 조선인의 '압축적 국민화'를 향한 광폭(狂暴)한 질주의 시작이었다. 일본은 대대적인 군사동원에 앞서 동일한 제국신민이지만, 국민적 동질성·균질성을 결여한 조선인의 일본 국민화가 불가결하다고 판단했기 때문이었다. 조선인들은 정신·신체·언어의 엄격한 규율화를 강요하는「연성형 국민화 정책」을 거치면서 지극히 불완전하고 불충분하지만, 국가에 대한 복종·충성·희생의 국민의식을 내면화한 조선계「일본 국민」으로 재탄생하였다. 이들은 부지불식간에 생

22. 2005년 가와다(河田)는 식민지 말기「황민화 교육」이 한국인들의 정신세계에 미친 영향에 주목하였다. 1939년 육군특별지원병 제2기 보충병이었던 김시영은 1943년 1월 조선군 제20사단 예하 치중 제20연대 소속으로 뉴기니에 참전하였다. 그는 치열한 생존투쟁의 와중에 인육식을 경험하였다. 그는 73세에 이르러서야 같은 사실을 고백할 수 있었다. 그 이유는 "쇼와천황(昭和天皇)이 사망했기 때문"이었다. 구체적으로 '나의 인생에서 치부였지만, 더 이상 거칠 것이 없게 되었다. 아무래도 천황이 족쇄가 되었던 것 같다. 황국신민의 체질이 자신의 어딘가 남아 주저하게 만들었다'고 증언하였다. 1936년 신의주고보에 입학한 장도영 장군의 회고에 따르면 "교정 동편에는 작은 신도 신전을 짓고 주위에 소나무를 많이 심어 신역을 조성해 놓았다. 매일 아침 조회 때는 일본 도쿄에 있는 천황에 대한 요배와 같이 이 신전에 배례하는 것뿐 아니라 모든 학생, 교직자는 물론 누구나 교문을 들어설 때 모자를 벗고 그곳을 향해 절하고 또 언제나 교문을 나설 때는 다시 돌아서서 신전을 향해 절하고 나서야 교문을 나서게 했다"고 증언하였다. 요컨대, 관전기 '조선인의 국민화'는 1945년 8월 이후에도 조선인들의 의식과 무의식을 지배하는 '이념의 불도장'이었다. 河田宏(2005),『內なる祖國へ』, 原書房, 242쪽; 장도영(2001),『망향』, 숲속의 꿈, 63쪽.
23. 국사편찬위원회(2004),『本邦に於ける教育制度并狀況關係雜件(9)』; 朝鮮總督府情報課(1944),『朝鮮事情資料』第3号.

활과 의식의 수준으로까지 파고드는 국가권력의 집요함을 경험하면서 국가와 국민의 이원적 관계를 의식하는 이데올로그로 변질하였다. 조선심(朝鮮心)을 죽이고 일본심(日本心)을 수육하는 국민 만들기의 거대한 용광로를 거치면서 근대적 주체성과 자결권을 갖는 근대국가의 국민으로 개조되는 '정신혁명'을 경험하였다. 1938년 이래 조선인들은 근대국가의 국민이라는 '하나의 정치적 다발'로 묶여지는 유대·결속을 경험하면서 1948년 대한민국 건국을 위한 제대로 된 국민됨을 준비하였다. 국가의 목적에 대한 자발적 참여와 희생을 미덕으로 하는 근대국가의 국민으로 주조·창출되었다. 그래서 이들은 1950년대 6·25전쟁기 민족에 대해서도 잔혹한 살인의 정열을 불태울 수 있었다. 1948년 대한민국 국민의 탄생은 결코 초역사적이고 자연발생적인 것이 아니었다. 이들은 국가권력의 분명한 목적과 치밀한 계산에 따라 만들어진 피조물이었다. 1945년 8월 해방 직후 국민국가 건립을 위한 한국 사회의 뜨거운 열망은 조선인들이 1910년 한일병합 당시 안온무사(安穩無事)하고 오불관언(吾不關焉)한 백성 혹은 더 이상 '인간 부스러기들'이 아니었다.[24] 이들은 관전기를 거치면서 국민화의 열병에 감염된 근대국가의 정치적 주체로 변질해 있었다.[25] 1948년 대한민국 건국은 국가의 권력적 속성을 매개로 하

---

24. 최린이 증언하는 「한일병합」 당시의 실상과 해방 이후 한국인의 정체성을 비교해 보면, 일본이 추진한 「국민화 정책」의 성과가 어떠했는지 가늠할 수 있다. 1910년 8월22일 「한일병합」이 조인되고, 29일 공포되었다. 8월29일 당일 최린은 귀가하는 길에 시내를 살폈다. "각 상점에는 매매 거래가 여상(如常)하였다. 오백년 왕국이 일조에 멸망하는 이날이 이렇게도 안온무사할 법이 있을까 하는 이상한 감상을 금할 수가 없었다. … 무슨 까닭으로 이 원수의 날을 오불관언(吾不關焉)의 태도로 맞이하였을까"라고 자문하였다. 여암선생문집편찬위원회 편(1971), '여암문집(上)', 여암선생문집편찬위원회, 72~73쪽.

25. 1945년 8월 제2차 세계대전의 종전과 함께 아시아태평양 각지에서 일본군에 복무한 다양한 군사경력자들이 조국의 독립을 위한 창군열에 휩싸여 귀환하였다. 그 때문에 「조선임시군사위원회」를 비롯한 사설 군사단체 혹은 유사단체가 우후죽순으로 등장하였다. 1945년 11월 군사단체는 약 60여 개에 달하였다. 이들은 각기 출신과 계보, 명분과 이념 등의 차이로 인해 대립하고 분열하면서 유혈사태를 빚기도 하였다. 육군본부(1970), 『육군발전사(제1권)』, 육군본부, 69쪽. 국방부전사편찬위원회(1967), 『한국전쟁사(1)』, 국방부 전사편찬위원회. 248쪽.

는 「국민화를 통한 탈식민화」라는 정치적 과정의 소산이었다. 요컨대, 20세기 대한민국사에서 관전기적 성취는 「사회의 국가화」와 「국가의 통치화」라고 하는 국가와 국민의 발견이자, 근대국가 국민으로의 재탄생이었다.[26]

다섯째, 육군특별지원병제 시행의 역사적 의의는 무엇인가. 종래 연구는 제2차 세계대전기 '제국의 총력전'이라고 하는 초국적 관점에서 일본계 미국인이라는 이민자와 조선인이라는 피식민자를 동일한 카테고리의 마이너리티로 간주하고, 동일한 비교의 틀을 적용해서 '친절한 인종주의'로 수렴하는 정책의 유사성을 강조하였다.[27] 하지만, 조선인 육군특별지원병제를 전시외국인수용소에 격리되었던 일본계 미국인에 대해서 '조건부 충성'을 강요했던 마이너리티의 지원병제와 대등한 차원의 군사동원으로 파악하는 것은 아무래도 부적절하다. 오히려 제2차 세계대전기 영국의 인도와 일본의 조선이라는 제국과 식민지 차원의 국제비교가 보다 적절하다. 앞서 제14장에서 검토한 바와 같이 일본은 영국과 달리 제2차 세계대전 말기에야 식민지 군사동원을 본격화하였다. 그것도 영국령 인도군이 250만 명인 데 반해 불과 20만 명(조선인 12만 명, 대만인 8만 명)이었고, 일본군 총동원 병력의 약 2.5퍼센트를 차지했다.

제2차 세계대전기 영국과 일본은 지원병제를 실시해서 식민지 군사동원을 추진하였다. 하지만 인도군은 근대교육의 세례를 받지 못한 '바보스럽지

---

26. 약 300년에 걸친 영국의 식민통치가 식민지 인도에 남긴 가장 중요한 유산도 '하나의 인도 국민'이라는 정치적 유대감이었다. 20세기 초반까지도 영국인들은 물론이고 인도인들조차도 '하나의 인도' 혹은 '인도라는 개체'를 부정했었다. 그러나 제1~2차 세계대전기 대대적인 군사동원과 치열한 민족주의 운동을 거치면서 인도인들은 '하나의 인도'라는 정치적 동질성을 자각하였다. 이 점에 대해서는 인도의 역사가들은 물론이고 민족주의자들조차도 다들 동의하고 인정하였다. 그래서인지 인도인들은 반영(反英) 감정을 의식하거나 미움도 없었다. 실제로, 1947년 8월 독립 직후 인도의 친영파 언론은 "우리(인도) 안에서 훌륭하고 활기찬 모든 것은 영 제국에 의해 만들어지고 자극받았다"고까지 당당하게 주장하였다. 박지향(2018), 『제국의 품격』, 21세기북스, 251쪽.
27. 다카시 후지타니 지음, 이경훈 옮김(2019), 『총력전 제국의 인종주의』, 푸른역사.

만 순종적인 병사'들이었다. 반면, 육군특별지원병은 보통학교를 졸업한 중 농층 가계의 차남 출신들이었다. 이들의 보수는 당시 일용직 노동자 혹은 인도군에 비해서도 지극히 낮은 수준이었다. 부대 배치도 인도군의 응집성 (凝集性)과 달리 '고도의 희산성(稀散性)'을 특징으로 하였다. 인도군은 계급에 앞서 인종이라는 극단적인 「인종차별주의」를 특징으로 했던 반면, 일본은 인종에 앞서 계급이라는 「계급지상주의」를 추구하였다. 영국의 식민지 군사동원은 인종주의와 물질주의를 추구했던 반면, 일본은 동화주의와 정신주의를 지향하였다. 바꾸어 말하면, 20세기 식민지 군사동원은 「의병주의」를 특징으로 했던 일본과 「용병주의」를 추구했던 영국으로 구별된다.

20세기 식민지 군사동원의 다양성은 일본의 「동화주의」와 영국의 「자치주의」라는 식민통치의 구조적인 특질과도 밀접한 관련성을 갖는다. 일본은 '동화주의 식민통치 이데올로기'를 표방하면서도 조선인의 낮은 민도와 불충분한 교육수준 그리고 의무병역의 신성함을 빌미로 삼아 조선인의 군사동원을 주저하였다. 더구나 오만과 편견으로 가득한 일본인의 '제국의식'은 조선인의 군사적 자질과 역량을 과소평가하게 만들었다. 이는 식민지에서 의무교육 등 병력자원 개발을 지체시켰고, 1940년대 '제국의 총력전'을 내부적으로 제약하였다. 요컨대, 육군특별지원병제의 성립·시행·성과에 주목한 식민지 군사동원의 일본적 특질은 신중성, 소극성, 미숙성을 특징으로 하였다.

여섯째 식민지 군사동원의 경험과 유산은 무엇인가. 앞서 검토한 바와 같이 육군특별지원병은 해방 이후 대한민국 건립과 함께 자유와 번영을 담보하는 물리력의 핵심이었다. 아시아태평양전쟁기 일본이 추진한 식민지 군사동원이 1945년 이후 동아시아 제국의 독립국가 창성에 미친 충격과 영향은 단지 대한민국에만 한정되는 것도 아니었다. 1940년대 일본의 동남아시아 점령과 군정은 현지인들의 내셔널리즘을 자극하고 독립 열망을 고취시키는 데 결정적으로 기여하였다. 일본은 독립 보장을 조건으로 각지의 민족주의

자를 협력자로 포섭해서 현주민의 군사동원에 앞장세웠다. 말하자면 '비용의 최소화와 효용의 극대화'라고 하는 군정전략이었다.

한편, 동남아시아 각지의 「협력엘리트」들은 대일협력을 통해서 오랜 거족적 과제였던 독립을 위한 물리력 확보의 지렛대로 활용하였다. 아시아태평양전쟁기 일본 군정하의 동남아시아는 이른바 「대일협력의 전성시대」를 맞이하였다. 1943년 11월 동남아시아의 「협력엘리트」들은 「대동아회의(大東亞會議)」에 참가해서 일본과의 군사동맹을 결성하고 연합군에 선전을 포고하였다.[28] 하지만, 버마 아웅산의 사례와 같이 일본군의 전세가 1944년 말 이래 절망적 항전기로 바뀌면서 연합군과 연대하며 항일 무장투쟁으로 돌변하기도 하였다.[29] 1940년대 동남아시아 민족주의자들의 대일협력은 일본에 대한 사상적 공명이 아니라 독립이라는 거족적 과제 달성을 위한 정략적 선택지에 불과한 것이었다.[30] 그 점에서 협력과 저항의 경계는 지극히 모호하고 불분명한

---

28. 1943년 11월 일본 동경에서 개최된 「대동아회의」는 대동아공영권 6개 독립국(버마, 중국, 만주, 인도, 태국, 필리핀)의 수뇌 회담이었다. 같은 회의는 일본에 대한 적극적인 전쟁협력과 함께 1941년 8월 연합국이 공포한 「대서양헌장」의 대항이념으로 공존공영, 자주독립, 차별철폐라는 「대동아선언」을 채택하였다. 선언의 골자는 (1)공존공영, (2)독립친화, (3)문화앙양, (4)경제번영, (5)세계진운(進運)에 공헌이라는 '5대 원칙'이었다. 회담 참석자는 중화민국 국민정부의 왕징위 행정원장, 만주국의 장징혜 국무총리, 필리핀공화국의 호세 라우렐 대통령, 버마국의 바 마우 행정부 장관, 타이국의 완 와이타야 콘 친왕, 자유인도 정부의 찬드라 보세였다. 駱駝學人(1943.12), 「大東亞會議의 歷史的 意義」, 『신시대』 제3권 제12호; 深田祐介(2004), 『大東亞會議의 眞實』, PHP研究所; 波多野澄雄(1995), 「重光葵と大東亞共同宣言」, 『國際政治』第109号. 河西晃祐(2011), 「獨立「國という「桎梏」, 『東アジア近現代通史(6)』, 岩波書店.
29. 林英一(2015), 「東南アジアにおける對日協力と抵抗の諸相:インドネシア·ビルマ·インドの義勇軍の比較」, 『現代中國研究』第35/36号.
30. 「대일 협력자(collaborator)」라 하더라도 종래 서구 제국주의 열강의 식민지 지배를 받았던 동남아시아 제국에서 「대일 협력자(필리핀, 인도네시아, 버마)」는 현지사회에서 긍정적인 이미지를 갖고 있다. 반면, 중국과 조선의 협력자들도 일정한 정치적 전망에 따라 협력과 저항의 협간에서 활동했지만, 부정적인 평가를 받는다. 동남아시아의 경우, 「협력과 저항」이 상대적으로 분명하고 동기도 선명했다는 점에서 차이가 있다. 동남아시아 대일 협력자들은 제2차 세계대전 이전부터 서구 제국주의 지배하에서 배양해 왔던 독립운동의 정치적 에너지를 대일협력을 통해서 보다 비약시킬 수 있었고, 1945년 8월 이후 독립과 연계시키는 데 성공하였다. 그래서 대일협력은 독립이라는 대의명분에 의해 정당화되고 합리화될 수 있었다. 根本敬(2006), 「東南アジアにおける對日協力者」, 『アジア太平洋戦争(7)』, 岩波書店, 313~314쪽.

것이었다. 1940년대 일본군이 동남아시아 각지에서 양성한 의용군은 인도 네시아 쟈바의 「향토방위의용군(PETA)」 3만 5500명을 시작으로 합계 약 11 만 9000명에 달하였다.[31] 1943년 10월 일본군이 창설한 인도네시아 「향토방 위의용군」의 사례와 같이 "강건한 체력과 일정한 지력을 갖춘 청년들을 동 원해서 철저한 군사훈련을 실시하였다. 이들은 나중에 인도네시아 국군의 중핵"[32]이 되었다. 이들은 독립을 위한 강렬한 국방의식을 내면화했고, 국가 와 민족의 수호자를 자처하였다.[33] 인도네시아 초대 대통령 수카르노와 제2 대 대통령 수하르토도 「향토방위의용군」 출신이었다.[34] 1941년 12월 창설된 「버마의용군(BIA)」은 1943년 12월 바 마우의 버마공화국 건국과 함께 「버 마국민군(BNA)」으로 재편되었다. 버마공화국의 초대 국방장관은 「버마국민 군」 출신의 아웅산이었다. 1943년 건국한 필리핀 제2공화국의 제3대 대통 령 호세 라운렐도 「필리핀애국동지회」의 창설 멤버였다.

앞서 제14장에서 검토한 「인도국민군(INA)」 4만 5000명은 1944년 「임팔 작전」이 실패하면서 인도군의 포로가 되고 말았다.[35] 1945년 10월 인도정청 은 이 가운데 2만 명을 '대영제국의 반역자'로 낙인을 찍어서 군법회의에 회 부하였다.[36] 하지만, '인도국민군은 인도를 위해 싸운 애국자'라며 즉시 석방 을 요구하는 인도 국민들의 거족적인 지지를 받았다. 1946년 2월 인도군 수 병들이 반란을 일으켜서 뭄바이, 카라치, 캘커타에서 수십 척의 함정을 점 거하고 「인도국민군」 해군을 자처하였다. 인도군 병사들도 이들의 체포와 발

---

31. 林英一(2015), 「東南アジアにおける對日協力と抵抗の諸相」, 『現代中國研究』第35/36号.

32. 後藤乾一(2013), 「アジア太平洋戦爭と東南アジア」, 『外交史料館報』第27号.

33. 後藤乾一(2010), 『近代日本と東南アジア』, 岩波書店, 318쪽.

34. 白石隆(1997), 『スカルノとスハルト』, 岩波書店.

35. 長崎暢子(1980), 「インド國民軍の形成」, 『南アジアの民族運動と日本』, アジア經濟研究所, 1〜61쪽.

36. 中里成章(1980), 「インド國民軍裁判をめぐって」, 『南アジアの民族運動と日本』, アジア經濟研究所, 115〜 130쪽.

포를 거부하였다. 「인도국민군」의 포로재판은 인도 독립의 결정적인 단서를 제공하였다. '대영제국의 반역자'들이었던 이들 「인도국민군」은 1947년 8월 인도공화국 건국과 함께 국민군 창설을 주도하였다.[37]

1945년 8월 종전 이후 대만인 육군특별지원병은 참으로 가혹한 운명들이었다. 이들은 1940년대 일본, 중화민국, 중화인민공화국에 의해 아시아태평양전쟁, 제2차 국공내전, 1950년 6·25전쟁에 동원되어 철저히 소모되고 말았다. 하지만, 1949~1969년 중화민국의 장개석 총통은 일본군 장교(약 83명)로 구성된 「백단(白團)」이라고 하는 비공식 군사고문단을 일본으로부터 비밀리에 초빙해서 국민당군의 정예화를 추진하였다.[38] 말하자면, 국민당군은 일본군이 자랑하는 약자전법의 유전자를 수육해서 중공군 백만 대군에 맞서는 '일당백의 강군'으로 탈바꿈할 수 있었다.

요컨대, 1940년대 일본의 식민지·점령지에서 군사동원은 의도하지 않은 결과였지만, 식민지 조선을 비롯해서 동아시아 제국의 탈식민화(decolonization)를 촉진하고, 국민국가 창성을 위한 물리력 형성에 결정적으로 기여하였다. 「물량주의」가 아닌 투철한 국가관·사생관·군인관이라고 하는 「정신주의」를 중시하는 '약자전법의 힘센 국민군'을 창설할 수 있었다. 이 점을 고려하면 동아시아에서 제2차 세계대전 혹은 아시아태평양전쟁은 전혀 다른 의미의 '성스러운 전쟁'이었다.[39]

---

37. 6·25전쟁기 북한군 소좌 출신의 공산포로였던 주영복은 휴전협정과 함께 중립국 인도행을 택해서 1954년 2월 말 인도 동남부 마드라스항에 도착하였다. 이후 자신을 포함한 중립국 포로 88명(한국인 76명, 중국인 12명)을 안내하고 편의를 제공한 중립국 관리군 소속 인도군 장교는 "제2차 세계대전 때 일본군에 포로가 되었고 다시 영국군에 포로가 되었던 사람"이었다고 한다. 주영복(1991), 「내가 겪은 조선전쟁(2)」, 고려원, 436쪽; 丸山靜雄(1985), 「インド國民軍もう一つの太平洋戰爭」, 岩波新書.

38. 中村祐悅(1995), 「白團」, 芙蓉書房出版.

39. 제2차 세계대전은 제국주의 전쟁이라는 제1차 세계대전의 일원적 성격과 달리 반파시즘 전쟁, 제국주의 전쟁, 탈식민화 전쟁이라는 복합성을 갖는다. 木畑洋一(2008), 「イギリス帝國と帝國主義」, 有志舍, 171~174쪽.

참 고 문 헌

회고(한글)

강성재(1986), 『참 군인 이종찬 장군』, 동아일보사.

강영훈(2008), 『나라를 사랑한 벽창우』, 동아일보사.

강용권(2000), 『끌려간 사람들, 빼앗긴 사람』, 해와달.

계훈제(2002), 『흰 고무신』, 삼인.

공국진(2001), 『한 노병의 애환』, 원민.

김계원(2012), 『The father』, SNS미디어.

김병권(2010), 『세월의 이끼에 가려진 보석』, 예가.

김석원(1977), 『노병의 한』, 육영사.

김성수(1999), 『상이군인 김성수의 전쟁』, 금하출판사.

김이현(1991), 『멀고도 먼 귀로』, 베드로서원.

김정렬(1993), 『김정렬 회고록』, 을유문화사.

김정렬(2010), 『항공의 경종』, 대희.

김종민(2010), 『대전쟁』, 동아E&D.

김종필(2016), 『김종필 증언록』, 와이즈베리.

김준엽(1987), 『장정』, 나남.

김희오(2000), 『인간의 향기』, 원민.

노가원(1993), 『남도부』, (주)월간 말.

백선엽(1989), 『군과 나』, 대륙연구소.

백선엽(1992), 『(실록), 지리산』, 고려원.

백선엽(2017), 『백선엽의 한국전쟁 징비록』, 책밭.

서명원(2005), 『알면 알수록 더 모르겠네!』, 정민사.

신철식(2017), 『신현확의 증언』, 메디치.

안용현(1992), 『한국전쟁비사』, 경인문화사.

안용현(2003), 『(실록), 한 노병의 잡화』, 한솜미디어.

엄영식(2005), 『탈출』, 야스미디어.

유재흥(1994), 『격동의 세월』, 을유문화사.

윤용남(2012), 『우리는 대한민국 군인이었다』, 상상미디어.

이가형(1993), 『분노의 강』, 경운.

이건영(1996), 『패자의 승리』, 진명출판사.

이계홍(2005), 『장군이 된 이등병』, 화남.

이대용(2010), 『6·25와 베트남전, 두 사선을 넘다』, 기파랑.

이병형(1980), 『대대장』, 병학사.

이용상(1993), 『용금옥 시대』, 서울신문사.

이용상(1994), 『삼색의 군복』, 한줄기.

이원복(1996), 『타이거 장군 송요찬』, 육군교육사령부.

이응준(1982), 『회고 90년』, 산경기념사업회.

이정화(1955), 『그리운 아버님 춘원』, 우신사.

이치업(2001), 『번개장군』. 원민.

이태(1988), 『남부군』, 두레.

이한림(1994), 『세기의 격랑』, 팔복원.

이형근(1993), 『이형근 회고록』, 중앙일보사.

임부택(1996), 『낙동강에서 초산까지』, 그루터기.

장도영(2001), 『장도영의 회고록』, 숲속의 꿈.

장일암 편(2013), 『살아도 백골 죽어도 백골』, 라온북.

장창국(1984), 『육사졸업생』, 중앙일보사.

정일권 편(1987), 『만주국군지』.

정일권(1986), 『(6·25비록), 전쟁과 휴전』, 동아일보사.

정일권(1996), 『정일권 회고록』, 광명출판사.

조성식(2007), 『영어와 더불어』, 해누리.

주영복(1991), 『내가 겪은 조선전쟁』, 고려원.

차규헌(1985), 『전투』, 병학사.

채명신(1994), 『채명신 회고록』, 매일경제신문사.

최갑석(1998), 『국군의 뿌리』, 삼우사.

최국주(1982), 『역사에 던지는 목소리』, 동광출판사.

최기일(2002), 『자존심을 지킨 한 조선인의 회상』, 생각의나무.

최인규(1984), 『최인규 옥중자서전』, 중앙일보사.

최태환·박혜강(1989), 『젊은 혁명가의 초상』, 공동체.

최홍희(1997), 『태권도와 나』, 사람다움.

풍익사업추진위원회편(1987), 『내 젊은 조국에』, 병학사.

한국일보 편(1991), 『(증언), 김일성을 말한다』, 한국일보사.

한국정신문화연구원(2001), 『내가 겪은 해방과 분단』, 선인.

한신(1994), 『한신 회고록』, 명성출판사.

호현찬(2000), 『한국영화 100년』, 문학사상사.

홍사중(1982), 『전환기의 내막』, 조선일보사.

한글 자료

50동우회 편(1998), 『국군의 뿌리』, 삼우사.

INN STEEL 50년사 사사편찬위원회(2003), 『INN STEEL 50년사』, INN STFFI 주식회사.

갑종장교단중앙회 편(2005), 『불멸의 갑종간부 후보생』, 갑종장교단중앙회.

갑종전우회(1997), 『갑종장교단 약사』, 갑종전우회.

국가기록원, 『병적전시명부』.

국방부군사편찬연구소(2005), 『북한의 전면 남침과 초기 방어전투』, 국방부군사편찬연구소.

국방부군사편찬연구소(2005), 『금강―소백산맥선 지연작전』, 국방부군사편찬연구소.

국방부전사편찬위원회(1967), 『한국전쟁사』, 국방부.

국방부전사편찬위원회(1986), 『안강·포항 전투』, 국방부전사편찬위원회.

국방부전사편찬위원회(1987), 『금성 전투』, 국방부전사편찬위원회.

국방부전사편찬위원회(1989), 『한국전쟁 전투사: 수도고지·지형능선전투』, 국방부전사편찬위원회.

김성덕 편(1967), 『함북대관』, 정문사.

박미경 역(2015), 『(국역) 윤치호 영문 일기』, 국사편찬위원회.

박정신 역(2016), 『(국역) 윤치호 영문 일기』, 국사편찬위원회.

여암선생문집편찬위원회 편(1971), 『여암문집(上)』, 여암선생문집편찬위원회.

육군본부(1961), 『육군연감』, 육군본부군사감실.

육군본부(1970), 『육군발전사』, 육군본부.

육군본부, 『장교자력표』.

육군본부군사연구실 편(1980), 『병서연구』 제11집.

육군사관학교제8기생회(1992), 『노병들의 증언』, 육군사관학교제8기생회.

육군종합학교전우회(1995), 『(실록) 6·25한국전쟁과 육군종합학교』.

의암손병희선생기념사업회 편(1967), 『의암 손병희선생전기』, 의암손병희선생기념사업회.

제주 4·3사건 진상규명 및 희생자 명예회복위원회(2003), 『제주4·3사건 진상조사 보고서』.

조병상(1949.2.4), 「조병상 피의자 신문조서」, 『반민특위조사기록』, 국사편찬위원회.

중앙일보사 편(1983), 『민족의 증언』, 중앙일보사.

친일반민족행위진상규명위원회(2008), 『친일반민족행위관계사료집(VI)』, 선인.

태극사랑(2017), 『사진으로 본 62년 박정희 대통령』.

함북중등학교동창회연합회 편(1995), 『함북지성에 고함』, 함북중등학교동창회연합회.

헌병사편찬실(1952), 『한국헌병사』, 헌병사령부.

일문 자료

内閣(1921), 「朝鮮総督府中枢院参議閔元植叙勲の件」.

内閣(1939), 「陸軍兵事部令」.

内閣(1941), 「台湾に志願兵制施行の件」.

内閣(1944), 『朝鮮及臺灣在住民政治處遇調査會(3)』.

大藏省(1943), 「朝鮮及台湾の現況」.

外務省(1943), 「台湾に於ける陸軍特別志願兵制度實施狀況」.

內務省(1944), 「朝鮮及台湾に於ける衆議院政議員選擧法治施行竝に臺灣議會設置に關する請願調」.

拓務省(1931), 『拓務省所管各地域に於ける思想運動概観』.

拓務省(1938), 「昭和十二年二十四日の閣議決定に基く拓務大臣上奏文」.

陸軍省(1926), 「朝鮮臺灣人に兵役義務を課するを尚早と認むる理由の要旨竝現在及将来の方針歩兵隊訓練向上に関する内議の件」.

陸軍省(1938), 「朝鮮人志願兵制度に関する意見」.

陸軍省(1939), 「昭和十四年度採用すべき朝鮮人志願兵の採用人員竝に入営又は召集部隊等に関する件」.

陸軍省(1939), 「特別志願兵令に依る兵取扱に関する件」.

陸軍省(1939), 「朝鮮出身兵取扱教育の参考資料送付に関する件」.

陸軍省(1939),「告別式に弔電供与の件」.

陸軍省(1940),「特別志願兵にして幹部候補生を志願せんとする志願及其の取扱に関する件」.

陸軍省(1940),「現役兵及第一補充兵の員数に関する件」.

陸軍省(1942),「陸軍挺進練習部挺進聯隊要員たる兵の転属に関する件」.

陸軍省(1943),「朝鮮出身兵取扱教育の参考資料送付に関する件陸軍一般へ通牒」.

陸軍省(1945),「異民族の使用」.

陸軍省(1946),『第11章 台湾及台湾人の戦争遂行に及ぼしたる影響及台湾人志願兵, 徴兵に就て』.

陸軍省(1946),「第十方面軍作戦準備竝作戦記録」.

法制局(1938),「拓務大臣請議朝鮮總督府陸軍兵志願者訓練所官制制定の件」.

法制局(1939),「朝鮮総督府陸軍兵志願者訓練所管制中改正の件」.

法制局(1942),「台湾総督府陸軍兵志願者訓練所官制を定め高等官官等俸給令中を改正す」.

法制局(1943),「朝鮮総督府陸軍兵志願者訓練所管制中改正の件」.

法制局(1944),「朝鮮總督府軍務豫備訓練所官制制定の件」.

朝鮮總督府(1923),「國民協會の参政權運動宣傳文に關する件」.

朝鮮總督府(1932),『朝鮮の小作慣行』.

朝鮮總督府(1933),「中樞院官制改正に関する参考資料」.

朝鮮總督府(1937),「朝鮮人志願兵制度施行に関する樞密院に於ける想定質問及答弁資料」.

朝鮮總督府(1937),「朝鮮人志願兵制度施行要項」.

朝鮮總督府(1937),「第73回帝國議會說明資料」.

朝鮮總督府(1938),『朝鮮時局對策調查會諮問案參考書』.

朝鮮總督府(1940),『農家經濟概況調查』.

朝鮮總督府(1941),「第79回帝國議會說明資料」.

朝鮮總督府(1941),『朝鮮農業人口に関する資料(其二)』.

朝鮮總督府(1941),「第79回帝國議會說明資料」.

朝鮮總督府(1942),「徒諸調查表」.

朝鮮總督府(1943),『朝鮮事情』.

朝鮮總督府(1943),『昭和十四年旱害誌』.

朝鮮總督府(1944),「第85回帝國議會說明資料」.

朝鮮總督府(1944),「第86回帝國議會說明資料」.

朝鮮總督府(1944),『新しき朝鮮』.

朝鮮軍參謀長(1926),「朝鮮歩兵隊訓練向上に関する内議の件」.

朝鮮軍參謀長(1937),「朝鮮人志願兵制度に関する意見」.

朝鮮軍參謀長(1937),「朝鮮人志願兵問題に関する件回答」.

朝鮮軍參謀長(1939),「陸軍特別志願兵縱軍状況に関する件」.

朝鮮軍司令部(1938),「朝鮮軍諸施設希望要綱」.

朝鮮軍司令部(1939),「鮮内思想状況の件」.

朝鮮軍司令部(1939),「鮮内兵事部長会議書類提出の件」.

朝鮮軍司令部(1940),「鮮內思想状況に関する件」.

朝鮮軍殘務整理部(1951),『朝鮮軍概要史』, 不二出版.

臺灣總督府(1935),『臺灣總督府警察沿革誌』.

臺灣總督府(1936),『中等公民敎科書』.

臺灣總督府(1937),「臺灣輿論槪觀」.

臺灣總督府(1943),『大東亞戰爭と臺灣』.

臺灣總督府(1944),『諭告訓達類聚』.

臺灣總督府(1945),『臺灣統治槪要』.

臺灣省行政長官公署統計室(1946),『臺灣省51年來統計提要』.

朝鮮憲兵隊司令部(1934),『(朝鮮同胞に對する)內地人反省資錄』.

朝鮮憲兵隊司令部(1940),「昭和14年朝鮮治安關係一覽表の件」.

海軍軍務局長(1937),「朝鮮人志願兵制度に關する件申進」.

鎭海要港部參謀長(1937),「朝鮮人志願兵制度に關する件照會」.

第二十師団參謀部(1937),「第二十師団機密作戰日誌」.

第二十師團長(1940),「第二十師團上奏」.

第二十師團長(1940),『第二十師団狀況報告』.

步兵第七十八聯隊史編纂委員会編(1983),『步兵第七十八聯隊史』.

步兵第七十九聯隊史編集委員会編(1984),『步兵第七十九聯隊史』.

步兵第七十四聯隊史編集刊行委員会(1998),『步兵第七十四聯隊史』.

步兵第七十六聯隊記念誌編纂委員会編(1995),『步兵第七十六聯隊秘錄』.

防衛庁防衛硏修所戰史部編(1979),『陸軍軍戰備』, 朝雲新聞社.

國民協會宣傳部編(1931),『國民協會運動史』.

靖國神社(1933),『靖國神社忠魂史』.

伊藤猷典(1934),『鮮滿の興亞敎育』, 目黑書店.

大同促進会代表者総理謝竜瀾(1935),「台湾に徵兵制度卽時施行外二件」.

中樞院(1937),『第18回中樞院會議參議答申書』.

朝鮮文化普及會編(1938),『朝鮮大觀』.

東京靑年立志會編輯部編(1938),『陸軍現役志願兵』, 東京靑年立志會.

朝鮮軍事後援聯盟(1939),『軍事後援聯盟事業要覽』.

綠旗聯盟(1939),『朝鮮思想界槪觀』, 綠旗聯盟日本文化硏究所.

岡久雄(1939),『陸軍特別支援兵讀本』, 帝國地方行政學會朝鮮支部.

海田要(1939),「志願兵制度の現狀と将来への展望」, 『今日の朝鮮問題講座』, 綠旗聯盟.

鉢村忠(1942),『み民われ志願兵』, 博文書館.

森下三男(1942),『陸軍特別志願兵』, 立川文明堂.

滿鐵東亞經濟調査局編(1942),『印度統治機構の史的槪觀』, 滿鐵東亞經濟調査局.

滿洲帝國協和會中央本部調査部(1943),『国内に於ける鮮系国民実態』.

杉浦洋(1943),『朝鮮徵兵讀本』, 朝鮮圖書.

興南新聞社(1943),『臺灣徵兵制讀本』.

大村謙三(1943),『戦ふ半島志願兵』, 京都書籍.

佐野八十衛(1943),『戦ふ朝鮮』, 内外公論社.

御手洗辰雄(1957),『南次郎』, 南次郎傳記刊行會.

小磯国昭(1963),『葛山鴻爪』, 小磯国昭自叙伝刊行会.

國立國會圖書館(1976),『靖國神社問題資料集』.

東洋經濟新報社(1981),『昭和國勢總攬』.

市川正明(1983),『三·一獨立運動(第一卷)』, 原書房

大江志乃夫編(1988),『支那事變大東亞戰爭間動員概史』, 不二出版.

在日朝鮮人運動史硏究會編(2011),『在日朝鮮人史資料集(2)』, 綠陰書房.

인터뷰

박경원(2019.7, 2020.1),「인터뷰 자료」

함병룡(2019.8),「인터뷰」

안선영(2017.2),「인터뷰」

신문/잡지(한글)

「옥천신문」·「매일신보」·「국민신보」·「중외일보」·「경성일보」·「중앙일보」·「동아일보」·「경향신문」·「월간조선」·「정경문화」·「삼천리」·「대동아」·「신동아」·「신시대」·「개벽」·「동광」·「여성」·「서우」·「시중」·「북한」·「세계」·「월간전우」·「통일한국」

신문/잡지(일문)

「滿洲日報」·「滿洲日日新聞」·「大阪每日新聞」·「大阪朝日新聞」·「朝鮮公論」·「臺灣日日新報」·「興南新聞」·「週刊春秋」·「部報」·「週報」·「朝鮮」·「世界」·「興亞協會」·「朝鮮之光」·「朝鮮事情資料」·「經濟月報」·「朝鮮總督府官報」·「治安週報」·「治安情況」·「朝鮮及滿洲」·「高等警察報」·「治安狀況」·「文敎の朝鮮」·「朝鮮の敎育硏究」·「特高月報」·「朝鮮行政」·「朝鮮事情資料」·「總動員」

인터넷 자료

https://www.kinds.or.kr

https://www.heiwakinen.go.jp

https://ko.wikipedia.org

https://ja.wikipedia.org

한글 저서

강규형 외(2019),『김일성이 일으킨 6·25전쟁』, 기파랑.

강만길(1984),『한국현대사』, 창작과비평사.

고석규(1998),『19세기 조선의 향촌사회 연구』, 서울대학교 출판부.

교육출판기획실 편(1988),『교과서와 친일문학』, 동녘.

권태억 편(1995),『근현대 한국탐사』, 역사비평사.

김동길(2020),『백년의 사람들』, 나남.

김동명(2006),『지배와 저항, 그리고 협력』, 경인문화사.

김려실(2006),『투사하는 제국 부엉하는 식민지』, 삼인.

김상원 외편(2013),『6·25전쟁사(11)』, 국방부군사편찬연구소.

김상원 편(2013),『한국전쟁사(11)』, 국방부군사편찬연구소.

김영식(1994),『아버지 파인 금동환』, 국학자료원.

김영식(1998),『파인 김동환문학연구』, 논문자료사.

김영호(2006), 『한국전쟁의 기원과 전개과정』, 성신여자대학교 출판부.
김완섭(2003), 『새 친일파를 위한 변명』, 춘추사.
김용안(2009), 『키워드로 여는 일본의 향(響)』, 제이앤씨.
김윤식(2012), 『한일 학병 세대의 빛과 어둠』, 소명출판.
김윤정(2011), 『조선총독부 중추원 연구』, 경인문화사.
김재용(2004), 『협력과 저항』, 소명출판.
김종신(2011), 『영시의 햇불』, 기파랑.
김중생(2000), 『조선의용군의 밀입북과 6·25전쟁』, 명지출판사.
김철(2008), 『복화술사들』, 문학과지성사.
김철(2018), 『우리를 지키는 더러운 것들』, 뿌리와이파리.
김행복 편(2004), 『한국전쟁사(1)』, 국방부군사편찬연구소.
김행복(2015), 『반공포로 석방과 휴전협상』, 백년동안.
김현영(1999), 『조선시대의 양반과 향촌사회』, 집문당
김효순(2015), 『간도특설대』, 서해문집.
나종남 편(2012), 『한국군 초기 역사를 듣다』, 국사편찬위원회.
남정옥 편(2008), 『한국전쟁사(5)』, 국방부군사편찬연구소.
남정옥(2010), 『한국전쟁 이것만은 알아야 한다』, 삼우사.
문일평 지음, 이한수 옮김(2008), 『문일평 1934년』, 살림.
민족정경문화연구소 편(1948), 『친일파군상』, 삼성문화사.
민항기(2009), 『한국전쟁사』, 국방부군사편찬연구소.
박경리(1993), 『토지(제13권)』, 솔.
박경석(1990), 『육군종합학교』, 서문당.
박계조·이학송 공저(1962), 『춘원 이광수』, 삼중당.
박동찬(2014), 『통계로 본 한국전쟁』, 국방부군사편찬연구소.
박세길(1988), 『다시쓰는 한국현대사』, 돌베개.
박순동(1980), 『암태도 소작쟁의』, 청년사.
박지향(2000), 『제국주의 신화와 현실』, 서울대학교 출판부.
박지향(2010), 『윤치호의 협력일기』, 이숲.
박지향(2018), 『제국의 품격』, 21세기북스.
박진환(2005), 『박정희 대통령의 한국경제 근대화와 새마을운동』, 박정희대통령기념사업회.
박희범(1968), 『한국경제성장론』, 고려대학교 아세아문제연구소.
복거일(2003), 『죽은 자들을 위한 변호, 21세기의 친일문제』, 들린아침.
서정주(2015), 『미당 서정주 전집(1)시』, 은행나무.
선우휘(1987), 「외면」, 『선우휘문학선집(3)』, 조선일보 출판부.
소진철(1996), 『한국전쟁의 기원』, 원광대학교 출판국.
손규석(2003), 『태극무공훈장에 빛나는 6·25전쟁 영웅』, 국방부군사편찬연구소.
손인수(1998), 『한국교육사연구(하)』, 정음사.
송기숙(1981), 『암태도』, 창작과비평사.
송방송(2012), 『한겨레음악대사전』, 보고사.
송병채(2006), 『나는 너를 믿는다』, 원민.

송요찬(1962), 『산업혁명과 한국경제』, 동아출판사.

심지연(2006), 『이강국 연구』, 백산서당.

안문석(1919), 『무정평전』, 일조각,

양동안(2016), 『대한민국 '건국일'과 '광복절' 고찰』, 백년동안.

양영조 편(2005), 『한국전쟁사(2)』, 국방부군사편찬연구소.

양쿠이 외 저, 송승석 편역(2006), 『식민주의, 저항에서 협력으로』 역락.

오성철(2000), 『식민지 초등 교육의 형성』, 교육과학사

오수창(2002), 『조선 후기 평안도 사회발전 연구』, 삼신문화사.

유영익 편(2002), 『한국과 6·25전쟁』, 연세대학교 출판부.

유영익 편(2006), 『이승만 대통령 재평가』, 연세대학교 출판부.

윤정란(2015), 『한국전쟁과 기독교』, 한울.

이광수(1939), 『반도강산』, 영창서관.

이광수(1962), 「나」, 『이광수전집(11)』, 삼중당.

이광수(1962), 「팔려가는 딸들」, 『이광수전집(13)』, 삼중당.

이광수(1964), 「그의 자서전」 , 『이광수전집(9)』, 삼중당.

이광수(1995), 「그들의 사랑」, 『진정 마음이 만나서야말로』, 평민사.

이기동(1982), 『비극의 군인들』, 일조각.

이대용(2017), 『이대용 장군의 수기』, 육군군사연구소.

이대인(2017), 『대한민국 특무부대장 김창룡』, 기파랑.

이만열 편(1980), 『박은식』, 한길사.

이상우(1988.8), 「한국군부의 인맥과 파벌」,

이승만 지음, 박기봉 교정(2018), 『독립정신』, 비봉출판사.

이영재(2008), 『제국 일본의 조선영화』, 현실문학.

이영훈 외(2019), 『반일종족주의』, 미래사.

이영훈 편(1992), 『근대조선수리조합연구』, 일조각.

이영훈(2007), 『대한민국 이야기』, 기파랑.

이영훈(2020), 『반일 종족주의와의 투쟁』, 미래사.

이옥순(2007), 『인도 현대사』, 창비.

이용원(1999), 『제2공화국과 장면』, 범우사.

이인직, 권영민 편(2007), 『혈의 누』, 문학과지성사.

이정욱 공편(2014), 『사상전의 기록』, 학고재.

이주영(2011), 『대한민국은 왜 건국을 기념하지 않는가』, 뉴데일리.

이중오(2000), 『이광수를 위한 변명』, 중앙M&.

이헌창(1997), 「『민적통계표』의 해설과 이용방법」, 고려대학교 민족문화연구소.

이형근(1993), 『군번 1번의 외길 인생』, 중앙일보사.

임지현(1999), 『민족주의는 반역이다』, 소나무.

장규식(2007), 『민중과 함께 한 조선의 간디, 조만식의 민족운동』, 역사공간.

장규식(2007), 『민중과 함께 한 조선의 간디, 조만식의 민족운동』, 역사공간.

장창국(1984), 『육사졸업생』, 중앙일보사.

정병준 외(2018), 『한국현대사(1)』, 푸른역사.

정운현(2016), 『친일파의 한국 현대사』, 인문서원.

정일화(2014), 『휴전회담과 이승만』, 선한약속.

정진석(2017), 『언론인 춘원 이광수』, 기파랑.

조갑제(2006), 『박정희, 한 근대화 혁명가의 비장한 생애』, 조갑제닷컴.

조갑제(2007), 『박정희, 혁명전야(3)』, 조갑제닷컴.

조갑제(2007), 『박정희, 5·16의 24시(4)』, 조갑제닷컴.

조길태(2009), 『인도와 파키스탄』, 민음사.

조길태(2017), 『인도독립운동사』, 민음사.

조연현(1969), 『한국현대문학사』, 성문각.

짐 하우스만, 정일화 편(1995), 『한국 대통령을 움직인 미군 대위』, 한국문원.

채한국 편(1995), 『한국전쟁』, 국방군사연구소.

최유리(1997), 『일제 말기 식민지 지배정책 연구』, 국학자료원.

최정운(2013), 『한국인의 탄생』, 미지북스.

최정희(1942), 『야국초』, 국민문학.

최정희(1963), 『수필집 젊은 날의 증언』, 육민사.

하영준(2017), 『조선의 근대전환과 평안도 연구』, 경인문화사.

한국문학연구소(1980), 『김동인(5)』, 연희.

한국정신대연구소 편(1999), 『강제로 끌려간 조선인 군위안부들(3)』, 한울.

한상태(2001), 『윤치호일기(1916~1943)』, 역사비평사.

한용원(1984), 『창군』, 박영사.

함충범(2008), 『일제말기 한국영화사』, 국학자료원.

황수남(2012), 『최정희 문학 연구』, 문예운동사.

일문 저서

上田務(1920), 『朝鮮統治論』, 朝鮮研究會.

青柳綱太郎(1923), 『朝鮮統治論』, 朝鮮研究會.

善生永助(1925), 『朝鮮の人口研究』, 朝鮮印刷株式會社.

朴春琴(1930), 『我等の国家新日本』, 朴春琴事務所.

西田鶴子(1933), 『朴春琴代議士小伝』, 大日統社.

菱本長次(1938), 『朝鮮米の研究』, 千倉書房.

御手洗辰雄編(1942), 『南總督の朝鮮統治』, 京城日報社.

大形太郎(1942), 『高砂族』, 育生社弘道閣.

張赫宙(1944), 『岩本志願兵』, 興亞文化出版.

小早川九郎編(1959), 『朝鮮農業發達史(政策編)』, 友邦協會.

伊藤桂一(1969), 『兵隊たちの陸軍史』, 番町書房.

尾川正二(1969), 『極限のなかの人間』, 國際日本研究所.

千田夏光(1975), 『禁じられた戦記』, 汐文社.

佐々木春隆(1976), 『朝鮮戦争(上)』, 原書房.

マシュウ·B.リッジウェイ著, 態谷正巳外譯(1976), 『朝鮮戦爭』, 恒文社.

丸山善吉編(1977), 『歩兵第七十三聯隊概史』, 愛甲哲.

長崎暢子編(1980),『南アジアの民族運動と日本』, アジア經濟研究所.

中川浩一·和歌森民男編(1980),『霧社事件』, 三省堂.

小野三郎編(1983),『白雲悠々(小野武雄追悼錄)』.

田中賢一(1984),『大空の華』, 芙蓉書房.

宮田節子(1985),『朝鮮民衆と「皇民化」政策』, 未来社.

丸山静雄(1985),『インド国民軍』, 岩波新書

吉見義明(1987),『草の根のファシズム』, 東京大學出版會.

佐藤愛子(1987),『スニヨンの一生』, 文藝春秋.

岡本政治(1990),『歩兵第七十五連隊私記余話』.

新人物往来社戦史室(1991),『日本陸軍歩兵聯隊』, 新人物往来社,

山本有造(1993),『日本植民地經濟史研究』, 名古屋大學出版會.

伊藤潔(1993),『台湾』, 中公新書.

孤蓬萬里(1994),『「臺灣萬葉集」物語』, 岩波書店.

西川長夫(1995),『幕末·明治期の國民國家形成と文化變容』, 新曜社.

松田利彦(1995),『戦前期の在日朝鮮人と参政權』, 明石書店.

林えいだい(1995),『証言集, 朝鮮人皇軍兵士』, 拓植書房.

国塚一乗(1995),『インパールを超えて』, 講談社.

福谷正典(1995),『破れ狼』, 連合出版.

新人物往来社戦史室編(1996),『太平洋戦争師団戦史』, 新人物往来社.

長崎暢子(1996),『ガンディ- 反近代の実験』, 岩波書店.

駒込武(1996),『植民地帝國日本の文化統合』, 岩波書店.

近藤正己(1996),『總力戦と臺灣』, 刀水書房.

エリック·ホブズボーム著, 河合秀和訳(1996),『20世紀の歴史』, 三省堂.

白石隆(1997),『スカルノとスハルト』, 岩波書店.

小熊英二(1998),『「日本人」の境界』, 新曜社.

アルヴィン·D·クックス著, 岩崎博一編譯(1998),『張鼓峯事件』, 原書房.

門脇朝秀編(2000),『台湾から心の友を迎えて』, あけぼの会.

山之內靖(2000),『總力戦と現代化』, 柏書房.

秋田茂(2000),「帝国と軍隊」,『地域の世界史(11)』, 山川出版.

樋口雄一(2001),『戦時下朝鮮の民衆と徴兵』, 総和社.

樋口雄一(2001),『皇軍兵士にされた朝鮮人』, 社会評論社.

藤原彰(2001),『餓死した英霊たち』, 青木書店.

ビパン チャンドラ著, 粟屋利江訳(2001),『近代インドの歴史』, 山川出版社.

川勝平太編(2002),『グローバル·ヒストリーに向けて』, 藤原書店.

秋田茂(2003),『イギリス帝国とアジア国際秩序』, 名古屋大学出版会.

河崎眞澄(2003),『還ってきた台湾人日本兵』, 文藝春秋.

原剛編(2003),『日本陸海軍事典(上)』, 新人物往来社.

ベネディクト·アンダ-ソン著, 白石さや·白石隆譯(2004),『想像の共同體』, NTT出版.

深田祐介(2004),『大東亜会議の真実』, PHP研究所.

中島岳志(2005),『中村屋のボース』, 白水社.

秦郁彦編(2005),『日本陸海軍總合事典』, 東京大學出版會.

河田宏(2005),『内なる祖国へ』, 原書房.

全陸軍甲種幹部候補生制度史編集委員会編(2005),『全陸軍甲種幹部候補生制度史』.

中村政則(2005),『戦後史』, 岩波新書.

中村祐悦(2006),『白團』, 芙蓉書房.

梶居佳広(2006),『「植民地」支配の史的研究』, 法律文化社.

波多野澄雄編(2006),『日中戦争の軍事的展開』, 慶應義塾大學出版會.

佐々木雄太編(2006),『世界戦争の時代とイギリス帝国』, ミネルヴァ書房.

周婉窈(2007),『臺灣の歴史』, 平凡社.

伊藤桂一(2008),『兵隊たちの陸軍史』, 新潮社.

水島司編(2008),『グローバル・ヒストリーの挑戦』, 山川出版社.

木畑洋一(2008),『イギリス帝國と帝國主義』, 有志舍.

春山明哲(2008),『近代日本と台湾』, 藤原書店.

田中宏巳(2009),『マッカーサーと戦った日本軍』, ゆまに書房.

笠原十九司(2010),『日本軍の治安戦』, 岩波書店.

後藤乾一(2010),『近代日本と東南アジア』, 岩波書店.

新城道彦(2011),『天皇の韓國併合』, 法政大學出版局.

趙景達(2013),『植民地朝鮮と日本』, 岩波新書.

白善燁(2013),『若き将軍の朝鮮戦争』, 草思社.

北原道子(2014),『北方部隊の朝鮮人兵士』, 現代企画室.

島田裕巳(2014),『靖國神社』, 幻冬舎新書.

加藤正夫(2014),『陸軍中野學校』, 潮書房光人社.

大田祐介(2014),『永遠の四一』, 福山健康舎.

古川静夫(2015),『歩兵第八十聯隊史』.

笠原孝太(2015),『日ソ張鼓峯事件史』, 錦正社.

山田朗(2015),『兵士たちの戦場』, 岩波書店.

吉田裕(2017),『日本軍兵士』, 中公新書.

消えゆく太平洋戦争の戦跡編集委員会(2017),『消えゆく太平洋戦争の戦跡』, 山川出版社.

ユミ・ムン著, 赤阪俊一外共訳(2018),『日本の朝鮮植民地化と親日「ポピュリスト」』, 明石書店.

藤井非三四(2018),『帝国陸軍師団変遷史』, 図書刊行会.

ブランドン・パ-マ-著, 鹽谷紘譯(2014),『(檢證) 日本統治下朝鮮の戦時動員(1937~1945)』, 草思社.

영문 저서

Brandon Palmer, Fighting for the Enemy: Japan's Mobilization of Koreans for War, 1937–1945. University of Washington, 2013.

Takashi Fujitani, Race for Empire: Koreans as Japanese and Japanese as Americans during World War II. University of California Press, 2011.

번역

가루베 다다시 지음, 박홍규 옮김(2011),『마루야마 마사오』, 논형.

고당기념사업회 편(1995), 『고당 조만식 회상록』, 조광출판.

그레고리 헨더슨 지음, 박행웅 편역(1968), 『소용돌이의 한국정치』, 한울.

기무라 간 지음, 김세덕 옮김(2007), 『조선/한국의 내셔널리즘과 소국의식』, 산처럼.

다카시 후지타니 지음, 이경훈 옮김(2019), 『총력전 제국의 인종주의』, 푸른역사.

다카하시 도루 지음, 구인모 옮김(2010), 『식민지 조선인을 논하다』, 동국대학교출판부.

도노무라 마사루 지음, 김철 옮김(2018), 『조선인 강제연행』, 뿌리와이파리.

량치차오 지음, 최형욱 옮김(2014), 『량치차오, 조선의 망국을 기록하다』, 글항아리.

로버트 소이어 지음, 이상호 외 옮김(2018), 『주한미군사고문단』, 선인.

마흐무드 만다니 지음, 최대희 옮김(2017), 『규정과 지배』, 창비.

모던 일본사(モダン日本社) 지음, 한일비교문화연구센터(2007), 『일본잡지 모던일본과 조선 1939』, 어문학사.

모리카와 미치코 지음, 김정성 옮김(2005), 『버마전선 일본군 위안부 문옥주』, 아름다운사람들.

모스맨 지음, 백선진 옮김(1995), 『밀물과 썰물』, 대륙연구소출판부.

미셸 푸코 외 지음 정일준 옮김(1994), 『미셸 푸코의 권력이론』, 새물결.

박찬호 지음, 안동림 옮김(1992), 『한국 가요사』, 현암사.

베네딕트 앤더슨 지음, 서지원 옮김(2018), 『상상된 공동체: 민족주의의 기원과 보급에 대한 고찰』, 길.

베네딕트 앤더슨 지음, 윤형숙 옮김(2002), 『상상의 공동체: 민족주의의 기원과 전파에 대한 성찰』, 나남.

브루스 커밍스 지음, 김동노 외역(2001), 『브루스 커밍스의 한국현대사』, 창작과비평사.

송삼용(2006), 『고당 조만식』, 생명의말씀사.

에릭 홉스봄 지음, 김동택 옮김(1998), 『제국의 시대』, 한길사.

요시다 유타카 지음, 최혜주 옮김(2005), 『일본의 군대』, 논형.

윤효정 지음, 박광희 옮김(2010), 『대한제국아 망해라』, 다산북스.

이병훈(2010), 『일본어 잡지로 본 조선영화(1)』, 한국영상자료원.

이사벨라 버드 비숍 지음, 이인화 역(1996), 『조선과 그 이웃 나라들』, 살림.

조지 L. 모스 지음, 임지현 김지혜가 함께 옮김(2008), 『대중의 국민화』, 소나무.

콜린 고든 외 지음, 심성보 외 옮김(2014), 『푸코 효과: 통치성의 연구』, 난장.

파멜라 카일 크로슬리 지음, 강선주 옮김(2010), 『글로벌 히스토리란 무엇인가』, 휴머니스트.

프란체스카 도너 리 지음, 조혜자 옮김(2010), 『프랑체스카의 난중일기』, 기파랑.

하타노 세츠코 지음, 최주한 옮김(2016), 『이광수, 일본을 만나다』, 푸른역사.

해롤드 노블 지음, 박실 옮김(1982), 『이승만 박사와 미국대사관』, 정호출판사.

홍학지 지음, 홍인표 옮김(2008), 『중국이 본 한국전쟁』, 한국학술정보.

후루노 나오야(古野直也) 지음, 김해경 옮김(1997), 『조선군사령부』, 대왕사.

한글 논문

공임순(2013), 「식민지 시기 야담의 오락성과 프로파간다」, 앨피.

김낙년(2013), 「식민지기 조선의 소득불평등, 1933~1940」, 『경제사학』 제55호.

김동명(2004), 「일제하 '동화형 협력'운동의 논리와 전개」, 『한일관계사연구』 제21집.

김상태(1998), 「평안도 기독교 세력과 친미엘리트의 형성」, 『역사비평』 제45호.

김선주(2005), 「조선 후기 평안도 정주의 향안 운영과 양반문화」, 『역사학보』 제18집.

김승구(2009), 「일제 말기 지원병제와 김동환의 시국 대응」, 『현대문학의 연구』 제39집.

김효전(2013), 「清宮四郎의 경성제국대학 시절」, 『헌법학연구』 제19권 제2호.

노정팔(1986), 「일제하의 방송」, 『방송연구』 제5권 제4호.

류시현(2012), 「태평양전쟁 시기 학병의 감성동원과 분노의 기억」, 『호남학연구원』 제52호.

박영산(2017), 「일제강점기 조선어 나니와부시에 대한 고찰」, 『동아시아문화연구』 제69집.

박찬승(2010), 「1924년 암태도 소작쟁의의 전개과정」, 『한국근현대사연구』 제54집.

서영은(1983.12), 「생(生)의 태풍 속을 무구한 노(櫓)로」, 『문학사상』 제134호.

안진(2005), 「조선국방경비대의 창설과 성격」, 『미군정과 한국의 민주주의』, 한울

알란 리드 밀럿(Allan R. Millett) 저, 김광수 역(2000), 「하우스만 대위와 한국군의 창설(1945~1950)」, 『軍史』 제40호.

양영조(2012), 「6·25전쟁시 경비사관학교 출신 장교들의 역할」, 『한국학논총』 제37호

오수창(2007), 「《청구야담》에 나타난 조선후기의 평양 인식과 그 성격」, 『한국사연구』 제137호.

원지연(2017), 「근대일본의 식민지 동화주의의 실패」, 『일본어교육』 제81집.

이강수(2013), 「해방 직후 대한민국 국군의 창군과 그 역사성」, 『군사』 제88호.

이덕기(2008), 「일제하 전시체제기(1938~1945) 조선영화 제작 목록의 재구성」, 『한국극예술연구』 제28호.

이덕기(2010), 「제국의 호명. 빗나간 응답」, 『한국극예술연구』 제3집.

이상경(2002), 「일제 말기의 여성 동원과 군국의 어머니」, 『페미니즘 연구』 제2호.

이승렬(2005), 「일제하 중추원 개혁 문제와 총독정치」, 『동방학지』 제132집.

이영만(1985), 「미군정기 조선경비대 창설 과정 연구」, 고려대학교 석사논문

장신(2010.8), 「1920년대 대정친목회의 조선일보 창간」, 『역사비평』 제92호.

정근식(2011), 「식민지 위생경찰의 형성과 변화. 그리고 유산」, 『사회와 역사』 제90집

정명중(2009), 「파시즘과 감성동원」, 『호남문화연구』 제45호.

정병준(2007), 「암태도 소작쟁의 주역의 세 가지 길」, 『한국민족운동사연구』 제51집.

정안기(2011), 「만주국기 조선인의 만주 이민과 선만척식(주)」, 『동북아역사논총』 제31호.

정안기(2016), 「1930년대 조선형 특수회사, 경춘철도(주)의 연구」, 『서울학연구』 제64호.

정안기(2017), 「조선총독부 육군병지원자훈련소와 '국민 만들기'」, 『한일군사문화연구』 제24집.

정안기(2018), 「한국전쟁기 육군특별지원병의 군사적 역량」, 『군사연구』 제146집.

정안기(2018), 「이인석 상등병의 전사와 '죽음의 정치성'」, 『일본문화학보』 제76집.

정안기(2018), 「전시기 육군특별지원병제의 추계와 분석」, 『정신문화』 제151호.

정안기(2018), 「한국전쟁기 육군특별지원병의 군사적 역량」, 『군사연구』 제146집.

조건(2010), 「중일전쟁기(1937~1940) '조선군사령부보도부'의 설치와 조직 구성」, 『한일민족문제연구』 제19권.

조건(2014), 「전시 총동원체제기 조선 주둔 일본군의 조선인 통제와 동원」, 동국대학교 박사논문.

조관자(2006), 「'민족의 힘'을 욕망한 '친일 내셔널리스트' 이광수」, 『해방 전후사의 재인식(1)』, 책세상.

조형래(2009), 「'황군(皇軍)'을 지원(志願/支援)하는 영화 그리고 문학」, 『비평문학』 제34집.

지승준(2011), 「동민회의 정치적 성격과 4파 연합운동을 중심으로」, 『역사와 현실』 제82집.

지승준(2011), 「일제시기 참정주의 세력의 '징병제요망운동'과 전쟁협력」, 『한국민족운동사학회』 제69호.

최경희(2006), 「친일문학의 또 다른 층위」, 『해방 전후사의 재인식』, 책세상.

최재석(1972), 「농촌의 반상관계와 그 변동 과정」, 『진단학보』 제34집.

최재희(2003), 「인도군 육성과 조직을 통해 고찰한 영국의 식민정책」, 『아세아연구』 통권 112호.

표영수(2014), 「일제강점기 육군특별지원병 제도와 조선인 강제동원」, 『민족운동사학』 제79호.

하원호(1997), 「일제의 대한침략기(1876~1904)에 '친일'의 논리와 실태」, 『친일파란 무엇인가』, 아세아문화사.

한수영(2011), 「관전사의 관점으로 본 한국전쟁 기억의 두 가지 형식」, 『어문학』 제113집.

일문 논문

稲葉岩吉(1925), 「朝鮮社會史の斷面(下)」, 『東亞經濟研究』第9卷第3號.

田中武雄(1959), 「小磯総督時代の統治概観」, 『朝鮮近代史料研究集成』第3號.

四方博(1938), 「李朝人口に関する身分階級別考察」, 『朝鮮経済の研究』第3號.

幼方直吉(1964), 「朝鮮参政権問題の歴史的意義」, 『東洋文化』第36號.

田中義男(1973), 「朝鮮における徴兵制度」, 『軍事史学』第8卷第4號.

田中宏(1974), 「日本の植民地支配下における国籍関係の経緯」, 『愛知県立大学外国語学部紀要』第9集.

中里成章(1980), 「インド国民軍裁判をめぐって」, 『南アジアの民族運動と日本』, アジア経済研究所.

康成銀(1988), 「三·一運動における〈民族代表〉の活動に關する一考察」, 『朝鮮學報』第130輯.

松田利彦(1988), 「朴春琴論」, 『在日日本人史研究』第18號.

廣瀬貞三(1991), 「〈官斡旋〉と土建勞働者」, 『朝鮮史研究會論文集』第29集.

波多野澄雄(1995), 「重光葵と大東亜共同宣言」, 『国際政治』第109号.

伊藤幹彦(1998), 「台湾議会設置請願運動の意義」, 『昭和大学教養部紀要』第29集.

宮本正明(2004), 「朝鮮軍·解放前後の朝鮮」, 『東洋文化研究』第6號.

中村政則(2005), 「〈貫戦史〉が描き出す戦後日本とは」, 『世界』第744號.

吉田裕(2006), 「アジア·太平洋戦争の戦場と兵士」, 『アジア·太平洋戦争(5)』, 岩波書店.

ハンク·ネルソン(2006), 「パプアニューギニアとアジア·太平洋戦争」, 『アジア·太平洋戦争(3)』, 岩波書店.

根本敬(2006), 「東南アジアにおける対日協力者」, 『アジア太平洋戦争(7)』, 岩波書店.

河西晃祐(2011), 「'獨立'國という'桎梏'」, 『東アジア近現代通史(6)』, 岩波書店.

後藤乾一(2013), 「アジア太平洋戦争と東南アジア」, 『外交史料館報』第27号.

徐民教(2015), 「韓国駐箚軍の形成から朝鮮軍へ」, 『地域のなかの軍隊』, 吉川弘文館.

庵逧由香(2015), 「韓国に常設された第一九師団と第二〇師団」, 『地域のなかの軍隊』, 吉川弘文館.

瀬戸利春(2015), 「東部ニューギニア攻防戦」, 『歴史群像』第24卷第4号.

林英一(2015), 「東南アジアにおける対日協力と抵抗の諸相」, 『現代中国研究』第35~36号.

ゴドン アンドル(2017), 「批判と反省 中村政則と日本の環太平洋史·貫戦史」, 『歴史学研究』第960號.

영문 논문

Ronald Robinson, "Non-European foundations of European imperialism: Sketch for a history of collaboration", in Roger Owen and Bob suticliffe(eds.), Studies in the theory of imperialism London: longman, 1972).

충성과 반역

대한민국 創軍·建國과 護國의 주역 일본군 육군특별지원병

지은이 | 정안기
펴낸이 | 趙甲濟
펴낸곳 | 조갑제닷컴
초판 1쇄 | 2020년 2월 25일
개정판 1쇄 | 2020년 6월 15일

주소 | 서울 종로구 새문안로3길 36, 1423호
전화 | 02-722-9411~3
팩스 | 02-722-9414
이메일 | webmaster@chogabje.com
홈페이지 | chogabje.com

등록번호 | 2005년 12월 2일(제300-2005-202호)
ISBN 979-11-85701-69-1-03910

값 22,000원

*파손된 책은 교환해 드립니다.